GRENO 10 20

Pierre Harrisson   DAS IMPERIUM NESTLÉ

ZU DIESEM BUCH   Das Schweizer Unternehmen Nestlé ist der weltgrößte Konzern der Nahrungsmittelbranche. In seiner Selbstdarstellung ist Nestlé so etwas wie eine große private Entwicklungshilfe-Organisation, nur effizienter geführt. Doch in die Schlagzeilen der Weltpresse geriet der Konzern nicht wegen seiner »uneigennützigen Hilfe«, sondern wegen des als »Baby Killer Affäre« bekannt gewordenen Skandals um seinen Milchpulververkauf. Bei Einzelskandalen bleibt Harrissons Analyse indessen nicht stehen. Vielmehr zeigt er – vorwiegend mit lateinamerikanischem Material – auf welch raffinierte Weise Produktion und Konsum ganzer Bevölkerungen aus traditionellen Zusammenhängen gerissen und in den Dienst eines Konzerns gestellt, wie nationale Märkte in unwiderstehlicher, subtiler oder skrupelloser Manier der Macht eines Multinationalen unterworfen und wie sie der für sie widersinnigen Logik eines global operierenden Konzernmanagements ausgeliefert werden.

W0094798

PIERRE HARRISSON

DAS IMPERIUM NESTLÉ

Praktiken eines Nahrungsmultis am Beispiel
Lateinamerika

Aus dem Französischen von Frieda Lüscher
und Shirin Sotoudeh

GRENO 10 20

Verlegt bei Franz Greno
Nördlingen

Diese Studie wurde mit Unterstützung der Christoph-Eckenstein Stiftung für das Studium der Beziehungen zur Dritten Welt (Genf) realisiert. Sie stützt sich vor allem auf zwei Feldforschungen, die auf Anregung der Stiftung durchgeführt worden sind. Bei der einen handelt es sich um: Manuel Lajo Lazo; Seguridad alimentaria para el Peru, el pays de la leche evaporada (CIPCA Lima, 1983). Bei der andern handelt es sich um: Silvio Bertolami; Halbgötter, Giftkriege und Kondensmilch, Schweizer Agrofirmen in der Dritten Welt, Nestlé, Ciba-Geigy, Gebrüder Bühler, André & Cie (Z-Verlag Basel 1983). Die in der vorliegenden Studie zum Ausdruck gebrachten Meinungen müssen nicht notwendigerweise mit denen der Stiftung übereinstimmen.
Die französische Originalausgabe dieses Buches erschien im September 1983 im Verlag Pierre Marcel Favre, Lausanne. Die vorliegende Ausgabe wurde vom Autor überarbeitet, aktualisiert und um das "Nachwort" ergänzt.

Erste Auflage, März 1988.
Alle Rechte für diese Ausgabe bei Greno Verlagsgesellschaft m. b. H., Nördlingen.
Copyright © für die Originalausgabe bei Rotpunkt Verlag, Zürich 1986.
Druck und Bindung: Ebner, Ulm.
Printed in Germany.
ISBN 3-89190-876-8.

Inhaltsverzeichnis

Hinweis zum Lesen dieses Buches
Die mit einem Stern bezeichneten Fussnoten finden sich jeweils unten auf derselben Seite. Die sich auf hochgestellte Ziffern beziehenden Anmerkungen finden Sie am Schluss des jeweiligen Kapitels. Zu einzelnen Kapiteln gibt es an deren Schluss einen Anhang, ferner einen Gesamtanhang am Schluss des Buches.

▐Vorwort▐

Die vorliegende Analyse der Strategie und der Praktiken des transnationalen Konzerns Nestlé in Lateinamerika versteht sich als ein Bemühen, engagiertes Nachdenken in eine genau definierte Praxis einzubringen. Den Grundsatz- und Absichtserklärungen von Nestlé über ihre Rolle in den Entwicklungsländern werden genaue Fakten gegenübergestellt, Zeugnisse Betroffener, die die unter der Oberfläche wirkenden Mechanismen aufdecken, strukturelle Auswirkungen, die sich in Beschränkungen für die selbständigen Entwicklungsanstrengungen der Bevölkerung umwandeln. Die vorgelegten Fälle illustrieren bestimmte Formen der Vorherrschaft des transnationalen Konzerns, dessen Profit- und Expansionslogik auf Weltebene.

Besonders lateinamerikanische Forscher haben analysiert, wie transnationale Konzerne im Nahrungsmittelsektor die Märkte ihrer Länder unter Kontrolle brachten, und sie haben die Prioritätenordnung entschlüsselt, die mit dem Industrialisierungsmodell der transnationalen Konzerne verbunden ist. Sie weisen die Bündnisse dieser Konzerne mit den herrschenden lokalen Bourgeoisien klar nach. Allzu oft werden die Drittwelt-Probleme aus einer nordamerikanischen oder europäischen Perspektive betrachtet. Meine Ansicht war es auch, diesen zahlreichen Forschern, engagiert in der Änderung ihrer eigenen Realität, das Wort zu erteilen. Die Zusammenfassung und die Gesamtschau, die ich aufgrund ihrer präzisen Angaben gebe, wird dazu beitragen, so hoffe ich, ihrem Anliegen zu einem breiten Echo zu verhelfen, ohne ihre tiefen Überzeugungen zu sehr zu verraten.

Die Kritiken und Diskussionen mit zahlreichen Freunden und Kollegen haben es ermöglicht, die Darstellung genauer zu fassen und die Analyse zu vertiefen. Ich erwähne hier unter vielen andern die scharfsinnigen Anmerkungen von Pierre Borgoltz, Pierre Spitz und Gilbert Rist.

Ich durfte bei dieser Arbeit von der Unterstützung durch die Eckenstein-Stiftung profitieren. Ich möchte schliesslich Corinne Forney für ihr geduldiges Lektorat, ihre Manuskriptkritik und ihre Vorschläge danken, die die Darlegung der Fakten klarer zu gliedern ermöglichte.

Dieses Hin und Her zwischen Praxis und kritischem Nachdenken wird, wie ich wünsche, nützliche Elemente für einen Bewusstseins-, Bildungsprozess und für eine engagierte Aktion zum Verständnis und zur Änderung der Wirklichkeit liefern.

Pierre Harrisson   Genf im April 1983

Vorwort zur deutschen Ausgabe

Als mir Thomas Heilmann vom rotpunktverlag im Januar 1984 — einige Monate nach der Veröffentlichung in französischer Sprache — vorschlug, mein Buch L'EMPIRE NESTLE auf deutsch herauszugeben, war ich gerne damit einverstanden. Ich wünschte, dass noch mehr Leser an meinem Streifzug durch die Welt der Nestlé teilnehmen können. Insbesondere schien es mir wichtig, dass Deutschschweizer, Deutsche und Österreicher, die mehr über den grössten transnationalen Konzern der Schweiz wissen wollen, Zugang zu diesem Buch erhalten.

Da ich nach Erscheinen des Buches am Institut Universitaire d'Etudes du Développement (Genf) eine Lehrverpflichtung übernommen hatte, rechnete ich damit, höchstens einige leichte Retouchen am Original vornehmen zu müssen. Aber der Wunsch, dem Publikum eine für die Theorie und die Aktion nützliche Analyse bieten zu können, führte mich dazu, auf Kosten vieler zusätzlicher Arbeitsstunden mehrere Kapitel des Nestlé-Imperiums zu überarbeiten und zu aktualisieren.

Dies schien mir umso nötiger, als sich auch im Innern des transnationalen Konzerns ein rascher Wandel vollzog. Der neue Delegierte des Verwaltungsrates, Helmut Maucher, zögerte nicht, im Hause Nestlé beträchtlich auf den Putz zu klopfen. Er führte einen neuen Stil ein; Rationalisierung auf allen Ebenen war sein erstes Anliegen, begleitet von einem Expansionswillen, um das Know-How und die überbordende Liquidität des Konzerns zum Tragen zu bringen.

Das Ende des Nestlé-Boykottes in den USA, der Aufkauf der Carnation und verschiedener anderer Gesellschaften in den USA durch das Unternehmen in Vevey rief nach Kommentaren, um diese Ereignisse in die allgemeine Entwicklungsstrategie des TNK auf Weltebene einzuordnen.

Im weitern haben nach dem Erscheinen meines Buches zahlreiche Forscher, Basisgruppen und Beschäftigte von Nestlé-Unternehmen vor allem in Ländern der Dritten Welt Stellung bezogen und mir in einigen Fällen interessante Zusatzinformationen und -analysen zukommen lassen, die ich in dieser Neuausgabe des "Nestlé-Imperiums" verarbeiten wollte. Obwohl es anlässlich der französischen Ausgabe ein gewisses Rauschen im Blätterwald gab, entschloss sich der schweizerische TNK, offiziell, wenn man den Ausführungen von Arthur Fürer an der Nestlé-Generalversammlung von 1984 Glauben schenken will, zu den in meiner Studie aufgeworfenen Fragen und Kritiken zu schweigen. Die Tatsachen hinter dieser offiziellen Fassade sehen anders aus: am Tage des Erscheinens des Buches verteilte der TNK an alle seine Kaderleute und in der Folge auch an Journalisten und Besucher in Vevey ein sogenanntes "Circulaire générale" aus der Feder von Jacques Paternot von der "Direction Affaires publiques" der Nestlé AG, worin er sich mit "Empire Nestlé befasste. Ich hielt es nun für angebracht, dass sowohl die Aktionäre wie auch ein allgemeineres Publikum die Reaktionen von Nestlé auf die vorgebrachte Kritik, genauer noch auf die Analysen meines Buches, kennenlernen kann. Ich veröffentliche deshalb als *Nachwort* den vollständigen Text dieses Zirkulars und erlaube mir, das zweifelhafte Vorgehen der Nestlé-Direktion, das manchmal die Grenze der Ehrenrührigkeit streift, zu kommentieren, schreckt doch Nestlé nicht davor zurück, einige meiner Analysen zu entstellen, um sie so besser widerlegen zu können. Nestlé weigert sich mit einer solchen Vogel-Strauss-Politik, den Tatsachen in die Augen zu sehen, im Glauben, auf diese Weise meine intellektuelle Redlichkeit infrage stellen und Fragen und Kritiken unter den Teppich wischen zu können. Diese Fragen und Kritiken sind aber des öftern der Ausdruck einer allgemeinen Bewusstwerdung von Millionen von Konsumenten, die es leid sind, ihre Konsummodelle von TNK diktieren zu lassen, denen es mehr um Umsatzsteigerung und Profit als um einen Beitrag zur Entwicklung und zum Kampf gegen die Fehlernährung vor allem in den Entwicklungsländern geht.

Für verschiedene lateinamerikanische Länder analysiere ich die Selbstdarstellung des transnationalen Konzerns und liefere dazu die genauen Fakten über das wirkliche Agieren des Schweizer TNK. Ich versuche, die Strategie des TNK zu verstehen und sie dem Publikum zu vermitteln. Mich bewegt ausschliesslich der Wunsch, dass mein Buch zu einer klaren und bedachtsamen Bewusstwerdung über die Entwicklungslogik beiträgt, die dem Wachstum eines TNK wie Nestlé zugrundeliegt. Ich wünsche, dass mein Buch ein Ferment im Kampf für ein solidarisches Netz zur Infragestellung einer solchen Entwicklungslogik wird, die zu Fehlentwicklungen in den industrialisierten und in den Entwicklungsländern führt. Meine Aufmerksamkeit richtet sich insbesondere auf die Öffnung neuer Aktionslinien und Alternativen zum transnationalen Modell aus, als ich den Text für die vorliegende Ausgabe überarbeitete.

Ich möchte an dieser Stelle Thomas Heilmann und der gesamten Equipe des rotpunktverlages herzlich danken, die diese langwierige und mühsame Aktualisierungsarbeit zu unterstützen wussten. Ich drücke Shirin Sotoudeh und Frieda Lüscher meine tief empfundene Anerkennung für ihre Übersetzungsarbeit aus, die, weit entfernt von einer rein mechanischen Übertragung meines Buches, mir Fragen zu stellen wussten, mich zu zusätzlichen Klärungen anstachelten und die sich in die Problematik und das Anliegen meines Buches vertieft haben.

Ich möchte auch meinen Lesern zum voraus danken, dass sie den Mut haben, mir in dieser manchmal langen und schwierigen Anstrengung zu folgen, welche die Aufdeckung der Mechanismen, der Ideologie und der Strategie des grössten Nahrungsmittelkonzerns der Welt bedeutet.

Genf im Mai 1986   Pierre Harrisson

Einführung

Beim Durchlesen von Pierre Harrisons Manuskript fiel mir auf, dass er die Initialen "E.T." braucht, um die Nestlé und ihresgleichen zu bezeichnen.* Vom englischen Sprachgebrauch her war ich für die Bezeichnung des trans- oder multinationalen Charakters dieser Unternehmen eher an die Abkürzung "MNC" oder "TNC" gewöhnt. Zudem geht es mir wie Millionen von Kinofreunden, dass ich bei "E.T." immer gleich an ein ausserirdisches Wesen voller Zärtlichkeit, Intelligenz und Schalk denke; all dies verführte mich dazu, am Anfang in Harrisons Text diese Initialen einfach zu überspringen.

Nachdem ich nun aber sein Buch gelesen habe, finde ich, dass er mit dieser Abkürzung eine gute Wahl getroffen hat. Ohne die Metaphern zu strapazieren, glaube ich tatsächlich, dass die Nestlé nicht nur ein transnationales Unternehmen ist, sondern dazu noch eines der grössten an und für sich und eines der allerersten auf dem Gebiet des Agro-Business. Für Tausende, deren Existenz direkt von ihr berührt wird, ist Nestlé auch eine Art von ausserirdischem Wesen, aber sehr verschieden vom sympathischen "E.T.". Die Bauern der Dritten Welt, und vor allem diejenigen in Lateinamerika, sind seit Jahrhunderten an Armut und Unterdrückung gewöhnt. Viele unter ihnen kannten unerbittliche Imperien schon lange bevor sie den Missbräuchen und Massakern der Konquistadoren ausgeliefert wurden. Der Kolonialismus macht sich sowohl die Arbeit des Menschen als auch die Erde mit ihren Schätzen untertan; so mussten sich die Bauern den Gesetzen der neuen herrschenden Klassen unterwerfen und dies auf dem Land, das ihnen einst zur Existenzsicherung gedient hatte.

Lateinamerika mag sich zwar lange vor den andern Kontinenten der Dritten Welt vom formellen Kolonialismus befreit haben, der Wurm sitzt aber immer noch im Apfel. Die landwirtschaftlichen Strukturen hatten tiefgreifende Änderungen durchgemacht, viele Bauern waren zum Taglöhnertum deklassiert worden und die landwirtschaftliche Produktion war oft auf die Befriedigung ausländischer Bedürfnisse zugeschnitten. Und doch hatten sich die Völker in dieser langen Geschichte der Unterdrückung einen winzigen Vorteil erkämpft: Sie konnten gegen lokale Mächte kämpfen, da nun Einheimische Machthaber geworden waren. Wie gross ihre Brutalität auch immer sein mochte, die einheimischen herrschenden Klassen, die Latifundisten, konnten in ihrem Wüten nur bis zu einem gewissen Punkt gehen, darüberhinaus hätten sie fürchten müssen, dass die Reproduktion der Arbeitskräfte, die ihren grossen Reichtum sicherten, in Frage gestellt worden wäre.

Seit der zweiten Hälfte des 20. Jahrhunderts mit der Internationalisierung des Kapitals, werden die Bauern und jetzt auch die Arbeiterklasse nicht nur mit denen konfrontiert, an die sie sich seit langem auf schmerzliche Art gewöhnt haben, sondern nun auch noch mit diesen "Ausserirdischen", die aus einem völlig andern Wirtschaftssystem kommen und auch ganz andere Methoden anwenden. Die traditionellen Feinde der Bauern haben in ihnen vorzügliche und gewichtige

---

* *"E.T." ist die französische Abkürzung für "Entreprise Transnationale" = transnationales Unternehmen, deutsche Abkürzung "TNK".*

Alliierte gefunden; ihre Kapazität zum Missbrauch der Macht und zur Ausbeutung der Reichtümer hat sich dadurch noch bestätigt und erweitert.

Diese "E.T." (lies: transnationale Unternehmen) hatten zwar geglaubt, mit gutem Recht in diesen Ländern "gelandet" zu sein: Seht euch dazu nur die zahlreichen, von Harrison zitierten Erklärungen der Nestlé-Führungskräfte an, in welchen mit offensichtlicher Aufrichtigkeit nur davon die Rede ist, dass man in diesen Ländern Güter und Dienstleistungen in Umlauf bringen und eine rationelle Erschliessung des materiellen und sozialen Umfeldes zum Vorteil aller sichern wolle. Mit sich brachten sie aber ebenso die einzige Logik, die sie kennen — die einzige auch, die in ihren Augen überhaupt logisch ist — die Logik des Profits, eines Profits, der sowohl Symbol als auch Garant der Effizienz eines kapitalistischen Unternehmens ist. Für ihre Akteure setzt diese Logik in jedem sozialen System ein darwinistisches Szenarium voraus, in welchem die Schwachen den Starken in einem Spiel der "gesunden" Konkurrenz unterliegen. Diese Logik kennt als kategorischen Imperativ nur, ein Maximum an Reichtum zu schaffen, unabhängig davon, wie dieser Reichtum verteilt wird oder wieviel Armut dafür anderswo erzeugt wird.

Es würde sicher keinem dieser TNKs in den Sinn kommen, dass man andere Wertvorstellungen vorziehen könnte, Vorstellungen wie diejenige zum Beispiel, dass alle, Schwache und Starke, ein Anrecht auf Arbeit und Brot haben sollten. Daher stossen diese TNKs Schreie aus wie verwundete Seeadler, wenn man sie kritisiert, oder sogar wenn man mit Genauigkeit und Schärfe, wie es in diesem Buch geschieht, ihre Praktiken beschreibt. Auch Nestlé wird bei diesem Buch bestimmt ein solches Geschrei erheben und man kann sich eigentlich schon jetzt vorstellen, wie es tönen wird: "Wir verstossen niemals gegen die Gesetzgebung eines Landes, in dem wir uns niederlassen." (Lest dazu in diesem Buch die Diskussion um die Transfer-Preise.) Oder: "Wenn wir uns nicht in dieser Gegend eingerichtet hätten (in Peru oder Mexiko, usw.), dann hätte es ein anderer TNK, und vielleicht sogar ein sehr böser, an unserer Stelle getan." Da kann man ja auch gleich einer Krebszelle vorwerfen, dass sie die Arbeit tut, für die sie programmiert ist; und hat der "Gastkörper" diese Krebszelle etwa nicht eindringen lassen...?

Pierre Harrison hat mit diesem Buch ein Werk geschaffen, das für alle diejenigen nützlich sein wird, die sich bewusst sind — und inzwischen werden diese immer zahlreicher — dass sich Militanz mit einem soliden Wissen über wirtschaftliche Tatsachen und Prozesse verbinden muss. Wegen des Verkaufs von Milchnahrung für Säuglinge in der Dritten Welt mit den inzwischen bekannten unheilvollen Folgen ist Nestlé in letzter Zeit auch ausserhalb der Supermärkte ins Gerede gekommen. Dieser Aspekt von Nestlé wird in diesem Buch nur nebenbei berührt, und dies ist richtig so. Diese schon vor langem gelieferte und jetzt so gut wie gewonnene Schlacht war seinerzeit notwendig gewesen. Sie mobilisierte grosse Kräfte, die dafür kämpften, dass diesmal nicht die kapitalistische Logik den Vorrang vor dem Recht der Schwächsten auf dieses Grundelement, das Leben, erhielt. Nestlé musste anerkennen, dass ihre Unternehmens- und Verkaufsfreiheit tatsächlich Grenzen hat. Doch jetzt müssen diese Kräfte für neue Aufgaben eingesetzt werden.

Die Arbeit, die es jetzt zu tun gilt, und für welche Harrison solide Grundlagen liefert, wird bedeutend schwieriger sein. Jedermann lässt sich von unschuldigen Bebes rühren und möchte sich deshalb für sie einsetzen. Es ist aber viel schwieriger zu verstehen, wie es eigentlich möglich ist, dass die Ausdehnung von Weide-

flächen — auf denen friedlich Kühe grasen, Nestlé-Milch geben und offensichtlich niemandem etwas zuleide tun — den Kleinbauern und Arbeitern ohne Landbesitz die kargen Grundlagen, die sie zum Überleben brauchen, wegnimmt. Es ist auch schwierig zu begreifen, wie die Einführung eines Ernährungsmodells "von oben", welches dank dem Nachahmungstrieb des Menschen spielt, eine ganze Gesellschaft dazu verleiten kann, immer mehr von kostspieligen Nahrungsmitteln abhängig zu werden, was wiederum das durchschnittliche Ernährungsniveau der Bevölkerung senkt. Aber solche Strategien — und die Leser und Leserinnen werden in diesem Buch noch viele andere kennenlernen — sind kein bisschen weniger zerstörerisch, nur weil sie subtiler und schwieriger zu entdecken sind.

Harrison hat auch das Verdienst, einem breiten Publikum die Schlussfolgerungen einer grossen Anzahl lateinamerikanischer Wissenschaftler aus Studien über die TNKs im allgemeinen und über Nestlé im einzelnen zugänglich zu machen. Wissenschaftler und militante Gruppen aus Nord und Süd brauchen diese Art von Arbeit dringend, um in einer Welt, in der normalerweise die TNKs die Kommunikation zwischen den "Filialen" monopolisieren, für ihre Kritik eine solide Basis zu besitzen. Bücher wie dieses tragen dazu bei, die intellektuellen Bande zu knüpfen, die für eine wirksame Solidarität unerlässlich sind. Meine Lektüre von "Das Nestlé-Imperium" bringt mich dazu, andern den folgenden Rat zu geben: Diejenigen, die sich für ein bestimmtes lateinamerikanisches Land interessieren, welches Harrison zur Illustration der "Nestlé-Wirtschaft" heranzieht, sollten die Kapitel in ihrer vorgesehenen Reihenfolge lesen. Für die andern wäre es meiner Meinung nach nutzbringender, zuerst die "Gedächtnisstützen" am Ende der Kapitel und dann die Schlussfolgerungen zu lesen, bevor sie sich an eine detaillierte Lektüre der einzelnen Fallstudien machen. Auf diese Weise werden sie auf einen Blick die Gesamtstrategie erkennen können, die es Nestlé ermöglicht hat, zu der Macht zu werden, die sie heute in Lateinamerika (und anderswo) darstellt, und die von keinem der aufgeführten Länder für sich allein in ihrer Gesamtheit illustriert wird. Und so werden auch diejenigen, die den Umgang mit TNKs nicht gewöhnt sind, sich nicht von den zur Erhärtung der Argumente unerlässlichen Zahlen entmutigen lassen.

Harrison übernimmt hier Jean Zieglers Parole — ein Schweizerbürger, dem wir alle zu Dank verpflichtet sind — "Kehrt Eure Waffen gegen den Feind". Genauso wie der Chef eines transnationalen Unternehmens — ob Nestlé oder ein anderes — eine Zahlenanalyse und eine Bilanz macht, deren unterste Linie, Profit und Verlust anzeigend, gleichzeitig auch immer eine eigene Leistung beurteilt, so lässt Harrison Zahlen und Tatsachen sprechen, um dadurch andere Realitäten aufzuzeigen, Realitäten, die für unseresgleichen in Lateinamerika oft Leben oder Tod bedeuten. Es wäre wünschenswert, wenn diese Arbeit auch ins Spanische übersetzt würde, da sie so unseren lateinamerikanischen KameradInnen helfen könnte, Nestlé als ein kontinentales Phänomen zu erfassen.

In der Zwischenzeit haben seine LeserInnen in Europa ein kostbares Werkzeug in die Hände gelegt bekommen, das es nicht nur ermöglichen wird, die Realität zu verstehen, sondern auch — so hoffen wir es wenigstens — sie zu verändern.

Susan George (1983)

14

Kapitel I

Die Internationalisierung der Wirtschaft:

unterwegs zu einem Welternährungssystem

Die weltweit wachsende Konzentration wirtschaftlicher Aktivitäten und der stetige Internationalisierungsprozess, der sich durch die Eröffnung von Tochtergesellschaften grosser Unternehmen in zahlreichen Ländern vollzieht — das sind die Hauptzüge in der Analyse der grossen Konzerne auf Weltebene. Diese Strömung ist so stark, dass man sogar von einem qualitativ neuen Phänomen innerhalb des Kapitalismus redet: der Transnationalisierung der Wirtschaft.

Die Konzentration des Kapitalbesitzes auf nationaler Ebene und die Internationalisierung grosser Unternehmen mit dem Ziel, neue Märkte für ihre Produkte zu erschliessen und ihr Kapital sowie ihre Technologie profitabel einzusetzen, indem sie sich ausserhalb ihrer Grenzen niederlassen, sind keine neuen Phänomene.

Die Eröffnung von Tochtergesellschaften durch nordamerikanische und einige europäische Unternehmen mit beschränkten inländischen Märkten datiert schon vom Ende des vergangenen und vom Anfang dieses Jahrhunderts.*

Dabei handelt es sich jedoch nur um eine erste Etappe. Im Agro-Business wurde diese bis zum 2. Weltkrieg je nach Entwicklungsniveau und Absorptionskapazität der nationalen Märkte differenziert zurückgelegt. Als Folge einer wachsenden Nachfrage für ihre Produkte, der Errichtung von Zollschranken und einer Politik der Importsubstitution beschlossen zahlreiche Unternehmen, an Ort und Stelle zu produzieren.

Pierre Liotard-Vogt, ehemaliger Nestlé-Präsident, fasst diese Entwicklung wie folgt zusammen:

> "Die alleinige Tatsache, anderweitig herzustellen und zu verkaufen, was im eigenen Lande begonnen wurde, verleiht dem Unternehmen ipso facto jedoch noch keine besonderen Wesenszüge.
> Die meisten multinationalen Unternehmen begannen ursprünglich als kleine Gesellschaften, die — nachdem sie sich auf die nationale Ebene emporgearbeitet hatten — zum Exportgeschäft übergingen und ihre industrielle Tätigkeit zuerst auf Nachbarstaaten und später auf ferner gelegene Länder ausgedehnt haben. Im allgemeinen sahen sich diese Firmen durch Zollschranken, Transportschwierigkeiten, Regierungsgesuche sowie politische oder wirtschaftliche Faktoren allmählich dazu veranlasst, in verschiedenen Ländern Fabriken zu errichten und Gesellschaften zu gründen." 1

Dass grosse Unternehmen die wirtschaftlichen Tätigkeiten beherrschen, ist geschichtlich ein relativ neues Phänomen, und es handelt sich dabei um einen Prozess, der in vielen Ländern weiter voranschreitet.

Es geht hier aber nicht nur um die Internationalisierung der Aktivitäten, sondern auch um die Konzentration von Unternehmen als Folge von Aufkauf und Fusionen.** Soll man daraus den Schluss ziehen, dass sich das Phänomen

---

* Die Geschichte, wie Nestlé weltweit Fuss gefasst hat, muss im Zusammenhang mit diesen Bemühungen um grössere Märkte ausserhalb der Grenzen gesehen werden (s. untenstehender geschichtlicher Abriss).

** Von den im Jahre 1970 gezählten Tochtergesellschaften grosser Unternehmen existierten nur 15,8% schon vor 1945. Während der Zwanzigerjahre vergrösserte sich die Anzahl von Tochtergesellschaften um 8,4% jährlich. Von 1930 bis 1945 nahm sie, wegen Krise und Krieg, nur um 4% jährlich zu. Die wichtigste Expansionsphase findet man nach dem 2. Weltkrieg: 5,6% neue Tochtergesellschaften jährlich zwischen 1946 und 1958, und 10,4% jährlich in der Periode von 1959-1970. Dies bedeutet, dass 70% der heute existierenden Tochtergesellschaften in dieser letzten Periode (1959-1970) entstanden sind.2

der Transnationalisierung auf einen mehr oder weniger grossen Wechsel in der Grösse und geographischen Ausbreitung einiger grosser Unternehmen reduzieren lässt, welche die Ökonomie industrialisierter Länder dominieren? Sicher nicht, da durch diesen ganzen Prozess ein qualitativer Wechsel stattfindet, wobei die Tätigkeiten und Kapitalverschiebungen der grossen Unternehmen die Grenzen der Nationalstaaten durchbrechen. Über die Internationalisierung der Konzerne hinaus charakterisiert sich die transnationale Phase durch den Zusammenfluss zweier Strömungen: die Konzentration von Produktionseinheiten und gleichzeitiger, weltweiter Aufbau von (gleichartigen) produktiven Einheiten desselben Konzerns.

Man spricht von Transnationalisierung der Wirtschaft, wenn die Handels-, Produktions- und Finanzaktivitäten immer stärker von Unternehmen abhängen, die sozusagen über die Grenzen hinaus, oder besser gesagt, jenseits der Grenzen operieren, und deren Entwicklungs- und Expansionsstrategie in einer Verflechtung unter Tochtergesellschaften auf internationaler Ebene zu finden ist. Trajtenberg definiert die Transnationalisierung der Wirtschaft als einen

"Prozess, in welchem die im Ausland durchgeführten Operationen im Vergleich zu denjenigen im Ursprungsland ständig an Gewicht gewinnen. Dieser Prozess überschreitet in dem Moment eine gewisse Schwelle, in welchem die Interessen des Unternehmens nicht mehr unbedingt mit denen des Ursprungslandes übereinstimmen. Da sich die TNKs aus grossen nationalen Unternehmen gebildet haben, deckt das erwähnte Konzept ein kontinuierliches Spektrum. Es ist offensichtlich, dass weder das nationale Unternehmen jemals aufhört, mit dem Ausland verbunden zu sein, noch das transnationale Unternehmen je seinen Kontakt mit seinem Ursprungsland verliert." [3]

Die wachsende Mobilität von Mensch und Kapital, die internationale Arbeitsteilung, einfachere Transportmöglichkeiten, erleichterte Kontrolle auf Distanz (durch elektronische Medien), ermöglichen es einem Konzern, Entscheidungen zu treffen und Strategien anzuwenden, die für alle seine Tochtergesellschaften gültig sind. Dabei wahrt er eher die Interessen des ganzen Konzerns als irgendwelche nationalen Interessen einer einzelnen, isolierten Tochtergesellschaft oder eines Herkunftlandes. In gewisser Hinsicht haben sich diese grossen Unternehmen eine Art Supra-Nationalität, eine Transnationalität geschaffen, mit verschiedenen Mechanismen, die es ermöglichen, über das Kapital zu verfügen, es in irgendeiner Region der Welt einzusetzen, unter Berücksichtigung regionaler Abkommen (z.B. Anden-Pakt) eine Spezialisierung und Aufteilung der Produktion nach Zonen herbeizuführen, Handel innerhalb des Konzerns zu betreiben, usw... Das Phänomen der Transnationalisierung entspricht tatsächlich einer bestimmten Expansionsphase des Monopolkapitalismus.*

Der Grad der Transnationalisierung der Unternehmen, oder auch der Einverleibung nationaler Ökonomien von Gastländern in die transnationale Öko-

---

* Während der Expansionsphase des Kapitalismus, nach einer Akkumulationsphase auf nationaler Ebene und der Umwandlung von Familienunternehmen in Aktiengesellschaften, findet eine Internationalisierung der Aktivitäten statt. Nachdem man zuerst im Herkunftsland hergestellte Produkte im Ausland verkauft hatte, eröffneten nun die Unternehmen nationale Tochtergesellschaften. Die grössere Mobilität des Kapitals, die Verhandlungsmacht und die vielfachen Ansiedlungen ermöglichen es den Konzernen, den engen Rahmen eines Nationalstaates zu sprengen.

nomie, variiert je nach besonderen nationalen Gegebenheiten, dem Zeitpunkt der Niederlassung des ausländischen Unternehmens, dem Industriezweig, der staatlichen Wirtschaftspolitik und der Stärke der lokalen Industrie.

Die Transnationalisierung des Kapitals vollzieht sich nach Trajtenberg und Vigorito[4] vor allem auf zwei Arten:

1. Produktionswiederholung
2. Produktionsaufgliederung

1. Die erste Form scheint mehr der Internationalisierung der Verarbeitungsbetriebe im Agro-Business zu entsprechen. Das Unternehmen übernimmt in einem fremden Land Produktionsverfahren und Technologien aus seinem Ursprungsland und verwendet Rohstoffe und einheimische Arbeitskräfte für die Fabrikation von Produkten, die dann unter einem grossen Markennamen verkauft werden.

Manchmal bleibt die Produktionswiederholung unvollständig, wenn der TNK in einem neuen Land nur einen Teil des Fabrikationsverfahrens durchführt oder nur einen Teil des Produktionsprogrammes fabriziert; die lokale Tochtergesellschaft verwandelt sich dann in einen Handelsbetrieb für den Verkauf von Fertigprodukten, die nicht lokal hergestellt wurden, sondern aus anderen Filialen des Konzerns stammen. Ein typischer Fall von unvollständiger Produktionswiederholung ist die Fabrikation von Milchprodukten aus Butteröl und Magermilchpulver, die auf dem Weltmarkt im Überfluss vorhanden sind: diese Milchbestandteile werden manchmal von Tochtergesellschaften desselben Konzerns in einem andern Land geliefert.

2. Eine Internationalisierung in Form von Produktionsaufgliederung findet man vor allem in der Fabrikation von Werkzeugmaschinen, in der Elektronik und auch in der Textilbranche. Wir haben vor uns eine Art von weltumspannender Werkstatt, in der einzelne Teile des Fabrikationsprozesses für ein bestimmtes Produkt in verschiedenen Ländern ausgeführt werden, alles unter der Kontrolle der zentralen Verwaltung des TNK, und für Märkte, die sich ausserhalb der Fabrikationsländer befinden. Die Verlagerung des schweizerischen Produktionsapparates nach Südostasien entspricht weitgehend dieser Art von Internationalisierung.[5]

Auf diese Weise nimmt ein grosses Unternehmen völlig den Charakter der Transnationalität an: es produziert über die Grenzen hinweg für einen Weltmarkt.

System des Agro-Business, Nahrungsmittelkette

Eine vor kurzem erschienene Studie des "UNO-Forschungszentrums über transnationale Gesellschaften" illustriert das sehr hohe Niveau der Konzentration und Internationalisierung im Agro-Business.[6] Einige Wissenschaftler, welche die wirtschaftliche Sektorenanalyse (primär, sekundär und tertiär) zurückweisen, schlagen stattdessen eine Analyse nach folgenden Gesichtspunkten vor: "Agro-industrielle Komplexe", "Ernährungssystem", "Nahrungsmittelkette".[7]

Diese Art von Analyse hat den grossen Vorteil, dass sie den Integrationsgrad der einzelnen Phasen der mit der Landwirtschaft verbundenen Wirtschaftsaktivitäten aufzeigt und besser die Einheit eines oft vom selben transnationalen Unternehmen kontrollierten Prozesses wiedergibt, der die Produktion, die Verarbeitung, den Vertrieb und die Bereitstellung von Saatgut einschliesst.

Das Ernährungssystem umfasst:
1. Vor- und nachgelagerte, wirtschaftliche und materielle Voraussetzungen der Produktion (Saatgut, Forschung, Kredite; Lagerung, Verarbeitung)
2. Die eigentliche landwirtschaftliche Produktion
3. Den Vertrieb für den Endverbrauch [8]

In den weiter unten aufgeführten nationalen Fallstudien wird diese Art der Analyse es erlauben, die an den verschiedenen Punkten des Systems vorhandenen Kräfteverhältnisse innerhalb eines Produktionszweiges zu verstehen. Weiter wird sie es vor allem ermöglichen, die Art von Interventionen des transnationalen Unternehmens Nestlé in den verschiedenen Phasen dieses Produktionsprozesses zu ermessen und so den Unterschied zwischen Wort und Tat aufzuzeigen.

Der Einbezug einer immer grösseren Anzahl von Ländern in die Expansionsstrategie der TNKs lässt die Mutmassung zu, dass unter der Kontrolle der Länder des Zentrums und zum Nachteil der Länder der Peripherie ein weltweites Ernährungssystem geschaffen wird. Diese bereits angelaufene Entwicklung wird gleichzeitig durch die Strategien und Praktiken der TNKs, der nationalen Industrien sowie die Politik der Nationalstaaten verstärkt.

Diese Tendenz ist in Lateinamerika, vor allem unter der Herrschaft von transnationalen Unternehmen nordamerikanischer Herkunft, bereits zu einer Realität geworden. Auch die TNKs europäischer und japanischer Herkunft spielen eine unübersehbare Rolle bei der Verstärkung der Abhängigkeit dieser Länder auf dem Gebiet der Nahrungsmittelversorgung.

Nestlé: ein Multi anders als die andern – der Diskurs der Nestlé über die Multis

Der Grossteil der Erklärungen und öffentlichen Stellungnahmen von Führungskräften des Nestlé-Konzerns haben die Tendenz, den transnationalen Charakter dieses grossen Unternehmens zu bagatellisieren. In ihrer Selbstdarstellung bemühen sie sich, das Gewicht und die tatsächliche Bedeutung des TNK auf internationaler Ebene zu verheimlichen und Nestlé als einen Multi mit menschlichen Zügen darzustellen, anders als die andern, besorgt um die soziale Verantwortung des Unternehmens, das sich nicht im nackten Profitstreben erschöpft.

"Man darf aber nicht verschweigen, dass ein grosses Unternehmen in dieser Hinsicht mehr Schwierigkeiten als ein kleines hat, ein menschliches Gesicht zu bewahren. Vielleicht ist es in unserem Fall möglich, dies bis zu einem gewissen Punkt doch zu schaffen, da diese grosse, am Umsatz, den vielen Tonnen hergestellter Ware und der Anzahl von Mitarbeitern gemessene Dimension nicht diejenige eines monolithischen Riesen ist, sondern eher eine Ansammlung zahlreicher, auf der ganzen Erdoberfläche verteilter Unternehmen. Jedes dieser Unternehmen ist wohl Teil eines Ganzen, aber doch jeweils nur von relativ bescheidener Grösse." [9]

Der ehemalige Präsident des Verwaltungsrates, Pierre Liotard-Vogt, braucht das Wort "multinational" für Nestlé nur im wörtlichen Sinn und stellt die Tochterfirmen des Konzerns, die oft zu 100% vom Stammhaus kontrolliert werden, als ein Nebeneinander nationaler Unternehmen dar.

"Wenn sie nun aber aufgrund ihrer Gliederung und einheitlichen Doktrin auch international ist, so stellt Nestlé dennoch die Gesamtheit einer Vielzahl nationaler Unternehmen dar, die alle in ihr jeweiliges Land integriert sind und bei ihrer Geschäftsführung über eine sehr weitgehende Selbstständigkeit verfügen. Hier erscheint Nestlé als multinational im wahrsten Sinne des Wortes. Hier erkennt man auch die Unhaltbarkeit der Vorwürfe gegen solche Gesellschaften sowie der Behauptung, sie übten aufgrund ihrer Grösse eine heimliche politische Macht aus und beherrschten wirtschaftlich die betreffenden Staaten. Derartige Anklagen sind im Falle Nestlé völlig abwegig, denn Nestlé stellt in jedem Staat eine im Vergleich zu dessen Grösse bescheidene Dienstleistungsindustrie dar, welche die nationale Entwicklung durch die Nutzung lokaler Rohstoffe... fördert." [10]

Selbstportrait

Von der Gruppe "Eminenter Personen"* der Vereinten Nationen befragt, verneinte Pierre Liotard-Vogt die besonderen Eigenschaften der Multis und lehnte sich gegen eine derartige Diskriminierung der "schlecht verstandenen", "Angst einflössenden" grossen Unternehmen auf.

"Gestatten Sie mir, gleich zu Beginn meiner Überzeugung Ausdruck zu geben, dass es kein spezifisches Problem der sogenannten multinationalen Unternehmen gibt. Das multinationale Unternehmen wird heute als etwas Besonderes, als ein erst seit wenigen Jahren in Erscheinung getretenes Phänomen dargestellt, das zudem von allem, was es bisher gegeben hat, völlig verschieden ist. In Wirklichkeit bildet die multinationale Tätigkeit eines Unternehmens nur einen unter vielen andern Aspekten einiger grosser Gesellschaften... Meiner Ansicht nach ist das einzige Problem, das man überhaupt nutzbringend aufwerfen kann, dasjenige des grossen Unternehmens, d.h. der Dimension des Unternehmens, wobei es sich natürlich von selbst versteht, dass die grossen Unternehmen in den meisten, wenn nicht gar in allen Fällen, ständig einen Teil ihrer Tätigkeiten ausserhalb ihrer nationalen Grenzen ausüben." 11

"Die Tatsache, dass sie Grossunternehmen sind, gibt ihnen keinerlei Anspruch auf Sonderrechte. In allen Ländern, in denen sie Zweigniederlassungen errichtet haben, unterstehen sie denselben Gesetzen und haben die gleichen Verpflichtungen wie die nationalen Gesellschaften. Bevor sie ihre Tätigkeiten aufnehmen, müssen sie eine Bewilligung beim Gastland einholen, das alle zur Beschlussfassung notwendigen Informationen anfordert und der Gesellschaft vielfach sehr strenge Verpflichtungen auferlegt und strikte Grenzen setzt." 12

Tatsächlich weigert sich Nestlé, das geschichtliche Phänomen der Transnationalisierung der Weltwirtschaft anzuerkennen. Nach ihrer Ansicht werden Unternehmen als multinational eingestuft, wenn sie ihre Tätigkeiten über geographische Grenzen hinaus erweitern, ohne dass ihnen jedoch dadurch irgendein spezifischer Charakter verliehen würde. Dieses Argument wird von den Wortführern der Unternehmer gebraucht, wenn über die Notwendigkeit diskutiert wird, die Aktivitäten transnationaler Unternehmen zu reglementieren. Die transnationalen Unternehmen versuchen mit allen Mitteln, die Verabschiedung von Verhaltenskodexen oder einschränkenden nationalen Gesetzgebungen, die ihre Bewegungsfreiheiten begrenzen könnten, zu verhindern. Sie möchten, dass man ihre spezifische Eigenschaft als transnationale Unternehmen vergisst, indem sie unterstreichen, dass ihre Tochtergesellschaften in jeder Hinsicht auf gleichem Fuss wie die nationalen Unternehmen stehen. Die Wirklichkeit ausser Acht lassend, sollte man, um diesen Überlegungen zu folgen, vom tatsächlichen Gewicht des Netzes Stammhaus/Tochtergesellschaft auf internationaler Ebene absehen.

Wenn auch die Jahresberichte oder die Reden vor der Generalversammlung diese transnationale Dimension von Nestlé mitsamt ihren Begleiterscheinungen bagatellisieren, wird sie vom damaligen Verwaltungsratsdelegierten und späteren Präsidenten des Verwaltungsrates, Arthur Fürer, doch klar bestätigt:

---

* Der ECOSOC (Wirtschafts- und Sozialrat der Vereinten Nationen) hatte damals eine Gruppe von Spezialisten, "Eminente Personen" genannt, geschaffen, um Sitzungen (Hearings) über die Rolle der Multinationalen zu leiten. P. Liotard-Vogt sagte vor dieser Gruppe aus.

"Ein multinationales Unternehmen ist eine wirtschaftliche Einheit auf internationaler oder weltweiter Ebene. In dieser Eigenschaft muss es sich mit aus einem andern Zeitalter stammenden Problemen auseinandersetzen: Protektionismus, Nationalismus, viele unterschiedliche Währungen, Mannigfaltigkeit von Gesetzgebungen, Steuer- und Zollsystemen. All diese Probleme müssen wir innerhalb einer Gesellschaft lösen, die eine wirtschaftliche Einheit darstellt, währenddem jedes Land seine eigenen Interessen verteidigt."[13]

Fürer unterstreicht auch noch ganz klar, in welchem Ausmass die politischen Grenzen des Nationalstaates einer andern Epoche·der Unternehmensexpansion entsprechen und heute ein klares Hindernis für die volle Entwicklung der Unternehmen auf internationaler Ebene darstellen.

"Es existiert eine gewisse Divergenz zwischen der Auffassung eines Nationalstaates, der seine eigenen Interessen verteidigt, und der Handlungsweise einer multinationalen Gesellschaft, für welche nationale Grenzen eher ein Hindernis bedeuten. Ein Hindernis, das ein optimales Vorgehen hemmt, weil jedes Land andere Gesetze, Steuersysteme, Zollsätze und Währungen hat, und seine eigene Finanz-, Wirtschafts- und Sozialpolitik betreibt. Dem multinationalen Unternehmen bleibt keine andere Wahl, als sich an die spezifischen Gegebenheiten eines jeden Landes anzupassen. Es soll sich nicht in die Politik einmischen. Es ist verpflichtet, ihm auferlegte Änderungen zu akzeptieren. So wie ein Winzer das Gewitter über sich ergehen lässt, muss es die politischen Umwälzungen über sich ergehen lassen. Es kann sie nicht verhindern. Es kann nicht mehr tun, als Raketen in den Himmel zu schiessen in der Hoffnung, so den Hagel zu vertreiben. So kann eine multinationale Gesellschaft politischen oder wirtschaftlichen Umwälzungen kein Ende setzen: sie kann höchstens versuchen, das, was sie in dem betreffenden Land besitzt, zu retten.
Wenn man den durch die Geschichte geschaffenen Nationalstaat einerseits und den internationalen Gesichtspunkt der multinationalen Gesellschaft andererseits betrachtet, ist man versucht zu denken, dass das multinationale Unternehmen eine Welt andeutet, wo man sich nicht mehr mit rassistischen oder nationalistischen Vorurteilen herumschlägt, sondern wo man versucht, friedfertig und auf die bestmögliche Art im Interesse der ganzen Welt zu handeln, ohne Grenzen, und mit allen Mitteln, die uns zur Verfügung stehen."[14]

Die nationalistischen, entwicklungspolitischen und protektionistischen Massnahmen der Gastländer haben in Wirklichkeit in der Vergangenheit dazu gedient, die Eingliederung von Nestlé in die nationalen Wirtschaftssysteme zu fördern, indem sie ihr, nachdem sie sich dank einer nationalen Tochterfirma im Land niedergelassen hatte, gegenüber möglicher externer Konkurrenten übermässigen Schutz gewährt haben. Sobald sie sich jedoch in einem Land sicher niedergelassen hat und sich dann in der Expansionsphase ihrer Tätigkeiten befindet, betrachtet Nestlé die den freien Kapitalumlauf behindernden Gesetzgebungen und andere nationalistischen Massnahmen als Einschränkungen. Diese nationalen Gesetzgebungen werden dann zu Hindernissen für die optimale Ausdehnung der Aktivitäten und für die Anwendung einer Gesamtstrategie des Konzerns.

Verhandlungsmacht und Dominanz des Unternehmens

Die Nestlé-Chefs halten daran fest, dass die Niederlassungen ihres Konzerns in mehreren Ländern ihm keinen spezifischen Charakter verleihen, und dass ihre lokalen Tochtergesellschaften in jedem Fall denselben Gesetzen und Beschränkungen unterliegen wie auch die nationalen Unternehmen. Gibt die Tatsache, dass die Nestlé auf allen Kontinenten Tochtergesellschaften hat, Kapital, Technologie und einen Verwaltungsapparat beherrscht, der eine globale Strategie umsetzt, den TNK nicht ein besonderes Gewicht, eine Macht, eine Verhandlungskapazität, die sie genüber den nationalen Unternehmen privilegieren — wie gross diese auch sein mögen — deren Aktivität sich aber auf den politischen Raum eines Landes beschränkt? Die Stellungnahmen der Nestlé-Führungskräfte sind kategorisch:

> "Man spricht sehr oft von einem abstrakten Konzept, nach welchem die Macht der Unternehmen die Macht von Regierungen in Schach hält. Solange niemand fähig ist zu zeigen, wo diese Macht heute eigentlich liegt und wie sie wirklich falsch angewendet wird, möchte ich nicht Ihre Zeit damit vergeuden, über einen Slogan zu reden, der keinen Sinn hat. Um sich zu überzeugen, dass diese Macht nirgends existiert, genügt es wohl zu beobachten, mit welcher Leichtigkeit gewisse Länder, darunter oft die finanziell und militärisch schwächsten, die Tochtergesellschaften der grössten Unternehmen der Welt nationalisieren oder auf sonst irgendeine Art schikanieren. Es reicht nicht aus, dass man einen grossen Umsatz aufweist, auch ein sehr hoher Profit genügt nicht, um dafür als Gegenleistung auch nur die geringste Machtstellung beanspruchen zu können. Sehr oft ist sogar das grosse Unternehmen verletzlicher als ein anderes, da es sichtbarer, exponierter ist." [15]

oder weiter:

> "Ich möchte gerne, dass Sie mir Beispiele aufzeigen, die unsere Machtstellung illustrieren! Wenn wir ein zu grosses Gewicht haben, werden wir angenehm, was entweder Diskriminierungen oder Nationalisierungen nach sich zieht. Und wenn wir die Flucht ergreifen, ist dies auch nicht gerade ein Zeichen der Macht... Wir haben immer gedacht, wir hätten wenigstens eine Art von Macht, nämlich diejenige, falls notwendig zu investieren oder Fabriken zu schliessen, die aus von uns nicht beeinflussbaren Gründen unrentabel geworden sind. Aber auch diese Macht ist beschränkt. Mit der Drohung, sonst ihre Grenzen für unsere Importe zu schliessen, sind wir von vielen Ländern gezwungen worden, uns auf ihrem Gebiet niederzulassen." [16]

> "Die Philosophie unseres Unternehmens besteht darin, das Management zu dezentralisieren; da, wo wir sind, eine absolute politische Neutralität zu wahren, und alles zu tun, damit unsere ausländischen Tochtergesellschaften vollkommen mit dem Leben des jeweiligen Landes identifiziert werden." [17]

Wo liegt denn diese Macht der transnationalen Unternehmen? Wie kann ihre Dominanz gemessen werden? Wir werden die Illustration dieser Macht in drei Punkte aufteilen:

1. Macht, Stärke, Gewicht der TNK auf internationaler Ebene
2. Beziehungen zum Staat, zur nationalen, politischen Machtstruktur
3. Formen der Domination und Abhängigkeit auf nationaler Ebene

Macht, Stärke und Gewicht der TNK auf internationaler Ebene

Wissenschaftler des Lateinamerikanischen Instituts für das Studium der Transnationalen Unternehmen (ILET) bestehen sehr auf dieser Dimension: transnationale Unternehmen sind nicht nur Einheiten, die fähig sind, wirtschaftliche Entscheidungen zu treffen. Obwohl sie in vielen Gesichtspunkten den grossen nationalen Gesellschaften ähnlich sind, haben sie doch einen bestimmten Vorteil, der noch durch den Grad der Internationalisierung der Weltwirtschaft vergrössert wird — ihr Unabhängigkeitsgrad gegenüber verschiedenen Ländern.

Der TNK wählt das politische Umfeld, in welchem er seine Tätigkeiten ausüben will. So werden der Ankauf von Rohstoffen, die Produktion, der Verkauf, die Beschaffung finanzieller, technischer und administrativer Mittel in dem Land vorgenommen, das die grössten Vorteile bieten kann. Die grosse Mobilität des TNK ermöglicht es ihm, sich bis zu einem gewissen Punkt der Souveränität eines jeden Staates zu entziehen.

Der Ausdruck "sich entziehen" kann auf zwei Arten verstanden werden:
1. Die Fähigkeit, gegenüber Pressionen weniger anfällig zu sein
2. Die Möglichkeit transnationaler Unternehmen, verschiedene interne Instrumente zur Hand zu haben, um sich damit den Auflagen eines Staates zu entziehen

So ermöglicht es ihnen die Tatsache, gleichzeitig in verschiedenen Ländern tätig zu sein, nicht nur, sich der nationalen Souveränität zu entziehen, da sie an verschiedenen Orten angesiedelt sind, sondern lässt ihnen auch noch die Türe offen für alle möglichen Geschäfte unter Tochtergesellschaften oder zwischen Tochtergesellschaften und Stammhaus, und dies trotz aller Kontrollgesetze, die in den verschiedenen Ländern gültig sind.*

Infiltration in internationale Organisationen

Die zwischenstaatlichen Organismen bemühen sich, gesetzliche Regelungen zu entwickeln und die Regierungen dahin zu bringen, Kontrollmechanismen gegen die Missbräuche der TNK einzuführen. Seit einigen Jahren haben die TNK eine Politik der Infiltration in internationale Organisationen betrieben. Dies ermöglicht es ihnen, von den durch die UNO zusammengetragenen Informationen zu profitieren, die Orientierung von Projekten zu beeinflussen, dies vor allem im Rahmen der FAO (Organisation der UNO für Ernährung und Landwirtschaft) und auch des Programmes der UNO für Entwicklung (UNDP). Sie können so auch verhindern, dass Massnahmen oder Verhaltenskodexe erlassen werden, die ihre Tätigkeiten auf dem Weltmarkt einschränken könnten. Solche Manöver wurden vor allem von der "Erklärung von Bern", von Susan George und von Erich Jacoby analysiert und kritisiert.[19]

1966 haben verschiedene TNK das "Programm zur Zusammenarbeit mit der Industrie" (Industry Cooperative Programme, ICP) auf die Beine gestellt, um "zu beweisen, dass das internationale 'Business' auf verantwortliche und weitblickende Art zur sozialen und wirtschaftlichen Entwicklung beiträgt, indem es rentable Unternehmen unterstützt".[20]

---

* Die wichtigsten Instrumente sind konzerninterner Handel und Transferpreise, wodurch das Unternehmen entscheiden kann, welche Profite es in einem Land ausweist. Im weitern wird in Form sogenannter "Weltmarktpreise", Lizenzgebühren und Zinsen Kapitalfluss praktiziert.[18]

Die Teilnahme von TNKs, Mitgliedern des ICP, an Missionen der FAO, ermöglichte es ihnen, zukünftige Investitionszonen zu entdecken und Zugang zu Angaben über landwirtschaftliche Entwicklungsmöglichkeiten in verschiedenen Ländern zu erhalten. Als Folge der starken Kritik vor allem aus den Reihen der internationalen Gewerkschaften, kündigte der neue FAO-Präsident, Edward Saouma, im Januar 1978 an, dass dieses Programm der FAO mit den Unternehmen auf Ende Juni desselben Jahres zu Ende gehen würde.

Die TNK gaben jedoch nicht so schnell auf; dank der Komplizenschaft des UNDP-Verwalters wird das ICP, inzwischen zum Rat für industrielle Entwicklung (Industry Council for Development, ICD) geworden, zur Mitarbeit mit dem UNDP und andern Organisationen der UNO, wie der UNIDO (United Nations Industrial Development Organization), dem Weltrat für Ernährung, der Gruppe der Weltbank und der FAO (auf dem Gebiete der landwirtschaftlichen Mechanisierung) zugelassen. [21]

Mit der Veröffentlichung von Briefen, Protokollen und Berichten schweizerischer transnationaler Unternehmen unter dem Titel "Die Unterwanderung des UNO-Systems durch multinationale Konzerne" deckte die "Erklärung von Bern" die Strategien dieser grossen Firmen auf, mit welchen diese versuchen, die Kommission "Eminenter Personen" zu neutralisieren. Nachdem sie den Verwaltungsratsdelegierten von Nestlé vorgeschlagen hatten, einigten sich die sechs Schweizer Firmen Nestlé, Ciba-Geigy, Sandoz, Hoffmann-LaRoche, Brown-Boveri und Sulzer sowie zwei Industriellen-Vereinigungen auf den Namen des ehemaligen Schweizerischen Bundesrates Hans Schaffner (zu dem Zeitpunkt Vizepräsident der Sandoz) für die Leitung einer geheimen Koordinationsgruppe, welche sich von 1972 bis 1974 mindestens 15mal getroffen hat. Das Ziel dieser Gruppe war es, auf die "Eminenten Personen" Einfluss zu nehmen und so Aktionen entgegenzuwirken, die damals von der OECD, der UNCTAD (Konferenz der Vereinten Nationen für Handel und Entwicklung) und der EWG (Europäische Wirtschaftsgemeinschaft) gegen die multinationalen Unternehmen in Gang gesetzt worden waren.

Der Weltverband der Arbeitnehmer (WVA) prangerte schon 1979 an, dass in diesen zwischenstaatlichen Verhandlungen die Regierungsdelegationen (vor allem diejenigen aus den USA, West-Europa und Japan) mit Vertretern der Geschäftswelt (Banken, Rohstoffbörsen, Multis ot betroffenen Branchen) gespickt waren. Während der Verhandlungen über den Kakao vom 16. Juli bis zum 2. August 1979, waren über 40 Vertreter von multinationalen Unternehmen aus dieser Branche als offizielle Vertreter in den Regierungsdelegationen dabei. Dazu kamen noch Vertreter von Privatbanken und der Rohstoffbörsen von London und New York. Nestlé war sogar in zwei Regierungsdelegationen mit dabei: USA und Grossbritannien!

Der WVA stellt sich folgende Fragen:
Wie kann man unter diesen Bedingungen Abkommen erreichen, die für die kleinen Produzenten und die Konsumenten zufriedenstellend sind? Wie glaubwürdig sind Regierungen, die in ihren Delegationen Vertreter der TNK aufnehmen? [22]

P. Liotard-Vogt gesteht im übrigen diese Infiltration von Nestlé in staatliche Delegationen, samt all ihren Konsequenzen bezüglich politischer Entscheidungen so erreichter Vorteile, mit folgender Aussage ein:

"Es kommt übrigens nicht selten vor, dass dieselben Männer, die dem Unternehmen in den verschiedenen Ländern vorstehen, in der Wirtschaft des Landes eine öffentliche Rolle spielen, und dass gewisse Direktoren oder Präsidenten unserer Unternehmen, vor allem in Entwicklungsländern, als Regierungsvertreter an internationalen Konferenzen teilnehmen." [23]

Man kann sich deshalb schon die Frage stellen, wo sich die Grenze befindet zwischen einer politischen Aktivität zugunsten einer Tochtergesellschaft einerseits und der Übernahme einer öffentlichen Rolle in Entwicklungsländern andererseits, wenn ja genau solche Regierungsberaterposten es ermöglichen, die Politik, unter anderem in der Nahrungsmittelindustrie, zu lenken. Wo sind da die Grenzen zwischen Firmeninteressen und staatlichen Interessen? Oder handelt es sich dabei einmal mehr um die "Interessengemeinschaft", die Nestlé so oft beschwört? Was bedeutet zum Beispiel die Gegenwart eines Nestlé-Chefs in der Kommission für Nahrungsmittel-Normen in Brasilien? Oder die Teilnahme des Ex-Chefs von Nestlé-Brasilien, Oswaldo Ballarin, am ICP, wo er alles daran setzte, dass das ICP einen Bericht verfasse, der (als von der FAO präsentiert) die Zusammenarbeit aufzeigt, die die Multinationalen den unterentwickelten Ländern bieten und noch bieten können? [24]

Beziehungen zum Staat, zur nationalen politischen Machtstruktur

"Darf ich noch ein Wort beifügen über die politischen Aspekte, welche durch die Präsenz einer ausländischen Gesellschaft in jedem Lande entstehen können. Unsere Gesellschaft hat es sich zur Regel gemacht, in den Gastländern keine Politik zu betreiben. Wir sind Industrielle, deren Aufgabe es ist, Produkte herzustellen, zu verteilen und zu verkaufen, ohne dass wir uns in irgend einer Weise in das Regierungssystem eines Landes einmischen, das nicht das unsrige ist. Jede andere Haftung wäre unannehmbar, nicht nur, weil dies vom Gastland nicht geduldet würde, sondern auch, weil wir uns nicht anmassen können, über die absolute Wahrheit zu verfügen. Um so weniger verstehen wir daher die Kritik jener, die uns vorwerfen, uns weiterhin in Ländern zu betätigen, deren politisches System sie ablehnen. Unser Bleiben bedeutet keinesfalls unser stillschweigendes Einverständnis mit einem politischen Regime, das wir innerlich vielleicht selbst ablehnen, über das wir aber nicht zu urteilen berechtigt sind." [25]

"Jedes Land soll sich die Strukturen geben, die ihm zusagen, und es ist nicht unsere Rolle, darüber ein Urteil abzugeben; auch wenn es uns nicht passt, müssen wir uns mit der Rolle des Industriellen zufriedengeben. Unser alleiniges Bestreben liegt darin, unsere industriellen Aktivitäten so zu gestalten, dass sie sowohl für die Wirtschaft des Landes wie auch für unsere Angestellten und Konsumenten vorteilhaft sind." [26]

Wenn auch Nestlé in Chile an der Destabilisierung der Regierung nicht teilgenommen hat, zeigen uns doch einige Zahlen, dass dem Nestlé-Konzern in der Ausübung seiner Produktionstätigkeiten die Art der jeweiligen Regierung nicht gleichgültig ist. 1972 prangerte die Internationale Union der Lebens- und Genussmittelarbeiter Gewerkschaften (IUL) die Absicht der Nestlé an, nach dem Sieg der Unidad Popular einige Programme technischer Hilfe an Chile zu annulieren. Firmenchefs dementierten jedoch diese Vorwürfe.

Die Zahlen, die von der Firma in ihrem Buch "Nestlé in den Entwicklungsländern" gegeben werden, zeigen, dass die Produktion zwischen 1971 und 1973 praktisch gleich geblieben ist. 1970 gehörten 36 Ausländer zum Personal, 1971 waren es 29, 30 im Jahre 1972 und 17 im Jahre 1973, um im gleichen Jahr auf 22 anzusteigen. Andererseits ist zu beachten, dass nach dem Staatsstreich der Umsatz von Nestlé in Chile beträchtlich gestiegen ist, vor allem nach der Preiserhöhung ihrer Produkte. Während der Preiskostenindex für Nahrungsmittel von September 1973 bis Januar 1975 um 1245% stieg, haben sich die Nestlé-Produkte in derselben Periode um zwischen 3000 und 8000% verteuert.

Man kann zwar verstehen, dass die Preise unter dem Pinochet-Regime aufgrund der galoppierenden Inflation und fortwährender Entwertung der Landeswährung schnell angestiegen sind. Es ist aber schwer zu erklären, weshalb dieses Phänomen die Nestlé-Produkte sechsmal stärker trifft als alle andern Nahrungsmittel im Lande.

Im August 1973 konnte man mit einem Mindestlohn 25 Zweikilogramm-Büchsen Milch der Marke NIDO kaufen, während man schon im Februar 1975 mit demselben Gehalt nur noch 8 Büchsen kaufen konnte.[27]   Auf die Frage eines Journalisten "Sind sie politischen Regimes gegenüber wählerisch?", antwortete A. Fürer, damals noch Verwaltungsdelegierter:

"Wir haben keine politischen Vorurteile, was auch unsere Präsenz in Ländern wie Vietnam oder Chile erklärt, die ganz andere Regimes haben, als wir sie kennen. Verkauft denn ein Winzer seinen Rebberg, wenn ein Hagelgewitter droht, nur um ihn dann zurückzukaufen, wenn die Gefahr vorbei ist?"[28]

Man liest deshalb mit Erstaunen im Jahresbericht 1981:

"Wir hatten uns oft den wirtschaftlichen und politischen Verhältnissen anzupassen: In einigen Ländern wurden Importe durch behördliche Massnahmen vollständig unterbunden, in anderen zwang uns die politische Entwicklung zur Aufgabe unserer Tätigkeit, so etwa in China und Vietnam, wo wir sehr lange vertreten waren..."[29]

Aus welchem Grund hat man sich denn aus China, Vietnam und Madagaskar zurückgezogen, während es doch möglich ist, in den Philippinen, in Chile und Indonesien weiterzufahren?

Wenn wir richtig verstanden haben, passt sich Nestlé den jeweiligen politischen Regimes an, jedoch unter der Bedingung, dass die Gastländer nicht zuviele Kontrollmassnahmen für den Kapitalverkehr, den Import von Rohstoffen oder die Rückführung der Gewinne treffen. Natürlich findet man diese Freiheit, "Geschäfte zu machen", bessere Profite zu machen, in einigen Ländern eher vor als in andern. So ist auch besser verständlich, dass die Kritik am transnationalen System oder gar an der Nestlé als Attacken gegen das freie Unternehmertum aufgefasst werden.

Eines ist sicher: Nestlé zieht die Länder vor, in denen der wirtschaftliche Liberalismus vorherrscht, fürchtet hingegen die Instabilität der Länder der Dritten Welt und deren mögliche Massnahmen gegen den Einfluss transnationaler Unternehmen. Nestlé zieht politisch stabile Länder vor, in denen das Risiko, zum Kommunismus oder einem gewissen Sozialismus überzugehen, nicht besteht.

"Wir finden, dass wir in den USA zu schwach waren. Unserer Ansicht nach trugen die USA mit einem zu kleinen Prozentsatz zum Konzernprofit bei, vor allem verglichen mit dem, was in andern Ländern geschieht. Aus diesem Grund versuchen wir seit ein paar Jahren, unsere Stellung in den USA zu verbessern. Dafür gibt es aber noch viele andere Gründe. Die USA sind politisch sicher. Man weiss nie, was in der Welt noch passieren wird. Es gibt so viele Länder, die sich dem Kommunismus oder einer Art von Sozialismus zuwenden. Soweit es abzusehen ist, werden die USA das letzte Land sein, in welchem das freie Unternehmertum noch existieren wird." [30]

Formen der Domination und Abhängigkeit auf nationaler Ebene

Das Gewicht und die Verhandlungskapazität eines TNK kann schlussendlich auch so gemessen werden, indem man die verschiedenen Formen seiner Domination über die nationale Wirtschaft analysiert.

Die Expansionsstrategie der TNKs drückt sich vor allem auf zwei Arten aus:

— Die Ansiedlung neuer Fabriken im Gastland
— Die Absorption nationaler Industrien mitsamt deren Markt durch Ankauf oder auch durch unlauteren Wettbewerb, der sie zwingt, ihre Tätigkeit aus Mangel an adäquater Technologie oder an Geldmitteln für notwendige Innovationen aufzugeben

Die Ansiedlung einer Tochtergesellschaft in einem Gastland kann aufgrund einer Entscheidung zur Diversifikation der Tätigkeiten in andere Branchen stattfinden. Gewisse Konzerne verwandeln sich richtiggehend in Konglomerate, die Nahrungsmittel, chemische Produkte und Ausrüstungsgüter fabrizieren. Sehr oft begegnet man einer horizontalen Expansion. Der TNK entschliesst sich, gleiche Produkte in mehreren Ländern herzustellen. Oder aber es findet eine vertikale Expansion statt, um an Rohstoffe oder an den Markt einer bestimmten Branche heranzukommen. Um das Gewicht der Tochtergesellschaft eines TNK in einem Land zu verstehen, müssen wir den Zeitpunkt ihrer Ansiedlung, den Stand der Industrialisierung der betreffenden Branche, das Technologie-Niveau der angesiedelten Fabriken und die mehr oder weniger oligopole Situation innerhalb einer bestimmten Branche oder bei gewissen Produkten der Branche mit einer hohen Wertschöpfung analysieren.

Das Gewicht eines TNK auf einem bestimmten nationalen Markt kann also anhand verschiedenen Dominationsformen der Geschäftstätigkeit gemessen werden:

— Juristische Domination durch den Besitz von Tochtergesellschaften, oft mit 100%igem Anteil (z.B. Nestlé)
— Domination durch Oligopol in einer Branche (Nestlé Brasilien z.B. in der Milchverarbeitung)
— Technologische und finanzielle Domination, insbesondere bei Ansiedlungen von Tochtergesellschaften amerikanischer, europäischer und japanischer Konzerne in kaum industrialisierten Ländern.

Der technologische und kapitalmässige Beitrag des Stammhauses verleiht dann die nicht zu bestreitende Fähigkeit, nach einer ersten Aufbauphase die Tätigkeiten im Land auzudehnen. Dazu kommt, dass die Tochtergesellschaften, schon wegen ihrer Grösse und der gewährten Garantien, nicht nur besseren Zugang zum internationalen Kapitalmarkt haben, sondern auch zum nationalen Markt. Sie stellen dabei für die nationalen Industrien eine starke Konkurrenz dar.

Die detaillierte Schilderung von Niederlassungen von Nestlé-Tochtergesellschaften in verschiedenen lateinamerikanischen Ländern wird es ermöglichen, Formen und Grad der Nestlé-Domination über weite Sektoren des Agro-Business in diesen Ländern zu illustrieren.

Verschiedene Aspekte dieser Präsenz von Nestlé in Lateinamerika sollen in den folgenden Kapiteln dargestellt werden:

— Die geschichtlichen Bedingungen der Ansiedlung
— Die Errichtung von Monopolen und Oligopolen*
— Die Beziehungen zu den Rohstoffproduzenten
— Der Zugang zum Konsumenten
— Die Beziehungen zum Staat, den lokalen Bourgeoisien und den Niederlassungsgebieten.

Bevor wir jedoch die Ansiedlungs- und Dominationsmethoden von Nestlé in diesen Ländern enthüllen, ist es unerlässlich, die Gesamtstrategie und die grundlegenden Charakteristiken des Nestlé-Konzerns zu skizzieren.

---

* Oligopole: Marktform mit wenigen, aber mächtigen Anbietern. Verhalten sich oft wie Monopole (Alleianbieter).

Anmerkungen zu Kapitel I

1. Pierre Liotard-Vogt, Jahresbericht 1973.
2. Raúl Trajtenberg und Raúl Vigorito, "Economia Politica en la Fase Transnacional, Reflexiones preliminares", in Comercio Exterior, México, vol. 32, Nr. 7, Juli 1982, S. 714-15.
3. Ibd., S. 715.
4. Ibd., S. 719-20.
5. Dazu siehe auch: Hilmar Stettler, "Schweizer Fabriken: Ab in die 3. Welt? Produktionsverlagerung der Schweizer Grossindustrie", Z-Verlag, Basel, 1980.
6. United Nations, Centre on Transnational Corporations, "Transnational Corporations in Food and Beverage Processing", N.Y., 1981 ST/CTC/19, S. 242. Siehe auch die Studie von UNIDO: "First Global Study on the Food-Processing Industry", ID/WG/345/3/Rev.1, Wien, 23. Sept. 1981, S. 209.
7. Die Konzepte wurden hauptsächlich entwickelt von: A. Domike. Gonzalo Arroyo, Susan George, die Wissenschaftler des ILET in Mexiko. Siehe Bibliographie.
8. G. Arroyo, "Les entreprises transnationales et l'agriculture en Amérique Latine" in Amérique Latine No 1, CETRAL, Paris, Jan.-März 1980, S. 47-83, und Susan George, "Les stratèges de la faim", Ed. Grounauer, Genève, 1981, S. 365.
9. Nestlé: Ansprache von Pierre Liotard-Vogt an der ordentlichen Generalversammlung der Aktionäre, 14. Mai 1981, Lausanne.
10. Nestlé: Jahresbericht, 1977, S. 33-34.
11. Pierre Liotard-Vogt, Déclaration devant le groupe des personnes éminentes du Conseil Economique et Social des Nations Unies, am 7. November 1973.
12. Nestlé: Jahresbericht 1973. Siehe auch P. Liotard-Vogt, Ansprache vor der ordentlichen Generalversammlung, 1980, S. 14-19.
13. Arthur Fürer, Interview in "24 heures", Lausanne, 1975.
14. Arthur Fürer, Interview in "Journal de Vevey", 23. Februar 1977.
15. Pierre Liotard-Vogt, Déclaration devant le groupe de personne éminentes, Nations Unies, 7. November 1973, S. 15.
16. Arthur Fürer, Interview in "24 heures", 11.-12. Oktober 1975.
17. Pierre Liotard-Vogt, Ansprache vor der ordentlichen GV der Aktionäre, 1977.
18. Trajtenberg und Vigorito, op. cit. S. 722.
19. Erklärung von Bern, "Die Unterwanderung des UNO-Systems durch multinationale Konzerne", Zürich, 1978, S. 33. Susan George, "Les stratèges de la faim"; Erich H. Jacoby, "Les sociétés multinationales et le développment du Tiers Monde. Une influence croissante dans le système des Nations Unies", in "Le Monde Diplomatique", Juli 1976, S. 4-5.
20. Susan George, "Les stratèges de la faim", S. 269.
21. Ibd., S. 309.
22. Bulletin WVA, 1979.
23. Pierre Liotard-Vogt, Interview in "Entreprise 740", 15. November 1969, S. 159.
24. Erklärung von Bern, op.cit.
25. Pierre Liotard-Vogt, Ansprache vor der ordentlichen GV der Aktionäre, 1978, Lausanne, S. 8.
26. Ansprache des Verwaltungsratspräsidenten an die Aktionäre, Montreux, 1973, S. 21-23.
27. IUL, Bulletin Nestlé, Nr. 18, Juli 1975.
28. Arthur Fürer, Interview in "24 heures", 1975.
29. Nestlé: Jahresbericht 1981, S. 44.
30. Pierre Liotard-Vogt, "Advertising Age", 30. Juni 1980.

Kapitel II

Das Imperium Nestlé

Nestlé im Klub der Agro-Giganten

Die Anstrengungen, die Nestlé unternimmt, um uns ihre beeindruckenden Ausmasse vergessen zu lassen, ändern nichts an der Tatsache: Nestlé gehört zum beschränkten Kreis der Giganten im Agrobusiness. Die Konzentration solcher Firmen und ihre Verbreitung über den ganzen Erdkreis, die schon früh mit der Internationalisierung nationaler Unternehmen begonnen hatte, hat sich in den letzten 20 Jahren beträchtlich beschleunigt. Seither bestimmen einige grosse transnationale Konzerne, die die Nahrungsmittel- und Getränkeverarbeitungsindustrie beherrschen, was wir essen sollen. Sie wählen die Produkte aus, die uns angeboten werden sollen, beeinflussen unsere Essgewohnheiten und schaffen, wenn nötig, völlig neue.

Eine neuere Studie der UN Kommission über Transnationale Gesellschaften macht genaue Angaben über die Lage der Nahrungsmittel- und Getränkeindustrie auf dem Verarbeitungssektor und dem Weltmarkt. Sie zeigt auch die hohe Konzentration, die auf dem weltweiten Nahrungsmittelmarkt — vor allem in den Entwicklungsländern — stattgefunden hat, auf und die vorherrschende Rolle, die transnationale Unternehmen europäischer oder amerikanischer Herkunft dabei spielen.

Heute gehört die Nahrungsmittelverarbeitung weltweit zu den wichtigsten industriellen Tätigkeiten.*

Zum Zeitpunkt dieser Studie kontrollierten 25 Unternehmen 2/3 der Nahrungsmittelindustrie ausserhalb ihres Ursprunglandes. Unilever und Nestlé allein kontrollierten zusammen 1/4 dieser Produktion.[1] Ein Viertel des Ertrags dieser Unternehmen stammt von ihren ausländischen Tochtergesellschaften.[2] Für die Unternehmen schweizerischer Herkunft in dieser Branche, deren Ertrag aus dem Verkauf von Nahrungsmitteln 1976 7 Milliarden Dollar betrug, machte der Anteil ihrer ausländischen Tochtergesellschaften am Gesamterlös 90% aus.[3]

Der Konzentrationsgrad und die Rolle der transnationalen Unternehmen in der Nahrungsmittelindustrie ist aus den folgenden Angaben leicht ersichtlich:

Ungefähr 1/3 der in nicht-planwirtschaftlichen Ländern verarbeiteten Nahrungsmittel stammt von Grossunternehmen. 1976 gab es 189 Unternehmen im Agrobusiness mit mehr als 300 Millionen Dollar Umsatz, und mit Ausnahme von Bunge and Born (Argentinien) hatten alle ihren Hauptsitz in Industrieländern.

Der Grossteil dieser Unternehmen haben ihre Tätigkeiten diversifiziert, neben der Nahrungsmittelproduktion sind sie auch in anderen Branchen der verarbeitenden Industrie und dem Dienstleistungssektor tätig. Die meisten unter ihnen üben ihre Tätigkeiten in der Nahrungsmittelverarbeitung auf transnationaler Ebene aus.[4]

Diese transnationale Unternehmen arbeiten nach einer globalen Strategie. Dabei sind ihre zahlreichen nationalen Tochtergesellschaften aus allen fünf Konti-

---

*) Nach dieser Studie belief sich 1975 der Produktionswert in der Nahrungsmittelindustrie auf 695 Milliarden Dollar, was fast 19% des Gesamtwertes der verarbeiteten Erzeugnisse ausmachte. Die Verarbeitungsindustrie für Nahrungsmittel und Getränke beschäftigte zu dem Zeitpunkt 22,5 Mio. Personen, d.h. 1/8 der gesamten industriellen Arbeitskräfte auf Weltebene. In den Entwicklungsländern ist das Gewicht dieser Industrie noch grösser: 1/4 der verarbeiteten Erzeugnisse und 1/6 der industriellen Arbeitskräfte (U.N. Center on Transnational Corporations, *Transnational Corporations in Food and Beverage Processing*, New York, 1981, ST/CTC/19, S.4.).

nenten nichts anderes als Rädchen in einem grossen Getriebe, dessen einziger Zweck, ob zugegeben oder nicht, es ist, Gewinnmargen, Umsatz, Profite zu vergrössern. Dabei ist Nestlé nur ein Beispiel für die Vorherrschaft dieser Nahrungsmittel-Transnationalen und, um es mit ihren Hauptrivalen aufnehmen zu können, muss sie sich einer unbarmherzigen Wachstumslogik unterstellen. Strategie und Praktiken der Nestlé illustrieren dieses Transnationalisierungsphänomen der Wirtschaft. Die hauptsächlichen Elemente dieser transnationalen Strategie sind:

— territoriale Expansion der Tätigkeiten, Produktedifferenzierung und die Erschliessung neuer Märkte für die Ansiedlung von Tochtergesellschaften;
— Suche nach oder Konsolidierung von Monopol- oder Oligopolstellungen auf einem nationalen Markt oder auch für ein Produkt auf Weltebene;
— Nutzen ziehen aus der Regierungspolitik um eine Machtposition zu verstärken, vor allem dank Steuervorteilen und langfristigen Garantien.
— Eindringen in die nationale Produktionsstruktur durch Finanzmacht, Verhandlungskapazität, und einen Verwaltungs- und Vermarktungsapparat. Dadurch kann die TNK die im Land am besten rentierenden Sektoren aussuchen, sie kann die lokalen Produktionskapazitäten absorbieren, verdrängen oder einfach gänzlich zerstören;
— Aufrechterhaltung einer von den Interessen des Stammhauses diktierten Beziehung zu den nationalen Tochtergesellschaften, mit dem Ziel, die Tätigkeiten zu optimieren und Technologie, Kapital und Personal zum Besten des transnationalen Konzerns zu verwenden.

Auch wenn sich in ihren Tätigkeiten diese internationale Expansionslogik unterordnet, so hat Nestlé in der Anwendung ihrer Strategie doch eine besondere Eigenschaft: eine bemerkenswerte Benutzung eines bestimmten "Images" von Ernährung und den laut verkündeten Anspruch, einen Beitrag an die Entwicklung der Dritten Welt zu leisten.

Ein aufmerksamer Blick auf die Politik von Nestlé bei der Errichtung von Tochtergesellschaften und bei der Auswahl der Investitionen in Bezug auf den geographischen Raum und die Produktepalette wird es uns ermöglichen, die Gesamtstrategie der Firma abzuleiten. Ein geschichtlicher Rückblick und eine Analyse der Diversifikations- und Rationalisierungspolitik der Tätigkeiten innerhalb des TNK werden das Wachstum von Nestlé und ihre Aufnahme in den Klub der Agrogiganten ins richtige Licht rücken.

Nestlé: Weltweiter Leader im Nahrungsmittelbereich und transnational stärker als alle andern

Nestlé und Unilever dominieren weltweit den Agro-Nahrungsmittelsektor. Man versichert immer wieder, dass die englisch-holländische Transnationale Unilever unbestritten Nummer Eins auf dem Agro-Weltmarkt ist. Mit einem Umsatz von 20,3 Milliarden Dollar im Jahre 1983 übertrifft sie klar Nestlé, deren Verkaufsziffern im selben Jahr 13,4 Milliarden betrugen.* Wir haben es jedoch mit zwei völlig

---

*) 1984 betrug der Umsatz von Nestlé 31,141 Milliarden Schweizerfranken. Mit der Übernahme von Carnation, wird der Umsatz für 1985 auf 42-45 Milliarden SFr. geschätzt.

verschiedenen TNK zu tun: Der eine, Unilever, ist ein Konglomerat, das seine Tätigkeiten in 75 Ländern durchführt und fast 300'000 Personen in 500 Zweigstellen beschäftigt. Seine Tätigkeiten erstrecken sich von Plantagen über Transport- und Dienstleistungsunternehmen, bis zur Fabrikation von Nahrungsmitteln, Waschmitteln, chemischen Produkten und Verpackungsmaterial. Der andere, Nestlé, konzentriert sich vor allem auf die Verarbeitung von Nahrungsmitteln, der pharmazeutische und kosmetische Sektor, sowie das Restaurations- und Hotelgewerbe machen lediglich 5,4% des Gesamtumsatzes des Unternehmens aus. Wenn wir also nur die Nahrungsmittelproduktion in Betracht ziehen, ist Nestlé 1983 tatsächlich "Nummer Eins" im Agrobusiness und durch die Übernahme von Carnation wird sie diese Stellung noch ausbauen.

Das Einkommen der Unilever verteilt sich wie folgt: Produkte für Haushalt und Hygiene (31,7%), Plantagen und Transport (3,9%), Nahrungsmittel (48,8%), andere (15,6%). So gewinnt Unilever 1983 9,91 Milliarden Dollar aus dem Verkauf von Nahrungsmitteln. Im selben Jahr stammten bei Nestlé 97,6% des Einkommens aus dem Nahrungsmittelsektor, was einer Verkaufssumme von 12,68 Milliarden Dollar entsprach.

1983 besitzt Nestlé Zweigniederlassungen in 68 Ländern auf fünf Kontinenten, in 94 Verwaltungszentren, 282 Fabriken und 702 Büros und Verkaufsstellen. Nestlé kann sich damit brüsten, von allen TNK am stärksten transnational zu sein, da nur 3% ihres konsolidierten Umsatzes in ihrem Herkunftsland, der Schweiz, erzeugt werden. Der Konzern ist vor allem in den Ländern der Dritten Welt ansässig, 1983 stammen 38,9% seines Gesamteinkommens aus Lateinamerika, Asien, Afrika und Ozeanien. Im Vergleich dazu verkauft Unilever vor allem in Europa (Europa 63,9%, Nord- und Südamerika 18,8%, Afrika 7%, andere 10,3%).*

Nestlé nimmt beim Kauf von landwirtschaftlichen Rohstoffen für die industrielle Verarbeitung eine bevorzugte Stellung ein und beherrscht den Weltmarkt bei verschiedenen Produkten.

— *Kauf von Rohstoffen*
Nestlé ist der grösste europäische Käufer für Bohnenkaffee und weltweit für Kakao. Nestlé spricht folgendermassen über das Einkaufsvolumen des Unternehmens und dessen Auswirkungen auf den Rohstoff-Weltmarkt:

> "Die von uns gekauften Mengen Kaffee und Kakao sind so gross, dass wir auf den Weltmarkt dieser Produkte einen gewissen Einfluss haben. Denn ausser den Nestlé-Gesellschaften der Entwicklungsländer versorgen sich auch die Nestlé-Gesellschaften der industrialisierten Welt in eben diesen Ländern, so dass alle Nestlé-Fabriken 1974 zusammen 335'000 t Kaffee und 110'000 t Kakao aufgekauft haben, was einem Gegenwert von ungefähr 1,7 Milliarden Schweizer Franken entspricht."[5]

Ohne den auf der Londoner Börse gehandelten Zucker** einzubeziehen, betrug 1980 der Wert der Käufe dieses Rohstoffes und aufbereiteter Produkte 1,3 Milliarden Schweizer Franken (Angaben eines Direktors der Nestlé AG).[6]

---

*) 1984 sieht die geographische Aufteilung des Umsatzes von Nestlé wie folgt aus: Europa 37,3%, Nordamerika 24,1%, Asien 16,9%, Lateinamerika 15%, Afrika 4,3% und Ozeanien 2,4%.

**) Nestlé soll 1981 für den Kauf von Rohstoffen 10 Milliarden Schweizerfranken verwendet haben. (Bulletin d'information CANES, Nr. 3, Nov. 1982, S.17)

— Marktanteile im Welthandel

Nestlé nimmt beim Verkauf von Schokolade, Milchprodukten, Säuglingsmilch, löslichem Kaffee und Süsswaren weltweit den 1. Rang ein. 1976 nahm das Unternehmen den 4. Rang ein beim Verkauf von Tee, den 5. Rang bei den Frühstücks-Getreideflocken und bei Früchten und Gemüse in Konserven und den 6. Rang beim Verkauf von Fisch (Findus).

Marktanteil für Kaffee (1978)[7]:

1978 kontrollierten 4 transnationale Unternehmen 40,1% des Weltmarktes für Bohnenkaffe und löslichen Kaffee:

General Foods	19,5%
Nestlé	10 %
Procter and Gamble	7,1%
Jacobs	3,5%

Auf Weltebene dominiert Nestlé eindeutig den Verkauf von löslichem Kaffe und ist in mehreren Ländern in dieser Sparte der abolute Leader. 1978 betrugen die Marktanteile dafür

Nestlé	42%
General Foods	33%
Procter and Gable	4%
Consolidated Foods	2%

Gemäss Pierre Liotard-Vogt ist Nestlé überall Marktleader für löslichen Kaffee, ausser in Kanada und den USA*, wo der Konzern gegen seine Rivalen General Foods und Procter and Gamble einen zähen Kampf führen muss.[9] 1980 kontrollierte Nestlé 45% der weltweiten Produktion von löslichem Kaffee, was 40% ihres Gesamtertrags ausmachte.[10] Die Niederlassungen in Entwicklungsländern tragen viel zur Erweiterung der Marktanteile für Kaffee und Kakao bei. In der Tat, während die Wachstumsrate des Verkaufs von Kaffee und Kakao in den industrialisierten Ländern nur 1 bis 2% betrug, lautete sie in den Entwicklungsländern 6,8% beim Kaffee und 3,5% beim Kakao.[11]

Nestlé beherrscht den Süsswassersektor weltweit und ist dabei vor allem in der Dritten Welt, zusammen mit seinen schärfsten Konkurrenten Cadbury Schweppes und Interfood, aktiv.[12]

---

*) Der Kampf um Marktanteile ist vor allem in den USA sehr hart. Nach einem Höhepunkt von 33,3% des amerikanischen Marktes, ist jetzt der Verkauf von löslichem Kaffee rückgänig. Das Unternehmen versucht nun, dieser Tendenz vor allem durch Werbung entgegenzuwirken. So hat Nestlé dort 1983 19,5 Mio Dollar dazu verwendet, um die Vorzüge von «Taster's Choice» anzupreisen.

Schliesslich hat Nestlé, um sich den veränderten Essgewohnheiten der Konsumenten anzupassen, den Handel mit Bohnenkaffee aufgenommen und Hill Brothers in den USA, Hayhoe Foods und Goodhost Foods LTD in Kanada aufgekauft. Nestlé soll auch eine Express-Kaffeemaschine auf den Markt bringen, die mit einer Art Kaffeebeutel funktioniert, der wie Teebeutel weggeworfen wird.

Das verrückte Rennen um die Kontrolle des Weltmarktes!
Rangliste der Nestlé (1976)

In der Branche der Konserven-Früchte und -Gemüse beherrschten nach Angaben von 1976 Del Monte, Castle and Cooke und Nestlé (Libby's) klar den Markt. Nestlé versucht jedoch, sich jetzt von diesem weniger rentablen Zweig zurückzuziehen, davon zeugt auch der Verkauf (1981) von 10 Konservenfabriken der Libby Mc Neill & Libby (Nestlé-Besitz) an die SS.Pierce (USA) und an die California Canners and Growers (USA), sowie der Verkauf ihrer Anteile an Conservas California in Kolumbien.*

Fünf Unternehmen, Nestlé (Maggi), CPC (Knorr), Unilever, General Foods und Brooke Bond Liebig kontrollieren den Markt der Suppen- und Gemüse-Trockenprodukte in den Industrie- und Entwicklungsländern. Nestlé gehört zum Klub der acht TNK, die 90% des Tees in Westeuropa, den USA und Kanada verkaufen.[13]

An dritter Stelle in den USA, befindet sich der Nestlé-Konzern beim Verkauf dieses Produktes unter den fünf grössten in Europa.[14] Die Verarbeitung von Frischmilch zu Milchpulver und kondensierter oder evaporierter Milch** wird von drei TNK beherrscht: Nestlé, Carnation und Borden. Nestlé hat den grössten Marktanteil*** für Säuglingsmilch; drei amerikanische Unternehmen, Abbott Laboratories, American Home/Wyeth und Bristol-Myers sind dabei ihre schärfsten Konkurrenten.[15] Die folgende Tabelle (Angaben von 1976 zeigt, welchen Platz Nestlé auf dem Weltmarkt der Nahrungsmittelprodukte einnimmt, und gibt die Verkaufsziffern und den Marktleader pro Produkt an.

---

* Mit der Übernahme von Carnation kehrt Nestlé mit neuem Elan in den Konservensektor zurück.

** Evaporierte Milch ist teilweise verdampfte Milch, abgefüllt in Büchsen.

*** Die Fabrikanten machen keine genauen Angaben über ihre Marktanteile, auch nicht in den von ICIFI veröffentlichten Zahlen. Es wird jedoch geschätzt, dass Nestlé die Hälfte der weltweit produzierten Säuglingsmilch verkauft, obwohl dies weniger als 10% des Gesamteinkommems des TNK ausmacht. (Multinational Business, Nr. 3, 1982, S.42)

Die Stellung Nestlés auf dem Agro- und Nahrungsmittel-Weltmarkt
(nach Angaben von 1976)
Rang bei den wichtigsten Produkten, Umsatz in Mio. Dollars, Zahl der Länder mit Niederlassungen nach Produkten und für die dominierende Firma

Produkt	Rang von Nestlé	Umsatz in Mio. Dollars	Zahl der Länder	dominierende Firma	Umsatz in Mio. Dollars	Zahl der Länder
Milchprodukte	2	2'250	43	Kraft USA	3'150	13
Kaffee (1975)	2	1'150	31	General Foods USA	1'500	14
Kakao	1	1'050	30	Nestlé CH		
Tee	4	280	8	Brooke Bond Leibig UK	700	14
Frühstücksgetreideprodukte	5	50	18	Kellogs USA	1'100	15
Konditoreiwaren	1	675		Nestlé CH		
Früchte- und Gemüsekonserven	5	950	42	H.J.Heinz USA	1'600	16
Fische (Findus)	6	100	11	G.Weston/Can. Unilever, Nippon Suisan Kaisha	400	2
						12
Biscuits	17	25	3	Nabisco USA	1'200	16

Vom Autor aufgrund von Angaben der UNO-Kommission über transnationale Gesellschaften erstellte Tabelle; Transnational Corporations in Food and Beverage processing, United Nations, N.Y., 1981, 242 S.

Beim Betrachten dieser Tabelle drängt sich eine Feststellung auf: Nestlé nimmt bei mehreren Produkten einen wichtigen Platz ein. Die amerikanischen TNK verdanken ihre Vorherrschaft vor allem einer starken Verwurzelung in ihrem eigenen Markt.

Aus einem Land mit beschränktem Inlandmarkt stammend, ist Nestlé in mehr Ländern als ihre engsten Konkurrenten tätig. Das Entwicklungspotential verschiedener Märkte in den Ländern der Dritten Welt stellt einen unbestreitbaren Vorteil für das Wachstum der Konzerntätigkeit dar. Während die Konkurrenz in den Industrieländern gross ist und deren Märkte stark saturiert sind, ist dies in den Entwicklungsländern nicht immer der Fall. In gewissen Ländern hat Nestlé eine Monopol- oder Oligopolstellung für die Verarbeitung und den Verkauf von Grundnahrungsmitteln.

Ein gut integriertes Netz von Tochtergesellschaften

Wenn wir der Selbstdarstellung des Konzern Glauben schenken wollen, ist Nestlé eine Föderation von unabhängigen Unternehmen, "angeschlossene Gesellschaften" genannt. Die Tatsache, dass diese das Recht haben, Markennamen und Herstellungsverfahren der Nestlé zu verwenden, setzt nicht ipso facto eine finanzielle

Beteiligung der Nestlé AG oder UNILAC*) am Gesellschaftskapital voraus(16). Nestlé wäre demzufolge ein Liferant für Patente und technologische Verfahren, der Fabrikationslizenzen an Dritte abgibt, damit diese die Nestlé Marken für ihre Produkte verwenden können. Die Wirklichkeit sieht jedoch ganz anders aus: die "angeschlossenen Gesellschaften" sind integrierte Tochtergesellschaften, in den meisten Fällen zu 100% in den Händen des TNK, der allein für die Produktion, die Entwicklung neuer Produkte, den Kauf von Rohstoffen und den Intra-Konzern-Handel verantwortlich ist.

Nestlé gibt sich kaum je mit der Minoritätsbeteiligung an einem Unternehmen zufrieden. Obwohl geschichtlich die Niederlassung in gewissen Ländern als "joint venture" mit andern ausländischen Unternehmen, die den Markt teilweise kontrollieren, stattgefunden hat, bemüht sich Nestlé jeweils, diese Abkommen nach und nach ausser Kraft zu setzen, um so die Tätigkeiten ihrer Tochtergesellschaften unter ihre alleinige Kontrolle zu bringen. Man muss hier jedoch einerseits auf den Fall von l'OREAL hinweisen, wo Nestlé nach wie vor minoritär bleibt**) und andrerseits denjenigen des "joint venture" mit UNILEVER auf dem Gebiet der Tiefkühlprodukte in Österreich, Deutschland und Italien. In diesem Fall handelt es sich allerdings um ein Kartellabkommen zwischen zwei Grossen, um einen unbarmherzigen Konkurrenzkampf zu vermeiden: Nestlé tritt die Verwendung der Marke "Findus" auf diesen Märkten an die UNILEVER ab gegen eine Vergütung von 25% des von diesem Konzern erzielten Umsatzes für Tiefkühlprodukte in diesen Ländern.

In diesen Ländern kontrolliert Nestlé Findus zu 100%. Nestlé strebt bis heute noch kaum gemeinsame Kapitalgesellschaften mit Gastländern***), eine relativ neue Erscheinung an, trotz diesbezüglichen Absichtserklärungen(18).

Wie weit geht die Dezentralisierung bei Nestlé?

Auf Verwaltungsebene sind die Tochtergesellschaften in sechs geographische Zonen aufgeteilt: Europa, Afrika, Nordamerika, Ozeanien, Asien, Lateinamerika und Karibik. Ihnen stehen Generaldirektoren, am Sitz der Gesellschaft in Vevey, Schweiz, vor****). Die allgemeine Geschäftsstrategie Finanzpolitik, Entwicklung neuer Produkte und die Information zur Einführung neuer Produkte unterstehen der Zentralverwaltung. Die Autonomie der Tochtergesellschaften beschränkt sich

---

*) UNILAC ist eine Holdinggesellschaft mit Sitz in Panama. Während vielen Jahren Zwillingsgesellschaft der Nestlé AG, wird sie 1985 durch eine Umstrukturierung in eine Holding-Tochtergesellschaft umgewandelt. Siehe dazu: *Wem gehört Nestlé?*
**) Bei Vertragsabschluss zwischen Nestlé und l'Oréal hat sich Frau Bettencourt der französischen Regierung und ihrem Personal gegenüber verpflichtet, ihre Mehrheitsbeteiligung bis zu ihrem Tod beizubehalten. Gleichzeitig wurden auch Vorkehrungen getroffen, damit im Falle eines frühzeitigen Ablebens von Frau Bettencourt die Aufteilung der Aktien während 20 Jahren nicht verändert werden könnte.(17)

***) Es wäre interessant, die Politik des TNK in Bezug auf joint verture in andern Zonen, vor allem in Afrika und Asien, zu analysieren. Dies ist im Rahmen dieser Arbeit, die sich vor allem auf Lateinamerika bezieht, nicht getan worden.

****Im Gegensatz zu der bei amerikanischenTNK üblichen Organisation nach Produkten, arbeitet Nestlé mitr einer Unterteilung nach geographischen Gebieten. Nestlé hat jedoch vor kurzem ebenfalls einen Direktor für Produkteentwicklung ernannt.

auf die Planung im Land, auf die Vermarktung und die Werbung für die Produkte. Die Tochtergesellschaften arbeiten das Budget aus und unterbreiten es dem Stammhaus zur Genehmigung, das auch über genaue monatliche Verkaufsziffern und die Buchhaltung jedes einzelnen Unternehmens verfügt.

Moderne Kommunikationsmittel, die Möglichkeiten einer Kontrolle auf Distanz erlauben es dem TNK die gleiche Entwicklungsstrategie für den ganzen Konzern anzuwenden und dabei gleichzeitig den Tochtergesellschaften in jedem Land eine relative Autonomie zu gewähren. Diese Autonomie ist tatsächlich relativ, wenn man, auch aufgrund von Aussagen ihrer Führungskräfte weiss, dass die Nestlé-Kader in ihrer ständigen Weiterbildung (Auslandaufenthalte, während ihrer Laufbahn Verantwortung in anderen Tochtergesellschaften) eine Art "Nestlé-Nationalität" erlangen.

Wenn wir Pierre Liotart-Vogt glauben wollen:

"Die Philosophie des Unternehmens besteht in der Dezentralisierung der Verwaltung..."(19)

"Unsere Verwaltungsprinzipien beruhen auf einer starken Dezentralisierung der Verantwortung. Wir haben immer darauf bestanden, dass der Direktor eines von uns finanziell kontrollierten Unternehmens im Ausland sich für dieses verantwortlich fühlt. Das heisst, die Erfolge werden als die seinen anerkannt, aber er muss auch für allfällige schlechte Resultate geradestehen. Unsere Philosophie ist von der anderer Unternehmen, vor allem amerikanischer, sehr verschieden. Dort werden tatsächlich alle Entscheidungen im amerikanischen Stammhaus getroffen, obwohl sich dies heute auch ändert, und sehr oft sind die Tochtergesellschaften im Ausland nichts anderes als ein ausführendes Organ für Entscheidungen, die anderswo getroffen wurden... Die alltägliche Verwaltung, insbesondere das Personalmanagement, wird von jeder Gesellschaft allein besorgt (...), diese Verantwortung dezentralisieren wir vollständig."(20)

In einem Interview stellt P. Liotard-Vogt die Beziehungen zwischen Zentralverwaltung und Tochtergesellschaften bei Nestlé klar. Seine Aussagen gegenüber der "Harvard Business Review" können folgendermassen zusammengefasst werden:

1. Die Planung des Marketing, Budget eingeschlossen, wird von jeder Tochtergesellschaft durchgeführt.
2. Die Direktoren aller Tochtergesellschaften treffen sich jedes Jahr in Vevey, wo sie dieses Budget mit Spezialisten in der Nestlé-Verwaltungszentrale diskutieren. Auch wenn die Zentrale findet, dass ein Fehler vorliegt, verlangt man vom Verwalter einer nationalen Tochtergesellschaft nur selten, dass er seine Pläne abändere.
3. Die Zentrale informiert die Tochtergesellschaft über die Resultate von Einführungskampagnen für neue Produkte.
4. Die finanziellen Mittel und die Forschung werden im Sitz der Gesellschaft in Vevey zentralisiert. Kein neues Produkt kann ohne die Zustimmung der Zentralverwaltung in irgendeinem Land auf den Markt gebracht werden. Anpassungen an den lokalen Geschmack (z.B. Kaffee) können jedoch vom nationalen Verwalter unter der Bedingung entschieden werden, dass er das Stammhaus darüber informiert und ein Muster zur Kontrolle unterbreitet.
5. Die täglichen Operationen werden von aussen kontrolliert: "Wir verfügen über den nötigen Informationsfluss, über alle Konten, und zu jedem Zeitpunkt wis-

sen wir, was gerade läuft. So können wir jederzeit eingreifen, wenn etwas nicht richtig gemacht wird und brauchen nicht erst abzuwarten, bis wir herausfinden, dass das Geschäft schlecht geführt wird."[21]

Der Direktor von Nestlé für Lateinamerika und die Karibik macht 1981 weitere Angaben zu diesem Punkt. Nach seiner Ansicht gesteht Nestlé ihren Tochtergesellschaften mehr Autonomie zu als die amerikanischen TNK. Der Sitz der Gesellschaft bestimmt die allgemeine Geschäftspolitik und lässt den Tochtergesellschaften den Spielraum zur Anwendung der Finanz- und Verwaltungspolitik in ihrem Land. Jede Tochtergesellschaft erstellt einen qualitativen und quantitativen Plan für fünf Jahre; dieser wird dann bei den Treffen im Stammhaus diskutiert.

Die Tochtergesellschaften besitzen eine Autonomie und Bewegungsfreiheit innerhalb dieses Budgets, vor allem in bezug auf das Marketing. Nach Ansicht dieses Direktors besteht die Philosophie des Konzerns in der Annahme, dass a priori keine Idee als gut oder schlecht klassifiziert werden sollte. Man diskutiert offen alle Optionen, und oft werden dann die Vorschläge der lokalen Verantwortlichen denjenigen der zentralen Stellen vorgezogen. Dagegen ist jedoch die Zentralisierung auf dem Gebiet der Qualitätskontrolle, der Herstellungsverfahren und der Investitionen sehr ausgeprägt. Natürlich handelt es sich hier um einen fliessenden Übergang, die Autonomie ist je nach Markt verschieden: grösser auf den grossen Märkten wie Mexiko und Brasilien, beschränkter auf den kleinen Märkten, wo die Tochtergesellschaften oft eine aufmerksamere Aufsicht des Stammhauses benötigen. [22]

Für den neuen Delegierten des Verwaltungsrates, Helmut Maucher, setzt die Übertragung von Vollmachten eine ständige Entscheidungskontrolle voraus. "Es ist jedoch nicht die Vermehrung der Berichte, die die Qualität der Kontrolle verbessert", meint er. Es ist besser, ein paar Kontrollämpchen zu haben, die zu blinken beginnen, wenn die Maschine aussetzt, als eine Anhäufung von Papierkram, der die eigentlichen Probleme oft nur verdeckt. Nur so kann man sofort reagieren. "Nur wenn man den Menschen sieht, seine Reaktionen beurteilt und auch seine Kritiken anhört, kann man effizient sein. Denn so schafft man das Vertrauensklima, das für ein Unternehmen von der Grösse von Nestlé unerlässlich ist."[23]

Helmut Maucher ist entschieden dafür, die eingeschlagene Dezentralisierung weiterzuführen:

> "Die Dezentralisierung der operationellen Tätigkeiten bringt auch eine Dezentralisierung der Kompetenzen mit sich, die auf die jeweiligen Kenntnisse des Verwalters einer Tochtergesellschaft über bestimmte Gebiete und Länder zugeschnitten sind. Dabei wird natürlich das Prinzip: 'The right man at the right place' angewandt. Das erreicht man weitgehend durch eine grössere Flexibilität, die wiederum die Mitarbeiter motiviert.
> Diese Politik hat ihre Vorteile, denn die zentralen Verwaltungsdienste können so ihren Personalbestand einschränken. Je grösser die individuellen Kompetenzen sind, um so weniger Personal wird auf den unteren Stufen benötigt.
> Diese Dezentralisierung und Übertragung von Vollmachten setzen aber auch eine strikte Personalpolitik, eine sehr klare Geschäftsführung und ein angemessenes Bildungssystem voraus."[24]
> Dieser Wille zur Dezentralisierung wurde auch vom neuen Verwaltungsratspräsidenten an der Ordentlichen Generalversammlung der Aktionäre am 23.5.1985 wieder bekräftigt: "...unsere Strategie muss äusserst flexibel sein. Wir haben vor allem folgende Absichten: dank einer weitgehenden Dezentralisierung unserer

Verwaltung eine schnelle Anpassung an die lokalen Bedingungen garantieren, und unsere Politik einer Diversifikation von Märkten und Produkten fortsetzen, um so eine bessere Risikoverteilung zu garantieren."[25]

Wem gehört Nestlé

Wer sind die Nestlé-Aktionäre? Wieviele sind es? Wie kommt es, dass der Nestlé-Konzern die finanzielle Kontrolle und nicht nur die allgemeine Verwaltung der zahlreichen Gesellschaften in der ganzen Welt in Händen hält?

Auch wenn an die Aktionäre im Vergleich zu den Gewohnheiten anderer schweizerischer Unternehmen relativ reichlich Information abgegeben wird, vermeidet es Nestlé jedoch sorgfältig, über die nationalen Tochtergesellschaften genaue Angaben zu machen. Diese Praxis erschwert es, die Kapitalverflechtungen, die jeweilige Art der Kontrolle für nationale Tochtergesellschaften und das Ausmass der Handelsbeziehungen zwischen den Tochtergesellschaften des Konzerns zu erkennen.

Auf meine detaillierte schriftliche Anfrage zu diesem Punkt beim Sitz der Gesellschaft in Vevey, hat man mir, zusammen mit einigen nützlichen Materialien, folgende Antwort zukommen lassen:

"Ich bin sicher, dass diese Information Ihren Bedürfnissen entspricht. Es gibt hingegen einige weitere Punkte unsere interne Verwaltung betreffend, über die wegen des Charakters unserer Organisation und besonders wegen der Konkurrenz an Aussenstehende keine Auskunft gegeben wird. So werden Sie sicher verstehen, dass wir diese Information weder den Aktionären, noch Journalisten oder spezialisierten Wissenschaftlern weitergeben. *Nach diesen Kriterien betrachten wir deshalb unter anderem Fragen wie Umsatz pro Land, Umfang und Wert der Produktion, Diversifikationspolitik, usw. als unserer Gesellschaft allein vorbehalten.*"[*26]

Die drei Holdinggesellschaften Nestlé AG, Cham und Vevey, Schweiz, Unilac Inc. Panama und Nestlé's Holding Nassau, Bahamas, üben ihre Kontrolle über die Tochtergesellschaften und deren Finanzpolitik in Ländern aus, die die auf ihrem Gebiet angesiedelten Unternehmen nicht zu einer Veröffentlichung ihrer Bilanz verpflichten, was eine genaue Durchleuchtung des Unternehmens Nestlé keineswegs erleichtert. Auf administrativer Ebene werden die nationalen Tochtergesellschaften vom Stammhaus der Nestlé AG in Vevey verwaltet. Auf der Ebene der Finanzen kontrolliert Nestlé jedoch das Kapital der lokalen Tochtergesellschaften, rechtlich als nationale Unternehmen anerkannt, über Finanzgesellschaften, die von den drei Holdinggesellschaften in der Schweiz, in Panama und auf den Bahamas abhängig sind.

So kommt es, dass die Nestlé-Tochtergesellschaften in Lateinamerika und der Karibik von der Holdinggesellschaft UNILAC in Panama über verschiedene Finanzgesellschaften wie Istenco AG, Investrade AG, Sopropha AG, Aspahim AG, Itafa AG, Sofipal AG, Inwesa AG, Invalco AG, Productos Especiales AG, Itag AG, F.L. Gurley AG, Société Financière de Développement SA, Inversiones Loran AG kontrolliert wird. (Siehe Strukturschema des Nestlé-Imperiums, S.385ff.

---

* Hervorhebung durch den Autor

41

Ungefähr 90'000 Aktionäre besitzen 3'300'000 Aktien des Unternehmens Nestlé AG *). Ein Teil dieser Aktien (67,5%) sind Namenaktien und können nur an Schweizerbürger abgegeben werden **). Der Rest (32,5%) des Gesellschaftskapitals besteht aus Inhaberaktien. Diese Aktien begründen ein Stimmrecht an der Generalversammlung.

Bis 1985 erhielt man beim Kauf einer Nestlé-Aktie gleichzeitig eine Zwillingsaktie UNILAC.

Diese Gesellschaft, UNILAC Inc., war 1936 in Panama mit dem Zweck gegründet worden, gewisse Überseebeteiligungen von Nestlé zu übernehmen und, vor allem, um in einem Konfliktfall die Interessen des Konzerns schützen zu können. Im selben Jahr wurde UNILAC Inc. von einer *Tochtergesellschaft* in eine *Zwillingsgesellschaft* von Nestlé umgewandelt. Tatsächlich aber wurde diese Zwillingsgesellschaft wie eine *Holdinggesellschaft* verwaltet, deren Politik und Verwaltung von der Nestlé AG durch einen in Kanada angesiedelten Treuhandrat streng kontrolliert wurde. Die Nestlé AG besass 5'400 Gründeraktien dieser Holdinggesellschaft***), während die Nestlé-Aktionäre Zwillingsaktien besassen. Der in Kanada ansässige Treuhandrat verwaltete nicht nur die Holding UNILAC, die die angeschlossenen Gesellschaften in Lateinamerika und der Karibik kontrollierte, sondern auch die Nestlé's Holding Ltd in Nassaù, Bahamas, die die angeschlossenen Gesellschaften in der Sterlingzone mit Ausnahme von Grossbritannien kontrollierte (Australien, Südafrika, Neuseeland, Thailand, Indien, Malaysia, Malta, Ghana, Hongkong).

Auf Vorschlag des Verwaltungsrates haben an der Generalversammlung von 1985 die Aktionäre der UNILAC (Inhaber von Zwillingsaktien Nestlé-Unilac) beschlossen, die juristische Situation der Wirklichkeit anzupassen, indem die UNILAC Inc. von einer Zwillingsgesellschaft in eine *Tochtergesellschaft* von Nestlé umgewandelt wurde. Diese Reorganisation fand aus verschiedenen Gründen statt:

— Die Vorteile dieser Doppelstruktur Nestlé-UNILAC hatten an Wichtigkeit verloren. Nach der Übernahme von Carnation und andern Unternehmen durch die Nestlé AG in den vergangenen Jahren (z.B. Alcon, Stouffer, usw.), betrug der Anteil von UNILAC Inc. nur noch 10% des Konzerns. Die Doppelstruktur behinderte die Mobilität des UNILAC-Kapitals im Interesse des ganzen Konzerns.

---

*) 1984 wurde das Aktienkapital gemäss einer Entscheidung der Generalversammlung der Aktionäre vom 17.5.1984 von 285,1 Millionen Schweizerfranken auf 330 Millionen erhöht. Diese Erhöhung verteilte sich wie folgt:
— Emission von 50'995 neuen Inhaberaktien und von 91'548 neuen Namenaktien (von den Aktionären liberiert)
— Emission von 2'095 neuen Inhaberaktien und 4'497 Namenaktien (Nestlé Pensionskasse)
— Emission von 300'000 neuen Namenaktien durch ein Bank-Konsortium, wobei die Aktionäre auf ihr Bezugsrecht verzichtet haben.
Zudem wurde an derselben Generalversammlung entschieden, ein Partizipationsscheinkapital zu schaffen, das nicht mehr als ein Zehntel des Aktienkapitals betragen darf. Im Januar 1985 fand deshalb eine erste öffentliche Ausschreibung von Partizipationsscheinen statt. So stellte das Partizipationsscheinkapital anfangs 1985 3 Mio. SFr. dar.[27]

**) Die Entscheidung, Namensaktien nur an Schweizerbürger abzugeben, wurde 1959 getroffen, um so sicherzustellen, dass die Mehrheit des Gesellschaftskapitals in Schweizer Händen bleibt.

***) Gewöhnliche Aktien mit Stimmrecht, die vom Verwaltungsrat der Nestlé AG bestimmten "voting trustees" anvertraut wurden.

Dazu kam, dass der schweizerische Bundesrat für Schweizer Unternehmen neue Möglichkeiten für den Domiziltransfer im Falle einer Besetzung vorgesehen hat. Nachdem die Aktionäre dem Rückkauf ihrer Zwillingsaktien UNILAC durch die Nestlé AG zugestimmt hatten, wird nun diese Zwillingsgesellschaft zu einer gewöhnlichen Holdinggesellschaft wie Interfranck, Maggi Nestlé Holding (Bahamas) oder Nestlé Enterprise Ltd. (USA).

Gemäss den Jahresberichten von 1977, besitzt kein.einziger der Aktionäre mehr als 1% Namensaktien oder 4% Inhaberaktien. Die wichtigste Aktionärin, Frau Liliane Bettencourt, hat anlässlich des 1974 abgeschlossenen Übereinkommens zwischen Nestlé und L'Orál 4% Inhaberaktien erhalten. Für eine Beteiligung von ungefähr 25% am Kapital dieses französischen Unternehmens hat Nestlé eine Kapitalerhöhung auf 271,5 Millionen Schweizer Franken vorgenommen. Frau Bettencourt und Nestlé haben die gemeinsame Holdinggesellschaft GESPARAL geschaffen, wobei Frau Bettencourt 51% der Aktien behalten, und Nestlé aufgrund des Abkommens 49% der Aktien erhalten hat.[28]

1982 wurden Inhaberaktien in der Schweiz, in Frankreich, der Bundesrepublik Deutschland, den Niederlanden und in Österreich verkauft.*

In den Vereinigten Staaten werden die Nestlé-Aktien nicht kotiert, da der TNK sich weigert, die in diesem Land gültigen Bestimmungen zu anerkennen, die die Gesellschaften verpflichten würden, das Gehalt der Führungskräfte bekanntzugeben, eine komplette Liste der mit Mehrheitsbeteiligung kontrollierten Tochtergesellschaften zu unterbreiten und deren Geschäftsergebnisse zu veröffentlichen.

Geschäftsführung des Imperiums

Finanziell aussergewöhnlich solid

Die Nestlé-Führungskräfte heben immer wieder gerne die finanzielle Stärke ihres Unternehmens hervor. Finanzanalytiker versäumen es nicht zu betonen, wie "aussergewöhnlich solid die Finanzlage" des Nestlé-Konzerns ist. Die gesamten Barmittel betrugen Ende 1984 6,168 Milliarden Schweizer Franken, d.h. fast das Doppelte der Bankschulden und Finanzkredite. Die Politik des Unternehmens ist es, für seine Investitionen so oft wie möglich mit Eigenfinanzierung zu arbeiten. Für die laufenden Transaktionen griff Nestlé oft, bis 1980, auf kurzfristige lokale Anleihen zurück. Die in mehreren Ländern steigenden Zinssätze und vor allem die Politik der Lagerrationalisierung haben es seither ermöglicht, die zur Geschäftsführung notwendige zirkulierende Kapitalmasse herabzusetzen. A. Fürer, der damalige Verwaltungsratspräsident, erläuterte diese Politik an der Generalversammlung 1983 folgendermassen:

---

*) Der Nestlé-Konzern musste ein Verbot der Kursnotierung seiner Wertpapiere auf den Börsen von Paris, Amsterdam, Düsseldorf und Frankfurt hinnehmen, da er sich weigerte, eine am 15. Februar 1982 vom Rat der Europäischen Wirtschaftsgemeinschaft adoptierte Bestimmung anzuwenden. Diese sieht vor, dass eine Gesellschaft zweimal jährlich detaillierte Angaben über ihre Geschäftsergebnisse veröffentlichen muss, um auf einem europäischen Börsenplatz zugelassen zu werden.

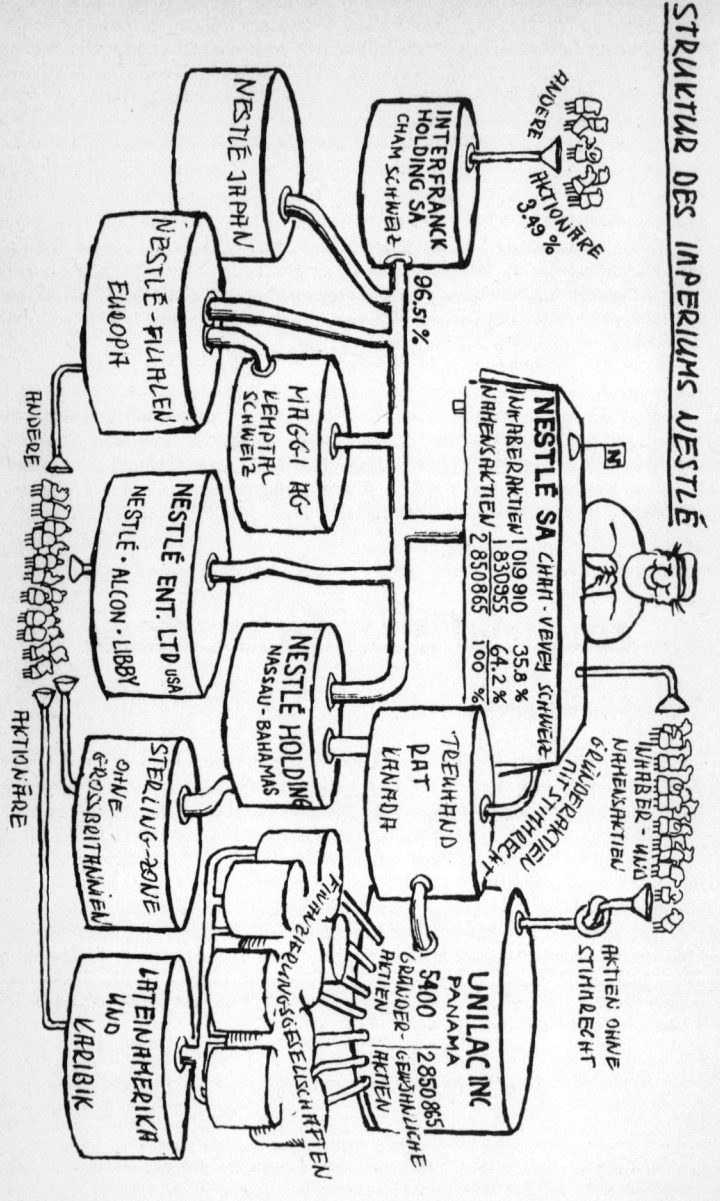

STRUKTUR DES IMPERIUMS NESTLÉ

ANDERE AKTIONÄRE 3.49%

NESTLÉ JAPAN

NESTLÉ-FILIALEN EUROPA

INTERFRANCK HOLDING SA CHAM.SCHWEIZ

96.51%

MAGGI AG KEMPTHAL SCHWEIZ

NESTLÉ ENT. LTD USA NESTLÉ·ALCON·LIBBY

ANDERE AKTIONÄRE

NESTLÉ SA CHAM·VEVEY SCHWEIZ

INHABERAKTIEN	1 019 910	35.8%
NAMENSAKTIEN	1 830 955	64.2%
	2 850 865	100%

NESTLÉ HOLDING NASSAU·BAHAMAS

STERLING-ZONE OHNE GROSSBRITANNIEN

TREUHAND RAT KANADA

INHABER- UND NAMENSAKTIEN GLÄUBERAKTIEN MIT STIMMRECHT

FINANZIERUNGS-GESELLSCHAFTEN

LATEINAMERIKA UND KARIBIK

AKTIEN OHNE STIMMRECHT

UNILAC INC PANAMA

| 5400 | GRÜNDER-AKTIEN |
| 2 850 865 | GEWÖHNLICHE AKTIEN |

44

"Wir haben unser Fertigprodukte-Lager auf einen im Verhältnis zum Umsatz bis jetzt nie erreichten Tiefstand herabgesetzt und intensivierten so unsere seit der abrupten Zinssatzerhöhung von 1979 und 1980 entfalteten Bemühungen. Wo immer dies sich aufdrängte, haben wir die Bestände unserer Gesellschaften im Ausland verringert. Wir haben unsere Produktepalette wieder verkleinert, indem wir noch mehr Artikel herausgenommen haben, die nicht genügend einbrachten. (...) Wir haben unsere Ausgaben für Forschung weiter erhöht und unsere Anstrengungen im Marketing durch eine Intensivierung der meist versprechenden Produkte vergrössert."[29]

Diese noch laufende Operation nannte man "Umstrukturierung der Tätigkeiten", "Rationalisierung und Verbesserung der Ertragskraft", "Beseitigung der lahmen Enten" um die Tätigkeiten auf die richtigen Produkte auszurichten, usw.

Diese neue Finanzverwaltungspolitik zeigte sich in einer Verringerung des umlaufenden Betriebskapitals (Lager, Kundenkredite) und in einer selektiven Beschränkung der Investitionsausgaben und wurde zudem durch die Zinssatzsenkung in vielen Ländern ermutigt. Die Resultate sind klar ersichtlich: Die Finanzierungskosten fielen von 532 Millionen Schweizer Franken im Jahre 1981 auf 250 Millionen im Jahre 1982. Statt Finanzierungskosten können die Jahresberichte von 1983 ein Nettozinsertrag aufweisen [30] wohingegen 1984 wieder netto 57 Millionen SFr. für Zinsen aufgewendet werden mussten.

Bemühungen um eine bessere Ertragskraft

Die Aufgabe nicht rentabler Geschäfte, das verstärkte Marketing gutgehender Produkte und Erwerbungen auf Sektoren mit höchster Rendite haben zur Verbesserung der konsolidierten Resultate des Konzerns beigetragen. 1981 betrug die Reingewinnmarge 3,5%, 1982 4%, 1983 4,5% und erreichte 1984 4,8%, was im Nahrungsmittelbereich als hervorragend gilt. Man bemerkt eine ansteigende Bruttorendite bei den konsolidierten Verkäufen und bei den Eigenmitteln des Konzerns, und dies trotz einer oft schwierigen wirtschaftlichen Weltlage, vor allem in Bezug auf die hohen Inflationsraten und Wechselkursverluste in Lateinamerika. So konnte im Vergleich zum Vorjahr der Gewinn 1981 um 41% erhöht werden (wenn man das Problem mit Argentinien in betracht zieht, waren es 11%), 1982 14%, 1983 15% und 1984 17,9%. 1984 erreichte der Umsatz 31,1 Milliarden Schweizer Franken und der Reingewinn 1'487 Milliarden, d.h. 4,8% des Umsatzes. Der Cash-flow von 2'491 Milliarden machte 8% aus.*

"Es ist nicht unser Ziel, uns um jeden Preis zu vergrössern" aber Gelegenheit macht Diebe.

Die Nestlé-Führungskräfte haben es sich zur Gewohnheit gemacht, immer wieder zu unterstreichen, es sei notwendig, das Erreichte zu festigen und den Verkauf der gegenwärtigen Produkte dauerhaft zu entwickeln, bevor man sich daran macht, weitere Unternehmen aufzukaufen.

"Wir hegen nicht den Wunsch, uns unaufhörlich zu erweitern, da wir finden, dass wir uns zuerst um eine Entwicklung der vorhandenen Geschäfte bemühen sollten. (...) Wir weigern uns, nur zu investieren, um mehr zu produzieren und einen hö-

---

* 1985 hat Nestlé einen Gewinn von 1,75 Mia. SFr. erzielt, was einer Steigerung um 17,7% gegenüber dem Vorjahr entspricht. Der Umsatz von Nestlé beläuft sich nach der Übernahme von Carnation auf 42,225 Mia. SFr., was eine Zunahme um 25,6% bedeutet.

heren Umsatz zu erreichen. (...) Trotzdem wollen wir aber in dieser Hinsicht keine unnachgiebige Haltung einnehmen, und wir bleiben offen dafür, alle Möglichkeiten zu prüfen, die sich uns bieten und die im Interesse der Gesellschaft wären. Wachstum um jeden Preis ist nicht unser Ziel. Es ist jedoch auch klar, dass ein wirtschaftliches Unternehmen sich nur entwickeln kann, wenn es für ständige Veränderungen offen bleibt."[31]

Die Wirklichkeit sieht jedoch ganz anders aus. Ein Überschuss an Barmitteln und die Konkurrenz auf den Fersen im Kampf um die Vorherrschaft auf dem Weltmarkt, verdammen den TNK in Vevey zwangsläufig, gemäss dieser transnationalen Logik, zum ständigen Wachstum. Es scheint auch, dass der Eintritt von H. Maucher in die Nestlé-Führung diesen Expansionswillen des Konzerns noch akzentuiert hat. Er versichert, dass er das "management by opportunities" dem "management by objectives" vorzieht[32]. In andern Worten, auch wenn man keine Lust hat, so macht doch die Gelegenheit Diebe. "Die Neuanschaffungen verlangen nicht nur ein sorgfältiges Studium der Objekte, die uns interessieren könnten, sondern ebenfalls eine grosse Flexibilität in der Finanzierung." (G.V. 1984, S. 10), womit eine Kapitalerhöhung gerechtfertigt wurde. Die Nestlé-Verwalter drücken sich hier klar aus: Wir haben das Geld zum Investieren und suchen deshalb gute Gelegenheiten dafür. Das bedeutet aber nicht, dass man in alle Himmelsrichtungen investiert. Eigentlich war anzunehmen, dass die Prioritäten bei der Diversifikation liegen, vor allem beim Versuch, die Kontrolle über Coopervision (wir kommen später darauf zurück) zu übernehmen.

Der Aufkauf von Carnation hingegen hat gezeigt, dass es wichtig ist, die zur Verfügung stehenden Barmittel in sichere und stabile Geschäfte anzulegen, und dies vor allem in den USA und nicht in Ländern, die politischen Krisen oder Preiskontrollen ausgesetzt oder gar hoch verschuldet sind. Trotzdem wird aber auch weiter in Entwicklungsländern mit einem ungeheuren Potential investiert.

"Ich sehe Entwicklungsmöglichkeiten für Geschäfte in allen Teilen der Welt ausser in den kommunistischen Ländern. Aber sogar dort könnten wir zu gewissen Abmachungen gelangen oder auf bescheidener Ebene dorthin exportieren, ohne jedoch dabei wirklich Geschäfte zu machen."[33]

Vermehrte flüssige Mittel, die aus einer besseren Verwaltung und einer Kapitalerhöhung stammen, haben es ermöglicht, 1985 wichtige Akquisitionen zu machen. Ein grosser Teil dieser verfügbaren Mittel wurden für die Übernahme von Carnation verwendet (ungefähr die Hälfte des Kaufbetrages von 7,5 Milliarden SFr.).

Der Präsident des Verwaltungsrates erklärte die Wachstumspolitik der Nestlé wie folgt:

"Ich möchte einmal mehr, wie schon meine Vorgänger betonen, dass wir nicht Grösse um ihrer selbst willen suchen, dass wir die menschliche Dimension wahren und keine monopolistischen Verhältnisse anstreben wollen. Aber es wäre ebenso falsch, und auch darauf wurde hingewiesen, ein organisches und gelegentlich kräftiges Wachstum, das mit den wandelnden Konsumbedürfnissen Schritt hält, als schädlich abzulehnen. (...)
Wir haben für Carnation zuerst einen Teil unserer Liquidität, sowie die überschüssige Liquidität von Carnation selber, eingesetzt. Mehr als die Hälfte des Kaufpreises von ca. 7,5 Mrd SFr. wurde so aus Barmitteln bezahlt. Wir haben natürlich darauf geachtet, eine genügende zentrale Liquiditätsreserve beizubehalten. Wir werden vor allem die aus dem laufenden Geschäft weiterhin anfallenden freien

Mittel dazu benützen, die Darlehen, die für die Finanzierung des Restkaufpreises aufgenommen wurden, zurückzubezahlen und Neuakquisitionen nur noch sehr selektiv und beschränkt ins Auge fassen."[34]

Man ist versucht zu sagen, dass man diese Art Erklärungen bereits kennt. Werden die guten Gelegenheiten und der Überfluss an liquiden Mitteln, der von einer Umsatzerhöhung durch die Carnation-Übernahme erwartet wird (auf ca. 45 Milliarden SFr. pro Jahr), die Nestlé gemäss dieser Logik der Transnationalisierung durch Diversifikation und Konzentration nicht zu einem Giganten werden lassen, und dies trotz aller Erklärungen, die das Gegenteil versichern?

Hindernisse für die Machenschaften der TNK aus dem Weg räumen

Die Führungskräfte des TNK sind über die Einfuhrbeschränkungen für Halb- und Fertigwaren beunruhigt, die von unter Devisenmangel leidenden Regierungen der Dritten Welt auferlegt werden. "In gewissen Fällen findet der Transfer von Waren, von Zahlungen für geleistete Dienste oder für Dividenden und Zinse nicht oder nur verspätet statt. Manchmal muss auch die zu überweisende Summe über die Zentralbank geleitet werden — normalerweise ohne Zinsen, aber zum Glück mitunter in Dollar umgewandelt — wo sie dann darauf warten, eines schönen Tages ins Ausland transferiert zu werden."[35] Der Konzern sieht natürlich alle Gesetzgebungen oder Verhaltenskodexe, die die Handlungsfreiheit der Transnationalen einschränken könnten, mit Besorgnis. "Seit mehreren Jahren ist man in der Organisation der Vereinten Nationen darauf erpicht, einen Verhaltenskodex für multinationale Unternehmen auszuarbeiten. Es sieht beinahe so aus, als ob man vergessen hätte, dass sich die Zeiten seit der Erdölkrise von Grund auf verändert haben und dass heutzutage, angesichts der wachsenden Schulden, *Empfehlungen zur Verbesserung des Klimas für Investitionen in Ländern, die solche wünschen, wohl kaum weniger wichtig wären als ein Kodex über das Verhalten von Multis.*"

Wenn man einem Bericht der "Kommission über Transnationale Gesellschaften" des ECOSOC der Vereinten Nationen Glauben schenken will, scheint es doch, dass diese Unternehmen den Bestimmungen ihrer Gastländer gar nicht so ausgeliefert sind und dass diese keine unüberwindbaren Hindernisse für ihre transnationalen Geschäftspraktiken darstellen.

> "...In Bezug auf das Steuerwesen haben andere Probleme die Aufmerksamkeit der Entwicklungsländer auf sich gezogen. So sind diese Länder sehr darüber besorgt, dass die Tochtergesellschaften von TNK als Teile eines transnationalen Netzes von einer grossen Durchlässigkeit profitieren, die es ihnen erlaubt, aus Steuerparadiesen Nutzen zu ziehen, oder Transferpreise so festzusetzen, dass sich ihre Steuerverpflichtungen verringern. Die Präsenz vieler Tochtergesellschaften von nicht in Produktionstätigkeiten engagierten TNK in diesen Steuerparadiesen lässt annehmen, dass ihnen dort die Möglichkeit geboten wird, sich ihren Verpflichtungen zu entziehen."

> "Die Fähigkeit der transnationalen Gesellschaften, immer wieder neue Verfahren auszudenken, um die spezifischen Anforderungen eines Gastlandes zu umgehen, muss eine noch grössere praktische Bedeutung zugemessen werden."[38]

In der Praxis sind, wenigstens in Lateinamerika, die "alliierten Gesellschaften", bei denen Nestlé keine Mehrheitsbeteiligung besitzt, ziemlich selten. In dieser Situation können die Zahlungen der Tochtergesellschaften an das Stammhaus für technische Beratungsdienste, für Markenrechtsgebühren oder Technologie die Rückschaffung von Gewinnen verstecken, die weit über die vom Gastland festgelegten Grenzen hinausgehen. Die Vielzahl von Unternehmen und Holdinggesellschaften, sowie der Handel mit Produkten, aber auch mit Rohstoffen und Maschinen unter den Tochtergesellschaften, ermöglichen die Festsetzung von Transferpreisen*), die so zu einem Mechanismus zur Gewinnrückschaffung werden (z.B. Überfakturierung des Austausches innerhalklb des TNK). So kann der Konzern trotz einer scheinbaren Dezentralisierung eine Gesamtstrategie anwenden und je nach Bedürfnissen des TNK über Kapital und flüssige Mittel für die weltweite Expansion ihrer Tätigkeit verfügen. Dank dieser Mechanismen kann sich der TNK dem Einfluss eines Landes mit hohen Steuerraten entziehen und jeweils dort Gewinne ausweisen, wo es günstiger ist, und dies natürlich zum Nachteil des Gastlandes, wo sich eine bestimmte Tochtergesellschaft befindet. Die Domizilierung von Holdinggesellschaften in der Schweiz, in Panama oder auf den Bahamas[39], Zufluchtsort für Bankgeheimnis und Fluchtkapital, kann die Handlungsfreiheit der Nestlé für ihre Finanzoperationen (wegen Mangel an strikter Kontrolle und strengen Regelungen) nur erleichtern.

Spekulation oder gesunde Geschäftsführung?

Man hat die Praktiken der TNK auf dem Kapitalmarkt verschiedentlich angeprangert und den Einfluss ihrer Finanzpolitik auf die Währungskrisen diskutiert. J.-K. Galbraith behauptet zum Beispiel, dass die transnationalen Unternehmen mit Sicherheit während der Währungsprobleme im Jahre 1973 (Kurssenkung des Dollars), eine Rolle gespielt haben.

Damals unterstrich Arthur Fürer, zu diesem Zeitpunkt Nestlé-Generaldirektor, dass seine Gesellschaft mit solchen spekulativen Praktiken nichts zu tun hätte:

> "Man muss mehrere Dinge grundsätzlich voneinander unterscheiden. Auf der einen Seite gibt es Operationen, die ein Unternehmen durchführen muss, um Wechselkursverluste zu vermeiden: dies ist nichts anderes als die simple Reaktion einer gesunden Verwaltung.

> (...) So darf man es nicht Spekulation nennen, wenn zum Beispiel im Fall von Schwankungen bei Dollar oder Pfund Sterling, diese Unternehmen gewisse ihren Tochtergesellschaften zur Verfügung stehende Mittel in die Schweiz schaffen und sie in Schweizerfranken umwechseln. Sie streben durch eine Operation auf dem Währungsmarkt nicht einen zusätzlichen Gewinn an, sondern versuchen ganz einfach, die Verluste auf ihrem Auslandkapital zu verringern und die laufenden Operationen optimal abzusichern. Dies umso mehr, als die Schwankungen auf dem Währungsmarkt in hohem Masse durch Entwicklungen hervorgerufen werden, mit welchen die Schweizer Firmen, ob multinational oder nicht, nichts zu tun haben."[40]

Motivationen

Die wichtigsten Motivationen für solche Praktiken gehen vom Anliegen, eine gesunde Verwaltung und Planung der Tätigkeiten innerhalb des TNK zu sichern, um

---

*) Siehe unten

so weltweit besser Fuss fassen zu können, bis zum Wunsch, den Gewinn zu steigern und sich den nationalen Bestimmungen auf dem Gebiet der Steuern, zu entziehen.

Man kann diese Motivationen so zusammenfassen:

— Die Kosten der Steuerlast einer Tochtergesellschaft oder auch des ganzen Konzerns senken, indem man mit Holdinggesellschaften arbeitet, die in Steuerparadiesen oder Staaten mit günstigen Steuerbedingungen ansässig sind.
— Ausfuhrzölle für verarbeitete Produkte oder auch Zollgebühren für die Einfuhr von Zwischenprodukten oder Fertigwaren vermeiden. Dafür ist die am weitesten verbreitete Praktik die Unterfakturierung von Produkten, die innerhalb der Transnationalen ausgetauscht werden.
— Die Gesetzesbestimmungen über die Rückschaffung von Profiten der Tochtergesellschaft an das Stammhaus, sowie Devisenkontrollen und Besteuerung solcher Rückschaffungen umgehen. Je nach Gesetzgebung eines Landes findet die TNK einen Weg, um auf jeden Fall die Profite heimschaffen und die so verfügbar gewordenen Mittel dann zu ihrer weltweiten Expansion zu benützen.
— Manipulation des Preises für Input, Maschinen und Zwischenprodukte, die für die Fabrikation der Fertigwaren benötigt werden, um so die Rentabilität einer Tochtergesellschaft künstlich tief zu halten. Eine solche Praktik hat folgende Ziele:
    — Indem man Verluste aufzeichnet, kann man Gehalthaltsansprüchen mit dem Argument entgegentreten, dass eine Lohnaufbesserung unmöglich sei (siehe dazu der von der Gewerkschaft der Nestlé in der Dominikanischen Republik gemeldete Fall).
    — Druck auf Regierungen vor allem in Ländern mit Preiskontrolle ausüben, um die öffentlichen Verkaufspreise erhöhen zu können, indem man eine Rentabilitätsschwäche vorgibt, die zu einer Schliessung der Fabrik führen könnte.
    — Von der Regierung Vorteile und Schutz gegen die Konkurrenz anderer TNK erwirken; dies vor allem durch Steuer- und Zollvergünstigungen.
    — Sich in den Operationen mit den Tochtergesellschaften vor Wechselkursrisiken sichern.
— Eine neue Tochtergesellschaft unterstützen, um Marktanteile zu sichern, indem man ihr Zwischenprodukte während einer bestimmten Zeit billiger verkauft. Für grössere Verluste an einem Produkt auf einem bestimmten Markt aufkommen, indem man der Tochtergesellschaft die Inputs oder Zwischenprodukte unterfakturiert.

Es gibt verschiedene Faktoren, die erklären, wie solche Praktiken möglich sind:
— Die Produktionskapazität eines TNK, die ihm auf verschiedenen Märkten gleichzeitig Verhandlungsmacht verleiht;
— Kartellabkommen unter Konzernen;
— Monopol- oder Oligopolkontrolle über gewisse Produkte oder Produktionszweige in bestimmten Ländern;
— Die Finanzkapazität und die Verwaltung und Organisation als Holdinggesellschaften, die es den Ländern fast unmöglich machen, seriöse Kontrollen auszuüben;

— Die Zusammenarbeit mit den Banken, die selber stark transnational sind;
— Eine Interessenvereinigung mit der nationalen Bourgeoisie zum Nachteil der gesamten Bevölkerung;
— Ein Mangel an Zusammenarbeit und Koordinierung der Entwicklungspolitiken und gesetzlichen Massnahmen in den Gastländern.

Wenn man gewisse Kapitalbewegungen zwischen Tochtergesellschaften und Stammhaus betrachtet, stimmen einem die Ausführungen von A. Fürer doch sehr nachdenklich. Wenn Geld in die Schweiz geschafft wird, um sich gegen Wechselkursrisiken zu schützen, und dann einige Jahre später in dieselbe Tochtergesellschaft wieder als Anleihe gegeben wird, kann man sich wirklich Fragen stellen, oder gar wenn der Konzern der lokalen Tochtergesellschaft Anleihen in Schweizerfranken aufzwingt, obwohl lokales Kapital vorhanden wäre. Man redet sogar von Operationen, um "den Profit der Tochtergesellschaften abzupumpen". Da die Steuerbehörden der Entwicklungsländer diese Missbräuche der TNK kennen, bemühen sie sich, "Kodexe" zur Kontrolle der Tätigkeiten dieser Unternehmen zu fördern und die Gastländer zu ermutigen, einschränkende nationale Gesetzgebungen auszuarbeiten, um die negativen Auswirkungen der Handlungsweise der TNK auf ihre Wirtschaft zu vermeiden.

In seiner Rede an die Aktionäre in 1975 bezieht sich P. Liotard-Vogt auf ebendiese Anleihen in Schweizerfranken an die Nestlé Tochtergesellschaften im Ausland:

> "Da wo eine Holdinggesellschaft kein Risiko eingeht, weil ihre Anleihen auf Schweizerfranken lauten, finanzieren wir damit Tochtergesellschaften im Ausland, die einen Währungsverlust ertragen müssen, der ihr Ergebnis schwer beeinträchtigt. Das war zum Beispiel der Fall bei gewissen Gesellschaften des Konzerns in den USA und in der Sterlingzone."

Die Risiken werden also von den lokalen Tochtergesellschaften getragen, die noch höherere Beträge in der Landeswährung zahlen müssen, um Nestlé das in Schweizerfranken geliehene Geld zurückzugeben.

Die Praktiken der Transfer-Preise innerhalb eines TNK

Finanzoperation zwischen Tochtergesellschaften und Stammhaus oder unter Tochtergesellschaften werden innerhalb des TNK durch die Kontrolle mittels verschiedener Holding- und Finanzgesellschaften erleichtert. So kann der TNK die jeweiligen nationalen Gesetzgebungen der Gastländer umgehen, die die Rückschaffung von Profiten, die Zahlung von Dividenden, Markenrechtsgebühren oder verschiedene Dienstleistungen betreffen. Welches sind die hauptsächlichen Kanäle und Beweggründe für solche Transfers von Geldern, und welches sind ihre Auswirkungen auf die nationale Souveränität des Landes, in welchem der TNK seine Tätigkeiten ausübt?

Transferpreise

Dieser Ausdruck umfasst eine ganze Anzahl von Praktiken. Im engsten Sinn handelt es sich um manipulierte Preise, die beim Handel zwischen den verschiedenen Produktionseinheiten angewandt werden, die alle von einem Kontrollzentrum abhängig sind, das im allgemeinen eine Mehrheitsbeteiligung besitzt. Das heisst, dass dieses Phänomen vor allem auf den Handel zwischen den Tochtergesellschaften oder auch zwischen diesen und dem Stammhaus innerhalb desselben TNK zutrifft. Im weiten Sinne versteht man unter Transferpreis die gesamten Transfers von Geldmitteln innerhalb eines Konzerns. Diese werden nicht nur für den Warenaustausch angewandt, sondern ebenfalls für Dienstleistungen, Verträge über technische Beratungsdienste, die Zahlung von Lizenzgebühren, usw.

Wir gelangen zum Kern des transnationalen Charakters: die TNK besitzen ein ungeheures Potential an immer ausgeklügelteren Operationen, um die nationalen Gesetzgebungen zu ihrem Nutzen und zum Wohl des ganzen Konzerns zu umgehen. Angesichts der administrativen und finanziellen Möglichkeiten dieser TNK, vor allem in den Entwicklungsländern, bleibt die Souveränität dieser Staaten illusorisch, und die Gelegenheiten zum Umgehen von Vorschriften zum Nachteil des ganzen Landes werden in vielen Fällen durch die Übereinstimmung mit der lokalen Bourgeoisie noch vervielfacht.

Die nachfolgende Zeichnung fasst die wichtigsten Kanäle zum Transfer von Geldmitteln innerhalb eines TNK zusammen.

Dieser Rückgriff auf Transferpreise ist nicht nur eine theoretische Möglichkeit, sondern eine gängige Praxis bei Operationen von Grossunternehmen auf dem internationalen Markt. Es ist klar, dass sich die TNK bei ihren Geschäften dank ihrer zahlreichen Niederlassungen, ihrer Kenntnis der lokalen Märkte und der Geschäfte auf Weltebene wie Fische im Wasser fühlen. Dem Autor wurde Information über einen Fall von Überfakturierung bei den Nestlé-Geschäften in Brasilien zugetragen. Da er aber den kaum vorhandenen Schutz durch die schweizerische Gesetzgebung für die Quellen der Wissenschaftler und Journalisten und solche Präzedenzfälle wie den Prozess Adams (Hoffmann-La Roche) kennt, hat er, obwohl er die Buchhaltungsunterlagen einsehen konnte, die solche Manöver beweisen, darauf verzichtet, diese zu behändigen oder zu veröffentlichen, um eine Anklage wegen Hehlerei von bei Nestlé-Brasilien gestohlenen Unterlagen zu vermeiden.

Vor kurzem hat die Presse über die Erpressung der Nestlé AG durch einen ehemaligen Angestellten aus einem nordischen Land berichtet. Ein weiteres Beispiel ist der Fall eines ehemaligen Angestellten von Nestlé-Brasilien und damaligem Verantwortlichen für den Einkauf von Importprodukten, vor allem des bei der Konservenbüchsenfabrikation verwendeten Weissblechs, der vom Unternehmen wegen Veruntreuung von Geldern angeklagt wurde. Daraufhin hat er sich mit einem grossen Teil der Buchhaltungsunterlagen ins Ausland abgesetzt. Das Verfahren gegen ihn wurde eingestellt. Der ehemalige Angestellte hat übrigens die Nestlé erpresst, indem er ihr anbot, die gestohlenen Unterlagen gegen Geld und den Verzicht auf jegliche weitere Strafverfolgung gegen ihn an sie zurückzugeben. Es scheint aber, dass Nestlé auf diesen Handel nicht eingegangen ist. Damit ist aber die ganze Affäre noch nicht erledigt. Dieser ehemalige Angestellte der Nestlé-Brasilien lebt jetzt im Ausland, wo er diese Unterlagen als Pfand für ein Darlehen gegeben hat. Im Namen dieser Pfandleihanstalt wurde 1984 erneut versucht, der Nestlé AG dieses Material gegen eine finanzielle Entschädigung zu übergeben oder es an eventuelle Käufer zu verkaufen. Woraus besteht denn eigentlich dieses berüchtigte Dossier, welches der Autor einsehen konnte? Es enthält Buchhaltungsunterlagen von Nestlé-Brasilien über eine Periode von etwa 10 Jahren, die Überfakturierungen beim Kauf von Weissblech bei Lieferanten in Frankreich, Kanada und Japan aufzeigen. Dabei wurde der folgende Mechanismus angewandt: Der Lieferant fakturierte das Weissblech für Nestlé-Brasilien zu einem

Tonnenpreis, der über dem wirklichen Verkaufspreis lag. Der Lieferant überwies dann einer Finanzgesellschaft, die der Nestlé AG gehört und bei einer grossen Schweizerbank (mit Sitz in Genf) domiziliert ist, eine Rückvergütung, die so wieder in die Kassen des TNK in Vevey zurückfloss. Auf diese Weise zahlte die brasilianische Tochtergesellschaft einen überhöhten Preis für das importierte Weiss-

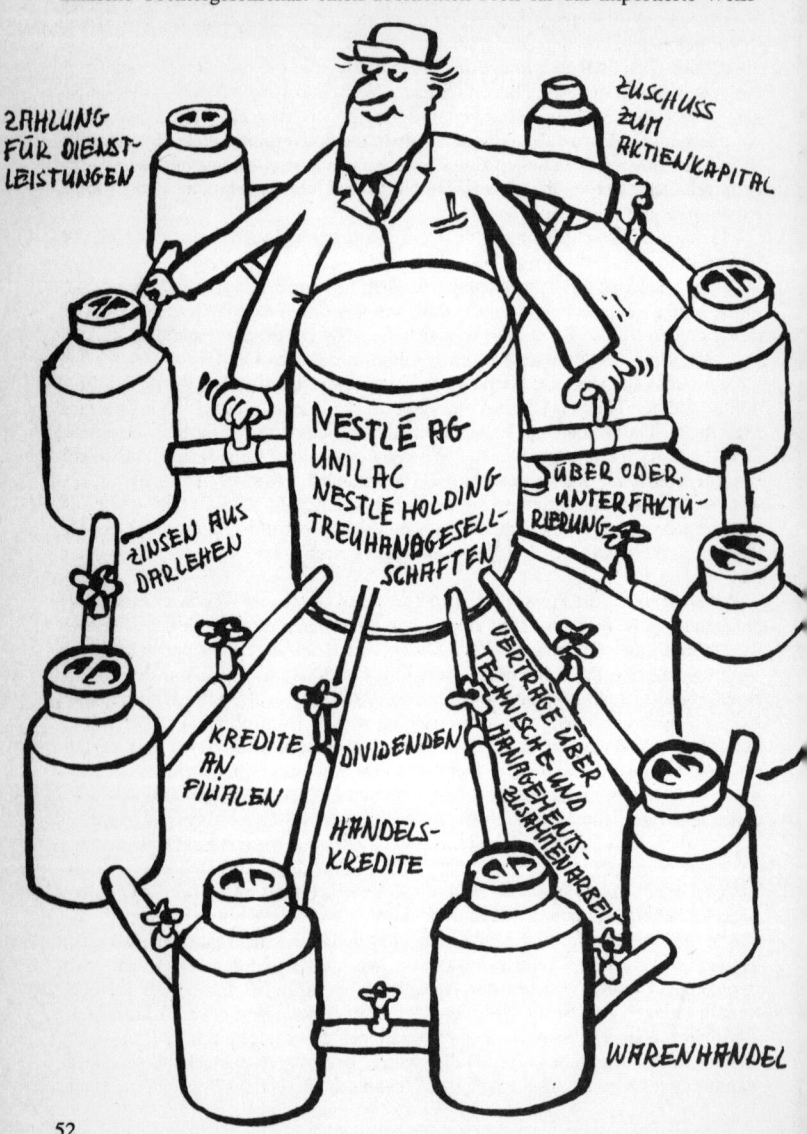

blech, wodurch es möglich wurde, über die von der brasilianischen Gesetzgebung erlaubten Grenzen hinaus Geld der Tochtergesellschaft an das Stammhaus zurückzuführen. Eine solche Operation setzt auch die Korruption gewisser brasilianischer Zollbeamter und die Existenz eines Geheimfonds voraus. Übrigens wurde bei der Einstellung des Verfahrens gegen den ehemligen Angestellten der Nestlé-Brasilien vom Richter die Existenz einer solchen doppelten Kasse in dieser Buchhaltung erwähnt.*)

Wir glauben nicht, dass es sich hier um Einzelfälle handelt. Wer immer die internationalen Handelsgeschäfte und das schweizerische Bankgeheimnis auch nur etwas kennt, wäre naiv, dies zu glauben. Solche Überfakturierungen sind nicht nur beim Kauf von Zwischenprodukten oder Rohstoffen möglich, sondern ebenfalls bei der Kostenberechnung für technische Aufsicht und den Preisen für Maschinen und Werkzeuge, die vom technischen Dienst der Nestlé an ausländische Tochtergesellschaften verkauft werden.

Schliesslich kann die Praxis der Transferpreise auch beim Handel unter verschiedenen Firmen, die der TNK in einem Land (siehe Kolumbien) oder auch unter Firmen, die er in verschiedenen Ländern besitzt, angewandt werden.

Intra-Konzern Geschäfte

Der Intra-Konzern oder auch Inter-Filialen Handel sind die Stützpfeiler solcher Praktiken, welche von einigen Wissenschaftlern als Operationen "über den Markt hinaus" bezeichnet wurden. Welches Gewicht besitzt dieser Austausch innerhalb des Konzerns? Es existieren einige Studien, die das Ausmass solcher Tauschgeschäfte untersucht haben. Nach Chudnovsky waren zum Beispiel in Argentinien 1972 die Zahlungen für Lizenzgebühren bei Intra-Konzern Transaktionen 4,4mal höher als bei Inter-Konzern Verträgen. Auch in Brasilien lagen die durchschnittlichen Zahlungen für Lizenzgebühren innerhalb der Konzerne über denjenigen aussenstehender Unternehmen.[41] Aufgrund amerikanischer Zolldeklarationen haben Wissenschaftler die Bedeutung der Intra-Konzern-Geschäfte aufgezeigt. 1977 stammten 48% der Importe in die USA von verwandten Unternehmen.[42]

Eine sehr genaue Studie von Vaitsos in Kolumbien zeigt die Preismanipulationen zwischen Tochtergesellschaften und Stammhaus für elektrische, chemische und pharmazeutische Produkte und für Kautschuk. Indem er die verrrechneten Transferpreise mit den Weltmarkt-Preisen verglich, hat er das Mass an Überfakturierung dieser Produkte entdeckt, die bedeutend teurer waren als jene auf dem offenen Markt.[43]

Mit derartigen Manipulationen können in vielen Fällen die heimgeschafften Profite verdoppelt werden, wodurch die Wirtschaft der betroffenen Gastländer erheblichen Schaden erleidet.

Diese Praktiken scheinen geläufig zu sein, denn auch in Afrika, in den Operationen von Nestlé in Kenya und der Elfenbeinküste liegen die Beträge, die für technische Beratungsdienste und Markenrechtsgebühren an das Stammhaus überwiesen werden, gemäss gewissen Quellen gleich hoch oder sogar über dem deklarierten Profit und den Dividenden.[44]

Wie gross ist der Intra-Konzern Handel von Nestlé in Lateinamerika? Es ist uns

---

* Der Autor verzichtet darauf, den Namen des ehemaligen Nestlé-Brasilien Mitarbeiters und den Zeitpunkt dieser Operation zu veröffentlichen, um eventuelle nachteilige Konsequenzen für ihn zu vermeiden.

kaum möglich, auf diese Frage genau zu antworten, da der TNK sich weigert, Angaben über die nationalen Bilanzen seiner Tochtergesellschaften zu machen. Der Direktor der Nestlé für Lateinamerika hat mir 1981 offiziell versichert, dass der Handel unter den Tochtergesellschaften dieser Region nicht mehr als 1% des Umsatzes ausmache und dass die Importe von Fertigprodukten von ausserhalb dieser Zone an die Tochtergesellschaften in Lateinamerika nicht mehr als 6 — 7% ihren Umsatzes betrage. Schliesslich versichert die Direktion für Öffentlichkeitsarbeit in ihrer Reaktion auf die französische Originalausgabe dieses Buches (L'Empire Nestlé): "Der Intra-Konzern Handel macht ungefähr 12% des Gesamtumsatzes des Konzerns aus." Dies sind die Angaben, die vom TNK offiziell erhältlich sind.

Der Autor hatte versucht, eine grobe Schätzung dieses Intra-Konzern Handels bei Nestlé zu machen, wobei er klar angab, dass es unmöglich ist, den Wert und Umfang dieses Handels in Zahlen anzugeben, solange die TNK über ihre nationalen Tochtergesellschaften keine Angaben herausgeben unter dem Vorwand, dass es sich um Firmengeheimnisse handle. Wenn man nicht alles kritiklos hinnehmen will, kann man logischerweise nur weiterhin die offiziellen Angaben bezweifeln. Wenn man in irgendeinem Land das Verhältnis zwischen importierten und im Land fabrizierten Produkten in Betracht zieht, sieht man, dass die nationale Tochtergesellschaft bei bestimmten Produkten nur als Vertriebsstelle für andere ausländische Nestlé-Tochtergesellschaften funktioniert. Im Gegensatz zu dem, was Nestlé in ihrer Kritik, die sie an ihre Führungskräfte verteilte und die in den Zeitungsredaktionen zirkulierte, zu verstehen gab, hat dies weder auf den Umfang noch auf die Proportion des Umsatzes einen Einfluss (siehe Nachwort, allgemeines Zirkular des TNK nach dem Erscheinen des Buches *L'Empire Nestlé*).

Vom Familienunternehmen zum transnationalen Konzern

Die Internationalisierung des Nestlé-Konzerns, die wegen des beschränkten schweizerischen Inlandmarktes schon früh beggan, wurde in der Periode zwischen den beiden Weltkriegen noch ausgeprägter, indem vor allem in Lateinamerika eine grosse Zahl an neuen Fabriken errichtet und das Unternehmen in Holdiggesellschaften reorganisiert wurde. Ab Beginn der 60er Jahre zeigt sich eine sehr starke Expansion des Konzerns mit zunehmender Diversifikation, zuerst im Nahrungsmittelbereich, später in der Kosmetik und Pharmazeutik. Die Entwicklung technischer Verfahren, vor allem die Dehydratation,* sowie die sehr grosse Finanzkapazität erklären den blitzartigen Wachstum von Nestlé in den zwei letzten Jahrzehnten.

---

* Bei der Dehydratiation wird der Milch Wasser enzogen.

** Der Umfang der finanziellen Mittel und der Eigenfinanzierung machen den Konzern zu einem grossen Teil vom Kapitalmarkt unabhängig." (Schweiz. Kreditanstalt, *Anlagestudie, Nestlé*, 1974). "In den letzten 10 Jahren wurden die Investitionen des Konzerns (cash flow 9,5 Milliarden) aus eigenen Mitteln finanziert."(Schweiz. Bankgesellschaft, *Anlagestudien*, 1976). "Das gute Profitpotential des Konzerns sollte dem Konzern weiterhin die Eigenfinanzierung sichern." (Schweiz. Bankgesellschaft, *Nestlé AG*, 1983.

Dank hoher Profitspannen konnte die Expansion durch den Aufbau neuer Fabriken und den Aufkauf grosser Konzerne der Nahrungsmittelverarbeitungsindustrie und auf andern Sektoren fast vollständig durch Eigenfinanzierung stattfinden.**)

Wir haben vorher die finanzielle Situation des Konzerns analysiert und die laufende Restrukturierung kommentiert. Dabei haben wir nicht nur in erster Linie den seit 1981 wachsenden Umsatz unterstrichen, sondern ebenso die Gewinnspanne. Welche Tätigkeiten des Konzerns tragen zu diesen guten Resultaten bei, welches sind die gängigen Nestlé-Produkte? Auf welchem Kontinent ist es am interessantesten, Geschäfte zu machen? Die Analyse der Expansions- und Diversifikationsstrategie des Nestlé-Konzerns wird es ermöglichen, die wichtigsten Tenden-

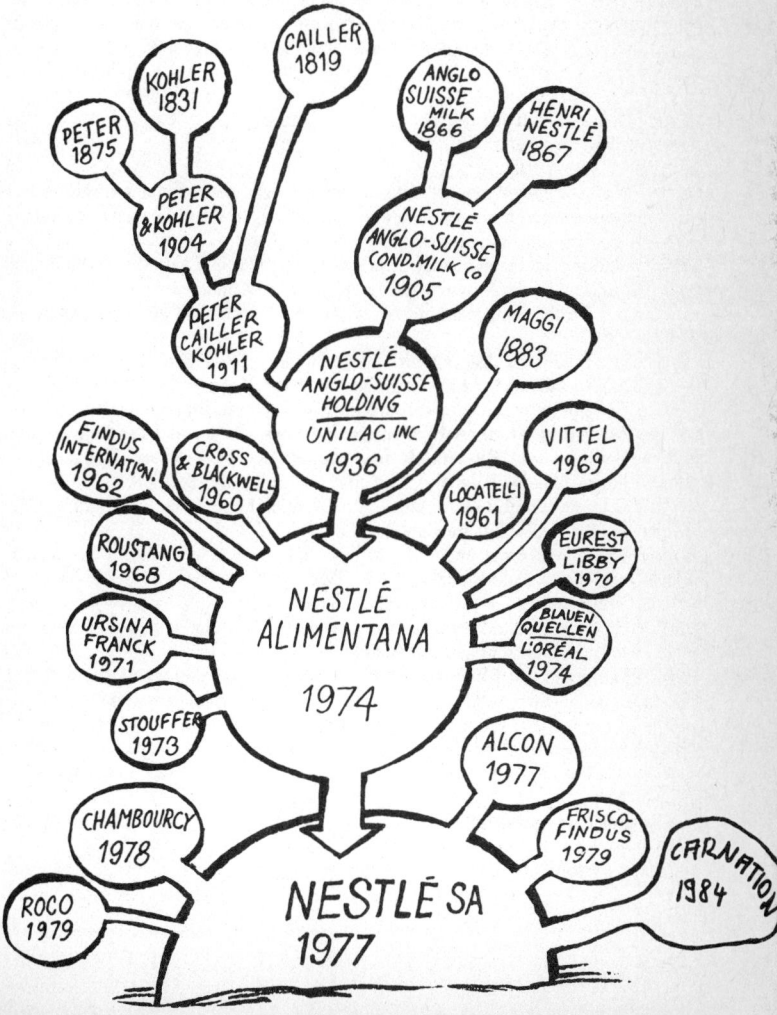

zen aufzudecken. Zuerst wollen wir aber versuchen zu sehen, welche Unternehmen und welche Produkte vom Nestlé-Konzern kontrolliert werden. Wie hat sich das kleine Familienunternehmen aus Vevey in die Nummer Eins auf dem Nahrungsmittelsektor verwandelt? Durch die Eröffnung neuer Tochtergesellschaften, den Aufkauf von rivalisierenden oder die Produktepalette ergänzender Firmen, durch Marktabkommen mit Konkurrenten (Unilever, Borden, General Milk, Carnation), durch Forschung und Entwicklung neuer Produkte, die ständige Verbesserung des Finanz- und Administrationsapparates, und schliesslich indem der Konzern die Politik des Gastlandes zu seinen Gunsten nutzt. In den letzten zwanzig Jahren wurde der Hauptakzent auf die Expansion der Tätigkeiten durch den Aufkauf von Unternehmen gelegt. Die kürzlichen "Machtübernahmen" auf dem amerikanischen Markt und die Schaffung eines Fonds, der für eventuelle Akquisitionen sofort verfügbar ist und es so ermöglicht, die Rentabilität der Firma langfristig zu sichern, illustrieren den Willen des Konzerns, durch Aufkauf und Absorption von Rivalen und durch die Diversifikation seiner Tätigkeiten weiter zu wachsen.

Am Anfang

Die Anfänge waren von einer dezidierten Politik der Eroberung der ausländischen Märkte markiert und fanden in einem unbarmherzigen Kampf gegen das rivalisierende Unternehmen "Anglo-Swiss Condensed Milk Co." statt

1866: Gründung der Anglo-Swiss Condensed Milk Co. in Cham durch die Brüder Page, Amerikaner, dank dem Patent von Borden (Kondensmilch).

1867: Henri Nestlé, Kaufmann in Vevey, bringt ein milchhaltiges Kindermehl auf den Markt.

1868-75: die beiden rivalisierenden Unternehmen streben die Eroberung des ausländischen Marktes an, vor allem im wegen seiner Kolonien wichtigen Grossbritannien. Anglo-Swiss hat ein Verkaufsbüro in London. Die Rivalität dehnt sich auf die Märkte in Frankreich, Deutschland, den USA und Skandinavien aus. Nestlé exportiert sein Kindermehl nach Argentinien, Österreich, Belgien, Spanien, Holland, Italien, Russland, Ostindien, Mexiko und Serbien.

1875: Das Unternehmen Henri Nestlé wird an eine Finanzgruppe verkauft, die es in eine Aktiengesellschaft umwandelt.

1877: Anglo-Swiss bringt ebenfalls ein milchhaltiges Kindermehl auf den Markt.

1882: Anglo-Swiss etabliert sich in den USA.

1883: Nestlé eröffnet eine Zweigstelle in London.

1898-1905: erste Nestlé-Fabrik in Norwegen, bald gefolgt von weiteren in den USA (1905), in Deutschland und Spanien.

1904: Abkommen mit Chocolat Peter mit einer Kapitalbeteiligung von 30%.

1905: Die Anglo-Swiss und das von Henri Nestlé gegründete Unternehmen fusionieren. Das neue Unternehmen kann so mit 18 Fabriken in Europa und den Vereinigten Staaten (7 in der Schweiz, 5 in Grossbritannien, 3 in Norwegen, und je eine in den USA, in Deutschland und in Spanien) seine Expansion in Gang setzen.

Fusion und Kriegsproduktion

Nach der Fusion entwickelt das neue Unternehmen seine Absatzwege und eröffnet neue Fabriken in mehreren Ländern. Durch einen unglaublichen Boom in der

Nachfrage für Kondensmilch wird der Erste Weltkrieg zu einer wichtigen Periode in der Expansion des Nestlé-Konzerns: Vierzig neue Fabriken werden während dieses Konfliktes erbaut. Nestlé kauft dreissig weitere Fabriken in den USA und elf in Australien.

1909: Ansiedlung in Australien.

1911: Fusion von Peter-Kohler-Cailler mit einer Nestlé-Beteiligung von 39%.

1912: Übernahme von Beteiligungen in Holland.

1913: Verkaufsbüro für den Fernen Osten in Singapur

1914: Der erste Weltkrieg bringt eine starke Zunahme der Nachfrage für Büchsenmilch, 40 Fabriken werden gebaut.

1916: Gesellschaft in Südafrika.

Das Gesellschaftskapital der Nestlé wird von 40 auf 60 Millionen erhöht.

1918: Nestlé besitzt 80 Fabriken, davon befinden sich 40 in den USA.

Vom Unternehmen zur nationalen Gesellschaft: Penetration neuer Märkte in der Dritten Welt

Am Ende des Krieges trifft die Nestlé eine tiefgreifende Rezession und eine rückgängige Nachfrage für ihre Produkte. Der Konzern nimmt Entlassungen vor und muss bedeutende Lagerbestände zu niedrigen Preisen liquidieren.

1921: Defizitäre Bilanz. Das Unternehmen wird in eine Aktiengesellschaft umgewandelt und von Louis Dapples reorganisiert. Es bringt 45 Millionen Namenaktien auf den Markt, die zum grossen Teil von den Banken gezeichnet werden. Mehrere Handelsfilialen werden in nationale Gesellschaften umgewandelt, um sie den lokalen Märkten anzupassen.

1928: Beteiligung an "Sarotti Schokolade" in Deutschland.

1929: Übernahme des Konzerns Peter-Kohler-Cailler. Erste Diversifikation von Nestlé ausserhalb der Milchproduktion. Markterschliessung in Lateinamerika: Brasilien, Chile, Argentinien. Errichtung einer Fabrik in Japan.

1937: Entwicklung des Fabrikationsverfahrens für löslichen Kaffee.

Holdingsgesellschaften und Erweiterung der Tätigkeiten in Lateinamerika

Die Stagnation der wirtschaftlichen Aktivität und die politische Krise in Europa bringen die Nestlé-Führung dazu, ihre Aktivitäten zu reorganisieren. 1937 wird in Panama die Holdinggesellschaft UNILAC Inc. gegründet, um sich der lateinamerikanischen Unternehmen anzunehmen. In Stamford, USA, wird ein weltumfassendes Verwaltungsbüro eröffnet. Diese Periode wird für die Expansion nach Lateinamerika entscheidend, weil dabei auf die Nachfrage nach Milchprodukten reagiert wird: gewisse Regierungen hatten begonnen, eine Importsubstitutionspolitik zu betreiben und hatten schon damals Steuervorteile und protektionistische Massnahmen für ausländische Unternehmen, die sich in ihrem Land niederliessen, eingeführt.

In dieser Phase ist auch die Übernahme des Konzerns Alimentana MAGGI wichtig, der dem Unternehmen Technologie und ein wichtiges, weltweites Handelsnetz für kulinarische Produkte brachte. Die Gesellschaft heisst daraufhin NESTLE ALIMENTANA, eine Firmenbezeichnung, die bis 1977 beibehalten und erst dann in NESTLE AG abgeändert wird.

Zwischen 1950 und 1960 wird die Entwicklung und Fabrikation von Kinderprodukten und kulinarischen Produkten stark vorangetrieben. Dreissig neue Fabriken werden in Betrieb genommen.

1970: eindringen in den Restaurationssektor: 30%ige Beteiligung an der "Société européenne de restauration" EUREST.

Die Beteiligung an Libby, McNeill&Libby wird auf 52% erhöht.

Abkommen in der schweizerischen Tiefkühlprodukte-Branche zwischen Nestlé, Roco und Hero. Nestlé und Roco gründen eine gemeinsame Tochtergesellschaft Frisco-Findus.

1971: Fusion mit dem schweizerischen Nahrungsmittelkonzern Ursina-Franck (1,8 Milliarden Schweizerfranken). Dies erlaubt Nestlé, die Kontrolle über Guigoz und Lait Mont Blanc in Frankreich und Milchfabriken in Australien, sowie Beteiligungen an Mövenpick in Deutschland zu übernehmen.

1973: Akquisition von Stouffer (Hotel, Restauration, Tiefkühlprodukte) in den USA.

Diversifikation: von Nahrungsmitteln zu pharmazeutischen und kosmetischen Produkten

Nestlé führt ihre Akquisitionen und Beteiligungen im Nahrungsmittelsektor mit Vichy Roja (1974), Roco (1979) und Beech-Nut, USA (1979) weiter. Der Konzern gibt die Absicht bekannt, seine Tätigkeiten auf den Nahrungsmittelsektor zu konzentrieren und eine Entwicklung als Konglomerat zu vermeiden.

Man kann zuerst eine Diversifikation innerhalb des Nahrungsmittelsektors und später auch ausserhalb feststellen. An erster Stelle tendiert Nestlé darauf, immer mehr sogenannt "wenig rentable" Artikel zugunsten von anspruchsvolleren Produkten mit hoher Wertschöpfung aufzugeben.

Nestlé gibt die Fabrikation von einfachen kulinarischen Produkten mit kleiner Wertschöpfung auf, ebenso den weltweit wenig rentablen Konservensektor, entwickelt das Hotelgewerbe, die Restauration, das "vending" (Lebensmittel-Automaten) Catering (Mahlzeitenvorbereitung für Hotel, Spital und Unternehmen) und unternimmt grosse Anstrengungen auf dem Tiefkühlsektor, der als die neue Konservierungsart für Nahrungsmittel gilt.

Die wichtigste Wende ist jedoch die Diversifikation in den kosmetischen und pharmazeutischen Sektor, wo Unternehmen aufgekauft werden, ein Handelsnetz aufgebaut und in Forschung und Entwicklung investiert wird.

1974: Beteiligung an L'OREAL, Parfumerie und Kosmetik.

Vichy-Roja.

1977: Schaffung einer gemeinsamen Gesellschaft NCM Hotel AG mit Carlo de Marcurio, Schweizer Hotelier.

— Akquisition von Alcon (Kontaktlinsen, Ophtalmologie, 438 Millionen Schweizerfranken).

1979: Roco, Nahrungsmittel.

— Über Alcon, Akquisition von 3 amerikanischen Unternehmen:

— Burton, Parson & Co.

— Dermatologische Gesellschaft Texas Pharmacal (Abteilung von Warner Lambert)

— Dermatologische Gesellschaft Allercreme Dubarry (Abteilung von Warner Lambert)

— Pharmazeutische Gesellschaft Person and Covey.

— Über Synthelabo, einer Tochtergesellschaft von L'OREAL, Kauf des brasilianischen Labors Biosintetica.

1980: L'OREAL kontrolliert die Gesellschaft Métabio Jouillé welche mit Synthelabo (Frankreich) fusioniert.

1981: — Farmilia Farmaceutici (Italien)

— Eröffnung der Tochtergesellschaft Alcon in vielen Ländern. Kauf von 80% des Kapitals der Medicornea (weiche Kontaktlinsen).

— Der Konzern konsolidiert seine Tätigkeiten auf dem Weinsektor, St. Ursula Weingut und Weinkellerei GmbH; Preferred Vineyards Properties Inc., Sta Helena California, Wine World Inc.

— Joint-venture mit SWISSAIR (1,5 Millionen Schweizerfranken) für die Schaffung des Unternehmens SWISSAIR NESTLE HOTEL AG.

— Verkauf von 10 Konservenfabriken in den USA durch die Tochtergesellschaft Libby, Mc Neill&Libby.

— Joint-venture zwischen der französischen Tochtergesellschaft Claudel-Roustang und Besnier (Frankreich), (Käse).

— Verkauf an OKHAI (GB) von James KELLER & Son (Süsswaren, Konfitüren).

1982: — Verkauf an Mövenpick der 50%igen Beteiligung in Deutschland (Hotel, Restauration).

— Kauf von LABRADOR SPRING WATER LTD (Mineralwasser) durch die Tochtergesellschaft Source Montclair (Kanada).

— Schaffung von FOOD SPECIALITIES CEYLON (Milchprodukte) Sri Lanka.

— Erhöhung der Beteiligung an Acueducto (früher Flix Postigo Herranz) Segovia, Spanien (Wurstwaren), an Reimasas in Brasilien (Teigwaren) und an Avicon (USA), welche in Puerto Rico blutstillende Produkte für den amerikanischen Markt herstellt.

— ALCON kauft SCANLENS in Göteborg, Schweden (Kontaktlinsen).

— Erhöhung der Beteiligung im Hotelgewerbe im Rahmen des joint-venture mit SWISSAIR und in der Hotelabteilung von Stouffer, USA (z.B. Kauf und Umbau des Hotels Drake in New York und Verwaltung von verschiedenen Hotels in den USA).

— Kauf von Crittenden Fruit Co. Grovenland, Florida (Verteiler von Zitrusfrüchten).

Akquisitionen 1983 — 1985

Obwohl Nestlé weiterhin die Produktionskapazität in ihren eigenen Fabriken erweitert und neue Fabriken eröffnet, scheint es doch, dass in den letzten Jahren der Expansion durch den Aufkauf von Unternehmen der Vorzug gegeben wurde. 1982 widmete Nestlé diesen Übernahmen 74 Millionen SFr, 1983 steigt dieser Betrag auf 125 Millionen und 1984 schliesslich auf 825 Millionen SFr. Mit der Übernahme von Carnation und andern Unternehmen im Jahr 1985, wird dieser Betrag in die Milliardenhöhe steigen. So hat Nestlé mit den bis Mai 1985 bekanntgegebenen Akquisitionen, die Carnation Übernahme eingeschlossen, seit 1984 bereits 9 Milliarden SFr. für Übernahmen aufgewendet. 72% der Neuerwerbungen sind in Nordamerika, 19% in Europa.

Die untenstehende bestimmt nicht vollständige Liste zählt die seit 1983 erfolgten wichtigsten Akquisitionen auf:

— Kauf von Auer, Deutschland (40 Millionen SFr, dietetische Produkte, Kinderpflegemittel, Backmittel).

59

— Kauf des Unternehmens Jung, BRD, (Spezialitäten für Bäckerei und Patisserie).

— Goodhost Food Ltd, Kanada (35 Millionen SFr., Bohnenkaffee für Grossverbraucher).

— Kauf von Hayhoe Foods, Abteilung der Chipman Food Corp., Kanada (Bohnenkaffee für Grossverbraucher).

— Kauf von Warner Cosmetics, Abteilung der Warner Communications, USA (315 Millionen SFr., Parfümerie, Kosmetik) integriert in Cosmair, Alleinvertretung der L'Oréal in den USA.

— Kauf von Ward Johnston, Abteilung der Terson Co, USA (75 — 100 Millionen SFr., Süsswaren, Schokolade).

— Kauf von Paul F. Beich Co, USA, (Unternehmen spezialisiert auf Geldsammlungen und den Verkauf von Schokolade an Wohltätigkeitsinstitutionen für Lotterien, usw.).

— Kauf von Fruitcrest, USA (Fruchtsäfte).

— Kauf von Hill Brothers Coffee Inc., USA (165 bis 210 Millionen Franken, Bohnen- und löslicher Kaffee).

— Kauf von Cristal Springs, Kanada (Mineralwasser)

— Kauf von Schokoladenfabriken in Portugal und Thailand.

— Kauf von Laboratoires POS, Frankreich (50 Millionen SFr., sterile ophtalmologische Produkte).

— Kauf von Bilosa, Winterthur, Schweiz (ophtalmologische Produkte, Kontaktlinsen).

— Kauf von Dello Precision, Schweiz (Einrichtungen für Augenchirurgie).

— Beteiligungserhöhung an La Rosa, Kolumbien (Biskuit, Süsswaren).

— Beteiligungserhöhung an Dallmayr, BRD, (Kaffee).

— Beteiligung an Productos Brasilia, Spanien (Bohnenkaffee).

— Beteiligungserhöhung an Life Savers, Australien (Süsswaren).

— Kauf von Carnation, USA (über 7 Milliarden SFr., Milch, Hunde- und Katzenfutter, Konservenbüchsen, Tiefkühlprodukte, usw.).

— Akquisition über Vittel (wo Nestlé 35% der Aktien besitzt) der Quelle BARTLETT im Norden von San Francisco. Bauprojekt für eine Abfüll- und Vertriebfabrik für Mineralwasser unter Benutzung des Nestlé-Verkaufsnetzes in den USA.

— Kaufoption auf Coopervision, USA (1,2 Milliarden SFr., ophtalmologische Produkte, Kontaktlinsen): nach einem ablehnenden Bescheid der Anti-Trust Kommission der USA verzichtet Nestlé darauf, ihr Kaufangebot aufrechtzuerhalten.

Abtretungen:

Nestlé tritt 1984 die Beteiligung von 50% am gemeinsamen Unternehmen EUREST an die Internationale Schlafwagengesellschaft (Brüssel) ab.

Nestlé gibt die Abtretung von Herff Jones, einer Abteilung der Carnation in den USA bekannt (Souvenir-Fingerringe, Promotionsmedaillen für Studenten sowie Schulmaterial), ebenso einer zu Carnation gehörenden Mehlfabrik, die Viehfutter und vor allem Hühnerfutter produziert.

Im Zusammenhang mit der Übernahme von Carnation findet dort eine Rationalisierung der Tätigkeiten und eine Restrukturierung statt, woraus bestimmt noch weitere Abtretungen erfolgen werden.

Diversifizierung: eine unausweichliche Wahl?

Aus diesem kurzen geschichtlichen Überblick über die Entstehung und neueren Entwicklungen des TNK Nestlé können einige Hauptakzente in der Expansions- und Diversifikationstrategie des Konzerns abgeleitet werden.

Dank einer raschen Internationalisierung der nationalen Märkte hat Nestlé in vielen Ländern Fabriken angesiedelt, um so auf die wachsende Nachfrage zu antworten, die von den Handelsfilialen allein nicht mehr zufriedengestellt werden konnten. Mit der vorerst nur horizontalen Expansion ihrer Aktivitäten konnte Nestlé beim Einsatz von Kapital und Technologie von den Vorteilen profitieren, die zahlreiche Länder offerierten, um die inländische Fabrikation zwecks Importsubstitutierung anzukurbeln. Hohe Profite, vor allem dort, wo sich der Konzern in einer Monopol- oder Duopolsituation befindet, haben es ihm ermöglicht, neue Niederlassungen aus eigenen Mitteln zu finanzieren, Unternehmen zu erwerben und so die Konzentration in der Nahrungsmittelindustrie zu verstärken. In letzter Zeit hat sich der Konzern auf eine Diversifikation seiner Produktion ausserhalb des Nahrungsmittelbereiches ausgerichtet, um so auf rentableren Gebieten wie Kosmetik und Pharmazeutik zu arbeiten.

Indem sie vor allem in den Entwicklungsländern von ihrer langfristigen Anwesenheit auf riesigen potentiellen Märkten profitieren, sichern die Tochtergesellschaften in ihren Gastländern, immer unter der Kontrolle einer Gesamtstrategie, die lokale Fabrikation gewisser Produkte, sowie die zunehmende Marktpenetration der von andern Tochtergesellschaften hergestellten Produkte.

Die Umsatzentwicklung, aufgeteilt nach Kontinenten, und das Wachstum auf den wichtigsten Märkten, sowie Angaben über die Investitionspolitik des Konzerns dienen als ausgezeichnete Indikatoren, um daraus die Gesamtstrategie und die vorherrschenden Tendenzen in der gegenwärtigen Entwicklung des Nestlé-Konzerns abzuleiten.[*]

Wo können Geschäfte gemacht werden?

	1975	1977	1981	1983	1984
Europa	47,8	45,4	41,0	40,2	37,3
Nordamerika	22,4	22,2	18,7	20,9	24,1
Lateinamerika/Karibik	12,8	12,8	18,8	15,0	15,0
Asien	9,7	12,4	13,8	16,0	16,9
Afrika	5,0	4,9	5,3	5,7	4,3
Australien/Ozeanien	2,3	2,3	2,4	2,2	2,4
total	100%	100%	100%	100%	100%

Quelle: Vom Autor nach Angaben in verschiedenen Jahresberichten der Nestlé AG zusammengestellt

[*] Nestlé präsentiert eine konsolidierte Bilanz der Tätigkeiten aller ihrer Tochtergesellschaften in Schweizerfranken. Die Wechselkursveränderungen zwischen Landeswährung und Schweizerfranken müssen für eine korrekte Tendenzeinschätzung pro Kontinent, Produkt oder inländischem Markt in betracht gezogen werden. Es gibt einen "positiven Einfluss der Wechselkurse", wenn die Landeswährung im Verhältnis zum Schweizerfranken an Wert gewinnt, ein "negativer Einfluss des Wechselkurses" bedeutet das Gegenteil: die Landeswährung verliert an relativem Wert. Wenn der Wechselkurseinfluss positiv ist, wird der jeweilige Marktanteil am gesamten Umsatz in der konsolidierten Bilanz überbewertet, wenn er negativ ist, wird er unterbewertet.[45]

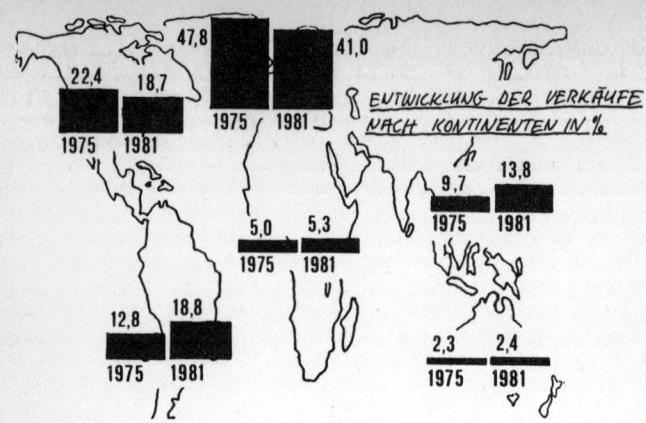

ENTWICKLUNG DER VERKÄUFE NACH KONTINENTEN IN %

Die Analyse der Verkaufsentwicklung pro Kontinent ermöglicht es, einige Tendenzen aufzuweisen:

— Mit 37,3% des Umsatzes 1984 bleibt Europa für Nestlé eindeutig das wichtigste Tätigkeitsgebiet. Dabei handelt es sich aber nicht um einen expandierenden Markt. Der europäische Anteil am Gesamtumsatz des Konzerns ist zugunsten Nordamerikas, Lateinamerikas und der Karibik und Asiens rückläufig. 1984 nimmt der Umsatz in Europa nur um 3,3% zu.

— Der Anteil Nordamerikas war bis 1981 rückläufig, nahm dann aber unter anderem mit der Übernahme von Unternehmen in den USA 1983 den zweiten Rang ein. 1984 vergrösserte sich der Umsatz in Nordamerika um 26%. Mit den neuesten Akquisitionen, vor allem von Carnation, sollte diese Region ein Drittel des konsolidierten Umsatzes hervorbringen.

— Nachdem Lateinamerika den zweiten Rang eingenommen hatte, ist nun sein Anteil rückläufig. Dies entspricht jedoch nicht ganz den Tatsachen. Wenn der Anteil am konsolidierten Umsatz wegen der Abwertung in diesen Ländern und den Währungseinbussen bei der Konsolidierung abgenommen hat, so ist doch der Verkaufszuwachs auf diesem Kontinent weiter gross — nicht nur wegen der Inflation. So betrug 1984 der Zuwachs des Umsatzes in dieser Region 14,3%.

— Der Verkaufszuwachs in Asien ist gut. (17,9% im Jahr 1984)

— Auch in Ozeanien ist er gut (24,8% im Jahr 1984), obwohl das Geschäftsvolumen beschränkt ist.

— In Afrika hingegen ist der Umsatz nach einer Stagnation nun rückläufig (16% weniger im Jahr 1984), vor allem wegen der schwierigen Situation in Nigeria.

Eine korrekte Analyse des Verkaufszuwachses pro Zone sollte notwendigerweise die Wechselkursveränderungen in betracht ziehen. Am Beispiel Nordamerikas wird ersichtlich, dass der Zuwachs des Anteils nicht allein einem proportionalen Zuwachs der Nestlé-Tätigkeiten in diesem Land entspricht. In der Tat hat auch das hohe Niveau des Dollars in den letzten Jahren eine Überbewertung des Anteils dieser Zone gebracht. Um die laufenden Entwicklungen in den verschiedenen Zonen verstehen zu können, müsste man systematisch den volumenmässigen Verkaufszuwachs der Produkte analysieren. So kann man zum Beispiel 1983 in Brasilien eine Expansion des Marktes feststellen, während die in Schweizerfranken ausgedrückten Verkaufsziffern eine Verringerung des Umsatzes aufzeigen.

Nestlé scheint an der Entwicklung ihrer Geschäfte in den Vereinigten Staaten interessiert zu sein. Der amerikanische Markt ist jedoch, wie auch der europäische, übersättigt und der Konkurrenz ausgesetzt, und es ist schwierig, dort Marktanteile zu gewinnen. Trotz Risiko und Inflationsanfälligkeit erlauben es hingegen die Tätigkeiten in den Drittweltländern oft, eine weit höhere Gewinnspanne zu erreichen, da die TNK auf diesen Märkten dominiert oder für gewisse Produkte sogar das Monopol besitzt. Langfristig handelt es sich dabei um Märkte mit viel höheren Entwicklungsmöglichkeiten.

Es gibt dabei jedoch eine Einschränkung: in vielen dieser Länder ist der Zuwachs der Nestlé-Aktivität eng an eine Zunahme der Kaufkraft gebunden, die jedoch im Moment für die gesamte Bevölkerung niedrig bleibt. Und schliesslich gibt es, trotz guter Beziehungen zur nationalen Bourgeoisie, auch nationalistische Reaktionen gegen den TNK; die Einführung von strengeren Gesetzesbestimmungen über die Tätigkeiten der TNK im Land beeinträchtigen vor allem die Gewinnspannen. Der TNK ist sich der Gefahr einer unverhältnismässigen Entwicklung seiner Aktivitäten in den Drittweltländern besonders bewusst, da diese eines Tages seine Fabriken nationalisieren (z.B. INDULAC in Venezuela) oder striktere Kontrollen einführen könnten. Um sich dagegen vorzusehen, erwägt Nestlé zwei Möglichkeiten: eine Erhöhung des nordamerikanischen Anteils am Umsatz des Konzerns und die Suche nach einer genügend hohen Rentabilität und einer besseren kurzfristigen Ertragsfähigkeit ihrer Investitionen in der Dritten Welt.

Bis jetzt glaubte man, dass die Neuerwerbungen der letzten acht Jahre in den USA vor allem eine Diversifikation der Tätigkeiten auf dem pharmazeutischen und kosmetischen Sektor zum Ziel hatten. Man wird sich aber jetzt bewusst, dass diese Diversifikation ausserhalb des Nahrungsmittelsektors schliesslich sehr bescheiden geblieben ist, und dass Nestlé eigentlich mehr daran interessiert ist, Neuerwerbungen zu tätigen, durch die sie die Marktanteile für ihre Produkte oder für zusätzliche Produkte erhöhen kann, als sich auf völlig andere, wenn auch rentablere Gebiete zu wagen. Nestlé scheint beim Umsatz vor allem das Verhältnis Industrieländer/Entwicklungsländer wieder in ein Gleichgewicht bringen zu wollen. Trotz der Bemühungen in der Werbung und der Beendigung des Boykotts hat der TNK Schwierigkeiten, mit seinen Produkten auf dem Markt Fortschritte zu machen. Unter diesen Bedingungen ist es vorzuziehen, Unternehmen aufzukaufen, deren Produkte bereits bekannt und im ganzen Land auf dem Markt sind, als zu versuchen, rivalisierende Produkte auf den Markt zu bringen. Mit dem Aufkauf amerikanischer Unternehmen kann man annehmen, das Nestlé so neue Technologien und Patente erwerben wird und dank ihrem internationalen Verteilernetz daraus langfristig Profit schlagen kann. Ein Beispiel: Die Linie "Lean cuisine" von Stouffer soll unter der Marke Findus in Grossbritannien auf den Markt gebracht werden.

Dieser Wille, sich auf dem amerikanischen Markt festzusetzen, wurde schon 1979 klar ausgedrückt:

> "Die Gesellschaften in Nordamerika, wo gegenwärtig 19% des konsolidierten Umsatzes erzielt werden, waren auch im Berichtjahr das Ziel bedeutender Investitionen, sowohl auf dem Gebiet unserer herkömmlichen Tätigkeit als auch in Form von Neuerwerbungen, insbesondere im Sektor der Pharmazeutik. Um ein Gegengewicht zur schnellen Geschäftsausweitung in den Entwicklungsländern zu schaffen, erscheint es besonders angezeigt, gerade in diesem politisch stabilen, wirtschaftlich mächtigen und wettbewerbsintensiven Kontinent unsere Geschäftstätigkeit auszuweiten."[46]

Der Konzern hatte sich ein Ziel gesteckt: Bis 1982 30% des gesamten Verkaufs-volumens der TNK auf dem nordamerikanischen Markt zu erreichen.*)

Die nachfolgende Tabelle, die die Carnation-Übernahme noch nicht ein-schliesst, zeigt die Entwicklung des Umsatzes auf den nordamerikanischen Markt:

Entwicklung des Nestlé-Umsatzes auf dem nordamerikanischen Markt

Jahr	Umsatz in Mia. US-Dollars	in % der gesamten Verkäufe
1970	0,407 Mia Dollars	
1980	2,4 Mia Dollars	18,0%
1981	2,38 Mia Dollars	18,7%
1982	2,341 Mia Dollars	19,3%
1983	2,508 Mia Dollars	20,9%
1984	2,743 Mia Dollars	24,1%

Quelle: **Business** Week, 2. Februar 1981; Nestlé, **Jahresberichte,** verschiedene Jahrgänge

Die im Januar 1985 erfolgte Übernahme von Carnation ist für eine verstärkte Präsenz von Nestlé auf dem nordamerikanischen Markt entscheidend. Wer ist Carnation und welchen Einfluss wird diese Übernahme für Nestlé haben?

▮Die Operation Carnation▮

Eldridge Amos Stuart hatte Carnation 1899 in Kent, im Staate Washington, ge-gründet. Seine Hauptproduktion war damals die Kondensmilch, die er den vom Gold Yukon's angezogenen Goldsuchern verkaufte. Bis 1971 war Eldridge Had-ley Stuart sein Nachfolger in der Führung des Unternehmens. Dwight, der Enkel des Gründers, war Präsident bis 1983, als er von Everett Olson abgelöst wurde. Olson war seit 1931 von Carnation angestellt und war lange Zeit der zweite Mann im Unternehmen. Bis 1980 kontrollierte eine Holdinggesellschaft, in der die Ak-tien der Familie Stuart vereinigt waren, 44% des Kapitals, dann entschloss sich die Familie, diese aufzulösen, indem sie einen Teil der Aktien zum Verkauf freigab. Bis zur Übernahme von Carnation durch Nestlé besass die Familie Stuart noch 32,1% der Aktien.

Unter Everett Olson und der Familie Stuart, die einen sehr vorsichtigen Verwal-tungsstil pflegten, hat Carnation den Akzent eher auf die Vermarktung von unge-fähr 200 Grundprodukten gesetzt als auf die Erforschung und Lancierung neuer Produkte. 40% des Umsatzes stammen aus den Milchprodukten, vor allem evapo-rierte Büchsenmilch. Dabei handelt es sich um ein Unternehmen, das vor allem in

---

*) "Vor über zwei Jahren haben sich Nestlé-Führungskräfte das Ziel gesteckt, dass die USA 30% der Einnahmen beisteuern sollen, bis heute hat die Gesellschaft aber nicht einmal 20% er-reicht."[47]

Der Präsident des Nestlé-Verwaltungsrates sagte seinerseits 1980, dass man 1982 nicht als Da-tum für die Erreichung dieses Ziels festlegen könne; da die Konkurrenz stark sei und die Nestlé-Produkte nur langsam Marktanteile erobern könnten, müsse dies langfristig angestrebt wer-den.[48]

den Vereinigten Staaten aktiv ist, nur 27% seines Umsatzes (14% des Profits) kommen aus dem Ausland (1983). *) 1983 erreichte Carnation einen Umsatz von 3,37 Milliarden US-Dollar und einen Profit von 194,8 Millionen Dollar. Dabei ist interessant, dass dieses Unternehmen über grosse liquide Mittel verfügt (250 Millionen Dollar) und nur niedrige langfristige Schulden aufweist (130 Millionen Dollar). Während 32 Jahren ist der Profit des Unternehmens ununterbrochen gewachsen (18% Dividende pro Aktie). Seit einigen Jahren hingegen scheint sich dieses Wachstum der jährlichen Tätigkeiten zu verlangsamen (von 12% jährlich hinunter auf 9%). Gemäss Finanzexperten könnte Carnation bei Nestlé ihre Erfahrung in Marketing und Werbung und ihre starke Stellung auf dem amerikanischen Markt einbringen. Nestlé hingegen könnte eine gewisse Dynamik in die Forschung und Entwicklung neuer Produkte bringen und dank ihrer Präsenz auf allen Kontinenten eine Internationalisierung der Verkäufe sichern.

1984 erreichte Nestlé in Nordamerika 24,1% ihres Gesamtumsatzes. Der Erwerb des Unternehmens Alcon und weiterer Firmen mit hoher Gewinnmarge auf dem kosmetischen und para-pharmazeutischen Sektor hat Nestlé eine Diversifikation und hohe Investitionen erlaubt, um weltweit in den Verkauf von spezialisierten und sehr rentablen Produkten einzusteigen. Zusätzliche Neuerwerbungen in Frankreich, Schweden und der Schweiz hatten es ermöglicht, diesen Sektor zu konsolidieren. Im Aufkauf des amerikanischen Unternehmens Coopervision (Brillen und Kontanktlinsen) sah man die günstige Gelegenheit, die Vorherrschaft des Konzerns auf diesem Sektor zu verstärken und seine Präsenz in den USA auszudehnen zu können. Die Handelskommission der USA hat diese Operation im Betrage von 1,2 Milliarden Schweizer Franken jedoch verhindert, indem sie ankündigte, dass sie sich einem Kauf dieses Unternehmens durch Nestlé entgegensetzen würde. Der TNK war zwar von seinem Recht überzeugt, hat es jedoch vorgezogen, auf den Kauf zu verzichten, da er aus Erfahrung (Übernahme von Libbys) die langsame und mühselige Arbeitsweise dieser staatlichen Kommission kannte. Trotzdem ist die Nestlé-Führung weiterhin bereit, jegliche neue Gelegenheit zu interessanten Investitionen auf diesem Kontinent zu ergreifen.

Im September 1984 bestätigt dann eine gemeinsame Erklärung von Carnation und Nestlé die Gerüchte um eine Übernahme dieses wichtigen amerikanischen TNK durch den Nestlé-Konzern. Das Unternehmen aus Vevey hatte tatsächlich ein Kaufsangebot für die Carnation-Aktien gemacht und offerierte pro Aktie 83 Dollar statt der anfangs 1984 kotierten 54 Dollars. Die Presse hat mit Analysen und Kalkulationen nicht lange gewartet. Vom Erdölsektor abgesehen, handelte es sich da um die höchstdotierte Übernahme eines amerikanischen Unternehmens durch ein europäisches.

Die Familie Stuart, die 32,1% der Aktien besass, hatte sich bereit erklärt, ihre Wertpapiere abzutreten. Dieses Angebot konnte dank der Bewilligung der Handelskommission der USA und der Zustimmung der Carnation Aktionäre im Januar 1985 angenommen werden. In ihrem Jahresbericht 1984 erklärt Nestlé, weshalb sie an Carnation interessiert ist:

> "Die Übernahme der Carnation erlaubt uns in den USA, im Bereich der Milchprodukte wieder Fuss zu fassen, unsere Marktposition im Sektor gekühlte Produkte zu verstärken und ins Eiskremgeschäft einzusteigen. Zu Carnation gehören des weitern ausgezeichnete Produkte im Segment der sofortlöslichen Getränke, aber

---

* Siehe Anhang: Wachstum, seit 1979, der wichtigsten Marken und Länder, in denen Carnation Niederlassungen hat.

auch kulinarische Produkte, hauptsächlich Tomatenkonserven. Mit einem Sortiment von Kartoffelprodukten (tiefgekühlte Pommes Frites, Kartoffelpuré, usw.) ist Carnation auch sehr stark im Sektor der Grossverbraucher vertreten. Schliesslich gibt uns die Übernahme von Carnation die Gelegenheit, in einen für uns bis anhin noch fremden Industriezweig einzutreten: Hunde- und Katzennahrung."[49]

Nestlé hatte zuerst einmal von einem Konsortium aus 19 Banken, unter der Leitung der New York City Bank, ein Darlehen von 5 Milliarden US-Dollar erhalten. Im Januar 1985 kündigte die Nestlé dann an, dass sie nicht auf dieses Darlehen zurückgreifen würde, sondern es vorziehe, flexible Mittel zu benützen, die es ihr erlauben würden, den Wechselkursschwankungen Rechnung zu tragen. Diese Art der "vorteilhafteren Finanzierung" wurde durch Barzahlung von mehr als der Hälfte des Kaufpreises und der Beanspruchung des Euronotes-Marktes gelöst. So hofft Nestlé, dank hohem Einkommen und bescheideneren Akquisitionen die "Carnation-Übernahmen verdauen zu können."[50] Neben der Beanspruchung des Euronotes-Marktes hofft Nestlé auch noch auf die Partizipationsscheine (an der GV 1984 geschaffen), um so neues Geld zu erhalten.

Was produziert Carnation?

— evaporierte Milch in Konserven
— gezuckerte Kondensmilch
— Milchersatz für den Kaffee (coffee-mate)
— Speiseeis und Frischmilchprodukte
— Säuglingsnahrung (Glücksklee, Deutschland)
— Frühstücksnahrung
— tiefgefrorene Kartoffeln und Kartoffelpüree
— Tomaten in Büchsen und kulinarische Produkte
— sofortlösliche Schokoladengetränke
— Diätgetränke
— Hunde- und Katzenfutter (getrocknet und in Büchsen)
— Maschinen und Werkzeuge für die Fabrikation von Containern
— Konservenbüchsen
— Ringe, Lehrmaterial, Photographie und Schulhefte. (Nestlé hat die Absicht bekanntgegeben, die für diese Produkte verantwortliche Abteilung Herff Jones zu verkaufen.)
— Tierfutter (für Geflügel, Pferde und Rinder), auch diese Abteilung soll verkauft werden.

Carnation ist die Nummer Eins für evaporierte Milch. Auf dem amerikanischen Markt steht sie auf dem ersten Rang für den Verkauf von Tomatenpaste und auf dem 2. Rang für Hunde- und Katzenfutter, nach Ralston-Purina. Dabei handelt es sich um einen Markt von jährlich 5 Milliarden Dollar in den USA und gleichzeitig um eine Linie, die auf dem europäischen Markt gute Entwicklungsmöglichkeiten hat.

Die Tabellen im Anhang informieren über die Carnation-Niederlassungen ausserhalb den USA.

Um das Profil von Carnation besser zu verstehen, ist es interessant, den Anteil der verschiedenen Produktionslinien am Umsatz und Gewinn der Carnation im Jahre 1983 zu analysieren.

Carnation-Beitrag der verschiedenen Produkte-Linien zu Umsatz und Gewinn (1983)

Produkte-Linie	Beitrag zum Umsatz in Mia. US-Dollars	in %	Beitrag zum Gewinn in Mia. US-Dollars	in %
Milchprodukte	1,372	40,4	0,103	30,0
andere Lebensmittel	1,407	41,4	0,181	52,8
diverse Produkte	0,602	17,7	0,059	17,2
konzerninterner Handel	0.015	0,5		
total	3,396	100,0	0,343	100,0

Quelle: Jahresbericht der Carnation 1983

Die Milchprodukte, die bis 1982 45% der Verkäufe ausgemacht hatten, betrugen 1983 noch 40,7%. Obwohl sie einen wichtigen Platz einnehmen, trugen 1983 die Milchprodukte nur 30,1% am Gesamtprofit der Carnation bei. Die übrigen Produkte, vor allem für Hunde und Katzen, erzielten mit einem Profitanteil von 52,9% eine viel höhere Gewinnspanne. Der Profitanteil der restlichen Produkte ist mehr oder weniger proportional zu ihrem Gewicht im Verkaufsumsatz.

Wie Nestlé die Carnation Produktionslinien reorganisieren wird, weiss man noch nicht. Man kann jedoch voraussehen, dass der schweizerische TNK den Hauptakzent auf die rentabelsten und sein eigenes Sortiment vervollständigenden Produkte setzen wird, darunter auch die Produkte für Katzen und Hunde. Die Übernahme eines TNK mit starker Präsenz im Milchgeschäft in den USA dürfte jedoch der Nestlé den Zugang zu diesem bisher von ihren Produkten noch verschlossenen Markt in den USA verschaffen. Es gab Befürchtungen, Nestlé würde mit dem Kauf von Beech-Nut die Türe zum Markt von Säuglingsmilch in diesem Land geöffnet. Dies war bis jetzt aber noch nicht der Fall. Werden wohl bald im

Entwicklung der Anteile der Produktegruppen am Verkaufserlös 1970-1984

Produkte	1970	1975	1976	1977	1980	1981	1983	1984
Milchprodukte	30,8%	24,4%	22,7%	19,9%	20,3%	22,2%	20,4%	20,1%
Kindernährmittel und diätische Produkte		7,5%	7,4%	7,3%	7,7%	8,3%	8,4%	7,9%
Sofortlösliche Getränke	36,1%	30,8%	32,6%	32,9%	29,4%	28,0%	27,7%	28,8%
Schokolade und Süsswaren	12,7%	9,4%	9,3%	9,5%	8,0%	7,8%	8,1%	8,8%
Kulinarische Produkte und diverse Produkte	20,4%	20,1%	20,1%	16,6%	16,5%	15,8%	13,9%	13,0%
Tiefkühlprodukte und Glacé		7,8%	7,9%	7,5%	9,1%	8,8%	10,3%	10,8%
Gekühlte Produkte				0,7%	2,1%	2,2%	2,9%	3,1%
Restaurant und Hotelgewerbe				2,6%	2,7%	2,8%	3,0%	1,8%
Pharmazeutische, dermatologische und kosmetische Produkte					1,5%	1,6%	2,4%	2,6%
Flüssige Getränke					2,7%	2,5%	2,9%	3,1%
übrige Produkte				3,0%				
	100,0%	100,0%	100,0%	100,0%	100,0%	100,0%	100,0%	100,0%

Quelle: Nestlé, Jahresbericht, verschiedene Jahre

Verkaufsnetz der Carnation-Milchprodukte die von Nestlé produzierten Substitute für Muttermilch auftauchen? Auf diese Frage geben die Nestlé-Führungskräfte keine Antwort. Falls Nestlé mit dem Verkauf von Säuglingsmilch in den USA beginnen sollte, riskiert sie eine Konfrontation mit den Boykott-Befürwortern auf ihrem eigenen Terrain, die vielleicht die Gelegenheit benutzen könnten, die Anwendung der Universalitätsklausel des Kodex der Weltgesundheitsorganisation auch auf die USA durchzusetzen. (Siehe *Reaktionen der Nestlé auf die Kritik*)

Die sofortlöslichen und anderen Getränke (Kaffee, Schokolade, usw.) stehen immer noch an erster Stelle, aber ihr Anteil am Gesamteinkommen verringert sich ständig (von 36,1% im Jahre 1970 auf 28,8% in 1983). Die rückläufige Tendenz bei den Milchprodukten hält an. Die Übernahme von Carnation (mit 40% des Umsatzes aus Milchprodukten) wird diese Tendenz wohl etwas beeinflussen. Trotz einer leichten Erhöhung des Umsatzes gegenüber dem Vorjahr tragen die kulinarischen Produkte immer weniger zum Gesamtumsatz bei. Bei den Tiefkühlprodukten, Speiseeis und den gekühlten Produkten kann man hingegen eine Zunahme feststellen. Die Aufteilung ihrer 50%igen Beteiligung an EUREST im Jahre 1984 erklärt das rückläufige Einkommen in Restauration und Hotelgewerbe. Die Restrukturierung soll zur Verbesserung der Ertragskraft des TNK beitragen. "Unsere Politik ist es, uns auf die gewinnträchtigsten Produkte zu konzentrieren und diejenigen aufzugeben, bei denen keine Hoffnung auf Belebung des Absatzes besteht." [51]

Wir werden hier nicht auf eine Analyse der verschiedenen Produkte per Kontinent eingehen, sondern nur einige Angaben zur laufenden Diversifikationspolitik machen.

Milchprodukte, sofortlösliche Getränke, Kindernährmittel, diätetische Produkte sowie kulinarische Produkte sind die wichtigsten Erzeugnisse, die in der Dritten Welt fabriziert und verkauft werden. In Europa und den USA verlässt sich das Unternehmen vor allem auf neue Produkte, die auf den Markt gebracht werden: sofortlöslicher, koffeinfreier Kaffee, Tiefkühlprodukte und Speiseeis, gekühlte Produkte (Nachspeisen), Restauration und Hotelgewerbe, kosmetische, dermatologische und pharmazeutische Produkte. In Lateinamerika bieten nur die grossen Märkte Mexikos, Brasiliens und Argentiniens genügend Absatzmöglichkeiten für die anspruchsvolleren Nestlé-Produkte in den privilegierten Klassen. Die Präsenz des TNK Nestlé auf diesen Märkten ist Teil einer langfristigen Strategie: Das im Land bereits angesiedelte Unternehmen wartet auf den günstigen Moment für einen massiven Verkauf seiner auf den amerikanischen und europäischen Märkten entwickelten neuen Produkte.

Die Werbung und eine erhöhte Kaufkraft werden die Bevölkerung der Entwicklungsländer nach und nach überzeugen, von der Nestlé-Qualität zu profitieren, auch wenn dies auf Kosten einer radikalen Veränderung ihrer Essgewohnheiten geschehen muss.

Pierre Liotard-Vogt meint jedenfalls dazu: "Wenn unser Produkt ganz klar von besserer Qualität ist, wird der Konsument bereit sein, dafür einen höheren Preis zu bezahlen." Er gibt zu, dass Nestlé die Produkte aufgibt, die wenig Verarbeitung benötigen, wenig Wertschöpfung bringen und dem TNK nicht erlauben, seine Technologie anzuwenden. [52]

Nestlé verwendet eine grosse Summe für die Forschung und Entwicklung neuer Produkte: 17 Forschungszentren in 10 Ländern auf verschiedenen Kontinenten. 1983 wurden 263 Mio. Schweizerfranken (23,45% der gesamten Investitionen) für Forschung, Entwicklung, Marketing und Verwaltung investiert. Helmut Maucher, der neue Verwaltungsratsdelegierte gibt an, dass die für die Forschung bestimmten Summen seit 1980 um ungefähr 70% und diejenigen für Marketing und Werbung um ungefähr 20 — 25% gestiegen sind. Diese Tendenz hielt auch 1984 an.

Er kritisiert den "amüsanten, kreativen Unterton" der Werbung, die nicht genügend auf dem Markennamen und auf konkreten Informationen über das angepriesene Produkt beruhe.[53] 1983 ist Nestlé unter den grossen Auftraggebern in der amerikanischen Werbung auf dem 61. Rang mit Ausgaben von 115 Mio. US Dollar.[54]

Der TNK bemüht sich, ständig neue Produkte zu entwickeln oder, wenn nötig, ihre Aufmachung zu verändern, um sich Konsumenten zu erhalten und neue zu gewinnen. Der lösliche Kaffee *), der grössere Profite bringt, wird zur "Verkaufslokomotive", die dann erlaubt, Tiefkühlprodukte und Fertigmahlzeiten auf den Markt zu bringen und immer grössere Marktanteile auch im pharmazeutischen und kosmetischen Sektor zu gewinnen, alles mit dem Ziel, einen höheren Profit herauszuschlagen.[55]

Die Zukunft gehört den Tiefkühlprodukten

"Zwischen 1970 und 1981 hat sich unser Umsatz an Tiefkühlprodukten verdreifacht, und bis 1990 sehen wir eine weitere Verdoppelung vor. Diese Vergrösserung des Volumens wird aus zwei Quellen stammen: einerseits aus einer weiteren geographischen Expansion und andrerseits aus den Bemühungen, auf dem Gebiet der Gemeinschaftsverpflegung in den Markt einzudringen."[56]

Die Aktivität auf diesem Gebiet konzentriert sich auf Findus, Stouffer**(in den USA) und den Tiefkühlsektor von Roco.*** Die Werbung für Tiefkühlprodukte nimmt eine Vorzugsstellung unter den Nestlé-Produkten ein. Obwohl Nestlé ihre Beteiligung an Eurest und Mövenpick Deutschland aufgegeben hat, geht die Entwicklung auf dem Gebiet der Gemeinschaftsverpflegung weiter. Dabei stützt man sich vor allem auf in der Fabrik vorgekochte, tiefgekühlte Gerichte. Das Sortiment "Lean Cuisine" von Stouffer verzeichnet auf dem nordamerikanischen Markt einen grossen Erfolg. Es wäre nicht weiter erstaunlich, wenn dieses Sortiment in den Carnation Gesundheits- und Ernährungszentren zum wichtigsten Verkaufsschlager würde. Die Investitionen von Nestlé in Fabriken für Tiefkühlprodukte und in den Gemeinschaftsverpflegung lassen schon jetzt einen wachsenden Profit aus dieser Sparte voraussehen.****

Wird die Diversifikation ausserhalb des Nahrungsmittelsektors Nestlé zum Konglomerat machen? Die kosmetischen und pharmazeutischen Produkte, für die

---

*) Der Beitrag des löslichen Kaffees zum Gesamtergebnis ist höher als sein Anteil an der gesamten Nestlé-Produktion. Die Gewinnspanne ist grösser, da es sich um ein ertragreiches Produkt handelt. Die neuen Produkte sind noch in der Einführungsphase, andere hingegen bereits rückläufig.

**1981 hat der Umsatz von Stouffer einen Viertel des gesamten Umsatzes von Nestlé in den USA ausgemacht, vor allem dank dem Erfolg des Sortiments "Lean Cuisine" (Tiefkühlprodukte). *Fortune*, 27.12.1982

*** Roco wurde 1981 von Nestlé übernommen. Aber schon 1982 gab der TNK den Konservensektor an HERO ab. Er hat jedoch den Sektor Tiefkühlprodukte behalten, der schon 1970 unter dem Namen Frisco-Findus als joint-venture Nestlé-Roco geschaffen worden war.

**** Nestlé hat 1982 87 Mio. Schweizerfranken und 1983 106 Mio. in die Eröffnung von Fabriken (Grossbritannien, Australien), die Produktionsausdehnung (Stouffer, USA und eine Fabrik in Trenton, Kanada) und in die Restrukturierung im Tiefkühlbereich und beim Speiseeis (Rorschach, Schweiz) investiert.

grosse Investitionen aufgewendet wurden, weisen eine sehr hohe Rentabilität und eine schnelle Wachstumsrate auf.

1974 wurden 28% des Aktienkapitals von L'OREAL (Kosmetik) gegen 4% des Nestlé Aktienkapitals ausgetauscht, was dem TNK mit einer Beteiligung von 49% am Kapital der Holdinggesellschaft GESPARAL die Kontrolle über dieses Unternehmen brachte. Dessen Umsatz hat 1980 um 16% zugenommen, und es ist weltweit fast überall vertreten.

Seit 1978 kontrolliert L'OREAL Synthelabo-France (Pharmazeutik). Über diese Gesellschaft hat Nestlé 1979 das brasilianische Labor Biosintetica gekauft. 1980 fusionierte die Gesellschaft METABIO JOUILLIE mit Synthelabo.

Vor kurzem (1983) hat Nestlé auch das amerikanische Unternehmen Warner Cosmetics (315 Mio. Schweizerfranken) übernommen, um so die Tätigkeiten von L'OREAL auf Weltebene zu vervollständigen. "Das französische Unternehmen belegt heute bei den Haarpflegemitteln weltweit den ersten Platz und gehört bei den Kosmetika zu den drei grössten Produzenten. Sie beschäftigt 27'000 Personen und produziert in 62 Fabriken auf allen fünf Erdteilen. Mit rund 100 Vertretungen und etwa 200 Tochtergesellschaften in über 100 Ländern ist L'Oréal unter den grossen Kosmetikfirmen international am stärksten vertreten.

1984 betrug der Umsatz von L'Oréal und den konsolidierten Tochtergesellschaften 15,8 Milliarden französischen Francs, was bei vergleichbaren Strukturen einer Erhöhung um 16,9% gegenüber dem Vorjahr entspricht."[57]

Einige Marken: L'OREAL, Cacharel, Phytotéhérathrie, Lancôme, Jacques Fath, Courrèges, Biotherm, Vichy, Phas, Chiminter-Hymo und die Produkte der Laboratoires Ruby d'Anglas.

Die Übernahme des Unternehmens für ophtalmologische Produkte ALCON im Jahre 1977 für 438 Mio. Schweizerfranken (276,7 Mio. Dollar) bedeutet den Eintritt von Nestlé in die Pharmazeutik. Ab 1978, mit dem Aufkauf von Burton, Parson & Co., der dermatologischen Gesellschaften Texas Pharmacal und Allercreme (Abteilung von Warner Lambert), sowie der pharmazeutischen Gesellschaft Person and Covey, kann Nestlé ihre Tätigkeit auf das medizinische Gebiet ausdehnen (Dermatologie, Urologie, Pädiatrie und Radiologie)

In Italien kontrolliert Nestlé die Familia Farmaceutici in Mailand. 1981 dehnte Nestlé ihre Tätigkeit auch auf das Gebiet der Kontaktlinsen aus, indem sie 80% des Kapitals des Unternehmens Medicornea in Toulouse, Frankreich erwirbt.

Trotz des Misserfolges beim Versuch, Coopervision in den USA zu übernehmen, hat eine fühlbare Verstärkung auf dem Gebiet der Investitionen in Forschung und Entwicklung und dem Aufkauf von Unternehmen in der pharmazeutischen Branche stattgefunden (Dello Precision, Bilosa, POS, Avicon, Scanlens). Nestlé hat für Alcon 25 mal die Summe seines Profits gezahlt, aber dessen gute Rendite und sein Spitzensektor rechtfertigten gemäss Nestlé diesen hohen Preis. Alle Bemühungen gehen dahin, dass dieser neue Tätigkeitsbereich des TNK zu einer Erhöhung des Profits beitragen soll.

Entwicklung des Umsatzes von pharmazeutischen Produkten bei Nestlé

Jahr	Umsatz		**(1979 - 1984, in Mio Sfr)**		
1979	264	1981	450	1983	628
1980	362	1982	548	1984	783

Quelle: Nestlé 1983, **Jahresbericht,** S. 26; Nestlé 1984, **Jahresbericht,** S. 28.

Bis jetzt blieb die Diversifikation der Tätigkeiten von Nestlé beschränkt. Es scheint jedoch, dass man nicht die Absicht hat, den Nahrungsmittel-TNK in ein Konglomerat umzuwandeln.

Nestlé bestätigt ihren Willen ausdrücklich, sich nicht in ein Konglomerat umzuwandeln:

"In diesen Diversifikationsbemühungen haben wir uns aber Grenzen gesetzt. Wir wollen kein Konglomerat bilden. Wir bleiben in den Bereichen Nahrungsmittel, Getränke, Kosmetik und in gewissem Masse Pharmazeutik. Damit verfügen wir über eine weite Spanne vom Grundnahrungsmittel Milch bis zum «high technology» Produkt von Linsen für Katarakt-Operationen."[58]

Aber mit den hohen liquiden Mitteln, die zur Verfügung stehen, kann man in dieser Beziehung nie wissen. Vielleicht macht auch hier Gelegenheit Diebe, und Nestlé könnte dann so ihren Hunger auf anderen Sektoren stillen, alles im Interesse der Gesellschaft (der Nestlé-Gesellschaft natürlich!). Helmut Maucher hat einem amerikanischen Journalisten die Übernahmepolitik des Unternehmens so erklärt:

"Zuerst sehen wir uns nach Übernahmemöglichkeiten um, die bereits vorhandene Produktionslinien ergänzen, damit wir so unsere Stellung, unser Geschäft festigen, dem Konsumenten einen besseren Eindruck machen, und unser Image als Gesellschaft verbessern, können, usw. (...) Zweitens sind wir an Unternehmen interessiert, bei denen jemand kreativ, erfinderisch gewesen ist und den Kern eines neuen Geschäftes entwickelt, aber weder die finanziellen noch internationalen Möglichkeiten zur Expansion hat. Da findet Nestlé einen natürlichen Partner, denn mit unseren finanziellen Mitteln können wir dieses Geschäft entwickeln, zudem haben wir bereits die internationalen Kontakte und die entsprechende Organisation."[59]

Nestlé in Lateinamerika und der Karibik

Die Expansion von Nestlé in Lateinamerika begann schon sehr früh und geht in einem regelmässigen Rhythmus weiter. 1981 war Lateinamerika die zweitwichtigste Zone für den TNK. Die zunehmenden Aktivitäten in den USA und vor allem die hohe Geldentwertung haben diese Zone 1983 aber auf den dritten Platz und 1984 gar auf den vierten Platz in der konsolidierten Bilanz zurückfallen lassen. Aber obwohl die Restrukturierung mehrere Fabriken auf diesem Kontinent betraf, bleibt das Verkaufsvolumen ausgezeichnet. Die Übernahme von Carnation bedeutet für Nestlé die Kontrolle von CODAL in der Dominikanischen Republik, die 100%ige Kontrolle des Büchsenmilchsektors in Peru und eine Vorherrschaft in Jamaika und Mexiko.

1982 besass der Nestlé-Konzern in dieser Zone 62 Fabriken und beschäftigte 30'000 Mitarbeiter. Gemäss Camillo Pagano, dem damaligen Nestlé-Direktor für Lateinamerika, waren 1981 46% der Kader Lateinamerikaner *), 30% Schweizer und 24% andere Nationalitäten.[60]

---

*) Die lateinamerikanischen Kader stammen nicht immer aus dem Land, wo die Tochtergesellschaft angesiedelt ist, da es einerseits unter den Ländern eine starke Vermischung der Nationalitäten gibt und andrerseits viele Kader in ihrer "Nestlé-Karriere" von einem Land zum andern ziehen. Die Kaderbildung findet entweder im Land, im Zentrum ARBOLEDA in Toluca, Mexiko, in Rive-Reine, Schweiz, oder auch im IMEDE in Lausanne statt.

Die Errichtung von Nestlé-Tochtergesellschaften in Lateinamerika muss in einer geschichtlichen Perspektive gesehen werden, die verschiedenen Aspekten Rechnung trägt: erstens, dem Industrialisierungsgrad des Landes, dann dessen Politik zur Förderung von inländischen Industrien zur Importsubstitution, und schliesslich den Abkommen zwischen konkurrierenden Firmen auf dem Weltmarkt zwecks Erleichterung ihrer Expansion. Das heutige Gewicht von Nestlé in Lateinamerika kann nur verstanden werden, wenn man die allgemeine Strategie der Transnationalisierung der Aktivität des Konzerns analysiert, um die wirtschaftlichen Vorteile und die Risiken solcher Ansiedlungen aufzuzeigen.

Die Karte auf der nächsten Seite zeigt die massive Präsenz von Nestlé auf diesem Kontinent auf. In einigen Ländern, vor allem in Mexiko, Brasilien, Argentinien, Chile, Peru und Kolumbien ist die Diversifikation sehr weit fortgeschritten. Bei gewissen Produkten und auf einigen inländischen Märkten ist die Nestlé in einer Monopol- oder Oligopolstellung; dies kann aus den verschiedenen Fallstudien entnommen werden. Eine Schranke für die Ausbreitung der Tätigkeiten des TNK: die kaufkräftige Kundschaft ist noch zu sehr beschränkt und seine Produkte mit hoher Wertschöpfung sind vor allem für die mittleren und bessergestellten Klassen bestimmt. Eine ständige Berieselung durch Reklame wird jedoch die Bevölkerung früher oder später zur "Nestlé-Diät" bekehren, wofür sie ihre Essensgewohnheiten, die zwar billiger und für die Ernährung ausgeglichener sind, aufgeben wird.

Die Eröffnung von angegliederten Gesellschaften in Lateinamerika bedeutete die Einfügung von Nestlé in die nationale und regionale Politik. Dies hat ihr bessere Bedingungen für ihre Ansiedlung in den verschiedenen Ländern und die Erreichung oder Konsolidierung einer Monopol- oder Oligopolstellung auf den expandierenden Märkten ermöglicht. Dabei muss man vor allem die Importsubstitutionspolitik erwähnen: verschiedene Länder des Kontinents betreiben — je nach Industrialisierungsgrad früher oder später — eine Politik der Förderung der inländischen Fabrikation von verarbeiteten Produkten, die ursprünglich importiert werden mussten. Um ihren Marktanteil in diesen Ländern erhalten zu können, haben die Unternehmen auch oft "joint-venture"-Abkommen oder Handelsabkommen mit Konkurrenzunternehmen getroffen, da der beschränkte inländische Markt die Errichtung von rivalisierenden Unternehmen nicht rechtfertigen würde.

Die von ausländischen Unternehmen eingegangenen Risiken werden meistens durch Steuer- und Zollvorteile bestens kompensiert. Manchmal gewährt man deren Tochtergesellschaften sogar einen übermässigen Schutz, der eine Gefahr für die aufkommenden nationalen Industrien darstellt. Dies geschieht oft im Einverständnis mit der lokalen Bourgeoisie, die von diesen Ansiedlungen profitiert.

Ein bisschen Geschichte

Vier aufeinanderfolgende Wellen kann man bei dieser Bewegung der Markteroberung von Nestlé in Latein- und Zentralamerika und der Karibik beobachten.

a) die ersten Ansiedlungen in Argentinien und Brasilien: Das Nestlé-Unternehmen sucht neue Märkte, um die rückläufige Nachfrage in Europa nach dem ersten Weltkrieg zu überwinden. Dabei zählt das Unternehmen auf die Entwicklung einer verstärkten Nachfrage für seine Produkte in Argentinien und Brasilien, wo diese bereits durch seine Handelsagenten vertrieben wurden. Die durch die Depression in Europa und den USA hervorgerufene Krise des Kapitalismus zwang die Unternehmen, neue Absatzmöglichkeiten für ihre Produkte, ihr Kapital und ihre Technologie, vor allem in Lateinamerika, zu suchen.

b) eine massive Ansiedlung durch die Eröffnung von Fabriken und die Organisation von Tochtergesellschaften in mehreren Ländern dieses Kontinents zwischen 1930 und 1950: 1946 besass Nestlé 13 Produktionszentren in Lateinamerika. Mit seiner technischen Überlegenheit und seinen hohen finanziellen Mitteln über-

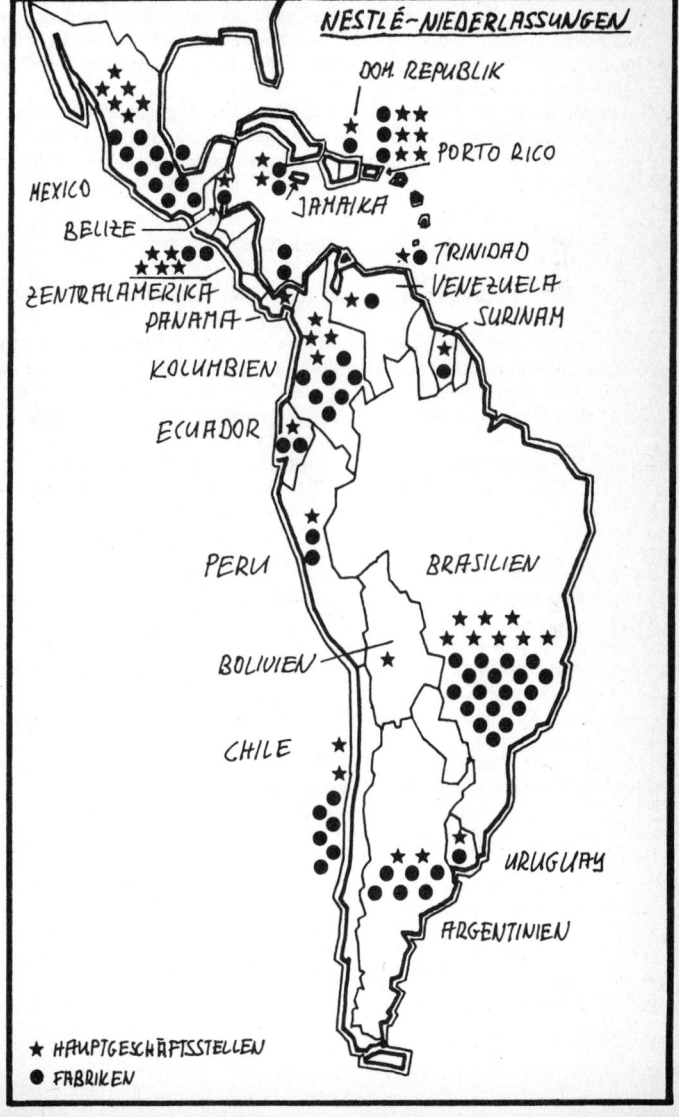

nimmt der Konzern bald die Kontrolle über mehrere Märkte. Wo die Konkurrenz gross ist, schliesst Nestlé "joint-venture" Abkommen mit den rivalisierenden amerikanischen Gesellschaft Borden und General Milk (Carnation).

Während dieser Periode errichtet Nestlé nach und nach Fabriken in Kuba (1930 und 1938), Chile (1933), Mexiko (1935), Panama (1938), auf Jamaika (1940), in Peru (1942), Venezuela (1944) und Kolumbien (1946), Während den darauffolgenden Jahren konsolidiert der Konzern seine Position in diesen Ländern und beginnt, die Produktion zuerst bei der Milchverarbeitung zu diversifizieren.

c) die Erweiterung der Tätigkeiten durch die Eröffnung von Tochtergesellschaften in Zentralamerika und der Karibik mit Produktionsstätten in: Trinidad (1962), Guatemala (1965), Nicaragua (1968) und in der Dominikanischen Republik (1971).

d) Diversifikation der Produktion und Anwendung von regionalen, wirtschaftlichen Integrationsabkommen: Nestlé stellt ihre Diversifikationspolitik in Lateinamerika und der Karibik in den Rahmen von neuen Handelsabkommen in diesen Ländern.*)

Strategie zur Penetration dieser Märkte durch Nestlé

Bei der stufenweisen Marktpenetration durch den TNK wird das folgende Modell immer wieder angewandt:

Zuerst eröffnet Nestlé Handelsagenturen oder arbeitet mit Verkaufsagenten für den Vertrieb ihrer Produkte. Eine steigende Nachfrage und Perspektiven für die Entwicklung von wichtigen Märkten treiben den TNK an, an Ort und Stelle Fabriken zu errichten. Dazu kommen protektionistische nationale Gesetzgebungen wie z.B. Zollgebühren, die die Exporte des Unternehmens auf diese Märkte gefährden, sowie Schwierigkeiten mit regelmässigen Lageraufstockungen, vor allem während Konflikten in Europa, die dem TNK die Entscheidung aufgedrängt haben, vor Ort zu produzieren und nationale Tochtergesellschaften zu gründen.

Bei der Fabrikeröffnung durch eine lokale Tochtergesellschaft spiegelt der TNK dem Gastland eine ganze Reihe von Vorteilen vor:

— Kapitaleinlagen und produktive Investitionen für die Verarbeitung von lokalen Rohstoffen.
— Transfer von Technologie und Wissen.
— Arbeitsplatzbeschaffung und hohe Gehälter; gesicherte Arbeitsplätze für die Angestellten des TNK.
— Multiplikator-Wirkung für die inländische Industrie, Beitrag an die Industrialisierung und Entwicklung des Landes.
— Stimulierung der Exporte.
— Beschleunigung der industriellen Diversifikation.
— Importsubstitution und Einsparung von Devisen für das Land.
— Befriedigung der Bedürfnisse der Bevölkerung dank hygienischer und nahrhafter Produkte.
— Eröffnung von Absatzmöglichkeiten auf dem internationalen Markt, Zugang zu Handelsmarken und Handelsnetzen.

Zuerst nimmt Nestlé ihre Tätigkeit auf diesen Märkten auf dem Gebiet der Milchverarbeitung auf. Ein gewichtiges Argument: Nestlé unterlässt es nicht, die

*) Anden-Pakt und Gemeinsamer Markt für Zentralamerika

hohe Ernähungsqualität ihrer Produkte und ihre unersetzliche Rolle in der technischen Beratung der Produzenten zu unterstreichen. Das gute Image von Nestlé verschafft ihr Vorteile und gleich von Anfang an eine privilegierte Stellung auf diesen neuen Märkten.

Sobald sie errichtet sind, rufen die lokalen Fabriken dank Förderungsmassnahmen wie die Organisation von "Milchwegen" und die technische Beratung der Produzenten ein Wachstum beim Frischmilchangebot in der Produktionszone hervor. Wenn dann die lokale Fabrik eine dominierende Position erreicht hat, meistens in einer Monopsonstellung und mit einem überreichlichen Frischmilchangebot von zahlreichen isolierten und unorganisierten Produzenten, werden diese Massnahmen nach und nach reduziert. Nun wählt die Nestlé-Tochtergesellschaft diejenigen aus, mit denen sie zusammenarbeiten will, und privilegiert beim Ankauf der Milch und der technischen Beratung die mittleren und grossen Produzenten, die oft einen bessern Rohstoff anbieten. Nachdem es sich nun solid eingepflanzt hat, führt das Unternehmen einen grösseren Teil der Frischmilch für teure Folgeerzeugnisse ab, die für eine Minderheit der Bevölkerung bestimmt sind. So können grössere Profite erzeugt werden als mit der einfachen Verarbeitung der Milch. Die Gastländer rechnen mit Perspektiven für eine Industrialisierung des Landes, für die Entwicklung von Milchgebieten und für die Importsubstitution, die dem Land sonst teuer zu stehen kämen. So kann Nestlé Steuererleichterungen erlangen und Garantien für die Heimschaffung des Profits und der Zahlungen der Markenrechte und der technischen Beratung erhalten. Diese Vorteile und Konzessionen sichern nicht nur den Profit, sondern auch in sehr vielen Fällen eine Monopol- oder Duopolstellung für das Unternehmen.

Als nächster Schritt werden die bisher von der Tochtergesellschaft importierten und neben den Milchprodukten vertriebenen weiteren Produkte bald auch im Land fabriziert. Gewöhnlich fängt das Unternehmen dabei mit Schokolade- und andern Getränken an, dann geht es zur Fabrikation von kulinarischen Produkten, Bouillons und Suppen über. In dieser Phase ist die Werbung besonders intensiv. Diese Tätigkeitserweiterung findet durch die Eröffnung von Fabriken oder des öftern durch den Aufkauf von nationalen Unternehmen statt, die nicht über eine genügende Technologie und flüssige Mittel verfügen, um der steigenden Nachfrage der Konsumenten nachzukommen.

Die Projekte zur Erweiterung der Aktivitäten in diesen Ländern gehen jedoch nicht so schnell voran, wie sich Nestlé das eigentlich wünscht. Dabei darf man nicht übersehen, dass Nestlé, über ihre unmittelbaren Interessen hinaus, einfach darauf wartet — gewissermassen auf der Lauer liegt —, dass die Kaufkraft in diesen Ländern mit einer jungen Bevölkerung, die ein ungeheures Reservoir an zukünftigen Nestlé-Konsumenten darstellt, wächst. Die Perspektiven in diesen Ländern, die unleugbaren Vorteile der Nestlé und eine hohe Rentabilität wiegen bei weitem die Risiken der Währungseinbussen oder Nationalisierungen und der Inflation auf.

Ungleiche Risiken?

In seinem Buch "Nestlé in den Entwicklungsländern" unterlässt es der TNK nicht, die unglaublichen Risiken zu unterstreichen, die er während der Ansiedlung ihrer Fabriken in Lateinamerika auf sich genommen hatte, und beschreibt sein Eindringen in die Binnenmärkte in epischen Worten. Wenn man Nestlé Glauben schenkt, war dies die "Zeit der Pioniere".

"Aus dem grösseren zeitlichen Abstand gesehen, fällt bei der Betrachtung der von der damaligen Generation geleisteten Arbeit besonders ihr unerschütterliches Vertrauen in die Zukunft und in die wirtschaftliche Entwicklungsfähigkeit jener Länder auf. Wie liesse sich sonst die Übernahme all der mit solch beträchtlichen Investitionen verbundenen Risiken erklären?"[61]

Oder weiter:

"Eine geschäftliche Tätigkeit in Entwicklungsländern aufzubauen, wie Nestlé es vor einem halben Jahrhundert tat, erforderte von den damaligen Leitern grossen Mut. Beharrlichkeit und vor allem die Bereitschaft, Risiken einzugehen."[62]

Diese "eingegangenen Risiken" können aber sehr gut anders erklärt werden: Die Aussichten auf hohe Rentabilität, auf Abkommen über Produktion und Kontrolle in Oligopolform mit nordamerikanischen Konkurrenten (Borden, Carnation), auf Niederlassungsverträge mit vielerlei Zoll- und Steuervorteilen, und auch auf einen speziellen Schutz gegen eventuelle Konkurrenten auf dem Binnenmarkt stellen seriöse Garantien gegen mögliche Risiken dar.

Nestlé hingegen behauptet, dass sie von den Gastländern keinerlei besondere Hilfeleistungen erhalte:

"Bei ihren Vorstössen ins Ausland haben die Schweizer Firmen weder von ihrem Mutterland und schon gar nicht vom Gastland irgendwelche Hilfe erhalten. Sie wurden im Gegenteil gegenüber nationalen Gesellschaften, denen man verschiedene Formen von Unterstützung gewährte, die den ausländischen Unternehmen verweigert wurden, immer wieder benachteiligt.[63]

Was sind die Tatsachen?

Der frühere Verwalter der CODAL, der Nestlé-Tochtergesellschaft in der Dominikanischen Republik, deckt in einem 1968 an Joaquim Balaguer, dem damaligen Präsidenten dieses Landes, gerichteten Brief verschiedene Fakten auf: Jorge Lorenz will auf den Präsidenten Druck ausüben, um bei der Eröffnung der Nestlé-Fabrik in diesem Land spezielle Vorteile herauszuholen. Um sein Verlangen zu bekräftigen, beruft er sich auf die Vorteile, die Nestlé bis zu dem Zeitpunkt in den andern Ländern dieser Region erhalten hatte:

Porto-Rico: für den Zeitraum von 17 Jahren totale Erlassung der Steuern auf: Dividenden für Aktionäre, Besitz des Konzerns, Einkommen aus der Vermietung von Ausrüstungen oder Gebäuden des Unternehmens, Kapitaleinkommen aus dem Verkauf von Aktien, Bewilligung und Gebühren der Gemeinde.

Jamaika: Während zehn Jahren Exklusivrecht für den Verkauf von kondensierter und evaporierter Milch; ein garantierter Minimalprofit dank einem verlängerbaren Vertrag mit der Regierung; Zollerlass für Investitionsgüter und Rohstoffen, die beim Import normalerweise verzollt werden müssen, einschliesslich eines unbeschränkten Importes von Butteröl und Magermilchpulver.

Trinidad: "Pionierstatus", der den Zollerlass auf kondensierter und sterilisierter Milch und einen Steuererlass für Einkommen und Dividenden, beinhaltet, alles während fünf Jahren und wie in Jamaika verlängerbar.

Venezuela: ein 15 Jahre dauernder Schutz, der die Importeure verpflichtet, inländische Pulvermilch zu kaufen (deren Fabrikation von Nestlé* dominiert wird), später wird die Erlaubnis erteilt, einen gewissen Teil auf dem Weltmarkt zu erwer-

---

*) Heute unter Regierungskontrolle.

ben. Die inländische Milch wurde unter ihrem Produktionspreis verkauft, das Defizit wurde durch den Verkauf von importierter Milch zu einem Preis, der über dem Weltmarktpreis lag, kompensiert. Dieser Plan wurde 1965 zum alleinigen Nutzen der inländischen Unternehmen erneuert. Zollerlass während 15 Jahren auf Maschinen und während 5 — 8 Jahren auf den Rohmaterialien.

Kolumbien: Einfuhrverbot für Produkte, die den von Nestlé im Land fabrizierten ähnlich sind.

Nicaragua: Zollerlass für zehn Jahre auf dem Import von Maschinen, Erdöl und Ölen. Ein voller Steuererlass für fünf Jahre und ein 50%iger für weitere fünf Jahre. Ein langfristiges Darlehen der Interamerikanischen Entwicklungsbank, von der Regierung garantiert; ein von der staatlichen Stelle "Instituto de Fomento de Nicaragua" finanzierter Plan für die Entwicklung der Milchwirtschaft und des Strassennetzes.

Panama: Importzollerlass für zwanzig Jahre auf Maschinen, Rohstoffen und Benzin; für zwanzig Jahre Erlass der Verkaufssteuer und für fünf Jahre Steuererlass auf Besitz und Unternehmen; Erhöhung des Zolls für kondensierte und evaporierte Milch.[64]

Bei der kürzlichen Investition von 11 Millionen Dollar in Panama für den Bau einer Fabrik für Früchtekonserven, Fruchtsaftproduktion, Suppen (Konserven) und Tomatenerzeugnisse, erhält Nestlé, (obwohl ihre Tochtergesellschaft seit 1938 eine solide Position im Land einnimmt) neue Vorteile: blockierte Einfuhrzölle und Steuererlass auf dem Profit für fünf Jahre, dies im Tausch für die Schaffung von 180 Dauer- und 60 Saisonarbeitsplätzen.[65]

Die in Peru erreichten Vorteile werden in der betreffenden Fallstudie aufgeführt.

Man kann also eine Konstante feststellen: Nestlé lässt sich von den Gastländern tarifliche Vorteile garantieren, die ihr ihre Vorherrschaft im Nahrungsmittelsektor konsolidieren.

In einigen Verträgen, die Nestlé bei ihrer Ansiedlung in einem Land abgeschlossen hat, sind garantierte Profitmargen für den TNK vorgesehen. Auf diese Weise sieht man für jegliche Art von Veränderungen in den Kostenfaktoren des Fertigproduktes (z.B. Gehälter der Fabrikarbeiter, Rohstoffpreise) eine automatische Anpassung des Publikumspreises vor (z.B. Peru, Jamaika, Griechenland).

Zudem übernimmt das Gastland die Ausführung wichtiger Infrastrukturarbeiten wie Strassenbau, Unterstützung der Viehzucht, Kredite an die Bauern, usw. (Mexiko, Nicaragua, Peru, Dominikanische Republik).

Diese ganzen Vorteile, die dem TNK bei seiner Ansiedlung gewährt werden, sollten ausreichen, um ihm ein Monopol und eine hohe Rentabilitätsrate zu sichern. und trotzdem haben die rivalisierenden TNK bei ihrer Ansiedlung in Lateinamerika und der Karibik Abkommen zu Eröffnung von gemeinsamen Tochtergesellschaften mit Zusammenlegung des Kapitals (joint venture) getroffen.

**Abkommen zwischen den Grossen des Agro-Business:
Gemeinsame Unternehmen (joint venture)**

Statt sich einem Bruderzwist auszusetzen, haben die Unternehmen, die damals die Milchverarbeitung beherrschten, nicht gezögert, Abkommen über die gemeinsame Ausnutzung eines inländischen Marktes zu schliessen. Bei der Penetration von

Nestlé in Lateinamerika gab es viele dieser Oligopol-Abkommen (siehe folgende Seite).

Die Periode des Zusammenschlusses in Joint-ventures bei der Ansiedlung von Nestlé in Lateinamerika ist vorbei. Die heutige Politik Nestlés besteht darin, die ganzen Joint-venture Abkommen mit ausländischen TNK zu beenden. Nach Peru, Venezuela und Panama, haben Nestlé und Borden 1981 auch ihren Zusammenschluss für die Milchverwertung in Kolumbien aufgelöst. In Jamaika und der Dominikanischen Republik hat Nestlé das joint-venture mit Carnation durch deren Übernahme beendet.

Die Nestlé-Konzernleitung in Vevey versichert, Unternehmen gemeinsam mit lokalen Investoren in den Gastländern aufbauen zu wollen. Die Mehrheitsbeteiligung (oft zu 100%) wird jedoch weiterhin vorgezogen.

Schlussfolgerung: Globale Expansions-Strategie und Einpflanzung ins nationale Gefüge

Auf den vorangehenden Seiten werden in Fülle Elemente aufgeführt, die zum Verständnis der Struktur, der Gesamtstrategie, der Dynamik und des Wachstums des TNK Nestlé beitragen. Diese Perspektiven in Raum und Zeit zeigen den Ursprung von Nestlé, ihre vielen Transformationen und vor allem ihre erstaunliche Expansion auf internationaler Ebene auf. Als weltweiter Leader in der Nahrungsmittelindustrie ist Nestlé heute ein in den Entwicklungsländern breit angesiedeltes Unternehmen. Die Verwaltung der Geschäfte wird durch ein gut integriertes Netz von Tochtergesellschaften gesichert und entwickelt sich weiter durch die Eröffnung neuer Fabriken und die Übernahme von inländischen Industrien in den Gastländern. Die Kontrolle des Kapitals durch drei grosse Holdinggesellschaften und einer Vielzahl von Finanzgesellschaften lässt die Türen offen für einen unkontrollierbaren Intra-Konzern Handel und für den Transfer der liquiden Mittel innerhalb des TNK, dies trotz nationaler Gesetzgebungen.

Wenn einerseits die Organisation der Tätigkeiten gemäss einer transnationalen Gesamtstrategie eine der stärksten Seiten von Nestlé ist und ihr eine gewichtige Verhandlungskapazität verleiht, so wird sie andrerseits noch verstärkt durch eine Strategie der Eingliederung in das Wirtschaftsgefüge des Gastlandes. Diese Spannung zwischen einer globalen Geschäftspolitik und der oft engen Zusammenarbeit mit den Regierungen der Gastländer trägt zur Dynamik und zum spektakulären Wachstum des Unternehmens bei.

Dieser Gesamtüberblick hilft, die Wiederholungen und die Konstanten in der Ansiedlungspolitik des TNK in konkreten Situationen zu verstehen. Die Analyse der Fallstudien gibt Gelegenheit, anhand der konkreten Situation der jeweiligen Tochtergesellschaft, die Entwicklungsbedingungen für die Tätigkeiten in jedem Land und die Anwendung von im Konzern geläufigen Praktiken besser zu identifizieren. Im Alltag der nationalen Tochtergesellschaft geht es jedoch nicht nur um die simple Anwendung einer von der Zentrale auferlegten globalen Strategie, sondern ebenso darum, Beziehungen zwischen dem TNK und der Regierung zu schaffen, sich mit den spezifischen Niederlassungsbedingungen auseinanderzusetzen und an der Entwicklungs- und der Industrialisierungspolitik des Landes teilzuhaben. Die Analyse der Präsenz von Nestlé in einzelnen Ländern gibt die Möglichkeit, die gesamten Auswirkungen des TNK auf ein Land und seine Bevölkerung und auf spezifische Niederlassungsgebiete von Fabriken zu ermessen. Diese Art der Analyse zeigt präzise Fakten auf, macht Angaben über das Wachstum des

Unternehmens, über die Risiken und Vorteile der Ansiedlungen, über die Rendite und den Diversifikationsgrad in der Form von Monopol oder Oligopol pro Markt und Produkt. Mit einem Wort, man braucht eine Analyse, die nicht nur eine Gesamtperspektive des Nestlé-Imperiums, sondern auch die Umstände ihrer Expansion aufzeigt, um den TNK, seine Strategie und seinen Platz im Klub der Riesen des Agro-Business gesamthaft besser verstehen zu können.

Weshalb wurde gerade Lateinamerika und die Karibik ausgewählt, um in das Nestlé-Universum einzudringen, und nicht andere Kontinente? Dafür gibt es mehrere Gründe, unter anderem:

— die langjährige Präsenz Nestlés in mehreren lateinamerikanischen Ländern;
— das erstaunliche Wachstum der Geschäfte in jener Zone;
— der fortgeschrittene Diversifikationsgrad der Tätigkeiten in mehreren Ländern;
— die hohe Zahl von Nestlé-Tochtergesellschaften in jener Zone, dabei handelt es sich um die stärkste Präsenz von Nestlé in Entwicklungsländern (47 angegliederte Gesellschaften und 67 Fabriken, 31'000 Angestellte);
— die beeindruckenden Wachstumsaussichten des Marktes, nicht nur langfristig wie in Asien, Ozeanien und Afrika, sondern sogar mittelfristig;
— eine höhere Rendite als in andern Standortländern des TNK;
— die Politik der Gastländer, vor allem in Bezug auf die Ansiedlung von Verarbeitungsindustrien (Importsubstitutionspolitik) in der vorhergehenden Phase;
— die Existenz (in den meisten Ländern (ausser in Argentinien und Chile) von strengen protektionistischen und nationalistischen Massnahmen), die (nach einer ersten Ansiedlungsphase) die Tochtergesellschaften des TNK stärken (übermässige Schutzmassnahmen und Zerstörung der inländischen Industrie);
— das Vorhandensein von Studien, Auswertungen und Diskussionen in mehreren Ländern des Kontinents über die Rolle von Nestlé. Eine Infragestellung der Anwendung eines Nestlé-Ernährungsmusters und ihres Entwicklungsbeitrags, die von verschiedenen Kreisen ausgeht, auf einer im Vergleich zu anderen Niederlassungsgebieten und die des TNK weiter fortgeschrittenen Bewusstseinsbildung und Mobilisierung der Leute beruht;
— die Mehrheitsbeteiligung (oft zu 100%) und die Monopolstellung auf mehreren Märkten.

Die Wahl der Länder war nicht leicht. Es wäre vielleicht befriedigender gewesen, ein einziges Land gründlicher zu analysieren. Wäre man da aber nicht zu leichtfertigen Schlussfolgerungen gelangt? Und wenn man alle Länder analysiert hätte, wäre dabei nicht nur ein oberflächliches Bild herausgekommen, ohne dass man dabei die Ansiedlungen in die allgemeine Politik eines Landes hätte einfügen können? Mexiko, Brasilien, Peru, Kolumbien und die Dominikanische Republik wurden ausgewählt. Es handelt sich dabei aber nicht um eine vergleichende Studie aufgrund eines Schlüssels, der für jedes Land angewandt wurde: die unterschiedlichen Quellen, der spezielle Charakter jeder Ansiedlung, die Art der verfügbaren Angaben (die oft nicht zu vergleichen sind), wären für einen solchen systematischen Vergleich gefährlich gewesen. Wenn man auch verschiedene Dimensionen in allen hier vorliegenden Fällen immer wieder vorfindet — vor allem was das Gewicht von Nestlé auf dem Markt, ihre Eingliederung in die weitergehendere Agrarpolitik, und ihren Diversifikationsgrad betrifft — so wurde dennoch versucht, durch die Darstellung der verschiedenen Länder ihre spezifischen Elemente herauszuarbeiten. In der Dominikanischen Republik und in Peru bemerkt man das Gewicht des Dumpings von Milchrohstoffen auf dem inländischen Markt und die klare Wahl, die Nestlé in solchen Fällen trifft. In Peru wird die Auswirkung einer Fabrikeröffnung auf eine Region analysiert; vor allem aber im Falle von Mexiko wird die Zusammenarbeit von Nestlé mit der staatlichen Politik in der regionalen Entwicklung dargestellt. In Brasilien wird der Akzent auf das Wachstum von Nestlé gelegt, das unter anderem dank der staatlichen Politik (Wiederinvestierung des Profits) und der ausgeprägten Propagandakampagne, die zur Veränderung der Ernährungsgewohnheiten der Bevölkerung führt, möglich ist. In allen Ländern wird die Beziehung Nestlé-Konsumenten und Nestlé-Milchproduzent untersucht. In mehreren Fällen sind die Steuervorteile, die die "Risiken" einer Ansiedlung aufwiegen, dargestellt und kommentiert. Im Fall von Kolumbien wird man die Nestlé-Direktiven betreffend Gewerkschaften mit den anti-gewerkschaftlichen Praktiken der Tochtergesellschaften vergleichen können. Bei diesen Untersuchungen von verschiedenen Ansiedlungssituationen von Nestlé wird die Konfrontation von ideologischem Diskurs des TNK und den Praktiken der Tochtergesellschaften in bestimmten Punkten Licht auf die Gesamtstrategie des TNK und der Verwendung seines Images bei der Expansion seiner Tätigkeiten auf Weltebene werfen.

Anmerkungen zu Kapitel II

1. United Nations, *Transnational Corporations in Food and Beverage Processing,* S. 11, ST/CTC/19
2. A.a.O., S. 14
3. A.a.O., S. 11
4. A.a.O., S. 5 und 6
5. Nestlé, *Nestlé in den Entwicklungsländern* (übersetzt aus dem Französischen), Vevey 1975, S. 226
6. C. Pagano, Nestlé SA. *Interview mit. P. Harrisson,* 21. Januar 1982
7. Centre on Transnational Corporations, New York, "Report on world coffee industry", S. 3
8. *Advertising Age,* September 10, 1984
9. Pierre Liotard-Vogt, *Advertising Age,* June 30, 1980
10. Schweizerischer Bankverein, *Etude de placement Nestlé,* August 1981
11. United Nations, *Transnational Corporations in Food and Beverage Processing,* S. 79 und 162
12. Die Interfood-Gruppe, die ursprünglich von Tobler und Suchard gebildet wurde, dehnte sich 1982 durch eine Fusion mit Jacobs (Kaffee) aus und heisst heute Jacobs-Suchard SA.
13. United Nations, *Transnational Corporations in Food and Beverage Processing,* S. 87
14. Centre on Transnational Corporations, New York, "Report on world coffee industry", S. 87
15. United Nations, Transnational Corporations in Food and Beverage Processing, S. 28; und Pierre Borgoltz "Economic and Business aspects of Infant Formula Promotion: Implications for Health Professionals", S. 158-203 in D.B.Jelliffe und E.P.Jelliffe, *Advances in International Maternal and Child Health,* Band 2, Oxford Univ.Press 1982
16. Nestlé, *Nestlé in den Entwicklungsländern,* S. 66/67
17. "Les vraies raisons du mariage L'Oréal-Nestlé", in *L'Expansion,* April 1974
18. Zur Haltung von Nestlé zu den "Joint-ventures" siehe P. Liotard-Vogt, in *Harvard* Business Review, 1976
19. Rede von P.Liotard-Vogt an der GV 1977, S. 12
20. Interview der Télévision Suisse Romande mit P.Liotard-Vogt, 14. Mai 1974
21. P.Liotard-Vogt in Harvard Business Review, Nov./Dez. 1976
22. C.Pagano, Nestlé SA, *Interview mit P.Harrisson,* 21. Januar 1982
23. Aussagen von H. Maucher, wiedergegeben durch E.Oppliger, *24 heures,* 6. Juli 1982
24. "Man hat immer gute Mitarbeiter, wenn man sie gut auswählt, bildet und motiviert", Interview mit Helmut Maucher, *L'Ordre professionel,* 12. August 1983
25. Rede von Paul Jolles an der GV, Lausanne 23. Mai 1985, S. ......
26. C.Pagano zu P. Harrisson in vevey am 17. Dezember 1981
27. *Nestlé 1984,* Geschäftsbericht des Verwaltungsrates, S. ......
28. Schweizerische Bankgesellschaft, *Nestlé,* 1979, und Andy Chetley und Paul Kramer, *Nestlé Company History,* Infact, Minneapolis 1981
29. Rede von A. Fürer an der GV vom 19. Mai 1983, Lausanne, S. 2
30. Nestlé 1983, Geschäftsberichct Nestlé AG, S. 10
31. P. Liotard-Vogt, rede an der generalversammlung der Aktionäre, 13. Mai 1982
32. R. Crain, "A conversation with Nestlé's Helmut Maucher", Advertising Age, 5. Juli 1984
33. ebenda
34. Nestlé AG, Cham und Vevey, Ansprache von herrn Dr. Paul R. Jolles, Verwaltungsratspräsident, Ordentliche Generalversammlung der Aktionäre vom 23. Mai 1985 in Lausanne
35. A. Fürer, Discours à l'Assemblée générale des actionaires, 1984, S. 12
36. ebenda, S. 17
37. Nations Unies, Les transnationales dans le développement: un rèexamen, S. 164
38. ebenda, S. 154
39. Zur Rolle der Bahamas als Fiskalparadies und Stützpunkt für Bankgeschäfte auf andern Märkten siehe Sarah Bartlett "Transnational Banking: a case of transfer marketing with money", S. 96-115, in: Murray (Hrsg.), *Multinationals beyond The Market,* Intra-Firm Trade and the Control of Transfer Pricing, The Harvester Press, Sussex, England, 1981.
Die Bahamas sind das Schulbeispiel für ein Fiskalparadies, gibt es dort doch keine Einkommenssteuer und keine Kapitalgewinnsteuer ("Withholding tax") (siehe dazu S. 98)

40. A. Fürer in einem Interview mit Jean-Marie Laya, Tribune des Genéve, 15. Mai 1973
41. D. Chudnovsky, "Pricing of Intra-firm Technological Transactions", in: Murray (Hrsg.), *Op.cit.*, S. 123
42. C.K.Helleiner, "Intra-firm Trade and the Developing countries: an assessment of the Data", in: Murray (Hrsg.) *op.cit.*, S. 45
43. Constantine V.Vaitsos, *Intercountry Income Distribution and Transnational Enterprise*, Clarendon Press, Oxford 1974, und *Transnational Enterprises and Latin American Integration*, UNCTAD, Genf 1978
44. Zu Kenya: R. Kaplinsky "Report of foreign exchange leakages with particular reference to transfer pricing", Ministry of Commerce and Industry, Nairobi, Juni 1978
    Zu Elfenbeinküste: J. Masini und andere, Les Multinationales et le développement, PUF/CEEIM, Paris 1979, S. 172 und 180
45. Für die Analyse der Wechselkursschwankungen und ihrer Bedeutung für die Geschäftsergebnisse von Nestlé zwischen 1979 und 1981 siehe: *Marché international des poudres de lait destinées à l'alimentation humaine,* tome III, *Analyse de 7 groupes industriels étrangers,* Centre français du commerce extérieur, Paris, November 1982
46. Nestlé, Geschäftsbericht 1979, S. 15. Siehe ebenfalls: Ansprache von Herrn P. Liotard-Vogt an der Generalversammlung 1980, S.5/6
47. M. Guerrant, in *Business Week*, 1. Februar 1981
48. P. Liotard-Vogt in *Advertising Age,* 30. Juni 1980
49. *Nestlé 1984,* Geschäftsgang der Gruppe, S. 15

▌Anhang▐

FINANZIELLE ANGABEN - ZEHNJAHRESÜBERSICHT

In Millionen Franken (mit Ausnahme der Angaben pro Aktie)

					1984
Gruppen Nestlé und Unilac	Ergebnisse	Konsolidierter Umsatz			31 141
		Gewinn vor ausserbetrieblichen Aufwendungen bzw. Erträgen und vor Steuern			3 149
		in % des Umsatzes			10,1%
		Gewinnsteuern			1 137
		Konsolidierter Reingewinn			1 487
		in % des Umsatzes			4,8%
		in % der durchschnittlichen eigenen Mittel			12,3%
		Dividenden Nestlé AG und Unilac, Inc.[2]			419[1]
		Cash flow (Reingewinn + Abschreibungen auf Anlagen)			2 491
	Bilanz	Umlaufvermögen			16 464
		Anlagevermögen			8 010
		Kurzfristige fremde Mittel			7 651
		Mittel- und langfristige fremde Mittel und Drittaktionäre			3 834
		Eigene Mittel			12 989
	Angaben pro Aktie	Konsolidierter Reingewinn pro Inhaberaktie[3]		Fr.	480
		Konsolidierter Reingewinn pro Namenaktie[3]		Fr.	480
		Bruttodividende pro Aktie (Unberichtigt)	Nestlé AG	Fr.	115.—[1]
			Unilac, Inc. (pro Stammaktie)	US$	8.—[1][4]
			Total	Fr.[2]	135.—[1]
		Bruttodividende pro Aktie (Berichtigt)[3]	Inhaberaktie	Fr.	135.—[1]
			Namenaktie	Fr.	135.—[1]
		Börsenkurse und Rendite	Extremkurse Inhaberaktie[3]	Fr.	5 600/4 524
			Rendite[5]	%	2,4/3,0[1]
			Extremkurse Namenaktie[3]	Fr.	3 300/2 776
			Rendite[5]	%	4,1/4,9[1]
		Anzahl der dividendenberechtigten Aktien			3 100 000[6]

[1] Gemäss Vorschlag der Verwaltungsräte.

[2] US$ umgerechnet zu dem am ersten Einlösungstag gültigen Kurs; für die Umrechnung der Dividende für 1984 wurde der Kurs auf Fr. 2.50 geschätzt.

[3] Die Zahlen für die Jahre vor 1984 sind (gemäss der von der Europäischen Union der Vereinigungen für Finanzanalyse empfohlenen Methode) berichtigt worden, um die Angaben pro Aktie als Folge des Zeichnungsrechts vom Juni 1984 für 50 995 neue Inhaberaktien und 191 548 neue Namenaktien im Verhältnis von einer neuen Aktie auf 20 alte Inhaber- resp. Namenaktien, vergleichbar zu machen.

[4] Zusätzlich ist vorgesehen US$ 12.— als Rückzahlung der Stammaktie auszuschütten, im Rahmen der Umwandlung der Unilac, Inc. von einer Zwillings- in eine Tochtergesellschaft der Nestlé AG.

[5] Berechnet aufgrund der Gesamtdividende für das betreffende Geschäftsjahr (ausbezahlt im folgenden Jahr).

50. *Le Matin*, Lausanne, Dienstag, 8. Januar 1985
51. H. Maucher in *24 heures*, Lausanne, 30. April 1982
52. P. Liotard-Vogt in *Harvard Business Review*, Nov./Dez. 1976, und *Advertising Age*, 30. Juni 1980
53. "A conversation with Nestlé's Helmut Maucher", Interview von R. Crain, *Advertising Age*, 5. Juli 1984
54. "Nestlé ups ante for food mergers", Nancy Giges and Gay Jervey, *Advertising Age, 10. September 1984*
55. *Siehe dazu: Morten Petersen, Les produits surgelées,* und Michel Guérard, *La nouvelle cuisine et l'industrie alimentaire,* Nestlé, Rencontre d'automne avec la presse, Vevey, 19. November 1981
56. ebenda, S. 3,4
57. Nestlé 1984, Geschäftsgang der Gruppe, S. 29
58. Paul R. Jolles, Rede an der Generalversammlung...
59. "Nestlé ups ante for food mergers", Nancy Giges and Gay Jervey, *Advertising Age*, 10. September 1984
60. C. Pagano, *Interview mit P. Harrisson,* Vevey, 21. Januar 1982
61. Nestlé, *Nestlé in den Entwicklungsländern,* S. 27
62. Nestlé, Geschäftsbericht 1973, S. 30
63. P. Liotard-Vogt, Ansprache an der Generalversammlung der Aktionäre, 1980, S. 17
64. Brief von Jorge Lorenz, Geschäftsführer der CODAL, an den Präsidenten der Dominikanischen Republik, Joaquim Balaguer, vom 3. Oktober 1968. Zitiert in D. Huntington, *In the land of milk for money,* A look at the impact of the operations of Nestlé-Carnation in the Dominican Republic, Juni 1980, S. 8
65. Siehe dazu: Nestlé, *Nestlé in den Entwicklungsländern,* und "Nestlé expands in Panama" in: *Business Latin America,* 30. Mai 1979

1983	1982	1981	1980	1979	1978	1977	1976	1975
27 943	27 664	27 734	24 479	21 639	20 266	20 095	19 063	18 286
2 921	2 468	2 096	1 444	1 516	1 347	1 612	1 637	1 458
10,4%	8,9%	7,6%	5,9%	7,0%	6,7%	8,0%	8,6%	8,0%
1 155	1 007	900	614	632	573	541	631	562
1 261	1 098	964	683	816	739	830	872	799
4,5%	4,0%	3,5%	2,8%	3,8%	3,7%	4,1%	4,6%	4,4%
11,9%	11,5%	10,9%	8,4%	11,0%	10,4%	11,5%	12,1%	11,8%
362	321	287	254	246	232	236	245	224
2 171	1 984	1 875	1 446	1 445	1 308	1 407	1 453	1 375
13 868	12 831	12 073	12 382	11 632	10 825	10 973	10 103	9 461
6 621	6 127	5 707	5 719	4 677	3 909	3 863	3 864	4 059
6 092	5 802	6 127	6 821	6 241	5 323	5 530	4 530	5 042
3 277	3 075	2 691	2 620	2 399	2 269	2 221	2 076	1 395
11 120	10 081	8 962	8 660	7 669	7 142	7 085	7 361	7 083
430	375	329	234	278	252	283	298	272
436	380	333	237	282	255	287	302	276
109.—	96.—	85.—	75.—	75.—	72.—	72.—	72.—	65.—
8.—	8.—	8.—	7.—	7.—	5,50	5,50	5,50	5,50
127.—	112,50	100,66	89,23	86,41	81,50	82,85	85,82	78,58
123,57	109,46	97,94	86,82	84,08	79,30	80,61	83,50	76,46
125,22	110,93	99,25	87,98	85,20	80,36	81,69	84,62	77,48
4 889/3 697	3 756/2 968	3 182/2 744	3 503/2 919	3 586/3 075	3 688/2 724	3 649/3 191	3 522/3 045	3 401/2 097
2,5/3,3	2,9/3,7	3,1/3,6	2,5/3,0	2,3/2,7	2,1/2,9	2,2/2,5	2,4/2,7	2,3/3,7
3 007/2 317	2 268/1 755	2 105/1 696	2 322/1 957	2 460/2 149	2 401/2 100	2 248/1 957	1 942/1 587	1 706/1 223
4,2/5,4	4,9/6,3	4,7/5,9	3,8/4,5	3,5/4,0	3,3/3,8	3,6/4,2	4,4/5,3	4,5/6,3
2 850 865	2 850 865	2 850 865	2 850 865	2 850 865	2 850 865	2 850 865	2 850 865	2 850 865

*) Die Zunahme in 1984 von 249 135 Aktien ist zurückzuführen auf:
 – die im Juni 1984 durch die Aktionäre gezeichnete Kapitalerhöhung von 142 543 Aktien.
 – die Ausgabe von 6 592 Aktien, die im Juni 1984 vom Nestlé Pensionsfonds gezeichnet wurden, und

 – einen Teil (100 000 Aktien) der im Mai 1984 von einem Bankenkonsortium gezeichneten Aktien, die im Februar 1985 zur öffentlichen Zeichnung aufgelegt wurden; diese Aktien sind erstmals für das Geschäftsjahr 1984 dividendenberechtigt.

Sind in 1984 nicht enthalten:
 – die im Oktober 1984 herausgegebenen 150 000 Partizipationsscheine, die erstmals für das Geschäftsjahr 1985 dividendenberechtigt sind, und
 – die 200 000 (von insgesamt 300 000) im Mai 1984 von einem Bankenkonsortium gezeichneten Namenaktien, die bis zu deren späteren Verwendung ohne Dividendenanspruch sind.

BETRIEBSGESELLSCHAFTEN DER NESTLÉ-GRUPPE

Wichtigste Gesellschaften mit einem Umsatz an Dritte von mindestens 10 Millionen Schweizer Franken

Europa

Österreich	Österreichische Nestlé GmbH.	Wien
Belgien	Nestlé Belgilux S.A.	Bruxelles
	Alcon-Couvreur N.V.	Puurs
Dänemark	Nestlé Danmark A/S	København
Spanien	Sociedad Nestlé AEPA	Barcelona
	Derivados Lácteos y Alimenticios S.A.	Viladecans
	Alimentos Refrigerados S.A.	Segovia
	Alcon Iberhis S.A.	Madrid
Finnland	Nestlé-Findus Oy	Helsinki
Frankreich	Société de Produits Alimentaires et Diététiques, SOPAD-Nestlé S.A.	Courbevoie-Paris
	Claudel-Roustang Galac S.A.	Paris
	Guigoz France S.A.	Courbevoie-Paris
	Lait Mont Blanc S.A.	Rumilly
	France Glaces-Findus S.A.	Paris
	Chambourcy S.A.	Clamart-Paris
	Maxime Delrue S.A.	Aubervilliers
	Société Parisienne de Distribution de Produits Laitiers S.P.D.P.L. S.A.	Rungis
	Etablissements Avenel S.A.	Le Havre
	Médicornéa S.A.	Toulouse
	Laboratoires Alcon S.à r.l.	Toulouse
	Laboratoires P.O.S. S.A.	Kaysersberg
Griechenland	Nestlé Hellas S.A.I.	Athinai
Italien	Nestlé Italiana S.p.A.	Milano
	Locatelli S.p.A.	Milano
	Alcon Italia S.p.A.	Milano
Norwegen	A/S Nestlé-Findus	Oslo
Niederlande	Nestlé Nederland B.V.	Amsterdam
Portugal	Nestlé Produtos Alimentares, s.a.r.l.	Lisboa
Bundesrepublik Deutschland	Allgäuer Alpenmilch A.G.	München
	Maggi GmbH.	Singen
	Nestlé Erzeugnisse GmbH.	München
	Sarotti GmbH.	Berlin
	Unifranck Lebensmittelwerke GmbH.	Ludwigsburg
	Blaue Quellen Mineral- und Heilbrunnen A.G.	Rhens am Rhein
	GV Nestlé GmbH für Grossverbrauchererzeugnisse	München
	Deutsche Libby GmbH.	Singen
	Chambourcy GmbH.	München
	St. Ursula Weingut und Weinkellerei GmbH.	Bingen
	Heil- und Mineralquellen GmbH.	Aspach-Rietenau
	TRINKS GmbH.	Goslar
	TINO Lebensmittel GmbH.	Ludwigsburg
	Casino Moderne Menü Systeme GmbH.	Singen
	Aponti GmbH.	Köln
	Gebr. Jung GmbH. & Co. OHG	Frankfurt/Main
	Dr. Ritter GmbH. & Co.	Köln
	Alcon Pharma GmbH.	Freiburg i. Br.
Irische Republik	Williams & Woods Ltd	Tallaght-Dublin
Grossbritannien und Nordirland	The Nestlé Co. Ltd	Croydon-London
	Findus (U.K.) Ltd	Croydon-London
	Chambourcy Food Co. Ltd	Croydon-London
Schweden	AB Findus	Bjuv
Schweiz	Société des Produits Nestlé S.A.	Vevey
	Maggi A.G.	Kemptttal
	Thomi & Franck A.G.	Basel
	Frisco-Findus A.G.	Rorschach
	Dyna S.A.	Fribourg
	Leisi A.G. Nahrungsmittelfabrik	Wangen
	Alcon Pharmaceuticals Ltd	Cham
	Nestlé World Trade Corporation	La Tour-de-Peilz
	Exportrade S.A.	Châtel-St-Denis
Türkei	Société pour l'Exportation des Produits Nestlé S.A.	Istanbul

Nordamerika

Kanada	Nestlé Enterprises Ltd	Don Mills-Toronto (Ontario)
	Alcon Canada, Inc.	Mississauga (Ontario)
Vereinigte Staaten	Nestlé Foods Corp.	White Plains (New York)
	Cain's Coffee Co.	Oklahoma City
	Libby, McNeill & Libby, Inc.	Chicago (Illinois)
	Stouffer Restaurant Company	Solon (Ohio)
	Stouffer Foods Corporation	Solon (Ohio)
	The Stouffer Hotel Management Corp.	Solon (Ohio)
	Borel Restaurant Corporation	San Mateo (California)
	Top Services, Inc.	Solon (Ohio)
	Alcon Laboratories, Inc.	Fort Worth (Texas)
	Dermatological Products of Texas, Inc.	Fort Worth (Texas)
	Beech-Nut Nutrition Corporation	Fort Washington (Pennsylvania)
	Nestlé Trading Corporation	Stamford (Connecticut)
	Wine World, Inc.	Santa Helena (California)
	Paul F. Beich Co., Inc.	Bloomington (Illinois)

Asien

Saudi-Arabien	Saudi Food Industries Limited Liability Company	Jeddah
Südkorea	Hanseo Food Co. Ltd	Cheongju
Hong Kong	Nestlé China Ltd	Hong Kong
Indien	Food Specialities Ltd	New Delhi
Indonesien	P.T. Food Specialities Indonesia	Jakarta
Japan	Nestlé K.K.	Kobe
Libanon	Société pour l'Exportation des Produits Nestlé S.A.	Beyrouth
Malaysia	Nestlé (Malaysia) Sdn, Bhd	Petaling Jaya
	Malaysia Cocoa Manufacturing, Sdn, Bhd	Petaling Jaya
Philippinen	Filipro Inc.	Cabuyao
Singapur	Nestlé Singapore (Pte) Ltd	Singapore
Sri Lanka	Ceylon Nutritional Foods Ltd	Colombo
	Nestlé Lanka Ltd	Colombo
Taiwan	Anping Distributors Ltd	Taipei
Thailand	Nestlé (Thailand) Ltd	Bangkok
	Thai Soluble Coffee Company Ltd	Bangkok

Lateinamerika und Karibische Inseln

Argentinien	S.A. Nestlé de Productos Alimenticios	Buenos Aires
	Alcon Laboratorios Argentina S.A.	Buenos Aires
Brasilien	Companhia Industrial e Comercial Brasileira de Produtos Alimentares	São Paulo
	Minalba Alimentos e Bebidas S.A.	Ibiá
	Companhia Produtora de Alimentos S.A.	Itabuna
	Libby do Brasil Industria e Comercio Ltda	Rio de Janeiro
	Alcon Laboratorios do Brasil S.A.	São Paulo
Chile	Compañía Chilena de Productos Alimenticios S.A.I.C.	Santiago de Chile
	Productos Alimenticios Savory S.A.I.C.	Santiago de Chile
Kolumbien	Industria Nestlé de Productos Alimenticios S.A.	Bogotá
	Comestibles La Rosa S.A.	Bogotá
Costa Rica	Productos Nestlé (Costa Rica) S.A.	San José
El Salvador	Productos Nestlé (El Salvador) S.A.	San Salvador
Ecuador	Inedeca S.A.	Quito
Guatemala	Productos Nestle (Guatemala) S.A.	Guatemala-City
Honduras	Nestlé Hondureña S.A.	Tegucigalpa
Jamaika	Food Specialities Jamaica Ltd	Kingston
Mexiko	Compañía Nestlé S.A. de C.V.	México
	Parma Industrial S.A.	México
	Alimentos Findus S.A.	México
	Industrias Alimenticias Club S.A.	México
Nicaragua	Productos Nestlé (Nicaragua) S.A.	Managua
Panama	Nestlé Panamá S.A.	Panamá City
	Nestlé Caribbean, Inc.	Panamá City
Peru	Compañía Peruana de Alimentos S.A.	Lima
Porto Rico	Nestlé-Libby (Puerto Rico), Inc.	San Juan
	Licasco, Inc.	Villalba
Dominikanische Republik	Sociedad Dominicana de Conservas y Alimentos S.A.	Santo Domingo
Trinidad	Trinidad Food Products Ltd	Port of Spain
Venezuela	Especialidades Alimenticias S.A.	Caracas

Afrika

Sudafrika	Food and Nutritional Products (Pty) Ltd	Randburg-Johannesburg
Kamerun	Société Camerounaise de Produits Alimentaires, Diététiques et Autres «CAMAD»	Douala
Elfenbeinküste	Compagnie Africaine de Préparations Alimentaires (CAPRAL)	Abidjan.
	NOVALIM	Abidjan
Gabon	Société Gabonaise de Produits Alimentaires «SOGAPRAL»	Libreville
Ghana	Food Specialities Ghana Ltd	Tema
Kenya	Food Specialities Kenya Ltd	Nairobi
Maurizius	Nestlé's Products (Mauritius) Ltd	Port Louis
Nigeria	Food Specialities (Nigeria) Ltd	Ilupeju-Lagos
Senegal	Compagnie de Distribution de Produits Alimentaires «CODIPRAL»	Dakar
Tunesien	Société Industrielle et de Distribution des Produits Alimentaires et Diététiques SIDPAD	Tunis
Zimbabwe	Food Specialities (Pvt) Ltd	Harare

Ozeanien

Australien	Nestlé Australia Ltd	Sydney
	Alcon Laboratories (Australia) Pty Ltd	Brookvale
Neuseeland	Nestlé New Zealand Ltd	Auckland

SCHLÜSSELZAHLEN (KONSOLIDIERT)

			1984	1983
Umsatz		in Mio. Fr.	**31 141**	27 943
Gewinn vor ausserbetrieblichen Aufwendungen (Erträgen) und vor Steuern		in Mio. Fr.	**3 149**	2 921
in % des Umsatzes			**10,1%**	10,4%
Reingewinn		in Mio. Fr.	**1 487**	1 261
in % des Umsatzes			**4,8%**	4,5%
in % der durchschnittlichen eigenen Mittel			**12,3%**	11,9%
Abschreibungen auf Anlagen		in Mio. Fr.	**1 004**	910
Cash Flow (Reingewinn + Abschreibungen auf Anlagen)		in Mio. Fr.	**2 491**	2 171
in % des Umsatzes			**8,0%**	7,8%
Investitionsausgaben		in Mio. Fr.	**1 339**	1 122
Eigene Mittel[1]		in Mio. Fr.	**12 989**	11 120
Pro Aktie				
Reingewinn		Fr.	**480**	[2] 430/436
Cash Flow		Fr.	**804**	[2] 740/750
Eigene Mittel[1]		Fr.	**4 244**	[2] 3 796/3 846
Dividende	Nestlé AG	Fr.	[3] **115.—**	109.—
	Unilac, Inc.	US$	[3] **8.—**	8.—
	Total	Fr. [4]	[3] **135.—**	[2] 123,57/125,22
Rückzahlung des Stammaktienkapitals	Unilac, Inc.	US$	[3] **12.—**	—.—
Personal		am 31.12.	**137 950**	140 400
Fabriken		am 31.12.	**292**	282

[1] Vor der vorgeschlagenen Gewinnverteilung der Holdinggesellschaften Nestlé AG und Unilac, Inc.
[2] Berichtigte Zahlen für die Inhaberaktien bzw. Namenaktien; siehe Note 3), Seite 10 unter «Konzernrechnung».
[3] Gemäss Vorschlag der Verwaltungsräte.
[4] Der Betrag der US$-Dividende von Unilac, Inc. ist zu dem am ersten Einlösungstag gültigen Kurs umgerechnet; für die Umrechnung der Dividende für 1984 wurde der Kurs auf Fr. 2.50 geschätzt.

Die Geschäftspolitik der Nestlé-Gruppe orientiert sich im Inland und Ausland an den Richtlinien der OECD für multinationale Unternehmen. In diesem Jahresbericht wurden deren Grundsätze betreffend die Informationspolitik in grösstmöglichem Masse befolgt.

Geographische Aufteilung des Umsatzes 1984 (in Millionen Fr.)

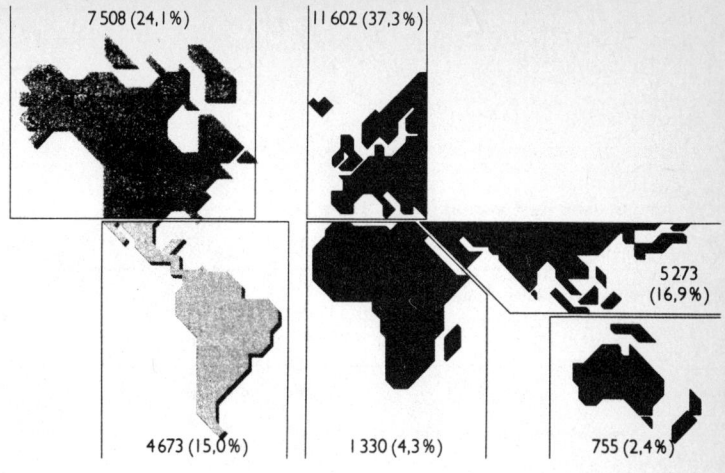

7 508 (24,1 %)

11 602 (37,3 %)

5 273 (16,9 %)

4 673 (15,0 %)

1 330 (4,3 %)

755 (2,4 %)

GESELLSCHAFTEN FÜR BERATUNG, FORSCHUNG UND ENTWICKLUNG DER NESTLÉ-GRUPPE

NESTEC S.A., Vevey (Schweiz)

Im Rahmen der Abkommen über technische Beratung, erbringt die NESTEC (Beratungsgesellschaft für Nestlé Produkte), deren Abteilungen für alle Unternehmensbereiche spezialisiert sind, eine ständige Unterstützung der Betriebsgesellschaften der Gruppe.
Sie ist darüber hinaus auf Grund nach folgender Organisation mit der gesamten Grundlagenforschung sowie der technologischen Entwicklung betraut:

a) **Grundlagenforschungszentren**

Schweiz	La Tour-de-Peilz
	Orbe

b) **Zentren der technologischen Entwicklung (Recos)**

Schweiz	Linor, Orbe
	Lebensmitteltechnologie, La Tour-de-Peilz
	Schokoladetechnologie, Broc
	Verpackungstechnologie, Orbe
	Alpura-Koreco S.A., Konolfingen
	Vitoreco S.A., Kempttal
Ecuador	Latinreco S.A., Quito
Spanien	Hispareco S.A., Badajoz
Vereinigte Staaten	Westreco Inc., Marysville (Ohio), New Milford (Connecticut) und Fulton (New York)
Frankreich	Francereco S.A., Beauvais, La Meauffe und Béziers
Italien	Novareco S.p.A., Robbio
Bundesrepublik Deutschland	Dereco Lebensmittelforschung GmbH, Ludwigsburg und Weiding
Grossbritannien	Londreco Ltd., Hayes
Singapur	Eastreco (Pte) Ltd., Singapur
Schweden	Nordreco AB, Bjuv

Geographische Aufteilung 1983

Europa*	44,5%
Nordamerika	18,6%
Asien	8,4%
Lateinamerika und Karibische Inseln	21,6%
Afrika	4,9%
Ozeanien	2,0%

* inbegriffen Schweiz mit 6'849 Mitarbeitern.

Personalbestand (in Tausend) per 31. Dezember

	1974	1975	1976	1977	1978	1979
Verwaltungs-, Verkaufs-, Restaurations- und Hotelpersonal	57	55	56	57	62	66
Fabrikpersonal	82	80	81	83	85	89
total	139	135	137	140	147	155

Quelle: Nestlé Jahresbericht, 1983,1984.

Geographische Aufteilung des Umsatzes 1984 (in Millionen Fr.)

```
 7'508 (24,1%)
11'602 (37,3%)
 4'673 (15,0%)
 1'330 ( 4,3%)
 5'273 (16,9%)
   755 ( 2,4%)
```

Quelle: Nestlé Jahresbericht, 1984, S.7

Das Wachstum der Carnation 1981 - 1983 (in US-Dollars)

	1983	1982	1981
Umsatz	3'365'275'000	3'382'212'000	3'354'141'000
Gewinn von Steuern	355'934'000	357'442'000	319'502'000
Netto-Gewinn	194'759'000	183'353'000	172'277'000
in % des Umsatzes	5,8%	5,4%	5,1%
Kapitalkosten	128'167'000	103'790'000	79'542'000
gesamte Eigenmittel	1'748'012'000	1'712'326'000	1'645'362'000
langfristige Schulden	135'781'000	143'874'000	156'378'000

Ergebnisse pro Aktie (in US-Dollars)

Netto-Gewinn	5,47	5,01	4,67
Dividende	2,20	2,00	1,82
Nominalwert	31,41	30,23	27,53

Quelle: Securities and Exchange Commission, **Carnation Company,** 27. März 1984, Fotokopien von Mikrofilm, S. 54 "Records of growth since 1979"

Geschäftstätigkeit der Carnation ausserhalb der USA (in US-Dollars)

	1983	1982	1981
Netto-Umlaufvermögen	133'829'000	169'815'000	197'049'000
Netto-Vermögen	198'715'000	196'238'000	237'862'000
Netto-Ertrag	29'213'000	35'190'000	44'577'000
Dividendenzahlung an den Konzern	16'671'000	26'411'000	10'505'000

Quelle: Securities and Exchange Comission, **Carnation Company,** 27. März 1984, Fotokopien von Mikrofilm, S. 49, Fussnote 5, "Foreign operations".

Tochtergesellschaften der Carnation (1983)
(mit 100%-iger Beteiligung, wenn nicht anders angegeben)

Bon Bon Company of America, Inc.	Kalifornien (USA)	57%
Camera Art School Photographers, Inc.	Minnesota (USA)	
Caribbean Manufacturing Company	Delaware (USA)	
Carnaco Transport, Inc.	Delaware (USA)	
Carnation Export Corporation	Kalifornien (USA)	
Carnation International Limited	Delaware (USA)	
Contadina Foods, Inc.	Kalifornien (USA)	
Dayton Reliable Tool & Mfg.Co.	Ohio (USA)	
Eagle Realty Company	Kalifornien (USA)	
Favorite Foods, Inc.	Kalifornien (USA)	
Hawaiian Grain Corporation	Hawaii (USA)	
International Food Manufacturing Company	Delaware (USA	
McGraw Colorgraph Company	Kalifornien (USA)	
Princeton Industries Corp.	Indiana (USA)	
Tomorrow Products, Inc.	Washington (USA)	
Yolo Transport Co., Inc.	Kalifornien (USA)	
Biolorga S.A.	Frankreich	
Carnaco Hong Kong Ltd.	Hong Kong	
Carnation Australia Pty. Ltd.	Australien	
Carnation de España, S.A.	Spanien	80%
Carnation Foods (Pty.) Ltd.	Südafrika	
Carnation Hellas A.E.B.E.	Griechenland	
Carnation Inc.	Kanada	
Carnation International B.V.	Niederlande	
Carnation Italia S.p.A.	Italien	
Carnation Japan K.K.	Japan	
Carnation Ltd.	Grossbritannien	
Carnation (Malaysia) Sdn.Bhd.	Malaysia	
Carnation Manufacturing Company (Thailand) Ltd.	Thailand	
Carnation Nederland B.V.	Niederlande	
Carnation N.V.	Belgien	
Carnation Philippines, Inc.	Philippinen	
Carnation Scandinavia A/S	Dänemark	
Carnation Singapore Pte. Ltd.	Singapur	
Carnation (Thailand) Ltd.	Thailand	
Carnaco Ltd.	Grossbritannien	
Carnex AG	Schweiz	

Carnint, Inc.	Schweiz	
Expeditierbedrijf S. Oomes B.V.	Niederlande	
Focus Handesgesellschaft m.b.H.	Bundesrepublik Deutschland	
Friskies Tiernahrung G.m.b.H.	Bundesrepublik Deutschland	
General Containers (Pty.) Ltd.	Südafrika	
General Dairy Corporation	Panama	
General Milk Products Ltd.	Grossbritannien	
Genyk Pet Care Ltd.	Grossbritannien	
Gloria, S.A.	Frankreich	
Glücksklee, G.m.b.H.	Bundesrepublik Deutschland	
Hanseatische Lebensmittel G.m.b.H.	Bundesrepublik Deutschland	
Hykro S/A	Dänemark	
Laboratoires Vetochimie, S.A.	Frankreich	99%
Latte Reggiano S.p.A.	Italien	
Lopis (Pty.) Ltd.	Südafrika	
Lünebest Molkerei Lüneburg		
Hans Stamer G.m.b.H. & Co. KG	Bundesrepublik Deutschland	50%
McGraw Colorgraph, N.V.	Belgien	
Merchants, Ltd.	Bahamas	
Société Algérienne du Lait Gloria S.a.r.l.	Algerien	
Société Camerounaise Gloria S.a.r.l. Kamerun		
"Société Civile Immobilière" BELAIR	Frankreich	95%
Société Ivoirienne du lait Gloria S.a.r.l.	Elfenbeinküste	
Société Sénégalaise du Lait Gloria S.a.r.l.	Senegal	
Solís, Industrias de Alimentacion, S.A.	Spanien	80%
Three Flowers Assurance Company Ltd.	Bermuda	
Tropic Marine Systems (Pty.) Ltd.	Südafrika	

Angeschlossene Gesellschaften für die keine Finanzunterlagen vorliegen

E.E. Huffman Corp.	Süd-Carolina (USA)	50%
Carnation de México, S.A. de C.V.	Mexiko	100%
Carnation Foods Company, Ltd.	Kanada	50%
Carnaco Foods (Nigeria) Ltd.	Nigeria	40%
Compania Dominicana De Alimentos Lacteos, S.A.	Dominikanische Republik	49%
Distribuidora Exclusiva de Productos de Calidad, S.A.	Peru	41%
Gloria, S.A.	Peru	41%
Hasmin Marketing Corporation	Philippinen	30%
Ito Carnation K.K.	Japan	50%
Jamaica Milk Products Ltd.	Jamaica	30%
Premier Milk (Malaya) Sdn. Bhd.	Malaysia	25%
Premier Milk (Singapore) Pte. Ltd.	Singapur	25%
R and P Realty Company, Inc.	Philippinen	40%
Sistema de Transporte, S.A.	Peru	41%

Kapitel III

Peru:
Markt und Profit
mit Hilfe
des Staates gesichert

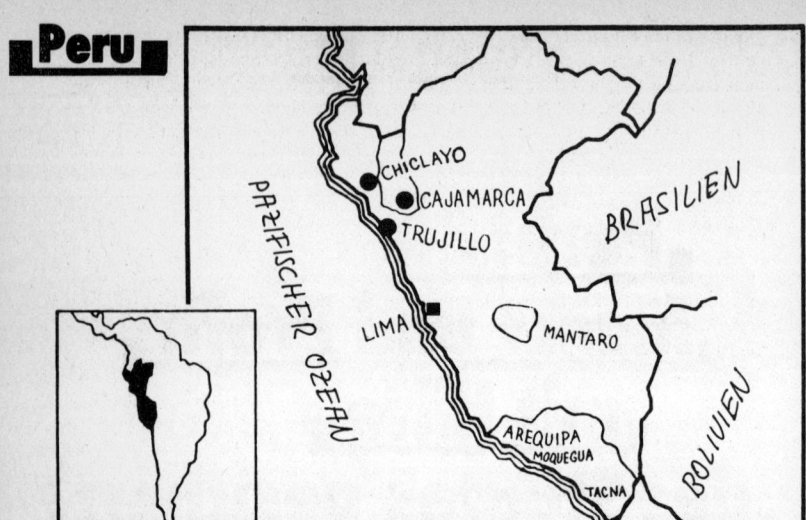

Peru

Fläche	1'285'220 km^2
Bevölkerung (1981)	18,7 Millionen
Bevölkerungsdichte	14,6 Einwohner pro km^2
Jährliches Bevölkerungswachstum	2,7%
Geburtenziffer	3,9%
Kindersterblichkeit	85 von Tausend
Stadtbevölkerung	67%
Bruttosozialprodukt (BSP) (1982)	20,57 Mia. Dollar
BSP pro Kopf	1'178 Dollar
Auslandverschuldung (1983)	10,6 Mia. Dollar
Landwirtschaftliche Handesbilanz	+ 200 Mio. Dollar
Landeswährung	Sol

Inflation in Prozent:

1977	1978	1979	1980	1981	1982	1983
37,0	57,8	66,7	59,2	75,4	64,4	111,2

Anteil der volkswirtschaftlichen Sektoren:

Sektor	% der aktiven Bevölkerung	% des BSP
Landwirtschaft	46%	23%
Industrie	17%	37%
Dienstleistungen	37%	40%

Quellen: Weltbank/Internationaler Währungsfonds "State of the world 1984"; La découverte, Paris, "Atlaseco", Paris 1984.

Die protektionistische Politik des Staates und Steuervergünstigungen garantieren den im Land niedergelassenen Tochtergesellschaften transnationaler Unternehmen einen Absatzmarkt für ihre Produkte und eine sichere Profitspanne. Eine staatliche Stelle kauft Rohstoffe und unverarbeitete Nahrungsmittel auf dem internationalen Markt ein und verkauft sie unter den Gestehungskosten an die von weltweiten Nahrungsmittelriesen kontrollierten Verarbeitungsindustrien weiter. Das Resultat: wachsende Abhängigkeit des Landes auf dem Gebiet der Nahrungsmittel, tiefgreifendes Ungleichgewicht der Handelsbilanz und Zerstörung der einheimischen Nahrungsmittelproduktion.

Die staatliche Politik, die Nahrungsmittelversorgung zu Preisen zu garantieren, die einer Bevölkerung mit ungenügender Kaufkraft zumutbar sind, bremst jedoch sehr stark das Wachstum der einheimischen Nahrungsmittelproduktion. Die ruinöse Konkurrenz der Überschussgebiete, welche ihre Produkte auf dem Weltmarkt mit Dumpingmethoden verschleudern, sowie das Fehlen von für die Produktion unerlässlichen Krediten und anderen Massnahmen, haben zur Folge, dass die peruanischen Produzenten dem wachsenden inländischen Bedarf nicht mehr folgen können. Die Möglichkeit der Unternehmen, Kredite und Staatssubventionen zu erhalten und durch Importe auf überschüssige Landwirtschaftsprodukte der Zentrumsländer zurückzugreifen, bringt nicht nur eine Preissenkung für inländische Landwirtschaftsprodukte mit sich, sondern auch eine stufenweise Veränderung der Essgewohnheiten. So gewöhnt sich die Bevölkerung immer mehr daran, das zu konsumieren, was sie auf dem Markt findet; das heisst Produkte, die von ausländisch beherrschten Industrien verarbeitet werden.

Auf den ersten Blick scheint es, dass der Konsument von den Subventionen, die übertriebene Preiserhöhungen für Fertigprodukte verhindern, profitiert. Aber voll von diesem Mechanismus profitieren tatsächlich nur die Verarbeitungsindustrien, die auf diese Weise die Rohstoffe billiger erhalten und so trotz schwacher Nachfrage eine gute Profitspanne erzielen können. Der Konsument findet auf dem Markt keine wenig verarbeitete Grundnahrungsmittel mehr, obwohl diese billiger und nahrhafter wären als die Markenprodukte.

Diese Tendenzen werden noch verschärft durch die Vorteile, die den Tochtergesellschaften der TNK bei ihrer Niederlassung im Lande gewährt werden. Es ist ja tatsächlich so, dass das Land im Rahmen einer Importsubstitutionspolitik gegenüber der ausländischen Verarbeitungsindustrie schon früh eine Politik der offenen Tür betrieben hat, damit diese im Lande selber produziert, was vorher importiert wurde. Wenn die TNK sich aber einmal im Land fest niedergelassen haben, verstärken sie ihre Position dank dem Protektionismus und den staatlichen Subventionen. Oft erreichen sie so auf dem peruanischen Markt eine Monopol- oder Oligopolstellung.

So gelang es zwei Riesen, sich in der peruanischen Milchindustrie niederzulassen, indem sie von den Steuervergünstigungen profitierten; vor fremden Konkurrenten geschützt, entwickelten sie ihre Geschäfte und teilten den inländischen Markt für Milchprodukte unter sich auf. Carnation und Nestlé vermieden einen kostspieligen Konkurrenzkampf; jeder respektierte das Wirkungsfeld und die Marktanteile ihrer beiden Tochtergesellschaften — Gloria und Perulac — die ihr jeweiliges Niederlassungsgebiet durch verschiedene Massnahmen in Monokulturen für Milch verwandelt hatten. Diese beiden TNK sorgten so für eine Eingliederung der lokalen Milchproduzenten in die Verarbeitungsbetriebe, behielten aber gleichzeitig die Kontrolle über den ganzen Prozess. Die TNK konnten auch von der Regierungspolitik und dem tiefen Milchpreis auf dem internationalen Markt profitieren, indem sie importierte Milchbestandteile verwenden, anstatt die Milchproduktion in ihrem Niederlassungsgebiet zu entwickeln.

Die Nestlé-Tochtergesellschaft in Peru bietet ein abwechslungsreicheres Produktesortiment an. Die Tochtergesellschaft der Carnation macht ihren Umsatz vor allem mit der Büchsenmilch und kontrolliert in dieser Sparte 86% der inländischen Produktion. Im September 1984 wurde angekündigt, dass Nestlé den TNK Carnation aufkauft und dafür die Bewilligung der amerikanischen Anti-Trust Behörden erhalten hat. Dies bedeutet, dass nun ein einziger TNK, Nestlé, die gesamte Produktion von Büchsenmilch in Peru kontrolliert. Dies entspricht 65% des Gesamtverbrauches an verarbeiteter Milch im Lande. Der Aufkauf von Carnation und die daraus resultierende Kontrolle von Nestlé über 41% der Gloria zwingt uns dazu, einen kurzen Überblick über die Tätigkeiten dieser Ex-Tochtergesellschaft der Carnation und heutigen Tochtergesellschaft der Nestlé in Peru zu geben.

Das peruanische Ernährungssystem: von transnationalen Unternehmen dominiert[1]

Die Analyse des peruanischen Ernährungssystems deckt eine Situation auf, welche in vielen Ländern der Dritten Welt zur Norm zu werden droht: Eine wachsende Weltmarkt-Abhängigkeit des Landes auf dem Nahrungsmittelsektor und eine Integration der lokalen Produktionskapazitäten in die Strategien der grossen, transnationalen Nahrungsmittelologopole, welche die Verarbeitung und Vermarktung mittels ihrer nationalen Tochtergesellschaften beherrschen.

Dieses Phänomen kann wie folgt charakterisiert werden:

1. 80% der 400'000 Produzenten besitzen weniger als 3 ha und sind deshalb Kleinbauern.
2. Die reale Wachstumsrate der landwirtschaftlichen Produktion betrug ungefähr Null von 1970 bis 1979. Die Bevölkerung wächst schneller als die Nahrungsmittelproduktion.
3. Der Import staatlich subventionierter Lebensmittel, mit welchen das Defizit der nationalen Produktion ausgelichen wird, führt zu einer wachsenden Auslandsabhängigkeit.
4. Die Tochtergesellschaft der TNK im Lande üben eine immer stärkere Kontrolle über die Verarbeitung und Vermarktung der Nahrungsmittel aus. Ihre Allianz mit der Finanz- und Handelsbourgeoisie und die Übereinstimmung mit dem Staat erleichtern ihre Expansion im Lande.
5. Der Staat, weit davon entfernt, das Problem im Griff zu haben oder neue Wege zu finden, verwandelt sich oft in einen Vermittler, der den TNK-Tochtergesellschaften den Ankauf von Nahrungsmittelrohstoffen auf dem Weltmarkt erleichtert. Sehr oft sind die ausländischen Lieferanten wiederum Tochtergesellschaften derselben Konzerne, die den Nahrungsmittelhandel weltweit kontrollieren.*

---

*) Statt sich dieser Situation mit einer kohärenten Agrarpolitik zu stellen, erteilt die Regierung Subventionen für die Verarbeitung und den Verkauf von Nahrungsmitteln. So antwortet sie wenigstens teilweise auf die Forderung der hungernden Massen, belastet aber andrerseits so den Staatshaushalt, nur um die Profitspanne der TNK aufrechtzuhalten und beraubt sich damit der wenigen Mittel, die zur Entwicklung der Produktion unerlässlich wären.

6. Statt Grundnahrungsmittel auf den Markt zu bringen, tragen die transnationalen Unternehmen stark zur Einführung neuer und kostspieligerer Ernährungsgewohnheiten bei. Resultat: wachsende Fehlernährung, da die wenigen verfügbaren Nahrungsmittel verarbeitet werden, um den Bedürfnissen der kaufkräftigen Stadtbevölkerung gerecht zu werden.

7. Im Land entsteht so ein strukturelles Ungleichgewicht: um die Schulden und die importierte Technologie zu bezahlen, ist das Land gezwungen, statt Nahrungsmittel für den Eigenverbrauch zu produzieren, einen Grossteil des Kulturbodens für den Export zu bebauen. Das Grundnahrungsmitteldefizit muss dann durch Überschüsse gedeckt werden, die von den TNK in den reichen Ländern kontrolliert werden. Dieser Ankauf von Nahrungsmitteln führt zu einem erheblichen Aderlass an Devisen.*

Während 1965 noch 63% des Konsums von Getreide, Mais, Sorghum, Oel (Soja), Milch, rotem Fleisch und Reis aus der nationalen Produktion stammten, stellen wir 1980 einen Tendenzumschwung fest: Das Land produziert nur noch 48,3% seiner Grundnahrungsmittel. In Peru hat sich demzufolge die Nahrungsmittelabhängigkeit in 15 Jahren um 75% vergrössert.

1980 importierte Peru 98% der Sojabohnen, 91% des von der Bevölkerung konsumierten Getreides, 63% vom Mais, 30% der Milchprodukte, 21% vom Reis, 12% des roten Fleisches, 6% des Zuckers und ungefähr 70% der Braugerste.[3]

1943 waren zum Beispiel nur die Importe von Getreide (49%) und Reis (10%) von Bedeutung. Heute wird der Grossteil der Nahrungsmittel für die Stadtbevölkerung (65% der Bevölkerung) importiert. Die Hauptlieferanten sind die USA, Argentinien und Neuseeland mit 79% des Gesamtwertes der Nahrungsmittelimporte. 94% der Milchprodukte stammen aus Neuseeland, Belgien und Grossbritannien.[4]

Auf diese Weise werden die TNK zur Triebfeder einer wachsenden Eingliederung der einheimischen Nahrungsmittelproduktion in eine weltweite Strategie, die auf die Kontrolle der Nahrungsmittelreserven und ihrer Verarbeitung abzielt. Mehrere Faktoren dienen dazu, diese Entwicklung zu erklären:

— die interne Agrarpolitik eines Landes
— die weltweiten Strategien der TNK
— die Milchverwertungspolitik in den Zentrumsländern mit einem Milchüberschuss, z.B. EG, Neuseeland
— Kontrolle über Technologie und Markenrechtsgebühren
— das politische Gewicht der Industriekonzerne.**

Die Abhängigkeit Perus von den transnationalen Unternehmen wird auf dem Milchsektor klar ersichtlich. Dort können wir das Kräfteverhältnis zwischen den

*) 1981 war vorgesehen, in Peru 770 Mio. Dollar für den Kauf von Nahrungsmitteln auszugeben, d.h. 1/5 des Gesamtwertes der Exporte (4,122 Mio.). Der Ankauf von Milchpulver und Milchbestandteilen für die industrielle Verarbeitung riss ein Loch von 105 Mio. Dollar in die Kasse, d.h. 13,62% der Ausgaben für den Import von Nahrungsmitteln.2

** Eine detaillierte Analyse müsste das geschichtliche Gewicht dieser Faktoren im Zusammenhang mit den Niederlassungsbedingungen der TNK und mit der Entwicklung der inländischen Unternehmen studieren. Dazu müssten die Veränderungen der staatlichen Politik und die verschiedenen Strategien der TNK untersucht werden. Dies ist jedoch im beschränkten Rahmen dieser Darstellung nicht möglich.

DER TEUFELSKREIS DER NAHRUNGSMITTELABHÄNGIGKEIT

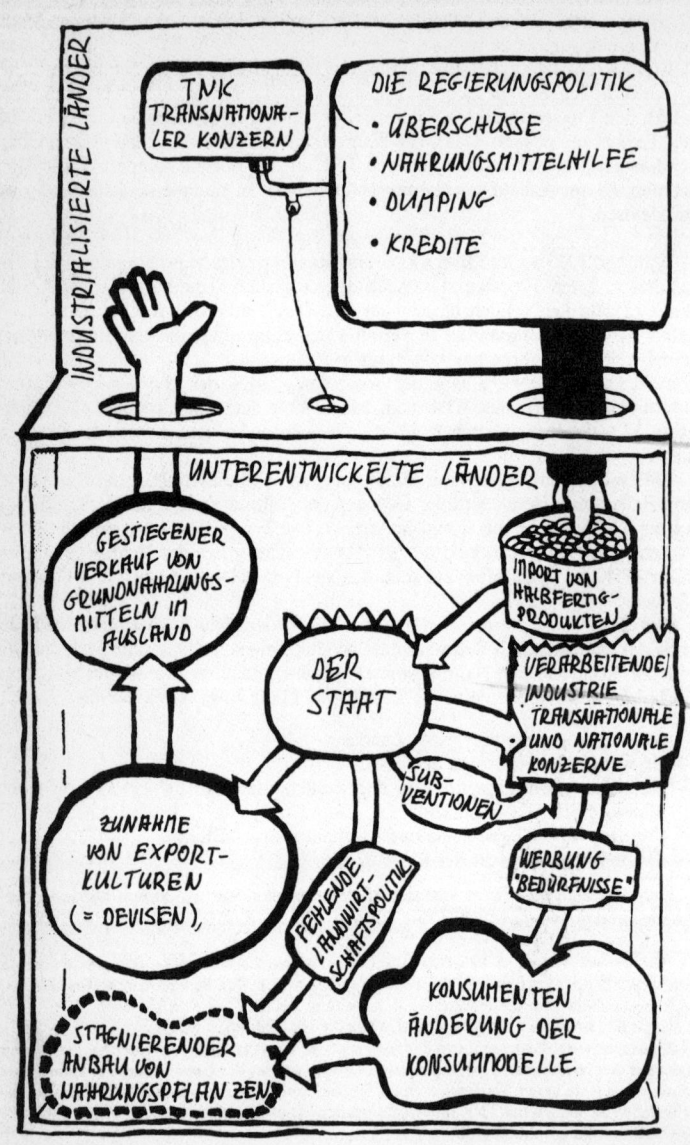

Hauptbeteiligten bestimmen. Man erkennt die dominierende Rolle zweier Unternehmen: Nestlé-Perulac und Carnation-Gloria, seit dem Kauf von Carnation durch den Nestlé-Konzern von einem einzigen transnationalen Unternehmen abhängig.

Einheimische Milchproduktion, Milchimport und Milchkonsum in Peru 1975-1980

	1980	Jahresdurchschnitt 1975-1980	Pro Kopf der Bevölkerung
Einheimische Produktion	800'000 t		45,7 kg
Milchkonsum	1'316'000 t		75,2 kg
Milchimport	39,2%	25,315%	

Herkunft der importierten Milch:

	Frankreich	Neuseeland	Belgien	Holland	andere
Marktanteile in %	1,8%	57,3%	19,1%	13,8%	8%

Quelle: Centre français du commerce extérieur, "Le marché international des poudres de lait destinées à l'alimentation humaine", November 1982

Produktion und Verarbeitung der Milch: Marktaufteilung unter zwei Grossen – Carnation-Gloria und Nestlé-Perulac

Struktur der Milchproduktion

Vor 1940 befanden sich die hauptsächlichen Milchgebiete in der Nähe von Lima und im Bezirk Junin (im Zentrum Perus). Kleinbetriebe begannen, für die Verarbeitung und den Vertrieb von Milchprodukten in der Hauptstadt zu sorgen, während in den Regionen von Arequipa, Trujillo und Cajamarca die Produzenten die Milch eher direkt an die Verbraucher verkauften.

Die Niederlassung der TNK Nestlé und Carnation führte zur Entwicklung wichtiger Milchproduktionsgebiete im Norden (Cajamarca) und im Süden (Arequipa). Gegenüber den inländischen Industrien verfügten diese beiden Unternehmen über eine beträchtliche technologische und kapitalmässige Überlegenheit. Schritt für Schritt errichteten sie eine hegemoniale Kontrolle über die Milchverarbeitungsindustrie.

Nach 1950 beobachteten wir eine Aufteilung des städtischen Marktes für Büchsenmilch in duopoler Form, das Entstehen von Fabriken für pasteurisierte Milch in Lima (Unileche, Maranga, Egasa) und später die Entwicklung des Milchproduktionsgebietes im Montaro-Tal (Junin) in den Zentralanden (1970). Die derzeitige inländische Produktion wird auf 600'000 bis 800'000 Tonnen pro Jahr geschätzt.[5] Ungefähr 200'000 Tonnen werden verarbeitet und vermarktet; dies vor allem in den vier Milchgebieten: Arequipa, Cajamarca, der Region von Huancayo und der Umgebung von Lima*(siehe Karte). Die folgende graphische Darstellung

---

*) Siehe im Anhang 1 die wichtigsten organisierten Milchgebiete, die Anzahl der beteiligten Produzenten, die Produzentenvereinigung und die hauptsächlichen Verarbeitungsbetriebe.

Transnationale Lieferanten von nach Peru importierten Lebensmitteln

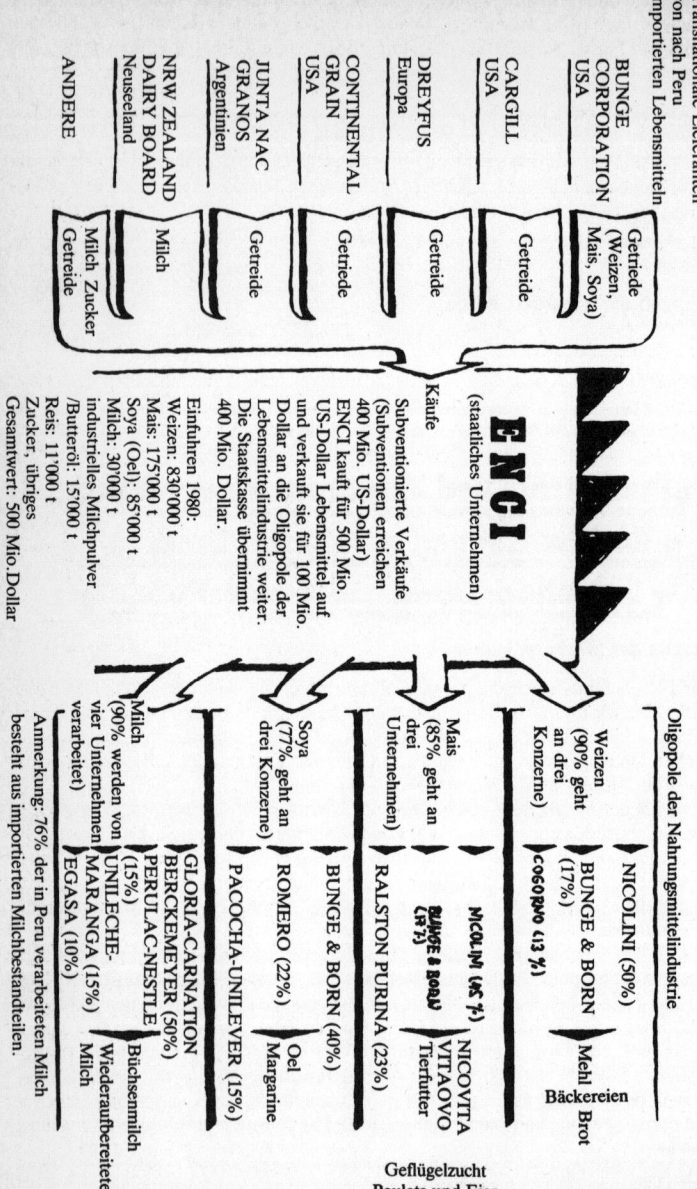

Quelle: Manuel Lajo Lazo, El pais de la leche evaporizada, Grafik 3

fasst die Produktions-, Verarbeitungs- und Vertriebsstrukturen der Milch zusammen und ermöglicht es, die Tätigkeiten von Gloria und Perulac im Gesamtbild der peruanischen Milchproduktion einzuordnen.

Was steht auf dem Spiel?

Nach offizieller Version geht es darum, Tausenden von Konsumenten proteinreiche Produkte zugänglich zu machen, um so die allgemeine Fehlernährung zu bekämpfen, wenn nötig mit Subventionen für die Produktion. Dieser Grundsatzerklärung stehen jedoch eine ganze Anzahl von sich widersprechenden Interessen gegenüber, die detailliert untersucht werden sollen:

Das Kräfteverhältnis zwischen den Beteiligten

Die Hauptbeteiligten sind: die peruanischen Frischmilchproduzenten, die Milchproduzenten der EWG, Neuseelands und Perus, die Regierungen dieser Länder, die zwei transnationalen Unternehmen Carnation-Gloria und Nestlé-Perulac, andere Konzerne des Agrobusiness, und schliesslich Tausende von Konsumenten.
  Diese Struktur befindet sich in ständiger Bewegung. Das Kräfteverhältnis zwischen den verschiedenen Beteiligten drückt sich auf tausend Arten aus: Druck der lokalen Produzentenverbände (FONGALES - Fondos de Fomento de la Ganaderia Lechera), um eine Preiserhöhung für Frischmilch zu erlangen und um den Import von Milch zu reduzieren; Konsumentenvereinigungen im Kampf gegen den Kaufkraftverlust und für erschwingliche Produkte; Regierungspolitik mit dem Ziel, für Produzenten und Konsumenten gerechte Bedingungen zu garantieren; Druck von seiten der Unternehmen, um Steuervergünstigungen und vorteilhafte Bedingungen für den Kauf von Rohstoffen und den Verkauf von Milchprodukten zu erhalten.*

Zwei Konzerne gründen Tochtergesellschaften in Peru

Von der Rezession und der Krise nach dem 1. Weltkrieg betroffen, suchen mehrere Nahrungsmittelunternehmen, ihren Markt zu erweitern, um so die sinkende Nachfrage auszugleichen. Diese besonderen Umstände veranlassten Nestlé, 1919 in Peru ein Verkaufsbüro für den Vertrieb seiner Produkte (Kondensmilch, Büchsenmilch, Kindernährmittel, Schokolade, usw.) zu eröffnen.
  Da der 1. Weltkrieg die Versorgung mit Büchsenmilch aus Europa unterbrochen hatte, konnten sich amerikanische Unternehmer auf diesem Gebiet rasch entwickeln. Als nach Kriegsende die Milch aus Europa wieder eintraf, war die Produktionskapazität dieser Unternehmen im Verhältnis zum vorhandenen Markt plötzlich zu gross. Ein Gesetz in den USA, Webb-Pomerene genannt, erlaubt in Abweichung zum bestehenden Anti-Trust Gesetz rivalisierenden Unternehmen,

---

*) 1979 gibt es Bemühungen um eine Koordination unter den Milchproduzenten (FONGALES) der drei Hauptzonen. Die Konsumenten ihrerseits üben einen stärkeren Druck auf die Regierung aus, damit diese die Lebensmittelpreise tief hält; die Konsumenten sind von einem allgemeinen Kaufkraft-Verlust stark betroffen und drücken ihren Protest in Massendemonstrationen aus.

Peru 1981: Struktur der Produktion-Verarbeitung-Vermarktung der Milchprodukte

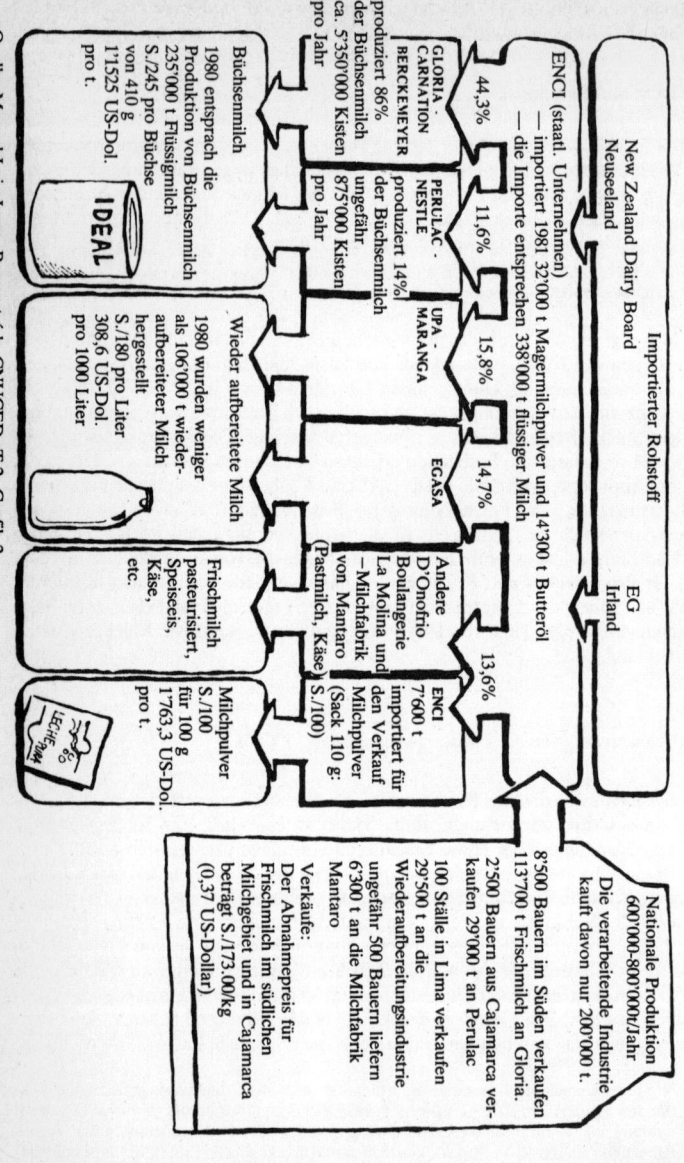

New Zealand Dairy Board

Importierter Rohstoff

EG Irland

ENCI (staatl. Unternehmen)
— importiert 1981 32'000 t Magermilchpulver und 14'300 t Butteröl
— die Importe entsprechen 338'000 t flüssiger Milch

GLORIA - CARNATION BERCKEMEYER produziert 86% der Büchsenmilch ca. 5'350'000 Kisten pro Jahr
44.3%

PERULAC - NESTLE produziert 14% der Büchsenmilch ungefähr 875'000 Kisten pro Jahr
11.6%

UPA - MARANGA
15.8%

EGASA
14.7%

Andere D'Onofrio Boulangerie La Molina und den Verkauf von Mantaro (Pastmilch, Käse)
13.6%

ENCI 7'600 t importiert für den Verkauf Milchpulver (Sack 110 g: S./100)

Büchsenmilch
1980 entsprach die Produktion von Büchsenmilch 235'000 t Flüssigmilch S./245 pro Büchse von 410 g 1'525 US-Dol. pro t.

Wieder aufbereitete Milch
1980 wurden weniger als 106'000 t wieder-aufbereiteter Milch hergestellt S./180 pro Liter 308,6 US-Dol. pro 1000 Liter

Frischmilch pasteurisiert, Speiseeis, Käse, etc.

Milchpulver S./100 für 100 g 1'763,3 US-Dol. pro t.

Nationale Produktion 600'000-800'000t/Jahr
Die verarbeitende Industrie kauft davon nur 200'000 t.

8'500 Bauern im Süden verkaufen 113'700 t Frischmilch an Gloria.

2'500 Bauern aus Cajamarca ver-kaufen 29'000 t an Perulac

100 Ställe in Lima verkaufen 29'500 t an die Wiederaufbereitungsindustrie ungefähr 500 Bauern liefern 6'300 t an die Milchfabrik Mantaro

Verkäufe:
Der Abnahmepreis für Frischmilch im südlichen Milchgebiet und in Cajamarca beträgt S./173.00/kg (0,37 US-Dollar)

Quelle: Manuel Lajo Lazo, Rapport á la CNUCED, T.2, Grafik 2

im Ausland gemeinsame Operationen durchzuführen,* um Krisen zu bewältigen. So schlossen sich Pet-Milk (ehemals Helvetia-Milk) und Carnation zu einem Unternehmen zusammen, um ausländische Märkte zu erschliessen. Dieses gemeinsame Unternehmen hiess American Milk Products Corporation und wurde 1931 zur General Milk Company. 1966 übernahm dann Carnation die Minoritätsbeteiligung von Pet-Milk und führte die Tätigkeiten auf dem Milchsektor im Ausland allein weiter.[6]

Die wachsende Nachfrage, Lieferschwierigkeiten, die Unfähigkeit der inländischen Produzenten, eine Verarbeitungsindustrie zu entwickeln, und vor allem die von der Regierung angebotenen Vorteile veranlassten Nestlé und General Milk (Carnation-Gloria), in Peru Fabriken zu eröffnen.

Mit einer Verfügung des Präsidenten vom 26. Juli 1939 gestattet die peruanische Regierung den Gesellschaften General Milk (Carnation-Gloria) und Nestlé (Perulac), Milchgebiete im Süden und im Norden des Landes zu schaffen. Perulac, die Tochtergesellschaft von Nestlé, beginnt die Produktion 1942 in Chiclayo (Departement Lambaque) im Norden Perus aufgrund einer Studie über Standortsbestimmungen. Zur gleichen Zeit produziert das Unternehmen Gloria Kondensmilch in einem südlichen Bezirk des Landes (Arequipa).

Nestlé importierte argentinische Kühe und errichtete eine Modell-Viehzuchtfarm. Jedoch statt sich zu entwickeln, nahm die Produktion von Perulac in Chiclayo sehr bald ab. Was war der Grund: eine schlechte Wahl des Standortes, ein Irrtum in der vorgängig gemachten Studie? Nestlé erklärte es folgendermassen: "Bedingt durch den Krieg war der Preis für Zucker und Reis beträchtlich gestiegen, deshalb vernachlässigten die Bauern dieser Region die Viehzucht und Milchproduktion zugunsten des Anbaus von Reis und Zuckerrohr".[7] Nach peruanischen Studien ist dies jedoch weder die einzige noch die wichtigste Erklärung: Perulac hatte das Departement von Lambayeque als Milchgebiet ausgewählt mit der Idee, die Milchproduktion dort zum hauptsächlichen landwirtschaftlichen Produktionszweig zu machen. Der Reis war in dieser Region lange Zeit das wichtigste Produkt gewesen: wegen Epidemien begannen die Bauern in dieser Gegend den Reisanbau zu vernachlässigen. Ein paar Jahre später wandten sie sich aber wieder dem Reisanbau zu, da diese traditionelle Arbeit inzwischen durch die kriegsbedingte Nachfrage rentabler geworden war.[8] Diese Wiederaufnahme des Reisanbaus verhinderte die erhoffte Entwicklung der Milchproduktion in Chiclayo. Damit war das Überleben der Fabrik in Chiclayo wegen Rohstoffmangel bedroht. Unter dem Zwang, andere Ansiedlungsgebiete zu finden, liess Perulac deshalb Rentabilitätsstudien in den Departementen Ancash, Piura, La Libertad und Cajamarca ausarbeiten.[9] Das Gebiet Cajamarca, 300 km von Chiclayo entfernt (seit 1933 hatte Nestlé Studienreisen dorthin gemacht)[10], schien die besten Entwicklungsmöglichkeiten zu offerieren. Im Januar 1947 errichtete Perulac in Cajamarca eine Sammel- und Kühlstation. 2'000 bis 3'000 Liter Milch werden von da täglich nach der Fabrik in Chiclayo gebracht. Mit der Produktionssteigerung richtete Perulac in Cajamarca eine Fabrik zur Vorkondensierung ein, um die Transportkosten des Rohstoffes nach Chiclayo zu verringern.

Angesichts einer erheblichen Steigerung des Frischmilchangebotes in der Re-

---

*) So hat die General Milk Company, um von den tiefen Frischmilchpreisen zu profitieren und um die hohen Zolltarife zu umgehen, nacheinander Fabriken in Frankreich, Deutschland, Südafrika und in mehreren Ländern Lateinamerikas eingerichtet und dabei immer von den Vorteilen des Gesetzes Webb-Pomerene profitiert.

gion und unter dem Druck des Produzentenverbandes entschloss sich Nestlé schliesslich 1981, die Aufnahmekapazität für Frischmilch in dieser Vorkondensierungsfabrik zu vergrössern.

Mit der Eröffnung einer Fabrik 1968 in Lima konnte die Nestlé-Tochtergesellschaft ihre Produktion diversifizieren. Heute besitzt die Perulac eine Fabrik für kulinarische Produkte, einen Verwaltungssitz in Lima, eine Vorkondensierungfabrik im Milchgebiet Cajamarca und eine Fabrik für Milchprodukte in Chiclayo.

Ein stillschweigendes Abkommen zwischen Carnation und Nestlé?

Die fast gleichzeitige Ansiedlung von Tochtergesellschaften der beiden TNK Carnation und Nestlé auf dem peruanischen Markt, die dabei erreichten Vorteile und die darauffolgende Entwicklung dieser Unternehmen lassen viele Fragen offen.

Viele Wissenschafter halten es übrigens nicht für ausgeschlossen, dass zwischen den beiden transnationalen Unternehmen ein Kartellabkommen bestand. Die Ansiedlung zweier Fabriken zum selben Zeitpunkt (1939) und aufgrund desselben Regierungsdekrets und vor allem die spätere Entwicklungsgeschichte der beiden TNK verstärken diese These. Es schien tatsächlich zwischen den beiden Grossen ein stillschweigendes Abkommen zu bestehen, welches zur Folge hatte, dass die jeweiligen Marktanteile sorgfältig respektiert wurden. Anders wäre es unverständlich, weshalb die beiden Firmen nie in Konflikt geraten sind. Während sich Nestlé-Perulac mit einem Marktanteil von 15-20% für Trockenmilch gegenüber 80-85% für Carnation begnügte, liess letztere Nestlé-Perulac freies Feld und das Monopol über die Fabrikation von Milchpulver, Kondensmilch, Säuglingsmilchpräparaten und anderen Nahrungsmitteln. Obwohl sie die Möglichkeit gehabt hätte, die Milchproduktion zu steigern, griff Nestlé die Vormachtstellung von Carnation nicht an und zog eine wachsende Diversifikation ihrer Produkte vor. Zum Beispiel: Während die Menge der von Gloria hergestellten Büchsenmilch zwischen 1967 und 1978 um 172% gewachsen ist, stieg sie bei Perulac nur um 88%.[1] Die erst vor kurzem von Carnation-Gloria aufgenommene Büchsenaufbereitung von Fisch (Thunfisch und Sardinen), sowie der Verkauf von anderswo verarbeitetem Hafer durch Gloria stellte dieses stillschweigende Marktabkommen der beiden Grossen nicht in Frage.

Als Gegenleistung für die Entwicklung der Milchgebiete, die für das Funktionieren ihrer Fabriken notwendig waren, konnten die beiden Unternehmen Carnation-Gloria (früher General Milk) und Nestlé-Perulac während 30 Jahren von Steuererlassen, Regierungssubventionen und Schutzmassnahmen gegen eventuelle Konkurrenten profitieren.

Nestlé meint dazu:

> "Eine geschäftliche Tätigkeit in Entwicklungsländern aufzubauen, wie Nestlé es vor einem halben Jahrhundert tat, erforderte von den damaligen Leitern grossen Mut, Beharrlichkeit und vor allem die Bereitschaft, Risiken einzugehen."[12]

Die Tatsachen

Vorteilhafte Bedingungen für die TNK

Die Wirklichkeit sieht ein bisschen anders aus. Die peruanische Regierung verschaffte den Carnation- und Nestlé-Tochtergesellschaften beim Aufbau verschiedene Vorteile:

— Erlass aller Zölle und Zusatzabgaben (ausgenommen die Arbeitslosensteuer). Dieser Erlass bezieht sich auf den Kauf von Gütern im Ausland wie Baumaterial, Maschinen, Werkzeuge, Milchkühe, Rohstoffe. Die TNK waren zum Kauf von inländischem Material nur verpflichtet, wenn dieses zu einem Preis erhältlich war, der nicht mehr als 10% über dem Preis gleichwertiger Importprodukte lag.
— Übermässiger Schutz gegen eine mögliche Konkurrenz bei importierten Milchprodukten. Diese unterliegen einer Zusatzsteuer, die zum normalen Einfuhrzoll hinzukommt. Die TNK Nestlé-Perulac und Carnation-Gloria sind von dieser Regel jedoch nicht betroffen. Sie können weiterhin durch ihre ansässigen Tochtergesellschaften Milchprodukte zu den alten Zolltarifen importieren, solange ihre interne Produktion die Inlandnachfrage nicht deckt.
— Errichtung eines Kontrollmechanismus, der den TNK günstige Kosten und Höchstpreise gewährt. Die Konzession setzt die Grundpreise für Rohstoffe fest, indem sie hervorhebt, dass "Änderungen der Kostenelemente, die den Grundpreis bestimmen, auf Verlangen der Nahrungsmittelabteilung der Regierung oder der Konzessionsunternehmen vorgenommen werden, und zwar aufgrund der Angaben der Unternehmensbuchhaltung. Bei einem Ansteigen der Kostenfaktoren um 1,00 Sol wird der Verkaufspreis um 1,50 Sol erhöht."

Statt eine strikte Preiskontrolle durchzuführen, setzt man einen automatischen Anpassungsmechanismus ein: Falls die Regierung sich den Vorschlägen des Unternehmens nicht innerhalb von 10 Tagen widersetzt, treten die neuen Preise in Kraft.
— Dem Unternehmen wird garantiert, dass es für die Schlüsselposten der Fabrik weiterhin ausländisches Personal einsetzen kann. Diese Klausel betrifft den Posten des Managers, des Fabrikationschefs für Verpackungsmaterial, des Cheflaboranten und des Chefmechanikers.
— Festsetzung einer Obergrenze für Ausgaben zur Förderung der inländischen Produktion (z.B. Kauf von ausländischen Milchkühen, tierärztliche Dienste, Kosten für die Qualitätserhaltung der Milch).

Die zugestandenen Steuervorteile sicherte den TNK im Grunde genommen ihre Entwicklung als Duopol: Carnation-Gloria im Süden und Nestlé-Perulac im Norden. Das 1940 in Kraft getretene Abkommen, erst auf 15 Jahre beschränkt, wurde für eine weitere solche Periode bis 1970 verlängert.[13]

Nestlé-Perulac:
Von der Milch zu rentableren Produkten

Während Carnation-Gloria sich auf die Produktion von Büchsenmilch beschränkte, eröffnete Perulac 1968 in Lima eine Fabrik für löslichen Kaffee sowie diätetische und kulinarische Produkte und folgte dabei einer von Nestlé auch anderswo in Lateinamerika angewandten Strategie der Marktpenetration. Heute produzieren die verschiedenen Nestlé-Fabriken in Peru folgendes: Kondensmilch, Büchsenmilch, Milchpulver, diätetische Nahrungsmittel, Säuglingspräparate, sofortlöslicher Kaffee, Schokoladengetränke, Suppen, Bouillon, Saucen. Im weiteren importiert und vertreibt Nestlé auf dem peruanischen Markt von L'Oréal und Alcon fabrizierte pharmazeutische, dermatologische und kosmetische Produkte.[14]

1981 erreichte die Produktion der Nahrungsmittelindustrie auf dem Milchsektor 421'500 Tonnen (Büchsenmilch, wiederaufbereitete Milch, Milchpulver, Kondensmilch, Past-Milch). Die Fabriken Gloria und Perulac kontrollierten unter sich 65,7% der gesamten verarbeiteten Milch auf dem peruanischen Markt,* wovon natürlich 100% der Büchsenmilch.[15] Die Betriebskapazität von Gloria, 360'000 kg pro Tag, wurde zu 92% ausgenützt, diejenige von Perulac hingegen, 160'000 kg pro Tag, zu 75%.[16]

Während Gloria den grössten Marktanteil für Büchsenmilch besass (sie produzierte 86% des Gesamtvolumens gegenüber 14% der Perulac), so hatte die Nestlé-Tochtergesellschaft das Monopol für Kondensmilch, Pulver aus gesäuerter Milch, Säuglingsmilch und im Land produziertes Vollmilchpulver. Seit 1980 verkauft eine staatliche Verteilerorganisation (ENCI) dem Publikum importiertes Vollmilchpulver. Seit September 1981 produziert Perulac für diesen Organismus Vollmilchpulver aus inländischer Frischmilch.[17] Wissenschafter schätzen den Anteil der Büchsenmilch 1974 auf 40 - 50% der Gesamtverkaufseinnahmen von Nestlé Peru.[18]

Wenn auch nach dem Produktionsvolumen für Nestlé Peru die Milch weiterhin das Haupterzeugnis ist, zeigt doch eine Analyse des Bruttowertes der Produktion, dass sie nach und nach von anderen Nestlé Produkten verdrängt wird. Gemäss Angaben von Nestlé [19] stellte das Volumen der Milchprodukte 1974 80% der von ihr in Peru erzeugten Waren dar, die Instant-Getränke 11% und die kulinarischen Produkte mehr als 5%. Wenn wir uns auf die offiziellen Angaben der peruanischen Regierung stützen, stellen wir fest, dass das Volumen der Gruppe der Milch- und Diätprodukte 1975 70% und 1979 über 80% der Produktion ausmachte. Eine Analyse des Bruttowertes der Produktion erlaubt jedoch eine genauere Wertung des Gewichts der verschiedenen Produktionsbranchen der peruanischen Tochtergesellschaft von Nestlé.

1972 entsprachen die Milch- und diätetischen Produkte 52,1% der Gesamtproduktion der Perulac. 1979 betrug der wertmässige Anteil der Milchprodukte nur noch 43,7%. Das wachsende Verkaufsvolumen von Nicht-Milchprodukten zwischen 1972 und 1979 erklärt das erhebliche Sinken des Anteils des Milchsektors am Umsatz der Perulac. Zum Beispiel: Während der Verkauf von löslichem Kaffee 1972 noch 26,4% des Produktionsvolumens ausmachte, war sein Anteil 1979 auf 29,2% gestiegen. In Verkaufsziffern ausgedrückt, schätzte man den Umsatz von Carnation 1979 auf 36 Mio. US-Dollar, während derjenige von Nestlé ungefähr 28 Mio. Dollar betrug.** Dies verteilte sich folgendermassen auf die verschie-

---

*) M.Lajo erklärt die Vorherrschaft der Büchsenmilch in Peru mit Zollschutzmassnahmen, die das Eindringen auf dem Markt von anderen, billigeren Milchprodukten wie z.B. importiertes Vollmilchpulver praktisch ganz verhindern. Eine 1976 veröffentlichte Studie zeigt, dass dieser Zollschutz 98% erreicht hatte. Ab 1980 hat die peruanische Regierung diese Zollschutzmassnahmen verringert.

** Manuel Lajo Lazo, der diese Zahlen angibt, meint, dass sie «mit ernsten Vorbehalten» betrachtet werden sollten, da sie das Resultat einer auf einem durchschnittlichen jährlichen Wechselkurs basierten Rechnung sind, und auf Zahlen beruhen, die aus den von den Unternehmen veröffentlichten Buchhaltungsangaben stammen.

denen Sparten: Milch 10 Mio. (6,7 Mio. für Büchsenmilch und 3,3 Mio. für Kondensmilch und Vollmilchpulver), löslicher Kaffee (Nescafe und Kirma) 8 Mio., Säuglingsmilch fast 2 Mio., Bouillon und Suppen über l Mio. und schliesslich der Rest für die anderen Nestlé-Produkte.[20]

Perulac: Anteil der einzelnen Produkte am Bruttowert der Produktion, 1972-1979 (in Prozenten)

Produkt	1972 (1)	1973 (1)	1974 (1)	1979 (2)
Milch	42,1	41,8	37,3	33,2
Säuglingsmilch, diätetische Produkte	10,0	7,8	8,3	10,5
löslicher Kaffee	26,4	28,6	30,4	29,2
Stärkungsgetränke	11,4	11,2	12,1	6,4
Bouillon und Suppen	6,0	6,2	6,7	4,4
Tomatenpurée, Saucen	3,3	3,6	4,6	3,1
Kakao-Produkte	0,8	0,8	0,6	0,3
andere Produkte				12,9
total	100,0	100,0	100,0	100,0

(1) F. Gonzalez Vigil et alii, "El Complejo de lacteos en el Peru", ILET, Mexiko, segunda parte, S. 317. Ausgehend von peruanischen Industriestatistiken aus verschiedenen Jahren.
(2) M. Lajo, "El pais de la leche evaporada", Tabelle 11, aufgrund von Angaben des Oficina de Estadistica-MITI-1980.

Nestlé schien nicht sehr daran interessiert, ihre Milchproduktion in Peru zu erweitern. Dies lässt sich daraus erklären, dass es sich um ein der Preiskontrolle unterworfenes Produkt handelt und deshalb im Vergleich zu löslichem Kaffee, Bouillons und Suppen, für die Nestlé in den letzten Jahren stark Propapganda gemacht hat, eine ziemlich niedrige Profitspanne bietet. Aus diesem Grund stellte sich die Perulac mehr auf eine Diversifikation ihrer Produkte ein, als auf eine Vergrösserung ihres Marktanteils für Büchsenmilch.

Nach Aussagen von Nestlé-Führungskräften[21] zeigt die Bilanz ihrer 35-jährigen Tätigkeit in Peru Verluste des Unternehmens bei der Produktion von Büchsenmilch. Sie führen an, dass das Abfüllen in Büchsen sehr hohe Kosten mit sich bringt: damit dies rentabel wäre, müssten 3 Mio. Kisten Milch pro Jahr produziert werden* (Perulac produziert 875'000 Kisten jährlich.) Sie beklagen sich, dass die Preise auf der Produktionsbasis der Carnation-Gloria berechnet sind, die mit einem Marktanteil von über 85% auf einem ganz andern Niveau produziert (5'350'000 Kisten pro Jahr). Sie stellen fest, dass ihnen glücklicherweise die übrigen Produkte dank einer grösseren Profitspanne erlauben zu überleben.

Gewisse Milchprodukte wie auch Tiefkühlprodukte werden wegen der beschränkten Kaufkraft des peruanischen Marktes kaum entwickelt.

Die löslichen Getränke, vor allem der Kaffee, sind also gegenwärtig die "Verkaufslokomotiven" von Perulac. Aber man wartet das Ende der aktuellen Krise ab und hofft auf eine Expansion des Binnenmarktes. Dies würde dann auch die Entscheidung erklären, die Erweiterung der Vorkondensierungsfabrik von Peru-

---

*) Eine Kiste enthält 50 Büchsen Milch à 410 g.

lac in Cajamarca so lange als möglich hinauszuzögern; vor allem in einer Periode, in welcher auf dem Weltmarkt ein Überfluss an Milchkomponenten herrscht, die weniger kosten als die inländische Frischmilch für die Versorgung der Fabrik in Chiclayo.

Die Allianz mit der Finanz- und Handelsbourgeoisie

Die Tochtergesellschaften von Nestlé und Carnation konnten sich in Peru dank einer Allianz mit der lokalen Bourgeoisie niederlassen. Carnation-Gloria konnte auf die Familie Breckemayer, Plantagenbesitzer im Süden des Landes, die sich am Kapital des TNK beteiligen, zählen. Die Mitglieder dieser Familie waren von 1940 bis 1950 im Verwaltungsrat von Bankinstituten (Banco Central de Reserva del Peru, Banco Comercial). Nestlé ihrerseits nahm Beziehungen auf mit Carlos Ferreyros, Besitzer einer wichtigen Handelsfirma für Landmaschinen im Norden des Landes und Mitglied des Verwaltungsrats einer andern Bank, Banco de Crédito. Nestlé verbündete sich auch mit Harnando Lavalle, Advokat und Verwaltungsratsmitglied dieser Bank. Diese Allianzen erlauben es den TNK, die Viehzüchter-Bourgeoisie zu kontrollieren, leichten Zugang zu inländischen Bankengeldern zu bekommen und von den existierenden Handelsinfrastrukturen zu profitieren.[22]

Die Entwicklung in der Kapitalbeteiligung der Perulac

1954 werden die Perulac-Aktien von Unilac (Nestlé-Holding) zu 30,78%, von Universal Milk Co. zu 26,92% und von Alpine Evaporated Cream Co. zu 17,31% kontrolliert. Der TNK Borden und die Cia Intercontinental de Ventas sind nur in den Jahren 1941/42 mit 25% beteiligt. Von 1946 - 54 hält Productos Especiales 25% der Aktien, 1958 sind 17,19% in den Händen von Delaware Bay.

Seit den sechziger Jahren verbirgt Nestlé ihre dominierende Rolle bei Perulac hinter Finanzgesellschaften mit Sitz in Panama: Aspalim SA (75%), Productos Especiales (19,27%) und Inthesa (5,73%), alle drei von Nestlé kontrolliert. Seit 1972 ist die Industriegemeinschaft der Nestlé-Fabrikarbeiter aufgrund eines peruanischen Gesetzes am Kapital beteiligt. 1974 zeigt sich eine Beteiligung der Alimandina SA und 1977-78 der Nestlé mit 10,07%. Die Übernahme der Kontrolle durch Nestlé soll Folge des gestörten finanziellen Gleichgewichts im Jahre 1976 sein, als sich Schulden in der Höhe von 1,6 Mio. Dollar bei schweizerischen und amerikanischen Banken angehäuft hatten, was 1978 65% des Kapitals ausmachte. Das Stammhaus beglich damals diese Schulden und erhielt als Gegenwert Aktien, die ihm, abgesehen von der Beteiligung der Industriegemeinschaft, sozusagen die absolute Kontrolle über Perulac gaben.[23]

Die Studie Gonzales Vigil zeigt, dass alle Peruaner, die man in der Direktion von Perulac findet, mit Finanzgesellschaften des Nestlé-Konzerns verbunden sind; so ergibt sich zur Zeit der Studie (1972 - 77) eine klare Machtkonzentration in den Händen des aus dem Stammhaus Nestlé AG kommenden ausländischen Personals.[24]

Das peruanische Beispiel zeigt den Versuch des TNK Nestlé, durch Finanzgesellschaften und einer Allianz mit der lokalen Finanz- und Handelsbourgeoisie gewissermassen seinen ausländischen Charakter in Vergessenheit geraten zu lassen, aber gleichzeitig sein Management auf die Gesamtstrategie des transnationalen Konzerns auszurichten, indem er nicht nur das Kapital, sondern auch die Schlüsselposten und die Entwicklungspolitik der Tochtergesellschaft im Land kontrolliert.

Die Staatspolitik

Die Subventionen-Falle

Um die Entwicklung und die heutige Situation der Produktion und Vermarktung von Milchprodukten verfolgen zu können, müssen wir hier die Politik eines der Hauptagenten der Regierung, in Erinnerung rufen. Wir haben bereits hervorgehoben, dass die Regierung zwischen 1930 und 1940, im Bemühen um eine Importsubstitution gegenüber ausländischen Unternehmen, eine Politik der offenen Tür betrieb, Steuervorteile garantierte und die Investoren dank wirtschaftlichem Protektionismus gegen das Eindringen möglicher Konkurrenten absicherte. Welches sind die wichtigsten agrarpolitischen Massnahmen, die in den letzten 20 Jahren vor allem im Milchsektor getroffen worden sind? Auf welcher Ebene und zu wessen Gunsten wurden diese Massnahmen getroffen?

Festsetzung des Frischmilchpreises für die Produzenten

Zwischen 1940 und 1960 ist der Frischmilchpreis in Verhandlungen zwischen Produzenten der Milchproduktionszonen und den beiden grossen TNK festgesetzt worden. Die Unternehmen waren an einer regelmässigen Lieferung interessiert, und dazu mussten sie Strassen zur Milcheinsammlung, sogenannte Milchwege, anlegen. Durch technische Hilfe an die Produzenten sorgten sie für eine Verbesserung der Qualität und der Quantität ihrer Rohstoffe. Angesichts der Reibereien und Dispute zwischen Produzenten und Unternehmen, führte die Regierung Ende der sechziger Jahre Kostenstudien in der Region durch und setzte einen Grundpreis fest, der aufgrund des Fettgehaltes und der Säure der Milch variieren kann. Zur Zeit ist der Preis durch eine "Resolution auf höchster Ebene", vom Präsidenten der Republik und den beteiligten Ministern auf der Basis von Kostenstudien der Landwirtschafts- und Nahrungsmittelministerien festgelegt. Die Produzentenvereinigung (Fongales) unterbreitete ebenfalls eigene Kostenstudien, um bei der Festsetzung des offiziellen Ankaufspreises für Frischmilch bei der Regierung ihren Einfluss geltend zu machen.

Rohstoffimporte für die Milchindustrie

Zwischen 1950 und 1975 trug der durch die Regierung stabilisierte Wechselkurs zur Verringerung der relativen Kosten für importierte Nahrungsmittel bei.

Anfangs der siebziger Jahre traf die Regierung die Entscheidung, beim Kauf von Rohstoffen für die Milchindustrie auf dem internationalen Markt einzuschreiten. Deklariertes Ziel war der Ausgleich des inländischen Frischmilchdefizits, um den wachsenden Bedürfnissen der Stadtbevölkerung gerecht zu werden. Es ging der Regierung weiter darum, im Rahmen einer Subventionspolitik für Grundnahrungsmittel Fertigprodukte zu erschwinglichen Preisen auf den Markt zu bringen. Der Import von Milchbestandteilen für die Verarbeitungsindustrie sollte es ermöglichen, dieses Ziel zu erreichen.

Statt Fertigprodukte wie Vollmilchpulver einzuführen, kauft die Regierung über ihre Vertreter, die EPSA (Empresa publica de comercializacion agropecuaria), die ECHAP (Empresa publica de comercializacion de harina y aceite de pescado) und seit kurzem (1979) die ENCI (Empresa nacional de comercializacion de insumos) Magermilchpulver sowie Butteröl auf dem Weltmarkt und liefert sie den TNK und den neuen Pasteurisierungsindustrien unter den Gestehungskosten. Dies kommt einer Subvention der Verarbeitungsindustrien gleich.

Diese importierten Milchbestandteile kosten die Verarbeitungsindustrien in Flüssigtonnen gerechnet weniger als direkt von peruanischen Lieferanten gekaufte Frischmilch. (Siehe Anhang II, Preisentwicklung inländische Milch/Importmilch, 1965-81)

Nicht auszuschliessen ist, da dies beim Import anderer Nahrungsmittel auch geschieht, dass ausländische Tochtergesellschaften der TNK die importierten Rohstoffe selbst liefern. Eine peruanische Studie zeigt, dass die Nestlé in Argentinien fünf Fabriken besitzt, und dass Argentinien ausgerecht ab 1976 angefangen hat, Peru Milchrohstoffe zu liefern, die bis zu 32% der gesamten Milchimporte ausmachen.[25]

Die Auswirkung der Importe auf die Entwicklung der Milchviehzucht

Während die inländische Milchproduktion zwischen 1943 und 1975 um 50% wuchs, sind die Importe von Magermilch und Butteröl um das 61-fache gestiegen. Obwohl 1975 die Inlandsproduktion mehr als 815'000 Tonnen erreichte, hat das Land zusätzlich 576'000 Tonnen Milch importiert.[26] 1973 und 1975 machten die importierten Milchprodukte 70% der Rohstoffe für die Milchverarbeitungsindustrie aus.[27]

> "Das Gesamtvolumen der inländischen Frischmilchkäufe von Nestlé und Carnation betrug zwischen 1956 und 1981 2'027'124 Tonnen, während der Ankauf von importierter Milch das Total von 2'135'703 Tonnen erreichte. Auch wenn man das Ankaufsvolumen inländischer Frischmilch seit der Niederlassung der TNK im Jahre 1942 vergleicht, stellt man fest, dass insgesamt der Ankauf von Frischmilch nur um 66'686 Tonnen grösser ist als derjenige von importierter Milch."[28]

Angaben von Manuel Lajo (siehe Anhang III) über die Verwendung importierter Milchprodukte durch Nestlé-Perulac erlauben ihm Interpretationen und Fragen wie: "Sind die Importe der Grund oder die Konsequenz der Stagnierung der inländischen Milchproduktion?" Die Stagnationsperioden der Frischmilcheinkäufe fallen mit den Jahren des Wachstums der Milchrohstoffimporte zusammen. Auf der anderen Seite wächst die inländische Produktion dann, wenn die Importe sinken und die relativen Preise steigen. Nach seiner Ansicht ist das langsame Wachstum der inländischen Produktion nicht auf die Unfähigkeit der lokalen Milchviehzucht zurückzuführen, sondern viel mehr auf diesen Parallelmarkt für importierte Milchprodukte. Eine Analyse des Preisverhältnisses zwischen inländischer Frischmilch und importierten Milchprodukten erklärt, wie Nestlé-Perulac und Carnation-Gloria von diesem Mechanismus profitieren konnten.

Zwischen 1965 und 1980 war importierte Milch billiger als inländische Frischmilch. Im Juli 1976 zum Beispiel betrug der Preis für importierte Milch nur ein

Fünftel des Preises für inländische Milch, im September 1979 war dieses Verhältnis 1 : 10. Ab April 1980 wurden die Milchsubventionen gestrichen, von da an subventionierte die Regierung die Produktion einheimischer Bauern. Von da an zahlten die Unternehmen dem Produzenten nur noch einen Teil des Preises für Frischmilch, die Differenz wurde dem Produzenten von der Regierung bezahlt. Dieses System wurde aber im Januar 1981 schon wieder abgeschafft, so dass die inländische Frischmilch wieder 40% teurer ist als die importierte Milch.

Mitte der siebziger Jahre noch konnten die Pasteurisierungsindustrien Milch ganz auf der Basis von importierter Milch zubereiten und brachten so eine "rekonstituierte" Milch auf den Markt. Seit 1978 müssen sie mindestens 30% inländische Frischmilch verwenden, und ihr Produkt wird als "rekombinierte" Milch verkauft.* Manuel Lajo unterstreicht, dass der Import von Milchrohstoffen durch Perulac im Zeitraum von 1965 bis 1975 immer dann anwuchs, wenn auf dem Weltmarkt Tiefpreise notiert wurden. Ab 1976 verunmöglichen es jedoch die Abwertung, die neuen Subventionsbedingungen und die von der wachsenden Inflation bedingte wirtschaftliche Instabilität im allgemeinen, eine klare Tendenz festzustellen. Die Käufe scheinen sich bei 45% importierter Milch stabilisiert zu haben, während im Durchschnitt der siebziger Jahre der Verbrauch von importierten Milchbestandteilen durch die Milchverarbeitungsindustrie 65% betragen hatte.[29]

Die Regierungssubventionen an die Unternehmen beschränkten sich jedoch nicht auf die Milch. Die Regierung verpflichtete sogar die Eisen- und Stahlunternehmen Perus (Staatsbetriebe), die TNK Carnation und Nestlé dadurch zu subventionieren, dass sie ihnen das Weissblech für die Konservenbüchsen für 3'500 Soles per Tonne statt zum durchschnittlichen Realpreis von 98'000 Soles per Tonne verkaufen.[30]

Die Existenz dieser Subventionen für an Perulac und Gloria geliefertes Weissblech wurde uns von einem Ex-Manager von Nestlé-Peru bestätigt. Nach seinen Angaben musste die Regierung, mit dem Dumping japanischer Unternehmen konfrontiert, das importierte und dann von nationalisierten Unternehmen verzinnte Weissblech zu einem Preis verkaufen, der unter dem Produktionspreis lag.[31]

Festlegung des Verkaufspreises für Fertigprodukte

Die Unternehmen behaupten, dass durch das Preiskontrollsystem ihre Bewegungsfreiheit stark eingeschränkt werde. Büchsenmilch, Frischmilch, Magermilchpulver und Butteröl sind dieser Kontrolle unterworfen. Andere Produkte hingegen, wie die Kondensmilch, das Vollmilchpulver und die Säuglingsmilch unterliegen nur einer sogenannten "Regulierung" (Reglementierung).

Man kann sich fragen, wie wirksam diese Preiskontrolle durch die Regierung tatsächlich ist; der Staat stützt sich ja hauptsächlich auf die in der Buchhaltung der Unternehmen erscheinende Kostenstruktur. Welche Macht, welchen politischen Willen oder welche tatsächliche Kapazität hat die Regierung, eine wirkliche Kontrolle über die Profitspannen auszuüben, wenn ihre Funktionäre die Bücher revidieren?

Ab Juli 1980 hat die Regierung eine Politik des wirtschaftlichen Liberalismus eingeführt, die zur Schwächung der bestehenden Preiskontrolle beiträgt. Die neue Landwirtschafts- und Ernährungspolitik basiert auf folgenden Punkten:

---

*) Für pasteurisierte Milch hingegen dürfen Fabriken nur inländische Frischmilch verwenden.

1. Schrittweise Übertragung des Nahrungsmittelimports an den Privatsektor,
2. Allmähliche Abschaffung staatlicher Eingriffe in die Preisbestimmung und in die Vermarktung von Nahrungs- und Düngemittel im In- und Ausland,
3. Reduktion der Programme zur Planung der Lebensmittelproduktion,
4. Unterstützung landwirtschaftlicher Unternehmer und agroindustrieller Projekte in "Kolonisierungsgebieten" (Urbarmachung).

Die wichtigsten Massnahmen zur Durchsetzung dieser Politik sind die regelmässigen Wechselkursanpassungen, eine "realistische" Preispolitik durch Abschaffung von Subventionen und Preiskontrollen für unentbehrliche Lebensmittel, die Liberalisierung des Handels und die Reduktion der Zölle.[32]

Die Konsumenten sind die ewigen Verlierer

Länder mit Produktionsüberschuss behaupten, durch ihre Nahrungsmittelhilfe oder den Verkauf subventionierter Produkte die Bevölkerungen anderer Länder, welche unter Nahrungsmittelmangel leiden, zu unterstützen.

In der Hoffnung, Auseinandersetzungen zwischen den Klassen zu vermeiden und in der Absicht, die Reproduktionskosten der Arbeitskraft zu senken, subventioniert die Regierung Lebensmittel durch politische und wirtschaftliche Massnahmen, wodurch das Staatsdefizit erhöht wird. Öffentlich proklamieren Unternehmen wie Perulac ihre Interessenübereinstimmung mit der Bevölkerung und verkünden laut und deutlich ihre Unersetzlichkeit bei der Entwicklung und im Kampf gegen die Unterernährung; zur Abwicklung guter Geschäfte finden sie Verbündete unter der lokalen Bourgeoisie. Welches ist aber letztlich die Bilanz? Welche Mechanismen und Tendenzen lassen sich in diesen Praktiken erkennen?

In den letzten 15 Jahren hat sich die Lage der Konsumenten in Peru verschlechtert, trotz der Bemühungen der Regierung im Kampf gegen die Teuerung. Der Konsumentenpreisindex ist von einer Basis von 100 im Jahre 1968 auf 393 im Jahre 1977 gestiegen. In derselben Periode ist der Reallohnindex von 100 auf 88 gefallen.[33] Im gesamten Grundnahrungsmittelbereich sind die Preise von 1973 bis 1977 um 255% gestiegen. In derselben Zeitspanne hat sich der Preis für Büchsenmilch um 262% erhöht.

Wegen schwächerer Kontrollen und der Aufgabe der Subventionspolitik haben sich seit Juli 1980 die Preise für Grundnahrungsmittel stark erhöht.

Es ist deshalb klar, dass diese Kaufkraftminderung eine starke Abnahme der Verkäufe von verarbeiteten Produkten nach sich zieht. Bei Perulac fiel der Verkauf von Kondensmilch von 5'300 Tonnen 1975 auf 2'129 Tonnen 1979. Perulac legte deshalb in ihrer Werbung den Akzent auf die sofortlöslichen Getränke Milo, Nescao und Nestum, um damit neue Märkte zu schaffen.[34] 1979 betrugen die Ausgaben für Werbung bei Perulac 1'004 Millionen Dollar, d.h. 4,4% des gesamten Umsatzes.[35]

Die Produktion von löslichem Kaffee, einem Monopol von Nestlé in Peru, hat sich trotz Rezession und Kaufkraftverringerung in einem solchen Mass vergrössert, dass Perulac gegenwärtig einen Teil exportiert. 1979 hat das Unternehmen verschiedene Produkte für insgesamt 850'000 Dollar ins Ausland verkauft, was 4,6% seiner Verkäufe in Peru entspricht.[36]

Der Vertrieb wird durch transnationale Unternehmen gesichert: Während Carnation-Gloria ihre Büchsenmilch durch einen wichtigen Aktionär, G. Berkemeyer SA, verteilt, besitzt Nestlé ein eigenes Vertriebssystem. Der Verkauf von Büchsenmilch stellt 72% vom Gesamtumsatz der von der Milchindustrie verarbeiteten Milch dar. Gloria beherrschte diesen Markt zu 86%, während Perulac einen Marktanteil von 14% besass. Die Stadt Lima allein absorbiert 70% der Büchsenmilch.

Da die ärmsten Bevölkerungsschichten keine Möglichkeit haben, die billigere pasteurisierte Milch haltbar aufzubewahren, müssen sie die relativ teure Büchsenmilch kaufen. Die Mittel- und Oberschicht besitzt Kühlschränke und zieht deshalb vor, pasteurisierte Milch zu kaufen. Angesichts des Rückgangs beim Absatz, verbunden mit Tiefpreisen für importierte Milchbestandteile, haben die TNK vor allem von 1977 bis 1979 ihre Käufe von Frischmilch eingeschränkt. Sie mussten daraufhin grosse Lager wie nie zuvor für Büchsenmilch aufstocken.
Gloria erpresste die Regierung, indem sie drohte, die Frischmilchkäufe zu verringern, falls ihr nicht gestattet würde, einen Teil ihrer Lagerbestände zu exportieren; der TNK erreichte sogar, eine Exportsubvention von 17% (CERTEX) zu erhalten, indem er die verarbeitete Milch als nicht-traditionelles Ausfuhrprodukt klassieren liess. Auf diese Weise hat er vor allem in Bolivien 30'000 Tonnen Milch auf den Markt gebracht, die mit Regierungsunterstützung produziert worden war, und für die er nun auch noch Exportsubventionen erhielt. Der Skandal, den diese Praktiken hervorriefen, die Proteste der Bevölkerung und bessere Bedingungen, angeboten von Holland als Antwort auf eine internationale Ausschreibung der Nachbarländer, schafften es glücklicherweise, diesen missbräuchlichen, für das peruanische Volk nachteiligen Exporten einen Riegel zu vorzuschieben. [37]

Eine Studie der UNCTAD über die Ernährungstechnologie und -industrie in Peru unterstreicht, dass die "fortschreitende Urbanisierung, die Veränderung in der Einkommensverteilung und den Konsumgewohnheiten die Bevölkerung nach und nach dazu geführt haben, sich immer mehr von verarbeiteten Lebensmitteln zu ernähren (....), dies auf Kosten traditioneller Nahrungsmittel wie Kartoffeln, Yucca, peruanischer Reis (Chenopodium), Bananen, Mais und Gerste. Nach einer 1972 vom Wirtschafts- und Finanzministerium ausgearbeiteten Studie hat dies zur Folge, dass 52,2% der Bevölkerung an chronischem Kalorienmangel leiden und 35,8% die Minimalration an Proteinen nicht erhält. Aus jüngeren Studien geht hervor, dass sich die Unterernährung in verschiedenen Regionen, vor allem in den armen Quartieren der Städte und in den einkommensschwachen Bevölkerungsgruppen noch verschlechtert hat." [38]

Angesichts der Preiserhöhungen, vor allem für Lebensmittel, hat die Bevölkerung 1981 einen Generalstreik mit folgenden Hauptforderungen ausgelöst:

> "Preisstopp für lebenswichtige Güter, Kosten- und Preiskontrolle für Grundnahrungsmittel, Nationalisierung aller Nahrungsmittelmonopole und die Wiedereinführung von Subventionen für lebenswichtige Güter." [39]

Auswirkungen von Perulac auf die Region Cajamarca

Nestlé:

> "Nach meiner Ansicht ist das grösste Risiko die Monopolsituation für gewisse Produkte, welche bestimmte Unternehmen schaffen könnten, umso mehr, wenn sie auch noch von einer derartigen Situation profitieren sollten, um anormale Profite zu machen." [40]

Bringt die Präsenz der Nestlé-Tochtergesellschaft im Gebiet von Cajamarca eine regionale Entwicklung und einen Beitrag für die Bevölkerung? Geht nicht eher das Gleichgewicht zwischen einer Region und ihrer Bevölkerung verloren? Verhilft die Entwicklung eines Milchgebietes den Einwohnern dieser Region zu grösserer Autonomie, oder ist man nicht viel mehr Zeuge einer Unterwerfung der Produzenten einer Region unter die Vorherrschaft eines TNK? Wie gross ist die Verhandlungsmacht der Milchproduzenten im Vergleich zur wichtigsten Industrie der Region?

Die Antwort auf diese Frage ist komplex. Sie erfordert, dass man nicht nur die wirtschaftlichen Resultate der Unternehmensniederlassung in Betracht zieht, sondern auch das Kräfteverhältnis sowie das Gleichgewicht von Region und Bewohner.

Transformation der wirtschaftlichen Aktivitäten

Die beste Studie über die Präsenz von Nestlé-Perulac in der Region Cajamarca wurde von einem peruanischen Wissenschafter erarbeitet, der selbst aus dieser Gegend stammt, José Eslava Arnao.[41] Sie gibt uns ein detailliertes Bild der Situation vor der Niederlassung des Unternehmens und unterstreicht deren Konsequenzen für die Region.

Das gegenwärtige Milchgebiet umfasst vier Provinzen: Cajamarca, Celendin, Cajabamba, San Miguel, und dehnt sich über verschiedene ökologische Stufen aus, die zwischen 1'500 und 4'500 m ü.M. liegen. Die Gegend von Cajamarca umfasst die Anden und die dazwischenliegenden Täler. Vor 1940 war es eine landwirtschaftliche Zone mit einer ausgesprochenen Vielfalt im Anbau: Früchte, Gemüse, Getreide, Zuckerrohr, Kaffee. Auf der Hochebene gab es Schafzucht, Vieh- und Pferdezucht. Die Milchproduktion war beschränkt und für die lokalen Käsereien sowie die Versorgung der Stadt bestimmt.

> "Vor 1947-49 steckte die Milchproduktion noch in ihren Anfängen. Sie wies einen sehr tiefen Graben zwischen grossen und kleinen Einheiten, eine Verwendung von mittelmässigem Material, das völlige Fehlen technischer Produktionsfaktoren wie Dünger und Vertilgungsmittel, einen sehr beschränkten Viehbestand und nur ungefähr 50 Milchproduzenten auf."[42]

Einerseits war der Minifundismus* sehr ausgeprägt; 50% der Wirtschaften hatten eine Ausdehnung von weniger als 5 ha, andererseits gab es 200 Haziendas, von denen 83 mehr als 500 ha umfassten. Viele landlose Kleinbauern arbeiteten als Pächter oder Halbpächter auf den Haziendas. Die angewendete Technik und das Strassennetz waren auf einem sehr niedrigen Entwicklungsniveau.

Wie sieht die Situation heute aus? Die Viehzucht ist zur Hauptachse der wirtschaftlichen Tätigkeit dieser Provinzen geworden; dies zu Lasten der anderen landwirtschaftlichen Kulturen. Fast 2'500 Produzenten liefern jeden Tag die Milch von 30'000 Kühen an Lastwagenchauffeure ab, die sie in die Fabrik der Perulac transportieren. 70% der Ländereien sind Weideland; man stellt eine Verbesserung der Herden und einen ständig wachsenden Gebrauch von Insektiziden und

---

* Minifundismus: extreme Aufsplitterung des Landbesitzes. Oft besitzt der Bauer nur einige Hektaren Land, in verschiedene Parzellen aufgeteilt.

Veterinärprodukten fest, vor allem bei den mittleren und begüterten Züchtern. Verbindungswege sind eröffnet worden und werden von der Regierung und von Nestlé unterhalten. Die grossen und mittleren Viehzüchter beherrschen die Produzentenvereinigung und üben einen Einfluss auf das Leben der ganzen Region aus. Zu konstatieren ist jedoch eine Polarisierung zwischen den begüterten Viehzüchtern und den Kleinbauern. Neue Berufsgattungen sind in Erscheinung getreten, vor allem diejenige des landwirtschaftlichen Arbeiters auf den grossen Haziendas. Lohnarbeit ist heute die Regel. Es ergibt sich so eine wachsende Proletarisierung* der Kleinbauern, die sich in Taglöhner oder auch in Fabrikarbeiter verwandeln.** Einige haben sogar ihre Ländereien in den Anden verkauft, um dafür Landbesitz im Milchgebiet, nahe der Fabrik, zu erwerben. Mit der Landreform wurden die grossen Haziendas in landwirtschaftliche Produktionskooperativen umgewandelt, davon verkaufen 23 ihre Milch an Perulac.[43]

Im allgemeinen besteht die Ansicht, dass die Agrarreform im Departement Cajamarca keine grossen Auswirkungen gehabt habe. Mehrere Grossgrundbesitzer teilten bei der Ankündigung der Agrarreform ihren Besitz rasch noch unter den

---

* Lewis Taylor vom "Center of Latin-American Studies" der Universität Cambridge hat eine detaillierte historische Studie zum Aufkommen und zur Entwicklung des Agrarkapitalismus im Departement Cajamarca in der Zeit zwischen 1880 und 1984 verfasst. Er hebt darin besonders die Ersetzung des "hacendado" hervor, der im allgemeinen von seinen Ländereien abwesender Eigentümers, durch eine ländliche Bourgeoisie hervor, die sich vor allem aus mittleren und reichen Milchproduzenten zusammensetzt. Die Niederlassung von Nestlé-Perulac ermöglichte dieser neuen dominierenden Klasse, ihre Stellung in der Region zu stärken. Die wohlhabenden Milchproduzenten und die Händler sind die beiden Komponenten der neuen Elite von Cajamarca geworden. Taylor zeigt anhand von Zahlenmaterial auf, dass die Intensivierung der Milchproduktion besonders im Tal von Cajamarca zur Aufgabe des Anbaus von Nahrungspflanzen und zu einer Vertreibung der Bauern vom Boden, den sie als Halbpächter bebaut hatten, geführt hat. "Der rasche Kapitalisierungsprozess, dem die mittelgrosse Milchwirtschaft in Cajamarca während eines Vierteljahrhunderts, 1945-1970, unterworfen war, hatte natürlich wichtige Auswirkungen auf die Betriebsführung auf den Höfen selbst wie auch auf die Beziehungen zwischen Meistern und Arbeitern. Angeregt durch die Niederlassung der Perulac, beschleunigte sich die Bewegung weg vom Anbau von Nahrungspflanzen hin zur Weidewirtschaft beträchtlich, da die Bauern nun den Ackerbau vollständig aufgaben und sich ausschliesslich auf Milchwirtschaft konzentrierten. Dieser Wandel bedeutete für zahllose «partidarios» und deren Familien Vertreibung. Sie mussten zusehen, wie ihre Mais- und Bohnenäcker vom erbarmungslosen Vormarsch der Luzerne, des Futterroggens und des Klees verschlungen wurden. Auf dem «fundo» Bellavista verminderte sich die Bauernbevölkerung von 50 Personen im Jahre 1940 auf elf (oder zwei Familien) im Jahre 1961. Gleichermassen nahm die Einwohnerzahl von Christo Rey in der gleichen Periode von 193 auf 28 ab. Auf den «fundos» El Paraiso, Venecia und Las Torrecillas ging die Einwohnerzahl von 89 auf 13, bzw. von 79 auf 36 und von 25 auf 14 zurück. Dieser Trend war im ganzen Tal und den angrenzenden Regionen zu verzeichnen. Tausende wurden von ihrem Boden vertrieben, als die Eigentümer die bestehenden Pachtverträge auflösten und begannen, fast ausschliesslich Lohnarbeiter zu beschäftigen. Die meisten der vertriebenen Kleinpächter mussten versuchen, Land auf Haziendas in höheren Zonen weiter weg vom Tal zu finden, ausserhalb der Milchwirtschaftszone. Ohne Zweifel musste schliesslich ein grosser Teil von ihnen ein kümmerliches Leben an der Küste fristen. Ein paar wenige, die Glück hatten — gewöhnlich «gente de confianza», die Vertrauensleute und die gefügigsten Pächter, blieben zurück, um den Kern einer stark verminderten ganzjährigen Arbeitskraft zu bilden. In gewisser Hinsicht wurde die Wucht der vollständigen Proletarisierung dadurch gemildert, dass die Lohnarbeiter mit einer spartanischen Erdhütte und dazugehörigen kleinen Grundstück ausgestattet wurden, wodurch sie ihren Lohn aufbessern konnten; aber keineswegs alle Arbeiter kamen in den Genuss dieses Privilegs." (Lewis Taylor, «The rise of Medium-scale dairy Farming in the Department of Cajamarca», 1940-1984, Cambridge, Juli 1984, S. 19 f.).
** Viele der heutigen Viehzüchter benutzen soviel Land wie möglich für die Viehzucht.

Familienmitgliedern auf oder verkauften einen Teil des Landes oder des Viehs. Taylor weist nach, wie sehr die Agrarreform den Aufstieg einer Agrarbourgeoisie von mittleren Milchproduzenten gefördert hat. Nachdem sie das Land den "Hacendados" oft zu sehr günstigen Preisen abgekauft hatten, da diese zum raschen Verkauf gezwungen waren, spielten diese wohlhabenden mittleren Bauern, welche die «Hacendados» als Grosslieferanten von Milch an Perulac abgelöst hatten, eine aktive Rolle in der ideologischen Propaganda und bei politischen Pressionen gegen die Agrarreform. Zunächst setzte Präsident Velasco Alvarado den maximalen Grundbesitz von 50 ha auf 30 ha herab. Zum Zeitpunkt aber, wo die betroffenen Bauern eine weitere Reduktion dieser gesetzlichen Obergrenze befürchteten und deshalb den Rhythmus ihrer produktiven Investitionen verlangsamt hatten, sollten die Rechten innerhalb des Militärregimes Velasco stürzen und den wohlhabenden Mittelbauern den Weg für eine Kapitalisierung ihrer Einrichtungen ebnen. Die Rückkehr des rechtsstehenden Präsidenten Belaunde an die Hebel der Macht verstärkte diese Tendenz noch. Ehemalige Grossgrundbesitzer eigneten sich die Ländereien wieder an, die unter das Agrargesetz gefallen waren, während die landwirtschaftlichen Produktionsgenossenschaften gegenwärtig unter verschiedenen Gruppen von Bewirtschaftern aufgeteilt werden. Taylor hebt die Komplizenschaft von Nestlé-Perulac bei dieser Gegen-Agrarreform der mittleren Viehzüchter und Milchproduzenten hervor.

> "In Anbetracht des Gewichts der mittleren Bauern innerhalb der lokalen ländlichen Sozialstruktur kann es nicht überraschen, dass Cajamarca in den Jahren 1972-1973 zu einem der wichtigsten Widerstandszentren gegen das Agrarreformprogramm der Regierung Velasco wurde. (....) Als regionale Unterorganisation der SNA (Sociedad Nacional Agraria) war die Bauern- und Viehzüchter-Vereinigung von Cajamarca das geeignete Instrument, die Anti-Landreform-Kampagne auf lokaler Ebene zu orchestrieren. Paradoxerweise erreichte die Mobilisierung der mittleren Bauern gegen die Regierung ihren Höhepunkt erst nach der Auflösung der Bauern- und Viehzüchter-Vereinigung im Mai 1972. Als Reaktion auf den Angriff auf ihre Koalitionsfreiheit halfen die mittleren Bauern beim Sturm auf die Büros der Sinamos* in Cajamarca-Stadt, und später im Jahre 1972 verteilte die nun illegale Vereinigung Flugblätter unter den Milchproduzenten Cajamarcas. Eine effiziente Methode, sich Gehör zu verschaffen, bestand darin, das Propagandamaterial in die Milchfässer zu legen, die Perulac täglich ihren Lieferanten verteilte.... Perulac drückte gegenüber solchen Aktivitäten beide Augen zu. In ihrer Propaganda spielten die mittleren Bauern wirksam mit der Angst vor der Expropriation der wohlhabenden Haushalte, welche die grosse Mehrheit der Perulac-Lieferanten bildeten. Das Resultat war ein steigender Einfluss dieser Farmerschicht auf einen wichtigen Sektor der Bauernschaft."
> (Lewis Taylor, «The rise of Medium-scale dairy Farming in the Department of Cajamarca», 1940-1980, S. 57 f.).

Die Umstrukturierung in der Nutzung des Bodens im Departement Cajamarca vor und nach der Ansiedlung von Nestlé ist markant.

---

* Sinamos: staatliches Büro für Landreform.

Umstrukturierung der Bodennutzung im Departement Cajamarca (Bodenanteile der verschiedenen Verwendungsarten vor und nach der Niederlassung der Nestlé-Tochtergesellschaft Perulac, 1929/1961)

Nutzungsart	1929 %	1961 %
Viezucht	7,0	50,0
Pflanzenbau	93,0	24,0
unproduktive Flächen	keine Angaben	18,0
Wald und Gebüsch	keine Angaben	5,0
brachliegendes Kulturland	keine Angaben	3,0

Quellen: 1929: "Extracto Estadistico del Peru" 1929-1930, Finanz- und Aussenhandelsministerium. 1961: Eslava Arnao, "Perulac", Sus influencias socio-economicas en la Provincia de Cajamarca", S. 110 Tabelle entnommen: Fernando Gonzales Vigil et alii, "El Complejo de lacteos en el Peru", primera parte, S. 100

Die Milchproduktion ist für die Mehrzahl der Bauern zur einzigen Quelle für Bargeld geworden. Für viele Kleinbauern in Cajamarca heisst dies jedoch nicht, dass die Milchproduktion ihre Haupttätigkeit ist. Sie fahren fort, hauptsächlich für ihren Eigenverbrauch zu produzieren, wenn auch mit der Zeit die Entwicklung der Milchwirtschaft diesen Anbau bestimmt gefährden wird. Lajo hebt hervor, dass die Auswirkungen von Gloria-Carnation im Süden des Landes viel schlimmer gewesen sind als im Falle von Nestlé im Norden, obwohl es auch dort zu einem Strukturzerfall der Anbaufläche kam. Im Süden hat sich dabei die Landschaft fast völlig verändert. Als Beispiel dazu dient das Departement Arequipa, wo damals nur 18,6% der bebaubaren Fläche für den Futteranbau benützt wurden, Mais, Getreide und Kartoffeln hingegen 55,2% einnahmen, Zuckerrohr und Gemüse 17,6%. 1975 wurden dann 57% der bebaubaren Fläche für die Produktion von Luzerne für die Milchviehfütterung gebraucht. In einigen Provinzen dienen 72% der bebaubaren Flächen diesem Zweck, auf Kosten der in diesen Regionen traditionellen Lebensmittelproduktion.

In der Region von Cajamarca besteht ein Überangebot an Frischmilch. Nestlé kann so ohne weiteres einen Teil der Produktion den lokalen Käsereien überlassen. Diese werden also nicht vollständig verdrängt. Im Süden hat jedoch kaum noch ein lokaler Käseproduzent die Präsenz von Carnation-Gloria überlebt. Mit unerbittlicher Logik werden so mit der Zeit praktisch alle Bauern in das Netz der Frischmilchlieferanten für Carnation-Gloria integriert.

Wenn man die Entwicklung einer Region nur am Produktionswachstum misst, ist klar, dass dank der wachsenden Milchproduktion eine regionale Entwicklung zu verzeichnen ist. Die Niederlassung von Nestlé hat in der Zone einen sehr starken Einfluss auf die Krediterteilung, den Viehimport, die künstliche Befruchtung, die Verbesserung der Zuchtmethoden, die Verwendung von Grassaatgut, landwirtschaftlichem Material, Ställen und Silos ausgeübt. Dem steht ein Verlust an Autonomie der Bauern und der Region gegenüber; dies geschah insbesondere durch die Umstellung einer diversifizierten landwirtschaftlichen Produktion auf eine Monoproduktion von Milch, vor allem in der Ebene nahe der Prekondensierungsfabrik.

Die Differenzierung der Perulac-Produzenten
(nach Manuel Lajo, siehe Tabelle 6 im Anhang):

Kleine Produzenten:

76% der Direktlieferanten (1'280 Bauern). 1979 lieferten sie im Durchschnitt täglich 28 kg für 1'342 Soles (6 Dollar) brutto. Jeder Lieferant aus dieser Gruppe besitzt normalerweise zwei bis drei Kühe bei einem Durchschnitt von fünf Kühen für alle Produzenten. Sie liefern jedoch nicht weniger als 45% der gesamten eingesammelten Milch.

Mittlere Produzenten:

Durchschnittliche Lieferung von 48 kg pro Trag (17 Tonnen jährlich). In dieser mittleren Schicht besitzen 262 Landwirte durchschnittlich neun Kühe. Ihr Bruttoeinkommen beträgt 2'332 Soles (10 Dollar). Es handelt sich dabei um ein Wirtschaftssystem im Übergangsstadium, das Merkmale kapitalistischer Unternehmer mit solchen aus der traditionellen bäuerlichen Wirtschaft in sich vereinigt.

Begüterte Produzenten:

Die modernsten Lieferanten (116 an der Zahl) machen 8% aller aus, aber ihr Beitrag ist bedeutend: 39% der von Nestlé eingesammelten Milch. Ihr Einkommen schwankt zwischen 19 und 138 Dollar per Produzent, und sie besitzen zwischen 17 und 124 Kühen. Die hauptsächlichen technologischen Hilfsmittel für die Milchwirtschaft sind auf diese Schicht von Produzenten konzentriert.

Diese Zahlen lassen eine klare Feststellung zu: die Anwesenheit von Nestlé hat den internen Graben zwischen den Produzenten nicht beseitigt, sondern eher noch vertieft.[45]

In seiner Studie macht Lewis Taylor ähnliche Angaben über die Differenzierung unter den Milchproduzenten, die für Nestlé-Perulac arbeiten. Seiner Ansicht nach ist die Bildung der neuen Bourgeoisie auf dem Lande eine Folge der Auflösung der traditionellen Hazienda, aber auch der Expansionsstrategie von Nestlé, die über ihre Milchsammelstrassen privilegierte Beziehungen zu den mittelgrossen Produzenten unterhält, welche zwischen 15 und 70 ha Land und 17 bis 19 Kühe besitzen. Tatsächlich waren vor allem diese Milchproduzenten imstande, ihre Wirtschaften in den kapitalistischen Kreislauf zu integrieren und Weiden und Vieh zu verbessern.

Die Kleinbauern schätzen die Einkünfte aus dem Milchverkauf, aber sie können die technischen Ratschläge Nestlés für eine bessere Ausstattung ihrer Höfe mangels genügender Eigenmittel nicht befolgen.

Handelspraktiken der Perulac:
Unterwerfung und Widerstand der Bauern

Wer sind die Zulieferer von Perulac?

Zuerst möchten wir die Charakteristiken der Milchproduzenten in den vier wichtigsten Milchgebieten Perus eingehender betrachten. Ungefähr 15'000 Bauern stehen in Verbindung mit den Verarbeitungsunternehmen. 83,6% befinden sich im südlichen Milchgebiet, bis zur Übernahme durch Nestlé unter der Kontrolle von Carnation-Gloria, 13,4% im Milchgebiet von Cajamarca unter Nestlé-Kontrolle, und weniger als 3% in den Gebieten von Mantaro und Lima. 62,2% des gelieferten Volumens kommen aus dem Süden, 14,4% aus Cajamarca und 20,6% aus den anderen, traditionellen Gebieten. (Siehe im Anhang I die Tabelle über Milchgebiete und Produzenten.)

Der Grossteil der Lieferanten (zwischen 1'300 und 2'000) sind Kleinbauern.[44] Sie sind über vier Provinzen mit insgesamt 13 Milchstrassen verstreut. Sie verbinden ihre traditionelle Landwirtschaft noch mit der Haltung von ein paar Kühen, wenden sich aus den obenerwähnten Gründen aber immer mehr der Milchmonoproduktion zu. Perulac arbeitet auch mit mittleren und begüterten Bauern, deren Installationen ein höheres technisches Niveau aufweisen und die einen guten Teil der Milch liefern (Bauerngüter in der Ebene, nahe der Fabrik, und kooperative Gesellschaften, für welche die Milchproduktion ihre Haupttätigkeit ist). Sie machen 24% der Lieferanten von Perulac aus und können als "kapitalistische" Landwirte gelten. Diese mittleren und begüterten Produzenten sind die Hauptmilchlieferanten der Fabrik und erfreuen sich einer besonderen Aufmerksamkeit seitens der technischen Dienste des Unternehmens.

Diese modernen Produzenten stellen in dieser Region die Agrar-Bourgeoisie dar. Sie profitieren natürlich auch in vermehrtem Masse von den Krediten und technischen Beraterdiensten der Perulac.[46] Dazu kommt, dass ihre Bezahlung gewöhnlich auch besser ist, da sich ihre Gehöfte im Milchgebiet nahe der Fabrik befinden, wo auch die besseren Weiden sind.

Was bringt die Bauern dazu, ihre Milch an die Perulac zu verkaufen? Die hauptsächlichsten Beweggründe für die Kleinbauern sollen die regelmässige Milchabfuhr und das daraus entstehende Bareinkommen sein. Angesichts der wachsenden Geldausgaben ziehen sie es vor, auf regelmässige Einkünfte zu vertrauen, auch wenn diese niedrig sind, statt sich auf das Abenteuer und die Unsicherheit von saisonabhängigen Kulturen einzulassen. Weil das Vieh oft von minderer Qualität ist und die Kleinbauern wenig in die Viehpflege investieren können, bleibt der Ertrag gering, selbst wenn sie die Kosten für die mitarbeitenden Familienmitglieder nicht in Rechnung stellen und ihren Lebensunterhalt auf ein Minimum beschränken. In bestimmten Fällen wirft die Milchproduktion überhaupt nichts ab, wenn deren Aufwand voll berechnet wird.

Die grossen Produzenten hingegen machen mit dem Milchverkauf einen Gewinn, da der Ertrag in Litern per Stück Vieh höher ist (bessere Qualität und Pflege des Viehbestandes, Zusatznahrung, usw.). Im übrigen werden die grossen Produzenten oft zu Viehhändlern; der Verkauf von Kälbern aus eigener Zucht sowie derjenigen der armen Bauern, welche sie aufkaufen und als Zwischenhändler auf den Markt bringen, verschafft ihnen ein wichtiges Nebeneinkommen.

Da ihre Milchviehzucht rentabel und oft auch sehr modern ist, sind sie bevorzugte Partner des technischen Beratungsdienstes der Nestlé. Neben der Rückzahlung ihrer Kredite mit Milchlieferungen, können sie auch grössere Investitionen riskieren, da sie im Falle eines Misserfolgs den notwendigen Rückhalt besitzen. Der Kleinbauer kann mit Neuerungen keine derartigen Risiken eingehen, da ja die Milchproduktion oft nicht die Haupttätigkeit ist und er im Falle schlechter Erfahrungen zum Beispiel mit neuem Weideland nur seine nackten Arme als Sicherheit hat.

Perulac braucht das Risiko einer direkten Nutzung der Landflächen und Herden gar nicht auf sich zu nehmen. Durch die Kontrolle über die Produktionszone sichert sich das Unternehmen eine regelmässige Lieferung des Rohstoffes, seine technischen Beraterdienste tragen zur Verbesserung der Herden und der Qualität der Milch bei. José Eslava Armeo hat dies in seiner Analyse der durch Perulac geförderten Entwicklung der Milchwirtschaft sehr klar erkannt. Durch verschiedene Massnahmen förderte die Nestlé-Tochtergesellschaft die Milchviehzucht und schuf sich so ein reichliches Angebot. Dann hat sie der Viehzüchtervereinigung die Verantwortung für gewisse Hilfsdienste überlassen. In den ersten Jahren der Nestlé-Präsenz in Cajamarca enthielt dieses Förderungsprogramm folgende Elemente:

— Kredite, Darlehen und Lieferung von Rassenvieh an die Produzenten,
— Vermieten von Traktoren und landwirtschaftlichen Maschinen,
— Unterstützung eines Programmes zum Bau von Ställen und Silos mit Bezahlung von 50% der Kosten,
— Errichtung einer Musterfarm,
— Versuchsfelder mit neuen Futtersorten aus importiertem Saatgut,
— Programm zum Weg-, Strassen- und Brückenbau sowie deren Unterhalt,
— Teilnahme an Stiermärkten und -versteigerungen,
— Technische Beratung und Veröffentlichung von gemeinverständlichen Schriften,
— Schenkung von Instrumenten, Sieben, Kannen, usw. für den Milchtransport.

Diese Massnahmen trugen zur Entwicklung der Milchproduktion bei, aber wie Lewis Taylor zurecht hervorhebt, spielte zwar Nestlé-Perulac bei der Steigerung der Milchproduktion eine wichtige Rolle, doch nicht die einzige. Um die Entwicklung der Milchviehzucht in der Region von Cajamarca zu sichern, hatte Nestlé mitgeholfen, einen speziellen Fonds auf die Beine zu stellen, der durch einen Rückbehalt von 0,20 Sol auf jeden durch die Produzenten an Perulac gelieferten Liter Milch gespiesen wurde. 0,15 Sol flossen in Form technischer Hilfe an den Produzenten zurück, der Rest wurde für das Funktionieren der Bauern- und Viehzüchter-Vereinigung von Cajamarca verwendet. Die technische Hilfe von Perulac wurde somit teilweise durch den Milchproduzenten selbst bezahlt und im übrigen durch die Zusammenarbeit mit dem "Banco de Fomento Agropecuario", zu bestimmten Zeiten mit SCIPA, einer mit USAID verbundenen Organisation, realisiert. Z.B. berichtet die Zeitung der Viehzüchter (Juli 1960) von einer Hilfe von 200'000 Sol von Perulac für die Einfuhr von Vieh, Saatgut und Kühlschränken aus den USA. Diese Investition musste Perulac mit der Hilfe des "Banco de fomento" und der SCIPA vornehmen (Lewis Taylor, op.cit., S. 68).

1973 beschränkte sich dieses Programm zur Förderung der Milchproduktion (zu welchem die Perulac von der Regierung durch einen Vertrag verpflichtet ist, als Gegenleistung für Konzessionen und Steuervorteile) auf einige wenige Massnahmen: die Eröffnung und Instandhaltung von Milchsammelstrassen, die Bezahlung von 50% der Kosten für die künstliche Befruchtung, einen Beitrag an landwirtschaftliche Messen und technische Beratung durch die Veröffentlichung eines Bulletins.[47] Das Abklingen dieser Hilfsmassnahmen und die Hindernisse, die sich dem Vertrieb von Frischmilch in den Weg stellen — besonders in einer Zeit, wo der Import von Milchrohstoffen billiger ist — erklären zum Teil das schwache Wachstum der Milchproduktion.

---

* Als Gegenstück zu "Monopol" (alleiniger Vertreter) "Monopson" (alleiniger Käufer)

Formen der Abhängigkeit der Bauern gegenüber Perulac

Wie könnte man die Beziehungen zwischen dem TNK Nestlé und seinen bäuerlichen Rohstofflieferanten definieren? Was vorliegt, ist das Monopol eines TNK in einer Region. Lajo definiert dieses Unterordnungsverhältnis sehr richtig als "unilaterale Integration": Die Firma schliesst mit dem Produzenten keinen Vertrag ab, sie sammelt ganz einfach den Rohstoff in der Gegend ein. Ihre Monopson*-Stellung — einmal erworben, dann um jeden Preis aufrechterhalten — zusammen mit ihrer dank Grösse und strategischem Gewicht auf dem Binnenmarkt für Nahrungsmittel gewonnenen Macht, verleihen ihr in einem bestimmten Ausmass die Fähigkeit, auf inländische Rohstoffe zu verzichten und diese durch importierte zu ersetzen.[48] In einer derartigen Situation, sagt auch Susan George, "wird der Produzent auf dem eigenen Hof zum Gefangenen des grossen Unternehmens".[49]

Die Integration Tausender von Produzenten in den Aktionsradius eines TNK verstärkt dessen Verhandlungsmacht gegenüber der Regierung, insofern als eine Entscheidung, die Aktivität eines solchen Unternehmens in einer Region zu begrenzen, sehr starke Auswirkungen auf die lokale Wirtschaft hätte. So kann Nestlé für sich befriedigende Rentabilitätsbedingungen mittels fixierter Verkaufspreise für Fertigprodukte, mittels Subventionen für Rohmaterialien usw. durchsetzen. Nach Lajo dominiert die Perulac die Produktion dank ihrer Monopson-Stellung gegenüber dem Frischmilchangebot in der Region. Wenn es sich theoretisch auch nicht um den einzig möglichen Käufer handelt, da die Bauern ihre Milch in den Städten verkaufen oder selbst zu Käse verarbeiten könnten, geht es in Wirklichkeit doch um ein Monopson der Nestlé-Tochtergesellschaft. Einige Gründe dafür sind:

— Zugang zu billigeren, importierten Produkten (Käse und Butter),
— leichte Verderblichkeit des Produktes,
— die Tatsache, dass die Milchwirtschaft für den Bauern zur einzigen regelmässigen Bargeldquelle geworden ist.[50]

Die Verhandlungsmacht der Bauern ist stark eingeschränkt. Das Einsammeln der Frischmilch unterliegt der Kontrolle des Unternehmens und nicht derjenigen der Produzentenvereinigung. So wird Druck ausgeübt zum Beispiel mit der Drohung, einen Milchweg zu schliessen, falls einer oder mehrere Bauern an einen Konkurrenten verkaufen.

Die Beziehungen des TNK zu den Bankkreisen, seine Bürgschaft bei Darlehensverträgen und die von ihm abhängigen technischen Beratungsdienste tragen alle dazu bei, die Abhängigkeit der Milchproduzenten vom Unternehmen Perulac zu verstärken.

Lewis Taylor studierte die Entwicklung der Viehzüchter-Organisation von Cajamarca im Detail und weist nach, dass deren Verhandlungsmacht gegenüber dem TNK aus verschiedenen Gründen sehr begrenzt ist:

"Auf den ersten Blick scheint die Marktposition der Milchproduzenten von Cajamarca als nicht sehr stark, sahen sie sich doch einem mächtigen TNK gegenüber, der die Nachfrage nach Frischmilch in der Zone monopolisiert. Der Erfolg der Milchproduzenten hängt von demjenigen von Perulac ab, weil sie ihre Produktion nur unter grössten Schwierigkeiten anderswo absetzen oder umstellen könnten. Butter- und Käseherstellung wäre eine mögliche Alternative zum Frischmilchverkauf, aber für diese Produkte gibt es keinen sicheren Markt und Geldeinnahmen wären weniger kontinuierlich. Jeder Schritt weg von der Milchproduktion wird im weitern durch die beträchtlichen Kapitalinvestitionen in Vieh und die mit der Milchproduktion verbundene Infrastruktur entmutigt. Zudem leidet der Anbau von Nährpflanzen in dieser Zone unter Frösten und Pflanzenkrankheiten. Dadurch, dass Nestlé die Bauern zu einer vollständigen Spezialisierung auf die Milchproduktion angespornt hat, scheint der TNK nun die Bauern an der Kandare zu haben, was die Preisbildung betrifft. Wenn also die Profite der Gesellschaft durch eine Tiefhaltung der Rohmaterialkosten auf einem Minimum gesteigert werden können, besteht schon von allem Anfang an ein Widerspruch zwischen der Forderung der Bauern nach höheren Preisen und den Wünschen der Perulac nach einer Kostenreduktion" (Lewis Taylor, op. cit., S. 46 f)

Handelspraktiken der Nestlé-Perulac und hauptsächliche Streitpunkte mit ihren Lieferanten

Seit Nestlé in der Region präsent ist, gab es immer wieder Streitigkeiten und Reibereien zwischen dem TNK und den Milchproduzenten. Die wichtigsten davon waren:

— Preis und Qualität der gelieferten Milch,
— Preisunterschiede je nach Milchweg,
— Fehlen von Verträgen,
— Unterbrüche oder Beschränkungen im Ankauf von Frischmilch,
— Hindernisse beim Kauf der vom Produzenten gelieferten Milch.

Preis- und Qualitätskontrolle der gelieferten Milch

Die Regierung setzt einen Grundpreis fest. Zwei Arten von Kontrollen beeinflussen diesen Preis: der Fettgehalt und die Säure der Milch. Die Milch muss mindestens 2,5% Milchfett (unterste Stufe) enthalten, sonst wird sie zurückgewiesen (der Grundpreis wird für Milch mit 3,5% Fettgehalt festgelegt). Wenn die Milch mehr als 8 Grad Säure enthält, weigert sich das Unternehmen, diese zum Normalpreis zu kaufen. Es nimmt sie jedoch für einen niedrigeren Preis an und verkauft sie zum selben Preis an die Käser der Region weiter.

Die Lieferanten an den am weitesten entfernten Strassen sind noch mehr benachteiligt, da die in gutem Zustand gelieferte Milch manchmal wegen der Hitze und des langen Weges sauer ankommt. Das Risiko und die Verluste gehen zu Lasten des Produzenten, da die Kontrolle erst bei der Annahme der Milch in der Fabrik vorgenommen wird. Ein peruanischer Regierungsbericht hebt hervor: "Die Annahmeeinrichtung in Cajamarca ist unzureichend, da es Engpässe und Wartezeiten gibt, die oft dazu führen, dass die Milch in den Kannen sauer wird, bevor man sie überhaupt abläd."[51]

Es ist zu hoffen, dass die Vergrösserung und Modernisierung der Anlagen ermöglichen, diese Schwierigkeiten im Interesse der lokalen Produzenten zu überwinden. Denn die Milchkontrolle ist allein Sache des Unternehmens, welchem es immer wieder unter allerlei Vorwänden gelungen ist, zu verhindern, dass die Kontrolle unter der Verantwortung der Viehzüchter stattfindet.[52]

Die kleinen Produzenten sind von diesen Kontrollen doppelt betroffen: einerseits sind sie weiter von der Fabrik entfernt und ihre Milch verdirbt deshalb manchmal unterwegs, andererseits weiss man, dass die Qualität des Viehbestandes und die tierärztliche Pflege einen Einfluss auf die Milchqualität haben; es ist klar, dass die Gehöfte der mittleren und begüterten Produzenten, mechanisierter als die andern, sehr oft eine bessere Milch liefern. Das Unternehmen ist demnach versucht, die Zahl seiner Lieferanten einzuschränken und dabei, zum Nachteil der Kleinbauern, diejenigen zu bevorzugen, die ein besseres Produkt abliefern.

1951 hatten die Produzenten bereits ein Büro zur Beratung und Viehzuchtverbesserung eingerichtet und schlugen vor, Apparate zur Milchanalyse anzuschaffen. Mehrere Viehzüchter stellten die von Nestlé durchgeführten Analysen in Frage und wollten zeigen, dass sie mit den Kontrollen des Unternehmens nicht einverstanden waren.[53] Ähnliche Forderungen waren von den an die Gloria gebundenen Produzenten ausgesprochen worden.[54] Schliesslich hat auch die erste Nationale Konvention der lokalen Viehzüchtervereinigungen (Fongales) eine Resolution angenommen, in welcher die Schaffung einer gemischten Kommission (Regierung, Viehzüchter, Unternehmen) zur Kontrolle dieser Analysen gefordert wurde.[55]

Preisunterschiede je nach Milchweg (bis 1977)

Eine Preisstudie zeigt, dass der bezahlte Preis pro Kilogramm Frischmilch bei gleichem Fett- und Säuregehalt für die nahe der Fabrik eingesammelte Milch höher war, als für die von den am weitesten entfernten Milchwegen kommende, was einer Bestrafung der kleinen Produzenten gleichkam, welche dort zahlreicher sind. Diese Situation hielt sich bis 1977. Bis zu diesem Zeitpunkt mussten die Züchter für die an Perulac gelieferte Milch die Transportkosten von ihrem Hof bis zur Fabrik übernehmen, wohingegen im Süden Carnation die Milch ab Hof bezahlte. Der von den Fongales im ganzen Land ausgeübte Druck zwang die Regierung, den Milchpreis ebenfalls für Perulac ab Hof festzusetzen (Resolution der ersten Nationalen Konvention der Fongales).[56]

Fehlen von Arbeitsverträgen zwischen Unternehmen und Produzenten

Die Fabrik in Arequipa (Carnation-Gloria) war verpflichtet, alle von den Produzenten ihrer Region gelieferte Frischmilch zu kaufen. Wegen fehlender Annahmeeinrichtungen in ihrer Vorkondensierungsanlage galt dies nicht für Perulac.[57]

Die Viehzüchtervereinigungen forderten deswegen die Einführung eines agroindustriellen Vertrages mit den Unternehmen. Es gibt heute eine Liste der Viehzüchter, die ihre Milch an die Unternehmen abliefern, aber es existiert kein Vertrag, der den Produzenten zum Verkauf oder die Unternehmen zum Kauf verpflichtet. In Anbetracht der Tatsache, dass zur Zeit die Beziehung Lieferanten-Käufer zum Vorteil der Unternehmen gereichen, verlangen die Fongales, dass das Landwirtschaftsministerium ein Dekret erlasse, welches die TNK verpflichten würde, Verträge mit ihren Lieferanten[58] zu unterzeichnen, die eine Abnahmegarantie enthalten.

In einer offiziellen Studie heisst es: "Es scheint, dass die Produzenten von Cajamarca den Verantwortlichen von Perulac vorgeschlagen haben, einen Vertrag zu unterschreiben. Sie liessen diese Forderung jedoch fallen, als die Perulac bekräftigte, dass sie diese Idee nur annehmen könne, wenn man ihr dafür unter anderem erlaube, die Milchkäufe einzuschränken."[59]

Der Verwalter der Fongal Cajamarca bestätigt zu diesem Thema:

"Sie akzeptieren es einfach nicht, agro-industrielle Verträge zu unterzeichnen. Obwohl wir immer sehr darauf gepocht haben, bleiben sie bei ihrer negativen Antwort. 'Niemand zwingt Euch dazu, uns Eure Milch zu verkaufen' erwidern sie uns normalerweise auf unsere Forderungen."[60]

Stimmen aus verschiedenen Kreisen haben die Öffentlichkeit eingehend über die einschränkenden Praktiken der Perulac oder deren Weigerung, den Produzenten Frischmilch abzukaufen, informiert. Diese waren somit gezwungen, die Milch den Tieren zu füttern oder sie wegen mangelnder Absatzmöglichkeiten einfach wegzuschütten. So hat die Perulac im Februar 1978 bei durchschnittlich 8'000 Liter pro Tag die Abnahme verweigert, in der dritten Februarwoche betrug das zurückgewiesene Volumen sogar 14'000 Liter täglich. Solche Praktiken gab es nicht nur bei der Perulac. Man schätzt, dass das dem Produzenten nicht abgekaufte Volumen an Milch im Gebiet von Lima täglich 8'500 Liter ausmachte. Dasselbe Phänomen konnte man im von der Carnation-Gloria kontrollierten Milchgebiet im Süden des Landes finden.

Trotz einer Aufnahmekapazität von 500'000 Litern pro Tag absorbierte dieses Unternehmen 1979 nur 330'000 Liter (65% der Kapazität). Angesichts der Ankündigung neuer Einschränkungsmassnahmen des Unternehmens beim Kauf von Frischmilch protestierten die Milchproduzenten gegen die Tatsache, dass sie wegen der Weigerung der Gloria, ihre Milch anzunehmen, gezwungen waren, täglich mehr als 12'000 Liter wegzuwerfen.

Daraufhin kündigte die Gloria folgende Massnahmen an: In Anbetracht der Konjunktur werde sie ihre Käufe auf 65'000 Liter täglich beschränken; weiter hoffte sie, nach Rücksprache mit den betroffenen Lieferanten, die Abnahme der Milch von 5'000 kleinen Milchbauern mit weniger als fünf Kühen einstellen zu können.

Nestlé wird von der schweizerischen beratenden Kommission für die internationale Entwicklungszusammenarbeit zur Rede gestellt

In ihrer Sitzung vom 3. Juli 1979 beriet die schweizerische beratende Kommission für die internationale Entwicklungszusammenarbeit aufgrund einer Analyse der wirtschaftlichen Beziehungen zwischen der Schweiz und Peru auch über die Aktivitäten der Nestlé-Tochtergesellschaft. M. Heimo, Direktor der Direktion für Entwicklungszusammenarbeit und humanitäre Hilfe (DEH), interpellierte auf Verlangen der Kommission beim Generaldirektor der Nestlé AG.

Im Rahmen des Projektes "Peru-Käsereientwicklung" hat die schweizerische technische Zusammenarbeit rund 50 Käsereien in abgelegenen Regionen Perus installiert. Heimo schreibt, dass im Distrikt von Cajamarca dieses Käsereiprojekt "auf Veranlassung des DEH-Koordinators in Peru eine Art 'Gentlemen's Agreement' getroffen hatte. Mit diesem Abkommen verpflichtete sich das Käsereiprojekt, die Produktion von Hartkäse im Gebiet von Cajamarca nicht zu stimulieren, um die von der Perulac betriebene Milcheinsammlung nicht zu konkurrenzieren. Diese Entscheidung war jedoch ganz im Sinne des Projektes, welches sich vor allem auf Gegenden bezieht, wo der Absatz der Milch schwierig ist."

Aufgrund der Ratschläge von Verantwortlichen des Käsereiprojektes und in Anwendung dieses stillschweigenden Abkommens zwischen Nestlé und der technischen Zusammenarbeit, hatten Kooperativen der Region von Cajamarca entschieden, ihre Milch an Perulac zu liefern. Ab 1977 verringerte das Unternehmen jedoch seine Frischmilchkäufe, was auch diese Kooperativen traf: mehrere Produzenten mussten ihre Milch mangels Absatzmöglichkeiten in den Fluss schütten oder den Tieren verfüttern. Da die Kommission aufgrund dieses konkreten Falles wissen wollte, ob zwischen den vom Land in seiner Entwicklungszusammenarbeit verfolgten Zielen und einem Unternehmen mit schweizerischer Beteiligung ein Konflikt bestehe, verlangte sie von der Nestlé eine Klärung dieser Fakten.

In ihrer Antwort erklärt Nestlé, dass sich Perulac gezwungen gesehen habe, den Kauf von Frischmilch zu verweigern, da die Fabrik in Cajamarca damals ihre maximale Aufnahmekapaziät erreicht habe.

Diese Weigerung, die Milch zu kaufen, hatte auch eine von der schweizerischen technischen Zusammenarbeit beaufsichtigte Kooperative getroffen. Nestlé versichert, dass der Milchkauf nur an drei Tagen, nämlich am 18., 20. und 22. Mai 1977, unterbrochen worden sei. Das Unternehmen weigert sich auch zuzugestehen, dass ein stillschweigendes Abkommen bestehe, und spricht lieber von einem informellen Informationsaustausch zwischen Perulac und den Verantwortlichen des Käsereiprojektes in Peru. Zu diesem Punkt versicherten mir Nestlé-Chefs, dass sich die Probleme des Absorptionsvermögens für die in der Region Cajamarca erzeugte Milch wegen des raschen Produktionszuwachses ergeben hätten, welcher wiederum eine Folge der offiziellen Preiserhöhungen für Frischmilch ab 1976 war. Perulac habe sich daraufhin entschlossen, nicht nur die 60'000 Liter pro Tag — die damalige Aufnahmekapazität der Vorkondensierungsanlage von Cajamarca — abzunehmen, sondern noch 15'000 Liter Frischmilch direkt nach Chiclayo zu transportieren, ohne sie vorzukondensieren (siehe Anhang 7).

Eine Analyse der damaligen Situation in Peru macht die Beweggründe für die Weigerung, Frischmilch zu kaufen, oder für die den Produzenten auferlegten Lieferbeschränkungen zwischen 1977 und 1979 verständlich. Damals schrumpfte der Absatzmarkt stark, so dass es uninteressant wurde, zuviel zu produzieren. Zudem waren zu diesem Zeitpunkt die Preise für Milchpulver und Butteröl auf dem Weltmarkt stark gesunken, was die Verarbeitungsindustrien veranlasste, in ihren Fabriken importierte Milchbestandteile anstelle von inländischer Frischmilch zu verwenden. Man kann sich fragen, ob die peruanischen Produzenten sowie die Entwicklung einer inländischen Viehzucht nicht kommerziellen Überlegungen sowohl der Nestlé-Perulac als auch der Carnation-Gloria und der Industrie für rekonstituierte Milch geopfert wurden. Weiter stellt sich die Frage, ob ein Unternehmen wie Perulac die Produktionszunahme nicht voraussehen und ihr nicht mit der rechtzeitigen Erweiterung ihrer Fabrik in Cajamarca begegnen konnte. Eine aus dem Bericht des Anden-Paktes entnommene Analyse sowie die Aussage des Verwalters der Fongal Cajamarca zeigen einige Elemente auf, die dem Verständnis dieser Situation dienen können. Nach diesem Bericht war der Verkaufspreis für Büchsenmilch auf der Basis einer Zusammensetzung von 30% inländischer Frischmilch und 70% importierter Milch festgesetzt worden. Der grössere Zufluss an Frischmilch führte jedoch dazu, dass das Verhältnis Frischmilch/importierte Rohstoffe sich auf 40:60 verschob, was das Kostenverhältnis verschlechterte. Der Preis des Fertigproduktes änderte sich jedoch nicht. Deshalb zeigten die beiden Verarbeitungsindustrien Gloria und Perulac kein Interesse an der Absorption des grösseren Marktangebotes, was eine Verbesserung des Sammel- und Kühlsystems für die Milch notwendig gemacht hätte. Von der Nestlé-Leitung erfuhr ich, dass 1982 die Preise neu auf einer Basis von 53% importierten Rohstoffen und 47% inländischer Frischmilch berechnet wurden.[63]

Der Verwalter der Fongal Cajamarca fasst die Situation wie folgt zusammen:

— Seit 1974 ist die Kapazität der Perulac-Fabrik in Cajamarca zur Annahme und Vorkondensierung der Frischmilch ungenügend.

— Die Produzenten waren in der Lage, 100'000 Liter täglich zu liefern, die Fabrik aber nur, 75'000 täglich anzunehmen.

— Die Verantwortlichen der Perulac hätten die Notwendigkeit einer Erweiterung der Anlagen rechtzeitig voraussehen können.

— Seiner Meinung nach warteten sie aber wegen des niedrigen Preises der Milch auf dem Weltmarkt lieber ab. Sie importierten lieber, als die Milch in der Region zu kaufen.

— Das Unternehmen hat zwar 1974 einen Antrag auf Erweiterung der Anlagen eingereicht. Aber es hat die Regierung sicher nicht aufgefordert, das Verfahren zu beschleunigen, da ihm dies nicht gepasst hätte.[64]

Die Entscheidung, die Kapazität zur Annahme und Vorkondensierung der Milch auf 160'000 Liter täglich zu erhöhen, liess auf sich warten, da es Nestlé damals vorzog, ihre Fabrikation in Peru vor allem auf dem Gebiet der sofortlöslichen Getränke und kulinarischen Produkte zu diversifizieren.

Hindernisse beim Kauf der Milch von den Produzenten

Gemäss den Aussagen des Verwalters der Fongal Cajamarca ergriff die Perulac verschiedene Massnahmen, um ihre Milchkäufe bei den Produzenten einzuschränken:

— Beschränkung der Zahl von Milchkannen für die Lieferung. Der TNK gab einen Mangel vor. Wie lässt sich aber erklären, dass er gleichzeitig 2'000 neue Kannen an die Gloria weiterverkaufte unter dem Vorwand, sie seien von schlechter Qualität?

— In der Zeitspanne von 2 Jahren stieg das Minimalvolumen zur Milchabnahme pro Produzent von täglich 10 auf 15 und dann auf 20 Liter. Durch die Erhöhung dieses Mindestvolumens hat der TNK mehrere kleine Produzenten eliminiert.*

— Dieses Mindestvolumen gilt für jeden einzeln, um zu vermeiden, dass sich mehrere kleine Produzenten zusammenschliessen können, um so die geforderte Milchmenge zu erreichen.

— Die Milchwege sind in den vorangegangenen 5 Jahren nicht erweitert worden.

— Sogar in Chiclayo, dem Gebiet der Kondensmilchfabrik, weigerte man sich, die gesamte gelieferte Milch anzunehmen.

— Nachdem sich das Unternehmen zunächst geweigert hatte, den Kooperativen im Norden Milch abzunehmen, hat es sich später entschieden, ihnen 3'000 Liter abzukaufen.[65]

Nestlé hat uns zur Erklärung dieser Situation folgende Argumente unterbreitet: Das Unternehmen konnte ein so plötzliches Wachstum der einheimischen Milchproduktion nicht voraussehen. Zwischen dem Entscheid zur Erweiterung der Vorkondensierungsanlage und deren Durchführung war eine Frist von drei Jahren notwendig. Jetzt, wo Nestlé 160'000 Liter täglich aufnehmen kann, erreichen die Lieferungen nur 80'000 Liter (1980) bis 85'000 Liter (1981). So hat sich die Menge

---

* Wenn man bedenkt, dass 64% der Produzenten durchschnittlich 30 Liter täglich liefern, versteht man, dass mehrere Kleinbauern die von der Perulac geforderten 20 Liter pro Tag nicht aufbringen konnten und so ihren Abnehmer verloren.

der angebotenen Frischmilch seit der Inbetriebnahme der neuen Anlage im Oktober 1979 nur wenig erhöht. Nestlé SA, Vevey, macht folgende Angaben über die Entwicklung der Frischmilcheinkäufe durch Perulac zwischen 1948 und 1981:

Entwicklung der Frischmilchkäufe von Nestlé in Cajamarca (Peru), 1948 - 1981

Jahr	Liter/Tag	Jahr	Liter/Tag
1948	3'500	1977	75'000
1955	19'000	1978	75'000
1965	33'000	1979	76'000
1975	53'000	1980	80'000
1976	62'000	1981	85'000

nach Angaben von Nestlé SA, Vevey

Die Vergrösserung der Anlage stellte eine Defensivmassnahme gegen das Eindringen konkurrierender Unternehmen in der Region dar und konnte von der Perulac kaum noch weiter hinausgezögert werden. Eine peruanische Studie hebt hervor, dass es eine Kreditzusage der FAO zur Errichtung einer rentableren Fabrik in Cajamarca gebe; das Projekt werde jedoch nicht weiterverfolgt, da die Regierung nicht gewillt sei, Nestlé , die ihr Monopol in der Region bewahren will, die Stirn zu bieten.[66]
Die Fongal Cajamarco verlangt die Errichtung einer von den Viehzüchtern verwalteten Fabrik, bis jetzt jedoch ohne Erfolg. Noch vor kurzem wurde diese Forderung an einer nationalen Konvention der Viehzüchter wieder in Form einer Resolution verabschiedet.[67] Im gleichen Sinne empfahl ein Arbeitsdokument des Anden-Paktes im Oktober 1978, dass eine in Trujillo vorgesehene Fabrik sowie eine weitere, die der private Sektor damals in Chiclayo zu errichten gedachte, in Zusammenarbeit mit der bedeutenden Fongal Cajamarca verwaltet werden sollten, damit sie für das Milchgebiet von Cajamarca eine Einheit bilden würden. Die beiden Unternehmen könnten so auf dem nationalen und lokalen Markt pasteurisierte Milch und Milchprodukte vertreiben. Indem sie einen Teil der Produktion des Milchgebietes von Cajamarca absorbieren würden — durch den Bau eines Kühlzentrums und der Errichtung ausgedehnter Transportmöglichkeiten in Trujillo und Chiclayo — würde so ein Gegengewicht zur unilateral ausgeübten Macht von Perulac geschaffen und gleichzeitig die Mitarbeit der Produzenten in der Milchverarbeitung gesichert.[68]

Die Organisation des Widerstandes der Produzenten

Die Milchproduzenten haben sich in Kooperativen zusammengeschlossen, um so ihre Stimme in den Verhandlungen zur Festsetzung des Ankaufspreises für Frischmilch geltend zu machen und den Standpunkt der Viehzüchter der Regierung sowie den Verarbeitungsunternehmen gegenüber zu vertreten. Im Verlauf der Jahre ist das Gewicht dieser Fongales immer grösser geworden, obgleich ihre Rolle in den Konsultationen bis heute nicht institutionalisiert worden ist. Seit 1979 haben die regionalen Vereinigungen drei nationale Konsultationen veranstaltet. Trotz gemeinsamer Stellungnahmen der Fongales aus den verschiedenen Regionen haben sie es jedoch bis heute nicht geschafft, eine nationale, einheitliche Vereinigung zu bilden, um ihre gemeinsamen Interessen zu verteidigen. Die vorherrschende Rolle der mittleren und begüterten Viehzüchter in diesen Vereinigungen haben wir bereits hervorgehoben. Ihre Forderungen zielen eher auf eine Verbesserung der Preise für die Produzenten, als auf eine radikalere Infragestellung der Regierungspolitik bezüglich Entwicklung von Landwirtschaft und Viehzucht.

Schaffung von Arbeitsplätzen, Verbesserung der Infrastruktur und Beitrag an die regionale Entwicklung

Nach Ansicht einiger Leute soll die Errichtung einer Fabrik durch einen TNK in einer isolierten Region eine Industrialisierung und Entwicklung dieser Gegend nach sich ziehen. Die direkten und indirekten Arbeitsplätze, die geschaffen würden, und die Beteiligung an den Kosten der Infrastruktur (Strassen) wären ein unleugbarer Beitrag an die Entwicklungsländer. Betrachten wir einmal näher, was in der Region Cajamarca passiert:

Die Errichtung einer Fabrik der Perulac hat tatsächlich ein Wachstum der Milchproduktion und der kommerziellen und wirtschaftlichen Aktivitäten mit sich gebracht. Die Gegenwart des TNK scheint hingegen keine anderen Industrien zu einer Dezentralisierung ermutigt zu haben. Wenn auch tatsächlich Arbeitsplätze geschaffen wurden, muss man dies im Rahmen der Transformation der wirtschaftlichen Tätigkeiten in dieser Zone betrachten. Die Niederlassung von Nestlé hat dort direkte Arbeitsplätze geschaffen (Lastwagenchauffeure, Fabrikarbeiter) und hat den Viehzüchtern ermöglicht, regelmässige Bareinkommen für ihr Produkt zu erhalten. Entgegen den Behauptungen des TNK kann man jedoch im strikten Sinne nicht davon reden, dass allein Nestlé Arbeitsplätze geschaffen habe. Es ist ganz klar, dass die Niederlassung einer Verarbeitungsindustrie in der Region ein wachsendes Angebot hervorruft und die vielen Bauern dazu treibt, sich immer mehr der Viehzucht zuzuwenden. Die mittleren und reichen Bauern hingegen erzielen ihr Einkommen auch aus anderen Quellen, vor allem durch den Viehhandel.

Die Präsenz der Nestlé-Fabrik fördert die Gewerbe der lokalen Händler und Transporteure. Es wäre jedoch nicht angezeigt, dem Unternehmen die Schaffung einer Unmenge von "indirekten" Arbeitsplätzen zuzuschreiben, so als ob es tatsächlich die einzige Quelle für wirtschaftliche Aktivitäten in der Region sei.

Solange die Kleinbauern nicht zur Milchmonoproduktion übergehen, bedeutet der Verkauf der Milch ein regelmässiges Bareinkommen. Viele unter ihnen fahren jedoch gleichzeitig mit der landwirtschaftlichen Produktion zum Eigenverbrauch fort oder arbeiten als Taglöhner bei Grossbauern weiter. Die Entwicklung der Milchwirtschaft hat neue Arbeitsplätze geschaffen, privilegierte Fabrikarbeiter, die ein höheres Gehalt als die Bauern und Arbeiter der Region erhalten. Neue Berufe im Zusammenhang mit der Viehzucht sind vor allem auf den grossen Milchfarmen entstanden. Die Ankunft des TNK hat jedoch auch eine massive Deplazierung der Halbpächter und der "Kolonen" hervorgerufen, da die Eigentümer ihr Land selbst für extensive Viehzucht nötigten. Wissenschafter sagen, dass die Agrarreform in der Gegend von Cajamarca weniger schnell und weniger weitreichend durchgeführt worden sei als in anderen Regionen. Die Viehzucht hat den arbeitsintensiveren Anbau von Nahrungsmitteln verdrängt. Der TNK ist aber unfähig, die durch die Umstellung der Produktion freigestellten Arbeitskräfte zu absorbieren. Gleichzeitig findet eine fortschreitende Proletarisierung der Kleinbauern statt.

Die Verarbeitung der Milch erfordert hohe Investitionen für Maschinen und Werkzeuge, kommt aber mit relativ wenig Arbeitskräften aus. 1974 beschäftigte Perulac in ihren verschiedenen Einrichtungen (Cajamarca, Chiclayo und Lima) 400 Personen, 1973 waren es noch 313; die meisten davon waren unqualifizierte Arbeiter.

Beschäftigte bei Perulac, 1974 und 1976

	1974	1976
Angestellte	107	69
Arbeiter	293	244
Total	400	313

Quelle[69]: 1980 beschäftigte Perulac in Chiclayo und Cajamarca 608 Personen. [70]

Man hört oft, die TNK bezahlten die besten Gehälter. Eine peruanische Studie gibt für das Jahr 1976 genaue Angaben zu diesem Thema:

— Der TNK Carnation-Gloria bezahlte im Schnitt die besten Gehälter in der Branche, gefolgt vom einheimischen Unternehmen "Ganaderia del Centro" und vom TNK Nestlé Perulac an dritter Stelle.
— In den einheimischen Unternehmen erhielten die qualifizierten Arbeiter im Durchschnitt bessere Gehälter als in den transnationalen.
— Der TNK Nestlé-Perulac bezahlte die besten Gehälter der Branche für Fachleute.
— Das durchschnittliche Gehalt in der Milchindustrie war höher als ein allgemeines Durchschnittsgehalt in Lima. Das Gehalt eines Angestellten war im Dezember 1976 7mal höher als dasjenige eines Angestellten in der Region Lima, während dasjenige der Arbeiter 5mal höher war als das der Arbeiter in der Hauptstadt.[71] Wohlverstanden, wurden diese hohen Gehälter durch die Lohnkämpfe der in Gewerkschaften organisierten Arbeiter und durch Streiks errungen (z.B. Streik von Chiclayo).

Der Streik von Chiclayo

Dieser Konflikt zwischen Nestlé und den gewerkschaftlich organisierten Arbeitern ist beispielhaft, da er es ermöglichte, den "gewerkschaftfreundlichen Diskurs" der Nestlé den repressiven Praktiken und anti-gewerkschaftlichen Massnahmen von seiten ihrer Tochtergesellschaften gegenüberzustellen. Die Nestlé-Perulac macht einen deutlichen Unterschied zwischen den Arbeitern, die einer Gewerkschaft angeschlossen sind, und anderen. Im engen Einverständnis mit der politischen Polizei des während dieser Ereignisse herrschenden Militärregimes übte sie gegen die Arbeiter Repressionen aus. Dank einer Informationskampagne und dem Eingreifen der IUL (Internationalen Union der Lebensmittel- und Genussmittelarbeiter Gewerkschaften) führte dieser Streik zu einer Bewusstseinsbildung und zur solidarischen Unterstützung sowohl durch andere gewerkschaftlich organisierter Arbeiter der Nestlé-Tochtergesellschaften als auch der öffentlichen Meinung in der ganzen Welt. Fassen wir hier kurz zusammen, was tatsächlich geschehen ist und worum es ging.

Im Januar 1973 bringen die Arbeiter der Perulac-Fabrik in Lima ihre Gehaltsforderungen vor. Die Tochtergesellschaft des TNK, zu diesem Zeitpunkt von F. Lavanchy geleitet, bleibt hart und weigert sich, darauf einzugehen. Daraufhin beschliessen die Arbeiter, in den Streik zu treten. Obwohl es weder ein gemeinsames Vorgehen noch eine Einheitsgewerkschaft der Nestlé-Arbeiter im ganzen Lande gibt, haben die gewerkschaftlich organisierten Arbeiter der Produktionsstätten in Lima, Cajamarca und Chiclayo einen "Gemeinsamen Hilfs- und Verteidigungspakt" für den Fall eines Konfliktes mit dem TNK geschlossen. Und so treten zwischen dem 5. und 12. April die gewerkschaftlich organisierten Arbeiter von Cajamarca und Chiclayo in einen Solidaritätsstreik mit ihren Kollegen in Lima, um Druck auf Perulac auszuüben. Dieser Streik wird für illegal erklärt, da eine Arbeitseinstellung in einem Betrieb aus Solidarität mit anderen Arbeitern im peruanischen Arbeitskodex nicht vorgesehen ist. Nachdem in Lima eine Einigung zustande gekommen ist, kehren die Arbeiter von Chiclayo und Cajamarca an die Arbeit zurück.

Als dann die Perulac verschiedene Massnahmen gegen die gewerkschaftlich organisierten Arbeiter einleitet, beginnt sich die Lage zu verschärfen: während die Nestlé-Tochtergesellschaft den achtzig nicht organisierten Arbeitern für die Zeit der Arbeitseinstellung vom 5.-12. April das volle Gehalt bezahlt, weigert sie sich, den 316 organisierten Arbeitern den Lohn für diese Tage auszuzahlen, unter dem Vorwand, sie seien illegal in den Streik getreten. Nachdem sie Schritte bei den zuständigen Arbeitsämtern unternommen haben, organisieren diese Arbeiter zuerst einen Warnstreik am 18. und 19. April, um gleiche Bezahlung für alle Arbeiter der Fabrik zu verlangen. Dann treten sie in einen unbefristeten Streik, der vom 26. April bis zum 23. Mai dauert.

Am 27. April gibt der Generalsekretär der IUL für Lateinamerika seine Unterstützung der Arbeiter von Cajamarca und Chiclayo bekannt. Die IUL organisiert eine weltweite Solidaritätskampagne unter ihren Mitgliedern und informiert gleichzeitig die Öffentlichkeit, um auch dort Unterstützung zu finden. Am 2. Mai treffen Delegationen der IUL und der Nestlé zusammen, um das peruanische Problem zu diskutieren. Die IUL besteht darauf, dass der Politik der Diskriminierung von gewerkschaftlich organisierten Arbeiter in den Tochtergesellschaften ein Ende gesetzt und das Recht auf Gewerkschaftsaktivitäten respektiert werde. Die Nestlé-Vertreter unterstreichen, dass die Gewerkschaftspolitik der nationalen Gesetzgebung unterliegt und dass einzig die inländischen Tochtergesellschaften kompetent sind, mit den Vertretern der Arbeiter im Land zu verhandeln.

Ebenfalls am 2. Mai reist Enildo Iglesias, der lateinamerikanische Sekretär der IUL, von Montevideo nach Lima. Die Gewerkschaftsführer der Perulac-Arbeiter und Iglesias verlangen ein gemeinsames Treffen mit dem Manager der Nestlé-Perulac, F. Lavanchy. Dieser will sie jedoch nur getrennt empfangen. Nach dieser Begegnung beschliesst Enildo Iglesias, am 4. Mai nach Chiclayo und Cajamarca (800 km von Lima entfernt) zu reisen, um den Arbeitern seine solidarische Unterstützung in ihrem Kampf auszudrücken. Herr Lavanchy hatte es jedoch nicht unterlassen, die Militärregierung von der Anwesenheit dieses Gewerkschaftsführers im Land zu unterrichten: gleich nach seiner Ankunft in Chiclayo wird der Vertreter der IUL ganz einfach von der politischen Polizei (PIP) verhaftet. Nach einem Verhör wird er am 6. Mai nach Lima gebracht, dort bis zum 9. Mai gefangengehalten und dann nach Santiago de Chile ausgewiesen. Bei diesen Vorkommnissen war das Vorgehen der Direktion der Nestlé-Tochtergesellschaft ausschlaggebend: unter anderem besassen die Polizisten bei der Verhaftung von Iglesias Kopien der Telegramme der IUL an die Gewerkschaft und Briefe mit dem Nestlé-Perulac-Briefkopf. Einige Tage später, am 16. Mai, befiehlt die Regierung den Arbeitern, ihren Streik innerhalb von 24 Stunden abzubrechen und an die Arbeit zurückzukehren. Die Arbeiter von Cajamarca akzeptieren, diejenigen von Chiclayo führen ihn mit einer Fabrikbesetzung weiter.

Die Besetzung endet am 23. Mai, nachdem ein Abkommen zur vollen Zufriedenheit der Gewerkschaft abgeschlossen worden ist. Die Arbeiter von Perulac in Chiclayo haben unter anderem folgendes erreicht:

— Zahlung eines globalen Betrages an die Gewerkschaft für die Entschädigung der organisierten Arbeiter, die gestreikt hatten,
— eine Gehaltserhöhung von 20%,
— die Verpflichtung der Unternehmungsleitung, keine weiteren diskriminierenden Massnahmen gegen gewerkschaftlich organisierte Arbeiter zu ergreifen,
— Rückgängigmachung der gegen die organisierten Arbeiter eingeleiteten Verfahren wegen der Fabrikbesetzung,
— nachträgliche Legalisierung des Streiks,
— Bezahlung von fünf zusätzlichen Feiertagen.

Eigenständige Entwicklung oder Abhängigkeit?

Nestlé :

"Zum Schluss möchte ich auf die wichtigste Rolle zu sprechen kommen, die die grossen Unternehmen spielen können: die Industrialisierung der Entwicklungsländer. Diese Länder sind sich voll bewusst, dass sie dem Anspruch, den Lebensstandard ihrer Bevölkerung eines Tages zu heben, nur gerecht werden können, wenn sie fähig sind, ihr Land zu industrialisieren. Das heisst, sie müssen die Reichtümer, die sie nicht besitzen und für deren Kauf sie die Mittel nicht haben, selber schaffen. Wie sollen denn solche Länder ohne Kapital, ohne Techniker, ohne Erfahrung eine nichtexistierende Industrie aus dem Nichts hervorzaubern und so den Rückstand auf die entwickelten Länder aufholen?"[72]

Nestlé:

"Da es sich bei den Erzeugnissen unserer Marken grösstenteils um Grundnahrungsmittel — und keineswegs um einer Elite vorbehaltene Luxusartikel — handelt, kann die nationale Eigenproduktion nunmehr die zuvor importierten Lebensmittel ersetzen, was bedeutende Einsparungen an Geldausgängen zur Folge hat und es der Bevölkerung gleichzeitig ermöglicht, nützliche Produkte zu erwerben, die vorher für sie unerschwinglich waren."[73]

Nestlé ist also der Auffassung, dass sie mit ihren Niederlassung den Entwicklungsländern ermöglicht, sich zu industrialisieren, zu entwickeln, Zugang zu Technologie zu erhalten und Devisen zu sparen. Was stimmt davon im Fall Peru? Ohne darauf erschöpfend Antwort zu geben, da dies zu weit führt, sehen wir uns nur einmal an, zu welchem Preis und unter welchen Bedingungen Nestlé ihre Technologie und ihr Know-how so freizügig für die Industrialisierung Perus zur Verfügung gestellt hat.

Die Profite von Perulac

Eine Analyse der Gewinnverteilung des Unternehmens Perulac im Jahre 1976 illustriert, wie teuer Nestlé dem Gastland Peru zu stehen kommt.

Verteilung der Überschüsse der Perulac AG im Jahre 1976

	in Dollar	in %
Brutto-Ertrag	6'850'000	52,9%
andere Erträge	297'000	2,3%
nicht-deklarierte Erträge	5'803'000	44,8%
Brutto-Überschuss total	12'933'000	100,0%
Abzüge:		
Steuern	2'263'000	
Industrielle Gemeinschaft		
(Sozialaufwand)	372'000	
Arbeiterbeteiligung	248'000	
technische Forschung	50'000	
Abzüge, total	2'933'000	
Brutto-Ertrag auf dem Kapital	10'017'000	
Finanzaufwand	2'233'000	
Abschreibungen	945'000	
verfügbarer Netto-Ertrag	6'839'000	
Gewinn-Verteilung		
im Lande:		
Dividenden	80'000	1,2%
Investitionen	1'607'000	23,5%
Peru, total	1'687'000	24,7%
im Ausland:		
Zinsen	2'325'000	34,0%
Dividenden	250'000	3,7%
Gebühren an Dritte	2'577'000	37,6%
Ausland, total	5'152'000	75,3%
total	6'839'000	100,0%

Quelle: INP "El Complejo Sectoria de Lacteos en el Peru", Lima 1979, S. 276 f.

Der gesamte Bruttoüberschuss, die Gewinne des Geschäftsjahres, Einkommen aus Geldanlagen oder dem Verkauf von Aktiva und nichtdeklariertes Einkommen umfassend, wurde 1976 von peruanischen Ökonomen auf 12'650 Millionen Dollar geschätzt. Wenn man davon die Steuern (17,5%), die Beteiligung der Arbeiter und die Forschung (5,2%), die Zinsen (17,2%) und die Abschreibungen abzieht, kommen als zur Verfügung stehender Bruttoertrag 6'839 Millionen Dollar (52,8% des gesamten Bruttoertrages) zur Verteilung. 1976 wurde diese Summe wie folgt aufgeteilt: 24,7% blieben im Land, wurden wieder investiert und als Dividenden an die inländischen Aktionäre ausbezahlt, der weitaus grösste Teil ging ins Ausland zur Bezahlung von Zinsen (34%), von Dividenden (3,7%) und von Gebühren an Dritte (37,6%). Statt der Entwicklung von wirtschaftlichen Aktivitäten im Land selber zu dienen, wird so der Grossteil des aus inländischen Geschäftstätigkeiten stammenden Ertrages ins Ausland überwiesen. Die drei Wege, auf welchen ein grosser Teil der im Land erzeugten Erträge ins Ausland abgeführt werden, sind:

— Zahlung von finanziellen Verpflichtungen,
— Zahlung von Gebühren an Dritte,
— Zahlung von Dividenden auf dem ausländischen Kapital.

Die von Perulac an Nestec und an die Produktionsgesellschaft Nestlé bezahlten Kosten für Verwaltung, technische Beratung und Markenrechte sind hoch, wenn man dabei von der Anzahl der abgeschlossenen Verträge ausgeht.

Sechs Verträge zur Bereitstellung von Technologie wurden zwischen der Nestlé-Tochtergesellschaft Perulac und der Gesellschaft für technische Beratungsdienste für Nestlé-Produkte (Nestec) sowie der Nestlé SA, beides Nestlé-Tochtergesellschaften, abgeschlossen. Zur Zeit der Studie von Gonzalez Vigil hatte Perulac zwei Verträge mit der Nestec abgeschlossen. Der erste, von unbeschränkter Dauer, ist ein Vertrag über allgemeine technische Beratungsdienste. Der zweite betrifft eine jährliche Beratung für die Fabrik von Chiclayo. Die übrigen vier Verträge wurden zwischen Perulac und Nestlé SA abgeschlossen. Der erste, 1962 abgeschlossen, ist von unbeschränkter Dauer, alle andern, in den 70er Jahren unterzeichnet, sind von beschränkter Dauer, zwei davon kurzfristig.

Durch diese Verträge über technologische Beratung garantiert Nestlé ihrer Tochtergesellschaft Perulac technische Aufsicht in den Fabriken, eine Qualitätskontrolle, die Bereitstellung technischer Informationen und die Verwendung von Markennamen. Diese Verträge beinhalten einschränkende Klauseln, welche Nestlé die Kontrolle über ihre Tochtergesellschaft garantieren. Dies geschieht zum Nachteil der Interessen des Landes, vor allem durch die Klauseln, die der Tochtergesellschaft Verpflichtungen auferlegen, die über die Vertragsdauer hinausgehen.

Verträge zwischen Perulac und NESTEC sowie Nestlé SA

	NESTEC	Nestlé SA
Patentierte Produktionsverfahren	3	4
RCA (Jährliche Buchprüfung)		4
Technische Beratung für Einrichtungen	2	
Technische Beratung bei der Produktionsaufnahme	2	

131

Technische Beratung während des Produktionsverfahrens	2	
Personalschulung im Ausland	2	
Technische Kontrollen in den Fabriken	2	4
Qualitätskontrollen	2	4

Quelle: zusammengestellt von F. Gonzalez Vigil et alii, "El Complejo de lacteos en el Peru", ILET, DEE/D44/e, S. 259, aufgrund von Angaben aus dem Registro Nacional de Inversion y technologia extranjera.

Restriktive Klauseln

Restriktive Klauseln dienen in einem Vertrag zwischen Unternehmen dazu, die Konkurrenz und die autonome Unternehmensentwicklung des Technologieempfängers einzuschränken. Sie kommen besonders häufig vor in Verträgen zwischen Stammhaus und Tochtergesellschaften.[74]

Bei einer Analyse der Verträge zwischen Perulac sowie Nestec und Nestlé SA[75] fällt die Häufigkeit solcher restriktiver Klauseln auf.

Verträge Perulac - Nestec:

— Kauf von Rohstoffen, Zwischenprodukten und Kapitalvermögen (2mal)
— Kauf neuer Technologien aufgrund von Angaben der Nestec und Auferlegung von Qualitätsnormen (2mal)
— Obligatorische Einstellung von ausländischem Personal, welches vom Unternehmen vorgeschlagen wird, das die Technologie verkauft oder das Markenrecht besitzt (2mal)
— Dem Unternehmen, welches die Technologie verkauft oder das Markenrecht besitzt, wird das Recht eingeräumt, den Verkaufspreis zu bestimmen oder die hergestellten Produkte wieder zu verkaufen.

Verträge zwischen Nestec und der Nestlé SA - Perulac

— Aus der Interpretation oder der Verwirklichung der Verträge entstehende Rechtsstreitigkeiten werden ausländischen Gesetzgebungen und Gerichten unterstellt (4mal)
— Verpflichtungen, die über die Vertragsdauer hinausgehen (5mal)

Verträge Nestlé SA - Perulac

— Exporteinschränkungen (2mal)

Die Gegenwart von Nestlé: ein Kostenfaktor für das Land

Die Summen, die Perulac für Dienstleistungen ins Ausland abführt, stellen für Peru einen hohen Devisenabschluss dar. Diese Zahlungen waren 1976 und 1979 sehr hoch.

Perulac: Zahlungen für "Dienstleistungen" an das Ausland, in Millionen Dollar, 1976 und 1979

Jahr	Zinsen	Gebühren	Dividenden	Total
1976	1,5	1,7	0,1	3,3
1979	3,2	4,1	1,2	8,5

Quelle: INP Complejo Sectorial Lacteo, Ministerio de Industria, Informacion preliminar por empresas, 1979-1980, entnommen: Lajo, Bericht an die UNCTAD, S. 97.

Um Ursprung und Ziel dieser im Ausland geleisteten Zahlungen besser zu erfassen, müssen wir den Charakter der Verträge zwischen dem Stammhaus und ihrer peruanischen Tochtergesellschaft etwas näher betrachten. Die Zahlungen für Dienstleistungen an Dritte sind in der Tat zu einem grossen Teil Gewinnrückschaffungen, die für die Bezahlung von Lizenzgebühren, Markenschutzgebühren, Maschinen und technischen Beratungsdiensten verwendet wurden.

Man kann sich fragen, in welcher Weise die Gegenwart von Nestlé in Peru eine "bedeutende Deviseneinsparung" für das Land bedeutet. Zu den obenerwähnten Zahlungen kommen noch die Ausgaben für den Import von Rohstoffen hinzu, was ebenfalls beträchtlich Devisen kostet. Nach Manuel Lajo beliefen sich die Rohstoffimporte der Perulac für den Zeitraum von 1971 - 1979 auf 10,4 Millionen Dollar.

Rohstoffimporte von Perulac, 1971 - 1979 (in Millionen Dollar)

	1971	1974	1976	1979
importierte Rohstoffe	1,4	3,3	3,2	2,5
Prozentsatz der importierten Rohstoffe an der Rohstoff-Gesamtmenge (importierte und einheimische)	24,5	26,0	25,5	26,2

Quelle: ausgearbeitet von Manuel Lajo, Bericht an die UNCTAD, Teil 3, S. 96 aufgrund von Angaben des Ministerio de Industria, Informacion preliminar por empresas, 1980, und INP "El Complejo sectorial lacteo", 1980.

Auch die Kosten des ausländischen Kapitals in der peruanischen Nahrungsmittelindustrie stellen für das Land einen erheblichen Devisenabfluss dar. F. Gonzalez Vigil gibt an, dass die peruanische Nahrungsmittelindustrie während der Periode von 1972-1977 fast 8,4 Mio. Dollar für die Bezahlung von Lizenzgebühren und technischen Beratungsdiensten und fast 13,1 Mio. Dollar für Dividenden, d.h. insgesamt 21,5 Mio. Dollar, ins Ausland abgeführt hat.

Dies ist eine beträchtliche Summe, wenn wir bedenken, dass 1971 die gesamten Direktinvestitionen in der Branche 37,989 Mio. Dollar ausgemacht haben und dass von 1972-1977 nur 729'000 Dollar "frisches Geld" eingebracht worden sind.[76]

Mit ihren Technologie-Verträgen für neun Produkte von 1962 bis 1968 und für zehn Produkte zwischen 1968 und 1975 hat die Nestlé-Tochtergesellschaft einen guten Teil zum Devisenabfluss für die Bezahlung von Lizenzgebühren, technischer Beratung, Technologie und Dividenden beigetragen.[77]

Wenn man, gestützt auf Gonzalez Vigil, die tatsächliche gesamte Rentabilität des Kapitals und der ausländischen Technologie in der peruanischen Industrie prüft, kommt man auf folgende Resultate:

Rentabilität des ausländischen Kapitals in der peruanischen Industrie

Jahr	effektive Gesamtrentabilität
1971	5,65%
1973	10,47%
1976	5,10%

Nach seiner Ansicht geben diese Zahlen aber nur einen Durchschnitt an, der irreführt, wenn man damit die schweizerische Industrie in Peru analysieren will. In der Tat ist die Rentabilität der schweizerischen Transnationalen in Peru viel höher und erreicht bis zu 31,2%. Wenn man dann noch die Milchindustrie vom Rest der ausländischen Industrie in Peru trennt, erhält man für diese Branche eine effektive Gesamtrentabilität des Kapitals von 24,76%.[78]

Gedächtnisstützen:

Die Transnationalisierung der peruanischen Wirtschaft ist sehr weit fortgeschritten. Um die Bevölkerung ernähren zu können, begibt sich das Land in eine immer grösser werdende Abhängigkeit dem Ausland gegenüber. Die Tatsache, dass das Land immer mehr auf Getreide- und Milchüberschüsse auf dem Weltmarkt zurückgreift, hat strukturelle Auswirkungen auf die gesamte nationale Wirtschaft. In gewisser Weise unterliegt das Land so einem Mechanismus, der einer Spirale gleicht, aus welcher es kaum noch herausfinden kann. In der Tat, die Tochtergesellschaften der im Land angesiedelten Transnationalen benötigen für die von ihnen verwendete Technologie und ihre Fabrikationsprozesse auf dem Weltmarkt erhältliche, standardisierte Rohstoffe, um so ihre differenzierten und segmentierten Markenprodukte fabrizieren zu können. Die Länder, die einen Überschuss an landwirtschaftlichen Produkten haben, benützen nicht nur Dumping-Methoden, sondern flankieren ihre Lieferungen mit Plänen für mittel- und langfristige Kredite für den Kauf der Produkte. Die Produkte unter dem Ankaufspreis an die Fabrikanten abzugeben, ist eine falsche Regierungspolitik. Die Summen, die so für das Funktionieren der Industrien und für die Aufrechterhaltung ihrer Gewinnmargen ausgegeben werden, könnten für die Förderung der Nahrungsmittelproduktion im Lande selber verwendet werden. Weiter könnte der Staat dafür sorgen, dass in Zusammenarbeit mit Bauern regionale Agroindustrien mit einer arbeitsintensiveren Technologie aufgebaut werde, die Fertigwaren mit einem geringeren Grad an Veredlung und Wertschöpfung produzieren. Auf diese Weise könnte die Regierung ihr Ziel, der gesamten Bevölkerung Nahrungsmittel zu einem annehmbaren Preis zu liefern, anders als mit Importen und Subventionen an die Verarbeitungsindustrie erreichen. Dies setzt den Willen zu einer Aufwertung der oft ausgeglicheneren und bestimmt billigeren, traditionellen Ernährungsmodelle voraus. Man kann sich unter anderem auch die berechtigte Frage stellen, ob die Produktion von Milch und verarbeiteten Milchprodukten die beste Form sei, um der Bevölkerung die für eine ausgeglichene Ernährung unerlässlichen Proteine zu liefern.

Nestlé und Carnation teilten sich den Milchmarkt im Duopol. Der Aufkauf der Carnation durch Nestlé anfangs 1985 bedeutet, dass Nestlé in Peru zum alleinigen Fabrikanten für Büchsenmilch geworden ist. Wenn das Unternehmen auch einen lokalen Partner hat, der die Hälfte der Gloria-Aktien besitzt, so kontrolliert Nestlé trotzdem die Herstellung und Verteilung der Büchsenmilch im ganzen Land, und dies macht immerhin 70% des Verbrauchs an verarbeiteter Milch (pasteurisierte und andere) aus.

Die bei der Niederlassung der Transnationalen erteilten und später erneuerten Steuervergünstigungen, die übermässige Protektion von seiten des Staates, die Allianz mit der Finanzbourgeoisie, die Handelspraktiken in den Standortgebieten hatten alle zu dieser Aufteilung des inländischen Marktes für verarbeitete Milch zwischen zwei Unternehmen beigetragen. Die Nutzung der staatlichen Politik und ihre Allianz mit der lokalen Bourgeoisie erlaubten ein rasches Wachstum ihrer Aktivitäten. Bei Perulac ist der Wille zur Ausdehnung der Geschäftstätigkeit auf rentablere Produkte innerhalb der Branche zu konstatieren.

Am Standort der Fabrik nehmen die Handelsaktivitiäten zu und neue Arbeitsplätze werden geschaffen; gleichzeitig kann man aber auch beobachten, wie die bestehenden Strukturen aus dem Gleichgewicht geraten und wie sich die Nahrungsmittelabhängigkeit verstärkt, da der traditionelle Anbau zunehmend der Milchviehzucht weichen muss. Die Beziehung der Nestlé zu ihren Milchlieferanten ist einseitig: diese sind in gewisser Weise in die Milchfabrik integriert, welche die Entscheidungen über eine mögliche Ausdehnung des Milchgebietes (mittels der vom TNK kontrollierten Milchwege) oder über die Proportionen trifft, in welchen inländische Frischmilch und importierte Milch gekauft werden soll, unabhängig davon, ob dies für den Produzenten Verluste bringen könnte. Die letzteren haben sich der Milchviehzucht zugewandt in der Überzeugung, dass ihnen der TNK die gesamte Produktion abkaufen werde, wie dieser zu Beginn auch ständig zugesichert hatte und es mit schwärmerischen Reden in seinen Propagandaschriften immer noch tut.

Nestlé nimmt die Risiken der direkten Frischmilchproduktion nicht auf sich. Indem das Unternehmen ein Milchgebiet beherrscht und seine Kontrolle über die durch verschiedene Mechanismen an die Fabrik gebundenen Produzenten verstärkt, kann es sich auf ein reichliches Angebot an Milch und deren fortgesetzter Lieferung zu einem niedrigen Preis verlassen. Die Möglichkeit, für Milchbestandteile auf den Weltmarkt zurückgreifen zu können, hat die Verhandlungskapazität des Unternehmens gegenüber den Produzenten noch verstärkt und seine Profitspanne vergrössert. Die Angaben Manuel Lajos über die Verwendung von Importen sind deutlich genug. Statt die inländische Produktion zu fördern, ziehen es sowohl Nestlé als auch die andern Unternehmen vor, durch die Verwendung von importierten Milchbestandteilen höhere Profite zu erzielen.

Die kurze Darstellung des Streikes in Chiclayo erlaubt, das Doppelspiel der Nestlé in gewerkschaftlichen Angelegenheiten zu verstehen. Der TNK deklariert grosszügige Prinzipien in Sachen gewerkschaftlicher Freiheit*: wenn aber in sei-

---

* Diese Prinzipien werden im nachfolgend dargestellten Fall Kolumbiens näher erläutert.

nen lokalen Filialen Probleme aufkommen, gibt er vor, nicht eingreifen zu können, da diese Filialen als nationale Gesellschaften der Gesetzgebung des Gastlandes unterstellt seien. Die Arbeitsverträge werden auf nationaler Ebene zwischen Filialenleitern und den von den gewerkschaftlich organisierten Arbeitern gewählten Vertretern ausgehandelt. Trotz all dieser schönen Erklärungen stützte sich der schweizerische Verwalter der peruanischen Tochtergesellschaft auf ein Militärregime und die politische Polizei ab, um die Arbeiter zu unterdrücken und ihre gewerkschaftliche Organisation zu zerstören. Diese Diskriminierung organisierter Arbeiter findet man leider in mehreren Tochtergesellschaften des TNK.

Die Präsenz Nestlé's in Peru trägt dazu bei, dass im Land Nahrungsmittel produziert werden, die vorher importiert werden mussten. Welchen Preis bezahlt aber das Land dafür? Die Zahlungen an das Ausland für Markenrechte, Gebühren an Dritte für Verträge über Technologie und Management, sowie die Verwendung grosser Mengen importierter Rohstoffe für die inländische Produktion zwingen uns, die Bilanz einer solchen Importsubstitution durch die Tochtergesellschaften des TNK neu zu überdenken. Und zuletzt noch eine grundlegende Frage: Bis zu welchem Grad entspricht die Art von Fertigprodukten, die von Nestlé und andern TNK Tochtergesellschaften in Peru auf den Markt gebracht werden, den Nahrungsmittelbedürfnissen der gesamten Bevölkerung und nicht nur dem Bedarf der kaufkräftigen nationalen Bourgeoisie und der bestgestellten Schichten der Bevölkerung?

Anmerkungen zu Kapitel III

1. Für die Redaktion dieses Kapitels haben wir vor allem die verschiedenen Arbeiten von Manuel Lajo Lazo über die Transnationalen und die Milchproduzenten in Peru, sowie die Forschungsarbeiten von Fernando Gonzalez Vigil u. andern benutzt (für beide siehe Bibliographie).
2. Manuel Lajo Lazo, «El pais de la leche evaporada», Kap. IV, S. 5, Tabelle nach Produkten
3. M. Lajo, «Alternativa agraria y alimentaria, Diagnostico y propuesta para el Peru». CIPCA, Piura, Peru, April 1983, S. 29
4. M. Lajo, Rapport à la CNUCED sur l'industrie et la technologie alimentaire au Pérou, Tab. 1, S. 18
5. M. Lajo, «El pais de la leche evaporada», Kap. II, S. 4
6. Thomas Horst, «At Home Abroad», Ballinger Publishing Co. Cambridge, Mass. USA, S. 37, zitiert von M. Lajo in «Alternativa agraria y alimentaria», S. 165
7. Nestlé, «Nestlé in den Entwicklungsländern», S. 24
8. José Eslava Arnao, «Perulac: sus influencias socio-economicas en la provincia de Cajamarca», S.89
9. Ibid.
10. Ibid.
11. M. Lajo, «Carnation y Nestlé en el Peru», SARH, México, S. 267
12. Nestlé , Jahresberichte, 1973, S. 30
13. M. Lajo, «El pais de la leche evaporada», Kap. I, S.24-27
14. Nestlé , Jahresberichte, 1980, S.55
15. M. Lajo, Rapport à la CNUCED, Tab. 2, S.25
16. Ibid., S. 40
17. Ibid., S. 24
18. Fernando Gonzalez Vigil, Carlos Parodi Zevallos, Fabian Tumes Torres, «El complejo de lacteos en el Peru», ILET, DEE/D44/e, Mexiko, 1981, Tab. 1, S.156
19. Nestlé , «Nestlé in den Entwicklungsländern», S. 55/56
20. M. Lajo, «Alternativa...», S. 237
21. Gespräch zwischen Pierre Harrison und Camilo Pagano, Nestlé SA, Vevey, 21. Januar 1982
22. F. Gonzalez u.a., «El complejo...», Tab. 1, S. 29ff. und Tab. 2, S. 272ff.
23. Ibid., Tab. 2, S. 277-278
24. Ibid., Tab. 2, S. 279-280
25. Carmen R. Balbi, «La leche: transnacionales y consumo popular», S.33
26. M. Lajo, «Agroindustria...», SARH, Mexiko S. 246
27. M. Lajo, «El pais...», Kap. II. S. 4
28. M. Lajo, «Alternativa...», S. 208
29. M. Lajo, «El pais...», Kap.II, S.22-24
30. Ibid., Kap. II, S. 47, Anm. 15: Zitiert den Text eines 1978 von Leche Gloria Carnation veröffentlichten Dokumentes. Siehe dazu auch Lajo, «Carnation y Nestlé en el Peru», S. 283
31. F. Lavanchy, Gespräch mit Pierre Harrison, Vevey, 21.1.1982
32. M. Lajo, Rapport..., Tab.1,S.67-70
33. Marie Bonnard in Tout va bien, Genf, Januar 1979, S. 6
34. M. Lajo, El pais..., Kap. II.S.45
35. M. Lajo, «Rapport à la CNUCED», Tab.3, S.99
36. Ibid., S. 98
37. C. Balbi, «La leche...», S. 47, und M. Lajo, «Nacionalicemos la produccion alimenticia», in Reviste MARKA, Lima, 13.12.1979
38. UNCTAD, «Technologie alimentaire au Pérou», S. 11
39. M. Lajo, «El pais..», Kap.II, S. 48, Anm. 20
40. P. Liotard-Vogt in "Revue économique et sociale", Nr. 4, Dez. 1973, S. 322
41. J. Eslava, «Perulac...»,
42. UNCTAD, «Technologie...», S. 16
43. J. Eslava, «Perulac...» und M. Lajo, «El pais...»,
44. M. Lajo, «El pais..», Kap.III, S.10-11
45. Ibid., Kap. III, S. 23-24
46. Ibid., Kap. III, S. 16

47. J. Eslava, «Perulac...», S. 107-108
48. M. Lajo, «Agroindustrias...», S. 269
49. Susan George, «Minutes of the Meeting/Executive/UITA», Genf, 15./17. Juni 1979
50. M. Lajo, «Rapport...», Tab.2, S.13-15
51. Junta del Acuerdo de Cartagena, «Peru. Produccion, comercializacion y procesamiento de leche y productos lacteos», S.37
52. J. Eslava, «Perulac...», S.137
53. Ibid., S.144
54. El Ministerio de desarrollo del exterior del Reino Unido y el Gobierno del Peru. «El sistema de precios de la leche en Peru», S.35
55. I. Convencion Nacional de Fongales, «Conclusiones», S.40
56. Ibid., S.51
57. El Ministerio de desarrollo, «El sistema...», S.33-34
58. I. Convencion Nacional, «Conclusiones...», S.43
59. El Ministerio de desarrollo, «El sistema...», S.35
60. M. Lajo, «Entrevue avec l'administrateur du Fongal Cajamarca», in «El pais...»
61. C. Balbi, «La leche...», S.62
62. Junta del Acuerdo de Cartagena, «Peru...», S.45-46
63. Gespräch zwischen P. Harrison und C. Pagano, Nestlé SA, Vebey, 21. Januar 1982
64. Verwalter der Fongal Cajamarca, zit. von M. Lajo in «El pais...»
65. Ibid.
66. C. Balbi, «La leche...», S.62
67. Im Gespräch in Vevey am 21.1.1982 hat man mir versichert, dass Perulac den Bauern der Fongal Cajamarca angeboten hatte, sich an der Verwaltung zu beteiligen, dass dies jedoch nicht ausgeführt worden sei.
68. Junta del Acuerdo de Cartagena, «Peru...», S.51
69. M. Lajo, «Rapport...», Tab.3, S.36
70. Ibid., S.86
71. F. Gonzalez u.a., «El Complejo...», 2. Teil, S.270-272
72. P. Liotard-Vogt in "Revue...", Nr. 4, Lausanne, Dez. 1973
73. Nestlé, Jahresberichte, 1973, S.31
74. Betr. restriktive Praktiken siehe die Studien der OECD und UNCTAD
75. F. Gonzalez u.a., «El complejo...»
76. F. Gonzalez Vigil, «Peru: capital extranjero y transferencia de tecnologia en la industria alimentaria», in "Comercio Exterior", vol.32, Nr.1, Mexiko, Januar 1982, S.83
77. Ibid., S.82
78. Ibid., S.83

Peru: die wichtigsten organisierten Milchproduktionsgebiete, Zahl der Produzenten, Produzenten-Verbände, wichtigste Firmen

Milchproduktionsgebiet	Produktion der Zonen in Tonnen	an die Industrie verkaufte Produktion	Zahl der Produzenten	Verbände	Firmen
Süden: Arequipa, Moquegua, Tacna	158'750	113'000	8'500	Fongal Sur	Leche Gloria Carnation, Nestlé
Mantaro/Huancayo-Tal Junin (zentrale Kordillere)		5'000	500	Fongal Centro	staatliche Firma mit technischer Hilfe der BRD
Lima	30 - 35'000	30 - 35'000	80	Fongal Lima	Milchproduzenten-Verband EGA, MARGANA LA MOLINA (Universität)
Norden:		29'000	2'500	Fongal Cajamarca	PERULAC-NESTLE

Quellen: Lajo, Balbi, andere (siehe Literaturverzeichnis)

139

Nestlé-Perulac: Rohmaterialeinkäufe und Produzentenpreise (1942-1980) (metrische Tonnen flüssige Milch)

Jahr	Frische Milch (I)	Importierte Milch (II) (Magermilchpulver und Butteröl, umgerechnet in flüssige Milch)	Total (III)	II / III in %	Produzentenpreis in Soles / Liter Frischmilch
1942	[1] 718		718		[8] 0,30
1943	[1] 820		820		0,30
1944	[1] 1,435		1,435		0,30
1945	[1] 1,128		1,128		0,30
1946	[1] 923		923		0,30
1947	[2] 1,222		1,222		0,30
1948	1,300		1,300		0,30
1949	1,612		1,612		0,60
1950	2,629		2,629		0,80
1951	4,296		4,296		0,80
1952	5,115		5,115		0,80
1953	5,641		5,641		0,80
1954	5,536		5,536		0,80
1955	7,124		7,124		1,00
1956	8,143	[7] 700	8,843	7,9	1,00
1957	8,505	1,100	9,605	11,5	1,20
1958	9,573	1,200	10,773	11,1	1,40
1959	10,371	1,600	11,971	13,4	1,40
1960	10,579	2,300	12,879	17,9	1,40
1961	10,296	1,400	11,696	12,0	1,60
1962	9,750	3,600	13,350	27,0	1,80
1963	10,523	6,500	17,023	38,2	1,80
1964	11,136	9,700	20,836	46,6	1,90
1965	12,009	11,400	23,409	48,7	2,05
1966	13,608	15,700	29,308	53,6	2,40
1967	13,064	[5] 19,135	32,199	59,4	3,40
1968	14,270	29,489	43,759	67,4	3,40
1969	16,623	18,153	34,776	52,2	3,78
1970	16,751	[6] 9,064	26,060	34,8	3,78
1971	[3] 16,996	34,613	51,609	67,1	3,78
1972	17,590	48,011	65,633	73,2	4,20
1973	17,622	53,848	71,470	75,3	4,20
1974	[4] 19,600	21,943	41,425	53,0	[10] 6.90
1975	19,482	41,074	60,556	67,8	6,90
1976	24,554	21,798	46,352	47,0	
Feb.					10,0
Juli					14,8
1977	28,463	24,945	53,408	46,7	
April					16,99
Juli					18,84
1978	26,089	19,094	45,183	42,3	
Mai					23,93

Aug.				30,73
1979	28,725	22,597	51,322	44.2
Feb.				41,83
Sept.				47,43
1980				
April				[11] 62,34
Okt.				76,63

Quelle: ausgearbeitet von Manuel Lajo Lazo: "El pais de la leche evaporada" aufgrund folgender Dokumente:

1. Das spezifische Gewicht der Milch bildet den Umrechnungsfaktor von Litern in Kilos, der in den Angaben des Dokumentes INP-OIC verwendet wird.
2. Coronado R., Carlos: "Explotacion Neo-colonial del Agro Cajamarquino: El monopolio suizo 'Nestlé'" in Rev. Realidades Nr. 1, August 1977.
3. INP-OIC, S. 3.
4. Ministerio de Agricultura y Alimentacion — Direccion General de Comercializacion — Oficina de Programacion — "Programa de Abastecimiento 1980 Lacteos", S. 20.
5. INP-OIC, S. 30; und Ministerio de Agricultura y Alimentacion. Sub-sector Alimentacion — Zona VI — Area de Planificacion. "Informe sobre la Produccion de leche evaporada en Arequipa", Arequipa 1978.
6. Ministerio de Agricultura y Alimentacion: "Programa de Abastecimiento 1980" und "Informe sobre la produccion de leche evaporada en Arequipa".
7. INP-OIC, S. 30.
8. INP-OIC, S. 92.
9. Ministerio de Agricultura y Alimentacion, "Programa de Abastecimiento 1980", S. 17.
10. Diario Oficial "El Peruano", Resoluciones Ministeriales.
11. Als Folge einer Änderung in der Form der Unterstützung seitens der Regierung zahlte Perulac ab April, dann ab Oktober 1981 nur noch $ 7.04, bzw. $ 8.37 pro Kilogramm Milch.

Peru: Geschätzte Entwicklung der Preise der einheimischen und der importierten Milch für die Büchsenmilch-Industrie 1965-1981

I	II Einheimische Milch (US-Dollar/ Tonne	III Importierte Milch US-Dollar/ Tonne	Verhältnis der Preise von importierter zu einheimischer Milch
1965	[1] 84,3	62,4	0,74
1966	[1] 95,5	61,0	0,64
1967	106,9	64,7	0,60
1968	78,4	46,2	0,59
1969	92,3	47,4	0,51
1970	92,6	37,4	0,40
1971	92,7	60,1	0,65
1972	110,7	91,4	0,83
1973	125,4	78,9	0,63
1974	159,1	123,2	0,77
1975	153,0	118,7	0,78
1976 Februar	[2] 144,2	61,8	0,43
1976 Juli	202,9	40,2	0,20
1977 April	129,1	54,0	0,42

141

1977 September	143,2	34,2	0,24
1978 Mai	153,4	91,8	0,60
1978 August	199,9	110,0	0,55
1979 Februar	268,1	102,0	0,33
1979 September	209,0	20,0	0,10
1980 April	63,3	135,8	2,16
1980 Oktober	33,9	166,1	4,90
1981 Januar	313,4	188,2	0,60

Quelle: Tabelle ausgearbeitet durch Manuel Lajo Lazo, "El pais de la leche evaporada", aufgrund folgender Angaben:
1. 1965-1975: Corporacion Andina de Desarollo SA: "Estudio preliminar Planta Procesadora de Leche y Derivados", S. 90, mimeo, Januar 1978, Lima.
2. Diario Oficial (Amtsblatt) "El Peruano", ministerielle Entscheide.
Bemerkung: Von 1978 an wurde der durchschnittliche Ankaufspreis für Frischmilch der beiden TNK Carnation-Gloria und Nestlé-Perulac verwendet.
Wechselkurs gemäss: "Boletin del Banco Central Republica"; von 1979 an aufgrund der monatlichen Kurse der R.M.

* Die Angaben zum Gewicht der einheimischen und der importierten Milch beziehen sich auf "flüssige Milch".

Geschätzte Schichtung der Milchproduzenten der Nestlé-Perulac (1978-1980)

Schichtung nach gelieferter Milchmenge in t	Zahl der Lieferanten (1)	in %	Gelieferte Menge in t	in %	Jährliche Einkommen in Millionen Soles	Jährliches individuelles Einkommen in Tausend Soles	Individuelle Lieferung Tagesdurchschnitt in Kilos	individ. Einkommen pro Tag in Soles	Anzahl Kühe[4]
0-21	1,280	76	12,926	45	627	490	28	1,342 (6 US$)	5
21-53	262	16	4,596	16	223	851	48	2,332 (10 US$)	9
53-106	79	5	2,585	9	125	1,582	90	4,334 (19 US$)	17
106-890	37	3	8,618	30	418	11,297	638	30,951 (138 US$)	124
TOTAL	1,658	100	28,725	100	1,393 (6,2 Mio. US$)[5]				

Quelle: ausgearbeitet von Manuel Lajo Lazo: "El pais de la leche evaporada" aufgrund folgender Angaben:
1. Information von Perulac, 1980.
2. Schichtung der Milchlieferanten, ausgearbeitet von der Agencia de produccion de Cajamarca (PRODAC), entnommen der "Cajamarca Review", Ano 1978, S. 60. Menge der im Bassin von Cajamarca gekauften Milch: "Programa de Abastecimiento Lacteos", 1980, S. 20.
3. Preis der Frischmilch ab Bauernhof, bezahlt von Perulac.
4. Bemerkung: Als durchschnittliche Produktionsmenge schätzt man: 5 l/pro Tag (5,125 kg). Dieser Durchschnitt überschätzt die wirkliche Produktivität der Kühe der Kleinproduzenten und unterschätzt diejenige der modernen Produzenten der höheren Schichten.
5. Mittlerer Wechselkurs des Jahres 1979: 225 Soles per Dollar.

Bitte dieses Zeichen in der Antwort wiederholen
Prière de rappeler cette référence dans la réponse
Pregasi rammentare questo riferimento nella risposta
t. 022.1 (5)
t. 311 Pérou 19-GL/gis

Monsieur le Directeur général
de NESTLE S.A.
1800 Vevey
IC

Berne, le 8 octobre 1979

Monsieur le Directeur général.

Permettez-nous de porter à votre connaissance les délibérations de la Commission consultative pour la coopération internationale au développement en sa séance du 3 juillet 1979, au cours de laquelle ont été évoqués, entre autres, les activités de votre filiale au Pérou.

La Commission consultative pour la coopération internationale au développement, qui regroupe des conseillers nationaux, des représentants de la banque, du Vorort, des Eglises, de l'Union syndicale suisse et des organisations privées d'aide au développement, se réunit périodiquement avec les responsables de la Direction de la coopération au développement et de l'aide humanitaire et de l'Office fédéral des affaires économiques extérieures afin de s'enquérir des réalisations et de communiquer au Conseil fédéral ses observations et recommandations en la matière. Pour sa session du 3 juillet 1979, la Commission avait décidé de se pencher sur l'ensemble des relations économiques entre la Suisse et un pays en développement, analysant aussi bien l'aide publique au développement que la politique des entreprises privées afin de discerner si ces deux aspects de la présence suisse coexistent harmonieusement ou entrent en contradiction l'un avec l'autre. Pour illustrer cette discussion, la Commission avait porté son choix sur le Pérou.

Invités par la Commission à lui signaler les points d'incidence de l'action des entreprises suisses installées au Pérou dans celle que nous développons dans le cadre de nos projets de coopération, nous lui avons présenté les faits suivants :

Le projet « Pérou développement fromageries », que nous soutenons depuis 1972, se fixe comme objectif la création ou le renforcement de petites fromageries rustiques qui permettent d'absorber la production laitière dans les zones où les débouchés sont problématiques et d'élever les revenus des petits éleveurs.

Il a permis, à ce jour, l'installation d'une cinquantaine de fromageries disséminées sur l'ensemble du territoire national, dont la production atteint environ 500 tonnes par an.

Dans l'un des départements auquel notre projet a étendu le périmètre de son action, Cajamarca, l'entreprise Perulac, dont Nestlé est actionnaire, a installé une fabrique de lait évaporé. Son approvisionnement est assuré par les petits et moyens producteurs du bassin de Cajamarca, auxquels Perulac achetait, en 1977, 75'000 l de lait par jour, tandis que la production totale de la région oscillait autour de 100 000 l.

En 1976, le projet fromager concluait, par l'intermédiaire du coordonnateur de la Direction de la coopération au développement au Pérou, une sorte de « gentleman's agreement ». Aux termes de cet accord, le projet fromager s'engageait à ne pas stimuler la production de fromage à pâte dure dans le bassin de Cajamarca, afin de ne pas concurrencer la récolte de lait effectuée par Perulac. Cette décision entrait par ailleurs dans la logique d'un projet qui s'oriente principalement vers les régions où l'écoulement du lait est difficile.

Or, à partir de fin 1977, Perulac restreint, semble-t-il, ses achats de lait aux éleveurs de la zone. La presse péruvienne fait état de pertes qu'auraient encourues de ce fait les producteurs du bassin de Cajamarca, dont plusieurs se seraient finalement résolu à jeter leur lait à la rivière. A certains d'entre-eux (SAIS Porcon, p. ex.), le projet fromager avait conseillé, une année auparavant, de livrer leur lait à Perulac au lieu de produire du fromage.

Pour justifier ces restrictions à l'achat de lait frais, Perulac a fait état de la saturation de sa fabrique de Cajamarca. L'interprétation qu'en donnent certains journaux péruviens est autre : le prix du lait en poudre ayant considérablement baissé sur le marché international, Perulac aurait trouvé plus avantageux de reconstituer du lait à partir de la poudre. Les producteurs péruviens et le développement de l'élevage national auraient donc été sacrifiés au profit de considérations purement commerciales, alors que notre pays cherche à contribuer, par le biais de son aide publique, à la consolidation de ce secteur.

Ces faits ont retenu l'attention des membres de la Commission consultative. Avant de déterminer si, dans ce cas précis, il y a conflit entre les objectifs de développement que nous poursuivons et la pratique d'une entreprise à participation suisse, la Commission souhaite connaître votre point de vue. C'est donc à sa demande expresse que nous nous adressons à vous pour vous prier de nous communiquer toutes les données qui vous semblent de nature à clarifier le débat.

Dans l'attente de votre réponse, nous vous prions d'agréer, Monsieur le Directeur général, l'assurance de notre considération distinguée.

COOPERATION AU DEVELOPPE-
MENT ET AIDE HUMANITAIRE

Le Directeur : M. Heimo

Copie à :
Commission consultative
HH
WM
GI
PA
NY
WD

DF
LA
ER
BE
M. Veglio, à Lima
Mme Sonia Salas, à Lima
M. l'Ambassadeur Jacobi,
Office féd. des affaires économiques extérieures.

Avenue Nestlé
1800 Vevey

Le 29 octobre 1979

V/références : t. 022.1(5)
t. 311 Pérou 19-GL/gis

Département fédéral des Affaires
Etrangères
A l'att. de M. M. Heimo, directeur
Coopération au développement et aide
humanitaire

3000 BERNE

Monsieur le Directeur,

Nous avons bien reçu votre lettre du 8 octobre nous priant de bien vouloir vous fournir certains renseignements concernant les activités de la société Perulac.

En tant que personnalité juridique de droit péruvien, la société Perulac doit se conformer à la législation de ce pays, y compris la politique laitière dont les autorités péruviennes définissent les orientations économiques et sociales.

C'est donc à titre d'information que nous avons l'honneur de vous transmettre les renseignements suivants que nos amis péruviens ont eu l'amabilité de nous fournir.

Veuillez croire, Monsieur le Directeur, à l'expression de notre considération distinguée.

A. Mahler   K. Schnyder
Directeur adjoint   Directeur adjoint

Annexe : rapport de situation-PERULAC.

RAPPORT DE SITUATION-PERULAC

1. L'évolution de la situation à CAJAMARCA depuis 1975

En 1975, l'usine de Cajamarca achetait aux producteurs locaux la moyenne de 53 000 l de lait par jour. Cette quantité était identique à la moyenne de 1974 et représentait à peu près 70 % de la production totale de la région, le restant étant acheté par des concurrents. Cette moyenne avait connu une évolution très régulière : elle avait mis 17 ans pour augmenter de 28 000 l au volume précité, c'est-à-dire une progression moyenne de + 4 % par année, englobant une période de stagnation entre 1970 et 1975 (+ 7 % en 4 ans).

A partir de 1976, la production s'est développée à un rythme accéléré à la suite d'une mesure gouvernementale qui, en augmentant le prix du lait frais, encourageait à la fois très fortement la production laitière de telle manière que la société Perulac a augmenté ses achats de lait frais pour atteindre, à la fin de l'année 1977, la moyenne de 75 000 l par jour, c'est-à-dire une progression de 38 % en 2 ans.

A ce moment, elle atteignait sa capacité de réception maximale. C'est pourquoi des investissements ont été faits pour augmenter cette capacité. Toutefois, en attendant, il ne fut pas possible d'acheter plus de lait que Perulac ne pouvait en traiter.

Le problème de l'écoulement du lait qui s'est posé d'une manière totalement imprévisible dans tout le pays et non seulement dans la région de Cajamarca, était donc avant tout le résultat d'une croissance rapide de la production locale à laquelle Perulac, faute de capacité, ne pouvait faire face progressivement, comme c'était d'ailleurs le cas pour d'autres entreprises.

2. La politique laitière

La politique laitière est définie par le gouvernement. Celui-ci décide du prix du lait payé aux fermiers comme de celui payé par le public.

En outre, il décide de la quantité de lait en poudre importé et de son prix. Comme d'autres entreprises, la société Perulac reçoit son quota qui lui est fixé par le gouvernement. Aucune entreprise ne peut donc importer selon sa convenance du lait en poudre.

Nous croyons savoir que les autorités péruviennes recherchent des solutions pour concilier le développement de la production locale avec l'exigence sociale de mettre à disposition du consommateur des produits laitiers à un prix accessible, car c'est cela le véritable problème de la production laitière. En attendant, les quotas d'importation accordés aux entreprises ont diminué.

3. Les contacts entre la société Perulac et la Coopération technique suisse

Le terme de « gentlemen's agreement » traduit assez mal la nature de l'échange d'informations, tout à fait informel d'ailleurs, qui a existé entre les coopérateurs techniques et les collaborateurs de la société Perulac.

En effet, la société Perulac, société de droit péruvien, pourrait mal s'immiscer dans un projet de développement financé par la Confédération helvétique.

Toutefois, il a semblé tout à fait logique à Perulac que le projet fromager ne chercha pas à se développer de manière très active dans la région de Cajamarca, d'abord parce qu'il n'y avait aucun problème d'écoulement du lait jusqu'en 1976 et qu'un tel problème était absolument imprévisible, ensuite parce qu'un réseau de récolte des différents industriels y fonctionne aussi bien que possible. D'ailleurs, il est connu que le projet cherchait à s'installer avant tout dans des régions éloignées, dépourvues de routes et dans les montagnes.

On ne voit donc pas très bien comment, le cas échéant, il aurait pu y avoir conflit entre les activités de la coopération technique suisse et celles de la société Perulac. Dans ce cas, le gouvernement péruvien, qui s'intéresse de très près à la situation des fermiers, serait d'ailleurs sans doute intervenu.

En tout état de cause, la société Perulac respecte en tout temps les décisions prises par des tiers comme l'organisme indépendant que constitue la Coopération technique suisse.

En ce qui concerne SAIS Porcon, la société Perulac a acheté, pour l'année 1978, la totalité de la production fournie par cet organisme (850 kg par jour) avec une interruption de 3 jours, les 18, 20 et 22 mai.

4. Le rôle économique et social de Perulac dans la région de Cajamarca

Dans la région de Cajamarca, le nombre de producteurs de lait a passé de 67 en 1947, date à laquelle la société Perulac s'y est installée, à 442 en 1966 et 1406 en 1978.

Aujourd'hui même, le service d'assistance technique, que fournit la société Perulac, occupe 4 techniciens qui ont effectué en 1978 par exemple, 1 250 visites auprès des fermiers. Cette assistance contribue depuis des années à améliorer la production de lait frais par toutes sortes de mesures en matière d'alimentation, d'hygiène et de race du bétail.

En conclusion, la société Perulac a non seulement respecté scrupuleusement la législation locale en matière de production laitière mais a contribué en outre par ses activités à la réalisation des plans de développement économique et social du gouvernement et ce rôle positif est reconnu aussi bien par le gouvernement actuel que par les précédents.

Kapitel IV

Mexiko:
Wer profitiert von der regionalen Entwicklung, nach Nestlé-Art?

Mexiko

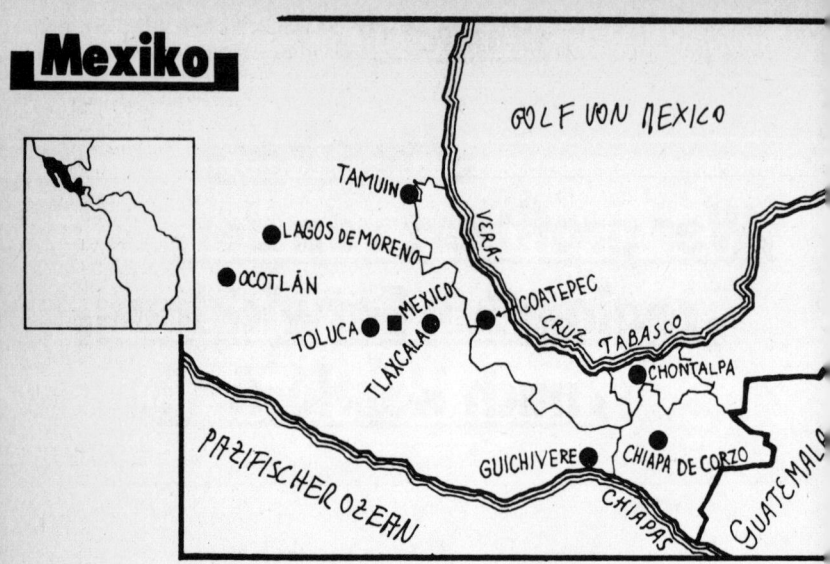

Oberfläche:	1'972'550 km^2
Bevölkerung (1983):	74,9 Mio.
Bevölkerungsdichte (1983):	38,0 Einw./km^2
Bevölkerungswachstum:	2,6%
Geburtenrate:	3,3%
Kindersterblichkeit (1981):	54,0‰
städtische Bevölkerung:	67,0%
Bruttosozialprodukt(1982):	154,2 Mia. Dollar
Bruttosozialprodukt pro Kopf:	2058 Dollar
Verschuldung im Ausland (1983):	85,0 Mia. Dollar
landwirtschaftliche Handelsbilanz (1982):	− 0,57 Mia. Dollar
Nationale Währung:	Peso

Inflation in Prozent pro Jahr:

1977	1978	1979	1980	1981	1982	1983
29,0	17,5	18,2	27,9	27,8	58,9	101,9

Verteilung der Beschäftigten nach Sektoren und deren Anteil am BSP:

	in % der aktiven Bevölkerung	% des Bruttosozial produkts
Landwirtschaft	36	8
Industrie	26	38
Dienstleistungen	38	54

Quellen: Weltbank/IWF, "L'Etat du monde 1984", La Découverte, Paris. "Atlaseco 1984".

Mexiko führte die erste Agrarreform in der Folge der Revolution von 1910 durch. Als Abwehr gegen den Einfluss des grossen Nachbarn im Norden verfolgte der Staat eine ausgesprochene nationalistische Politik: Bereits 1938 verstaatlichte Präsident Cardenas die Erdölunternehmen. Nichtsdestoweniger kämpft das Land gegen kaum lösbare Probleme. Ein starkes Bevölkerungswachstum, dauernde Arbeitslosigkeit, eine beträchtliche Auslandsverschuldung, sinkende Einkünfte aus der Erdölindustrie, eine in den letzten Jahren unkontrollierbar gewordene Inflation sind gegenwärtig die schwerwiegendsten Probleme Mexikos. Dabei verfügt das Land über reichlich vorhandene Ressourcen, grosse Erdöl- und Mineralienvorkommen, eine fortgeschrittene und stark diversifizierte industrielle Entwicklung (wobei Kader und qualifiziertes Personal zur Verfügung stehen), ein Bruttosozialprodukt und ein Pro-Kopf-Einkommen, aufgrund dessen Mexiko zu denjenigen Ländern zählt, welche nach Ansicht gewisser Leute als Schwellenländer gelten. Tatsächlich nimmt Mexiko, trotz der Kontrolle des Staatsapparates durch die PRI (Partido Revolucionario Institucional), trotz stark verbreiteter Korruption innerhalb der Bürokratie und der Unterdrückung der Opposition, eine wichtige Stellung in der Dritten Welt ein, weil das Land die gegenwärtige Weltwirtschaftsordnung infragestellt und für eine neue Weltwirtschaftsordnung eintritt.

Und doch: obschon Fleisch, Früchte und Gemüse in alle Welt exportiert werden, gelingt es Mexiko nicht, seine Bevölkerung angemessen zu ernähren. Das Wachstum der landwirtschaftlichen Produktion ist schwach, weit unter dem allgemeinen mexikanischen Wirtschaftswachstum, das sich in den letzten 10 Jahren stark gesteigert hat. Die jeweiligen Regierungen gingen vom Versprechen, die Stagnation der Landwirtschaft (insbesondere die Lebensmittelproduktion) zu überwinden, über zum Aufbau von grossen regionalen Entwicklungsprojekten, zur Unterstützung der Produktion, der Güterzusammenlegung, der Organisation und Eingliederung der Bauern. Vergeblich, so scheint es. Das Nahrungsmitteldefizit Mexikos ist chronisch; die Abhängigkeit vom Ausland beim Getreide und anderen Grundnahrungsmitteln verstärkt sich laufend. 1980 wurde die landwirtschaftliche Handelsbilanz Mexikos defizitär. Das Land muss einen ständig grösseren Anteil seiner Erdöleinkommen dem Nahrungsmittelimport opfern.

Das Land ist zwar industrialisiert, aber unter der Kontrolle von ausländischen Unternehmen; dies trotz nationalistischer Bestrebungen, die Beherrschung der nationalen Ressourcen durch transnationale Unternehmen zu vermeiden. Industrielle Diversifizierung, aber auch starke Konzentration in den Schlüsselsektoren der Produktion charakterisieren die mexikanische Industrialisierung. "Die mexikanische Entwicklung" bestand hauptsächlich in der Nachahmung des Industrialisierungsmodells des nördlichen Nachbarn, der USA, obwohl Probleme und Bedürfnisse sehr verschieden sind. Dieses Modell beruht auf grossen Investitionen, einem geringen Bedarf an Arbeitskräften, auf dem Einsatz von Spitzentechnologie und trägt deshalb dazu bei, wichtige Sektoren der Wirtschaft des Landes unter die Kontrolle der TNK zu bringen. Durch die Übertragung eines Industrialisierungsmodelles werden auch ein bestimmter Lebensstil, Konsumgewohnheiten und ein Wertsystem eingeführt, das dem Wurzeln des mexikanischen Volkes fremd ist. Z.B. ist die mexikanische Bourgeoisie trotz des zur Schau gestellten Nationalismus nach aussen orientiert, träumt nur vom "american way of life", der ihr das ganze Jahr hindurch auf dem Bildschirm präsentiert wird. Der Schmuggel von Konsumgütern aus dem Nachbarland blüht. Verarbeitete Markenprodukte haben die Grundnahrungsmittel bei einem Grossteil der Bevölkerung verdrängt. "Ernährungsinformation" und die moderne Werbung beeinflussen die Ernährungsgewohnheiten des Volkes. Es wird sogar schwierig, in einem Restaurant einen "guten Kaffee" zu erhalten. Man erhält lediglich eine Tasse mit heissem Wasser und eine Büchse mit Instantkaffee, obwohl Mexiko weltweit einer der grössten Kaffeeproduzenten ist.

Nestlé nimmt eine Sonderstellung innerhalb der mexikanischen Nahrungsmittelindustrie ein. Die Diversifizierung ihrer Aktivitäten ist hier sehr weit fortgeschritten und der TNK beherrscht als Oligopol den Markt für mehrere Produkte (Milchprodukte, löslicher Kaffee u.a.). Für Nestlé ist Mexiko nach Brasilien der zweitwichtigste Markt in Lateinamerika und der Karibik. Das Wachstum des Umsatzes und der Gewinne ist spektakulär, trotz Inflation. Diese Aspekte, wenn auch interessant, werden uns nicht länger beschäftigen. Der Schwerpunkt liegt im folgenden auf der Analyse der Zusammenarbeit von Nestlé mit der Regierung bei der Dezentralisierung und der regionalen Entwicklungspolitik.

Dieses Vorgehen wird uns praktisch durch den TNK selbst vorgeschrieben, da er in seinen für das Publikum bestimmten Broschüren auf sehr unvollständige Weise das präsentiert, was er eine "Illustration der Rolle von Nestlé in den Entwicklungsländern" nennt.

Eine gründliche Untersuchung der Nestlé-Niederlassungen im Südosten des Landes im Staat Chiapas, in Chontalpa (Tabasco), im Staat Veracruz und in Guichevere im Istmus von Tehuantepec liefert dem Leser zusätzliche Elemente, um die Auswirkungen der Präsenz von Nestlé auf regionaler Ebene einzuschätzen.

Mexiko: inländische Milchproduktion, Milchkonsum und -import (1975-1980)

	1980 in 1000 t/Jahr	Mittel der Jahre 1975-1980 in 1000 t/Jahr	jährliche Wachstumsrate 1975-1980 in %
inländische Produktion	6'741	- -	+ 2,6%
inländischer Konsum	9'125	- -	+ 7 %
Import	191,38	85,460	- -

Herkunft der Importe	USA	Kanada	Australien	andere
Marktanteile in %	30,6	18,6	10.6	40.2

Quelle: Centre français du commerce extérieur, "Le marché international des poudres de lait destinées à l'alimentation humaine", November 1982.

Exportkulturen, Produktion, Nahrungsmitteldefizit
und die neue staatliche Politik
für eine Selbstversorgung mit Nahrungsmitteln

Seit 10 Jahren können wir in Mexiko staatliche Massnahmen zur Erhöhung der landwirtschaftlichen Produktion verfolgen. Der kritische Punkt war erreicht: Obwohl Mexiko eine jährliche allgemeine Wachstumsrate von über 6% aufweist, ist diese Rate 1974 im Landwirtschaftssektor auf 2% gesunken und liegt damit unter der Bevölkerungswachstumsrate. Die Produktivität der Landwirtschaft ist relativ hoch; das bezieht sich allerdings zum grössten Teil auf Exportkulturen. Das Entwicklungsniveau der Parzellenlandwirtschaft der Ejidos›* und der kleinen privaten Wirtschaften bleibt aufgrund der extremen Aufsplitterung der Parzellen, der meist niedrigeren Qualität der Böden und des Mangels an finanziellen und technologischen Ressourcen tief. Mehrere Hindernisse stehen der Eingliederung der Kleinbauern in eine nationale Landwirtschaftsstrategie im Weg, was den Staat veranlasst, Programme der Organisation, Vermarktung und Krediterteilung für den Anbau von Nahrungsmitteln auszuarbeiten. Solche Massnahmen stellen die Landwirtschaftsstruktur, die durch eine tiefe Dichotomie zwischen Produktion für den Export und Produktion für den inländischen Markt gekennzeichnet ist, nicht in Frage.

Die Konzentration der Ressourcen (Boden, Kredite, Wasser für die Bewässerung) in den Händen einer ländlichen Bourgeosie und der mächtigen Grossgrundbesitzer, die in die Entwicklungsstrategien der TNK integriert sind, stellt ein grundlegendes Problem dar. Kleinbauern und Ejidatarios, denen die Sicherung der Nahrungsmittelproduktion für den inländischen Markt obliegt, gelingt es trotz aller produktionsfördernder Programme nicht mehr, die grosse Nachfrage zu befriedigen. Grundsätzlich hat die Regierung die Möglichkeit, bei den Produzentenpreisen und im landwirtschaftlichen Kreditwesen zu intervenieren, jedoch hat sie oft nicht den politischen Willen dazu oder dann schalten sich die dominierenden Gruppen und die transnationalen Unternehmen ein, um zu verhindern, dass ihre Privilegien angetastet werden. Das staatliche Handeln bleibt demzufolge beschränkt.

Zum Beispiel konnte der Plan SAM (Sistema Alimentario Mexicano — mexikanisches Ernährungssystem)**, der von der vorherigen Regierung mit dem Ziel der Nahrungsmittelselbstversorgung aufgestellt worden war, nur leichte Verbesserungen bringen. Es ist bezeichnend, dass die wichtigste der vorgesehenen Massnahmen die Steigerung der Getreideproduktion der Kleinbauern auf den Hochebenen war. Dank grosszügiger Kredite und angepasster Anbauprogramme. Die neuen Latifundisten im Norden und die Viehzüchter wurden nicht tangiert; sie ex-

---

* Ejido: Unter Ejido versteht man in Mexiko die bäuerliche Gemeinschaft, die von der Landverteilung während der Agrarreform profitierte, sowie die Gesamtheit des an sie verteilten Bodens. Der Ejidatario ist Nutzniesser, nicht Eigentümer des Bodens, der der Gemeinschaft gehört. Die Bewirtschaftung erfolgt individuell oder, in gewissen Fällen, kollektiv (Kollektivejido).

** Nach der Machtübernahme durch eine neue Gruppe wurde der Plan SAM aufs Abstellgleis geschoben und durch ein anderes Programm ersetzt, das die Mängel von SAM beheben sollte; dessen Resultate sind aber noch nicht bekannt, ebensowenig ist der politische Wille zur konkreten Anwendung ersichtlich.

portieren weiterhin Früchte, Gemüse und Fleisch, insbesondere in die USA — unter der Kontrolle und mit Kreditunterstützung der TNK.

Die Kredite der Privatbanken und der Vermarktungsunternehmen richten sich vor allem nach dem rentableren landwirtschaflichen Sektor. Die Steigerung der Schlachtviehzucht und der Exportkulturen beansprucht einen ständig grösseren Anteil des Bodens, der so für die Produktion von Grundnahrungsmitteln verloren geht.

J. Schatan, Leiter eines Forschungsprogrammes über das Ernährungssystem Mexikos am UN-Forschungsinstitut für soziale Entwicklung (UNRISD = UN - Research Institute for Social Development) präzisiert, dass die für den Maisanbau bestimmte Fläche von 1965 bis 1978 um 600'000 ha abgenommen hat, während die für den Sorghumanbau* bestimmte Fläche im gleichen Zeitraum um über 1 Mio ha anstieg[2].

Nach Adolfo Chávez Villasana, Leiter der Abteilung Ernährung am nationalen Ernährungsinstitut, kann man sogar von einer eigentlichen Verschwendung der landwirtschaftlichen Ressourcen zugunsten der Viehzucht sprechen. Nach bestimmten Berechnungen werden für die Fleisch-, Milch- und Eierproduktion über 5 Mio. Tonnen Soya, über 200'000 Tonnen Mehl (bei der Herstellung von Ölkuchen) und nicht definierte Mengen von Fischmehl, Luzerne und anderem Viehfutter gebraucht, was einen grossen Teil der besten Böden beansprucht.

Die Umwandlung von Getreide in Viehfutter verringert die verfügbare Energie mindestens um das 30fache, den Proteingehalt um das 6fache. Das heisst, aus 30 dem Vieh verfütterten Kalorien entsteht nur eine tierische Kalorie, und 6 Gramm planzliche Proteine werden in 1 Gramm tierisches Protein umgewandelt. Folglich sind Milch, Fleisch und Eier sehr teuer und nur kaufkraftstarke soziale Klassen können solche Nahrungsmittel kaufen[3].

Die Fleischproduktion hat in den letzten Jahren insbesondere in Mexiko, Zentral- und Südamerika zugenommen. Dies fügt sich in das Bild der internationalen Arbeitsteilungen. Die Länder der Peripherie werden als Reserve für die Produktion von billigem Fleisch und Gemüse für die Bevölkerung des Zentrums betrachtet. Dies zum Nachteil der lokalen Bevölkerung, da durch die Verknappung der traditionellen Nahrungsmittel deren Preise in die Höhe schnellen. In Mexiko erlebte man sogar eine "Bohnenkrise" — Bohnen sind das wichtigste Grundnahrungsmittel der Bevölkerung.

Diese tiefgreifende Änderung in der Landwirtschaft wird verstärkt durch das Eindringen von ausländischen Unternehmen in den Bereich der unmittelbaren Produktion oder dadurch, dass die ausländischen Unternehmen im Vermarktungsprozess sich der landwirtschaftlichen Produkte bemächtigen.

Zwei Wege eröffnen sich in der Neulandgewinnung und der Produktionssteigerung der Ejido-Ländereien. Der Weg des privaten Monopols erlaubt die Bildung und Konsolidierung einer ländlichen Bourgeoisie: Dank "Assoziierungsabkommen" mit den Ejidatarios und Kleinbauern — oft getarnte Landverkäufe — können diese neuen kapitalistischen Unternehmer grosse Ländereien kontrollieren, die sie meistens dem Anbau von Exportkulturen und der extensiven Viehzucht zuführen. Der andere Weg, jener des Staatsmonopols, will die Zusammenlegung der zerstückelten Gebiete und die kollektive Organisation der Bauern fördern. Dabei interveniert der Staat nicht nur durch die Schaffung der notwendigen Infra-

---

* Sorghum wird für Viehfutter verwendet.

stuktur, sondern auch durch direkte Kapitalspritzen an die Bauern, durch Anbau-planung und die Kontrolle der Kredite und der Verteilnetze.

Die Kollektivejidos und die agro-industriellen Unternehmen werden so zu den bevorzugten Instrumenten dieser Politik (Staatsmonopol). Die Programme wer-den durch die staatliche Agrarkreditbank finanziert, dank der neuen Erdölres-sourcen und der Anleihen bei internationalen Finanzorganismen wie der Welt-bank und der Interamerikanischen Entwicklungsbank. Durch hohe Darlehen, de-ren Rückzahlung sich über eine lange Zeitperiode erstreckt, an die staatlichen Or-ganismen und die Privatbanken gebunden, werden die Kleinbauern zu landwirt-schaftlichen Arbeitnehmern auf ihren eigenen zusammengelegten Ländereien. Die von den grossen Banken auferlegten Kriterien stimmen mit den Interessen der transnationalen Maschinenbau- und Verarbeitungsindustrie überein. Diese profitieren seitdem bei ihren neuen Aktivitäten von der staatlichen Infrastruktur, ohne die direkten Produktionsrisiken einzugehen.

Die Beherrschung (der Produktion und der Konsumation) durch ausländische Unternehmen wächst, sowohl bei den landwirtschaftlichen Exportprodukten, als auch bei jenen, die für den mexikanischen Binnenmarkt verarbeitet werden. Die Verarbeitung von Getreide in teure und diversifizierte Produkte führt, dank einer intensiven Werbung, zu einer neuen Angebotsstruktur. Seitdem ist Getreide als Grundnahrungsmittel knapp, dafür herrscht auf dem Markt Überfluss an verar-beiteten Produkten für die privilegierten Klassen. In der Tat entspricht es der Ra-tionalität der Unternehmen, einer kaufkräftigen und nicht einer sozialen Nachfra-ge gerecht zu werden.

Zur Deckung der sozialen Nachfrage nach Getreide, um eine tiefe gesellschaft-liche Umwälzung, bedingt durch die Unzufriedenheit der Massen zu verhindern, und die Löhne in der Industrie tiefzuhalten, was der industriellen Bourgeoisie und den TNKs Profite ermöglicht, greift die Regierung auf verschiedene Weise ein:

— Durch die Kontrolle der Produzentenpreise: Dank einer Politik der stabilen, durch die Regierung fixierten Preise steuern die Bauern — für ihre landwirtschaft-liche Arbeit unterbezahlt — zur allgemeinen wirtschaftlichen Entwicklung bei und tragen so die Kosten des Akkumulationsprozesses. Mit anderen Worten: durch die Unterbezahlung der landwirtschaftlichen Produkte findet eine Mehrwertab-schöpfung statt. Dies kommt der städtischen Bevölkerung und den Industriellen zugute, die so tiefere Löhne auszahlen können. Während der für Mais garantierte Preis im Nominalwert zwischen 1954 und 1978 nur um das 5,2fache stieg, ist die Gesamtheit der landwirtschaftlichen Preise um den Faktor 5,8 gestiegen; das all-gemeine Preisniveau nahm im gleichen Zeitraum um das 7,1fache zu.

— Durch landwirtschaftliche Kredite und spezielle Programme zur Unterstützung der Produzenten.

— Durch Konsumsubventionen, mittels Verteilungszentralen, Geschäften für den Volkskonsum (Conasupo, Liconsa, Andie)

— Durch Getreideimporte, um das Produktionsdefizit zu decken und der Nach-frage zu entsprechen. J. Schatan weist darauf hin, dass die für Nahrungsmittelim-porte ausgegebenen Summen von 20 Mio. (1960) auf 835 Mio. (1978) gestiegen sind. Man könnte annehmen, dass der Export von landwirtschaftlichen Produkten und von Fleisch Devisen einbringt, was anders ausgedrückt bedeuten würde, dass sich Mexiko auf Exportprodukte spezialisieren (die komparativen Vorteile für diese Importe berücksichtigend) und das anderswo billiger produzierte Getreide einkaufen würde. Dies ist jedoch nicht der Fall. Obwohl die landwirtschaftlichen Exporte stark gestiegen sind – ihr Wert erhöhte sich von 450 auf 1670 Mio. Dollar in dieser Periode – hat sich das Verhältnis beträchtlich verändert: Während 1965 die Getreideimporte nur 9% der gesamten Nahrungsmittelimporte darstellten, macht sie 1980 bereits 80% aus. Diese Angaben belegen die wachsende Abhängigkeit Mexikos im Nahrungsmittelsektor.

J. Schatan hebt zwei Auswirkungen dieser steigenden Abhängigkeit Mexikos auf dem Nahrungsmittelsektor hervor: 1. ein wachsender Anteil der landwirtschaftlichen und finanziellen Ressourcen wird für die Produktion von Exportkulturen und die Viehzucht bestimmt, währendem ein abnehmender Anteil der Produktion von Lebensmitteln zugewiesen wird. 2. ein wachsender Anteil der Erdöleinkommen wird für den Nahrungsmittelimport aufgewendet werden müssen, wodurch die für den Import von Kapitalgütern zur Verfügung stehenden Devisen verringert werden und die Abhängigkeit des Landes von ausländischen Lieferanten auf dem anfälligen und strategischen Gebiet der Ernährung vergrössert wird[4].

Die landwirtschaftliche Handelsbilanz wurde 1980 negativ: sie wies zu diesem Zeitpunkt ein Defizit von 600 Mio. Dollar aus[5]. Mexiko musste 1980 16,6% seiner Petrodollar für den Import von 10 - 12 Mio Tonnen Getreide ausgeben. Für 1982 wurde eine Einfuhr von 20 Mio. Tonnen Nahrungsmitteln vorgesehen, was 21% der Erdöldevisen entspricht. 1990 werden 54% der Erdöleinkommen für den Nahrungsmittelimport ausgegeben werden müssen, vorausgesetzt, es finden keine wichtigen Veränderungen in der nationalen Nahrungsmittelproduktion statt[6].

Nahrungsmittelindustrie: stark konzentriert und durch die ausländischen Unternehmen kontrolliert

Das Industrialisierungsmodell Mexikos wurde durch das starke Eindringen ausländischer Unternehmen, vor allem nordamerikanischen Ursprungs, beeinflusst. Dies ist insbesondere in der Nahrungsmittelindustrie bedeutsam, welche die in den USA vorherrschenden Produktions-, Verarbeitungs- und Distributionsformen von Nahrungsmitteln übernimmt. Viele nationale Unternehmen verfolgen das gleiche Modell. Die protektionistische Politik des Staates hat oft die Beherrschung grosser Sektoren in der Nahrungsmittelindustrie durch die TNK beschleunigt: durch eine erste Direktinvestition aus dem Ausland dringen die TNK in den Markt ein, nehmen den nationalen Kapitalmarkt in Anspruch, um ihre Tochtergesellschaften zu fördern, die nationalen Unternehmen aufzukaufen und den Vertrieb ihrer Produkte auf einem grossen Markt auszudehnen, der durch strenge Zollschranken vor der ausländischen Konkurrenz geschützt ist.

In einer Studie über die Agroindustrien in Mexiko 1976 betonen Ökonomen den hohen Konzentrationsgrad in der Kondensmilch-, Büchsenmilch- und Milchpulverbranche. 1970 (Angaben aus einer Betriebszählung) befanden sich 10 der 12 Unternehmen dieses Wirtschaftszweiges in den Händen von transnationalen Unternehmen. Diese beschäftigten 98,7% des in der Branche tätigen Personales, erwirtschafteten 98,3% der Gesamtproduktion und zahlten 98,1% der Löhne aus*. Gemäss der gleichen Quelle besass Nestlé damals 7 dieser 10 ausländischen Niederlassungen, wies eine Brutto-Rentabilitätsquote von 72,1% und eine Produkti-

---

* Die Wachstumsrate in der Nahrungsmittelindustrie betrug 1960 12,66% und 1970 8,99%. Diese Rate übersteigt die durchschnittliche Wachstumsrate Mexikos.

vität von 147'000 Pesos pro Arbeiter auf. Dieser Wirtschaftszweig benützte damals für die industrielle Verarbeitung 28% der im Land produzierten Milch[7]. 1975 stellte sich die Situation kaum anders dar: man verzeichnet eine ausländische Konzentration von 97% in den Sparten der Büchsen-, der Kondens- und der Pulvermilch. Kondens- und Pulvermilch werden von Nestlé SA produziert, mit Ausnahme eines kleinen Anteils an Säuglingsmilch, der durch die Wyett-Wales Laboratorien (American Home Products) hergestellt wird. Die Büchsenmilch wird ausschliesslich durch Carnation Mexiko produziert. Carnation und Nestlé respektieren gegenseitig ihre Marktanteile. Zusammen kontrollieren diese beiden TNK 8 von insgesamt 12 Fabriken in der industriellen Milchwirtschaft[8]*.

▌Präsenz Nestlés in Mexiko▐

In Bezug auf ihre Niederlassung in Mexiko beteuert Nestlé: "Es wäre jedoch falsch zu glauben, dass heute die Zeit der Pioniertätigkeit für Nestlé vorbei ist"[9]. Durch seinen technologischen Beitrag, seinen technischen Beratungsdienst und die Erschliessung neuer Milchgebiete spielt der TNK weiterhin eine entscheidene Rolle in der Entwicklung der "abgelegenen" Zonen des Landes. Sich nicht mit dem Erworbenen begnügend, soll das Unternehmen den mexikanischen Behörden seine wertvolle Hilfe in der Verbesserung des Lebensstandards der Bauern angeboten haben, indem es mit der milchwirtschaftlichen Tierhaltung in der tropischen Zone (ein Pionierwerk) schafft. Nestlé betont weiter, dass sie durch die Anpassung an die Strukturen der bäuerlichen Gemeinschaften (Ejidos) akzeptiert, bei der Dezentralisierung mitzumachen und ein Entwicklungsprojekt im Südosten des Landes an die Hand nimmt. "Hier treffen sich die bejderseitigen Interessen" von mexikanischen Ejidos, die sich eine Einnahmequelle verschaffen wollen, um ihren Lebensstandard zu erhöhen, und von Nestlé-Mexiko, die vor allem ihre Frischmilcheinkäufe steigern will, um die ständig steigende mexikanische Nachfrage zu befriedigen.[10]

Die sorgfältige Prüfung einiger Fabrikniederlassungen Nestlé's in den abgelegenen Gebieten Mexikos, insbesondere in den Staaten von Chiapas, Tabasco (Chontalpa) und von Veracruz wird anstelle dieses idyllischen Bildes die wirkliche Rolle Nestlé's aufzeigen.

Mexiko hat sich als bevorzugtes Feld für die Entfaltung diverser Tätigkeiten des TNK's erwiesen, trotz eines stark betonten Nationalismus und staatlichen Massnahmen zur Kontrolle der ausländischen Investitionen.

Zuerst war Nestlé durch ein Verkaufsbüro für seine Importprodukte in Mexiko vertreten. 1935 lässt sich Nestlé in Mexiko nieder und errichtet in Ocotlan eine erste Fabrik für die Herstellung von gezuckerter Kondensmilch. Im Laufe der Jahre werden neue Fabriken eröffnet, die Produktion ständig diversifiziert und die fortschreitende Kontrolle über einen wachsenden Markt ausgebaut. Die nachfolgende Tabelle veranschaulicht diese Entwicklung. Einer Preiskontrolle auf dem Milchmarkt unterworfen, will die mexikanische Tochtergesellschaft von Nestlé mittels verschiedener Unternehmen die laufende Diversifizierung verstärken. Nestlé-Mexiko versucht, seine Marktanteile für Milch- und Tiefkühlprodukte, Eiscrème, Wurstwaren, im Gastgewerbe, in den Sektoren der Pharmazeutika und Kosmetika zu vergrössern. Die wichtigsten, von Nestlé (in Mexiko) kontrollierten Unternehmen sind:

---

* Zur Erinnerung: Carnation gehört seit 1985 ebenfalls zum Nestlé-Konzern.

Expansion Nestlé's in Mexiko

Jahr	Fabrik	Produkte
1935	Ocotlan	Milch
1942		Instantkaffee (sofort löslicher Kaffee)
1944	Lagos de Moreno	Milchprodukte
1955	Coatepec	Milchpulver
1963	Tamuin	Milchpulver
1961	Toluca	Instantkaffee* (sofort löslicher Kaffee)
1967	Toluca	Küchenprodukte (kulinarische Produkte)
1962	Tlaxcala	Rückkauf der Käserei "Club"
1967	Mexico Findus	Tiefkühlprodukte, Eiscrèmes
1971	"Autoparadores"	Autobahnrestaurants
1971	Chiapas de Corzo	Milchpulver
1971 – 1982	Parma Industrial	Wurstwaren, Nahrungsmittel
	Alcon – Oftasa	optische Gläser, ophtalmologische Produkte
	L'Orèal	Kosmetika

* Nestlé kontrolliert in Mexiko 85% der Gesamtproduktion an löslichem Kaffee. Der TNK kauft die zur Verarbeitung bestimmten Kaffeebohnen aus zwei Quellen:
— 40% werden direkt beim mexikanischen Kaffeeinstitut (INMECAFE) zum offiziellen, staatlich fixierten Preis gekauft.
— 60% werden direkt bei den Produzenten und Gossisten gekauft, was es dem TNK erlaubt, zu einem Preis einzukaufen, der nicht unbedingt dem offiziellen, staatlich fixierten Preis entspricht.
Nestlé verarbeitet 500'000 Säcke Kaffee pro Jahr im Wert von 2'500 Mio. Pesos. Vergleichsweise ärmlich erscheint demgegenüber ein mexikanisches Unternehmen wie Café Mexicano mit seinem Budget von 170 Mio. Pesos. [11]

— Compañia Nestlé: Produktion, Vertrieb   — Industrias Alimenticias Club
— Parma Industrial   — Alimentos Findus   — Autoparadores de Mexico
— Industria Bambino SA   — Alcon-Oftasa   — Beteiligung an Oréal

Investitionen Nestlé's in Mexiko

Die Generaldirektion für ausländische Investitionen und Technologietransfer (Dirección General de Inversiones Extranjeras, Transferencia de Tecnologia) liefert am 30. November 1981 folgende Daten zu Investitionen und Grundkapital von Nestlé in Mexiko, den Prozentsatz an der Kontrolle des Kapitals durch das Stammhaus und den Anteil an ausländischen Direktinvestitionen:

Sektor	Name des Unternehmens	Aktien-kapital (Pesos)	Höhe der Investitionen (Pesos)	Beteiligung	ausländische Direktinvestitionen
Industrie	Cia Nestlé SA	2'250 Mio	2'250 Mio	100%	100%
	Alimentos Findus	27 Mio	27 Mio	100%	100%
Dienstleistung	Agencia de Mercadotecnica SA	200'000	200'000	100%	100%
	Autoparadores SA	25'000	15'000	60%	60%

Quelle: siehe Anmerkung 12

Wachstum und Gewinne von Nestlé-Mexiko

Seit 1978 liefern die Jahresberichte von Nestlé Angaben über den Umsatz in den wichtigsten Märkten[13]:

Umsatzentwicklung von Nestlé-Mexiko (1978-1983)

	1978	1979	1980	1981	1982	1983
in Mio. Pesos	5'361,9	7'748,5	10'194,3	14'217	20'467	35'425
in Mio. Sfr.	432,2	565,8	745,1	1'136	773	617

Quelle: Nestlé, Jahresberichte 1978-1983

Obwohl das Umsatzwachstum zwischen 1980 und 1981 auch in Schweizer Franken eindrücklich war — Steigerung um 52% —, hatten die Filialen des TNK in Mexiko doch unter der starken Wirtschaftskrise zu leiden, vor allem unter der Abwertung des Pesos und den neuen Massnahmen zur Einfuhr von Halbfabrikaten, die für die Aktivität Nestlé's im Land notwendig sind. Die starke Abwertung des Pesos im Vergleich zum Schweizerfranken und die Inflation erschweren es, den reellen Fortschritt Nestlé's auf dem mexikanischen Markt zwischen 1982 und 1983 zu bewerten.

Die Jahresberichte verzeichnen einen Umsatzrückgang von 32,2% in Schweizerfranken für 1982 und von 20,2% für 1983, in lokaler Währung ergibt das eine Steigerung von 44% bzw. 73%. Diese Steigerungen bleiben jedoch unter der Inflationsrate, die sich in den letzten Jahren unglaublich beschleunigt hat.

Ein interner Bericht vom 24. Mai 1977 von Herrn Landaburu an die Mitglieder des C.E.E.I.M.* (europäisches Studien- und Informationszentrum über multinationale Gesellschaften) unter dem Titel: "Kommentare: Reise nach Brasilien und Mexiko — April 1977" liefert interessante Angaben über die Aktivitäten Nestlé's in diesen Ländern und betont die Rentabilität der mexikanischen Geschäftstätigkeit zu diesem Zeitpunkt.

> "Das Jahr 1975 brachte nach Abzug der Steuern einen Gewinn von 94 Mio. Pesos (7,8 Mio. Dollar); das Jahr 1976 von 32 Mio. Pesos (1,5 Mio. Dollar), wobei der Einfluss der Abwertung des Pesos auf die Auslandschulden starke Währungsverluste gebracht hat.[14]"

Nach der gleichen Quelle betrug der Umsatz von Nestlé-Mexiko 1976 3 Milliarden Pesos (140,646 Mio. Dollar).

Trotz staatlicher Preiskontrollen kann Nestlé dank ihrer Monopol- oder Oligo-

---

* C.E.E.I.M. = Centre européen d'étude et d'information sur les sociétes multinationales, wurde von Nestlé in Brüssel gegründet und damals von Herrn Vermeire geleitet. Herr Landaburu war sein Assistent und wurde später Assistent von Herrn Pagano, der damals Direktor der Zone Lateinamerika und Karibik bei Nestlé SA in Vevey war. Gegenwärtig ist Herr Landaburu Direktor des Institutes für Forschung und Information über die multinationalen Konzerne IRM (Institut de recherche d'information sur les Multinationales). Wie der neue Name des C.E-.E.I.M. lautet. Diese Organisation wird vollständig von Nestlé finanziert und befindet sich gegenwärtig in Paris. Weitere Informationen siehe S. 31o—314.

polstellung für gewisse Produkte hohe Gewinne* erzielen. Dies wird übrigens von Herrn Landaburu sehr zutreffend in seinen "Kommentaren" hervorgehoben: "Wie eindrücklich und wirksam auch immer diese schwere und ausdauernde Arbeit von Nestlé sei, sie wirft das Problem des Monopols auf: 100% des Marktes für Kondensmilch (100% Marktanteil an Kondensmilch), fast die gleiche Ziffer für Milchpulver, 60% für Kindernahrungsmittel.** Obwohl man nicht das Unternehmen direkt für eine Situation verantwortlich machen kann, die im wesentlichen auf das Versagen der staatlichen Behörden zurückzuführen ist, ist es peinlich zu sehen, dass ein grosser Teil der Bevölkerung dieser Milchgebiete nicht die Mittel besitzt, während der Trockenzeit die auf ihrem Territorium produzierte und gesammelte Milch zu konsumieren. Jegliche Monopolsituation ist ungesund, und dies erklärt die feindselige Haltung der Bauerngewerkschaften gegenüber der Firma**"[16]

Herr Landaburu erklärt weiter, dass die staatlichen Preiskontrollen für den Ankauf von Frischmilch und den Verkauf von Pulvermilch und Kondensmilch in der Tat eine doppelte Einschränkung für das Unternehmen Nestlé in Mexiko bedeuten und verhindern, dass Nestlé aus dieser Aktivität Gewinne erzielen kann.

Deviseneinsparung oder Kosten für das Land?

Technologietransfer, Deviseneinsparung für Mexiko dank der Importsubstitution, Produktion von hygienischen und hochwertigen Nahrungsmitteln, Beschäftigung von Tausenden von Arbeitern (3'327 im Jahr 1974) und regelmässige Zahlungen an 20'000 Bauern für die Milch[17], sind Nestlé zufolge nicht zu leugnende Beiträge an die Entwicklung des Landes. Die von Ivan Restrepo gezogene Bilanz zeigt eine diametral entgegensetzte Perspektive. Dieser zeigt auf, welche Kosten die Präsenz des TNK Nestlé für die nationale Ökonomie verursacht.

1977-78 führte die Compañia Nestlé von Mexiko Produkte für einen Betrag von 360 Mio. Pesos ein. Ihre Exporte hingegen beliefen sich nur auf 1,2 Mio. Pesos. Bei den Exporten verzeichnete man einen klaren Rückgang (- 36% pro Jahr), bei den Importen hingegen einen starken Anstieg (+ 34% pro Jahr).

Ein anderes Konzernunternehmen, Parma Industrial, importierte für einen Wert von 2,5 Mio. Pesos, seine Exporte erreichten kaum 16'000 Pesos. Zwischen 1971 und 1978 sank die Exportrate dieses Unternehmens um 13% pro Jahr, währenddem die Importrate um 8% pro Jahr stieg. Der Betrag der Importe belief sich auf 1,3 Mio. Pesos und jener der Exporte auf 160'000 Pesos für Industrias Alimenticias Club im Jahr 1977-78[18].

Die von der Compañia Nestlé von Mexiko, Maggi sowie Findus für die Markenrechtsgebühren und technische Hilfe getätigten Zahlungen bedeuten einen Devisenabfluss von über 400 Mio. Pesos während des Zeitraumes von 1971 bis 1978. (Compañia Nestlé 385 Mio., Maggi 17,1 Mio., Findus 7,4 Mio.). Im gleichen Zeitraum zahlte Industrias Alimenticias Club für die Technologie zur Käseherstellung dem schweizerischen Unternehmen "Spécialités gastronomiques" die Summe von

---

* Sich auf die Angaben der nationalen Direktion für Statistiken stützend, hebt der mexikanische Forscher Ivan Restrepo hervor, dass Nestlé 1975 einen Umsatz erreichte, der das 4,5fache des Wertes der Aktiven der verschiedenen Filialen und eine Rentabilität von 110% auf den Aktiva erreichte. Für löslichen Kaffee betrug diese Rate sogar 219%.[15]

** Durch den Autor hervorgehoben.

23,3 Mio. Pesos und Parma Industrial gab 3,2 Mio. für die Technologie zur Verarbeitung von Wurstwaren aus.

Nach Javier Perez Villaseñor erreichten die Zahlungen der in Mexiko niedergelassenen Unternehmen allein im Jahre 1974 für den Technologietransfer, die Markenrechtsgebühren, die Lizenzgebühren und die technische Hilfe (ohne den Import von Material und Ausrüstungsgütern zu berücksichtigen) die Höhe von 1'200 Mio. Pesos. Die höchsten Zahlungen fallen auf Milchprodukte, gefolgt von Viehfutter, dann der Herstellung von löslichem Kaffee sowie Tee[19].

Der Devisenabfluss auf dem Umweg über Importe und Zahlungen an das Stammhaus oder an andere verwandte Unternehmen bedeutet eine schwere Last für die mexikanische Wirtschaft*. Hinzu kommt, dass sich die Entwicklung des Unternehmens nicht nur durch die Zufuhr von neuem Geld, sondern auch durch die Reinvestition der im Land erzielten Gewinne und durch Anleihen auf dem lokalen Kapitalmarkt** realisiert (siehe Chontalpa).

Wer profitiert von der Präsenz Nestlé's im Südosten von Mexiko?

Nestlé hat sich in dem riesigen Gebiet Mexikos in zwei Etappen festgesetzt:
1. Entwicklung eines Milchgebietes, ausgehend von der extensiven Viehzucht im Staat Chiapas und Eröffnung einer Fabrik zur Verarbeitung von Frischmilch zu Pulvermilch in Chiapa de Corzo im Jahr 1971.
2. Von 1970 an Mitarbeit in einem grösseren staatlichen Projekt zur regionalen Entwicklung, La Chontalpa, im Staat Tabasco. Nestlé wird auf Anfrage der mexikanischen Regierung mit der Errichtung von Kollektivfarmen für die bäuerlichen Gemeinschaften, die vor kurzem in "Kollektivejidos" (Produktionskooperativen) zusammengefasst worden waren, beauftragt. Die Eröffnung eines Milchsammel- und Kühlzentrums in Emiliano Zapata, im Staat Tabasco, ermöglicht Nestlé, Milch von La Chontalpa und den Viehzüchtern von Tabasco zu kaufen. Von dort wird die Milch in die Fabrik von Chiapa de Corzo im Nachbarstaat transportiert.

Die Einschätzung der Auswirkungen einer Investition und der Praktiken eines TNK auf eine abgelegene Region muss die sozio-ökonomischen Vorteile und Kosten für das Gebiet berücksichtigen. Die erzielten technischen Ergebnisse müssen mit der vorhandenen Klassenstruktur in Beziehung gebracht werden, um zu bestimmen, wer von den auf technischer und finanzieller Ebene getroffenen Massnahmen hinsichtlich Beschäftigung profitiert. Ein Vergleich der technischen Mittel mit den Realitäten drängt schliesslich dazu, andere Möglichkeiten für die wirtschaftliche und soziale Entwicklung der Region und der Gesamtheit ihrer Bevöl-

---

* Der mexikanische Staat hat dies übrigens in der gegenwärtigen Kriese sehr wohl verstanden und schränkt den Import von Nahrungsmitteln, die als nicht wesentlich gelten, ein.

** Der Rückgriff auf den nationalen Kapitalmarkt in Entwicklungsländern, wo die Verfügbarkeit derartiger Ressourcen oft eingeschränkt ist, geht unweigerlich zulasten der einheimischen Industrie. Schwächer punkto Ertragskraft, müssen die einheimischen Unternehmen oft einen ungleichen Kampf gegen die Tochtergesellschaften internationaler Konzerne aufnehmen, um zu kurzfristigen Krediten für das laufende Geschäft oder langfristigen Krediten für Investitionen zu kommen.

kerung ins Auge zu fassen. Mit anderen Worten, die erzielten Ergebnisse dürfen auf keinen Fall lediglich an ihrem quantitativen Wachstum gemessen werden.

Die Rolle Nestlé's im Projekt La Chontalpa wird später ausführlich analysiert. Klären wir zunächst die Auswirkungen der Fabrikniederlassung im Staat Chiapas. Es ist unumgänglich, diese Niederlassung Nestlé's in einen weiteren Zusammenhang zu stellen, umso mehr als der TNK darüber eine Broschüre herausgegeben hat, die auf den Beitrag des Unternehmens an eine in Entwicklung begriffene Region ausgerichtet ist.

In dieser Broschüre "Nestlé's Arbeit in den Entwicklungsländern, dargelegt am Beispiel des Staates Chiapas, Mexiko" versucht Nestlé durch eine sehr partielle Darstellung der Tatsachen und durch voreilige Verallgemeinerungen die Leser von ihrem Beitrag an die regionale Entwicklung zu überzeugen: der TNK überzeichnet die eingegangenen Risiken, die Pionierrolle und die positiven Beiträge ihrer Präsenz in dieser abgelegenen Region des Landes*.

Die Rahmenbedingungen im Staat Chiapas

Bevor im Südosten Mexikos vor wenigen Jahren Erdöl gefunden wurde, überwog in Chiapas die Landwirtschaft. Ende der 60er Jahre war Chiapas einer der ärmsten Staaten Mexikos, mit einem ungenügenden Strassennetz (2492 km) für die Fläche von 73887 km2 (fast doppelt so gross wie die Schweiz). Die Landwirtschaft beschäftigt 75% der Bevölkerung und wird durch zwei ausgeprägte Jahreszeiten gekennzeichnet: Die Regenzeit (ungefähr 4 Monate) und die Trockenzeit. Der Staat zählte 1970 1'578'180 Einwohner. Diesen Staat, einer der grössten Mexikos, mit verschiedenen ökologischen Plateaus (0 - 2000 m), einem feuchten, tropischen und subtropischen Klima, beherrschen Landbesitzer, die systematisch die Agrarreform hintertreiben und die besten Böden der Ebenen und Täler für die extensive Rinderzucht und für den Anbau von Kaffee und Baumwolle monopolisiert haben. Die starke Konzentration des Bodens in den Händen der Viehzüchter und der Kaffeepflanzer wird verstärkt durch deren Dominanz auf der allgemeinen wirtschaftlichen und politischen Ebene; sie beherrschen die meist indianischen Kleinbauern. Diese bilden das landwirtschaftliche Arbeitskräftereservoir. Ihre Kämpfe und Forderungen werden systematisch von den Behörden unterdrückt, wenn dies nicht direkt durch Mörder im Dienste der Grossgrundbesitzer geschieht. Die Vorherrschaft der Viehzüchter verstärkte sich laufend in den letzten Jahren[20].

Die besten (bewässerten) Böden des Nordens von Mexiko sind mehr und mehr für die Produktion von Früchten, Gemüsen und anderen landwirtschaftlichen Exportprodukten sowie für die Viehzucht für den amerikanischen Markt bestimmt. Daher ist es die Aufgabe der südlichen Staaten Veracruz, Tabasco, Campeche und eines Teils von Yucatan, Fleisch für den Inlandmarkt zu produzieren, insbesondere für Mexiko-City[21].

Politisch ermöglichen die "Kolonisation" der tropischen Zonen im Südosten des Landes und die Verlagerung der Viehzucht für den Inlandmarkt, die Privilegien der ländlichen Bourgeoisie des Nordens intakt zu lassen. Wirtschaftlich soll-

---

* Der Ton und die Argumente in der Broschüre von Nestlé bilden Teil der Offensive zur Gegeninformation des TNK, dem die wachsenden Kritiken der oppositionellen Kreise schwer zusetzen und der sich als Opfer des "Unverständnisses der öffentlichen Meinung" fühlt. Siehe dazu die Reaktionen Nestlé' auf Kritik im letzten Kapitel des Buches.

ten diese Programme es erlauben, weite Gebiete in die nationale Produktion einzugliedern, als Antwort auf die wachsende städtische Nachfrage für Nahrungsmittel.

Die Voraussetzungen für die Viehzucht im Süden (bessere Weiden, niedrige Löhne) ermöglichen die Lieferung von Fleisch zu einem tieferen Preis, da weniger für den menschlichen Konsum nötiges Getreide — Grundlage der Viehzucht im Norden — benötigt wird. Die Erschliessung neuer Viehzuchtgebiete bedeutet nicht nur eine Substitutionsmassnahme, um die zahlungsfähige Nachfrage im Inland zu befriedigen, sondern ist in eine globalere Strategie eingegliedert, welche die Schaffung einer Fleischreserve in Lateinamerika bezweckt. Dadurch wird der Preis für tierisches Protein niedrig gehalten, und somit ebenfalls die Reproduktionskosten der Arbeitskraft in der Industrie.

In Chiapas konnte die Viehzucht, die in koloniale Zeit zurückgeht, von reichlich fliessenden Krediten und niedrigen Zinsraten profitieren. Regierung und Privatbanken schöpften aus den Kreditplafonds, die von der Weltbank und anderen internationalen Institutionen zu diesem Zwecke geschaffen worden waren[22]. Jedoch hatte dieser Prozess, sowohl in Chiapas als auch im Süden des Landes, das Vordringen des Rindes auf Kosten des Menschen zur Folge. Die kultivierbaren Böden verringerten sich von Jahr zu Jahr, was auch zu irreparablen ökologischen Schäden führte; die Abholzung der tropischen Wälder zwecks Ausweitung der Weiden hat gigantische Dimensionen erreicht. 1960 bedeckten im Staat Tabasco die tropischen Wälder 27% der Oberfläche; gegenwärtig nur noch 5%. Mit anderen Worten: über 80% der Wälder in Tabasco wurden in 15 Jahren abgeholzt.[23]

Diese extensive Viehzucht, vor allem für die Produktion von Fleisch — 1967 betrug der Rinderbestand 2'000'000 Tiere —, brachte nur 80'000 l Milch pro Tag[25]. Diese Ausgangslage liesse eine rapide Steigerung der Milchproduktion erwarten, sofern die technische Hilfe geleistet und die Produzenten mit verschiedenen Massnahmen auf eine gemischte Viehzucht für Milch- und Fleischproduktion orientiert würden.

Die Viehzüchter von Chiapas verkaufen die 10 Monate alten Kälber zur Mästung in die Nachbarstaaten Campeche, Veracruz und Tabasco. Manchmal ist deshalb von einer Überproduktion von Fleisch und Milch in Chiapas die Rede, was jedoch eine harte Realität verdeckt: Milch und Fleisch, lokal produziert, werden aus der Region exportiert, da die lokale Bevölkerung nicht über genügend Kaufkraft verfügt. Nach Angaben des Landwirtschaftsministeriums betrug 1968 der jährliche durchschnittliche Fleischkonsum 6,5 kg pro Einwohner[26]. 1966-67 wurden 250'000 Stück Schlachtvieh verkauft[27]. Es handelte sich dabei zu 95% um Tiere, die aus der Kreuzung von kreolischen Rassen mit Zeburindern stammen, das heisse und feuchte Klima sehr gut vertragen, aber nur 2,5 l Milch pro Tag geben.

Diese ökonomischen und sozialen Voraussetzungen waren Teil der Infrastruktur, die Nestlé bei ihrer Niederlassung im Staat Chiapas vorfand. Nestlé sind die vorgefundenen ungerechten sozialen Bedingungen in dieser Region des Landes nicht vorzuwerfen (soziale Ungleichheiten, eine Oligarchie an der Macht), aber man muss diese Elemente als Teil der objektiven Entscheidungsgrundlagen zum Zeitpunkt des Entschlusses im Jahre 1967 betrachten, in dieser Gegend eine Fabrik zur Verarbeitung von Frisch— zu Pulvermilch zu errichten. Diese Faktoren waren neben den üblichen Parametern (Infrastruktur hinsichtlich Strassen und Energieversorgung, Lohnniveau, Niveau der Industrialisierung usw.) bei diesem Entscheid von Bedeutung.

Die Frage, die sich nun stellt, lautet aber, inwiefern die Niederlassung des TNK die Ausbeutung verändert oder verstärkt hat.

Der Bau der Fabrik zur Verarbeitung von 200'000 l Milch pro Tag passt zur Strategie Nestlé's, die Kontrolle über eine Region mit einem grossen Potential zu erlangen. Der TNK rechnete damit, die Milchproduktion auf der Grundlage einer bereits existierenden extensiven Viehzucht zu entwickeln. Längerfristig interessierte sich Nestlé für die Entwicklung der milchwirtschaftlichen Viehzucht in tropischer Zone. Aber allein die Investition von 45 Mio. Pesos[29] in die Milchverarbeitungsanlage zwang Nestlé zur Förderung der Milchwirtschaft. Die späteren Investitionen für die Errichtung von Sammelzentren und Kühlstationen (49,4 Mio. Pesos) sind nur die normalen Folgeinvestitionen. Nach C. Béglé erreichte die Summe der Investitionen im Jahre 1975 95 Mio. Pesos, d.h. 30 Mio. SFr.

Die Wahl von Chiapas lässt sich neben obigen Ausführungen aus weiteren Gründen erklären:
— Steuervergünstigungen: Steuererlass auf den Milchverkäufen und ein besonderer Erlass lokaler Steuern während 10 Jahren.
— Der Wasserreichtum und die Bewilligung, 10 Jahre lang gratis das Wasser des Flusses Grijalva zu benützen.
— Die von der Regierung eingegangene Verpflichtung zum Ausbau des Strassennetzes.
Diese paar Angaben erlauben es, die Vorteile und die Expansionsaussichten von Nestlé mit den "Risiken", die der TNK bei seiner Niederlassung in Chiapas einging, zu vergleichen.

Entwicklung einer gemischten Milchproduktion

Das Unternehmen Nestlé stellt in seiner Broschüre ausführlich die von seinem technischen Beratungsdienst getroffenen Massnahmen dar, um nach und nach die extensive Fleischproduktion in eine intensive Milchproduktion umzuwandeln[30].

— Verbesserung der Milchrassen durch Kreuzungen (Vieh: einheimische Zebu mit Holsteintieren) und Import von reinrassigen Milchkühen:

> 1967 führte Nestlé 40 Stiere ein, die sie gratis an die grossen Farmen an der Pazifikküste verteilte. Das Ergebnis dieser Kreuzungen sollte die Produktion verdoppeln. 1971 waren aus diesen Kreuzungen 400 Kühe hervorgegangen. 1974 erhöhte man die Anzahl der Stiere auf 250 Stück, um die Milchrasse zu verbessern. Nestlé entschloss sich, mit den grossen Viehzüchtern zusammenzuarbeiten, um ein Versuchsprogramm durchzuführen. Jedoch erzielte das Unternehmen nicht das erwünschte Ergebnis, da die Bauern ihre Zebustiere innerhalb der Herde behielten und die Besamungskontrollen nicht systematisch durchführten.
> In der Folge führte man Milchkühe der Holsteinrasse aus den USA und Kanada ein: sieben Grossbauern wurde ein Kredit zum Kauf des Viehs gewährt. Die Viehzüchter mussten Ställe und Futtersilos errichten. Diese Kühe, die normalerweise 14 l pro Tag geben, passten sich dem tropischen Klima ziemlich schlecht an und lieferten nur 9 l pro Tag.
> Nestlé förderte ebenfalls die künstliche Besamung, um die Milchproduktion zu verbessern.

— Verbesserung der Viehernährung durch Anlegen künstlicher Weideflächen, den Bau von Silos und die Verwendung von Kraftfutter (hergestellt durch eine mit Nestlé verbundene Fabrik in Lagos de Moreno im Norden von Mexiko):

In einer ersten Kampagne bot Nestlé den Bauern an, den Bau von Silos zu bezahlen. Die Enttäuschung war gross, als sich zwei Jahre später bei einer Kontrolle herausstellte, dass nur drei Silos benützt wurden. In einer zweiten Kampagne zog man daraus die Lehren: nur dreissig Silos wurden zur Hälfte von Nestlé und den Produzenten finanziert. Die 120 restlichen wurden durch eine Anleihe Nestlé's an die Viehzüchter finanziert, die durch Milchlieferungen zurückzuzahlen war. Darüberhinaus hatte Nestlé den Produzenten das Kraftfutter zu einem 40% unter dem Verkaufspreis liegenden Preis verkauft. Ergebnis: Sie verkauften es weiter oder benützten es für die Geflügel- und Schweinezucht und nicht für die milchwirtschaftliche Viehzucht. Von 1971 an beschloss Nestlé, das Kraftfutter zum Einkaufspreis zu verkaufen.

— Verbesserung der Tierpflege, insbesondere durch das Anlegen von Koppeln im Schatten und die Unterweisung in hygienischen Melkpraktiken.

Die Techniker erlebten zwar Enttäuschungen, doch schenkt man einem Funktionär, Dr. Jorge Coronel Zentena, Glauben, waren im gesamten Staat 70% des vorhandenen Viehs aus einer Kreuzung von Zebu mit Schweizer Rasse, 15% von Zebu mit holländischer Rasse, 15% Zebu mit anderen Rassen hervorgegangen[31]. Tatsächlich hatten sich mehrere Produzenten einer gemischten Viehzucht zugewandt. Die Steigerung der Milchproduktion ist vor allem an der Pazifikküste bedeutsam, wo die Produktion zu 70% von Nestlé kontrolliert wird. In der von Nestlé publizierten Broschüre bestätigt Rémy Montavon: "Wie wir gesehen haben, betrug die Milchproduktion vor der Inbetriebnahme der Nestlé-Fabrik rund 100'000 l täglich. Bis 1971, d.h. innerhalb von 4 Jahren, stieg sie auf 190'000 l täglich."[32]. Diese von Nestlé veröffentlichten Angaben scheinen die Produktionssteigerung zu übertreiben. Die von C. Béglé vorgelegten Daten und die vor kurzem veröffentlichten Daten von Silvio Bertolami zeigen eine realistischere Sicht. Die Produzenten liefern 30'000 - 40'000 l pro Tag während der Trockenzeit und ungefähr 140'000 l pro Tag während der Regenzeit[33].

Berücksichtigt man, dass ein guter Teil der in der Fabrik von Chiapa de Corzo verarbeiteten Milch aus dem Nachbarstaat Tabasco kommt, kann die Milchproduktion für den Staat Chiapas 1971 nicht schon so spektakulär gewesen sein.

Gross- und Mittelbauern: am meisten begünstigt

Die technische Hilfe Nestlé's, insbesondere die Gewährung von Krediten und die Wechselbürgschaft des TNK, um Kredite zu erhalten, begünstigt die grossen und mittleren Produzenten. Diese Kredite, zinsfrei bis 1973, waren in Form von Frischmilchlieferungen an die Nestlé-Fabrik zurückzuerstatten. Von 1973 an wurde ein Zins von 6% erhoben. In der ersten Phase gab es auch hier Enttäuschungen: Die Bauern benützten den erteilten Kredit zum Kauf von Wagen und anderen Konsumgütern.

In der Folge wurden den Viehzüchtern bei der Kreditaufnahme Bedingungen auferlegt. Diese Massnahmen, auf dem Niveau der Produktion und der Organisation der Farmen, führen zu einer Integration der Farmen in die Milchfabrik. Claude Béglé unterteilt die Milchlieferanten, die ihre Produktion der Fabrik von Chiapa de Corzo abliefern, folgendermassen:

Schichtstruktur der Milchproduzenten in Chiapas, welche mit Nestlé zusammenarbeiten

Produzenten-schicht	landwirtschaft-liche Fläche in ha	Grösse der Herde	Zahl der Milchkühe
Kleinproduzenten	50	30	10-20
mittlere Produzenten	50-100	90	40
Grossproduzenten	150 und mehr	300	150

Quelle: Nestlé, usine Chiapa de Corzo, in: Béglé, op.cit.

Angesichts der Agrarstruktur im Staate Chiapas jene Bauern, die durchschnittlich 30 Kühe und ungefähr 50 ha Land besitzen, als Kleinproduzenten[34] zu bezeichnen, ist jedenfalls ein Euphemismus. Aufgrund der Angaben von Nestlé kommt Béglé auf die Zahl von 9000 Produzenten, was uns eindeutig übertrieben erscheint. In der Tat ist die Zahl von 4000, die der Journalist Toni Hagen vorlegt, schon sehr hoch[35]. Ausgehend von Angaben des Direktors der Fabrik von Chiapa de Corzo, bestätigt Silvio Bertolomi, dass je nach Jahreszeit 850 bis 1200 Produzenten der Fabrik Milch abliefern.

5% der Lieferanten produzieren 1/3 der von Nestlé gekauften Milch[36]. Diese Grossproduzenten werden auf Kosten der Kleinproduzenten begünstigt. Z.B. erteilt Nestlé Kredite 14mal häufiger an Gross- als an Kleinproduzenten[37].

Laut einer Gruppe von mexikanischen Forschern "verspricht das Unternehmen Nestlé, die ganze vorhandene Produktion aufzukaufen. Während der Regenzeit jedoch, wenn die Produktion zunimmt, reduziert Nestlé ihre Milchkäufe bei einigen Produzenten oder Gemeinschaften, oder stellt sie sogar ein und versucht, ihre Verpflichtungen lediglich gegenüber den mittleren und grossen Produzenten einzuhalten"[38].

Der amerikanische Antropologe Robert Wasserstrom, Professor an der Columbia-Universität von New York, erklärt, wie die Entwicklung der Viehzucht und Milchproduktion insbesondere zu einer grösseren Kluft zwischen der ländlichen Viehzüchter-Bourgeoisie und den landlosen Bauern geführt hat, welche mehr und mehr gezwungen sind, als landwirtschaftliche Taglöhner zu arbeiten.

Früher gaben die Viehzüchter der Ebene den indianischen Bauern aus dem Hochland unbebautes Land zur Urbarmachung in Pacht, welche darauf ihre Nahrungsmittel, Mais und Bohnen, anbauten. Nach einigen Jahren mussten die Pächter dem Eigentümer das Land zurückgeben, welches dann in Weidefläche umgewandelt wurde, und ein neues Stück Wald roden. 1966 mussten die Pächter 35% ihrer Ernte dem Grossgrundbesitzer als Bodenrente abliefern. Wegen der steigenden Transportkosten zwischen ihren Dörfern und den Ländereien waren die Pächter gezwungen, grössere Gebiete in Pacht zu nehmen, um ihr Auskommen zu sichern. Seither beschäftigen die Pächter, um die Urbarmachung und Bebauung einer grösseren Fläche zu gewährleisten, noch ärmere Bauern, denen sie nur einen Drittel des in der Gegend üblichen Lohnes auszahlen. Um von den höheren Viehpreisen zu profitieren, beschlossen die Landbesitzer, von 1973 an die Bodenrente zu erhöhen, und verlangten nun von den Pächtern die Hälfte der Ernte. Zudem hatte die wachsende Nachfrage nach Frischmilch, die Nestlé hervorgerufen hatte, die Umwandlung von immer mehr Boden in Weide auf Kosten der Anbaufläche für Mais und Bohnen, der traditionellen bäuerlichen Nahrung, zur Folge.

Sinkende Einkommen und Mangel an Getreide haben im Laufe der Jahre zu einer Verschlechterung der Situation der Bauern geführt. Viele haben sich auf Subsistenzproduktion beschränkt oder akzeptieren müssen, als landwirtschaftliche Taglöhner und Wanderarbeiter auf den grossen Farmen und Plantagen zu arbeiten[39]. Die Position der Grossgrundbesitzer jedoch wurde durch das Vorgehen von Nestlé gestärkt. Die grossen und mittleren Bauern wurden zu Kollaborateuren des TNK, gar zu dessen Alliierten gemacht.

Die Auswirkungen der Eröffnung einer Fabrik auf die regionale Beschäftigung

Die Niederlassung der Nestlé-Fabrik in Chiapas schaffte Arbeitsplätze für ungefähr 300 Arbeiter und Angestellte sowie ungefähr 100 Fahrer und Hilfskräfte für das Einsammeln der Milch. Diese Massnahme erreichte nur wenige Bauern und für die Mehrheit unter ihnen bedeutet der Milchverkauf nur ein Nebeneinkommen, da Viehzucht zur Fleischerzeugung und der Viehhandel den Hauptteil ihres Einkommens ausmachen. Die Ausweitung der Viehzucht und der Milchproduktion führte eher zu einem Verlust an ländlichen Arbeitsplätzen und zu einer Verdrängung der arbeitsintensiven Nahrungsmittelkulturen. Die lokalen Käsereien waren gezwungen, einen höheren Preis als Nestlé anzubieten, um einen Teil der verfügbaren Milch zu behalten. Sie leiden unter der monopolistischen Konkurrenz des TNK Nestlé.

Die vom TNK angewandte Technologie ist dieser Region, deren hauptsächliches Problem die grosse Arbeitslosigkeit ist, nicht angepasst. Die Eröffnung einer Fabrik in Chiapa de Corzo führte zu keinem Aufschwung in der Industrialisierung dieses Staates. Weit entfernt davon, in die regionale Entwicklung integriert zu sein, hat die Nestlé-Fabrik zu einer Verringerung der ländlichen Beschäftigung in den Nahrungsmittelkulturen und den auf handwerklicher Basis betriebenen Käsereien beigetragen.

Wie Silvio Bertolami und viele andere sind wir überzeugt, dass die Errichtung von Agroindustrien, von gemeinschaftlichen Betrieben mit einer Beteiligung der Leute von der Basis und einer entsprechenden Anpassung der vorhandenen Käsereien eine andere Wirkung gehabt hätten. Natürlich setzt die Suche nach neuen Lösungen eine grundlegende Infragestellung der landwirtschaftlichen Strukturen mit ihren Herrschaftsverhältnissen voraus.

Wenn auch die Nestlé-Niederlassung in Chiapas zu einer erhöhten Milchproduktion für den nationalen Markt geführt hat, wodurch Importe überflüssig wurden, hatte sie auf regionaler Ebene doch unerwünschte Auswirkungen auf die Ernährung der Bevölkerung:

— Verringerung der Nahrungsmittelanbauflächen, d.h. der Autonomie der Bevölkerung hinsichtlich Nahrungsmitteln.

— Milchproduktion für den städtischen Konsum, ohne Beitrag zur Bekämpfung der Fehlernährung in der Niederlassungszone, da die Bauern die für sie zu teuren Produkte nicht kaufen können.

Milch für die Reichen

Das von der Fabrik Chiapa de Corzo produzierte Milchpulver Nido wird aus dem Gliedstaat Chiapas ausgeführt. 1974 gehen zwei Drittel der Produktion nach Mexiko und ein Drittel ins Lager von Veracruz[40]. Ein sehr geringer Anteil der Nido-Milch wird in Chiapas verkauft, da die Kosten (1977) für einen zehntägigen Vorrat der Hälfte des monatlichen Einkommens der meisten Familien entsprechen. Selbst für den in Mexiko-City lebenden Arbeiter ist diese Milch zu teuer[41]. Silvio Bertolami zeigt auf, dass ein Liter dieser Milch ungefähr einem Zehntel des durchschnittlichen Tageseinkommens eines mexikanischen Arbeiters entspricht. Die meisten Arbeiter haben jedoch nicht dieses Durchschnittseinkommen. Müsste ein Schweizer Arbeiter für einen Liter Milch einen entsprechenden Anteil seines Lohnes ausgeben, würde er 10 bis 15 SFr. bezahlen müssen. Es ist also nicht erstaunlich, dass 35 Mio. unterernährte Mexikaner sich den Luxus nicht leisten können, Milch zu kaufen[42].

Die Bilanz dieser Analyse ist hart, wenn man nicht nur die Steigerung der Milchproduktion berücksichtigt, sondern auch die weiteren strukturellen Auswirkungen der industriellen Aktivität.

La Chontalpa: Bauern tragen die Kosten eines Misserfolgs von Nestlé

Der Plan Chontalpa

La Chontalpa ist eine ausgedehnte Region von 800'000 ha im Südosten des Landes, zwischen den Erdölfeldern des Staates Tabasco und dem Golf von Mexiko gelegen. Es ist ein feuchttropisches Gebiet, auf einer Höhe von 15 m über Meer, das oft durch die beiden Flüsse Grijalva und Usumacinta überschwemmt wird. Dank den Geldern der Interamerikanischen Entwicklungsbank (BID) führt die mexikanische Regierung dort seit 20 Jahren grosse Arbeiten aus , um diese Oberfläche zurückzugewinnen und daraus einen Drehpunkt der regionalen Entwicklung zu machen. Im Rahmen dieser Politik der regionalen Entwicklung in der tropischen Zone und der kollektiven Organisation der bäuerlichen Produktion durch den Staat, wurde der TNK Nestlé 1977 von der mexikanischen Regierung gebeten, die technische Hilfe für die Entwicklung der milchwirtschaftlichen Viehzucht zu gewährleisten.

Mit den Worten des Unternehmens: "Das Projekt Chontalpa (....) zeigt besonders deutlich, welche entscheidende Rolle Nestlé bei der Verbesserung der Lebensbedingungen gespielt hat, ohne dass dadurch der soziale und kulturelle Rahmen der ejidalen Lebensgemeinschaften in dieser Gegend angetastet wurde."[44]

Heute können die Auswirkungen der Rolle von Nestlè mit ihrem Projekt Chontalpa im zeitlichen Abstand einiger Jahre anhand von Forschungsergebnissen und vor allem Aussagen der betroffenen Bauern überprüft werden. Die Ungewissheiten der offiziellen Politik und die Widersprüchlichkeit des Projektes haben dieses Experiment zu einem Mikrokosmos für Analysen gemacht: Auf einem Raum treffen in einem Projekt zur ländlichen Entwicklung die staatliche Landwirtschaftspolitik, die Auswirkungen der Strategien der grossen internationalen Finanzorganismen und auch die Rolle eines TNK zusammen. Dabei müssen wirtschaftliche, soziale und ökologische Dimensionen beachtet werden, um sich ein umfassendes Bild der Situation von La Chontalpa machen zu können.

Die wichtigsten Punkte des Experimentes Chontalpa:

1. Der Plan Chontalpa stellte vor allem eine Anstrengung von Seiten des Staates dar, ein 140'000 ha weites Sumpfgebiet durch die Verwirklichung grosser Infrastrukturarbeiten wie Dammbauten, Strassen, Kanalisationen, kultivierbar zu machen. Mit einer diversifizierten landwirtschaftlien Produktion wollte man 5'000 Familien der Region volle Beschäftigung sichern.

2. Der Plan Chontalpa war bei seiner Verwirklichung verschiedenen Wechselbädern ausgesetzt. Das trifft auf die Reaktionen der Einwohner der Region, auf die manchmal zu dirigistischen Interventionen der Technokraten und Spezialisten für "ländliche Entwicklung" zu, aber auch auf die Rolle der Finanz- und Regierungsinstitutionen bei der Freigabe der nötigen Kredite. Das 1963 unterzeichnete Abkommen wurde erst zwischen 1966 und 1974 teilweise verwirklicht. Es nahm dann einen gewissen Aufschwung und wurde zum Vorzeige-Projekt der Regierung Echeverria, bevor es grundlegend geändert wurde, weil in der Region Erdöl entdeckt wurde. Es kam zu Verlagerungen der Arbeitskräfte und einer Änderung der Ernährungsstrategie.

3. Anfänglich als integrales landwirtschaftliches Entwicklungs- und Agrarreformprojekt konzipiert, insbesondere mit der Förderung der Kollektivejidos*, wurde der Plan Chontalpa abgeändert in ein Projekt zur Förderung der Viehzucht und der Zuckerrohrproduktion. Die vorherrschende Rolle der staatlichen und privaten Finanzinstitutionen sowie die Allianz mit Unternehmen wie Nestlé, haben die Wahl der Produktion und der Technologie durch die bäuerlichen Gemeinschaften stark eingeschränkt.

4. Dem Versuch, die Produktion zu kollektivieren, wurden Bauern unterworfen, deren Ausbildung und Bewusstsein nicht genügend war. Sie verstehen daher die Organisation der Produktion als Ausführung von Entscheiden von oben, ohne eigenständigen Beitrag. Die staatlichen Finanzierungen verwandeln sie lebenslänglich in Lohnempfänger auf Böden, die ihnen symbolisch zugeteilt worden sind.

5. Das Projekt war Bestandteil einer staatlichen Politik der "Kolonisierung", um den Druck auf die Bodennutzung in den Nachbarstaaten zu verringern. Die Regierung stellt also die Verwendung des Bodens zur extensiven Viehzucht in den anderen Staaten und die Verwendung der bewässerten Gebiete für die Exportlandwirtschaft nicht in Frage.

6. Das Projekt entstand aus einer bestimmten Vorstellung von landwirtschaftlicher Entwicklung. Es handelt sich um den Versuch, auf dem Weg des Staatsmonopols, in Verbindung mit dem internationalen Kapitalien und der nationalen Bank, die inländische Produktion zu steigern, indem die Bauern zur Organisation und zur Planung der Produktion gezwungen werden.

7. Der Bau von grossen Staudämmen und der Golfstrasse liess den Salzgehalt der Lagunen ansteigen, was zu gravierenden Störungen des ökologischen Gleichge-

---

* Der Ejido ist die bäuerliche Gemeinschaft, die von der Agrarreform profitierte als die Gesamtheit des in einer bestimmten Zone verteilten Bodens. Der Boden ist nicht Eigentum der Mitglieder des Ejidos, diese haben aber das Nutzungsrecht auf einer bestimmten Parzelle, die nicht verkauft, jedoch weitervererbt werden kann. Im Fall eines Kollektivejidos besteht keine Verteilung von Parzellen unter den Mitgliedern der Gemeinschaft (Ejido), sondern Zusammenlegung und gemeinsame Bewirtschaftung des Bodens. (In gewisser Weise Produktionskooperativen).

wichtes in der Region führte. Die Austernproduktion in den Lagunen war betroffen, aber auch der Salzgehalt des Grundwassers stieg, was auf lange Zeit hinaus die Benützung der für die Bewässerung neu gegrabenen Brunnen eingeschränkt. Vor allem aber verursachte die exzessive Abholzung von Gebieten, die nur über eine dünne Humusschicht verfügen — zwecks Nutzung als Weideflächen — irreparable ökologische Schäden.

8. Die Anstrengung zur regionalen Entwicklung und zur Umstrukturierung der Produktion, welche im Laufe der Jahre in La Chontalpa unternommen wurden, stellen eine immense Arbeit dar. Das Total der Kredite (aus verschiedenen Quellen), die für diesen Plan gewährt wurden, beläuft sich auf ungefähr 1000 Mio. Pesos im Jahr 1978[45]. Das zukünftige Einkommen der Bauern war so auf viele Jahre hinaus stark belastet. In der Tat fühlen sich viele nicht zur Rückzahlung von Summen verpflichtet, für deren Ausgabe sie nicht um ihre Meinung gefragt worden sind. Die Rückzahlungen bleiben daher sehr gering, selbst wenn die Bauern Gewinne erzielen. Man darf sich mit Recht fragen, ob ein anderer Weg nicht möglich gewesen wäre, auch wenn die Organisation dadurch verlangsamt worden wäre — nämlich der Weg einer regionalen Entwicklung mit einer angepassten Technologie, die Arbeitsplätze schafft. Die betroffenen Bauern wären vermutlich eher motiviert gewesen, ihre Entwicklung selbst in die Hand zu nehmen.

9. Die Beteiligung von Nestlé am Projekt Chontalpa bedeutet eine Anpassung an die Politik des Staates. Dies erlaubt dem TNK, durch Zusammenarbeit mit der herrschenden Macht die im Land erreichten Positionen zu schützen und seine Verhandlungsmacht zu stärken (Goodwill). Weiter kann das Unternehmen von der Infrastruktur profitieren und ein Experiment zur Milchproduktion in tropischen Zonen durchführen, das von den Privatbanken und den Bauern finanziert wird. Der extern gefällte Entscheid, aus den Bauern milchwirtschaftliche Viehzüchter zu machen, und das Benehmen der Nestlé-Techniker lassen den Bauern wenig Platz, sich auszudrücken. Dies erklärt den geringen Enthusiasmus der Bauern für ein Pilotprogramm, das sie zu Lohnbezügern macht: in gewisser Weise eines verfehlten Projektes, dessen Kosten sie tragen.

Die in Kollektivejidos zusammengefassten Bauern, "illusorische Besitzer von Betrieben, von landwirtschaftlichen Maschinen, von Infrastruktur", waren in Wirklichkeit in vielen Fällen zu Lohnbezügern auf ihrem eigenen Boden degradiert worden; im Fall der von Nestlé supervisierten Farmen zu Milchproduzenten, die in das Unternehmen eingegliedert sind, gleichzeitig aber die Risiken und die Kosten durch eine langzeitige Verschuldung tragen.

Die Rolle Nestlé's im Plan Chontalpa

"Und Nestlé konnte (....) erneut den Beweis antreten, dass sich Kühe aus guten Milchrassen, wie etwa die Holsteiner, den klimatischen Verhältnissen dieser tropischen Gebiete durchaus anpassen können, wenn der Bauer Fütterung und Pflege den Bedürfnissen der Kühe anpasst"[46].

Nestlé: Nestlé in den Entwicklungsländern:

---

* Das Experiment, das 15 Monate dauerte, hat 2'440'000 Pesos gekostet.[48] Die Pilotfarm brach ihr Abkommen mit Nestlé 1975. Im ganzen hat Nestlé 7 Farmen organisiert und supervisiert; nur 3 setzen ihre Aktivität noch fort.

Nestlé kommt einer Aufforderung der mexikanischen Regierung nach

In Allianz mit der Regierung kommt Nestlé 1970 nach La Chontalpa, um in einem der Kollektivejidos eine Pilotfarm zu errichten. Die Milchproduktion in tropischer Zone stellt eine Herausforderung dar, lässt aber auch hoffen, ein Milchgebiet für die Versorgung der Fabrik Chiapa de Corzo, der es an Frischmilch fehlt zu erschliessen. Nestlé will übrigens die Produktion steigern, um die ständig wachsende zahlungsfähige Nachfrage nach ihren Produkten auf dem Binnenmarkt zu decken. Nach zwei Jahren — eine zu kurze Zeit, um die Lebensfähigkeit der ersten Farm einzuschätzen — beginnt Nestlé mit dem Aufbau der sechs weiteren, grösseren Farmen in den Ejidogemeinschaften. Die Studie des technischen Beratungsdienstes stellt eine Rentabilisierung der Investitionen innert 11 Jahren in Aussicht. Das Unternehmen verpflichtet sich, während dieser Zeit den Produzenten die Milch zu einem staatlich festgesetzten Preis abzukaufen und die zum Gelingen des Projektes nötige technische Hilfe zu erbringen[47]. Als Gegenleistung müssen die Kollektivfarmen bis zur Rückzahlung des Darlehens mindestens 70% ihrer Milchproduktion an Nestlé verkaufen. Die jungen Kälber werden vom Unternehmen aufgekauft, um eine zu grosse Belastung der Farmen, denen es an Weideflächen fehlt, zu verhinden.

Das verwendete Holsteinvieh: gibt eine geringe Produktion, ist teuer und besser als die Bauern ernährt...

Die Gründung einer ersten Versuchsfarm eines Kollektivejidos von La Chontalpa (150 Milchkühe der Holsteinrasse) wurde durch ein privates Kreditinstitut, die "Banco de Mexiko", finanziert, mit einer Wechselbürgschaft der Regierung*.

Trotz der Schwierigkeiten mit der ersten Versuchsfarm** und der sehr geringen Produktion im Verhältnis zu den Voraussagen der Nestlé-Experten, beschloss das Unternehmen, das Experiment auf sechs weitere Kollektivfarmen auszudehnen. Eine Gruppe von 27 Personen wird von Nestlé an Ort und Stelle eingesetzt, um die Bauern vor Ankunft des Viehs vorzubereiten. Die kooperativen Gruppen bauen Ställe und besäen die Weiden. 1800 Holsteinkühe[49] werden aus Kanada und den USA eingeführt. Die Wahl dieser Rasse, die in Kanada*** 30 l pro Tag liefert, war nach Ansicht mehrerer Experten, ein Irrtum der technischen Dienste Nestlés. Es war ein grosses Risiko, die Ackerbauern durch die Wahl einer empfindlichen Viehrasse****, die regelmässige veterinärische Pflege verlangt, in

---

** Siehe weiter unten: "rien ne va plus" zwischen den Bauern und Nestlé (Farm C-9)

*** Von den 971 Kühen und 894 Kälbern, die in La Chontalpa ankamen, hatten 264 Kälber nicht die erforderlichen Eigenschaften und gewisse Tiere wiesen Missbildungen auf.[50] 4,7% des Viehbestandes gingen trotz der Pflege durch die Techniker in den ersten Monaten ein. Das Vieh akklimatisierte sich ziemlich schlecht, die Produktion war geringer (6-10 l) als die Nestlé-Experten geschätzt hatten (12 - 15 l).[51]

**** Erinnern wir uns an die Kommentare eines hohen UNO-Funktionärs gegenüber Romeo Rey, einem Journalisten, der sich an Ort und Stelle begab und über die Präsenz Nestlés in La Chontalpa recherchierte: " Die Holsteinrasse ist für mexikanische Begriffe ein Luxusvieh. Sie erfordert eine sehr ausgeklügelte Pflege. Abes es kann doch nicht sein, dass das Vieh besser lebt als die Bauern!"[52] Wie es andererseits C. Béglé in seiner Studie hervorhebt: " Um das Vieh nicht allzu sehr den Härten des Lebens im Freien auszusetzen, müssen die Scheunen eine vollständige Stallhaltung erlauben. Während der Trockenzeit (Dezember-Juni) kann das Vieh zwei Stunden am Morgen und zwei Stunden am Nachmittag den Stall verlassen und frei weiden. Während der Regenzeit hingegen (Juli-November) bleibt es durchgehend im Stall."[53]

milchwirtschaftliche Viehzüchter verwandeln zu wollen. Auch deren Verpflanzung aus einem gemässigten in das heisse und feuchte Klima von La Chontalpa war ein Risiko.

Die Bauern bezahlten die Kosten des von Nestlé durchgeführten Experimentes.

Vom Traum zur Wirklichkeit

Die vorgesehene Produktion (5 Mio. l pro Jahr nach "Nestlé in den Entwicklungsländern", 6 Mio. l nach dem Projekt der technischen Hilfe) war eher eine Traumvorstellung als Wirklichkeit. In der Tat haben nach den Angaben von Nestlé die Kühe der sechs Farmen während der zweiten Jahreshälfte von 1973 506'873 l produziert, was gesamthaft umgerechnet 1'013'746 l pro Jahr wären. 1976 lieferten die gleichen Farmen 2,5 Mio. l, d.h. 60% weniger als in den Rentabilitätsberechnungen vorgesehen war. Man ist noch sehr weit von den 800'000 l pro Jahr für jede Farm (4'800'000 für sechs Farmen) entfernt, ebenfalls eine Ziffer, die 1976 hätte erreicht werden sollen. Auch die von Nestlé in ihrem Buch "Nestlé in den Entwicklungsländern" angekündigten Gewinne für die Ejidogemeinschaften wurden nicht erreicht[54]. Bisher haben nur drei Farmen die chronischen Schwierigkeiten überlebt. Die Daten zur Entwicklung des von diesen drei Ejidofarmen produzierten Milchvolumens wurden uns von Nestlé SA in Vevey geliefert und sind hier dargestellt:

Projekt Chontalpa
Frischmilchproduktion, 1976-1980

Farm	1976 Tonnen	1000 l	1978 Tonnen	1000 l	1979 Tonnen	1000 l	1980 Tonnen	1000 l
C- 14	415	402,9	409	397	474	460,2	489	474,7
C- 21	485	470,8	346	336	343	333	375	364
C- 22	517	501,9	425	412,6	505	490	567	550
total	1'417	1'375,7	1'180	1'145,6	1'322	1'283,2	1'431	1'388,7

Quelle: Nestlé SA Vevey/Conesa Mexiko*

---

* Betrachtet man die Daten von 1973 (Béglé) und die obigen Angaben, können einige Punkte geklärt werden: Der Bericht von Conesa (technische Hilfe Nestlé Mexiko) gibt eine Produktion von 2 360 l/Jahr/Kuh/Farm an, d.h. einen Durchschnitt von 6,46 l/Kuh//Tag. Gemäss den Daten von Nestlé für drei Monate im 1973 und einem Monat im 1974 betrug die durchschnittliche Milchproduktion 6,06 l/Tag/Kuh.[55] Die Produktivitätssteigerung pro Kuh wäre demnach nur 0.04 l pro Tag. Wenn das pro Kollektivfarm produzierte Volumen zwischen 1973 und 1981 gestiegen ist, ist dies auf eine Steigerung der durchschnittlichen Anzahl Kühe pro Farm zurückzuführen. Wohl verstanden, die Situation hat sich hinsichtlich der Weiden verbessert, so dass man 1980 3 kg an Kraftfutter pro Tag brauchte, statt wie 1973 10 kg. Um den Betriebsaufwand zu verringern, schlug Conesa 1981 eine Reduktion der Rationen auf 2 kg vor. Auf jeden Fall ist man noch weit von den optimistischen, wenn nicht sogar unrealistischen Voraussagen der Rentabilitätsstudie entfernt, die ihre Berechnungen auf einen Ertrag von 12 bis 15 l/Kuh/Tag stützte. Die durchschnittliche Produktion von 463'106 l/Farm/Jahr 1980 hätte bereits 1976 erreicht werden sollen.[56]

Nestlé kontrollierte die Organisation der Milchproduktion der Kollektivfarmen. Wohl sah das Unternehmen im Rahmen des Projektes die Ausbildung je eines Mitgliedes der Farmen in Buchhaltung vor, die Nachforschungen vor Ort zeigen jedoch, dass die Bauern ungenügend über die Buchführung ihrer Farm unterrichtet waren.

Im Einverständnis mit dem Verantwortlichen der Farm, hat der Rat des Ejidos 14 Personen für die Arbeiten jeder Milchfarm bestimmt. Der jedem Betrieb durch den TNK Nestlé vorgesetzte "Viehzuchtspezialist" wurde in Tat und Wahrheit der Patron der Ejidatarios.

Im Anleitungsbuch, das von den Nestlé-Diensten vorbereitet wurde, ist zu lesen: "Damit die Farm optimale Resultate erbringt, werden die Ejidatarios und ihre Vorgesetzten insofern einen Beitrag leisten, als sie die Anweisungen des Spezialisten strikt befolgen. Letzterer ist für die Farm verantwortlich." Dieser "Spezialist wird die Aufträge erhalten, welche die Nestlé-Berater diktieren und dafür sorgen, dass sie vorschriftsgemäss ausgeführt werden"[57]. Der dann zum Ausdruck kommende Führungsanspruch der Nestlé-Angestellten anstelle einer reellen Beteiligung der Bauern wird durch folgendes Zeugnis eines Verantwortlichen des Planes Chontalpa bestätigt: "Die grössten Schwächen des Versuches mit dem Holstein-Vieh, wenn er auch gültige technische Informationen brachte und den Bauern die Pflege des Milchviehs beibringen konnte, betrafen die Futterproduktion und die Beteiligung der Bauern an der Lösung der auftauchenden Probleme; Nestlé handelte eher in der Mentalität des Chefs als des Partners"[58].

Widersprüchliche Situation: Die Bauern der Kollektivfarmen sind zwar die Besitzer des Viehs und der Einrichtungen dank eines langfristigen Darlehens der nationalen Privatbanken, aber sie verwalten die Farmen nicht selber. Nestlé, mit der Supervision des Experimentes beauftragt, sichert sich die Kontrolle über die Farm durch seinen Techniker und gliedert die Bauern durch den Kauf der Rohstoffe in seine Milchverarbeitung ein.

Dieses Pilotexperiment gestattet es Nestlé, den gesamten Produktionsprozess der Milch zu lenken. Die Bauern der Kollektivfarmen nehmen in Wirklichkeit nur eine ausführende Rolle ein, trotz der "juristischen Fiktion", wonach sie die Besitzer eines Unternehmens sind, das ihnen kurzfristig Gewinne* liefern sollte.

— Nestle wählt das Vieh aus, das von den Bauern mittels eines Darlehens der Nationalbank bezahlt wird**

— Dem unterzeichneten Abkommen zufolge sollte die Kommission des Grijalva 200 ha pro Farm für das Anlegen von Weiden drainieren; Nestlé betont, dass dies nicht geschah und dadurch schwerwiegende Probleme für die Ernährung des Viehs verursacht wurden[60.]

— Die Kühe werden mit Kraftfutter ernährt, das von der Nestlé- Fabrik in Lagos de Moreno, 1600 km nördlicher gelegen, hergestellt wird. Dies um die Produktion

---

* Für den Ejido C-22 belief sich die Schuld auf 2,6 Mio. Pesos, da die Ausgaben, entgegen der Rentabilitätsstudie des technischen Beratungsdienstes von Nestlé, 44,5% höher waren als die Einnahmen.[59]

** Die Angaben des Ejido C-22 präzisieren, dass der von den Bauern bezahlte Preis pro Kuh 15'000 Pesos betrug, während die Rentabilitätsstudie von Nestlé durchschnittliche Kosten von 5'750 pro Stück Vieh angab.

zu erhöhen, aber auch, um dem Mangel an Weideflächen zu begegnen. Die Trokkenheit und die fortwährenden Überschwemmungen von 1973 verschlimmerten das Problem, indem sie zu einer unverhältnismässigen Erhöhung der Produktionskosten für Milch führten (Zerstörung von Weideflächen). 33,9% der Produktionskosten wurden für das Kraftfutter aufgewendet, 17% für das Finanzkapital und nur 10% für die Löhne der Bauern.

— Nestlé verpflichtete sich, den Genossenschaftsfarmen die jungen Kälber abzukaufen, um den Betriebsaufwand nicht zu sehr zu erhöhen, vor allem wegen des Mangels an Weideflächen. Einer der Farmen (C-21) kaufte Nestlé die Kälber erst im Alter von 26 Monaten ab, aber zum Preis eines Kalbes von 12-14 Monaten. Die Bauern mussten die Tiere in dieser Zeit mit von Nestlé verkauftem Kraftfutter ernähren und so die Betriebsrechnung belasten.

— Die Bauern hatten sich verpflichtet, 70% ihrer Produktion an Nestlé zu verkaufen. An wen sonst hätten sie in einer Zone ohne andere milchwirtschaftliche Industrie verkaufen können? Sie sind gezwungen, an Nestlé zu Bedingungen zu verkaufen, die in einem Vertrag festgelegt sind, welcher ihnen praktisch durch Technokraten der Regierung in Allianz mit dem TNK aufgezwungen wurde.

Ökonomische Bilanz dieser traurigen Affäre: die Bauern bezahlen für das gescheiterte Unternehmen

Über die Finanzierung der Projekte sagt Nestlé: "Ohne die Nestlé-Intervention bei den mexikanischen Banken hätten die Ejidos niemals so hohe Kredite erhalten". Und weiter: "Das Projekt muss also zu 100% finanziert werden. Es war der Einflussnahme von Nestlé-Mexiko zu verdanken, dass sich eine mexikanische Privatbank bereit erklärt hatte, diesen Kredit einzuräumen. Die Hauptpunkte des

172

Kreditvetrages waren folgende: Kreditnehmer war der Ejido; Nestlé-Mexiko übernahm der kreditgewährenden Bank gegenüber nicht nur eine Wechselbürgschaft in Form einer Bankgarantie, sondern auch die gesamte Verantwortung für die technische und verwaltungsmässige Durchführung des Projektes. Nestlé verpflichtete sich, während der Dauer des Kredites, d.h. für 11 Jahre, jeder Farm die erforderliche technische Hilfe zu leisten, um das Projekt zum erfolgreichen Abschluss zu bringen (Und dies gratis*)**. Als Gegenleistung hierfür verpflichtete sich der Ejido, bis zur Rückzahlung des Kredites mindestens 70% seiner gesamten Milchproduktion an Nestlé-Mexiko zu verkaufen." Dies sagt der TNK über das Abkommen[61].

Einige Verdeutlichungen sind nötig:
— Es handelte sich um Finanzen, die zu 100% von einer nationalen Privatbank einen bäuerlichen Gemeinschaften gewährt wurden, die sich solidarisch verpflichteten, das für den Kauf des Viehs, für das Anlegen von Weideflächen, für den Kauf von Viehfutter und das Funktionieren der Farmen gewährte Darlehen zurückzuzahlen. Derartige Darlehen an bäuerliche Gemeinschaften waren nichts Aussergewöhnliches. Sie sind Bestandteil einer Kreditpolitik gegenüber den Ejidos für Langzeitprojekte. Stellt man diese Darlehen in den Rahmen des Pilotprojektes von Chontalpa, das enorme Summen verschlang, sind sie Teil einer umfassenderen Logik zur Unterstützung der Produktion in der Gegend, verankert in einem Projekt der Regierung zur integralen, regionalen Entwicklung.

— Nestlé, die wegen ihrer technischen Hilfe an die Produzenten grosses Ansehen geniesst und von der Regierung unterstützt wird, welche sie ausdrücklich mit der Supervision des Molkereiprojektes beauftragte hatte kaum Mühe, eine Privatbank ·zu überzeugen. Nestlé brachte kein eigenes Kapital ein. Für seinen beschränkten Beitrag nahm der TNK den nationalen Kapitalmarkt in Anspruch.

— Die von Nestlé eingegangenen Risiken bleiben beschränkt. Kreditnehmer sind die Bauern, die sich stark verschulden aufgrund der Aussicht auf gesicherte Gewinne, die ihnen durch die Rentabilitätsstudie von Nestlé versprochen worden sind. Überdies haben die Bauern den Druck von seiten der Funktionäre und Technokraten, die mit der Supervision des gesamten Chontalpa-Planes beauftragt sind, zu ertragen.

   In seiner These über die Auswirkungen einer Investition Nestlés auf die Entwicklung liefert Claude Béglé interessante Details über das Verhalten Nestlés in dieser Affäre: "Ein Kreditbegehren wurde dem Banco de Comercio vorgelegt, der nur unter der Bedingung einer Wechselbürgschaft von Nestlé darauf eintrat. Das Unternehmen seinerseits akzeptierte, um sein Vertrauen in das Projekt zu bekunden, und schloss gleichzeitig eine Versicherung ab, um einige der grössten Risiken zu decken"[69].

— Die Bauern konnten, dank der technischen Hilfe Nestlés, vom 2. Jahr der Aktivität an auf Gewinne hoffen. Nestlé konnte mit der Produktion von qualitativ guten Rohstoffen rechnen, ohne die auf die Bauern abgewälzten Risiken der direkten Produktion zu übernehmen.

---

* "Et çela gratuitement" ist in der deutschen Ausgabe von "Nestlé in den Entwicklungsländern" weggelassen!

** Nach Ivan Restrepo wurden die Kosten für die Experten den Farmern verrechnet[62]

Finanzierung

1. Darlehen der Ejidogemeinschaften beim Banco de Comercio in der Höhe von 21'296'000 Pesos, zu einem Zins von 7,6% (3'549'300 pro Ejido) mit der Wechselbürgschaft von Nestle.

2. Darlehen von Nestle: 2'440'000 Pesos beim Banco de Mexiko für die erste Versuchsfarm (C-9) 4'887'000 Pesos für den Bau der Ställe. Diese Beiträge sind die einzigen Direktinvestitionen Nestlés in dieses Unternehmen.

Die gemäss der Rentabilitätsstudie erwarteten Ergebnisse: In 11 Jahren hätten die Farmen ihre Darlehen dank der Einkünfte aus dem Verkauf von Milch und Kälbern zurückbezahlt haben sollen. Tatsächliche Ergebnisse: Ein wenig rentables Unternehmen und Verschuldung der meisten Bauern. Ein Misserfolg und ein Prestigeverlust für Nestlé, auch wenn das Unternehmen von der begrenzten Zufuhr von Frischmilch für seine Fabrik profitieren konnte.

"Rien ne va plus" zwischen Nestlé und den Bauern

Die Bauern der ersten Pilotfarm (C-9) brachen ihre Verpflichtung im Juni 1975. Ihnen zufolge "fehlte das Vertrauen und die Ejidastarios waren nicht über ihre wirkliche Lage informiert"[64]. Als Schadenersatz zog Nestlé die Mehrheit des Viehs ein und liess den Bauern nur 25 Kälber und 5 Stiere von 15 Monaten zurück. Die Erfahrung war bitter für die Bauern nach Jahren der harten Arbeit[65]. Als Ausdruck ihrer wachsenden Unzufriedenheit mit dem TNK, versuchten die Mitglieder dieser Pilotfarm, im Augenblick ihres Bruchs des Abkommens mit Nestlé, die Mitglieder der anderen Kollektivfarmen zu überzeugen, das Abkommensprotokoll mit dem TNK zurückzuweisen. Der Gouverneur des Staates Tabasco musste persönlich intervenieren, um zu verhindern, dass sich eine gemeinsame Oppositionsfront gegen Nestlé bildete[66]. Damals stellte der Geschäftsführer von Nestlé-Mexiko mit Stolz das Engagement von Nestlé in La Chontalpa vor und freute sich, dass die Produktionskosten für Milch in der Region tiefer waren als die der modernen Viehzucht der Hochebene. Er verzichtete wohlweislich darauf, anzugeben, dass derartige Ersparnisse auf Kosten der betreffenden Bauern realisiert wurden.[67] Sechs Kollektivfarmen existierten 1976 noch.*

Die Angaben für eine dieser Farmen — wir besitzen sie von vieren — weisen ein grosses Defizit im Ausmass von 3,6 Mio. Pesos aus. Die Unzufriedenheit mit einer dieser Farmen veranlasste die Bauern, zwei Techniker von Nestlé als Geiseln zu nehmen, um so den TNK zur Erfüllung folgender Forderungen zu zwingen: Eine grössere Beteiligung an der Führung der Farm und die Verteilung der Gewinne unter die Mitglieder. Trotz der katastrophalen finanziellen Situation verteilte Nestlé ihnen lächerliche Gewinne und vergrösserte damit eigentlich die Schuld der Bauern, um sie zu besänftigen.

Der Augenblick der Enttäuschung kam unweigerlich. Drei der sechs Kollektivfarmen erklärten ihren Bankrott. Das Unternehmen Nestlé liess sie mit leeren

---

* Nur die Pilotfarm hatte zu diesem Zeitpunkt ihr Abkommen mit Nestlé gebrochen.

Ställen zurück und führte das Vieh, die Traktoren und die Ausrüstung der Farmen ab. Die Bilanz ist ziemlich katastrophal.

Nach einer Reise in die Gegend 1977 stellt Herr Landaburu in seinen Kommentaren den Misserfolg dieses Versuches fest:

> "Dieser Versuch stellt im Vergleich zu den anfänglichen Projekten einen Misserfolg dar. Weit davon entfernt, die Anzahl der Ställe über die ersten sechs hinaus zu erhöhen, funktionieren heute nur noch drei und zwar mit Verlust. Der hauptsächliche Grund liegt meiner Ansicht nach darin, dass das Projekt zu ehrgeizig war. Die grösste Schwierigkeit kam von Seiten der Produzenten selbst, die weder die Erfahrung noch eine wirksame und ausdauernde Arbeitsmoral hatten. Hinzu kommt eine skandalöse Schlamperei im gesamten Regierungsprojekt, wodurch die Mitglieder des Ejido gegenüber der Hilfe, die man ihnen brachte, sehr misstrauisch wurden."[68]

Von den sieben Milchfarmen der bäuerlichen Gemeinschaften, die von Nestlé in La Chontalpa supervisiert wurden, sind nur noch drei in Betrieb. Nestlé behauptet, dass sie 1984 ihre Bankdarlehen zurückbezahlt haben sollen. Die nachfolgenden Ergebnisse wurden uns von Nestlé mitgeteilt:

Ergebnisse von La Chontalpa 1979 und 1980 (in Pesos)

	1979	1980	Realer Aufwand
Ertrag	7'450'530.—	11'010'737.—	
Aufwand	6'253'853.—	9'513'108.—	(65%)
Saldo	1'196'677.—	1'497'629.—	
abzüglich Subventionen	keine Daten	3'331'597.—	(35%)
		− 1'833'968.—	(100%)

Quelle: Nestlé[69]

Gemäss diesen Zahlen hätten die Farmen schliesslich 1979 und 1980 eine positive Bilanz aufweisen sollen. Diese Bilanz ist aber insofern unrealistisch, als sie die hohe Summe, welche die Subventionen Nestlés für den Kauf von Viehfutter ausmachen, unberücksichtigt lässt. 1980 machten diese Subventionen Nestlés 35% der Gesamtsubvention an die Betriebskosten der Farmen aus. Berücksichtigt man dies bei der Erstellung der Bilanz, so stösst man statt auf Gewinne auf Verluste, die sich noch für das Jahr 1980 auf 1'833'968 Pesos beliefen.[7] Die sich aufdrängende Schlussfolgerung: Diese Farmen werden weiterhin mit Verlust betrieben und Nestlé muss aus diesem Misserfolg eine Lehre ziehen.

Die Vorschläge des landwirtschaftlich-technischen Beratungsdienstes Nestlés, um der Situation auf realistische Weise zu begegnen, lauten: Die Hilfsgelder für Futterkonzentrate streichen (was die Ausgaben 1980 um 35% erhöhen würde) und stattdessen den Farmen die Milch zum tatsächlichen Marktpreis abzukaufen.

Welche Beweggründe haben Nestlé veranlasst, sich am Projekt von La Chontalpa zu beteiligen? Wir erachten folgende als plausibel:

175

— Von einer durch die Regierung errichtete Infrastruktur profitieren, um ein Milchgebiet in diesem Teil des Staates Tabasco zu entwickeln.

— Die nationalen Kredite für die Entwicklung der milchwirtschaftlichen Viehzucht in tropischer Zone zu erhalten. Dies war sicher nicht schwierig, dank der Unterstützung durch die Regierung, die an der Umwandlung dieser Zone in Viehzuchtgebiet interessiert war.

— Sich in diesem Teil des Landes niederzulassen, der langfristig interessante Aussichten und ein bedeutendes Verkaufspotential bietet.

— Ein Regierungsprojekt zu unterstützen, im Rahmen einer strategischen Allianz, — welche erlaubt, im gegebenen Zeitpunkt zugunsten anderer Aktivitäten des TNK Druck auszuüben.

— Das Image des TNK durch diesen Beitrag an ein Entwicklungsprojekt zu verbessern.

— Direkte Forschungen und Erfahrungen auf dem Gebiet der milchwirtschaftlichen Viehzucht in tropischen Zonen zu machen.

Das Unternehmen sicherte sich auf diese Weise mit einer kleinen Investition die Rohstoffquelle für seine Fabrik von Chiapa de Corzo und die Kontrolle über den Südosten des Landes. Trotz des Misserfolges für die Bauern konnte der TNK die produzierte Milch verwenden und daraus Gewinne schlagen.

Gewisse Leute behaupten sogar, dass das Unternehmen mit dem Verkauf von Viehfutter und veterinärischen Medikamenten ein gutes Geschäft machte. Anlässlich der Vertragsbrüche von vier der sieben Gruppen konnte Nestlé die Milchkühe, die Traktoren und das Material zurückholen.

In anderen, bescheideneren Projekten, wie dem von Guichivere im Isthmus von Tehuantepec, kann Nestlé die aus dem Experiment von La Chontalpa gezogenen bitteren Lehren anwenden.

Eine neue Visitenkarte für Nestlé-Mexiko:

Guichivere

Die Darstellung dieses Falles "Guichivere" verdient unsere Aufmerksamkeit aus verschiedenen Gründen. Er war Gegenstand einer Debatte in der Schweizer Presse, ausgelöst durch einen Artikel des Journalisten Toni Hagen: Dieser griff die Entwicklungsprojekte der schweizerischen Entwicklungszusammenarbeit an und präsentierte als Vorbilder ländliche Entwicklungsprojekte der privaten Unternehmen, die seiner Ansicht nach weniger kostspielig sind und bessere Ergebnisse erzielen. Sich auf "Ichivere" in Mexiko (eigentlich Guichivere) beziehend meint er, dass die Intervention der privaten Unternehmen die Tätigkeit der Direktion für Entwicklungszusammenarbeit und humanitäre Hilfe (DEH) und die "Neue Organisation" (Intercooperative) die kürzlich von den grossen schweizerischen Hilfswerken gegründet wurde, inspirieren sollte.[71] Der Journalist Silvio Bertolami, Spezialist für Agrarfragen, hat anlässlich eines Aufenthaltes in Mexiko die Behauptungen Toni Hagens geprüft und anschliessend verlangt, in der gleichen Zeitung (NZZ) zur Richtigstellung der Analyse Toni Hagens einen Artikel veröffentlichen zu können, was ihm jedoch verweigert wurde. Schliesslich veröffentlichte S. Bertolami seinen Artikel über das Projekt Guichivere in der schweizerischen Entwicklungspolitischen Zeitschrift Südwind.[72] Ein weiterer Artikel über dieses Projekt wurde von Dora Rapold, einer Studentin, die ihr Doktorat an der mexikanischen Universität "El Colegio de Mexiko" vorbereitet, geschrieben.[73] Um in dieser Debatte etwas klarar zu sehen und zu einer Einschätzung der widersprüchlichen Angaben zu gelangen, habe ich Nestlé SA in Vevey angefragt. Das Unternehmen lieferte mir einen Bericht des landwirtschaftlich-technischen Beratungsdienstes von Nestlé-Mexiko[74] vom 27. Februar 1981 über dieses Projekt. Vor allem möchte ich betonen, dass der Artikel von Toni Hagen von einer äusserst schlechten Kenntnis des Projektes zeugt, was zu einer verfälschten Darstellung der Wirklichkeit führt. Die Angaben von S. Bertolami sind richtig, aber lückenhaft. Dora Rapold rückt die Rolle von Nestlé-Mexiko ins rechte Licht und gibt an, was das Unternehmen sich von einer derartigen Zusammenarbeit in einem Projekt zur milchwirtschaftlichen Entwicklung versprechen kann.

Das Projekt Guichere (benannt nach einem Kollektivejido am Isthmus von Tehuantepec im Südosten des Landes) bezweckt die Entwicklung einer gemischten Viehzucht für die Milch- und Fleischerzeugung. Conesa (landwirtschaftlich-technischer Beratungsdienst Nestlés in Mexiko) ist nicht Initiator des Projektes, wie Topni Hagen behauptet, und auch nicht stiller Teilhaber. Es handelt sich um ein Projekt, das vom Ministerium für Landwirtschaft und hydraulische Ressourcen (Wasserversorgung) gemeinsam mit dem Bankfonds für Viehzuchtprojekte (FIRA) und einer mexikanischen Bank (Banco Nacional des Mexico: Banamex) ausgearbeitet wurde. 50 der 96 Ejidobauern von Chuichivere stellten ihr Stück Land für eine Güterzusammenlegung im Rahmen der Agrarreform zur Verfügung.

Die Bauern bildeten so zwei Gebiete von je 150 ha. Der technische Beratungsdienst Nestlés wurde von der Regierung beauftragt, zusammen mit den Bauern Organisation und Supervision von zwei kollektiven Viehzuchtfarmen zu sichern, die erste 1973 und die zweite 1975. Die Regierung übernahm die Güterzusammenlegung und die Bewässerung (SARH), FIRA gewährte den Startkredit und die Bank von Mexiko die laufenden Kredite (Betriebskredite). Die Investitionen beliefen sich auf 5,3 Mio Pesos für Guichivere 1 und auf 4,5 Mio Pesos für Guichivere 2. Gemäss den Angaben aus dem Geschäftsjahr 1979/80 hatte die Gruppe Guichivere 1 13% ihrer Schulden zurückbezahlt (Restschuld 3,6 Mio Pesos), die Gruppe 2 16% (Restschuld 3,8 Mio Pesos)[75]. Anfänglich leisteten die Bauern, weil man sich nicht ausreichend mit ihnen beraten hatte, der Eingliederung in die Organisation von Kollektivfarmen Widerstand, akzeptierten dann aber, sich am Projekt zu beteiligen.[76]

Durch Kreuzungen von Zebus und Kühen mit einer hohen Milchleistung wollte man eine geeignete Rasse züchten. Toni Hagen sieht aber diese Tatsachen folgendermassen: das Projekt, das er beharrlich Ichivere nennt, erhält dadurch besondere Bedeutung, dass es die Einwände derjenigen entkräfte, die behaupten, die Art und Weise der Arbeit der Privatunternehmen erreiche die benachteiligten Bevölkerungsgruppen nicht. Von den 25 Migliedern (in Wirklichkeit 25 Mitglieder pro Farm) seien 2/3 Alte oder Witwen und nur 9 seien arbeitsfähig. Die Initiative, eine Kooperative zu gründen, sei von Nestlé ausgegangen, die 250'000 Dollars vorgestreckt und dadurch die technische Hilfe und die Buchführung für die Produktion gesichert habe. Wir haben gesehen, dass in Wirklichkeit das Kapital nationaler

Herkunft ist und von einem staatlichen Organismus (FIRA) und einer mexikanischen Privatbank (Banamex) stammt. Hagen behauptet, dass die Produktionssteigerung, ihm zufolge 400 l pro Tag mit einer Herde von 500 Tieren, wovon 120 Milchkühe (Durchschnitt 3,3 l pro Tag) in 10 Jahren eine rentable Verarbeitung eines Teils der Produktion zu Milchpulver annehmen lässt. Nestlé sei es gelungen, das Unternehmen in 3 Jahren rentabel zu machen. Ein solcher Erfolg stellt nach Toni Hagen die offiziellen Programme der staatlichen Entwicklungszusammenarbeit in den Schatten.

In einem bedächtigeren Ton rückt Dora Rapold dieses Projekt an seinen richtigen Platz. Nestlé garantiert die technische Hilfe in einem Regierungsprojekt, das durch nationale Darlehen an die bäuerlichen Gruppen finanziert wird. Der TNK scheint aus dem Plan La Chontalpa die Lehren gezogen zu haben, denn in Guichivere wird versucht, eine gemischte Rasse zu züchten, die dem tropischen Klima bedeutend besser angepasst ist als die Holsteinrasse. Trotzdem treffen die Spezialisten des technischen Dienstes der Nestlé, die eigentlich nur als Berater wirken sollten, Entscheide auf der Ebene des Produktionsprozesses. Problematisch bleibt die Benützung von Melkmaschinen und von Futterkonzentrat, wo doch in Mexiko ein grosser Mangel an Nahrungsmitteln für den menschlichen Konsum herrscht. Die Quantität der produzierten Milch hat sich nach Nestlé folgendermassen entwickelt:

Produktion in Guichivere (in Tonnen/Jahr)

Farm	Produktionsaufnahme		1979/80
Guichivere 1	1974:	54,1	96,0
Guichivere 2	1977:	65,4	123,9

Quelle: Nestlé SA Vevey

Die Politik von Nestlé-Mexiko in diesem Projekt hat zwei Ziele:
— Steigerung der Milchproduktion
— Möglichkeit der angewandten Forschung in tropischer Zone ohne grosse Kosten, da die Bauern die Darlehen aufnehmen mussten.

Was die regionale Entwicklung betrifft, besteht der Bericht von Nestlé auf diesem Aspekt: "Die uneigennützige Arbeit und Zusammenarbeit von Conesa in den Projekten 'Guichivere 1 und 2' wird geschätzt und sichert der Kompagnie ein gutes Image"[77].

Eine Neuerung: Die Mitglieder des Ejidos sind nicht verpflichtet, ihre Milch an Nestlé zu verkaufen. Sie verkaufen sie auf dem Nachbarmarkt von Tehuantepec zu 12 Pesos pro Liter; der TNK würde 7,25 Pesos pro Liter zahlen. Die Studie des Nestlé-Dienstes in Mexiko präzisiert, dass man wegen des lokalen Marktpreises und der hohen Transportkosten bis zur Nestlé-Fabrik in Chiapas keine Überschüsse für die industrielle Verwertung erwarten kann. Nestlé scheint die aus der Chontalpa-Erfahrung gezogenen Lehren berücksichtigt zu haben. Welche Zukunft ist diesem Projekt, dem "Lieblingskind" Nestlé-Mexikos zugedacht? Sicher wird es einmal Gegenstand einer bestechenden Publikation der Public-Relations-Dienste von Nestlé werden.

Trotzdem genügt diese Visitenkarte nicht, um uns die allgemeinen Praktiken des TNK in Lateinamerika vergessen zu machen. Die nachfolgend dargestellten Zeugnisse der Bauern aus dem Staat Veracruz zeigen ein anderes Bild.

Die Milchproduzenten des Staates Veracruz

Eine Ökonomin des CEDER (Centro de estudios para el desarrollo rural) führte eine Untersuchung über die Milchproduzenten des Staates Veracruz durch.[78] Es handelt sich hier vor allem um kleine und mittlere Produzenten, die eine gemischte Viehzucht für Milch- und Fleischerzeugung betreiben, als ergänzende Tätigkeit zum Ackerbau. Die hauptsächlichen Käufer sind die Molkerei von Jalapa, die lokalen Käsereien und die Käsefabrik "Krafft".

Nestlé schliesst Verträge mit den Zwischenhändlern ab, welche die Milch mit ihren eigenen Fahrzeugen einsammeln, je nach Gegend mit Lastwagen oder Schiffen. Einige bestätigen, von Nestlé einen Lohn erhalten zu haben, andere nicht. Auch wenn Nestlé 1978 den tiefsten Preis für Milch in der ganzen Region zahlte, d.h. 4,14 Pesos pro Liter, während die Käsereien 4,5 bis 5,0 anboten, sind die oft abgelegen wohnenden Bauern doch gezwungen, ihre Milch an Nestlé zu verkaufen: durch sein Sammelsystem sichert sich der TNK ein Halbmonopol auf Milch und zahlt für diese einen Preis, der 12 bis 20% tiefer liegt als jener der Käsereien, die den Produzenten ausserdem die Molke für die Schweinezucht geben. Die Kannen werden vom Unternehmen geliefert, müssen aber in Form von Milch bezahlt werden. Theoretisch fassen sie 10 l, bis an den Rand gefüllt aber 12. Nestlé schliesst keine formellen Verträge mit den Lieferanten. Der Verkauf von Milch stellt für mehrere Bauern ein Geldeinkommen während des ganzen Jahres dar, was ihnen ermöglicht, die einkommenslosen Monate zwischen den Ernten zu überstehen. Auch ist zu beobachten, dass einige Bauern, für die der Milchverkauf nur eine Nebenbeschäftigung war, diese Aktivität aufgeben, sobald sich ihre ökonomische Lage verbessert, und sich ausschliesslich dem Ackerbau und der Viehzucht widmen. Das Unternehmen gewährt keine Kredite in Geldform. Es liefert aber den Kleinproduzenten Stacheldraht für die Umzäunungen und Futterkonzentrat, die durch Frischmilchlieferungen zurückzuzahlen sind.

Die technische Hilfe Nestlés an die Produzenten bleibt sehr beschränkt und richtet sich vor allem an die "Leaders". Das Unternehmen erleichtert jedoch den Zugang zu Saatgut für die Weiden, fördert die künstliche Besamung und die Konstruktion von Silos. In einer bestimmten Region von Veracruz führen die Nestlé-Techniker eine Ausbildung für die Techniker des Landwirtschaftsministeriums (SARH) durch, welche die Programme für die Produzenten ausarbeiten sollten.

"Höhere Gewinne für uns und Nahrungsmittel für die Armen der Städte"[79], mit diesen Worten drückt sich Teodulo Rocha, einer der wichtigsten Förderer der Union der Kollektivejidos im Norden des Staates Veracruz aus. Die Lösung liegt nach ihm in der Organisation einer direkten Kommerzialisierung durch die Errichtung einer Fabrik zur Herstellung von pasteurisierter Milch, um sich dadurch von der Monopolstellung Nestlés zu befreien, die 80% der Milch in der Region kontrolliert und unter dem offiziellen Preis aufkauft.

Seit zwanzig Jahren machen die Kleinlastwagen ihre Runde durch 54 Städte des Nordens von Veracruz, um täglich 30'000 l Milch einzusammeln. Diese Milch wird anschliessend mit Tankwagen in die Fabrik von Tamuin im Nachbarstaat San Luis Potosi transportiert. Nestlé zahlt 7,25 Pesos für den Liter, während der offizielle Preis auf 7,88 Pesos festgesetzt ist. Das Konkurrenzunternehmen "Cremas de Tampico" zahlt ein wenig mehr. Die 20 handwerklichen Käsereien der Gegend bieten bis zu 8 Pesos. Die lokale Bevölkerung konsumiert nur wenig Milchprodukte.

Die Bauern der Union der Ejidos haben beschlossen, sich zu versammeln, um das Problem der von Nestlé gebotenen tiefen Preise zu diskutieren. Nach ihren Berechnungen werden so allein die Bauern der 8 Ejidos der Gegend von Tempoal von Nestlé in 9 Monaten um 600'000 Pesos geprellt. Ausserdem bestimmt Nestlé über die Kaufpolitik, indem sie das Sammeln unvermittelt einschränkt oder eine Kontingentierung auferlegt.

Die Union der Viehzüchter (bessergestellte Bauern) übernimmt die Verhandlungen über die Höhe des Milchpreises. Das Unternehmen zeigt sich erkenntlich, indem es ihnen eine Priorität in den Milchkäufen einräumt, dies vor allem in den Perioden der Überproduktion. Die Bauern müssen sich nicht nur gegen Nestlé und die "Cremas de Tampico" wehren, sondern auch gegen die "Koyoten"*, welche die Milch zu 8 Pesos kaufen und sie zu 13 Pesos pro Liter verkaufen. Der Kampf um die direkte Vermarktung der Milch hat für über 50 Ejidos der Gemeindebezirke von Panuco, Tempoal, Chicontepec und Chiconamel im Staat Veracruz begonnen.

Es wäre interessant, die verschiedenen Milchgebiete des TNK in Mexiko genau zu untersuchen, würde jedoch den Rahmen dieser Untersuchung sprengen. Sehen wir trotzdem, gemäss den Angaben des technischen Dienstes der Nestlé SA in Vevey, wer die an das transnationale Unternehmen im Land gebundenen 20'000 mexikanischen Produzenten sind.

	Ø Produktionsmenge pro Jahr	in t	Anteil an der Ge- samtzahl	Milchein- lieferung	Kühe	Prod./ Kuh
Kleinproduzenten	11		67%			
mittlere Produzenten	11-15		30%			
Grossproduzenten	über 15		3%			
total			20'027	292'053 t	136'000	1'200 kg

Quelle: Nestlé SA, Vevey, Technischer Beratungsdienst, Oktober 1979

Soweit die Angaben über die an Nestlé gebundenen Produzenten. Wer aber sind die Tausenden von Konsumenten dieser Produkte? Leistet Nestlé wirklich einen nicht zu leugnenden Beitrag an den Kampf gegen Hunger und Fehlernährung in diesem Land?

---

* Koyoten: So werden in Mexiko die Zwischenhändler genannt, welche die landwirtschaftlichen Produkte am Ort der Produktion zu einem tiefen Preis aufkaufen, um sie in den Städten mit einem skandalösen Extraprofit zu verkaufen.

Was hat ein TNK wie Nestlé, der seine Politik auf die Eroberung des Binnenmarktes ausrichtet, mit dem Kampf gegen Unter- und Fehlernährung zu tun? Seine Auswirkungen können zu einem guten Teil an seiner Handelsbilanz (Verhältnis Importe/Exporte) gemessen werden. Wir schilderten zu Beginn des Kapitels, wie die durch Filialen Nestlés in Mexiko getätigten Importe zum Devisenaderlass des Landes beitragen.

Trotzdem ermöglicht das Unternehmen eine Importsubstitution, indem es zur Steigerung der Milchproduktion auf nationaleer Ebene beiträgt. Es muss jedoch berücksichtigt werden, zu welchem Preis eine solche Substitution stattfindet (Markenrechts-, Lizenzgebühren) und inwiefern die angebotenen Produkte der Befriedigung der Bedürfnisse der Gesamtbevölkerung dienen. Nestlé verarbeitet Frischmilch zwar auf hygienische, aber kostspielige Weise zu Milchpulver. Auch wenn es sich um ein allgemeines Konsumprodukt handelt, wird die Milch zu einem, im Verhältnis zur Kaufkraft der Gesamtbevölkerung, zu hohen Preis verkauft. Eine Veränderung der Lage setzt staatliche Massnahmen voraus, die die inländische Produktion von Milch und anderen Grundnahrungsmitteln sowie eine Verteilung an die Bevölkerung ohne zu grosse Verarbeitung zu fördern. So könnte verhindert werden, dass Grundnahrungsmittel zu diversifizierten und segmentierten Produkten verarbeitet werden, die für eine kaufkräftige Kundschaft bestimmt sind und nicht für die Gesamtheit der Bevölkerung.

Wäre es nicht möglich, den Verkaufspreis durch weniger aufwendige Verpakkung* zu senken und die Produkte den Bedürfnissen der Bevölkerung anzupassen, statt diese durch übermässige Aufgliederung der Produkte und entsprechende Werbung zu neuen Konsumgewohnheiten zu erziehen?

Der Bedarf der Bevölkerung an Frischmilch ist nicht gedeckt. Ist es also gerechtfertigt, immer mehr Rohstoff für Tiefkühlprodukte und Desserts zu verwenden, welche einer Minderheit von wohlhabenden Konsumenten vorbehalten sind?

Nestlé steht da nicht allein: die gesamte Nahrungsmittel- und Getränkeindustrie gilt es zu erwähnen, die durch Werbung und Kontrolle über das Angebot eine Veränderung der Ernährungsgewohnheiten im Land erreicht. Die Zweige des industriellen Sektors, welche in den letzten 15 Jahren eine grössere Wachstumsrate aufwiesen, sind mit der Produktion von Nahrungsmitteln verbunden, die üblicherweise von kaufkräftigen Gruppen konsumiert werden. Sie erreichen jedoch, wenn auch in geringerer Quantität, die ärmsten Gruppen, die auf diese Weise einen grossen Anteil ihrer mageren Einkünfte für teure und wenig nahrhafte Lebensmittel abzweigen, auf Kosten einer ausgewogenen Ernährung und ihrer Gesundheit. Die Wachstumsrate für Yoghurt und Milchprodukte z.B. betrug zwischen 1970 und 1975 22%.[80]

Eine Studie des Nationalen Institutes für Ernährung von Mexiko gibt an, dass "sich die Ernährungsgewohnheiten in den letzten 20 Jahren stärker verändert haben als in den 450 Jahren vorher. Die Bevölkerung wendet sich immer stärker

---

* In einer Studie über die verarbeiteten Nahrungsmittel fand man, dass 35% des vom Konsumenten bezahlten Preises dem Wert des Nahrungsmittels selber entsprechen, der Rest den Beschriftungen, der Verpackung, den Gewinnen, Steuern usw. vorbehalten ist. (zitiert nach A. Chavez Villasana, op.cit. S. 57

Mehl- und Zuckerprodukten zu, die reich an Kohlehydraten sind, den Hunger stillen, aber sehr wenig Proteine enthalten."[81]

In der Folge der Nachforschungen über die Nestlé-Produkte bestätigt das mexikanische Konsumenteninstitut, dass eine grosse Skala von Nahrungsmitteln wie Maggi-Würfel und Stärkungsgetränke in der Tat reich an Kohlehydraten, aber wenig nahrhaft sind. Francisco Barba, Direktor der Public-Relations von Nestlé, meint zu diesem Thema: "Nun gut, wenn wir es verkaufen (Maggi-Würfel), wissen wir, dass wir kein grossartiges Nahrungsmittel anbieten; es ist eine Würze und hat den Vorteil, gut zu schmecken. Sein Verkauf stellt keinen Betrug oder eine Täuschung des Konsumenten dar, es ist ein ergänzendes Nahrungsmittel."[82]

Jedenfalls, schenkt man P. Liotard-Vogt, dem Leiter der Nestlé, Glauben, lässt sich der Geschmack formen, der Konsument gewöhnt sich nach und nach an das angebotene Produkt: "Der durchschnittliche Konsument ist im allgemeinen sehr unwissend und unfähig, ein gutes Produkt klar von einem schlechten zu unterscheiden; er erkennt jedenfalls die Nuancen nicht. (....) Denken Sie auch daran, dass der Geschmack geformt wird. Das erste Glas Whisky, das ein Konsument trinkt, und oft auch das erste Glas Coca-Cola, schmeckt ihm nicht, und doch werden diese Getränke heute massenhaft konsumiert."[83]

Behauptet er nicht anderswo, dass ein Produkt, das 10% der Konsumenten erreicht, ein gutes Produkt ist, und auch dass man von oben in einen Markt einsteigen soll, wohlwissend, dass die Masse folgen wird?[84]

Die Veränderung der Ernährungsgewohnheiten hat schwerwiegende Auswirkungen auf den Ernährungszustand der gesamten Bevölkerung. Eine Umfrage des Nationalen Institutes für Ernährung bei 21 Mio. Mexikanern ergab, dass annähernd 10 Mio. Personen unter Kalorienmangel leiden. Die Lage ist auf dem Land schlimmer als in den Städten. Eine spezifische Untersuchung in der Region La Chontalpa verglich den Ernährungszustand der Bevölkerung vor und nach dem Entwicklungsprogramm. Die ökonomischen Ressourcen der Region haben sich verdreifacht und der Ernährungszustand hat sich offenbar um 100% verbessert. Eine Untersuchung des Phänomens nach sozialen Klassen zeigt, dass ein Teil der Bevölkerung mehr essen kann und einen übertriebenen Konsum von Fleisch, Milch, Eiern, sowie verarbeiteten Produkten aufweist, die seine Kost aus dem Gleichgewicht bringen; dass gleichzeitig die Arbeiter und Bauern der Region unter denselben Problemen leiden wie früher und auch die gleiche Fehlernährungssowie Sterblichkeitsrate für Kinder wie früher ausgewiesen ist.[85]

Welche Vorschläge zur Veränderung der Lage gibt es? Eine grundlegende Veränderung muss die ungleichen Verteilstrukturen der Ressourcen in Frage stellen und eine gerechtere Verteilung sichern. Es gibt aber auch kurzfristige Lösungen innerhalb der existierenden sozio-ökonomischen Strukturen. Der Plan SAM hat unter anderem drei Ziele:

— Die Sicherung der minimalen Ernährung für alle sozialen Gruppen.

— Die Steigerung der Produktion von Mais, Bohnen und anderen Grundnahrungsmitteln, vor allem auf den nicht bewässerten Böden der Hochebenen, um eine Selbstversorgung mit Nahrungsmitteln zu erreichen.

— Eine gerechtere Verteilung der Einkommen zwischen den verschiedenen sozialen Gruppen, Regionen, Stadt und Land.

Der hauptsächliche Mangel des Projektes SAM ist, dass es nicht direkt die tieferliegenden Ursachen des gegenwärtigen Ungleichgewichtes aufgreift. Nicht in Frage gestellt werden die Privilegien der grossen export-orientierten Produzenten und der transnationalen Unternehmen, Transmissionsriemen für die Eingliederung Mexikos in ein weltweites Ernährungssystem, welches diese selber kontrollieren.

Eine Neuorientierung der Produktion von Nahrungsmitteln, um diese der Spekulation zu entziehen, ist nur durch eine entschlossene Intervention des Staates möglich, eine Politik der kontrollierten Kommerzialisierung und ein Abrücken von importierten Konsummustern sowie Produkten, die eine Spitzentechnologie voraussetzen. Diese Neuorientierung schliesst die Förderung von an lokale Bedingungen angepassten Modellen ein, welche die gesamte Bevölkerung erreichen, dank einer rationelleren Verwendung der bebaubaren Flächen und einer besseren Verteilung der Produkte.

Wer profitiert von der Präsenz Nestlés in Mexiko?

Nach diesen Ausführungen zu konkreten Punkten wollen wir zum Abschluss dieses Kapitels die folgende Frage zusammenfassend beantworten: Leistet Nestlé einen unersetzbaren Beitrag für das Land, die Niederlassungsgegenden, die Regierung, die Produzenten, die Konsumenten, das Wachstum des TNK?

Das Land?
Die Anwesenheit der Filialen des TNK Nestlé im Land stellt einen bedeutenden Kostenpunkt für die nationale Ökonomie dar. Z.B. importierte die Tochtergesellschaft "Compañia Nestlé" 1977/78 für einen Betrag von 36 Mio. Pesos und exportierte für einen Betrag von nur 1,2 Mio. Pesos. Eine andere Tochtergesellschaft wies eine negative Handelsbilanz auf: Parma Industrial importierte im gleichen Zeitraum Produkte für einen Wert von 1,3 Mio. Pesos und exportierte für den Wert von nur 160'000 Pesos. Die Kosten für die nationale Ökonomie berechnen sich auch aus dem Wert der Zahlungen der Tochtergesllschaften für Markenrechte und technische Hilfe an das Stammhaus: die dafür getätigten Zahlungen der Compañia Nestlé, Maggi und Findus an das Stammhaus erreichten zwischen 1971 und 1978 400 Mio. Pesos. Die lokale Produktion von teuren und differenzierten Markenprodukten ist sicher nicht die beste Art und Weise, einem Land zu helfen, seine Probleme einer angemessenen Ernährung der gesamten Bevölkerung zu lösen

Die Regierung?
Die Regierung und die führende Bourgeoisie verstehen sich gut mit den Interessenvertretern Nestlés im Land. Der TNK produzierte Waren für die staatlichen Verteilbetriebe (Milchpulver), die durch das Spitalnetz auf den Markt gelangen. Ausserdem zögert die Regierung nicht, bei Projekten der Milchproduktion die Zusammenarbeit mit dem Unternehmen zu suchen, was Nestlé ermöglicht, ihre Verhandlungsmacht zu erhalten oder zu stärken und sicher zu gehen, dass die Regierung nicht geneigt ist, Massnahmen zu treffen, welche die Interessen des TNK im Land schädigen könnten.

Die Regionen? Die Produzenten?
Die Erschliessung eines Milchgebietes oder die Eröffnung einer Fabrik sollten auf

die Entwicklung der Region einen "Schneeballeffekt", einen Antriebseffekt ausüben. Die Präsenz Nestlés im Staat Chiapas zeigt, dass dem nicht so ist. Es werden zwar neue Stellen geschaffen, gleichzeitig wird die Viehzucht auf Kosten der arbeitsintensiveren Nahrungsmittelkulturen verstärkt. Man darf Nestlé nicht für die Ungleichheiten in einem Gebiet zum Zeitpunkt ihrer Niederlassung verantwortlich machen. Man sollte aber hoffen dürfen, dass ihre Anwesenheit nicht zur Verstärkung der Ungleichheiten zwischen den grossen Viehzüchtern und den Kleinbauern beiträgt. Der Fall Chiapas illustriert die Bevorzugung der mittleren und grossen Viehzüchter bei der Kreditzuteilung und der technischen Hilfe. Im Fall des Projektes von La Chontalpa arbeitete Nestlé mit bäuerlichen Gemeinschaften zusammen. Alle sollten von der Produktionssteigerung und den guten Ergebnissen profitieren, um ihr Schicksal zu verbessern. Die Situation wird aber widersprüchlich, wenn die "Besitzer" der Kollektivfarmen, die Bauern, zu Arbeitnehmern werden, die einem von Nestlé für jede Farm bestimmten Techniker unterstellt sind. Eine falsche Einschätzung, die eher einer Traumvorstellung als der Wirklichkeit entspricht, die geringe Selbstbestimmung, die den Produzenten in der Führung ihrer Farmen zugestanden wurde und technische Fehler hinsichtlich der Wahl des Viehs führten die Mehrzahl der Kollektivfarmen zum Bankrott. Die überlebenden Farmen produzieren mit Verlust. Die Produzenten von Veracruz heben ihre Eingliederung in die Nestlé hervor, welche die Milch zu einem niedrigeren Preis als die Käsereien einkauft und die grossen Viehzüchter hinsichtlich technischer Hilfe sowie Milchabnahme in Zeiten der Überproduktion bevorzugt. Trotzdem müssen die Milchproduzenten an den TNK verkaufen, da dieser die Milchsammelrouten kontrolliert. Sich organisieren und gegen das Monopol Nestlé kämpfen, ist die Lösung, die sie vorschlagen. Die Zusammenarbeit Nestlés mit bäuerlichen Gemeinschaften in Guichivere, gemeinsam mit Regierungsorganismen und der nationalen Privatbank, scheint für die betroffenen Bauern gewinnbringend zu sein. Aus dem Misserfolg von La Chontalpa sind die Lehren gezogen worden.

Die Konsumenten?
Die Konsumenten in den Produktionsgebieten verfügen meist nicht über die nötige Kaufkraft, um sich die Nestlé-Produkte leisten zu können. Abnehmer dieser Produkte sind vielmehr die kaufkräftigen Schichten in den Städten. Nestlé will die kaufkräftige Nachfrage decken und ist deshalb nicht bemüht, ein Produkt, welches nicht zu sehr verarbeitet und daher für die gesamte Bevölkerung zugänglich ist, auf den Markt zu bringen.

Das transnationale Unternehmen?
Die Art der von Nestlé wie auch anderen transnationalen Unternehmen im Land verarbeiteten Produkte, ist bedingt durch den Versuch, die Tätigkeiten auszuweiten, den Markt mit differenzierten Fertigprodukten sowie mit Marke und "moderne" Lebensweise propagierender Werbung zu erschliessen. Die Anwesenheit Nestlés gestattet, aus Technologie, Kapitalien, den auf verschiedene Weise transferierten oder reinvestierten Gewinnen Nutzen zu ziehen, um diese Geschäftstätigkeiten auszuweiten. Von dem TNK kann keine andere Logik erwartet werden. Die Behauptung, einen unersetzlichen Beitrag an die Entwicklung, den Kampf gegen Fehl- und Unterernährung zu leisten, prägt ein Image, das nicht den Tatsachen entspricht. Die Zusammenarbeit mit der Regierung und der lokalen Bourgeoisie ist zum Vorteil des Unternehmens. Das Aufrechterhalten von guten Bezie-

hungen (goodwill) mit dem Staatsapparat ist Bestandteil einer langfristigen Strategie der Diversifizierung und Ausweitung der Tätigkeiten auf einem nationalen Markt, der grosse Entwicklungsmöglichkeiten bietet — trotz der enormen Schwierigkeiten des Landes, die Inflation einzudämmen und ein Wachstum der landwirtschaftlichen Produktion zu erreichen, welches die Bedürfnisse der gesamten Bevölkerung deckt. Die hohen Gewinnraten des TNK, seine Monopolstellung, seine mittelfristige Rentabilisierung der Aktivitäten, tragen zu einer allgemeinen Erhöhung seines Umsatzes und weltweiten Einflusses bei.

Anmerkungen zu Kapitel IV

1. Näheres über die Durchführung der Agrarreform und die Entwicklung der staatlichen mexikanischen Politik siehe Pierre Harrisson, «Agriculure parcellaire et capitalisme au Mexique». Dissertation EPHESS, Paris, Dezember 1976, S. 776
2. J. Schatan, «Food systems and society, the case of Mexiko», UNRISD, 80/C.19, S.4
3. Adolfo Chavez Villasana, "Algunos datos sobre la alimentación nacional", in: «Desarrollo agro-industrial y alimentación, documentos de trabajo para el desarrollo agro-industrial», Pd. 4, S.54
4. J. Schatan, op.cit.
5. Angaben des Banco National de Mexiko und anderer Quellen, in: Francis Mestries, «SAM: Una alternativa real?» in: «Teoriá y política, Mexiko», Januar-März 1981, S. 148
6. F. Mestries, op.cit.
7. Arthur Domike und Gonzalo Rodríguez, «Agroindustria en México, Estructura de los sistemas y oportunidades para empresas campesinas», CIDE, Mexiko, August 1976 (proyecto FAO-PNUD-Secretria de la Reforma Agraria)
8. Rosa Elena Montes de Oca Lujan und Gerardo Escudero Columna, «Las empresas transnacionales en la industria alimentaria mexicana» in: «Comercio Exterior», Mexiko, September 1981, Bd. 31, Nr. 9, S. 986-1009, Zitat S. 998
9. Nestlé, «Nestlé in den Entwicklungsländern», S. 26
10. Ibid., S. 177
11. Sara Lovera: "Una sola compañia transnacional controla el 85% de la producción de café soluble", in: «Uno más uno», México, 26. März 1981
12. Quelle: Information der Dirección General de Inversiones Extranjeras, «Transferencia de Tecnología» vom 30. November 1981
13. Nestlé, Jahresberichte 1980, S. 17, 1982 S. 7, 1983, S. 7
14. Eneko Landaburu, «Commentaires: voyage Brésil et Mexique avril 1977», interner Bericht an CEEIM, Brüssel, 24. Mai 1977
15. Ivan Restrepo «Desnutrición y transnationales, la utilización de intelectuales pro Nestlé», in: «Uno más uno», México, 25. September 1981
16. Eneko Landaburo, op.cit. S. 17
17. Gemäss dem landwirtschaftlich-technischen Beratungsdienst von Nestlé SA waren in Mexiko im Oktober 1979 allein in der Milchproduktion 20'027 Produzenten gebunden
18. Ivan Restrepo, op.cit.
19. Javier Perez Villaseñor, «El impacto de la educacion y la investiccion en el desarrollo technologico agroindustrial» in «Desarrollo agroindustrial, tecnologia y emplea per para el dessarr. agroind.» Nr. 3, SAHR, Mexico, S. 82
20. Robert Wasserstrom, «Nestlé in Mexico: Hazardous to your health», Infact, Minneapolis, 1981
21. David Parkin, «El problema ganadero», S. 59, Nach diesem Autor wurden 1977/78 750'000 Stück Vieh und verarbeitetes Fleisch im Wert von über 50 Mio Dollars in die USA exportiert
22. Zu dieser Frage siehe die Arbeit einer Gruppe von mexikanischen Forschern, Luis M. Fernandez Ortiz u.a., «Ganaderia y estructura agraria en Chiapas», März 1979, Mexiko, vervielfältigt
23. Barkin, «El problema ganadero», S. 60
24. Rémy Montavon, «Nestlés Arbeit in den Entwicklungsländern, dargelegt am Beispiel des Staates Chiapas, Mexiko»
25. Montavon, op.cit. S. 13
26. Luis Fernandez Ortiz u.a., «Ganaderia y estructura agraria en Chiapas», März 1979, mimeiographiert, Mexiko
27. Montavon, op.cit. S. 13
28. Die Entwicklung der Milchproduktion auf der Grundlage einer vorhandenen extensiven Viehzucht ist ein bewährtes Modell Nestlés. Siehe den Fall Brasilien und Kolumbien.
29. Claude R. Béglé, «ffets d'un investissement de Nestlé sur le developpement» S. 75
30. Montavon, op.cit.
31. Zitiert von Fernandes Ortiz u.a., op.cit., S. 77
32. Montavon, op.cit., S. 27
33. Nestlé SA hat uns bestätigt, dass die Zahlen von S. Bertolami richtig sind.

34. Zitiert von Béglé, op.cit., S. 187

35. Toni Hagen, "Entwicklungszusammenarbeit und privates Unternehmertum", in: «Neue Zürcher Zeitung», 4. März 1981

36. Silvio Bertolami, «Desinformation, Manipulation, Fehleinschätzungen, der "Experte" Toni Hagen», in: «Südwind», 4/81, S. 6ff. und "Nestlé in Chiapas. Milch für Mexikaner", in: «Der Schweizerische Beobachter», Nr. 20, 31.10.81, S. 32-40. Siehe auch: «Halbgötter, Giftkriege und Kondensmilch», Z-Verlag, Basel, 1983, S.˙154

37. Béglé, op.cit., S. 189.

38. Fernandez u.a., op.cit. S. 77

39. R. Wasserstrom, op.cit.

40. C. Béglé, op.cit., S. 82

41. R. Wasserstrom, op.cit.

42. S. Bertolami, op.cit. Der Schweizerische Beobachter

43. Siehe Bibliographie, Mexiko, Plan Chontalpa

44. Nestlé, «Nestlé in den Entwicklungsländern», S. 48

45. Barkin, op.cit., S. 127

46. Nestlé, Nestlé in den Entwicklungsländern, S. 178

47. Gemäss Nestlé («Nestlé in den Entwicklungsländern», S. 177) können die Farmen die technische Hilfe gratis in Anspruch nehmen. Nach Ivàn Restrepo wird sie der Betriebsrechnung der Farmen angelastet.

48. C. Béglé, op.cit., S. 126

49. Anlässlich einer Unterredung am 21. Januar 1982 in Vevey behaupteten die Leiter von Nestlé, dass ihnen die Wahl des Holstein-Viehs durch die mexikanische Regierung aufgezwungen wurde, welche die Möglichkeit einer Zucht von reinrassigen Kühen in tropischer Zone beweisen wollte. Der technische Beratungsdienst von Nestlé hätte eine gemischte Rasse aus einer 5/8-Kreuzung der Zebu-Rasse und des Holstein-Viehs, welche auch in der kubanischen milchwirtschaftlichen Viehzucht verwendet wird, bevorzugt. Leider konnten wir von den mexikanischen Verantwortlichen dazu keine Stellungnahme fordern. Nestlés Darstellung der Tatsachen erstaunt uns aber. Die Nestlé-Spezialisten, die die technische Hilfe für das Projekt in La Chontalpa garantierten, hätten ihren Standpunkt bei der Wahl der Holstein-Viehrasse sicher durchsetzen können, falls wirklich die behaupteten Meinungsunterschiede bestanden hätten. Auch heben die Werbebroschüren von Nestlé die Wahl dieser Rasse als ein wichtiges Element des Projektes hervor.
Behauptet denn P.Liotard-Vogt nicht: "Keine nationale Regierung, welche auch immer, kann eine ausländische Gesellschaft zu Investitionen veranlassen, wenn diese Gesellschaft die betreffenden Investitionen als schlecht begründet betrachtet." (In: «Transfert de technologie et division internationale du travail», Konferenz am "Centre pratique da la négotiation internationale", Genf, 30. Oktober 1980, S. 28). Es stimmt, dass in diesem Fall die Bauern und nicht der TNK für die Investitionen aufgekommen sind.

50. C. Béglé, op.cit. S. 126

51. ebenda, S. 127

52. Romeo Rey, «Nestlé in einem Entwicklungsland», «Tages-Anzeiger» (Zürich), 23. Juni 1977

53. C. Béglé, op.cit. S. 129

54. Nestlé, «Nestlé in den Entwicklungsländern», S. 178

55. Quelle:Nestlé, Plan Chontalpa, in Béglé, op.cit., S. 138

56. Nestlé, «Nestlé in den Entwicklungsländern», S. 178

57. Für den Ejido C-22 von Nestlé ausgearbeitete technische Studie. Zitiert von Luis M. Fernandez Ortiz und Maria Tarrio de Fernandez, «Modernización de la agricultura campesina ejidal y dependencia económica. Un estudio del plan Chontalpa», in: «Narxhi-Nandha», April 1977, Nr. 2, S. 37

58. Marco-Antonio Salazar y Esteban, M. Garaiz «El Plan Chontalpa», in: «Los problemas de la organizacion campesina», S. 147-170, Oaxetepec, Februar 1975

59. L.-M. Fernandez y Maria Tarrio, «Modernizacion....» S. 38, (Anm. 57)

60. C. Béglé, op.cit. S. 134

61. Nestlé, Nestlé in den ..., S. 174-77

62. Ivan Restrepo, «La Chontalpa: un frascasso de dominación de la Nestlé», in «Uno más uno», 24. September 1981

63. C. Béglé, op.cit. S. 120
64. Luis Fernandez Ortiz y Maria Tarrio de F., «Estructura agraria y capitalismo en México», Tesis doctorado, EPHESS, Paris, 5 Bde., dic. 1975, Zitat: Bd. 3, S. 128
65. Ibid., S. 164
66. A. Barta, «Colectivización o proletarización: el caso del plan Chontalpa», in: «Cuadernos Agrarios», Nr. 4, Mexiko, Oktober/Dezember 1966, S. 89
67. Ibid., S. 89
68. Landaburu, op.cit., S. 2.
69. Angaben von Nestlé-Conesa, Mexiko, geliefert von C. Pagano, Nestlé SA, Vevey, in einer Mitteilung an P. Harrisson vom 17. Dezember 1981
70. Landaburu, op.cit. S. 20
71. Toni Hagen, op.cit., «NZZ», 4. März 1981
72. Silvio Bertolami, op.cit., «Südwind»
73. Dora Rapold, "Das Guichivere-Projekt" und "Kampf dem Milchdefizit", in: «Tages-Anzeiger», 18. September 1981
74. Nestlé Conesa-Mexiko, geliefert von Nestlé SA, Vevey, 17. Dezember 1981
75. Nestlé Conesa-Mexiko, geliefert von Nestlé SA Vevey, 17. Dezember 1981
76. Dora Rapold, op.cit.
77. Nestlé Conesa, op.cit.
78. M. Botzman, «Aufzeichnungen», ceder Mexiko
79. Aus einem Artikel von Maria Carcia Sordo: "Por un bote de 40 litros de leche que Nestlé compra a campesinos de Veracruz, se hace regalar otros dos", in: «Uno más uno», 29. September 1981
80. J. Schatan, op.cit. S. 9f.
81. A. Chavez Villasana, op.cit. S. 56
82. Interview von Victor Manuel Juárez mit Francisco Barba und Francisco Bonilla. «No somos tan malos como se nos retrata», dicen funcionarios de la compañia transnacional Nestlé, in: «Uno más uno», 25. September 1981
83. «Reflexions d'un chef d'entreprise», P. Liotard-Vogt, in: «Revue Economique₂, Lausanne, Mai 1982
84. P. Liotard-Vogt, in: Vision, März 1974
85. A. Chavez Villasana, op.cit. S. 56

Kapitel V

Dominikanische Republik: Importsubstitution oder wachsende Abhängigkeit?

Dominikanische Republik

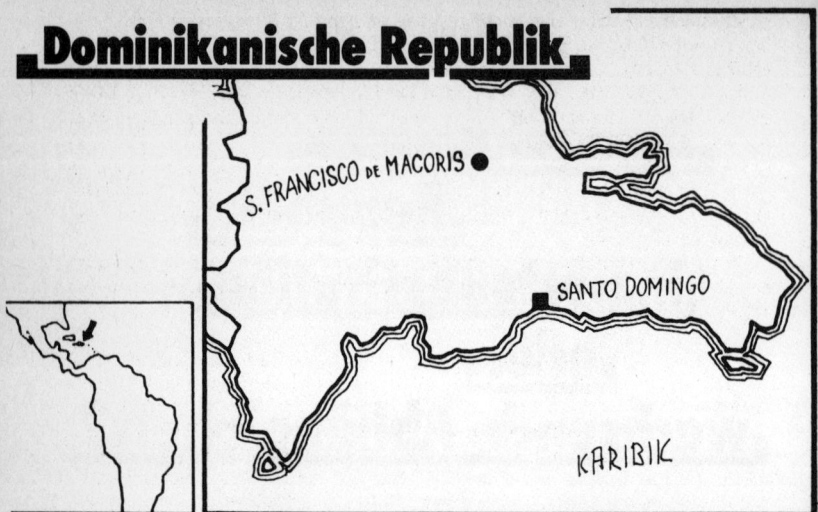

Oberfläche	48'730 km^2
Bevölkerung	5,9 Mio.
Bevölkerungsdichte	121,2 Einwohner/km^2
Bevölkerungszuwachs	2,7% pro Jahr
Geburtenziffer	3,7%
Kindersterblichkeit	66‰ (1981)
Städtische Bevölkerung	52,0% (1981)
Bruttosozialprodukt	8,2 Mia. US-Dollar (1983)
Bruttosozialprodukt pro Kopf	1490 Dollar
Staatsverschuldung im Ausland	2,4 Mia. US-Dollar (1983)
landwirtschaftliche Handelsbilanz	+ 0,25 Mia. Dollar (1982)
nationale Währung	Peso
Wechselkurs Peso/Dollar	1:1

Inflation in %:

1977	1978	1979	1980	1981	1982
12,9	3,5	—	16,6	7,0	7,7

Wirtschaft nach Sektoren:

	in % der aktiven Bevölkerung	in % des Bruttosozialprodukts
Landwirtschaft	55	25
Bergbau	3	6
Industrie	27	24
Dienstleistungssektor	15	45

Quellen: Weltbank/Währungsfonds, "L'état du monde 1984", La Découverte Paris.
"Atlaseco 1984", Laffont-Paris.

Nestlé spielt zweifellos eine wichtige Rolle und verfügt über grosses Gewicht in der Ausarbeitung der Ernährungspolitik und der Kontrolle der Märkte in den grossen Ländern Lateinamerikas wie Brasilien, Mexiko, Kolumbien und Peru. Gut in diesen Märkten verankert, kann das Unternehmen seine Anstrengungen auf die Diversifizierung der Produktion und die Verkaufssteigerung richten. Hier hat Nestlé gute Entwicklungsperspektiven.

Wie reagiert Nestlé in einem kleinen Land mit geringeren Perspektiven? Die Nachforschungen der Agrarökonomin Deborah Huntington[1] liefern genaue Daten über die Auswirkungen der Präsenz Nestlés in einem kleinen Land, der Dominikanischen Republik.

Dieser Fall, beispielhaft in verschiedener Hinsicht, veranschaulicht die Strategie zur Kontrolle des Marktes und zur Herbeiführung einer Monopolsituation des TNK in Lateinamerika.

— Die Allianz über joint-venture-Abkommen mit einem konkurrierenden TNK im Milchverarbeitungssektor, Carnation, zur Sicherung der Kontrolle des Marktes.*

— Die grosse Verhandlungsmacht des TNK gegenüber einem kleinen Land erlaubt es Nestlé-Carnation, harte Bedingungen für eine Niederlassung im Land zu stellen.

— Die Zusicherung von besonderen Vorteilen setzt die Tochtergesellschaft von Nestlé-Carnation in eine aussergewöhnliche Machtposition gegenüber der entstehenden nationalen Industrie in diesem Sektor. Dies erlaubt dem Unternehmen nicht nur, eine Monopolrente zu erhalten, sondern auch, jegliche Anstrengung zur nationalen Industrialisierung im gleichen Sektor zu zerstören, besonders, wenn man die Beschränktheit des nationalen Marktes berücksichtigt.

— Die Verwendung der Milchüberschüsse des Weltmarktes, nicht nur, um einen Mangel an lokalen Rohstoffen zu beheben, sondern als Waffe in den Verhandlungen mit den Produzenten und der Regierung und als Quelle des Profits, der schneller als die nationale Produktion wächst.

1971 eröffnet Nestlé eine Fabrik in joint-venture mit dem TNK Carnation und erhält von der Regierung beträchtliche Steuervorteile zugesichert, unter der Bedingung, die nationale Frischmilchproduktion durch technische Beratungsdienste zu fördern. 10 Jahre später befindet sich die lokale Milchindustrie in einer tiefen Krise. Neu entstehende Industrien in diesem Wirtschaftsbereich wurden durch den TNK verdrängt, dessen Umsatz und Anteile am nahrungsmittelverarbeitenden Stektor ständig wachsen. Es wurden neue Arbeitsplätze geschaffen, gleichzeitig die Aussenabhängigkeit des Landes bei der Versorgung der Bevölkerung mit Milch verstärkt. Da die lokale Tochtergesellschaft CODAL von Steuervorteilen und der Preisunterbietung für Milchbestandteile von seiten der Länder mit Überschussproduktion (siehe Peru) profitiert, zieht sie die Einfuhr von Magermilch und Butteröl dem Kauf von lokaler Frischmilch für die Versorgung ihrer Fabrik vor. Obwohl sie von Steuererlassen profitiert, unter der Bedingung, die Produktion von Frischmilch zu fördern, bleibt ihre technische Hilfe sehr beschränkt. Ausserdem werden die grossen Viehzüchter bevorzugt. Es gelingt dem TNK schliesslich, trotz öffentlicher Proteste, einen grossen Teil der Kosten für die Entwicklung

---

* Durch die Übernahme von Carnation hat sich die Stellung von Nestlé in der Dominikanischen Republik nur noch verbessert.

des Milchgebietes auf die Regierung und die Produzenten selber zu überwälzen. Die Gesellschaft verurteilt diese Finanz-Manöver und die Rückschaffung der Gewinne unter dem Deckmantel der Lizenzabgaben und der Bezahlung für die Dienste der technischen Hilfe an das Stammhaus. Ferner haben die gewerkschaftlich organisierten Arbeiter der Fabrik die antigewerkschaftlichen Praktiken des Nestlé-Unternehmens im Land scharf verurteilt.

Monopolstellung und gesicherte Gewinne

Seit 1952 werden die Nestlé-Produkte über ein Verteilungsunternehmen, Nestlé Dominicana, verkauft. Angesichts des wachsenden Verkaufsvolumens und der günstigen Perspektive führt der TNK seit 1967 Verhandlungen über den Bau einer Fabrik zur Herstellung seiner Produkte im Land. Ein Bericht des Stammhauses in Vevey an die Handelsfiliale Nestlé Dominicana drückt die wirklichen Absichten des Konzerns zum Zeitpunkt des Verhandlungsbeginns mit den Behörden des Landes klar aus. Vor allem muss das Unternehmen von der Regierung die Zusicherung erhalten, Milchrohstoffe importieren zu können, die dann im Land wieder zu Milch zusammengesetzt werden. Mit solchen Konzessionen will man sicherstellen, präzisiert der Bericht, dass die lokale Tochtergesellschaft "nicht eine schnelle Ausweitung der lokalen Frischmilchproduktion durch die Zahlung von künstlich erhöhten Preisen stimulieren muss"[2]. Nestlé gibt ihrer Zuversicht Ausdruck, eine totale Befreiung von Importabgaben zu erhalten. Von den Vorteilen, die Nestlé im Februar 1968 von der Regierung forderte, sind folgende die wichtigsten:

— Das Recht, die "notwendigen" Quantitäten an Milchbestandteilen zu importieren, solange es dem Unternehmen an lokaler Frischmilch fehlt.
— Ein Steuererlass von 95% auf Maschinen und Rohstoffen. Ein Steuererlass von 50% auf dem Einkommen der ersten 10 Jahre und von 25% der folgenden Jahre, sowie ein totaler Erlass sämtlicher anderer Steuern.
— Die Zusicherung von seiten der Zentralbank, für die Bezahlung der Maschinen, der Ausrüstungsgüter, der Lizenzabgaben, der Rohstoffe, der technischen Hilfe und der Dividenden auf dem ausländischen Kapital Dollar zu erhalten.
— Das Recht, Nestlé-Produkte für eine Periode bis zu sechs Monate zu importieren, mit Zollfreiheit (-ermässigung) von 95%, sollte die Produktion ungenügend sein, ebenfalls bei Produktionseinstellungen, die durch Katastrophen oder Streiks verursacht werden.
— Eine wesentliche Erhöhung der Eingangsabgaben für Pulvermilch für die Konkurrenzunternehmen, sobald die nationale Produktion angelaufen ist. Sollte trotz all dieser Massnahmen die Konkurrenz von ausländischen, ähnlichen Produkten die Produktion der Nestlé-Tochtergesellschaft gefährden, sollten zusätzliche Steuern erhoben werden, um das Risiko zu verringern.
— Die Garantie, keinen ähnlichen Unternehmen Zollfreiheit oder Zollermässigung zum Import von Maschinen, Ausrüstungsgütern und Rohstoffen zu gewähren, solange Codal kondensierte oder Büchsenmilch produziert oder eine festgelegte Produktionskapazität aufrechterhält. Schliesslich, dass keinem anderen ähnlichen Unternehmen die Niederlassungsbewilligung erteilt werde, solange keine Überproduktion von Frischmilch herrscht.

— Die "unentbehrliche" Garantie, dass die Behörden jede ungerechtfertigte Preiserhöhung für Frischmilch, die das Unternehmen kaufen möchte, verhindern[3].

Um seiner Forderungen weiteren Nachdruck zu verleihen, die ihm Monopolbedingungen auf dem Markt der Dominikanischen Republik garantierten, richtete der Konzern einen Brief an den Präsidenten der Republik, worin die zu diesem Zeitpunkt (1968) von verschiedenen Staaten, Puerto-Rico, Jamaica, Trinidad, Venezuela, Kolumbien, Nicaragua, Panama (siehe S. 91f.), gewährten Vorteile aufgelistet waren.

Diese übertriebenen Forderungen führten zu grosser Entrüstung unter den Industriellen und den für die Landwirtschaft verantwortlichen Funktionären, aber der TNK erhielt weitgehend, was er gefordert hatte, seien es die Monopolbedingungen, gesicherte Gewinne, beträchtliche Hilfsgelder von seiten des Staates. Vorteile, die Codal zugesichert wurden:

— Das Recht, Milchbestandteile einzuführen.
— Berücksichtigung der Wechselkurse (auf dem Weltmarkt) der Milchbestandteile bei der Festsetzung des Ankaufspreises für Frischmilch von den inländischen Produzenten.
— Zollfreiheit für die Einfuhr von Maschinen (die in der Tat 97,4% betrug). Ein Steuererlass von 50% auf den reinvestierten Gewinnen für einen Zeitraum von 10 bis 20 Jahren.
— Monopolstellung, verbunden mit dem Verschwinden einer inländischen Konkurrenzfirma, zum Zeitpunkt der Vertragsverhandlungen.
— Handlungsspielraum in den Kapitaltransfergeschäften.

Die Tochtergesellschaft von Nestlé-Carnation (Codal) verdrängt eine nationale Industrie (Indulac)

Während den Verhandlungen von Codal mit der Regierung wurde ein neues Unternehmen, Indulac, in der ein dominikanischer Investor 99% der Aktien besass, zur Herstellung der gleichen Produkte gegründet. Dieses Unternehmen wurde von den nationalen Verantwortlichen und den Viehzüchtern unterstützt und schlug die ausschliessliche Verwendung von lokalen Rohstoffen vor. Um der nationalistischen Opposition entgegenzuarbeiten ging Nestlé soweit, den Einheimischen eine Beteiligung von 15% zu versprechen. Schliesslich aber wurde das Unternehmen Codal als Joint-venture zwischen Nestlé und Carnation errichtet. Bis vor kurzem war der TNK Nestlé, mit der Verwaltung der Fabrik beauftragt, Inhaber von 51% der Aktien, mittels verschiedener Finanzgesellschaften, Aspalim, Itag, Itafa und Afig, während Carnation 49% des Kapitals besass. Der vor kurzem erfolgte Aufkauf des TNK Carnation durch den Nestlé-Konzern bedeutet, dass die Tochtergesellschaft Codal von nun an ein Unternehmen ist, das nicht nur von Nestlé verwaltet wird, sondern zu 100% dem Schweizer TNK gehört.

Die Finanzierung der Anfangsinvestition von CODAL, die gesamthaft 5,3 Mio Pesos der Dominikanischen Republik betrug, wurde durch eine Anleihe von 1 Mio Dollar bei der internationalen Finanzgesellschaft Adela und von 900'000 Dollar bei der lokalen Bank gesichert.

Das dominikanische Unternehmen Indulac seinerseits wurde mit einem nationalen Kapital von 2,5 Mio Pesos gegründet. Das amerikanische Unternehmen NFC sollte die Fabrik bauen, die Ausrüstung liefern, das Personal ausbilden und die technische und kommerzielle Hilfe sichern. Während 1968 Indulac mit den lokalen Produzentenvereinigungen bereits Kaufverträge abschloss, beantragte Codal die Erlaubnis zur Einfuhr von 5'000 t Magermilchpulver und von 1'920 t Butteröl zu einem Wert von 3,7 Mio Pesos.

Da Indulac bereits im Juli 1968 den Status einer neuen Industrie, die zur Importsubstitution beiträgt, erhalten hatte, war man im Land überzeugt, dass die Behörden Codal die Erlaubnis zur Inbetriebnahme nicht erteilen würden, da der beschränkte nationale Markt keinesfalls zwei solche Unternehmen fassen konnte. Trotz der Opposition des Industrie- und Handelsministers und des Vorschlags seitens des Untersuchungsausschusses der Nationalen Entwicklungskommission, die Förderung von Codal zurückzuweisen, wurde dem TNK die Erlaubnis zur Niederlassung erteilt. Als Vorwand diente: das Unternehmen Indulac habe seine Tätigkeit noch nicht aufgenommen. Codal konnte somit im Sinne des Gesetzes als neue Industrie klassiert werden und von den Privilegien und der besonderen, mit diesem Status verbundenen Protektion profitieren. Von da an stiess Indulac bei der Beschaffung von Ausrüstungsgütern auf besondere Probleme. Die Fabrik, die erst im Dezember 1971 eröffnet wurde, hatte unterdessen den Besitzer gewechselt und produzierte seither Kindermilchpräparate "Bébé Hollandais", Pulvermilch und ungezuckerte Kondensmilch. (Einer der grossen Aktionäre war die dänische Firma Emidan.) 1973 musste Indulac ihre Produktion wegen schwerwiegender finanzieller Probleme einstellen.*

Importsubstitution oder wachsende Abhängigkeit?

Die Regierung der Dominikanischen Republik erhoffte sich von der Niederlassung einer Verarbeitungsfabrik von Nestlé-Carnation eine Importsubstitution und eine bedeutende Devisenersparnis. Nestlé verpflichtete sich, durch ihren technischen Beratungsdienst, als Gegenleistung für die gewährten Vergünstigungen, die inländische Milchproduktion zu fördern. Das Land durfte mit Recht eine Verminderung seiner Abhängigkeit vom Weltmarkt, eine bedeutende Entwicklung seiner inländischen Milchproduktion und einen grösseren Zugang der Bevölkerung zu Milchprodukten erwarten. Wie ist die gegenwärtige Situation?

---

* Gemäss Monsieur M.C. Pagano, Direktor für Lateinamerika bei Nestlé SA bis 1982, kann man die Situation zu diesem Zeitpunkt folgendermassen zusammenfassen: Während Nestlé SA seit zwei Jahren mit der Regierung über die Eröffnung einer Fabrik Verhandlungen führte, stellte ein Promotor das Konkurrenzunternehmen Indulac auf die Beine und profitierte von nationalistischer Unterstützung, die sein Projekt hervorrief. Die Regierung jedoch bevorzugte Nestlé-Codal, da es sich um ein seriöses Projekt handelte und nicht um eines, das schnell ausgearbeitet worden war wie jenes von Indulac, das später Schwierigkeiten mit dem amerikanischen Unternehmen, das mit der Errichtung der Fabrik beauftragt war, haben sollte. Pagano, der sich in die Dominikanische Republik begeben hatte, um mit der Regierung über ein Abkommen zu verhandeln, wurde bei seiner Ankunft auf dem Flughafen Zielscheibe einer nationalistischen, feindseligen Manifestation und dem Ausruf "Yankee go home" empfangen! Seinen Aussagen zufolge soll Nestlé den Promotoren des Konkurrenzunternehmens Indulac sogar eine Beteiligung am Kapital angeboten haben, was diese jedoch zurückwiesen.
Unterredung P. Harrison — C. Pagano, Nestlé SA, 21. Januar 1982.

Konzentration in der milchwirtschaftlichen Industrie mit starker ausländischer Beteiligung

Kaum hatte die milchwirtschaftliche Industrie in der Dominikanischen Republik einen Aufschwung zu verzeichnen, begann Codal 1971 mit der Produktion von Milchpulver und Kondensmilch. Die erste Fabrik zur Herstellung von pasteurisierter Milch (Pasteurizadora Rica) hatte die Produktion 1966 aufgenommen. 1964 betrug die durchschnittliche Investition der Unternehmen in diesem Wirtschaftsbereich nur 10'900 Pesos bei durchschnittlich nur 6 Angestellten. Die Milchimporte waren jedoch zwischen 1960 und 1968 schnell gestiegen, im Wert von 200'000 Pesos auf 6,8 Mio Pesos. Zur Förderung der Produktion hatte die Regierung den Viehzüchtern langfristige Darlehen, den milchverarbeitenden Unternehmen Kredite und Subventionen gewährt. Diese Massnahmen führten zu einem beschleunigten Wachstum dieses Industriezweiges: Die Investition von 17 Unternehmen erreicht 1978 18,9 Mio Pesos und der Gesamtumsatz betrug 45 Mio. Pesos. Ein guter Teil dieser Investitionen kam von ausländischen Unternehmen. Die fünf Unternehmen, die eine ausländische Beteiligung von über 20% ihres Kapitals aufwiesen, haben 3/5 der Investitionen und der Produktion inne. Nur zwei Unternehmen haben ein ausländisches Kapital von 100%. Codal, die Tochtergesellschaft von Nestlé-Carnation und ein Speiseeis-Unternehmen. Die Investition von Codal stellt 1/3 der Investitionen in dieser Branche dar, und dieses Unternehmen hat das Monopol auf Milchpulver und Kondensmilch, was ihm 1/3 des Marktes an verkaufter Milch des Landes sichert. Andererseits wird die Produktion von pasteurisierter Milch zu 88,3% von 2 Unternehmen kontrolliert. Diese Konzentration findet sich wieder im Kauf von Milch durch die Industrie und in der Verteilung der Milch, die einer begüterten Minderheit der lokalen Bevölkerung vorbehalten ist.

Entwicklung der inländischen Milchproduktion oder Zuflucht zu Importen?

Trotz der vor kurzem erfolgten Anstrengungen, die Milchproduktion nicht nur bei Grossbauern, sondern auch bei den kleinen und mittleren Bauern der milchwirtschaftlichen Genossenschaften zu fördern, stammt die von der Industrie verwertete Milch hauptsächlich von den grossen Viehzüchtern. So kamen 1973 52% der von den zwei Fabriken zur Herstellung von pasteurisierter Milch gekauften Milch von Milchfarmen mit durchschnittlich 175 Kühen. In einem Land, wo ungefähr 46'000 Bauern durchschnittlich 5 Kühe pro Betrieb besitzen, lieferten die Produzenten mit weniger als 70 Kühen 1973 weniger als 8% der verarbeiteten Milch. Der Kauf von Frischmilch durch die Verarbeitungsindustrie stieg von 8% (1966) auf 21% (1974) der Bruttoproduktion. Die grössten Käufer sind die Fabriken zur Herstellung von Pastmilch und die Käsereien. Der Kauf von Frischmilch durch Codal entspricht nicht dem Angebot von Frischmilch. Das Unternehmen Codal zog es häufig vor, Milchbestand vom Weltmarkt zu importieren.*

Die Vergrösserung der Fabrik 1975 und vor allem der Druck innerhalb des Landes veranlassten Codal, der Entwicklung der inländischen Milchproduktion grössere Bedeutung beizumessen. Die Milchkäufe erhöhen sich vor allem ab 1977/78, von 6,2 Mio l auf 10 Mio l.

Das Unternehmen wird von der Regierung durch eine Reihe von Massnahmen

---

* Die Käufe von 1976 entsprechen nur 1% der nationalen Produktion. Zwischen 1971 und 1976 hat die Tochtergesellschaft von Nestlé-Carnation weniger als 10% der lokalen, von der Industrie verarbeiteten Milch gekauft.

und durch Kredite in der Modernisierung der Farmen und der Steigerung der Produktion unterstützt. Lokale Frischmilch wird vor allem den Grossproduzenten abgekauft, wie aus den Zahlen des technischen Beratungsdienstes von Nestlé hervorgeht. 14% der Produzenten lieferten im Oktober 1979 46% des von Codal gekauften Volumens, das sind durchschnittlich 174 kg pro Tag.

Ausgehend von verschiedenen Angaben von Nestlé und Codal können wir eine aussagekräftige Tabelle aufstellen, die die Entwicklung der Frischmilchkäufe durch die Fabrik von San Francisco de Macoris in der Dominikanischen Republik zeigt.*

Entwicklung der Frischmilchkäufe und Verwendung importierter Rohstoffe

1972-1981, in metrischen Tonnen

Jahr	Frischmilch in t einheimische Produktion		in %	importiertes Magermilchpulver und Butteröl	Anteil der rekonstituierten Milch in %
1972	6'680[1]		61 %	10'512[4]	39 %
1973	7'060[1]		32 %	14'812[5]	68 %
1974	3'459[1]		26 %	13'230	74 %
1975	2'400[2]	(2'455)[3]	10 %	21'600	90 %
1976	4'200	(2'229)	12 %	30'800	88 %
1977	6'200		17 %	30'200	83 %
1978	9'900		20 %	39'600	80 %
1979	12'800		19 %	54'568	81 %
1980	23'700		32 %	50'362	68 %
1981	28'000		49 %	29'142	51 %
Total 1972-1981 und % Durchschnitt	104'399		26,1%	294'876	73,9%

Quellen: Tabelle vom Autor aufgrund folgender Angaben ausgearbeitet:
1. Nestlé, Nestlé in den Entwicklungsländern, S. 70.
2. Nestlé SA, Vevey, Angaben 1975 – 81
3. D. Huntington, op. cit.
4. Nestlé, op cit., S. 70. Nestlé gibt einen Import von 1'516 t Pulvermilch und Butteröl an. Umwandlungsfaktor 1 : 7 (Angabe von Nestlé SA, Vevey).
5. Quelle Codal, zitiert bei D. Huntington, op. cit., Tabelle 2, 2'116 t.
   Diese Angabe von Codal weicht von einer Angabe für 1973 von Nestlé (Nestlé in den Entwicklungsländern) ab (1'148 t). Wir geben der Angabe von Codal den Vorzug, da sie dem vom Unternehmen praktizierten Umwandlungsfaktor entspricht.

Diese Angaben von Codal weicht von einer Angabe für 1973 ab, in: Nestlé in den Entwicklungsländern (1148). Wir ziehen die Angabe von Codal vor, die der üblichen Rekonstitutionsrate des Unternehmens eher entspricht.

Diese Angaben erlauben es, die tatsächliche Auswirkung der Nestlé-Carnation Tochtergesellschaft in der Dominikanischen Republik einzuschätzen. Zahlen, die von Nestlé oder Codal geliefert oder aus ihren Dokumenten entnommen wurden, ergeben folgendes Bild:

* Nestlé SA lieferte uns eine Tabelle mit den Angaben über Anzahl Tonnen Frischmilch und den Prozentsatz der Rekonstitution. Dies ermöglichte uns, das entsprechende Flüssiggewicht des importierten Magermilchpulvers und Butteröls auszurechnen, Umrechnungsrate 1 : 7.

— 1981 verwendete die Nestlé-Tochtergesellschaft nur 51% importierte Milchbestandteile. Wenn wir jedoch die 10 Jahre der Anwesenheit des Unternehmens im Land betrachten, stellen wir fest, dass die in diesem Zeitraum im Land verkauften Nestlé-Produkte durchschnittlich aus nur 35% lokaler Milch und 65% importierten Rohstoffen hergestellt wurden. Der Kauf von Frischmilch im Land betrug zwischen 1975 und 1979 gar nur 10-20% der von der Fabrik verarbeiteten Milch.

Weit entfernt von einer Importsubstitution muss man bei solchen Bedingungen eher von einer Verstärkung der Abhängigkeit auf dem Nahrungsmittelsektor und einem bedeutenden Devisenabfluss für importierte Nahrungsmittel sprechen.

Warum kauft Codal nicht mehr inländische Frischmilch? Der Grund ist, nach Nestlé, der Mangel an Frischmilch auf dem lokalen Markt, da eine wachsende Menge von den Fabriken zur Herstellung von pasteurisierter Milch und von den Käsereien absorbiert wird[5].

Wenn sich auch diese Zuflucht zu Importen teilweise aus der schwachen Entwicklung der inländischen Milchproduktion erklären lässt, bleibt trotzdem die Tatsache bestehen, dass der Überfluss an subventionierten Milchbestandteilen auf dem Milchmarkt die Verarbeitungsindustrie veranlasst, sich auf diesem Markt zu versorgen, statt die inländische Produktion zu fördern. Nach der Niederlassung von Nestlé-Codal fand keineswegs eine Förderung der inländischen Frischmilchproduktion statt, im Gegenteil ist ein bedeutender Rückgang zu verzeichnen. Während zwischen 1966 und 1971 die Wachstumsrate der lokalen Produktion 3% betrug, ging diese zwischen 1971 und 1976 auf 1,6 zurück.

Entwicklung der lokalen Milchproduktion 1966-1977 (in metrischen Tonnen und in %).

	1966	1971	1976
metrische Tonnen	293'000	349'000	383'000
%		+ 19,1%	+ 9,7%

1971 sinkt die Wachstumsrate der inländischen Produktion und die Importe nehmen zu. Codal verwendet zwischen 1971 und 1976 65% importierte Milchprodukte, kauft Milchbestandteile im Wert von 10,6 Mio Pesos und verarbeitet diese zu Milchpulver und Kondensmilch.

Zwischen 1973 und 1977 wächst die Ausland-Abhängigkeit des Landes: Die Rohstoffimporte verdoppeln sich und decken 1/3 des Konsums.

Einfuhr von Milchrohstoffen in Millionen Litern
(und in % des Gesamtkonsums 1973-77)

	1973	1977
Millionen Liter	19,6	61,5
% des Gesamtkonsums	11,3%	36,4%

1978 absorbierte das Unternehmen CODAL 57% der importierten Milchbestandteile und beantragte eine Importerlaubnis für 27 Mio l. Welches Interesse an diesen massiven Importen haben das Unternehmen CODAL und der TNK Nestlé?

Die Importe von Milchbesandteilen sind sehr vorteilhaft, da das Unternehmen so die Milch auf dem Weltmarkt zu einem tiefen Preis einkaufen und sie ohne Zollkosten in das Land einführen kann, dank der Vorteile, die ihm von der Regierung zugestanden worden sind. Zwischen 1973 und 1978 kostete der Liter importierte Milch zwischen 11 und 16 Cents, während inländische Milch zwischen 16,6 und 22,5 Cents pro Liter kostete. Der Import von Milchbestandteilen diente zwei Zielen:

Erlangung höherer Gewinne und Gewinntransfer.

Der Import von Milchbestadteilen ohne Steuern ist zu einem wesentlichen Element in der Entwicklung der Nestlé-Carnation Tochtergesellschaft in der Dominikanischen Republik geworden. Hätte das Unternehmen lokale Frischmilch statt importierter Rohstoffe verwenden müssen, wären die jährlichen Gewinne unter 2,2 Mio Pesos geblieben[8].

Das Butteröl wird durch die "Société d'Assistance technique par les produits Nestlé" geliefert und in Schweizer Franken fakturiert. "Select Products Inc", ein Unternehmen aus den Bahamas, dient als Vermittler für den Kauf von Magermilchpulver in Neuseeland. Diese Käufe ermöglichen eine Überfakturierung und damit die Rückschaffung des Anfangskapitals über die von der Zentralbank erlaubten 18% hinaus.

Durch den Rückgriff auf importierte Rohstoffe erlebte das Unternehmen Codal eine rasche Ausweitung und realisierte höhere Gewinne als mit der Verwendung von lokaler Frischmilch. Der Umsatz stieg von 2,2 Mio Pesos (1971) auf 10,2 Mio (1974), auf 15,1 Mio (1976) und auf 25 Mio (1978):

Zunahme der Verkäufe von Nestlé-CODAL in der Dominikanischen Repbulik, 1971-78

	1971	1974	1975	1976	1978	1978/71
in Millionen Pesos	2,2	10,2	12,7	15,1	25	+ 22,8
Zuwachs in %		+ 463%	+ 24%	+ 19%	+ 66%	+ 1136%

Zusammengestellt vom Autor aufgrund verschiedener Quellen

Der Jahresbericht von Codal für 1975 verzeichnet, dass die Tochtergesellschaft Produkte von Unternehmen, die mit dem Konzern verbunden sind, in einem Wert von 2 Mio Dollar gekauft hat. Ein Teil der Rohstoffe stammt aus Nestlé-Fabriken in anderen Ländern.

Zwischen 1971 und 1978 stieg der Umsatz um 1136%, d.h. die durchschnittliche Jahreswachstumsrate betrug 142%. Die Gewinne entsprechen 12,4% der ursprünglichen Investition für 1974 und 15,3% für 1975[9]. Berücksichtigt man die Zahlungen für die technische Hilfe, Lizenzgebühren, Steuern, betrug der Ertrag auf der Anfangsinvestition 28,5% für 1974 und 43,5% für 1975. Schätzt man den Durchschnittsertrag zwischen 1971 und 1978 auf 35%, hätte Codal 12,3 Mio Pesos als Lizenzgebühren und für die technische Hilfe an das Stammhaus entrichtet; dies sind mehr als das Dreifache der fixen Anfangsinvestition und das fünffache des Werts der Investition, die aus dem Kapital von Nestlé stammt. Das Unternehmen Codal hat Verträge mit der "Société d'Assistance technique pour les produits Nestlé".

Der erste Vertrag, vom Juni 1971 bis Juni 1976, sah die Zahlung von 2% auf dem Verkauf der ersten 750'000 Kisten Milchpulver vor, und von 1,5% in der Folge. Der zweite 5-Jahresvertrag sah die Zahlung von 3% für Markenrechtsgebühren an Nestlé und Carnation vor. 1971, für einen Produktionszeitraum von sechs

Monaten, erreichten diese Zahlungen die Höhe von 93'000 Pesos. 1974 stiegen sie auf 383'000 Pesos und 1975 auf 505'000 Pesos. Die im Vertrag von 1976 vorgesehenen Zahlungen erreichten die Summe von 1,1 Mio Pesos, allein für das Jahr 1978[10].

Niedrige Preise für die den einheimischen Produzenten abgekaufte Frischmilch

Die Möglichkeit, auf importierte Milchbestandteile zurückzugreifen, sichert den Verarbeitungsunternehmen grosse Verhandlungsmacht bei der Festsetzung des Ankaufspreises für inländische Milch. Z.B. sind die Verkaufspreise für industriell verarbeitete Milchprodukte viel schneller gestiegen als der Bruttowert der Milchproduktion und die Preise, die den lokalen Bauern bezahlt werden. Während der Bruttowert der nationalen Milchproduktion zwischen 1970 und 1975 um 82,8% gestiegen ist, steigen die Ankaufspreise bei den Produzenten nur um 45,1%. Gleichzeitig stieg der Gesamtwert der Verkäufe von verarbeiteten Milchprodukten um 300%. Die Zentralbank bestätigt mit Angaben für einen anderen Zeitraum (1967-74) das Phänomen: Die an die Produzenten bezahlten Preise stiegen um 60,7%, während der Verkaufspreis der Fertigprodukte im gleichen Zeitraum um 275% stieg.

Codal war das erste Unternehmen, das Milchbestandteile importierte. Die anderen Unternehmen folgten bald diesem Beispiel und zogen den Import von Milchbestandteilen für die Herstellung von pasteurisierter Milch der inländischen Milch vor. Codal und ihre drei Betriebe produzieren zusammen 3/4 aller in der Milchwirtschaft verarbeiteten Produkte. Zwischen 1973 und 1977 stieg der Anteil an importierter Milch in der Ernährung der Bevölkerung der Dominikanischen Republik von 11,3 auf 36,4%.[11]

Codal und andere Unternehmen importieren weiterhin Milchbestandteile, um sie an Ort und Stelle zu rekonstituieren, während die Viehzüchter mangels Absatz die Milch wegschütten. Noch im August 1979 verurteilt die dominikanische Ärztevereinigung (Adoma) diesen Zustand. Ihr zufolge verwenden die Verarbeitsunternehmen die inländische Milch nicht, mit dem Vorwand, sie sei von schlechter Qualität. Die wirklichen Motive sind jedoch ganz andere: Sie ziehen es vor, importiertes Milchpulver zu verwenden.[12] Diese Vereinigung forderte die Öffentlichkeit, insbesondere die katholische Kirche, das Internationale Komitee zum Jahr des Kindes und die Dominikanische Advokatenvereinigung auf, sich gegen diese Praktiken auszusprechen, in einem Land, in dem pro Tag 16 Kinder an Hunger sterben.

▮Die Lieferanten von Codal▮

Die besten Böden in der Dominikanische Republik sind in den Händen weniger Grossgrundbesitzer. 75% der Bauern besitzen nur 13% des Viehbestandes und der Böden. Bis 1975 verhandelte das Unternehmen nur mit 100 grossen Viehzüchtern (56-192 Kühe). Auf Druck von Regierungsseite hin integrierte Codal 400 Kleinbauern (14-56) Kühe) auf dem Umweg über Produzentenverbände: Codal erreicht so 1% der 46'000 Farmen des Landes.

1978 lieferten 20% der Produzenten 62% der Milch, während 80% der Kleinbauern nur 38% des von Codal absorbierten Volumens liefern. Die grossen Viehzüchter kommen vorzugsweise in den Genuss der technischen Hilfsprogramme und der staatlichen Darlehen, wegen der Rentabilität ihrer landwirtschaftlichen Betriebe. Nach Angaben des Landwirtschaftsministeriums produzieren nur jene Bauern gewinnbringend, die 175 Kühe besitzen, die ihnen 946 l Milch pro Tag liefern.[13]

Wer bezahlt die Entwicklung der nationalen milchwirtschaftlichen Viehzucht?

Die Regierung gewährte Nestlé bestimmte Konzessionen, unter der Bedingung, die nationale Frischmilchproduktion zu entwickeln. In der Tat jedoch übernimmt die Regierung durch spezielle Programme zur Produktionsförderung die Kosten der Umwandlung der Farmen in moderne Produktionseinheiten. So erreichte die Tochtergesellschaft von Nestlé-Carnation dank des Drucks der mit ihr assoziierten Produzenten, dass 177 km Strasse und 12 Kühl- und Sammelzentren gebaut, sowie Ausrüstungsgüter bereitgestellt wurden. Jetzt verlangen die Bauern von der Regierung, dass Weiden vorbereitet und besät, neues Land urbar gemacht und Dünger geliefert wird.

Der technische Beratungsdienst Nestlés bemühte sich vor allem um die Verbesserung des Viehbestandes, den Bau von Silos und das Einführen von neuen Futtermitteln. Die Qualitätsverbesserung des Rohstoffes überliess Nestlé nicht nur der Regierung, sondern auch den Bauern: Das Unternehmen verpflichtet die Produzenten, ihre Milch bereits gekühlt abzuliefern, statt die Kühltankwagen zu verwenden. Die Regierung gewährt den Produzenten ein Darlehen der Landwirtschaftsbank von 17'000 Pesos zu einem Jahreszins von 9% für den Kauf von Kühlreservoirs.

Codal zahlt 50% der Zinsen, bietet den Viehzüchtern aber einen 13% tieferen Preis als die Fabriken zur Herstellung von pasteurisierter Milch. Auch müssen die durch Vertrag gebundenen Lieferanten ihre Milch während vier Jahren zum gleichen Preis an dieses Unternehmen verkaufen. Dank verschiedener Massnahmen zur Förderung der Milchproduktion in den letzten Jahren ist das Inlandangebot an Frischmilch gestiegen. Gemäss den Angaben des technischen Beratungsdienstes von Nestlé SA arbeitete die Tochtergesellschaft Codal Ende 1979 mit 478 Milchproduzenten zusammen. Es scheint, dass das Unternehmen nun vermehrt mit den in Verbänden zusammengeschlossenen Kleinproduzenten zusammenarbeitet. Eine Minderheit von mittleren und grossen Produzenten liefern aber weiterhin den grösseren Teil der von Codal aufgekauften Milch, wie aus der folgenden Tabelle ersichtlich ist:

Schichtung der Milchlieferanten von Codal, Oktober 1979

abgelieferte Tonnen Milch pro Jahr	Lieferanten		gelieferte Menge		durchschnittliche Lieferung pro Lieferant
	Zahl	%	Tonnen/Jahr	%	Kilo pro Tag
0-15	296	62%	2'314,25	25%	21
16-30	115	24%	2'684,53	29%	63
mehr als 30	67	14%	4'258,22	46%	174
total	478	100%	9'257	100%	

Quelle: vom Autor zusammengestellt, ausgehend von Angaben des technischen Beratungsdienstes von Nestlé SA, Vevey, Oktober 1979.

Nestlé sagt, dass 1981 1'030 Viehzüchter mit der Verarbeitungsfabrik von Codal in San Francisco de Macoris verbunden waren, was die Steigerung der Frischmilchkäufe im L'and von 1981 erklärt (49% lokale Milch und 51% importierte Milchbestandteile).

Die Arbeiter von Codal verurteilen die anti-gewerkschaftlichen Praktiken Nestlé's

In den letzten Monaten des Jahres 1980 und den ersten drei Monaten von 1981 wurde die Dominikanische Republik durch eine Reihe wilder Streiks erschüttert. CPUSTAL (Organisation des Weltgewerkschaftsverbandes, WGB, für Lateinamerika) zufolge fanden Kämpfe, Streiks und andere Arbeitsniederlegungen in den staatlichen Unternehmen und den "freien Zonen" (freie Produktionszonen) statt, im TNK Falconbridge, bei Metaldom, Agroman, bei Codal in den Tabakmanufakturen Tamboril. Die Arbeiter wollten damit Lohnerhöhungen erreichen und gegen die hohen Lebenshaltungskosten protestieren. Tausende von Arbeitern sollen in der Folge dieser Streikbewegung entlassen worden sein, unter ihnen, laut der Gewerkschaft von Codal, Gewerkschaftsführer der Gewerkschaft Sitracodal. Auch der Streik der Gemeindeangestellten wurde unterdrückt, dabei schoss der Polizeichef auf die Manifestanten und tötete zwei Personen. Der Cpustal reichte eine formelle Klage ein bei der Kommission für die gewerkschaftliche Freiheit der Internationalen Arbeitsorganisation (ILO). (Fall Dominikanische Republik Nr. 1044, 211. Bericht, behandelt vom 17. bis 20. November 1981).

Aufgrund dieser Angelegenheit hörte die ILO die betroffenen Parteien an, verlangte von der Dominikanischen Regierung Erklärungen, da die Dominikanische Republik die Konvention über die gewerkschaftliche Freiheit und den Schutz des Gewerkschaftsrechtes unterzeichnet hat. Diese Regierung machte den illegalen Charakter der Streiks geltend und präzisierte, dass der für den Tod der beiden Manifestanten Verantwortliche zu 20 Jahren Gefängnis verurteilt worden ist. Nach Regierungsaussagen hat die energische Intervention des Internationalen Arbeitsamtes verhindert, dass die Unternehmen von diesen illegalen Streiks profitierten und hunderte von Arbeitern entliessen (siehe Kommission für die gewerkschaftliche Freiheit, [14] 221. Bericht, behandelt während der Sitzung vom Mai-Juni 1982, Fall 1'044).

Im weiteren Rahmen dieser "wilden Streiks" hat die Arbeitergewerkschaft des Unternehmens Codal (Sitracodal) die die dominikanischen Gesetze verletzenden Praktiken der Tochtergesellschaft von Nestlé-Carnation verurteilt, insbesondere die Entlassung von Gewerkschaftsführern. "Stopp dem Angriff des TNK Nestlé auf die dominikanischen Gesetze", forderten 300 Arbeiter in einem Communiqué (siehe Anhang).

Mehrere Arbeiter, unter ihnen der Generalsekretär der Gewerkschaft, der Delegierte, wie auch ein Mitglied der Verhandlungskommission wurden entlassen. Die Gewerkschaft verurteilt die Verletzung mehrerer Bestimmungen des Gesamtarbeitsvertrages. Derartige Verletzungen gab das Unternehmen erst am 2. und 8. April 1981 zu, in Anwesenheit eines Regierungsabgeordneten. Ungefähr 50 frühere Treffen waren ergebnislos verlaufen. Das Communiqué der Gewerkschaft präzisiert: "Die Vorgesetzten verpflichteten sich, den Forderungen der Arbeiter nachzukommen, unter der Bedingung, dass diese alle Forderungen nach Wiedereinstellung der entlassenen Arbeiter fallen liessen und sich während der nächsten zwei Jahre jeder weiteren Forderung enthielten. Andererseits, das Gesetz 195 vom Dezember 1980 verletzend, verweigern die Vorgesetzten von Nestlé-Codal die Zahlung von Bonifikationen, unter dem Vorwand, das Unternehmen habe während des Jahres 1980 mit Verlust gearbeitet."

Die gewerkschaftlich organisierten Arbeiter wandten sich gegen das, was sie als ein Manöver des TNK betrachteten und bekräftigten, dass das Verkaufsvolumen von Codal 1979 40 Mio Pesos betrug. Eine Preiserhöhung von 37%, im November 1980, habe zu hohen Gewinnen geführt, da das Unternehmen, eine Preiserhöhung voraussehend, das Angebot auf dem Markt eingeschränkt habe, um bedeutende Lager zu bewahren. Die zusätzlichen Gewinne durch diese Operation hätten 499'000 Pesos betragen, nach folgender, von der Gewerkschaft gelieferten Tabelle.

Codal: Gewinnsteigerungen, erzielt durch Erhöhung der Verkaufspreise (in Pesos)

Anzahl der Kisten	Produkt	Preis pro Kiste vor der Erhöhung	Preis pro Kiste nach der Erhöhung	Umsatzsteigerung durch Preiserhöhung
20'000	Milchpulver NIDO	33,3 Pesos	45,75 Pesos	249'000 Pesos
30'000	Büchsenmilch	17,70 Pesos	24,00 Pesos	189'000 Pesos
10'000	Kondensmilch	23,00 Pesos	29,70 Pesos	61'000 Pesos
total				499'000 Pesos

Quelle[15]

Auswirkung Nestlés auf das Land: Verstärkung der Abhängigkeit, Devisenkosten und Zerstörung der lokalen Industrie

Die Niederlassung von Nestlé in der Dominikanischen Republik zeigt klar die Auswirkungen eines TNK auf ein Entwicklungsland. Dieses Unternehmen erhielt Konzessionen und Schutz zugesichert, die ihm die Ausweitung und einen gesicherten Gewinn ermöglichten. Als Gegenleistung sollte er die Entwicklung der nationalen Milchproduktion fördern. Bis 1977 blieben seine lokalen Käufe sehr gering. Statt zur Importsubstitution beizutragen, verstärkte die Tochtergesellschaft von Nestlé-Carnation die Ausland-Abhängigkeit des Landes hinsichtlich Nahrungsmitteln. Die Zahlung für den Technologietransfer, die technische Hilfe, Markenrechte und die zollfreien Importe bedeuten für das Land Devisenkosten. Die Regierung der Dominikanischen Republik hat in gewisser Weise die Tochtergesellschaft Codal durch Beiträge in einem Wert von 5,4 Mio Pesos pro Jahr und den Verzicht auf die üblichen Zollabgaben subventioniert. Diese Summe übersteigt bei weitem die vom Unternehmen ausbezahlte Lohnsumme. (1975 betrug die Lohnsumme 850'000 Pesos.)

Acht Unternehmen dieses Wirtschaftszweiges, die 1971 noch in Betrieb waren, hatten bis 1978 Bankrott gemacht. Der Fall Indulac, ein Unternehmen mit nationalem Kapital, auf den wir hingewiesen haben, ist der bekannteste. Nicht nur sichert sich der TNK die Kontrolle des Marktes für seine Produkte, sondern verstärkt seinen Zugriff auf die Verarbeitungsindustrie für Landwirtschafts- und Nahrungsmittelprodukte. Durch die Tochtergesellschaft Liboy, McNeil & Libby, ist Nestlé im Besitz von 51% der Aktien von Conservas Dominicanas. 1978 wurden mit dem dominikanischen Investor Juan Protela ·Verhandlungen geführt über einen Kauf durch den Nestlé-Konzern zum Preis von 4,5 Mio Pesos, was fünfmal der Realwert der beiden gemüseverarbeitenden Industrien, Casa Linda und Industrias Portelaist. Gemäss Presseberichten des Landes war Nestlé am Ankauf dieser beiden Unternehmen interessiert, um die Gewinne von Codal durch buchhalterische Operationen umzu"pumpen". Industrias Portela geniesst Steuerfreiheit auf Importen und Exporten. Casa Linda ist nicht verpflichtet, die Ausfuhrbewilligung der Zentralbank zu verlangen und ist für 10 Jahre von der Zahlung von Steuern befreit. Nestlé bot für den Kauf dieser Unternehmen im Land erarbeitete Gewinne und versuchte, die Investitionen durch die Zentralbank als fremdes Kapital klassieren zu lassen. Dies hätte die Rückschaffung von Gewinnen ermöglicht, die grösser als die äusseren Direktinvestitionen für Codal gewesen wären, als Kompensation für diese "neue" Investition.

Dieser Versuch, die wichtigsten nationalen Nahrungsmittelindustrien unter ihre Kontrolle zu bringen, ist misslungen. Trotzdem hat Nestlé vor kurzem zur Diversifizierung ihrer Produkion im Land das Unternehmen Sodocal zur Herstellung von Bouillons, Suppen, kulinarischen Produkten gegründet, das ein Kapital von 12,3 Mio Schweizer Franken besitzt. Nestlé besitzt 70% des Kapitals, ihr lokaler Partner 30% der Aktien.

Zusammenfassung

Nestlé ist mit einem Konkurrenzunternehmen, Carnation, eine Allianz eingegangen, um in einer gemeinsamen Tochtergesellschaft, Codal, verarbeitete Milchprodukte für den nationalen Markt der Dominikanischen Republik herzustellen. Als Gegenleistung für die Förderung der milchwirtschaftlichen Viehzucht, gewährte die Regierung dem Unternehmen bedeutende Steuervorteile. Die Tochtergesellschaft der TNK Nestlé und Carnation trat bei ihrer Niederlassung in direkte Konkurrenz mit einem Unternehmen, das zu 99% mit nationalem Kapital betrieben wurde. Der Markt war für zwei Unternehmen, die ähnliche Produkte herstellten, zu klein. Zwangsläufig ermöglichen die Betriebserlaubnis von Codal und deren Zuflucht zu bedeutenden Importen für die Produktion, dass Nestlé-Carnation den Markt für verarbeitete Milch kontrolliert, nachdem das nationale Unternehmen verdrängt worden war.

Codal sollte durch ihre Niederlassung zur Importsubstitution betragen. Bis 1978 kümmerte sich das Unternehmen wenig um die Entwicklung der nationalen Milchproduktion, trotz der bei seiner Niederlassung eingegangenen Verpflichtung. Codal kaufte einen relativ geringen Teil der in der Umgebung der Fabrik verfügbaren Frischmilch, und zog die Verwendung von Milchbestandteilen vor, die sie ohne Zollkosten importieren konnte und die, verglichen mit der im Land produzierten Frischmilch, auf dem Weltmarkt zu einem tieferen Preis erhältlich waren.

Der Druck und die Massnahmen von seiten der Regierung zu Förderung der nationalen Produktion steuerten jedoch zu einer Steigerung der nationalen Milchproduktion bei. Die Tochtergesellschaft von Nestlé-Carnation arbeitet seither mit mehr Milchproduzenten zusammen als früher. Die grossen Viehzüchter liefern aber weiterhin einen grossen Teil der Frischmilch und erhalten besondere Beachtung durch den technischen Beratungsdienst Nestlés im Land.

Der Umsatz für die Milchprodukte wuchs sehr schnell: 1'136% zwischen 1971 und 1978. Nach dieser ersten Niederlassung im Land begann Nestlé zu diversifizieren, mit der Produktion von Bouillons, Suppen und kulinarischen Produkten. Hohe Erträge, Kontrolle des Marktes für Milchpulver und Kondensmilch und Steuervorteile beim Import von Rohstoffen, Maschinen und Werkzeugen, ermöglichen dem TNK, 1974 Gewinne von 28% auf dem Anfangskapital und 1975 von 43,5% zu erzielen. Doch 1980, bei den Auseinandersetzungen mit den Arbeitern der Fabrik weigerte sich Codal, ihren Forderungen nachzugeben und dies mit dem Vorwand, das Unternehmen arbeite mit Verlust.

Die Niederlassung der Tochtergesellschaft von Nestlé-Carnation im Land trug zu einem grösseren Angebot von Milchprodukten auf dem Verbrauchermarkt bei. Die Vermehrung der Verkaufsprodukte geht zum grossen Teil auf die Rekonstruktion von importierten Rohstoffen (Magermilchpulver und Butteröl) im Land zurück. Die von der Fabrik hergestellten Milchprodukte bestehen zwischen 1972 und 1981 zu 65% aus importierten Milchbestandteilen. Rechnet man das Verpackungsmaterial und weitere Zwischenprodukte dazu, kann man sich ernsthaft fragen, inwieweit diese Niederlassung wirklich zur Importsubstitution beigetragen hat. Rechnet man noch die Summe dazu, die für die Markenrechte und die verschiedenen Dienste in der Verwaltung und technischen Hilfe bezahlt wurden, wie auch die nicht erhobenen Zollgebühren, stellt sich die Anwesenheit der Tochtergesellschaft und zwei TNK als ein gewichtiger Kostenpunkt für das Land heraus.

Die Beherrschung der Milchwirtschaft durch Codal führte zum Teil zu einer stärkeren Konzentration und zur Verdrängung der nationalen Produzenten. Abgesehen vom Fall Indulac sind 8 Unternehmen dieses Wirtschaftszweiges, die 1971 noch bestanden, bis 1978 verschwunden.

Anmerkungen zum Kapitel V

1. Deborah Huntington, In the land of milk for money. A look at the impact of the operations of Nestlé-Carnation in the Dominican Republic, Juni 1980, 34 Seiten.
2. Memorandum an Nestlé Dominicana, Vevey, 23. Juni 1973, zitiert von D. Huntington, op-.cit., S. 7.
3. Nestlé Dominicana, "Incentivos necesarios para la Industria", 27. Februar 1968. zitiert von Huntington, op.cit.,S.9.
4. Nestlé, Nestlé in den Entwicklungsländern, S. 70 und Huntington, op.cit.
5. Ibid.
6. Quellen: Agricultural economic unit, Central Bank of the Dominican Republik. U.S. Dpt of Agriculture, Tabelle von D. Huntington übernommen aus "World Bank Dominican Republic: its Main Economic Development Problem" Tabelle 7.1.
7. Huntington, op.cit., S. 5
8. Ibid., S.11
9. Price, Waterhouse, 17. April 1976. "Informe anual para los años 1975 y 1974 en RD", vorgestellt im Anhang in Huntington, op.cit.
10. Huntington, op.cit., S. 19
11. Ibid., S. 5,6,13.
12. Artikel, publiziert in der Zeitung El Nacional Ahora!, 24, August 1975, S.5.
13. Ibid., Anmerkung 32.
14. Internationales Arbeitsamt, Verwaltungsrat, 211. Bericht des Komitees für gewerkschaftliche Freiheit, 218. Sitzung, Genf, 17.-20. November 1981, S. 121 (Fall 1'044) und Internationales Arbeitsamt, 217. Bericht des Komitees für gewerkschaftliche Freiheit, 220. Sitzung, Genf, Mai-Juni 1982, (Fall 1044).
15. Sitracodal, Alto à la Afresión de la Transnacional Nestlé/Codal a las leyes dominicanas, Kommuniqué vom 27.4.81.

Gewerkschaft der Belegschaft von Codal-Sitrocodal

Stopp der Verletzung der dominikanischen Gesetze durch den Multi Nestlé-Codal

Seit zehn Monaten nun ist die Belegschaft von Nestlé-Codal das Ziel arroganter Angriffe und einer Reihe von Provokationen seitens der Patrons dieses Unternehmens.

Mehrere Beschäftigte, darunter der Generalsekretär unserer Gewerkschaft, Miguel Medina, der Delegierte Juan José Jerez sowie ein Mitglied der Verhandlungsdelegation, Francisco Francisco, sind ungerechtfertigt entlassen worden.

Mehrere Bestimmungen des Kollektivvertrages sind vorsätzlich verletzt worden, insbesondere diejenigen, die sich auf die Betriebskantine, die ärztliche Betreuung, die Unterkunft, die Beförderung, die Zahlung des Urlaubs und der Überstunden beziehen, sowie Artikel 186 des Arbeitsgesetztes "gleicher Lohn für gleiche Arbeit". Diese Praktiken ergeben zusammen eine Lohnkürzung von 100 Pesos pro Arbeiter.

Es gilt hervorzuheben, dass die Existenz dieser Vertragsverletzung durch die Patrons erst an den Treffen vom 2. und vom 8. April eingestanden worden sind, und zwar in Gegenwart des Regierungsdelegierten Herr Rafael Suberví, obwohl diesen Treffen beinahe fünfzig andere, mehrere davon dreiseitige, vorangegangen waren. Andererseits versprachen die Patrons an diesen Versammlungen, nur unter der Voraussetzung auf die Forderungen der Belegschaft einzugehen, wenn sie alle Forderungen nach Wiedereinstellung der entlassenen Arbeiter fallen liessen und wenn sie für die zwei folgenden Jahre auf die Präsentation jeglicher anderer Forderungen verzichteten.

Im weiteren weigerten sich die Patrons von Nestlé-Codal unter Verletzung des Gesetzes 195 vom Dezember 1980 der Belegschaft einen Gewinnanteil auszubezahlen, unter dem Vorwand, dass das Unternehmen während des Jahres 1980 mit Verlust gearbeitet habe.

Demgegenüber hält unsere Gewerkschaft Sitrocodal fest, dass es sich dabei lediglich um ein neues Manöver der Nestlé-Codal handelt, angesichts des Umfangs der erzielten Gewinne der Multis in den letzten zehn Jahren. Zum Beweis dafür verweisen wir auf den Umfang der Geschäftstätigkeiten im entsprechenden Jahre 1980.

1. Der Verkaufserlös der Codal betrug 1979 40 Mio. Pesos, und am 10. November des gleichen Jahres schritt die Preiskontrolle zu einer 30%-Erhöhung der Preise der Produkte von Codal, was sich in einer Steigerung des auf der Basis der getätigten Verkäufe realisierten Gewinnes ausdrückte. Dieser stieg um mehr als 13 Mio. Pesos im Jahre 1980. Als im Jahre 1979 der Umsatz 40 Mio. Pesos ausmachte, schütteten die Patrons der Belegschaft die gesamte Summe aus, die in diesem Jahr der Gewinnbeteiligung entsprochen hat.

2. Die Codal konnte somit das Jahr 1980 unter guten finanziellen Voraussetzungen in Angriff nehmen. Im übrigen wurde am 12. November eine neuerliche Preiserhöhung um 37% verfügt, während der Umsatz der Codal eine bemerkenswerte Steigerung erfahren hat. Die gleiche Produktion, die 1979 40 Mio. Pesos einbrachte, ergab 1980 beinahe 73 Mio.

3. Allein die im November 1980 registrierte Preiserhöhung überliess der Codal eine beträchtliche Gewinnspanne, allein deshalb, weil Codal einen Teil der Produktion schon eingelagert hatte; dieses Lager wurde zum einzigen Zweck angelegt, ei-

ne künstliche Mangellage zu erzeugen. Um diese Gewinne zu illustrieren, mag man sich auf folgende Tabelle beziehen:

Zahl der Büchsen (in Tausend)	Art der Produkte	Preis pro Einheit	
		vor Preiserhöhung	nach Preiserhöhung
20	Nido	33.30 Pesos	45.75 Pesos
30	Kondensmilch (ungezuckert)	17.70	24.00
10	Kondensmilch (gezuckert)	23.00	29.70

Bilanz

249'000 Pesos
189'000 Pesos
061'000 Pesos

499'000 Pesos

Diese Tabelle macht eine Bestandesaufnahme der von Nestlé-Codal realisierten Gewinne, die allein aufgrund der Wertsteigerung der zuvor eingelagerten Produkte gemacht wurden. Diese hätten dem Unternehmen bei weitem genügt, den den Arbeitern geschuldete Gewinnanteil auszuzahlen.
4. Die Codal ist somit bei weitem in der Lage, den Angestellten und Arbeitern in Übereinstimmung mit dem Gesetz 195 die Gewinnbeteiligung auszuzahlen, die 200'000 Pesos beträgt, welche einem Nettogewinn von 2'000'000 Pesos entsprechen. Der reale Gewinn hat diesen Betrag bei weitem überschritten.

Einige Praktiken von Nestlé-Codal, die die Rechte der Belegschaft verletzten

1. Letztes Jahr zahlte das Unternehmen praktisch sämtliche Rohstoffe, die in diesem Jahr verbraucht wurden, obwohl sie schon im vorangehenden Jahr der Betriebsrechnung belastet worden waren.
2. Im weitern schritt Codal zum Kauf neuer Maschinen und zur Betriebsvergrösserung: nichtsdestoweniger behandelte das Unternehmen all diese Investitionen als Kosten der laufenden Produktion und nicht als reinvestiertes Kapital.
3. Um die nationale Gesetzgebung in Sachen Devisenexport zu umgehen und um einen Teil des erzielten Gewinnes zu verschleiern, kaufte Codal von Nestec, einer Tochtergesellschaft von Nestlé, die Ersatzteile vertreibt, Maschinen und andere Betriebsausrüstungen zu einem beträchtlich höheren Preis als zum Marktpreis
Für Sitracodal besteht kein Zweifel, dass die Weigerung von Nestlé-Codal, der Belegschaft die Gewinnbeteiligung auszuschütten, einen neuerlichen Aggressionsakt darstellt und keinesfalls finanziell begründet ist.
Während zehn Monaten haben wir Beweis unserer Flexibilität und unserer Zurückhaltung abgelegt. In die Enge getrieben, werden wir in Zukunft mit andern Mitteln für die Respektierung der Belegschaft und ihrer Rechte zu kämpfen wissen.

Wir verlangen die Ausschüttung der Gewinnbeteiligung an die Belegschaft
Halt der Aggressionspolitik von Nestlé-Codal
Nestlé-Codal muss alle entlassenen Gewerkschaftsführer wieder einstellen und den Kollektivvertrag respektieren

Dem Internationalen Arbeitsamt von der Belegschaft vorgelegt am 21. April 1981

Kapitel VI

Kolumbien: Nestlés Gewerkschaftspolitik in Wort und Tat

Kolumbien

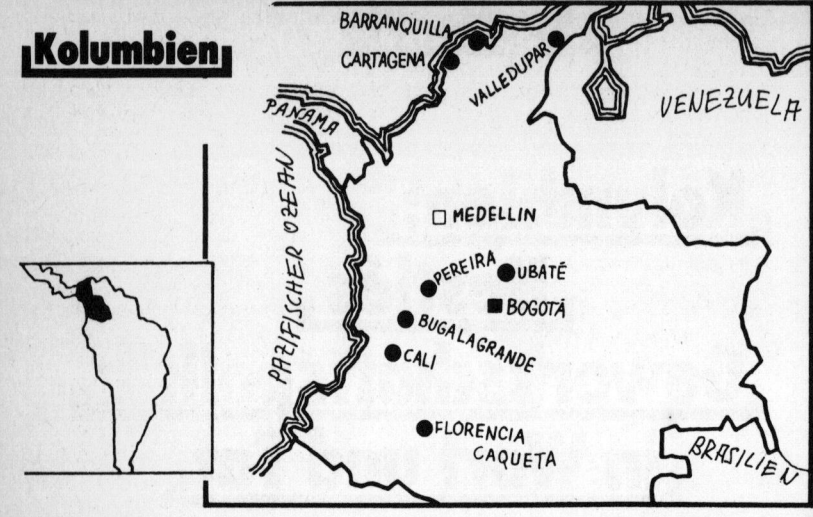

Oberfläche:	1'138'910 km²
Bevölkerung	29,4 Millionen
Bevölkerungsdichte:	25,8 Einwohner/km²
jährliches Bevölkerungswachstum:	2,3%
Geburtenrate:	2,9%
Kindersterblichkeit:	5 auf Tausend
Anteil der städtischen Bevölkerung:	70%
Bruttosozialprodukt 1982 (BSP):	38,9 Mia. US-Dollar
Bruttosozialprodukt pro Kopf:	1'232 US-Dollar
Aussenschuld:	10,8 Mia. US-Dollar
landwirtschaftliche Handelsbilanz 1982:	+ 1,32 Mia. US-Dollar
Nationale Währung:	Peso

Inflation in Prozent:

1977	1978	1979	1980	1981	1982	1983
30,0	17,4	24,6	26,5	27,5	24,5	19,8

Wirtschaftssektoren:

	% der aktiven Bevölkerung	%-Anteil am BSP
Landwirtschaft	26	27
Bergbau	3	10
Industrie	21	31
Dienstleistungen	53	47

Quellen: Weltbank/IMF, "L'état du monde 1984", La Découverte, Paris. Atlaseco 1984, Paris

Eine Studie über die Nestlé-Präsenz in Kolumbien ist vielschichtig und lehrreich zugleich. Der TNK hat sich dank eines Joint-venture-Abkommens mit einer Konkurrenzfirma, dem TNK Borden — ein anderer Riese der weltweiten Milchindustrie — in Kolumbien niedergelassen. Im Jahre 1981 trennten sich die beiden TNK. Danach diversifizierte Nestlé ihre Tätigkeiten im Nahrungsmittelsektor hauptsächlich auf zwei Wegen:

1. durch die Eröffnung einer Fabrik zur Herstellung von löslichem Kaffee und verschiedener anderer Nahrungsmittel.
2. Durch den Aufkauf von Biskuit- und Konservenfabriken, dies in Verbindung mit dem nationalen Kapital.

Die Expansion Nestlés führt zur Konzentration in der Nahrungsmittelindustrie und zur Verdrängung verschiedener Unternehmen. Nestlé bemüht sich, die Kontrolle über den Markt für verarbeitete Milchprodukte durch den Aufkauf von Unternehmen (Sulzer und Molkereien) und durch politischen Druck zu erlangen, um die Konkurrenten auszuschalten. Der TNK kaufte eine Reihe von regionalen Molkereien auf, welche er entweder tiefgreifend umstrukturierte oder ganz einfach schloss, nachdem er die Kontrolle über die betreffenden Milchgebiete erlangt hatte.

In Kolumbien ist die Milch eigentlich ein Nebenprodukt der Rinderzucht. Die Strategie der Entwicklung von Milchgebieten besteht für Nestlé in der Förderung der gemischten Milch-Fleisch-Produktion auf der Basis einer extensiven Viehzucht. In einem ersten Schritt provoziert der TNK eine Steigerung des Angebots in den betreffenden Gebieten, um dann zu einer Zusammenarbeit mit bevorzugt den grossen Viehzüchtern überzugehen.

Die Qualitätskontrolle Nestlés lässt, entgegen der Werbung, zu wünschen übrig. Diese Situation verursachte in Medellin den Tod von 28 kolumbianischen Kindern durch einen toxischen Bazillus im Kindermilchpräparat Nestogeno, welches von Nestlé-Cicolac hergestellt wird.

Die Arbeiter der Nestlé-Fabriken verurteilten die anti-gewerkschaftlichen Machenschaften des TNK. Entgegen den offiziellen Verlautbarungen des Stammhauses über die Nestlé-Gewerkschaftspolitik weiss man in Kolumbien von Nestlés Bemühungen, die gewerkschaftlichen Organisationen zu zerschlagen, einiges zu berichten.

▮Präsenz Nestlés in Kolumbien▮

Historischer Rückblick

Nestlé begann ihre Aktivitäten in Kolumbien in den 40er Jahren und weitete diese durch die Inbetriebnahme von neuen Fabriken, den Aufkauf von lokalen Industrien und die Beteiligung an Unternehmen der Finanzbourgeoisie Kolumbiens aus. Gegenwärtig findet eine tiefgreifende Restrukturierung statt. Nestlé verkaufte auf dem kolumbianischen Markt seit 1938 ihre Produkte, welche sie aus Nordamerika und Europa einführte. 1946 schlossen sich Nestlé und Borden zur Cicolac (Compañia Colombiana de Alimentos Lacteos) zusammen.

Mit der Eröffnung neuer Fabriken und durch den Aufkauf bestehender Unternehmen mit ihren Produktionseinheiten geht die Expansion im Milchsektor weiter. Vor der Restrukturierung von 1982 verfügte Nestlé im milchwirtschaftlichen Sektor über ein Netz von neun Fabriken zur Milchannahme, Kühlung und Kondensation, drei Fabriken zur Verarbeitung (Bugalagrande, Valledupar, Ubaté) und weitere Fabriken zur Herstellung von pasteurisierter Milch in verschiedenen kolumbianischen Departementen.

Die Strategie zur Kontrolle verschiedener Regionen des Landes hatte Nestlé veranlasst, nacheinander fünf Fabriken zur Herstellung pasteurisierter Milch aufzukaufen, deren Aktivitäten umzustrukturieren, sie zu schliessen oder wieder zu verkaufen.

Kontrolle der nationalen milchwirtschaftlichen Produktion durch Nestlé:
— Aufkauf von Lesa (1953) in Cartagena, wurde zu Alisa und vor einigen Jahren geschlossen;
— Aufkauf von Salomia in Cali (1952), wurde zu Alival, kürzlich verkauft;
— Aufkauf von La Perla in Pereira im Jahr 1953;
— Aufkauf von El Rodeo in Bogotà, geschlossen im August 1973;
— Aufkauf der Molkerei Polar in Barranquilla, geschlossen im August 1977.

Mit dieser Politik verdrängte Nestlé nach und nach die Konkurrenz und erlangte die Kontrolle über mehr als 50% des Frischmilchmarktes der Atlantikküste, im Südwesten, in den Kaffeegebieten und in den Departementen von Cundinamarca, Boyacá und der Region Caqueta. Die Strategie des Aufkaufs von lokalen Molkereien ermöglicht es dem Unternehmen nicht nur, die Milchgebiete und deren Produktion zu kontrollieren, sondern nach und nach die Frischmilch der Verarbeitung zu teureren Milchprodukten zuzuführen.

1947 richtete der TNK eine andere Tochtergesellschaft ein, Industria Nacional de Productos Alimenticios SA (INPA), deren Kapital zu 100% von Nestlé kontrolliert wurde. Die Fabrik in Bugalagrande stellt die Produkte Nescafé, Milo, Cerelac, Nestum, Suppen und Bouillons Maggi und Caldo Rico her. Die Produktionskapazität für Instant-Kaffees in Bugalagrande wurde 1981 erhöht. Weiter erlaubte der Aufkauf des Unternehmens Suizer 1971, welches schweizerischen Emigranten gehörte, den Markt für Milchprodukte (Käse, Yoghurts, Kumiss, Rahm) abzudecken.

Als der US-amerikanische Agro-Nahrungsmittel-Konzern Grace 1971 seine Einrichtungen in Kolumbien verkaufte, übernahm Nestlé die Kontrolle der Unternehmen Comestibles La Rosa in Pereira (1950) und von Conservas California in Barranquilla (1956), und deckt seitdem den Markt für Pralinen, Schokoladen, Biskuits, Konfitüren, Früchte- und Gemüsekonserven ab. Mittels verschiedener Finanzgesellschaften erlangte Nestlé 1971 52,35% des Kapitals dieser Unternehmen von kolumbianischen Industrie- und Finanzgesellschaften (Corporación Financiera Nacional, Corporación Financiera de Occidente, Colseguros, Manuelita SA (Zuckerrohr)).

Laufende Restrukturierung

Im Rahmen einer umfassenden Politik des Nestlé-Konzerns, den als wenig rentabel eingeschätzten Konserven-Sektor fallen zu lassen, wurde das Unternehmen Conservas California im Mai 1982 an den Konzern Serrano verkauft. (1982: Verkauf von zehn Fabriken von Libbys in den USA; in der Schweiz Verkauf der Konservenfabrik Roco an Hero.)

1983 gab Nestlé in ihrem Jahresbericht (s. 11) die Erhöhung ihrer Beteiligung an der Gesellschaft La Rosa bekannt.

In den milchwirtschaftlichen Tätigkeiten kam es im Jahr 1982 zur erwähnten Trennung zwischen Nestlé und Borden. Die milchwirtschaftlichen Fabriken von Bugalogrande und das Annahme- und Verkondensierungszentrum von Florenda (Caqueta) blieben bei Nestlé, während Borden die Fabriken von Valledupar (Cesar) und Ubaté (Cundinamarca) behielt. Diese Operation ist im Rahmen der Strategie des Nestlé-Konzerns in Lateinamerika zu sehen: Verzicht auf Kapitalassoziierungsabkommen mit Konkurrenzunternehmen, ausser mit Carnation* in der Karibik. Diese Joint-ventures entsprechen einer bestimmten Entwicklungsstufe Nestlés und erleichterten ihre Niederlassung in verschiedenen Märkten Lateinamerikas (siehe dazu das Kapitel "Das Nestlé-Imperium").

Ein gut integriertes Netz von Unternehmen

Ein Merkmal, das den TNK Nestlé weltweit charakterisiert, finden wir auch in Kolumbien: Integration von Rohstoffaufkauf, -verarbeitung sowie Vertrieb der Fertigprodukte in einem koordiniert geführten Unternehmen. Die einheitliche Geschäftsführung von verschiedenen Unternehmen ermöglicht Kostensenkung bei den verschiedenen Firmen des Konzerns und die Gesamtkontrolle des Verteilungsapparates im Lande.

Nestlé produziert in ihren Fabriken und bringt mittels des eigenen Verteilernetzes in Kolumbien folgende Produkte in den Handel: gezuckerte Kondensmilch, pasteurisierte Milch und Rahm, Milchpulver, Käse und Butter, Kindermilchpräparate, Getreidemehl für Kinder (Kindernährmehle), löslichen Kaffee, Instant-Schokoladegetränke, Flüssiggetränke, Schokolade, Süsswaren, Suppen, Bouillons, Yoghurt und tiefgekühlte Desserts. Nestlé verkauft in Kolumbien auch pharmazeutische und kosmetische Produkte, die von ihren Tochtergesellschaften in anderen Ländern importiert werden. Trotz einer einheitlichen Geschäftsführung der verschiedenen Unternehmen des Nestlé-Konzerns in Kolumbien, handelt es sich juristisch um selbständige Unternehmen. Finanziell werden sie durch die Holding Unilac von Panama über mehrere Finanzgesellschaften kontrolliert. Diese Organisation verunmöglicht weitgehend, das tatsächliche Ausmass der kommerziellen Transaktionen zwischen den verschiedenen Tochterunternehmen des Nestlé-Konzerns in Kolumbien einzuschätzen.

Dies umso mehr, als kolumbianische Forscher nachweisen konnten, dass die Transfers zwischen den verschiedenen Unternehmen des Nestlé-Konzerns sehr zahlreich sind. So stammten die für die Fabrik Suizer in Facativa benötigten Fettstoffe, bis zur Abtretung dieser Produktionseinheit an Borden im Jahr 1982, aus der Fabrik Cicolac in Ubaté. Was wie eine kommerzielle Transaktion zwischen zwei verschiedenen Unternehmen erscheint, ist tatsächlich eine konzerninterne Operation. Die Transfers zwischen den beiden Unternehmen beschränken sich nicht auf Rohstoffe, sondern werden auch auf anderen Ebenen ausgeführt: Ausrüstungen, Maschinen, Dienstleistungen. Obwohl diese Transfers für das Empfänger-Unternehmen als Kosten erscheinen, sind sie eigentlich Gewinne, wenn man Nestlé-Kolumbien als Einheit betrachtet.

Erwähnen wir ein typisches Beispiel: Zwischen den beiden Unternehmen La

---

* Das Unternehmen Carnation wurde 1985 von Nestlé aufgekauft, wie wir im Kapitel II, «Das Nestlé-Imperium» beschrieben haben.

Nestlé in Kolumbien 1977

Unternehmen	Gründungs-jahr	%-Anteil von Nestlé am Kapital	Eigentümer
Cicolac*			
Bugalagrande	1946	Joint Venture	Istenco SA
Valledupar	1961	Nestlé 50 %	Aspalim SA
Ubate	1972	Borden 50 %	
Inpa	1947	100 %	Itafa SA
Bugalagrande			Sofipal SA
Suizer	1971		Nestlé SA
Comestibles la Rosa	1950	52,35%	Sofipal SA, Itafa SA
Conservas			
Californias**	1956	47,65%	Nestlé SA, verschiedene Kolumbien
Verschiedene Fabriken für			Itag SA
pasteurisierte Milch			Fr-Gurley
Salomia (Cali)	1952	100 %	Inthesa SA
La Perla (Pereira)	1953		Investrade SA
Iesa (Cartagena)	1948		Productos especiales SA Sopropha SA

Quelle: Tabelle vom Autor zusammengestellt aufgrund von: F. Urrea Giraldo, G. Misas und
    J.C. Ramirez, "La Multinacional Nestlé: Estructura de funcionamiento y mecanismos
    de explotacion de sus trabajadores", CESE, Bogota 1978, und "Sintracicolac, La Mul-
    tinacional Nestlé"
* Nestlé und Borden kündigten ihr Joint-Venture-Abkommen für milchwirtschaftliche Tätig-
  keit im Jahre 1981.
** Conservas Californias wurde 1982 von Nestlé an den Serrano-Konzern verkauft.

Rosa und California bestanden so enge Beziehungen, dass das Ministerium für
Arbeit und soziale Sicherheit in einer Resolution vom 24. Juni 1977 aus folgenden
Gründen juristische Einheit dekredierte:
Die beiden Unternehmen hatten einen gemeinsamen rechtlichen Sitz und eine
zentralisierte Buchhaltung; die Verteilung der Produkte California erfolgte über
die Kommerzialisierungsabteilung von La Rosa. La Rosa stellte verschiedene Produkte unter der Marke California her. La Rosa übernahm für beide die Ankaufs-
kosten für das Büromaterial und beide Unternehmen verwendeten die Rohstoffe
gemeinsam. Der Geschäftsführer von La Rosa war auch für die Angestellten von
California verantwortlich, ebenso wie für industrielle Beziehungen; die beiden
Unternehmen hatten zudem die gleichen ausländischen Kunden.
    Formell bestimmt ein Verkaufsvertrag La Rosa als ausschliesslichen Agenten
von California für den Verkauf und die Herstellung verschiedener Produkte der
Marke California. Ein anderer Vertrag verweist auf die Vermietung von Büros in
Bogota durch California an La Rosa. Die Provisionen, welche La Rosa von Cali-
fornia erhielt, belaufen sich auf 97'054'144 Pesos. Dies entspricht 12% der Ver-
käufe von La Rosa und 61% der Betriebsgewinne von California im Jahr 1976.
    Der TNK hat einen zentralisierten Verwaltungsapparat und ein zentralisiertes
System der Kommerzialisierung, des Verkaufs und der Werbung entwickelt. Auf

der Ebene der Organisation und Buchhaltung erscheint dies als eine "technische Hilfe" des Unternehmens La Rosa an alle anderen Produktionseinheiten des Konzerns. Die Beziehungen zwischen den Firmen desselben Konzerns als Transaktionen zwischen unabhängigen Unternehmen zu betrachten, ermöglicht Nestlé-Kolumbien, nominell ihre Kosten zu erhöhen und fiktiv die Überschüsse und erzielten Profite zu verkleinern, indem sie einen Teil der Gewinne in den Buchhaltungsrubriken als "allgemeine Kosten", "technische Hilfe" an ein anderes Unternehmen usw. auftauchen lässt.

Der Nestlé-Konzern verfügt formal über zwei parallele Systeme, das des Produktionsmanagements und das der Distribution, was ein doppeltes Preissystem für die Produkte ermöglicht. So wird der in der Fabrik festgesetzte Preis um 25% erhöht, sobald die Produkte in das Verteilsystem des Konzerns gelangen. Dieses Buchhaltungsmanöver ermöglicht Nestlé gemäss den Forschern des CESE in Bogota eine Steuerhinterziehung, indem zwei unabhängige Buchhaltungen vorgewiesen werden, und damit eine Gewinnsteigerung dank der gleichzeitigen Kontrolle des Produktions- und Distributionsprozesses der eigenen Produkte. Wohlgemerkt, ein Teil dieser Preisdifferenz entspricht den Kosten des Distributionsapparates, man kann jedoch annehmen, dass mindestens die Hälfte einem Gewinn entspricht, zusätzlich zu den von Nestlé-Kolumbien auf der Ebene der Produktion erzielten Gewinnen (Siehe im Anhang: Struktur der Produktions- und Distributionskosten von Nestlé-Kolumbien).

Hohe Gewinne und erhöhte Rentabilität

Es bleibt weiterhin schwierig, den Umsatz und die Gewinne von Nestlé in Kolumbien genau zu schätzen, besonders wegen der Aufteilung der Aktivitäten in juristisch unabhängige Unternehmen. Die seit einigen Jahren laufenden Restrukturierungsmassnahmen verhindern es, genaue Zahlen über die gegenwärtige Situation zu liefern.

Laut der Zeitschrift Latin America[1] betrug der für 1973 ausgewiesene Umsatz 1'162 Mio. Pesos (US-Dlr. 46 Mio.). Die Forscher von CESE sprechen von 3'588 Mio. Pesos (US-Dlr. 102 Mio.) für 1976 und von 4'463 Mio. Pesos (US-Dlr 120 Mio.) für 1977. Laut der gleichen Quelle beträgt der Durchschnittsgewinn auf den Verkäufen für die verschiedenen Unternehmen 26%.

Anteil der verschiedenen Unternehmen am Produktionsvolumen und an den geschätzten Gewinnen[2]

	1976 Produktion	Gewinn bezogen auf die Produktion	1977 Produktion	Gewinn bezogen auf die Produktion
Cicolac	35%	30 %	33 %	30 %
Inpa	40%	44 %	38,4%	45 %
Comestibles La Rosa und Conservas California	22%	21,7 %	25,6%	22,4%
Molkereien	3%	9,4 %	3 %	9,4%
	100%	Durchschnitt 26,27%	100 %	Durchschnitt 26,7%

Die Gewinne des TNK im Verhältnis zu den Bruttovermögen belaufen sich auf 65% im Jahr 1977, während der Durchschnitt für die nationale Industrie etwas höher als 40% liegt. Im Fall von Inpa beläuft sich diese Rate auf 144%, während die Fabriken zur Herstellung von pasteurisierter Milch die niedrigste Rate aufweisen.

Für den gesamten Nestlé-Konzern macht der Wert der Produktion mehr als das doppelte der gesamten Aktiva aus. Dieser Koeffizient* zeigt einmal mehr die hohe Rentabilitätsrate der von Nestlé in Kolumbien kontrollierten Unternehmen auf.

▌Milch, ein Nebenprodukt der Rinderzucht▐
▌für die Fleischerzeugung▐

Konzentration der Böden für die Viehzucht und Exportproduktion

Kolumbien kannte keine eigentliche Agrarreform; gegenwärtig arbeiten vier Mio. Bauern auf Böden von schlechter Qualität, während 25 Mio. ha in den Händen von 9'000 Grossgrundbesitzern sind, welche extensive Viehzucht betreiben.[4] Der Nahrungsmittelanbau auf den besten Böden wurde zugunsten der Viehzucht verdrängt.

Das Land bietet, mit seinen 41 Mio. ha künstlicher und natürlicher Weidefläche, wovon nur 48% genutzt werden (19,9 Mio ha) gute Aussichten für die Milchproduktion.

"Der kolumbianische Viehbestand wurde 1977 auf 25,3 Millionen Stück geschätzt. (...) Der einheimische Milchviehbestand, der die Gesamtheit der Milchkühe (darin eingeschlossen alle jene, die für die Aufzucht für die Fleischproduktion bestimmt sind), die Stiere und die Stierkälber, die zur Herde gehören, umfasst, belief sich auf 3,47 Mio. Tiere im Jahre 1977, was 13,7% des gesamten einheimischen Viehbestandes ausmacht. Ebenfalls im Jahre 1977 betrug die Zahl der Kühe im Rahmen des Milchviehbestandes 2,36 Mio. Eine Analyse der Zusammensetzung nach Rassen des Milchviehbestandes zeigt, dass das Hauptziel der kolumbianischen Viehzucht in der Fleischproduktion besteht. So waren 1977 4,7% (111'305 Tiere) Melkkühe, die für die Milchproduktion ausgewählt waren; 11,4% waren kreolisches Vieh (eine tropischen Verhältnissen angepasste Rasse) und 23% gehörten zu einer gemischten Rasse (kreolische Rasse gekreuzt mit Zebus), die speziell der Fleischproduktion dient. Der Rest, also 61%, waren Melkkühe, die eigentlich zum fleischproduzierenden Vieh gehören. Nur 14% der im Lande produzierten Milch stammen vom ausgewählten Milchvieh, 35,5% stmmen von der gemischten Rasse, 9% vom kreolischen Vieh und 41,5% vom Schlachtvieh."[5]

Folgende Merkmale sind für die kolumbianische Milchwirtschaft bezeichnend:[6]
— Beschleunigte Verschiebung der Viehzucht von den grossen Andentälern nach den Ebenen und Tieftälern, welche weiter von den städtischen Zentren entfernt liegen. Gegenwärtig geht die Viehzucht in den Gegenden von Bogotà, im Tal von Cauca und Medellin zurück. Dies ist auf die Wertsteigerung des Bodens durch die wachsende Verstädterung zurückzuführen wie auch auf wirtschaftliche Rationali-

---

* Koeffizient welcher ausdrückt, wie oft pro Jahr der TNK sein Brutoovermögen in Form von Produkten auf dem Markt zu laufenden Preisen umsetzt.

tätsüberlegungen, welche auf diesen Böden den bedeutend rentableren Anbau von kommerzialisierbaren Produkten begünstigen. Von den alten Milchgebieten bleibt nur noch jenes im Tal von Magdalena übrig, in der Nähe von Barranquilla. In den 60er Jahren förderte Nestlé die Viehzucht in der Gegend von Valledupar (Cesar), welche damit zu ihrem Hauptmilchgebiet wurde. Seit kurzem richtet sie ihre Bemühungen auf die voramazonische Region des Caqueta.

— Die klimatische Vielfalt in den Viehzuchtgebieten, von den kalten Tälern von Cundinamarco, Boyaca und Nariño, wo eine milchwirtschaftliche Viehzucht vorherrscht, bis zu den gemässigten Zonen mit gekreuzten und kreolischen Viehrassen und den tiefgelegenen Tälern und Ebenen, welche für die Viehzucht zur Fleischlieferung bestimmt sind (Sinu, Cesar, Magdalena, die grossen östlichen Becken und das Amazonasgebiet).

Dies erklärt z.T., warum Kolumbien, trotz guter Entwicklungsmöglichkeiten in der Milchwirtschaft, seinen Eigenkonsum an Milch nicht zu decken vermag. Trotz eines durchschnittlich tiefen Konsums pro Einwohner, 1970 93,7 kg/Einwohner/Jahr, muss Kolumbien Milchbestandteile und Vollmilchpulver einführen, um die Nachfrage der Konsumenten zu befriedigen.

Inländische Produktion, Konsum und Import von Milch

	1980 (in 1000 t pro Jahr)	Durchschnitt der Jahre 1975-1980	Wachstum pro Jahr 1975-80 in %	1980 (Kilogramm pro Einwohner)
Inländische Produktion	2'530		2,9%	93,7
Inländischer Konsum	2'419		3,6%	89,5
Import	10,89	8,95		

Herkunft der Importe (Marktanteile):

Frankreich:	Niederlande:	Belgien:	andere:
26,1%	43%	23,6%	7,3%

Quelle: Centre français du commerce extérieur, "Le marché internationale des poudres de lait destinées à l'alimentation humaine", November 1982.

Wohin geht die produzierte Milch?

Die Angaben der Regierung über die Verwendung der nationalen Milchproduktion weichen stark von jenen der Nestlé ab. Dies ist kein Zufall: einerseits kann man die Bedeutung der statistischen Daten in Kolumbien in Zweifel ziehen, anderseits versteckt sich hinter diesen Zahlen eine bestimmte Konzeption über die in der Milchwirtschaft zu verfolgende Politik. Die Macht Nestlés, die Ausarbeitung dieser Politik zu beeinflussen, darf nicht unterschätzt werden. 1976 kauften die von Nestlé in Kolumbien kontrollierten Unternehmen 25% der von der Industrie verarbeiteten Milch auf, was 8,5% der nationalen Milchproduktion entspricht.[7] Cicolac kaufte 1977 67% der im Milchgebiet von Calledupar produzierten Milch,

60,5% im Caqueta und ungefähr 20% in der Gegend von Ubaté.[8] Ausserdem übt Cicolac grossen Einfluss auf die Vereinigung der Milchproduzenten (Analac) und die Vereinigung der Milchindustriellen (Acoleche) aus. Das Unternehmen hat einen gewissen Einfluss auf das Landwirtschaftministerium, besonders auf das Planungsbüro des Sektors Viehzucht (Opsa).

Die Angaben des Landwirtschaftsministeriums weisen eine sinkende Verfügbarkeit von Frischmilch für den Konsumenten von 16,1% in vier Jahren auf. Für die Regierung sind die Verarbeitungsfabriken von Milchderivaten dafür verantwortlich, deren Konsum von Frischmilch um 9% gestiegen sei, von 23 auf 32% in diesem Zeitraum. Dieses Phänomen der sinkenden Verfügbarkeit von Frischmilch für den Konsum sei auch auf den Export und den Schmuggel mit Milch und Käse zurückzuführen, welche von 9 auf 17% der nationalen Milchproduktion gestiegen seien (Angaben des Landwirtschaftsministeriums).

Nestlé ist da anderer Meinung. Nach Angaben von Cicolac beläuft sich der Verlust an Verfügbarkeit von Frischmilch nur auf 2,4% in vier Jahren. Für diese Situation verantwortlich sind nach Nestlé die Produzenten, welche 20% der produzierten Milch für ihre Kälberzucht verwenden. Die Regierung lässt für diesen Zeitraum eine Erhöhung des Eigenkonsums von nur 2% auf den Farmen gelten, also weit weniger als die von Nestlé vorgelegten Zahlen. Laut Reyes liegt die Wahrheit irgendwo zwischen den beiden Zahlen. Nestlé gibt übrigens eine Steigerung des Milchverbrauchs durch die Industrie zu, minimiert sie aber, indem sie die Steigerung des Frischmilchverbrauchs für industrielle Zwecke auf 3% festlegt. Was den Schmuggel anbelangt, sind die Berechnungen von Nestlé bescheidener und geben an, dass er von 3,5% auf 4,1% gestiegen ist, dies mit einer stärkeren Zunahme (4,4%) im Jahr 1976.

Verfügbarkeit von Milch gemäss Angaben des Ministeriums und gemäss Angaben von Nestlé (in Prozent)

	1974		1975		1976		1977	
	Opsa	Nestlé	Opsa	Nestlé	Opsa	Nestlé	Opsa	Nestlé
1. Produktion	100,0	100,0	100,0	100,0	100,0	100,0	100,0	100,0
2. tierischer Konsum	4,0	20,0	5,0	20,0	6,1	20,0	6,1	20,0
3. Export durch Schmuggel	9,0	3,5	9,0	3,5	17,0	4,4	17,0	4,1
4. menschlicher Konsum	87,0	76,5	86,0	76,5	76,9	75,6	76,9	75,9
— industr. Produktion	23,0	23,9	25,0	23,1	30,0	22,2	32,0	24,8
— pasteurisierte Milch	22,0	21,9	22,0	22,7	14,9	22,3	14,0	21,2
— Frischmilch	42,0	30,7	39,0	30,2	32,0	28,2	30,9	24,6
5. Import		2,5		0,5		3,8		6,9

Quelle: Landwirtschaftsministerium, op.cit., Tabelle 8, und Cicolac (Nestlé), Planungssektor

Anmerkungen:
1. Die Zahlen unter 4. (menschlicher Konsum) sind bei Opsa höher als bei Nestlé. Wir nehmen an, dass sie Milchpulverimporte berücksichtigen.
2. Da Nestlé die Importe nicht berücksichtigt, muss dies bei der Interpretation der Angaben über den menschlichen Konsum beachtet werden und zwar im Bewusstsein, dass 95% der importierten Milch pasteurisiert sind und 5% in die Nahrungsmittelindustrie (Bäckereien usw.) gehen.

Quellen: aus A. Reyes Posada, "Le lait et la Nestlé en Colombie", S. 33.

Worum es grundsätzlich geht, ist die Definition einer Politik im Bereich der Milchprodukte. Dem Mangel an Frischmilch für den Konsum will die Regierung mit Importen von und Preiskontrollen über Flüssigmilch begegnen, nicht aber von Kondensmilch, Pulvermilch oder Milchprodukten. Da Nestlé die Konkurrenz dieser Importe von Milchpulver in Form von Fertigprodukten fürchtet, liegt ihr daran, zu beweisen, dass nicht sie für die ungenügende Produktion die Schuld trägt, sondern die Produzenten und jene, welche mittels Schmuggel exportieren. Laut Nestlé sollte die Regierung anstelle von Preiskontrollen und Milchimporten die Produzenten durch technische Hilfe und lohnende Preise stimulieren..

Die Regierung verurteilt die übertriebene industrielle Milchverarbeitung und den Schmuggel mit Käse besonders nach Venezuela. Nestlé aber kontrolliert in Kolumbien 80% des Marktes für Milchpulver und Kondensmilch sowie 50% des Marktes für pasteurisierte Milch. Die einzigen Konkurrenzunternehmen, Proleche in Medellin und Wyeth, teilen den Rest des Marktes unter sich auf. Die hauptsächlichen Fabrikanten von Milchderivaten sind Alpina und Suizer (Nestlé). Proleche beginnt nun auch mit der Diversifizierung ihrer Produktion.

Ausgehend von Angaben des Büros des US-amerikanischen Landwirtschaftsministeriums in Bogotà, betont ein Arbeitsdokument des Andenpaktes die Überkapazität der milchverarbeitenden Industrie im Land. Kolumbien verfügt über 29 Sammel- und Kühlzentren und 43 Fabriken mit einer Kapazität von 5,0 Mio. l pro Tag. Laut Schilderungen werden die vorhandenen Kapazitäten nur zu ungefähr 50% ausgelastet.[9]

Das gleiche Dokument erwähnt Pläne zur Ausweitung verschiedener Einrichtungen, obwohl die Kapazitäten nicht ausgelastet sind, und auch Pläne für neue Fabriken zur Herstellung von pasteurisierter Milch an Orten, wo das Frischmilchangebot voll absorbiert wird.

Der Grund: Gegenwärtig ist das Geschäft mit der Milch lukrativ, da man das billig importierte Milchpulver (20% billiger als die inländische Rohmilch) mit der lokalen Milch "rekombinieren" (wiederaufbereiten) kann. Die Möglichkeit, einerseits den Rahm der Frischmilch für die Herstellung von Nebenprodukten zu verwenden und anderseits Milch auf Basis von importiertem Milchpulver herzustellen, bringt wirtschaftliche Vorteile.

Wer profitiert vom Import von Milchprodukten?

Im Vergleich zu den üblichen Praktiken auf den Antillen und in Peru ist die Einfuhr von Milchprodukten in Kolumbien relativ beschränkt. Ihre Bedeutung darf aber nicht unterschätzt werden, da sie einen erheblichen Devisenaufwand verursacht. Der Import von Milchprodukten scheint die Strategie einer protektionistischen Regierung zu sein, welche zwischen den Forderungen der Milchindustriellen und der Notwendigkeit, den Konsum des Volkes zu sichern, hin und her gerissen ist. Laut Reyes

"scheint die langfristige Tendenz in zwei Punkten zu bestehen: einerseits in der Freisetzung des nationalen Rohstoffes für die Produktion von Milchpulver und Milchderivaten, welche billiger sind als Flüssigmilch, dies zum Vorteil von Nestlé und der nationalen Industrie; anderseits in der Übernahme des Marktes für pasteurisierte Flüssigmilch durch den Staat mittels Importen von Milchpulver"

Laut Regierungsangaben betrugen die Milchpulverimporte 15'600 Tonnen[10], was 121'600 t Flüssigmilch entspricht. Laut Schätzungen, welche aufgrund der gegenwärtigen Wachstumsrate der nationalen Milchproduktion (0,5% pro Jahr) gemacht wurden, wird das Land im Jahr 1990 108'600 t Milchpulver einführen müssen, um die Nachfrage nach Flüssigmilch zu befriedigen, dies entspricht 37% der nationalen Produktion. Berücksichtigt man die wachsende Nachfrage nach Milchprodukten (7% pro Jahr zwischen 1970 und 1976, laut Cicolac), wird von 1986 an eine Quantität, welche über 50% der nationalen Produktion entspricht, eingeführt werden müssen. Laut dem staatlichen Verteiler Idema betrug 1977 der Wert des importierten Milchpulvers 9,538 Mio. Dollar.[11].

Zwischen 1974 und 1977 stiegen die jährlichen Milchpulverimporte von 6'500 t auf 14'940 t, respektive um 129%. Wahrscheinlich wird sich die Tendenz, die inländische Milch in der Milchprodukte-Industrie zu verwenden, mit der Entwicklung der Ernährungsgewohnheiten der Konsumenten aus den privilegierten Klassen verstärken, zum Nachteil der gesamten Bevölkerung. Um die Nachfrage der Bevölkerung zu befriedigen, wird die Regierung zu ausländischen Überschüssen Zuflucht nehmen und so einen guten Teil der verfügbaren Devisen ausgeben müssen. Tatsächlich stimuliert die Politik der kontrollierten Verkaufspreise für Flüssigmilch angesichts der freien Preise für Milchprodukte die Umleitung der produzierten Frischmilch zur industriellen Verarbeitung für Familien mit hohem Einkommen.[12]

Von der Ausübung politischen Drucks, um einen Konkurrenten auszuschalten und das Monopol zu sichern

Das schnelle Wachstum der Tätigkeiten des TNK Nestlé in Kolumbien erklärt sich zum Teil aus einem besonderen Protektionismus, der die Einfuhr von Produkten, welche den im Land produzierten ähnlich sind, verbietet. Tatsächlich hatte Nestlé in den ersten Jahren die Erlaubnis, Milchpulver aus Panama zu importieren. Danach weitete sie ihre Produktion im Rahmen des wirtschaftlichen Protektionismus und der Politik der Importsubstitution aus. Von 1970 an übernahm ein staatlicher Organismus, Idema (Instituta de mercadeo agrapecuario), den Import von Milchpulver für die industrielle Pasteurisation und die Programme der Nahrungsmittelhilfe. Diese protektionistische Politik wurde seit 1976 teilweise aufgegeben. Von da an war es möglich, nicht nur Zwischenprodukte für die Verarbeitungsindustrie, sondern auch Molkerei-Fertigprodukte einzuführen. Diese Produkte, welche durch Nahrungsmittelverteilerketten vertrieben wurden, konkurrenzierten die von Cicolac produzierten Fertigfabrikate. Der TNK konnte nicht lange eine derartige Konkurrenz dulden, erklärt Reyes in seiner Studie.

> "Ein Beispiel für die Kontrollmacht Nestlés über die nationale Milchwirtschaft ist ihr erfolgreicher Kampf gegen die Importe der englischen Marke Millac (von L.E. Prichitt und Co. Ltd.), welche 1978 begannen. Dank ihrer hohen Qualität und ihrer im Vergleich zu Nestlé niedrigeren Preise vergrösserte sich ihr Marktanteil rasch: Die Importe und die Distribution erfolgten durch die Kette von Supermärkten und Nahrungsmittelgeschäften Ley, eine der bedeutendsten des Landes. Nestlé nahm die Konkurrenz ein Jahr lang hin, anscheinend mit dem Ziel, die Konsumenten an die Verwendung von Milchpulver zur Herstellung von Flüssigmilch zu gewöhnen. Sobald dieser neue Markt geschaffen war, machte sie ihren Einfluss und ihre Verhandlungsmacht bei der Regierung geltend, um diese zur Aufgabe der Einfuhr zu bewegen was sie im April 1979 erreichte. Eine der von Nestlé angewandten Taktiken war, den Verkauf ihrer Produkte im Laufe der zwei vorhergehenden Monate drastisch zu senken, um der Regierung vor Augen zu führen, welch ruinöse Konkurrenz die Importe für die 'nationale' Industrie (Cicolac-Nestlé) bedeuten."[14]

Valledupar: Nestlés Jagdrevier 15

Entwicklung eines Milchgebietes

An der Atlantikküste werden 40% der Milch des Landes produziert. 1963 beschloss Nestlé , ein neues Milchgebiet in Valledupar zu erschliessen, da die rentableren Kulturen im Cauca-Tal (Bugalagrande) mehr und mehr die milchwirtschaftliche Produktion verdrängt.

Das Becken von Valledupar ist zum bedeutendsten Milchprodukionsgebiet für Nestlé geworden. 1982, nach der Auflösung der Kapitalassoziation mit Borden, überliess Nestlé dem ehemaligen Partner dieses Milchgebiet, die Fabrik von Valledupar und die in Ubaté (Cundinamarca). Es lohnt sich, die Entwicklung des Milchgebietes von Valledupar durch den technischen Beratungsdienst Nestlés zu analysieren, da dieser Fall die allgemeinere Strategie aufzeigt, welche zu verschiedenen Zeiten in mehreren Regionen des lateinamerikan ischen Kontinents befolgt wurde.

Dieses Milchgebiet erstreckt sich von Valledupar aus 120 km nach Norden, 160 km nach Westen und 200 km nach Süden. Fast 100 Lastwagenfahrer sammeln aufgrund eines Vertrags die Milch mit ihren eigenen Fahrzeugen ein. Das Gebiet verfügt über sechs Sammel- und Kühlzentren, welche die Fabrik von Valledupar versorgen. Nestlé dazu:

> "1961 produzierte diese Region nur 10'000 Liter Milch pro Tag, die von Käseherstellern zu Quark verarbeitet wurden. Dank der Einfuhr von 5'000 jungen Rassekühen und ihrer Nachkommen erbrachte dieses Milchgebiet 13 Jahre später täglich 336'000 Liter. Die Niederlassung der Fabrik zwang aber die Käsehersteller nicht zur Aufgabe ihrer Betriebe. Im Gegenteil, sie profitierten davon."[16]

Die Nachforschungen Reyes Posada, des Kolumbianers, über die Entwicklung der Tätigkeiten Nestlés in dieser Region und über die Auswirkungen des TNK auf die Gesamtheit der Bevölkerung zeigen aber ein anderes Bild.

Eine erste wichtige Feststellung: Auch wenn die Niederlassung der Nestlé-Fabrik in Valledupar und die Anstrengungen des technischen Beratungsdienstes an der Atlantikküste eine Steigerung der Milchproduktion gebracht haben, ist dies trotzdem nicht der einzige und bestimmende Grund. Die Rinderzucht im Departement Cesar geht bis ins 16. Jahrhundert zurück. Zwischen 1920 und 1930 wurde sie besonders gefördert: ein kolumbianisch-amerikanisches Unternehmen leitete 1923 eine Zuchtfarm mit 50'000 Stück Vieh in dieser Region. Von 1936 an führte das Gesetz über unbebautes Land zu einer grossen Aneignungsbewegung von seiten der Grossgrundbesitzer und zu einer "Kolonisierung" der Kleinbauern. Zwischen 1940 und 1950 führte die Errichtung der Strasse zwischen Venezuela und Kolumbien zu einem wachsenden Austausch zwischen den Ländern und zu einem Export von kolumbianischem Vieh. Es fand eine starke Migration ins Nachbarland statt. Die Nachfrage nach Fleisch und Milchprodukten stieg, besonders nach gesalzenem Frischkäse, dessen Konsum sich in Venezuela durch den Einfluss der kolumbianischen Immigranten verbreitete. Diese Nachfrage war in der Tat der bestimmende Faktor der Entwicklung der milchwirtschaftlichen Produktion in der Region.

"Diese historischen Vorläufer werden nur in Erinnerung gerufen, um zu zeigen, dass die Niederlassung von Nestlé weder der bestimmende Faktor für die Entwicklung der Viehzucht, noch der milchwirtschaftlichen Produktion in der Gegend von Cesar gewesen ist. Ihre tatsächliche Auswirkung war, das Interesse der Züchter für die Verbesserung der sowohl Fleisch als auch Milch produzierenden Rassen zu wecken und dadurch die Versorgung der Nestlé-Fabrik in Valledupar, Hauptstadt von Cesar, zu ermöglichen."[17]

Es handelt sich dabei, laut Reyes, um ein von Nestlé bevorzugtes Modell

"die Erhöhung des Gesamtangebots an Milch durch die Eingliederung des für die Fleischproduktion spezialisierten Zuchtviehs in die milchwirtschaftliche Produktion".

Das Angebot von Krediten, welche in Form von Milch(lieferungen) zurückbezahlt werden müssen, und die technische Beratung führt zu einer schnellen Steigerung der Produktion. Damit wurde eine Überschussproduktion erreicht in einem Moment, wo das Unternehmen dank seines Sammelnetzes ein Sammelmonopol errichtet hat. Von da an wurde es möglich, einen Teil des Rohstoffes den lokalen, ungenügend ausgerüsteten Käseherstellern zu überlassen, welche aber zum gegebenen Zeitpunkt ausgeschaltet werden können, nämlich bei der Ausweitung des Binnenmarktes für Milchprodukte, die einen höheren Gewinn versprechen. Indessen wird das Eindringen eines ernst zu nehmenden Konkurrenten in die Zone mit allen Mitteln bekämpft, um das erreichte Monopol zu sichern.

Sobald die Produktion gestiegen ist, kann das Unternehmen in Monopson-Stellung seine Partner auswählen, seine Forderungen punkto Qualität und regelmässiger Lieferung erhöhen und für die Milch einen niedrigeren Preis als die lokalen Käseherstellern bieten. Die Viehzüchter sind sozusagen vertikal in den TNK eingegliedert, welcher die Risiken der direkten Nutzung des Viehs nicht zu übernehmen hat. Die Zeche bezahlen jene Produzenten, welche für ihr Produkt keine Absatzmöglichkeiten finden und manchmal gezwungen sind, es wegzuwerfen. Was in Brasilien und Peru geschah, wiederholt sich also in Kolumbien.

In den ersten Jahren kaufte Nestlé den Produzenten die gesamte produzierte Milch ab. Dann aber arbeitete das Unternehmen mit nur 6000 Produzenten zusammen, die ungefähr 60'000 Milchkühe im ganzen Distrikt besitzen. Die Grösse eines Betriebes, der Cicolac versorgt, beträgt laut Reyes mit durchschnittlich 150 Stück Vieh. Die Angaben von Nestlé-Cicolac zeigen klar, wer die Produzenten sind, die mit der Fabrik von Valledupar verbunden sind.

Valledupar: Schichtung der Milchlieferanten

Milch:
Liter gekauft pro Tag % der Wirtschaften

30 - 50	30%
51 - 87	45%
150 - 297	12%
300 und mehr	10%

Quelle: Nestlé-Ciolac[18]

Der grösste Lieferant verkauft 2'000 l Milch pro Tag an die Fabrik. Wie in anderen Ländern hat die Nestlé-Tochtergesellschaft keine agro-industriellen Verträge mit ihren Lieferanten. Der Annahmedienst und der technische Beratungsdienst führen ganz einfach Buch über die mit der Fabrik verbundenen Farmen, die Quantitäten und die Qualität der Milch, die vorhandenen Einrichtungen, die Grösse der Herde usw. Durch keinen Vertrag den Produzenten verpflichtet, kann das Unternehmen nach eigenem Gutdünken den Kauf vermindern, je nach internationalem Milchpreis und Verbrauchermarkt.

Die Zahlen über die Verwendung der Produktion des Distriktes von Valledupar weichen voneinander ab. Eines ist gewiss: Cicolac ist der wichtigste Käufer für die industrielle Verarbeitung, neben einer Viehlzahl von kleinen, verstreuten Käsereien. Das Eindringen eines Konkurrenzunternehmens in den Markt wurde vom Unternehmen heftig bekämpft. Bereits 1970, kaum sieben Jahre nach der Errichtung der Fabrik von Valledupar, wies die Gegend eine Überschussproduktion an Milch auf, welche nicht durch die Nachfrage absorbiert wurde.

Wir verfügen über keine vergleichbaren Daten für ein bestimmtes Jahr. Will man einer Studie einer staatlichen Institution Glauben schenken, kontrollierte Nestlé 1977 67% der im Gebiet von Valledupar produzierten Milch.

Valledupar: Produktion und Verwendung der Frischmilch (in Tausend Liter/Tag)

	1977	%	Gemäss Nestlé 1974	%	Gemäss Reyes 1970	%
gesamte lokale Produktion	290'422	100%	336'000	100%	500'000	100%
Käufe durch Nestlé	200'134	67%	123'000	37%	120'000	24%
Verarbeitung zu Käse			168'000	50%	70'000	14%
Direktkonsum:						
Valledupar			45'000	13%	40'000	8%
andere					(270'000)	54%

Nestlé bestand 1974 auf der Tatsache, dass ihre Anwesenheit die lokalen Käsereien nicht behindere, welche damals 168'000 l pro Tag der in der Gegend produzierten Milch verwendeten. Reyes versucht aufzuzeigen, wie Nestlé nur einen sehr geringen Teil des geschaffenen Angebots verwendet und auf diesem Weg einen Surplus für sich und einen tiefen Aufkaufspreis für die Produzenten aufrechterhält. Die Angaben von 1977 geben eine geringere Produktion und einen grösseren Anteil der Käufe von Nestlé-Cicolac an. Es ist jedenfalls klar, dass die Fabrik weniger Milch verarbeitet, als die Anlagekapazität erlauben würde, was eine Kapazitätsreserve für kommende Entwicklungen und ein Druckmittel gegen jegliches Eindringen einer Konkurrenzindustrie in das Gebiet darstellt. Gleichzeitig bedeutet dies aber für den Konsumenten eine Erhöhung der Kosten pro Einheit für verarbeitete Produkte, da die Fabrik nicht ausgelastet ist, nicht einmal während der Regenzeit.

Die Schaffung eines neuen Milchgebietes im Caqueta erklärt sich durch den Willen des Nestlé-Unternehmens, die nicht kommerziell genutzte Milch in einem Gebiet der extensiven Viehzucht zur Fleischerzeugung zu absorbieren. Wie in

Valledupar ergreift der TNK Massnahmen zur Entwicklung der Milchproduktion, kauft die gesamte verfügbare Milch auf und weckt Erwartungen bei den Produzenten, welche zur Erhöhung ihrer Milchproduktion investieren.

In einigen Jahren wird der TNK den Coqueta gewiss als Beispiel für das Wachstum der Produktion dank seiner Methoden vorführen können: Gleichzeitig wird er sich zu einem Käufer in Monopolstellung gewandelt haben, welcher seine Käufe auf die Produzenten beschränkt, die eine qualitativ hochstehende Ware zu einem für den TNK annehmbaren Preis liefern. Die Beziehungen der Cicolac zu den lokalen Käsereien sind nicht so harmonisch, wie sie Nestlé darstellt.[20] In der Tat müssen sich die Käsehersteller den Rohstoff sichern, indem sie einen höheren Preis als der TNK zahlen. 1978 schwankte der von den Käseherstellern bezahlte Preis zwischen 7,00 und 7,50 Pesos/kg, während Cicolac nur 6,5 Pesos/kg bot. Gegenwärtig produzieren mehrere Farmen Käse, da sie ausserhalb des Einzugsbereiches des Unternehmens liegen. Ausserdem ist die Käseherstellung in den Farmen gewinnbringend, vorausgesetzt die Preise sind nicht zu tief. 1978 konnte der Käse zu einem Preis von 52 Pesos/kg abgesetzt werden und war für viele Produzenten die einzige Alternative, weil die Strassen während der Regenzeit nicht befahrbar sind.

1976 führte ein trockener und langer Sommer zu einem Mangel an Milch und einer starken Preissteigerung bis zu 104 Pesos/kg für Frischkäse. Die Produzenten führten ihre Milch diesem Markt zu und Nestlé bot, um den Rohstoff für ihre Fabrik zu erhalten, 0,70 Pesos Bonifikation* an, welche Ende der Saison an die Viehzüchter ausbezahlt wurde, die ihre ganze Produktion Nestlé lieferten. Diese Massnahme kostete Nestlé 14 Mio. kolumbianische Pesos und konnte einen starken Rückgang der Lieferungen nicht verhindern.[21]

Das Privileg der Kanalisation...

Die Arbeitergewerkschaft von Cicolac gelangt in der wichtigsten Tageszeitung des Landes, El Tiempo, am 31. August 1978 mit folgendem Communiqué an die Öffentlichkeit:

> "Um die monopolistische Kontrolle des Rohstoffes aufrechtzuerhalten, zog es das Unternehmen Cicolac vor, ungefähr 300'000 l Milch in die Kanalisation zu leeren, wie der Verwalter Tamayo Lombana am 22. August 1978 der Zeitung El Tiempo gegenüber erklärt hat. Damit sollte der Verlust des Marktmonopols verhindert werden und dies, während in Kolumbien jeden Tag mehr als 100 Kinder an Unterernährung sterben. Die Bevölkerung, welche diese Kontrollen nicht versteht, fragt sich zu Recht, warum Cicolac die Milch, statt sie wegzuwerfen, nicht unter die Tausenden von Kindern verteilt, welche vom Hungertod bedroht sind und die nicht so "privilegiert" sind wie die Kanalisation."[22]

In der Schweiz führten diese Erklärungen am 25. Oktober 1978 zu einer Einfachen Anfrage Jean Zieglers an den Bundesrat. Die Antwort des Bundesrates vom 31. Januar 1979 beruft sich auf die vom Unternehmen angeführten Beweggründe, wonach ein Bummelstreik der Arbeiter dazu geführt hatte, dass die Milch unbrauchbar wurde. Die schweizerische Exekutive fügte an:

---

* Die von Cicolac eingeführte Bonifikation pro Liter schwankte üblicherweise zwischen 20 und 50 centavos. Das Problem liegt laut den Forschern von CESE darin, dass die Bonifikation praktisch von den Grossproduzenten eingesteckt wird, welche ihre Milch regelmässig an Cicolac verkaufen, sowie von den Zwischenhändlern, welche die Milch der kleinen Produzenten vermarkten. (op.cit. S. 175)

"Der Bundesrat ist nicht in der Lage, das Verhalten von schweizerischen Unternehmen auf ausländischem Gebiet zu untersuchen. Er könnte auch nicht die Politik von ausländischen Regierungen oder Gewerkschaften in eine derartige Untersuchung miteinbeziehen. Er muss das Prinzip der Nicht-Einmischung in die inneren Angelegenheiten anderer Länder respektieren und sich jeglicher Einflussnahme auf die Zweigniederlassungen von Schweizer Unternehmen im Ausland enthalten (...)."[23]

Ich überlasse es dem Leser, die grosse Vorsicht der Schweizer Regierung einzuschätzen, wenn es um die Wahrung der ökonomischen Interessen eines transnationalen Unternehmens schweizerischen Ursprungs bei seinen Tätigkeiten im Ausland geht.

Darauf bedacht, die Unterstützung der Viehzüchter in diesem Konflikt mit den gewerkschaftlich organisierten Arbeitern der Fabrik von Valledupar zu gewinnen, unterliess es die Direktion nicht, in einer Presseerklärung die Arbeiter für die Milchverluste verantwortlich zu machen. Es war für das Unternehmen ein leichtes, Fabrikarbeiter und Produzenten gegeneinander auszuspielen. Nicht nur bezahlte Cicolac den Viehzüchtern die verdorbene Milch, sondern zog auch die Schliessung der Fabrik in Erwägung, was verheerende Folgen für die Viehzüchter gehabt hätte.

Druckausübung, um den hinderlichen Konkurrenten ILCEX auszuschalten.

Die Ausschaltung des kolumbianisch-italienischen Konkurrenzunternehmens Ilcex, welches von den Überschüssen der Milchproduktion in der Gegend von Valledupar profitieren wollte, ist ein eindrückliches Beispiel der Nestlé-Praktiken zur Bewahrung ihres Kaufmonopols auf den Rohstoffen. Das Unternehmen nahm 1976 systematisch die Milchproduktion an der Atlantikküste für sich in Anspruch, um die Regierung zu veranlassen, der Ilcex die geforderte Erlaubnis zum legalen Export nach Venezuela zu verweigern. Reyes fasst diesen von den gewerkschaftlich organisierten Arbeitern von Cicolac denunzierten Fall (El Tiempo, Bogota, 31. August 1976) folgendermassen zusammen:

"1. Eine Gruppe von grossen Viehzüchtern assoziiert sich mit einer italienischen Firma, welche in Venezuela Feinkäse herstellt, mit dem Ziel, in Kolumbien für den Markt von Venezuela zu produzieren. Man wollte in Cesar die Überschüsse der stark fetthaltigen Milch dieser Gegend verwenden. 2. Sobald die Gesellschaft gegründet war, importierte sie die notwendigen Einrichtungen, welche, nach Angaben der Partner, die modernsten Lateinamerikas sind. Die Investition erreichte fast 100 Mio. kolumbianische Pesos (2,8 Mio. US Dollar). 3. Da es sich um Käse mit einer langen Reifezeit handelte, begann das Unternehmen seine Milchkäufe um 1974 und erhielt erst 1977 ungefähr 30'000 kg Feinkäse, der für den Export bestimmt war. 4. Nestlé unternahm daraufhin alles, um zu erreichen, dass die Regierung der Firma Ilcex die Exporterlaubnis verweigerte. Gemäss den Assoziierten schuf Nestlé in dem Küstendistrikt zuerst einen künstlichen Mangel an Milch mittels übermässiger Käufe für die Pasteurisierungsfabriken von La Polar, Sarranquillo, Lesa, Cartagena, und verarbeitete den Rohstoff zu Trockenmilch. Als die Regierung dem Druck nachgegeben und die Ausfuhr von verarbeitetem Käse verhindert hatte, versuchten die Unternehmer von Ilcex, den Käse nach Venezuela zu schmuggeln. Nestlé machte daraufhin von ihrem politischen Einfluss Gebrauch, um auf die Polizei Druck auszuüben, damit diese den von Nestlé denunzierten Käseschmuggel unterbinde. Ilcex wurde so in die Enge getrieben und musste ihre Handelsverpflichtungen brechen und ihre Produktion einstellen. Dies war die Situation im November 1978, als die vorliegende Studie an Ort und Stelle durchgeführt wurde."[24]

Dieser Fall wirft Fragen über die Beziehungen Nestlés zu den Milchproduzenten auf. Handelt es sich hier um eine verständliche Massnahme Nestlés gegen einen Konkurrenten, vor allem nachdem sie ein Milchgebiet entwickelt und dabei Anstrengungen und Risiken in Kauf genommen hat, oder ist es vielmehr eine systematische Politik zur Verteidigung einer Monopolstellung, die den Produzenten jede Wahl im Verkauf ihrer Produkte verunmöglicht?

Zu dieser Frage um Auskunft ersucht, gibt das Unternehmen Nestlé folgende Antwort:

"Was Ilcex betrifft, können wir Ihnen sagen, dass es sich um ein Unternehmen handelte, welches für den Export von Käse nach Drittländern geschaffen wurde, insbesondere im Rahmen des Andenpaktes. Angesichts des bedeutenden Milchdefizites in Kolumbien hatte die Regierung in der Folge Ilcex die Exporterlaubnis entzogen, wodurch das Unternehmen gezwungen war, seine Tätigkeiten einzustellen; der Binnenmarkt war von sich aus nicht in der Lage, das Produktionsvolumen selbst zu absorbieren."[25]

Für die Konsumenten: Weniger, dafür teurere Nahrungsmittel

Die vorherrschenden Tendenzen in der landwirtschaftlichen Entwicklung sowie der Politik zur Versorgung der Konsumenten in Kolumbien laufen klar auseinander. Das Land, auf landwirtschaftliche Exportkulturen, hauptsächlich Kaffee, ausgerichtet, leidet an einem bedeutenden Rückgang der Grundnahrungsmittelproduktion. Man beobachtet, wie S. Kalmanovitz, ein kolumbianischer Ökonom,[26] treffend aufzeigt, ein sinkendes Nahrungsmittelangebot, was zu einer allgemeinen Preissteigerung führt und damit zu einer wachsenden Abhängigkeit vom Nahrungsmittelweltmarkt, welcher durch einige wenige Konzerne kontrolliert wird.

Im Verhältnis zur Gesamtheit der Produkte hat sich der Preis für Lebensmittel verdoppelt.[27] Dies, obwohl der Nahrungsmittelsektor schneller als die übrige Industrie wächst, (zwischen 1970 und 1975 370% gegenüber 342% zu laufenden Preisen). Dieses Wachstum rief nicht nur die Dynamik des Sektors, sondern auch die unverhältnismässige Steigerung der Preise der Produktionsfaktoren hervor.[28]

Während der Preisindex der Produkte der Nahrungsmittelindustrie (bereits über dem Durchschnitt) von 100 im Jahre 1972 auf 352,7 im Jahr 1978 stieg, kletterte der durchschnittliche Preisindex der Nestlé-Produkte in Kolumbien auf 419,6 (66,9 höher).[29]

Ein Vergleich des Preisindexes für Nestlé-Produkte mit dem Index für Arbeiterlöhne des TNK in Kolumbien, die durchschnittlich höher sind als jene der übrigen Arbeiter, zeigt, für welche Bevölkerungsschichten diese Produkte mit hohem zugesetztem Wert (Wertzuwachs), übertrieben veredelt und dem Volkskonsum nicht angepasst, bestimmt sind. Während die Löhne während des gleichen Zeitraumes um 180% stiegen, stieg der Durchschnittsindex der Nestlé- Produkte um 319,6%, was eine Differenz von 139,6% ausmacht.

Vergleiche zwischen dem Lohnindex der Arbeiter des Nestlé-Konzerns und dem Preisindex für Nestlé-Produkte in Kolumbien, 1972-1978

	1972	1975	1976	1977	1978
Index der Löhne der Arbeiter und Angestellten bei Nestlé	100	193	215	260	280
Index der Preise der Nestlé-Produkte	100	208	294,1	364,2	419,6
Differenz		15	79,1	104,2	139,6

Quelle: Berechnet aufgrund der Nestlé Jahresberichte und der Zeitschrift der Bank der Republik, Bogota.[20]

Durchschnittlich hat sich der Preis der Nestlé-Produkte in Kolumbien zwischen 1972 und 1978 vervierfacht. Jedoch, wie aus der allgemeinen Tabelle "Entwicklung der Preise der Nestlé-Produkte in Kolumbien, 1971-78" im Anhang ersichtlich ist, gibt es zwischen den Produkten bedeutende Unterschiede. Während sich der Preis für Rinder- und Hühnerbouillon Maggi in diesem Zeitraum verachtfacht bzw. verzwölffacht hat, wurde der Preis für Instantkaffee (Nescafé) nur verdoppelt. Des weitern ist erwähnenswert, dass sich von 1972 bis 1976 die Preissteigerung für Milchpulver auf eine Verdreifachung beschränkte, entsprechend der allgemeinen Verteuerung der Nahrungsmittel. Von 1976 an beobachtet man eine sehr schnelle Erhöhung der Preise für Milchpulver, und zwar als Folge der Aufhebung der Preiskontrolle für dieses Produkt durch die Regierung sowie die Unterzeichnung eines Abkommens mit dem staatlichen Kommerzialisierungsunternehmen Idema.

In Verhandlungen zwischen dem damaligen Geschäftsführer Federica Lavanchy und dem kolumbianischen Landwirtschaftsminister, Rafael Pardo Buelvas, wurde ein Abkommen ratifiziert (Resolution 291 vom 24. Dezember 1976).

Nestlé-Cicolac verpflichtet sich, dem staatlichen Kommerzialisierungsunternehmen Idema 20% des produzierten Milchpulvers zu 75% des Konsumentenpreises zu verkaufen. Aber, die Kontrolle des Konsumentenpreises ist aufgehoben und Nestlé bestimmt von nun an diesen öffentlichen Preis. In der Tat, dank einer Preissteigerung für Milchpulver durch Nestlé-Cicolac 1977, kaufte ihr der Staat das Milchpulver zwar zu 75% des Preises von 1977, aber in Wirklichkeit zu 100% des Preises von 1976 ab.

Wenn Cicolac auch dem staatlichen Unternehmen 20% ihrer Produktion — gemessen in Tonnen — abgibt...:

> "...liefert Cicolac in Wirklichkeit weniger als diese Quantität, da die an Idema gelieferte Milch einen geringeren Anteil an Fettstoffen enthält als die von Nestlé-Cicolac auf den Markt gebrachte Pulvermilch. Das Unternehmen erhält auf diese Weise einen Surplus an Fettstoffen, die für die Herstellung von Käse, Butter und Rahm verwendet werden."[31]

Man beobachtet eine Preissteigerung sowie einen Rückgang der Qualität und der Quantität, was von der Arbeitergewerkschaft von Cicolac klar dargelegt wird:

> "Da Nestlé eine totale Freiheit hinsichtlich der Preise für ihre Produkte geniesst und den Markt beherrscht, bereichert sie sich ständig auf Kosten der Konsumenten der verschiedenen Kaufkraftklassen, durch das Zusammenwirken von Preis-

steigerung, Gewichtsverminderung und Verschlechterung der Qualität (eine Büchse Milch der Marke Klim, die früher 450 g enthielt, enthält jetzt nur noch 400); um ein Glas Milch zu erhalten, braucht man jetzt vier Löffel Pulver, vorher genügten zwei, und das gleiche gilt für verschiedene Produkte."[32]

So wurde z.B. bei den Trockensuppen der Inhalt um 10% vermindert, gleichzeitig aber der Preis um 11% angehoben.

Gemäss der Zeitschrift Latin America Economic weigerten sich Nestlé-Führungskräfte, zu den Anschuldigungen Stellung zu nehmen, wonach die fehlende Preiskontrolle der Regierung und die Halbmonopolstellung des Konzerns eine unbegründete Preiserhöhung ermöglichten.[33]

Die milchverarbeitenden Unternehmen sind tatsächlich privilegiert, da sie nicht wie die Pasteurisationsindustrie der Preiskontrolle unterworfen sind. Die Preiskontrolle, zwischen 1950 und 1970 mehr oder weniger stark, wurde zwischen 1970 und 1974 gelockert und schliesslich führte der Einfluss der Chicago-Schule zu einem Rückgang des Protektionismus und zu einer Liberalisierung der Kontrollen. Mit einer einzigen Ausnahme: die für den Konsum bestimmte Flüssigmilch.

"Dies hatte negative Auswirkungen auf die Entwicklung der Produktion, da es dazu beitrug, die Versorgung mit Frischmilch zu verringern und den für die Pulvermilch (nicht kontrollierte Ware), Käse und Yoghurts bestimmten Anteil zu erhöhen. Gleichzeitig verschlechterte sich die Qualität der verfügbaren Frischmilch, welche entrahmt und sogar mit Wasser und Formol vermischt wurde."[34]

Die fehlende Qualitätskontrolle der Frischmilch (wegen Unvermögens oder fehlendem politischen Willen) veranlasste viele Konsumenten, auf Pulvermilch zu wechseln, trotz des für die Gesamtheit der Bevölkerung viel zu hohen Preises. Angaben des Landwirtschaftsministeriums geben für 1974 bis 1977 einen Rückgang des Milchkonsums von 3,1 kg/Einwohner an, nämlich von 79 auf 75,9 kg/Einwohner/Jahr.[35] Dieser geschätzte Verbrauch liegt einiges tiefer als die von dem Kolumbianischen Institut für die Familienwohlfahrt empfohlenen 140 l/Einwohner/Jahr. Die Milchderivate hingegen weisen ein sehr starkes Wachstum auf, 50% (7% pro Jahr) zwischen 1970 und 1976.[36] Dieser Zweig der milchwirtschaftlichen Industrie aber wird durch einige wenige Unternehmen beherrscht, vor allem durch die Nestlé-Tochtergesellschaften. Ihre Strategie besteht darin, die Ernährungsgewohnheiten mittels Konsumanreizen für verarbeitete, teure Produkte, die nur den begüterten Bevölkerungsschichten zugänglich sind, zu verändern. Eine Studie über die Einkaufsgewohnheiten in den kolumbianischen Städten im Jahr 1970 bestätigt, dass verarbeitete Produkte wie Tomatensauce, Mayonnaise, Konserven, Instantkaffee, Butter, Käse und Mortadelle von den unteren Bevölkerungsschichten nicht konsumiert werden. In Cali und Manizales kauften die einfachen Leute Pulvermilch, weil Frischmilch eine Mangelware darstellte.[37]

Die starke Werbung für diese verarbeiteten Produkte der Nestlé-Tochtergesellschaft verschlang für das Jahr 1973 18 Mio. Pesos.[38]

Da der Binnenmarkt jedoch wegen der geringen Kaufkraft zu klein ist, exportiert der TNK nach Ecuador, Peru, Venezuela, Arruba, die Antillen und Zentralamerika. 1973 betrugen die Exporte von Konserven und Biskuits der Unternehmen La Rosa und California 314'000 Dollar. INPA, die 85% des Marktes für Instant-Kaffee in Kolumbien kontrolliert, exportierte für 464'000 Dollar; es wird auch von einem Schmuggel nach Panama und Arruba dank eines Netzes von lokalen Zwischenhändlern gesprochen. Dadurch können diese Verkäufe als lokale Verkäufe in die Buchhaltung des Unternehmens eingetragen werden.[39]

Die Hauptargumente in der Werbung sind die Qualität der Rohstoffe, der Nährwert und die hygienische Verarbeitung der Nestlé-Produkte. Der Tod von 28 Kindern, verursacht durch die von der Nestlé-Tochtergesellschaft hergestellte Nestogeno-Milch, rief starke Emotionen in Kolumbien und im Ausland hervor und stellt diese Behauptung in Frage.*

▌Nestogeno-Milch von Nestlé-Cicolac▐
▌verursacht den Tod von 28 kolumbianischen Kindern▐[41]

Da Dr. Fernando Tirado Villegas im März und April 1977 eine steigende Zahl von Todesfällen bei zu früh geborenen Säuglingen feststellte, beantragte er als Direktor des allgemeinen Krankenhauses von Medellin am 25. April eine Untersuchung. Während sich die höchste Sterblichkeitsrate im Jahr 1976 auf dieser Abteilung des Krankenhauses auf 18 belief, starben im März 21 und im April 28 Säuglinge.

Eine interdisziplinäre Gruppe der Nationalen Schule für das öffentliche Gesundheitswesen wurde beauftragt, die Ursachen dieser seltsamen Krankheit ausfindig zu machen, die Erbrechen, Durchfall und Fieber verursachte und 36% der Säuglinge dieser Abteilung sterben liess. Mehr und mehr wurde die auf der Abteilung verwendete und in Kolumbien von Cicolac hergestellte Milch Nestogeno als Ursache verdächtigt. Am 4. Mai isolierte Yolanda Torres, Vorsteherin der Abteilung Epidemiologie, in der Milch den toxischen Krankheitserreger Cereus. Zusätzliche Kontrollen wurden durchgeführt, besonders die Durchsicht der Anamnesen. An den Laboruntersuchungen der Milchproben, der Instrumente und der Umgebung beteiligten sich: Die Nationale Schule für das öffentliche Gesundheitswesen, die Gemeindeverwaltung von Medellin, das klinische Laboratorium des allgemeinen Krankenhauses von Medellin, das Laboratorium für Virologie der medizinischen Fakultät der Universität von Antioquia, die Abteilung für Pathologie der Universität Antioquia, das städtische Laboratorium für Toxikologie von Medellin.

Zusätzlich wurde die Autopsie eines Säuglings durchgeführt. Die von der Schule für das öffentliche Gesundheitswesen veröffentlichten Schlussfolgerungen lauten wie folgt:

> "Die Erhöhung von Mortalität, Diarrhöe und Erbrechen im allgemeinen, ist auf eine Lebensmittelvergiftung durch den Giftstoffe produzierenden Krankheitserreger Cereus zurückzuführen, einen ansteckenden Keim, der im Milchpulver Nestogeno (zweites Semester, Code Olnas) vorhanden ist. Bei der Herstellung des Milchpulvers wurden hinsichtlich Sterilisierung und Lagerung Fehler begangen,

---

* Dieser Vorfall in Kolumbien steht nicht allein da: In Brasilien wurde das Image von Qualität und Hygiene der Produkte des transnationalen Unternehmens ernsthaft in Frage gestellt, als 1976 der Dienst für bakteriologische Analysen der staatlichen Gesellschaft für Technologie und Hygiene bewies, dass das Mineralwasser Minalba (Nestlé) 110 Bakterienkolonien pro Mililiter enthält (veröffentlicht in Zéro Hara, 6.4.1976). Das Wasser eines Gemeinde-Schwimmbades enthält üblicherweise weniger als 200 derartige Kolonien.[40]

was zu einer Vermehrung der Bakterien und der Produktion von Toxinen führte. Die Rahmenbedingungen wurden kontrolliert, indem das Milchprodukt durch eine andere Marke ersetzt wurde, deren Untersuchung nach krankheitserregenden Keimen negativ verlaufen ist."[42]

Der Bericht gibt weiter an, dass die Lieferung von Nestogeno Olnas, 2. Semester, im November in der Klinik eintraf. Im Dezember, als mit ihrer Verwendung begonnen wurde, stiegen die Anzahl der Anfälle von Erbrechen und Durchfall bis im April und die Mortalität erreichte 40%.[43]

Verschiedene Gruppen, darunter die Ärztevereinigung des Departementes Antioquia und die Ökologie-Gruppe SOS der Universität von Talima verurteilten diese Vorkommnisse aufs schärfste. Die Ärztevereinigung schrieb in einem Artikel:

> "Die Milch Cicolac-Nestlé ist für den Tod von 25 Kindern des allgemeinen Krankenhauses verantwortlich."

In der Folge protestierte die Gewerkschaft von Cicolac in einem Communiqué gegen die Repression der Gewerkschaften, welche die Unterlassungen in der Verarbeitung des Milchpulvers verurteilt und eine Reihe von Fehlern aufgezählt hatten, so die fehlende Hygiene bei der Herstellung des Produktes und die Gefahr der Ansteckung mit Insektiziden. Nach dieser Tragödie veröffentlichte die Nationale Schule für das öffentliche Gesundheitswesen eine Liste der gefährlichen Milchprodukte: Nestogeno Olnas, Nestogeno Olkas, Nestogeno Wenebb, Nestogeno Weevab, Nan, Nido, Wemae, Nido Wepae und Klim, alle von Nestlé hergestellt. (Siehe im Anhang den Originaltext der Schlussfolgerungen)

Was aber versteht Nestlé unter "Tatsachen"?:

> "In der Tat wird die Milch Nestogeno (das im Spital verwendete Nahrungsmittel) als Ursache verdächtigt, dass 28 zu früh Geborene am 7.-8. April 1977 im allgemeinen Krankenhaus von Medellin in Kolumbien starben. Die unter der Aufsicht des kolumbianischen Gesundheitsministeriums durchgeführten Analysen von Proben, die sowohl aus dem Spital als auch aus anderen Teilen des Landes stammen, beweisen die Unschädlichkeit dieses Produktes. Das kolumbianische Gesundheitsministerium setzte das Unternehmen im Oktober 1977 davon in Kenntnis und bekräftigte diese Tatsachen auch öffentlich, indem es aussagt, dass die festgestellten Todesfälle nicht dem Produkt zuzuschreiben sind (Nestlé-Milch Nestogeno), sondern 'anderen Faktoren technischen Charakters, welche seither verbessert wurden'. (El Tiempo, 12. Dezember 1979, im Communiqué von Nestlé zitiert, siehe Nachwort)."

Nestlé fährt fort:

> "Herr Harrisson stellt in seinem Buch* nur Verdächtigungen dar, die über Nestlé und ihre Produkte geäussert wurden, wie auch die zum Zeitpunkt der Vorfälle gegen das Unternehmen geführten Kampagnen. Ausserdem stellt er diese Behauptungen wie unwiderlegbare Beweise dar und unterlässt es, von den Dokumenten zu sprechen, welche schliesslich bewiesen haben, dass die Nestlé-Produkte keine Schuld trifft."[44]

So drückt man sich am Sitz des TNK in Vevey in einem 13seitigen Communiqué aus, welches den Journalisten anlässlich des Erscheinens des Buches "L'Empire Nestlé"zugestellt wurde. Dieser Bericht wurde ausserdem einer Gruppe von Aka-

---

* Französische Ausgabe dieses Buches: "L'Empire Nestlé" (1983)

demikern und anderen Personen übergeben, welche vom TNK eingeladen worden waren, dessen Einrichtungen zu besichtigen und sich anzuhören, wieviel Gutes er für die Dritte Welt tut. Im Kapitel "Nestlés Reaktionen auf Kritik" werden wir ausführlicher darauf zu sprechen kommen. Es ist instruktiv zu sehen, wie Nestlé versucht, die Schlussfolgerungen eines sie belastenden Berichtes zu entkräften, indem sie ihn als "Wiederaufnahme von Verdächtigungen und von gegen das Unternehmen geführten Kampagnen" definiert. Wenn Nestlé auf einen Brief des Gesundheitsministeriums an das Unternehmen anspielt, einen Brief, den wir bis heute nicht sehen konnten (weshalb veröffentlicht Nestlé ihn nicht?), besitzen wir im Gegensatz zu ihr einen Laborbericht, der durch eine unabhängige medizinische Untersuchungskommission erstellt wurde (gewiss ebenso glaubwürdig wie die "politischen" Bestätigungen des Gesundheitsministeriums), welche sich aus verschiedenen Mitgliedern öffentlicher Körperschaften zusammensetzte. Ein kurzer Ausschnitt aus diesem Bericht ist im Anhang übernommen. Selbst wenn man die Fehler bei der Lagerung und Zubereitung der Pulvermilch Nestogeno berücksichtigt, ist doch folgendes nicht von der Hand zu weisen: Der Bazillus Cereus war in Milchpulverbüchsen, die von Nestlé-Cicolac an das Spital geliefert wurden, klar nachweisbar.

Der Tod der Neugeborenen ist auch auf den diesen Giftstoff produzierenden Bazillus zurückzuführen, die Fehler bei der Zubereitung und Lagerung haben höchstens dazu beigetragen, die Situation zu verschlimmern. Schwerwiegende Nachlässigkeiten in der Qualitätskontrolle: eine Gefahr für Tausende von Konsumenten.

Die übliche Reaktion Nestlés in solchen Situationen ist folgende: es handelt sich um vereinzelte Vorfälle, damit um ausnahmsweise auftretende Unfälle, welche sich in der laufenden Praxis des Unternehmens nicht wiederholen sollten. Mit Recht dürfte man, nach der Reihe von Todesfällen in Medellin, von Cicolac verstärkte Kontrollmassnahmen erwarten. Das Unternehmen scheint jedoch die nötigen Verbesserungen, um eine Wiederholung solcher Vorfälle zu vermeiden, nicht vorgenommen zu haben. In einem Brief an den Leiter des Laboratoriums von Cicolac in Valledupar verurteilte die Gewerkschaft die schwerwiegenden Nachlässigkeiten in der Qualitätskontrolle, welche unheilvolle Folgen für die Verbraucher haben können. Dieser Brief wurde ebenfalls dem nationalen Geschäftsführer in Bogota, demn Nestec-Dienst in der Schweiz, der Internationalen Union der Lebens- und Genussmittelarbeiter-Gewerkschaft (IUL), dem Gesundheitsministerium in Kolumbien, anderen Organismen und der Presse zugestellt. Hier die wichtigsten Punkte:

— Es existiert ein Zwischenlager von ungefähr 1'000 t Milchpulver, welches gemäss den Laboranalysen erst auf den Markt gebracht werden kann, wenn es einem erneuten Wiederzusammensetzungsverfahren unterzogen wird. Von den betroffenen elf Warenposten wird jedoch der Posten 24 ohne die nötigen hygienischen Vorsichtsmassnahmen verwendet (schmutzige Säcke, Staub, Schweiss verunreinigen das Produkt).
— Die Arbeiter weigern sich, Komplizen einer Aktion zu werden, mit der 1'000 t Milch ohne erneute Verarbeitung auf den Markt gebracht werden sollen.
— In der Halle wird ohne angemessene Belüftung ein Motorauflader verwendet, welcher die Milch durch die entweichenden giftigen Abgase verderben kann.
— Sauermilch wird missbräuchlich verwendet.
— Das Herstellungsverfahren wird nicht genügend kontrolliert: Trotz der Abwesenheit eines Arbeiters, welcher die normalen Kontrollen während der Herstel-

lung hätte durchführen sollen, brachte man 15 t Milch auf den Markt. Anstelle der normalen Kontrollen wurden nur 10g Pulver auf ihre Löslichkeit geprüft.

— Die Arbeiter weigern sich, Komplizen einer neuen Tragödie wie jener von Medellin zu werden und betonen, dass sie sich trotz Verfolgungen und Verletzung von 25 Punkten ihres Kollektivvertrages um die gute Qualität des Produktes bemühen. Sie verlangen von Nestlé mehr Verantwortungsbewusstsein, um solch tragische Folgen zu vermeiden.[45]

Behinderung der gewerkschaftlichen Organisation durch Nestlé-Kolumbien

Verschiedentlich hat die Arbeitergewerkschaft von Nestlé in Kolumbien die antigewerkschaftlichen Praktiken des TNK in seinen Beziehungen zu den Arbeitern verurteilt. Die Arbeiter von Sintracicolac (dem Weltgewerkschaftsbund in Prag angegliedert) traten 1978 in einen Streik, um ihren Forderungen Nachdruck zu verleihen. Bei dieser Gelegenheit unterrichteten sie die Öffentlichkeit über die Manöver von Nestlé, um die gewerkschaftliche Organisation in den Fabriken und den Verteilernetzen des kolumbianischen Unternehmens zu spalten und zu zerschlagen. Vom 15. Oktober bis zum 28. November 1982 streikten die gewerkschaftlich organisierten Arbeiter von Inpa (ein Nestlé-Unternehmen), um Druck auf das Unternehmen auszuüben, welches versuchte, gewisse von den Arbeitern erlangte Rechte rückgängig zu machen (im Zug der Neuordnung der Tätigkeiten im Land).

Nestlé praktiziert eine ganz bestimmte Sozialpolitik gegenüber ihren Arbeitern (einige würden dies Paternalismus nennen), indem sie Darlehen zur Deckung von Wohnungskosten gewährt, für die Kinder der Arbeiter Studienbeihilfen leistet und die Kantine des Unternehmens subventioniert. Trotzdem kann man feststellen, dass nicht nur die Preise der Nestlé-Produkte schneller als alle übrigen Nahrungsmittelpreise steigen, sondern auch schneller als die Löhne der Nestlé-Arbeiter. Ausserdem führen der Arbeitsrhythmus und die Massnahmen zur Restrukturierung der von Nestlé kontrollierten Unternehmen einerseits zu einem höheren Ertrag und anderseits zu einer wachsenden Arbeitsplatzunsicherheit für die Arbeiter. Gemäss der Gewerkschaft spielt das Unternehmen das Doppelspiel von Zuckerbrot und Peitsche und profitiert von seinen guten Beziehungen zur Regierung und von der allgemeinen Situation des Ausnahmezustandes in Kolumbien, um ein ungestörtes gewerkschaftliches Leben in den Fabriken durch verschiedene Massnahmen und administrative Schikanen zu verhindern. Dennoch anerkennt der TNK dieses Recht seiner Arbeiter, auch wenn er die gewerkschaftliche Organisation keineswegs fördert. Nestlé behauptet, keinen Arbeiter wegen seiner Gewerkschaftszugehörigkeit zu benachteiligen und erklärt sich bereit, mit den ordentlich mandatierten Gewerkschaftsvertretern kollektiv zu verhandeln.

Bei meiner Unterredung mit den Nestlé-Führungskräften in Vevey besprachen wir unter anderem die Gewerkschaftspolitik Nestlés. C. Pagano, damaliger Direktor für Lateinamerika, hat mich über die grundsätzliche Stellung Nestlés hinsichtlich Gewerkschaften unterrichtet. Hier die vollständige Wiedergabe des Textes:

Stellung Nestlés hinsichtlich gewerkschaftlichen Fragen

Gewerkschaftspolitik
Die allgemeine Politik des Unternehmens gegenüber den Gewerkschaften ist folgende:

a) Das Unternehmen anerkennt das Recht seiner Arbeiter, nach ihrem Gutdünken gewerkschaftliche Organisationen zu bilden oder sich solchen Organisationen anzuschliessen, in Übereinstimmung mit den im jeweiligen Land herrschenden Gesetzen und Praktiken.

b) Es enthält sich jeglicher Diskriminierung zum Nachteil der Arbeiter aufgrund ihrer Gewerkschaftszugehörigkeit.

c) Es ist bereit, mit den durch die Arbeiter mandatierten Gewerkschaftsvertretern über Tarifordnungen zu verhandeln, die die Arbeitsbedingungen des vertretenen Personals regeln sollen.

d) Es gesteht den Gewerkschaftsvertretern die zur Erfüllung ihrer Funktionen unentbehrlichen Erleichterungen zu, unter Berücksichtigung der Notwendigkeit, das wirkungsvolle Funktionieren des Unternehmens zu gewährleisten.

Die Anwendung dieser Politik liegt voll und ganz im Verantwortungsbereich jeder einzelnen Gesellschaft.

Beziehungen zu den Gewerkschaften
Die Beziehungen zu den Gewerkschaften sind ausschliesslich Angelegenheit der lokalen Gesellschaften. Ihr Ziel in diesem Bereich muss es sein, den Arbeitsfrieden zu wahren, soweit dies mit der Beachtung der Führungsprinzipien des Unternehmens, dem wirkungsvollen Funktionieren und der Rentabilität der Aktivitäten zu vereinbaren ist. Die folgenden Grundsätze sollten zu diesem Zweck beachtet werden:

a) Anerkennung und loyale Behandlung der Gewerkschaften, welche rechtmässig mandatiert sind, um alle oder einen Teil der Arbeiter des Unternehmens zu repräsentieren, aber Verweigerung des Verhandelns mit einer Gewerkschaft, welche die oben genannten Voraussetzungen nicht erfüllt (z.B. eine ausländische Gewerkschaft).

b) Mit anerkannten Gewerkschaften regelmässige und fortgesetzte Beziehungen pflegen, auch ausserhalb der Verhandlungen über Tarifordnungen. Systematisch Gelegenheiten suchen, um ihnen den Standpunkt des Unternehmens hinsichtlich der sie betreffenden Fragen zu erklären und so das gegenseitige Verständnis zu fördern.

c) In diesen Beziehungen die gewerkschaftlichen Rechte in Übereinstimmung mit den lokalen Gesetzen und Gebräuchen streng beachten; jegliche Diskriminierung aufgrund der Zugehörigkeit zu einer Gewerkschaft unterlassen, auf allen Stufen und in allen Bereichen.

d) Trotz der Beachtung der lokalen Gesetze sich nicht hinter diesen verschanzen, um Entscheide, welche nicht mit der gewerkschaftlichen und Sozialpolitik des Unternehmens übereinstimmen, zu rechtfertigen.

e) In den Verhandlungen jeden Punkt zu vermeiden suchen, welcher in die Rechte der Handlungsfreiheit der Direktion in der Unternehmensführung eingreifen könnte, ausser das Gesetz schreibt ausdrücklich Verhandlungen auch über diese Punkte vor.

f) Die Gründe für eine Intervention der Gewerkschaften wegen Uneinigkeiten und Konflikten mit einzelnen Arbeitern sollen möglichst eingeschränkt werden. Zu diesem Zweck soll für gute Beziehungen zwischen Vorgesetzten und Untergebenen gesorgt werden, ganz besonders auf der ersten Ebene der Arbeitsausführung (Werkstatt, Büro). Es sollen interne Verfahren zur Konfliktlösung eingerichtet werden, welche es den Arbeitern ermöglichen, ihre Beschwerden und Beanstandungen darzulegen, oder disziplinarische Massnahmen gegen die Arbeiter zu ergreifen.

(Quelle: Nestlé SA. Dieser Text wurde mir von C. Pagano, damaliger Direktor für die Zone Lateinamerika und Karibik, Vevey, Schweiz, am 21. Januar 1982 zugestellt.)

Nach der Aufzählung der Prinzipien der Gewerkschaftspolitik wird präzisiert: "Die Anwendung dieser Politik liegt voll und ganz im Verantwortungsbereich jeder Gesellschaft". Später wird angegeben: "Die Beziehungen mit den Gewerkschaften sind ausschliesslich die Angelegenheit der lokalen Gesellschaften." Diese wichtige Stellungnahme muss hervorgehoben werden. Nestlé SA verweigert jegliche Verhandlungen mit den Vertretern von internationalen Organismen, denen die Arbeiter angeschlossen sind. Z.B. wurden die Treffen zwischen Nestlé SA und der Internationalen Union der Lebens- und Genussmittelarbeiter-Gewerkschaften (IUL), einem internationalen professionellen Sekretariat des Nahrungsmittel- und Getränkezweiges, als Informationstreffen definiert.

Die IUL organisierte Konferenzen der Arbeiter von Nestlé-Fabriken aus aller Welt, dies im Rahmen einer Politik der professionellen Sekretariate, "weltweite Vereinigungen der Arbeiter eines gleichen Unternehmens" zu bilden, um solidarisch und einig gegen den Zugriff der transnationalen Unternehmen sowie ihre weltweite Macht zu kämpfen. Der Nestlé-Rat der IUL bezweckt die Koordination der Nestlé-Arbeiter aus der ganzen Welt, um die Arbeitsbedingungen zu vereinheitlichen, die anti-gewerkschaftlichen Praktiken sowie die Behinderung der gewerkschaftlichen Organisation durch den TNK öffentlich zu verurteilen und die Solidaritätsaktionen bei Streiks in einem Land zu fördern. Das "Nestlé-Bulletin IUL" ermöglicht eine bessere gegenseitige Information der gewerkschaftlich organisierten Arbeiter der Nestlé-Fabriken in den verschiedenen Ländern über die Rolle Nestlés in der Welt, über ihre Beziehungen zu den Gewerkschaften. Ebenfalls versucht der Nestlé-Rat der IUL, dank dieses Verbindungsmittels zwischen den Arbeitern, die gemeinsamen Leitlinien für verschiedne Forderungen hinsichtlich der Tarifordnungen zu bestimmen. So ermöglicht die Vereinigung der Arbeiter, eine Gegenkraft zum TNK zu bilden, um die unterschiedliche Handhabung der Rechte der Arbeiter zu verhindern.

Diese Form der internationalen Organisation der Arbeiter ist zu einer absoluten Notwendigkeit geworden, angesichts der Handlungsmöglichkeiten des TNK, seiner Zusammenarbeit mit den lokalen Bourgeoisien in den verschiedenen Ländern und der angestrengten Bemühungen der TNK, eine geminsame Front gegenüber den Forderungen ihrer Arbeiter zu bilden. Z.B. ist der technische Beratungsdienst Nestlés SA, Nestec, verantwortlich für die Ausarbeitung eines Bulletins "Multinationale Gesellschaften und Gewerkschaften", welches von Brown-Boveri, Ciba-Geigy, Hoffmann-La Roche, Industrie Holding, Sandoz und Nestlé finanziert wird. Dieses Bulletin rezensiert systematisch die in Zeitschriften oder Tageszeitungen erschienenen Artikel über die multinationalen Gesellschaften.

Anti-gewerkschaftliche Praxis: Nestlé und die Arbeitergewerkschaft in Kolumbien (Sintracicolac)

Die von den Gewerkschaften der Nestlé-Arbeiter in Kolumbien im Laufe der Jahre hauptsächlich geäusserten Klagen betreffen die Behinderung der gewerkschaftlichen Organisation, gewisse Praktiken der lokalen Tochtergesellschaft, die beträchtlich von den Grundsatzerklärungen des Stammhauses abweichen. Insbesondere verurteilen die kolumbianischen, gewerkschaftlich organisierten Arbeiter:

— Die Weigerung des Nestlé-Unternehmens in Kolumbien, die juristische Einheit anzuerkennen und die Arbeiter seiner verschiedenen Gesellschaften gleich zu behandeln;
— Die Weigerung des Unternehmens, wirkliche Verhandlungen bei der Erneuerung der Tarifordnungen aufzunehmen;
— Die Unterscheidung zwischen gewerkschaftlich organisiertem und nicht organisiertem Personal;
— Die Unterscheidung zwischen Angestellten und Arbeitern der Fabrik;
— Die Druckausübung auf das Personal des Verteilungsnetzes, um jegliche gewerkschaftliche Organisation zu verhindern;
— Die Tatsache, dass Nestlé-Kolumbien in gewissen ihr gehörenden Molkereien keine gewerkschaftliche Organisation duldet;
— Die Massnahmen zur Einschüchterung und Erpressung;
— Die Zusammenarbeit mit den repressiven Organen des Staates.

Weigerung, die juristische Einheit des Unternehmens anzuerkennen:
Obwohl die Geschäftsleitung der Produktion und der Distribution zentralisiert ist und Nestlé-Kolumbien die Aktivitäten verschiedener Fabriken einheitlich leitet, weigert sie sich, die juristische Einheit anzuerkennen.

Dies bedeutet getrennte Verhandlungen über Tarifforderungen für jedes Nestlé-Unternehmen sowie verschiedene Arbeitsbedingungen und Löhne für die Arbeiter des Konzerns. Der TNK versucht um jeden Preis, die Einheit der Arbeiter der verschiedenen Unternehmen zu verhindern, und kämpft gegen die Forderungen für Lohngleichheit. Es bestehen sehr grosse Lohnunterschiede zwischen den Arbeitern der verschiedenen Unternehmen des Konzerns.*

1976-77 waren die Löhne der Arbeiter von Cicolac 70% höher als jene der Arbeiter der drei Fabriken zur Herstellung von pasteurisierter Milch, der Consèrvos California und der La Rosa. Die Arbeiter der INPA erhielten einen Lohn, wel-

---

* Bei der Betrachtung der Entwicklung der Löhne in den Nestlé-Unternehmen in Kolumbien können wir für den Zeitraum 1970-76 einen Rückgang von 10% bei den Arbeitern, eine Erhöhung von 2,8% bei den Angestellten feststellen. Wenn wir jedoch die Sozialleistungen berücksichtigen, haben wir eine Erhöhung von 4 % für die Arbeiter und von 21,32% für die Angestellten, bzw. eine Erhöhung von 11,5% (Arbeiter und Angestellte) im Zeitraum 1970-76. Nota bene: Die ausländischen Kader des Konzerns in Kolumbien erhielten während dieses Zeitraumes durchschnittlich das doppelte des Lohnes ihrer einheimischen Kollegen. 1972 waren die Löhne und Leistungen Nestlés 50% höher als die durchschnittlich in der Nahrungsmittelindustrie ausbezahlten Löhne. 1975 betrug die Differenz 70% zugunsten der Arbeiter des TNK. Dies lässt sich teilweise aus der Kostenstruktur erklären, die innerhalb des Nestlé-Konzerns günstiger ist als in den nationalen Unternehmen dieser Branche. (Verhältnis Kosten der Rohstoffe zu zugesetztem Wert). Die eindeutig höhere Gewinnrate Nestlés erlaubt es ihr, die Forderungen ihrer Arbeiter weitgehend zu erfüllen, in grösserem Mass, als die nationalen Unternehmen in der "Krise" ohne flüssige Gelder, ohne Gewinnmargen und genügende Marktanteile.

cher 38,4% tiefer lag als jener der Arbeiter von Cicolac. Schliesslich noch ein extremer Unterschied: die an die Arbeiter von Cicolac ausbezahlten Löhne lagen 125% höher als jene, die in der Pasteurisierungsfabrik La Perla ausbezahlt wurden.[46] 1978 wurde die gewerkschaftliche Organisation in den Unternehmen La Perla, Salamia und La Polar nicht geduldet. Die Gewerkschaften erwähnen besonders die Druckausübung auf das Personal der Zentralbüros in Bogota sowie auf das Verkaufspersonal, welche die gewerkschaftliche Organisation verhindern soll.

Trotz der Opposition gelang es den organisierten Arbeitern, das "inter-gewerkschaftliche Komitee von Nestlé" zu gründen, welches folgende Gewerkschaften umfasst: Sintracicolac, Sinaltrainpa, Sinaltra La Rosa, Sintra Alival, Sintracalifornia y Sintra Alisa, welche die Arbeiter der verschiedenen Nestlé-Unternehmen im Land vertreten. Z.B. sollten während des Jahres 1982 die Erneuerung von Tarifordungen in drei Unternehmen verhandelt werden: bei Cicolac und Inpa im Mai, La Rosa im September. Die Gewerkschaften hatten sich am 22. Februar zur Analyse und Abstimmung ihrer Forderungen versammelt. Gleichzeitig teilte der Geschäftsführer der Fabrik von Bugalagrande den Gewerkschaften die geschäftliche Trennung von Inpa und Cicolac mit, da die Unternehmen Nestlé und Borden beschlossen hatten, ihre Kapitalassoziation in Kolumbien zu beenden. Wir werden später auf die Verhandlungen und die aufgetauchten Schwierigkeiten zurückkommen. Das Unternehmen Nestlé verlangte von 785 Arbeitern praktisch, die gewerkschaftliche Zugehörigkeit zu wechseln — von Cicolac zu Inpa — und versuchte bei dieser Gelegenheit, gewisse Rechte, welche die Arbeiter zuvor erkämpft hatten, aufzuheben (Zugehörigkeit nach Unternehmen und nicht eine einheitliche Gewerkschaft.) Dieser Entscheid kam zu einem falschen Zeitpunkt, insofern die Gewerkschaften der verschiedenen Unternehmen seit einigen Jahren an einer nationalen Vereinheitlichung arbeiteten.

Im November 1981 war der Grundsatzentscheid, eine Gewerkschaft der Nahrungsmittelindustrie zu gründen, gefasst worden und am 24. Januar 1982 hatten die Arbeiter der verschiedenen Unternehmen Nestlés eine nationale Gewerkschaft für die Nahrungsmittelindustrie, Sinaltrainal, gegründet. Gemäss den Arbeitern bemühte sich Nestlé nachher, das Arbeitsministerium unter Druck zu setzen, um die Anerkennung dieser nationalen Einheitsgewerkschaft zu verhindern. Da die Arbeiter durch die Regierung Recht erhielten, richtete sich der Druck Nestlés auf die nationale Industriellenvereinigung (ANDI), damit diese einem "so grossen Monster" die juristische Persönlichkeit verweigere.*

Zu dieser Situation in Kolumbien befragt, insbesondere zur Weigerung, die juristische Einheit der verschiedenen Nestlé-Arbeiter zu anerkennen und ihnen das Recht zuzugestehen, alle für Arbeiter des kolumbianischen Konzerns gültige Tarifordnungen auszuhandeln, erwidern die Nestlé-Führungskräfte: Das Unternehmen Nestlé weigert sich, mit einem inter-gewerkschaftlichen Komiteee zu verhandeln, da Nestlé nicht in jedem Fall über eine Mehrheitsbeteiligung am Kapital verfügt und die lokalen Partner berücksichtigen muss, welche nicht immer geneigt sind, ebenso günstige Arbeits- und Lohnbedingungen zu gewähren wie Nestlé.

---

* Obwohl die Beziehungen zwischen den Gewerkschaften und den Unternehmen Angelegenheit eines jeden Staates sind, findet man in den USA eine ähnliche Politik der Weigerung, die juristische Einheit zu anerkennen. Auch da kämpfen die Arbeiter um die gleichzeitige Erneuerung ihrer Verträge und für eine Lohngleichheit aller Arbeiter Nestlés in den USA.

Die Unterscheidung zwischen Gewerkschaftern und Nicht-Gewerkschaftern:
Der kolumbianische Fall veranschaulicht eine allgemeine Praxis Nestlés in Lateinamerika. In Mexiko unterscheidet Nestlé zwischen Vertrauensangestellten und Arbeitern. In Kolumbien bietet sie den Angestellten Vorteile unter der Bedingung, dass sie nicht in die Gewerkschaft eintreten. Die Nestlé-Führungskräfte behaupten, dass sie damit nur die in jedem Land üblichen Praktiken befolgen. Nichtsdestoweniger behindert der TNK durch derartige Praktiken die gewerkschaftliche Organisation: Mit finanziellen Entschädigungen, die gleich hoch oder höher sind als jene, welche die als Majorität vertretene Gewerkschaft aushandelte, gewinnt er gewissermassen einen Teil des Personals zurück. In der Tat versucht der TNK durch derartige "Pfründe" und monetäre Entschädigungen, manchmal sogar durch vertraulich behandelte Beförderungen des nicht organisierten Personals, die Gewerkschaft innerhalb der Fabrik in die Minderheit zu setzen, bleibt aber dabei innerhalb des Arbeitsgesetzes des Landes. Dadurch kann Nestlé die Bedeutung der Gewerkschaft und ihrer Forderungen einschränken.

Zwei bestimmte Fälle solcher Manöver wurden durch die Nestlé-Arbeiter in Kolumbien öffentlich verurteilt:

1977 schickte der Hauptgeschäftsführer von Nestlé-Kolumbien, Federico Lavanchy* jedem Arbeiter von Cicolac einen Brief (nebenstehend in Faksimile). In diesem offerierte er jedem Arbeiter eine Lohnerhöhung ab 1. Januar 1978 sowie eine zusätzliche "Bonifikation" zu den drei, welche üblicherweise für die Kosten der Einschreibung und Schuluniform der Kinder des Arbeiters ausbezahlt wurden. Die Kehrseite dieser Grosszügigkeit:

> "Mit der Annahme der Lohnerhöhung und der aussergesetzlichen Vergünstigungen, die in dieser Mitteilung genannt sind, verzichtet man auf die gültigen Tarif ordnungen."

Im Klartext bedeutete dies für den Arbeiter, der diesen Brief am Tag vor Weihnachten erhielt: Nestlé bietet dir diese besonderen Entschädigungen und diese Lohnerhöhung an, wenn du auf die Zugehörigkeit zur Gewerkschaft verzichtest, auf die gewerkschaftliche Organisation sowie auf die Vorteile der Abkommen, welche zwischen der Gewerkschaft und dem Unternehmen geschlossen werden.

Je nach Stellung der Gewerkschaft in der Fabrik (1/3 oder 2/3 gewerkschaftlich organisierte Arbeiter) müssen die nicht-gewerkschaftlich organisierten Arbeiter, die von der ausgehandelten Tarifordnung profitieren einen vollständigen oder einen der Hälfte des üblichen Beitrages entsprechenden Betrag an die Gewerkschaft zahlen. Jedoch gibt es eine Ausweichmöglichkeit, von welcher die kolumbianischen Unternehmungsleitung Nestlés profitiert: Der Fabrikarbeiter muss diesen Betrag nicht bezahlen, wenn er beschliesst, auf die Vorteile der Tarifordnung zu verzichten. Die Manöver zur "Destabilisierung" und zur "Zerschlagung" der gesetzlich anerkannten Gewerkschaft ermöglichen Nestlé, verschiedene Ziele zu erreichen:

— Die Arbeiter der Fabrik in Angestellte und Arbeiter zu spalten, in Gewerkschafter und Nicht-Gewerkschafter: Die Stellung der Gewerkschaft wird geschwächt und der gewerkschaftliche Kampf überflüssig gemacht, indem sie den Arbeiter, der auf dieses Mittel zur Verteidigung seiner Rechte verzichtet, begünstigt und ihm finanzielle Entschädigungen anbietet.

---

* Eine für ihre repressive Rolle im Streik von Chiclayo 1973 in Peru bekannte Persönlichkeit.

Bogotá, Noviembre 28 de 1977

Señor
Bogotá, D. E.
Estimado señor :
Me es grato comunicarle que su remuneración será elevada a
la suma de $ por mes, a partir del 1o de enero
de 1978.
Como es lógico, dentro de este aumento quedará contemplada
cualquier modificación salarial decretada por el gobierno o
por convenio colectivo, mientras sean inferiores. .
Cabe anotar además que, teniendo en cuenta los costos que ca
da año sobrevienen por gastos de matrículas y uniformes e ini
ciación de tareas escolares de sus hijos, la empresa ha resuel
to conceder una bonificación más, adicional a las tres recibidas
tradicionalmente, equivalente a quince días de salario básico,
que será pagada el 31 del mes de enero del año 1978. También
esta bonificación, como las anteriores a usted concedidas a tí
tulo de compensación por costo de vida, etc., formará parte
de cualquier modificación decretada por el gobierno o convenio
colectivo.
Al aceptar el aumento de salario y los beneficios extralegales
contenidos en esta comunicación, se renuncia a los convenios
colectivos existentes.
Le ruego devolver copia de esta carta debidamente firmada, en
señal de aceptación.

Deseo a usted y los suyos una feliz navidad y año nuevo 1978.

Atentamente,

Lavanchy

Cicolac
Compania Colombiana
de Alimentos Lactecos
Generalmanager

Bogota, 28. November 197

Herrn... *
Bogota, D.E.
Sehr geehrter Herr... *

Es freut mich, Ihnen mitteilen zu dürfen, dass Ihr Lohn ab 1. Januar 1978 monatlich um ... Pesos* erhöht wird.
Wir verweisen darauf, dass alle Lohnerhöhungen, die durch die Regierung oder
durch den Kollektivvertrag dekretiert werden, in der jetzigen Lohnerhöhung enthalten sind, insofern diese Änderungen geringer als die vorliegende sind. Im weitern ist
darauf zu verweisen, dass das Unternehmen beschlossen hat, Ihnen eine zusätzliche
"Bonifikation" zu gewähren, zusätzlich zu den herkömmlichen drei, um den Kosten Rechnung zu tragen, die jedes Jahr aus den Einschreibegebühren und durch die
Schuluniformen ihrer Söhn entstehen. Diese Bonifikation entspricht dem Grundlohn für 15 Tage und wird Ihnen am 31. Januar 1978 ausbezahlt. Diese "Bonifikation" und die andern, die Ihnen schon früher zum Ausgleich der steigenden Lebenskosten etc. gewährt worden sind, werden in Rechnung gestellt, wenn irgendeine Änderung durch Regierungsdekret oder durch den Kollektivvertrag vorgenommen
werden sollte.
Indem Sie die Lohnerhöhung und die aussergesetzlichen Bonifikationen, die Ihnen
hiermit mitgeteilt werden, akzeptieren, verzichten Sie auf die Durchsetzung des geltenden Kollektivvertrages. Ich bitte Sie, als Zeichen Ihrer Zustimmung die Kopie
dieses Briefes ordentlich unterzeichnet zurückzuschicken.
Ich wünsche Ihnen und Ihrer Familie fröhliche Weihnachten und ein gutes Neujahr.

Ihr F. Lavanchy

---

* Dieser Brief ist in der Zeitung "El Bogotano", Bogota, 30. Dezember 1977, veröffentlicht worden. Selbstverständlich wurde der Name des Belegschaftsangehörigen und der Betrag der Lohnerhöhung weggelassen, um die Anonymität des Empfängers zu wahren.

Die Arbeitsgesetzgebung in Kolumbien auferlegt dem Arbeitgeber folgende Verpflichtungen:

23. Abzug der gewerkschaftlichen Beiträge.
1. Jede Gewerkschaft kann, nach einer mit 2/3 Mehrheit ihrer Mitglieder gewonnen Abstimmung, von den Arbeitgebern verlangen, den Betrag der ordentlichen oder ausserordentlichen Beiträge, welche die Mitglieder zu entrichten haben, von den Löhnen der gewerkschaftlich organisierten Arbeiter abzuziehen und der Gewerkschaft zur Verfügung zu stellen.

38. Ausdehnung auf Dritte
1. Falls die Tarifordnung eine Gewerkschaft betrifft, die mehr als 1/3 aller im Unternehmen beschäftigten Arbeiter umfasst, gelten ihre Verfügungen für jede Person, gewerkschaftlich organisiert oder nicht, die in diesem Unternehmen arbeitet.
2. Die Verfügungen des Paragraphen 1) des Artikels 38 sind ebenfalls anzuwenden, falls die Anzahl der Gewerkschaftsmitglieder die oben genannte Grenze erst nach der Unterzeichnung der Konvention überschreitet.

39. Mitgliederbeiträge für jene, die von den durch die Konvention vorgesehenen Vorteilen Nutzen ziehen.
1. Ist 1/3 oder weniger der im Unternehmen beschäftigten Arbeiter Mitglied einer Gewerkschaft, zahlt jeder nicht organisierte Arbeiter, der von der Konvention profitiert, der Gewerkschaft die Hälfte des ordentlichen Beitrages ihrer Mitglieder während der Gültigkeitsdauer der Konvention.
2. Sind mehr als 1/3 der im Unternehmen beschäftigen Arbeiter Mitglied einer Gewerkschaft, zahlt jeder nicht-gewerkschaftlich organisierte Arbeiter, der von der Konvention profitiert, der Gewerkschaft einen Betrag, der dem ordentlichen, für die Gültigkeitsdauer der Konvention durch die Mitglieder zu entrichtenden Beitrag entspricht — ausser er erklärt, nicht von den durch die Konvention vorgesehenen Vorteilen profitieren zu wollen.
3. Die Mitgliederbeiträge oder die festgesetzten Beiträge sind für alle Arbeiter gleich.
(Gesetzeserlass Nr. 2 351 vom 4. September 1965, welcher die Artikel 23 und 58 des Arbeitsgesetzes ersetzt)
Anmerkung: Die Übersetzung des spanischen Originaltextes ist vom Internationalen Arbeitsamt übernommen worden: Gesetzgebende Reihe 1965-Col 1 und gesetzgebende Reihe 1966-Col 2

— Die wirtschaftlichen Einkünfte der Gewerkschaft zu verringern: Das Gesetz schreibt vor, dass der Arbeitgeber die Beiträge der gewerkschaftlich organisierten und der nicht-gewerkschaftlich organisierten Arbeiter zurückzubehalten und sie an die Kasse der Gewerkschaft zu überweisen hat. Nestlé jedoch weigert sich, amtlich diese Beiträge des nicht-gewerkschaftlich organisierten Personals einzuziehen, um die Stärkung einer kämpferischen und fordernden Gewerkschaft zu vermeiden, oder aber sie zögert die Überweisung der entrichteten Summen an die Gewerkschaft hinaus. Im Falle Cicolac sollten die Arbeiter freiwillig auf die Tarifordnung verzichten, indem sie den Brief, worin das Unternehmen mit seinen direkten Angeboten eine offen anti-gewerkschaftliche Politik verfolgt, richtig unterzeichnet an Nestlé-Kolumbien zurückzuschicken. Genau diese Praktiken verurteilte Sintracicolac öffentlich und sagte aus, Cicolac habe unter Missachtung der geltenden Tarifordnung dank dieser individuellen Abmachungen dem nicht orga-

GEWERKSCHAFTEN

nisierten Personal 26 Prämientage weniger bezahlt und die Mitgliederbeiträge des ganzen Personals nicht zurückbehalten, obwohl die Gewerkschaft in der Fabrik die Mehrheit hat. Also eine Einsparung von 130 Mio. Pesos für Nestlé zum Nachteil der Arbeiter und von 2,5 bis 3 Mio. Pesos zum Nachteil der Gewerkschaft.[47] Die Gewerkschaft reagierte auf diese Praktiken Nestlés mit der Organisierung der Basis, und der politischen Bildung des Arbeiters.

> "Der Kampf besteht darin, die Basis zu gewinnen. Das Unternehmen versucht dies durch Bonifikationen und Druckausübung, wir mittels Klarheit gegenüber den Kollegen."

In Zusammenarbeit mit einem kolumbianischen Zentrum für sozio-ökonomische Studien organisierte die Gewerkschaft Bildungskurse und gab ein Ausbildungsheft heraus; des weiteren versucht sie, die Unterstützung der internationalen Solidarität in ihrem Kampf zu gewinnen.[48] Über die gewerkschaftliche Politik Nestlés befragt, bestätigten die Gewerkschaftsführer von Sinaltrainpa, Gewerkschaft der Nestlé-Arbeiter in Bugalagrande, nicht nur vollumfänglich die Existenz derartiger Briefe, sondern heben eine andere Art des anti-gewerkschaftlichen Drucks hervor, der bei der Anstellung eines neuen Arbeiters ausgeübt wird, und zwar vor allem im Bereich der Verkaufs- und Verteilungsdienste, welche schlechter auf den gewerkschaftlichen Kampf vorbereitet sind.

"Das Unternehmen wendet diese Methode weiterhin an. Früher, als das in den Verkaufsabteilungen der Zentralbüros in Bogota angestellte Personal nicht gewerkschaftlich organisiert war, verwendete das Unternehmen die Ersparnis- und Wohnungsfonds, um diesen "bevorzugten" Angestellten eine Reihe von Bonifikationen und Pfründen zu gewähren und dadurch das zu errichten, was wir "gewerkschaftliche Parallelität" nennen, d.h. eine von den Arbeitgebern geführte Gewerkschaft. Die Taktik war folgende: Jede Person, die in dem Unternehmen arbeiten wollte, musste einen Brief unterschreiben, worin sie ausdrücklich auf die Vorteile der Tarifordnung verzichtete. Weigerte sich jemand, diesen Brief zu unterschreiben, zum Teil waren es Blanco-Briefe, wurde er ganz einfach nicht eingestellt. Die gleiche Praktik wurde jedesmal wenn eine neue Tarifordnung unterzeichnet wurde, bei jenen angewandt, deren Verträge zeitlich unbegrenzt waren. So wurde das ganze Personal terrorisiert. Es kam sogar vor, dass das gesamte Personal Briefe unterzeichnete, worin es seine Einwilligung gab, auf Tarifordnungen, welche zwischen der Gewerkschaft und den Arbeitern noch nicht ausgehandelt waren, zu verzichten; dies ganz einfach aus Angst, die Arbeit zu verlieren, um den Arbeitsplatz zu sichern. (...) Da sie die gewerkschaftliche Organisation in diesem Bereich wenig kannten, konnten die Mitglieder dieses Personals leichter getäuscht werden. Mit einer Informationskampagne konnten wir die gewerkschaftliche Organisation in den Verkaufssektoren entwickeln. Von da an musste das Unternehmen seine Taktik ändern. Statt Blanco-Briefe unterschreiben zu lassen, wendet es in der Tat andere Überzeugungsmassnahmen an, z.B. versucht es, den nicht-gewerkschaftlich organisierten Arbeitern Vergünstigungen anzubieten, welche wir durch Tariforderungen bereits erreicht haben, um dadurch einen starken Zulauf zu unserer Gewerkschaft zu verhindern."[49]

Wie einen Streik brechen?

1978 entlarvt die Presse ein anderes Manöver des TNK, um die Gewerkschaft in die Minderheit zu versetzen. Sintraciocolac hatte am 26. Mai im Namen ihrer Mitglieder Lohn- und andere Forderungen gestellt. Als es bei den Verhandlungen zum Bruch kam, beschloss die Gewerkschaft am 25. August, damals noch in der Mehrheit, den Generalstreik. In der Tat organisierte Sintraciocolac zu diesem Zeitpunkt 612 der insgesamt 1070 Betriebsangehörigen, was ja mehr als die Hälfte ist (57%). Mit Einverständnis des Arbeitsministeriums stellte die Nestlé-Tochtergesellschaft in den Tagen nach Ausrufung des Generalstreiks zweihundert, wohl gemerkt nicht gewerkschaftlich organisierte Temporärarbeiter ein; von jetzt an war die Gewerkschaft mit ihren 612 Mitgliedern auf den neuen Gesdamtbestand von 1270 in die Minderheit versetzt (48%), und das Unternehmen konnte den Generalstreik-Beschluss, der ein paar Tage zuvor zustandegekommen war, umstürzen.

Die Gewerkschaft weist auf den Druck hin, der auf das Personal der Sektoren "Verteilung und Verkauf" des Zentralbüros in Bogota ausgeübt wird, um jegliche gewerkschaftliche Organisation zu verhindern.* In der kolumbianischen Presse

---

* Diese Information wurde mit durch eine Buchhaltungsangestellte bei Nestlé-Kolumbien zu dieser Zeit bestätigt.

wurde im Jahr 1978 erklärt, dass die gewerkschaftliche Organisation in den Molkereien von La Perla, Salomia und La Polar nicht geduldet wird.

Einschüchterung, Drohung, Aussperrung, Erpressung

Die Gewerkschaft berichtete über bestimmte Fälle von Drohungen gegenüber den Gewerkschaftern und über Provokationen durch die Agenten des Unternehmens oder die schweizerischen Verantwortlichen in der Fabrik.[51] Gegen die gewerkschaftlich organisierten Arbeiter seien Vergeltungsmassnahmen ergriffen worden. Nach der Trennung der Unternehmen Cicolac (kam zu Borden) und Inpa (Nestlé) 1982, gab es zwei Formen der Reaktion gegenüber den Arbeitern. Während der bewegten Monate der Verhandlungsvorbereitungen hatten die Vorgesetzten von Cicolac beschlossen, trotz des Produktionsrückgangs wegen der Versammlung nicht einzuschreiten. Inpa (Nestlé) dagegen ergriff Repressionsmassnahmen gegen jegliche gewerkschaftliche Versammlung in der Fabrik. Während dieser Periode der Diskussion über den Forderungskatalog erfolgten mehr als 50 Aussperrungen*' von Arbeitern, begleitet von Sanktionen von durchschnittlich 30 Tagen. Die Gewerkschaft hebt hervor, dass sich in dieser Situation der Arbeitsminister, und noch mehr der Chef der Abteilung von Cali, sich auf die Seite der Vorgesetzten gestellt habe. Das Unternehmen nahm in diesen Verhandlungen, wie in jener von 1978, eine harte Position ein. Auf die gewerkschaftlichen Forderungen antwortete es mit definitiven Angeboten (anzunehmen oder abzulehnen), ohne sich auf eine wirkliche Verhandlung mit den Arbeitern einzulassen, sagt die Gewerkschaft. Diese unterschiedliche Haltung der beiden Unternehmen veranlasste die Gewerkschaft Sintracicolac, am 15. Oktober eine Tarifordnung zu unterzeichnen, während am gleichen Tag die Arbeiter von Inpa in einen 28tägigen Streik traten, welcher sich auf die übrigen Nestlé-Fabriken im Land ausweitete. Nestlé-Kolumbien wollte von der Trennung der Aktivitäten profitieren, um der gewerkschaftlichen Organisation einen harten Schlag zu versetzen, betonen die Führer der neuen Gewerkschaft, die von früheren Mitgliedern der Arbeitergewerkschaft der Inpa sowie von Ex-Gewerkschaftern der Cicolac, welche von einem Tag auf den andern Gewerkschafter der Inpa wurden, gegründet worden ist.

Zu den Einschüchterungsmassnahmen und der Druckausübung kann man die Erpressung rechnen, die 1978 beim Streik im Distrikt von Valledupar ausgeübt wurde. Der Geschäftsführer der lokalen Fabrik hatte versucht, mit den Viehzüchtern gegen die Arbeiter ein Bündnis einzugehen und mit der Schliessung der Fabrik gedroht. Ähnliche Einschüchterungen fanden in Valledupar 1981 und 1982 statt: Die Führungskräfte behaupteten, dass sie die Fabrik an den TNK Borden verkaufen würden, wenn die Gewerkschaft weiterhin auf ihren Forderungen bestehe.

Als Folge der Unterzeichnung eines Abkommens zwischen Inpa und den Arbeitern herrschte vordergründig eine normale Lage, ohne unmittelbare Repression. Diese Zeit wurde unter anderem für eine Reorganisierung und eine Intensivierung der Arbeit in der Fabrik verwendet. Dann griff das Unternehmen wieder zum Mittel ungerechtfertigter Aussperrungen und Entlassungen (sich dabei auf

---

* Selektive Aussperrungen, sagt die Gewerkschaft, seien besonders vom Mai bis Oktober 1982 gegen die gewerkschaftlichen Aktivisten in den verschiedenen Sektoren gerichtet worden. Laut Gewerkschaftsführern führte die provokative Haltung des Geschäftsführers nicht wie geplant zu einer Demobilisierung der Arbeiter, sondern zu einem verstärkten Zusammenhalt und zu einem erhöhten Kampfwillen, inbegriffen die Bereitschaft zu einem unbegrenzten Streik.

die Arbeitsgesetze berufend, die erlauben, jeden Arbeiter, der weniger als 10 Jahre bei einem Unternehmen arbeitet, zu entlassen ohne diesen Entschluss rechtfertigen zu müssen). Die Rationalisierung der Produktion, insbesondere die wachsende Automatisierung der Fabrikation, führten innerhalb der Fabrik zu einem besonderen Klima. Die Arbeiter fürchteten sich, sich offen gewerkschaftlich zu betätigen, da sie sehr genau wussten, dass sie weniger riskieren, wenn sie sich mit der Direktion gut stellen. Der Geschäftsführer von Nestlé-Kolumbien rief die Arbeiter zur Solidarität mit ihrem Unternehmen in der Krise auf (diese Krise trifft viele nationale Unternehmen, Nestlé aber nicht besonders): "Wir sitzen alle im selben Boot und müssen verhindern, dass es untergeht."

Faktisch entliess Nestlé im ersten Halbjahr 1983 40 Arbeiter auf verschiedene Art: ungerechtfertige Nichterneuerung des Vertrages oder in anderen Fällen ein "Vergleich" mit dem Arbeiter, der dazu führte, dass dieser auf seine Arbeit verzichtete und eine durchschnittliche Entschädigung von 25-30'000 Pesos über der gesetzlich vorgesehenen erhielt. Um dringende Bestellungen zu erledigen, stellte das Unternehmen üblicherweise Temporärarbeiter ein, deren Liste die Gewerkschaft kontrollierte. Dann wurde, dank der Reorganisation und Rationalisierung, z.B. in der Inpa ein "Pool" eingerichtet. Die Arbeiter sind so auswechselbar und können verschiedenen Bereichen zugewiesen werden, was die Tarifordnung im Hinblick auf das Pflichtenheft eines jeden Arbeiters verletzt und dementsprechend die Verantwortlichen der Gewerkschaft beunruhigt.

Die Zahl der Nestlé-Fabriken und ihrer Arbeiter sinkt nicht ausschliesslich wegen der Abtretung von Fabriken, sondern besonders wegen der weltweiten Intensivierung des Produktionsprozesses und der Rationalisierung durch Automation. Dies ist auch einer der Gründe für den Erfolg von Herrn Maucher, für Nestlés steigenden Gewinn, worauf man in den letzten Jahren im Hauptsitz Vevey so stolz ist.

Die Zusammenarbeit mit den repressiven Organen des Staates:
Vor einigen Jahren, als die Repression in Kolumbien im Rahmen des "Statuts für die Nationale Sicherheit" sehr stark war, wurde der schweizerische Geschäftsführer der Fabrik Cicolac in Ubaté (Departement von Cundinamarca) zum Ehrenhauptmann der Polizei ernannt, knappe vier Monate nach seiner Ankunft im Land. Im Fall eines Konfliktes mit den Arbeitern können die Verwalter der Fabrik immer mit der Hilfe der zivilen und militärischen Behörden rechnen.[52] All dies muss als Bestandteil der repressiven Politik Kolumbiens gesehen werden, einer "konstitutionellen Diktatur", wo die Regierung die Interessen der Industrie- und Finanzbourgeoisie sowie der Grossgrundbesitzer vertritt, seit fünfzehn Jahren den Ausnahmezustand aufrechterhält und jegliche öffentliche Manifestation oder unbewillige Versammlung verbietet. Ausserdem versucht sie, mit einer Reihe von administrativen Reformen dem Ausnahmezustand einen Anstrich von Legalität und Legitimation zu geben (Reform des Eingeborenenstatuts, des Statuts der Lehrer, Revision des Strafgesetzbuches). Zudem wurde eine Arbeitsreform ausgearbeitet. Unter den Beratern des Ministers sind auch Berater des Nestlé-Unternehmens Kolumbien zu finden.

Wie eine Fabrik schliessen und sich der Arbeiter entledigen?:
Das Unternehmen Conservas California, in welchem Nestlé 52,35% des Kapitals inne hat, wurde 1982 dem Konzern Serrano verkauft. Der Verwalter dieses Unternehmens, Jorge Decubas, traf im März 1981 einen Advokaten aus Bogota, Car-

los Alvarez Pereira, und verlangt von diesem für das Unternehmen ein juristisches Gutachten, wie die Fabrik am besten geschlossen werden könne, ohne dass die Arbeiter übermässig entschädigt werden müssen. Hier die Antwort des Advokaten:

"Ich erlaube mir Ihnen einige juristische und praktische Überlegungen zu unterbreiten, wie Sie es anlässlich der in Ihren Büros abgehaltenen Zusammenkunft vom 26. Mai 1981 verlangt haben, und wobei es um die Möglichkeit geht, den Arbeitsvertrag der Arbeitnehmer von Conservas California SA gerichtlich aufzulösen.

Im Artikel 40 des Erlasses 2351/65 heisst es: 'wenn ein Unternehmen oder ein Arbeitgeber es als nötig erachtet, zu kollektiven Entlassungen zu schreiten oder die Arbeitsverträge zu brechen, teilweise oder vollständig, vorübergehend oder endgültig (...), muss die Bewilligung des Arbeitsministeriums eingeholt werden (....)'.

Vom praktischen Gesichtspunkt her könnten die Arbeitsverträge von Conservas California gerichtlich aufgelöst werden, wenn ein Vergleich mit den Arbeitern zustande kommt, bei dem die durch die Tarifordnung vorgesehenen Entschädigungen plus ein Prozentsatz auf diese Summe bezahlt werden müssen. Dies könnte erreicht werden, indem man Gruppen von 5 - 10 Arbeitern erklärt, das Unternehmen sehe sich aus ökonomischen Gründen nicht in der Lage, seine Aktivitäten fortzusetzen und die Bewilligung des Arbeitsministeriums zur gerichtlichen Auflösung ihrer Verträge könne für sie, die Arbeiter, Nachteile enthalten, ebenso wie ein Bankrott die sozialen Leistungen, auf welche sie ein Recht haben, in Gefahr bringen könnte.

Die Erfahrung lehrt, dass zur Erreichung eines Vergleichs gewisse Überzeugungsmassnahmen und Druck auf die Arbeiter nötig sind; meiner Ansicht nach könnten diese Massnahmen die Auflösung und die Liquidation der Gesellschaft durch die Generalversammlung der Aktionäre sowie die Bitte an das Arbeitsministerium sein, die gerichtliche Auflösung der Arbeitsverträge zu bewilligen (....), wegen der Liquidierung oder endgültigen Schliessung des Unternehmens.

Ist dies erfolgt, ist es möglich, dass ein grosser Teil der Arbeiter die vom Unternehmen vorgegebenen ökonomischen Argumente als richtig annimmt und es vorzieht, zu einem Vergleich zu gelangen. Wenn dieser Vergleich das gesamte Personal einschliessen könnte, wäre dies die schnellste und billigste Lösung für die Gesellschaft.

Vom streng gesetzlichen Standpunkt aus könnte man vom Arbeitsminister die Bewilligung erlangen, die Verträge aufzulösen, indem man behauptet, dass die ökonomische Lage verheerend sei, ohne notwendigerweise das Unternehmen auflösen oder liquidieren zu müssen. Die Erfahrung hat jedoch gelehrt, dass es sehr schwierig ist, eine doppelte Position vor dem Staat aufrechtzuerhalten, was der Fall wäre, wenn man die Gesellschaft beibehält, aber verlangt, dass alle ihre Arbeitsverträge aufgelöst werden. Es ist nicht sehr logisch, ein Unternehmen aufrechtzuerhalten, das verschwinden wird. Diese Position könnte zu Widerstand von seiten der Arbeitsbehörden führen, welche die Bewilligung zu erteilen hat, und zu Misstrauen bei den Arbeitern hinsichtlich der wirklichen Absichten des Unternehmens. Dieser Weg ist also nicht zu empfehlen (....)".[53]

Das Wichtigste in Kürze

Nestlé wurde in Kolumbien durch den Aufkauf von Unternehmen und die Eröffnung von Fabriken der grösste Konzern im Bereich der Nahrungsmittelverarbeitung. Die kolumbianischen Tochtergesellschaften des TNK erwirtschaften hohe

Gewinne und die Diversifizierung ist weit fortgeschritten. Nestlé und die anderen Verarbeitungsindustrien verbrauchen zunehmend mehr Frischmilch für die Herstellung von Pulvermilch und Milchprodukten. Dies führt zu einer sinkenden Verfügbarkeit von Frischmilch für die Bevölkerung.

Die guten Beziehungen des Unternehmens zur herrschenden autoritären Macht erlauben ihm, politischen Druck auszuüben, um störende Konkurrenten auszuschalten und um die geltenden Arbeitsgesetze durch verschiedene Manöver zu unterlaufen. Es ist verständlich, dass Nestlé die Politik gegenüber den Gewerkschaften, die im Zusammenhang mit den in jedem Land geltenden Gesetzen und Praktiken steht, ihren Tochtergesellschaften überlässt. Doch, wie wir gesehen haben, nahm die Direktion in Kolumbien eine Politik der Destabilisierung der Arbeiterorganisationen auf, und zwar mittels Druck und Massnahmen, die dem geltenden Arbeitsgesetz nicht entsprechen. Diese Praktiken sind in einem autoritären Land vielleicht üblich, rechtfertigen aber keineswegs ein Verhalten, das in klarem Widerspruch zu den Prinzipien der Gewerkschaftspolitik steht, die der TNK als Leitsätze propagiert, und die zudem eine Verletzung des Arbeitsgesetzes des Gastlandes darstellen.

Der Ankauf von Unternehmen, sie zu restrukturieren, weiter zu verkaufen oder zu schliessen, ist Teil einer kommerziellen Strategie des TNK, um wichtige Bereiche des Marktes unter seine Kontrolle zu bringen, ebenso die Rationalisierung seiner Aktivitäten, um höhere Gewinne zu erreichen. Innerhalb der Expansionslogik der TNK sind diese Massnahmen verständlich. Eine solche Politik führt zu einer tiefgreifenden Destrukturierung und Denationalisierung der lokalen Industrie, weit davon entfernt, eine Hilfe für die Wirtschaft des Gastlandes zu sein und zur Bedürfnisbefriedigung der gesamten Bevölkerung beizutragen. Auch hier ist der TNK stärker daran interessiert, seine Aktivitäten in den rentabelsten Bereichen auszuweiten und ein Angebot von Konsumprodukten für die herrschende Bourgeoisie herzustellen, als an die Entwicklung der gesamten Bevölkerung beizutragen.

Anmerkungen zum Kapitel VI

1. Quellen: Sintracicolac, La Multinacional Nestlé , S. 8, und "Milking time in Colombia" in: Latin America Economic, 7. März 1975
2. Sintracicolac, op.cit., S. 7
3. F. Urrea Giraldo, G. Misas und J.-C. Ramirez, La multinacional Nestlé, S. 87
4. Salomon Kalmanovitz, "La inversion extranjera en la economia de Colombia" in: El desarrollo agroindustrial y la economia latino-americana, Documentos de trabajo para el desarrollo agroindustrial, Nr. 5, SARH, Mexiko, S. 107-127, S. 112
5. Alejandra Reyes Posada, Le Lait et la Nestlé en Colombie, S. 32,
6. Ibid., S. 36
7. Nach den Berechnungen von F. Urrea, G. Misas und J.-C. Ramirez, op.cit., S. 173
8. Quelle: Proyecto de Comercialización e Industrialización de la Leche en Colombia, Estudio Técnico-Económico, Informe Final IFI, PIDELTA, Bogotá, Juni 1977, zitiert von F. Urrea u.a., op.cit., S. 175
9. Departemento de desarrollo agropecuario, Colombia, Producción, comercialización y procesamiento de leche y productos lácteos, documento de trabajo, Januar, S. 28
10. Ibid.
11. Quelle: Idema, División de ventas, con base a registros de Incomex
12. Ministerio de trabajo y seguridad social, Proyecciones de necesidades de leche para el periodo 1978-1990, S. 21
13. entfällt.
14. Reyes, op.cit., S. 26
15. Die Angaben über die Niederlassung von Nestlé-Cicolac sind der Studie von Reyes, Le Lait et la Nestlé en Colombie, entnommen
16. Nestlé, Nestlé in den Entwicklungsländern, S. 63
17. Reyes, op.cit., S. 56
18. Ibid., S. 52
19. Quellen: Angaben 1970, A. Reyes, op.cit., S. 56; 1974: Nestlé, Nestlé in den Entwicklungsländern, S. 63; 1977: Proyecto de Comercialización e Industrialización de la Leche en Colombia, Estudio Técnico-Económico, Informe Final, IFI, PIDELTA, Bogotá, Juni 1977, in: F. Urrea u.a., op.cit., S. 175
20. Nestlé, Nestlé in den Entwicklungsländern, S. 63
21. Reyes, op.cit., S. 58
22. Communiqué von Sintracicolac, veröffentlicht in der Tageszeitung El Tiempo, Bogota, 31. August 1978
23. Amtliches Bulletin der Bundesversammlung, Nationalrat 1979 1, Antwort des Bundesrates vom 31. Januar 1979 auf eine Einfache Anfrage von Jean Ziegler, Genf, vom 25. Oktober 1978 (78.818). Übersetzung: Verlag
24. Reyes, op.cit., S. 60
25. Memorandum von C. Pagano, Direktor der Nestlé SA für Lateinamerika, an P. Harrisson, 17. Dezember 1981
26. S. Kalmanovitz, "La inversión extranjera en la economia de Colombia" in: El desarrollo agroindustrial y la economia latino-americana. Documentos de trabajo para el desarrollo agroindustrial, Nr. 5, SARH, Mexiko. S. 107-127
27. Ibid., S. 112
28. Ibid., S. 124
29. "Las ganancias de Nestlé, el triple juego" in: Alternativa, Nr. 181/78, S. 23 und F. Urrea u.a., op.cit., S. 186
30. Alternativa Nr. 181/78, art.cit., S. 24 und F. Urrea u.a., op.cit., S. 189. Die Tabellen wurden basierend auf den Konsumentenpreisen des kolumbianischen statistischen Büros, DANE, sowie den offiziellen Preislisten der kolumbianischen Unternehmen des TNK Nestlé erstellt
31. F. Urrea u.a., op.cit., S. 193-194
32. Sintracicolac, Communiqué veröffentlicht in der Tageszeitung El Tiempo, Bogota, 31. August 1978
33. "Milking time in Colombia" in: Latin America Economic, 7. März 1975, S. 39
34. Ibid., S. 115
35. Departemento de desarrollo agropacuario, Colombia....

36. Ministerio de Trabajo y seguridad social, op.cit., S. 9

37. Kalmanovitz, op.cit., S. 119

38. "La mala leche de Cicolac" in: Alternativa, 28. Oktober/10. November 1974, S. 14

39. Ibid., S. 14, und Latin America Economic, 7. März 1975

40. IUL, 2. Konferenz IUL Nestlé, Genf. 27.-29. Oktober 1978

41. Die Angaben über diesen Vorfall wurden folgenden Texten entnommen: Gloria Moreno de Castro, "Bacilo en la leche mata a 25 menores" in: El Tiempo, Bogota, 16. November 1977. Untersuchungsbericht, veröffentlicht von Dr. German Gonzalez Echeverri, Professor der Abteilung Epidemiologie, der Bakteriologin Gloria H. Gonzalez Velazquez, Leiterin des Laboratoriums für Bromatologie, von Dr. Hernan Puerta Cardona, Leiter der Abteilung Nahrungsmittelhygiene, und von lic. Yolanda Torres de Galvis, Leiterin der Abteilung Epidemiologie der Nationalen Schule für das öffentliche Gesundheitswesen, unter dem Titel:"Intoxicación alimentaria por Bacillus Cereus en el servicio de neonatologia del hospital general de Medellin-Colombia, 1977", erschienen in der Zeitschrift ENSP Medellin, Juli-Dezember 1977, S. 63-86. Daniel Samper Pizano, "Negocios de mala leche", Editorial der Tageszeitung El Tiempo, Bogota, 3. September 1978 und "Requiem per unos bebés", Editorial der Tageszeitung El Tiempo, Bogota, 5. September 1978

42. Verschiedene Communiqués der Arbeitergewerkschaft von Cicolac (Sintracicolac).

43. Ibid., S.80

44. Nestlé SA, Vevey

45. Oficio Nr. 675 (Memorandum) an Juan Bandera, Leiter des Laboratoriums von Cicolac Valledupar, 21. September 1979, von der nationalen Arbeitergewerkschaft Cicolac (Sintracicolac)

46. Eine ausführliche Analyse der Löhne in den Unternehmen des Nestlé-Konzerns in Kolumbien findet man in F. Urrea u.a., op.cit., S. 108-239

47. "Los extranjeros en Cicolac: Cambian plata por sindicato" in: El Bogota, 30. Dezember 1977

48. Sintracicolac, La Multinacional Nestlé. Organizacioón, funcionamiento y mcanismos de explotación de sus trabajadores y otras capas de la población

49. Unterredung des Autors mit den Führungskräften von Sintrainpa, Bugalagrande, Kolumbien, September 1983

50. "La mentira de los buenos salarios" in: Alternativa 182/78, S. 23f

51. Sintracicolac, Artikel in El Bogota, 14. Dezember 1977 und Communiqué in El Tiempo, 31. August 1978

52. Sintracicolac, Communiqué in El Tiempo, 31. August 1978

53. Intergewerkschaftliches Komitee der Nestlé-Arbeiter, Communiqué vom Oktober 1981, mit einer Photokopie des Briefes von Dr. Carlos Alvarez Pereira an Jorge Decupas, Geschäftsführer der Conservas California in Barranquilla, 26. Mai 1981

Schichtung der Milchlieferanten von Nestlé, Oktober 1979

gelieferte metrische Tonnen pro Jahr	Lieferanten		gelieferte Menge Tonnen/ Jahr		Menge pro Produzent und Tag (Kilos)	Zahl der Kühe pro Produzent	Kilogramm pro Tag und Kuh
	Zahl	%		%			
0-37	2'714	75%	39'143,33	29%	39	15	2,60
38-110	615	17%	33'744,25	25%	149	57	2,60
111 und mehr	290	8%	48'591,72	36%	459	178	2,57
total	3'619	100%	134,977	100%		143'500	2,57

Quelle: Vom Autor zusammengestellt aufgrund von: Nestlé SA, technischer Beratungsdienst, Oktober 1979.

Marktanteile der Nestlé-Produkte in Kolumbien 1975

Produkt	Marktanteil
pasteurisierte Milch	13%
Rahm	18%
Butter	23%
Kondensmilch	100%
Pulvermilch	80%
(Arvejas en conserva)	13%
Gemüsekonserven	70%
Tomatensauce	28%
Bohnen in Büchsen	31%
Käse (curado)	86%
Kumis	26%
Joghurt	36%
Lösliche Bouillon	32%
Hühnerextrakt	50%
Fleischextrakt	100%
Trockensuppe	100%
Getreideflocken	25%
Stärkungsmittel und Vitaminpräparate	82%
Konfitüren	25%
Fruchtsäfte	65%
Konfiserie ohne Schokolade	11%
Konfiserie mit Schokolade	18%
(Mani salado)	90%
Kekse	30%

Prozentanteile beim Verbrauch einiger Rohmaterialien durch die Nestlé

Rohstoff	Anteile Nestlé beim Verbrauch
Rohmilch	22%
Tomaten	41%
Blechbüchsen	66%
Blech	11%

Quelle: Umfrage in der nationalen verarbeitenden Industrie, 1975. Berechnungen zum Verkauf von Nestlé-Produkten aufgrund der Jahresberichte.

Preisentwicklung der Nestlé-Produkte in Kolumbien 1972-1978 (1972=100)

Caldo de Gallina Maggi	1'108,6
Caldo de Carne Maggi	820,0

Preisanstieg höher als die allgemeine Teuerung:

Caldo Rico	455,0
Nestogeno	442,6
Milo	436,5
Nido-Klim	423,0

Preisanstieg höher als bei gleichartigen Produkten:

Nan	399,2
Cerclac	385,4
La Lechera (400 gr.)	382,5
Crema La Leche	367,8
Nestum	363,1

Preisanstieg weniger stark als die allgemeine Teuerung:

Leche condensada (100 gr.)	342,8
Sopas Maggi	342,7
Sopas Infantiles	337,6
Crema da Leche (295 gr.)	325,3

deutlich niedriger Preisanstieg:

Nescafé	219,2

Quelle: F. Urrea et alii., op. cit., S. 187f. (nach Jahresberichten der Nestlé und den offziellen Preislisten der Nestlé-Unternehmen)

Erwerbstätige in den Nestlé-Unternehmungen in Kolumbien (1977)

insgesamt: 4'200 Erwerbstätige

davon:			
	in der Produktion beschäftigt	73,5%	
	in der Distribution beschäftigt	12,8%	
	zentrale Verwaltung	13,7%	100%
	Arbeiter	55,3%	
	Angestellte	40,6%	
	Kader	4,1%	100%

Quelle: F. Urrea et alii, op.cit., S. 56 und 68

Kostenstruktur von Produktion und Distribution der Unternehmungen des Nestlé-Konzerns in Kolumbien

Produktion		80%
Zwischenprodukte	48%	
Löhne und Sozialleistungen	8%	
Gewinne	18,4%	
Steuern	3%	
Royalities und Werbung	2,6%	
Distribution		20%
Unterhalt des zentralen Büros	2,6%	
Löhne und Sozialleistungen für das Verkaufspersonal	2,1%	
Löhne und Sozialleistungen für die Kader des Nestlé-Konzerns	1,3%	
Gewinne in der Distribution	11,0%	

Quelle: F. Urrea et alii, op.cit., S. 82

Kapitel VII

Brasilien:
Nestlé –
Meister in der Werbung

Brasilien

Oberfläche:	8'511'965 km²
Bevölkerung:	130 Millionen
Bevölkerungsdichte:	15 Einwohner pro km²
jährliches Bevölkerungswachstum:	2,2 % (1982)
Geburtenrate:	3,2% (1982)
Kindersterblichkeit:	75 auf 1'000 Lebendgeborene
städtische Bevölkerung:	68%
Bruttosozialprodukt:	282,1 Mia. US-Dollar
Bruttosozialprodukt pro Kopf:	2'299 US-Dollar
Verschuldung gegenüber dem Ausland (1983):	103,4 Mia. US-Dollar
Landwirtschaftliche Handelsbilanz (1982):	+ 7,02 Mia. US-Dollar
Nationale Währung (bis 1985)	Cruzeiro (ab 1986: Crusado)

Inflation in %:

1977	1978	1979	1980	1981	1982	1983
43,7	38,7	52,7	82,8	105,6	98,0	142,0

Wirtschaft nach Sektoren (1983):

	in % der aktiven Bevölkerung	in % des Bruttosozialprodukts
Landwirtschaft	30	14
Industrie	24	34
Dienstleistungen	46	52

Quellen: Weltbank/Währungsfonds, "L'état du monde", 1984, Maspéro, Paris. "Altaseco 1984", Laffont, Paris.

Die Vielfältigkeit der Nestlé-Tätigkeiten in Brasilien, ihrem wichtigsten Markt in Lateinamerika, würde eine Studie allein rechtfertigen. Das Konzept dieses Buches lässt es aber nicht zu, alle Dimensionen der Nestlé-Präsenz in diesem Land mit den Ausmassen eines Kontinentes zu analysieren. Dazu müsste man den Zeitpunkt der Niederlassung, die besonderen politischen und wirtschaftlichen Bedingungen für die industrielle Entwicklung des Landes, vor allem die bereits stark entwickelte Industrie für Produktions- und Konsumgüter, in Betracht ziehen. Daneben aber auch die Produktion für den Eigenverbrauch in einigen Gebieten oder die Bedingungen in den Favelas und im Nordosten, wo das Volk an der Grenze des Überlebens vegetiert. Eine solche spezifische Analyse des "brasilianischen Wunders" liesse die Interessengemeinschaft zwischen den ausländischen Unternehmen und den repressiven Kräften des Staates sowie den Graben zwischen einer privilegierten nationalen Bourgeoisie und dem Rest der Bevölkerung, der sogar das Lebensnotwendige fehlt, genauer erkennen.

In Übereinstimmung mit den vorangehenden Kapiteln werden wir nur einige Aspekte der Nestlé-Präsenz in Brasilien berühren. Was beim Fall Brasilien auffällt, ist nicht nur die Entwicklung eines Marktes durch Produktionsdiversifikation, sondern auch seine geographische Erweiterung, die die traditionellen Grenzen der Milchwirtschaft im Land gesprengt hat. Trotz einer fortgeschrittenen Diversifikation bewahrt die Milchwirtschaft eine sehr grosse Bedeutung. Die von der Regierung gewährten Vorteile für eine Dezentralisierung sowie die Politik zur Festsetzung der Milchpreise für die Produzenten erklären, weshalb Nestlé bei der Milchverarbeitung in Brasilien weiterhin gute Geschäfte macht. Die Profite und die Rentabilitätsraten auf den Aktivitäten der zahlreichen vom TNK kontrollierten Unternehmen gehören zu den höchsten der Welt.

Die Studie von Antoinette Frédéricq über das Milchproduktionsgebiet Tres Coraçoes zeigt die Mechanismen auf, die die Produzenten vor allem durch die Kontrolle der "Milchwege" und den technischen Beratungsdienst von der Nestlé-Fabrik abhängig machen. Der massive Einstieg des TNK in das Gebiet der pädiatrischen Medizin und vor allem seine breite Offensive in den Massenmedien machen die Nestlé zum Meister der Werbung in Brasilien. Man kann sich die Konsequenzen, die dies für die Essgewohnheiten der gesamten Bevölkerung hat, vorstellen.

Nestlé, das grösste Agro-Business in Brasilien

Nestlé kontrolliert heute über mehrere Finanzgesellschaften ein Dutzend Unternehmen in Brasilien. Dabei handelt es sich um den wichtigsten Markt für die Produkte des Konzerns in Lateinamerika und der Karibik (43% des Umsatzes für diese Zone im Jahre 1983).

Die Tätigkeiten in diesem Land wachsen mit beeindruckender Geschwindigkeit: eine neue Fabrik jährlich, so versichern mit Stolz die Leiter der Nestlé-Brasilien.*) Das ständige Wachstum der Nachfrage auf einem ungeheuer grossen, in steter Expansion begriffenen Markt, die hohen Rentabilitätsraten und die langjährige Präsenz in der nationalen Wirtschaft erklären die Dynamik des TNK.

Dank einer gescheiten Reinvestition der saftigen Profite, die im Lande gemacht

---

* In den letzten Jahren ist Nestlé eher bestrebt, die vorhandenen Fabriken zu konsolidieren und die Produktion zu diversifizieren.

wurden, hat der Konzern seine Stellung als erstes Agro-Unternehmen in Brasilien sichern können. Durch eine ständige Berieselung mit Reklame sorgt Nestlé dafür, dass nach und nach eine tiefgreifende Änderung in den Ernährungsgewohnheiten der Bevölkerung und eine Bekehrung zur "Nestlé-Diät" stattfindet.

Ein bisschen Geschichte

Von 1921, dem Eröffnungsjahr einer Nestlé-Fabrik in Araras (Staat Sao Paulo), bis 1953 hat Nestlé-Brasilien sich fast ausschliesslich mit der Verarbeitung von Frischmilch in Kondensmilch, Milchpulver und Kindernährmittel beschäftigt. 1943 werden die Tätigkeiten der Nestlé-Tochtergesellschaft neu organisiert und eine brasilianische Aktiengesellschaft "Companhia Industrial e Comercial Brasileira de Productos Alimentares (CICOBRA)" gegründet. Seither leitet diese Gesellschaft die Nestlé-Tätigkeiten in Brasilien.

1953 beginnt das Unternehmen mit der Produktion von löslichem Kaffee; heute verarbeitet es, mit dem Einverständnis des Brasilianischen Kaffeeinstitutes, 400'000 Säcke (à 62kg) jährlich; 75% dieser Produktion ist für den Inlandmarkt bestimmt, während die restlichen 25% exportiert werden. 1980 hat das Unternehmen 5,386 Mio. US-Dollar aus Kaffee-Exporten in die Schweiz eingenommen.[2]

Mit dem Kauf einer Schokoladenfabrik in Sao Paulo ist das Unternehmen 1958 in diesen Sektor eingedrungen. In den letzten Jahren hat Nestlé begonnen, aus Kakao Halbprodukte zu fabrizieren, die hauptsächlich für andere Tochtergesellschaften des Konzerns oder für nicht zum Konzern gehörende Unternehmen auf dem internationalen Markt bestimmt sind. Unter Einsatz gewichtiger Investitionsmittel hat der TNK in Itabuna, im Nordwesten, eine der modernsten Fabriken der Welt eröffnet, die computergesteuert ist und wenig Arbeitskräfte benötigt.

1962 hat der TNK eine Fabrik für kulinarische Produkte, Bouillons und Suppen mit dem Markennamen MAGGI eröffnet. 1967 findet der Einstieg in die Backwaren durch den Kauf der Fabrik Sao Luiz statt. Dank grossen, von der Fischereioberaufsicht (Sudepa) gewährten Steuererleichterungen beginnt Nestlé-Brasilien 1971 mit der Produktion von Tiefkühlkost (Fische, Meerfrüchte). Aufgrund einer starken Wachstumsrate von 10% jährlich, hohen Profiten und vielversprechenden Zukunftsperspektiven beginnt Nestlé-Brasilien ab 1970 mit der Fabrikation von Nachspeisen, gekühlten und diätetischen Produkten wie Speiseeis und Joghurt sowie Kindernährmitteln. Die Eröffnung (1975) einer modernen Fabrik zur Produktion von Mineralwasser (Minalba) verschafft Nestlé einen gewichtigen Marktanteil in dieser Sparte. Und vor kurzem hat sich Nestlé mit einem brasilianischen Unternehmen zusammengeschlossen, um Teigwaren (REIMASAS) zu fabrizieren.

Das Verkaufsvolumen für Mineralwasser, Tiefkühlprodukte, Speiseeis und gekühlte Nachspeisen vergrössert sich jedoch nur langsam. Trotz einer speziellen Werbekampagne und des Einstiegs von Nestlé in das Verteilernetz der riesigen Supermärkte, handelt es sich dabei um Produkte, die nur schlecht zur beschränkten Kaufkraft der Bevölkerung und zu den hohen Energiekosten der dafür notwendigen Kühlkette im Detailhandel passen. 1981 arbeiten 9'000 Angestellte in 18 Nestlé-Fabriken in Brasilien. Die Milchverwertung stellt aber nach wie vor die Haupttätigkeit des TNK im Land dar. Obwohl die Milchverarbeitung eine niedrigere Rentabilitätsrate aufweist als stärker verarbeitete Produkte wie Nachspeisen, Speiseeis, Joghurt oder Kaffee, bringt sie der Nestlé'-Brasilien doch weiterhin den Hauptteil ihres Einkommens. Neben der Verarbeitung von landwirtschaftlichen

Produkten verwaltet Nestlé noch eine Kette von Restaurants und Bars in den wichtigsten Städten des Landes (Bob's Comestiveis). Die Anlage der Gelder, die durch grosse Gewinne des Unternehmens in Brasilien anfallen, tragen ebenfalls in bemerkenswerter Weise zum spektakulären Wachstum des Geschäftsganges in diesem Land bei. (Die Erträge aus den Kapitaleinlagen brachten 1982 einen Viertel des Nestlé-Einkommens in Brasilien ein.)

Die Vielfältigkeit der Nestlé-Präsenz im wirtschaftlichen Leben des Landes ergibt sich aus dieser Karte und aus der folgenden Tabelle. Ein ganzes Netz von angegliederten Unternehmen wird ebenfalls von Nestlé verwaltet, vor allem über ihre brasilianische Tochtergesellschaft CICOBRA, aber auch durch andere Gesellschaften des Konzerns, wie Alcon Laboratories, Libby oder durch zahlreiche Finanzgesellschaften, die ganz oder teilweise der Nestlé SA gehören.

Von Nestlé kontrollierte Unternehmen in Brasilien (Angaben von Ende 1982)

Unternehmen	registriertes Kapital	Aktionäre	Beteiligungen in %
Companhia Industrial e comercial Brasileira de productos alimentares Cia. Incl. ex "Alimentos Supergelados S.A." incl. ex "Cia. de Alimentos Chambourcy"	21'880'000'000	Nestlé SA	100
Libby do Brasil Industria e Comercio Ltda.	1'807'000'000	Nestlé	51,03
		Soc. Comercial de corretagem de Seguros e de partic. Ltda.	28,49
		Cicobra	20,48
Libby do Brasil Administraçao de Bens Ltda.	281'232'489	Libby do Brasil	100
Minalba Alimentos e Bebidas S.A.	575'000'000	Cicobra	42,2
		Sopropha-Genéve (Nestlé-Beteilig.)	57,8
SGH-Sociedade Geral de Hoteleria Ltda.	4'900'000	Socopal	100
Alcon Laboratorios do Brasil S.A.	**	Alcon Lab. (Nestlé) Therapinvest (CH) Socopal	100

Luma florestal S.C. Ltda.	123'570'000	Cicobra	100

TVP-Tecnologia em Vegetais e Proteinas S.A.	**	Archer Midland (USA) (Nestlé-Beteilig.) Inasa Probest Invest.	

Inprodal-Industria Produtora de Alimentos	876'000'000	Cicobra	100

Socopal-Sociedade Comercial de Corretagem de Seguros e de Participacoes Ltda. Incl. ex "Cia. Bras. de Chocolates"		Invalco Itag	50 50

Coprodal — Cia. Produtora de Alimentos	3'854'570'000	Cicobra (gewöhnliche Aktien) Cicobra (Vorzugsaktien) Finor (Vorzugsaktien	94,84 93 7

Eurest do Brasil* Restaurantes Ltda.	**	Socopal Destinos Operadora Turistica Ltda. Soc. Internationale des Wagons-lits, Bruxelles	50 50

Quelle: Vom Autor zusammengestellt aufgrund des Interinvest Guide 1982

* Nestlé hat sich seither aus der Eurest zurückgezogen (weltweit) und ihren Anteil von 50% dem andern Partner, der Société Internationale des Wagons-Lits, überlassen, die somit über das gesamte Kapital der Eurest verfügt.
** keine Angaben in der zugrundeliegenden Quelle
(graphische Darstellung im Anhang zu Kapitel VII)

Diese aussergewöhnliche Expansion des TNK wurde durch die brasilianische Politik in Sachen Investitionen und Profitrückschaffung stark erleichtert. Die brasilianische Gesetzgebung macht für die Erteilung von Steuervorteilen oder für die Anwendung von Massnahmen zur Förderung der Dezentralisierung der Industrie keinen grundsätzlichen Unterschied zwischen ausländischem und einheimischem Kapital. Dies hat es zahlreichen ausländischen Unternehmen ermöglicht, ohne Schranken im Land zu investieren und so die Kontrolle über weite Sektoren der nationalen Wirtschaft zu übernehmen. Es ist jedoch für die Unternehmen nicht leicht, Dividenden und andere im Lande erreichten Gewinne heimzuschaffen. Die Gesetzgebung erlaubt eine steuerfreie Rückschaffung von 12% des Kapitals des ausländischen Unternehmens (36% auf dem durchschnittlichen, registrierten Kapital in drei Jahren). Über diese Grenze hinausgehende Beträge, die vom Unternehmen heimgeschafft werden, werden von der Regierung mit hohen, bis zu 60% der Gesamtsumme betragenden, Steuern belegt. Diese Politik sowie Massnahmen zur Förderung von industriellen Ansiedlungen haben zahlreiche ausländische Unternehmen dazu gebracht, ihre Erträge wieder im Land zu investieren. Die Expansion von Nestlé auf dem brasilianischen Markt (durch den Aufkauf von Unternehmen, die Eröffnung oder Vergrösserung von Fabriken) findet zu einem grossen Teil durch die Reinvestition von im Lande erwirtschafteten Erträgen statt.

Dividendenzahlungen von Nestlé-Brasilien an das Stammhaus zwischen 1975 und 1981

Jahr	Dividendenzahlungen in Mio. Cruzeiro	Gegenwert in Mio. Sfr.*	in Prozent des Auslands- kapital der letzten drei Jahre
1975	39,165	12,532	25,5
1976	89,528	20,591	35,6
1977	98,391	18,694	35,9
1978	216,941	20,435	31,6
1979	507,851	29,099	32,9
1980	718,500	22,489	31,3
1981	750,200	15,904	28,5
total	2'420,576	139,744	31,61 (Durchschnitt)

Quelle: Angaben von A. Malher, Hauptgeschäftsführer der Nestlé-Brasilien, entnommen: "Industrializaço e comercializaço de alimentos", Konferenz an der Höheren Kriegsschule, Rio de Janeiro, Juli 1981, S. 23, und "A Dinamica Sócio-economica e de integraço da Nestlé na vida brasileira", Konferenz anlässlich des Empfangs für den ständigen Lehrkörper und die Leitung der Höheren Kriegsschule in der Nestlé-Fabrik von Caçapava, Sao Paulo, am 2. Dezember 1982.

* Die Angaben von A. Malher sind in Mio. Cruzeiros. Die Umrechnung in Schweizerfranken basiert auf dem durchschnittlichen Jahreskurs. Dabei handelt es sich um ungefähre Angaben, da sie den Tageskurs zum Zeitpunkt des Devisentransfers an das Stammhaus nicht berücksichtigen können.

Erläuterung: Während derselben Periode hat Nestlé 8'114.72 Mio. Cruzeiros in Brasilien investiert (u.a. durch die Reinvestition von Erträgen und durch lokale Kredite). 1984 stellten z.B. die Reinvestitionen von Erträgen 32% der gesamten Jahresinvestitionen dar während sie im folgenden Jahr 22% erreichen. Daraus kann man folgern: Nestlé führt ihre Expansion in Brasilien vor allem durch Neuinvestitionen weiter; andererseits bevorzugt das Unternehmen die Reinvestition anstelle der gesamten möglichen Ausschöpfung von Gewinnrückschaffungen an das Stammhaus. Begründet ist dieser Umstand im ungeheuren Potential des brasilianischen Marktes. Ausserdem muss Brasilien auf diese Weise kurzfristig nicht die Gesamtsumme an Devisen für eine derartige abhängige Industrialisierung aufbringen.

Diese Politik hat strukturelle Konsequenzen für die brasilianische Industrie:

— Das Land begibt sich in eine endlose Spirale der Industrialisierung in ausländischer Abhängigkeit.
— Die nicht rückgeschafften Erträge werden vom TNK dazu verwendet, inländische Unternehmen aufzukaufen und auf diese Weise die Kontrolle über lebenswichtige Sektoren der Volkswirtschaft an sich zu reissen.

Ausserdem ist auch das Gleichgewicht der Zahlungsbilanz langfristig bedroht, da ja das Problem der Rückschaffung der Erträge nur auf die lange Bank geschoben wird.

In der Tat gestattet die brasilianische Gesetzgebung über das ausländische Kapital, dass die von ausländischen Unternehmen in Brasilien erzielten Erträge entweder in der Landeswährung oder in der Währung des Landes, in welches diese heimgeschafft werden könnten, reinvestiert werden können. Diese Erträge, die in ausländische Devisen umgewechselt und bei der Zentralbank als Reinvestition registriert werden, können so zum ausländischen Kapital dazugezählt werden, das vom Unternehmen in Brasilien investiert wird. Um die Reinvestition zu stimulieren, bestimmt das Gesetz, dass die Gewinnrückschaffungen, die weniger als 12% ausmachen, und die Reinvestitionen von der Einkommenssteuer ausgenommen sind. Indem sie also ihre Erträge wieder im Land investieren, erweitern die ausländischen Unternehmen die Berechnungsbasis für die Rückschaffung von Gewinn und Dividenden an das Stammhaus. Auf diese Weise können die Unternehmen sowohl die im Lande erzielten Profite als auch Darlehen von lokalen Banken verwenden, dabei eine 100%ige ausländische Kontrolle bewahren und zudem ihre Tätigkeiten im Land erweitern.[3]

Auch wenn Nestlé zwischen 1975 und 1982 im Schnitt jährlich nur 10,5% des registrierten Kapitals repatriiert hat, handelt es sich in Anbetracht des Geschäftsvolumens in Brasilien dabei doch um grosse Summen. So hat Nestlé zwischen 1975 und 1981 139,74 Mio. Sfr., d.h. durchschnittlich 19,96 Mio. Sfr. pro Jahr, aus Brasilien heimgeführt.

Dank einer reichlichen Liquidität (als Resultat der steigenden Erträge, die den TNK aus der für sie wirtschaftlich und politisch vorteilhaften Konjunktur entstehen) und einer Rationalisierung der Lagerbewirtschaftung sowie Vermarktung muss Nestlé für die laufenden Geschäfte kaum auf Darlehen am inländischen Kapitalmarkt zurückgreifen. Nestlé-Brasilien benötigt wenig liquide Mittel und kann sich so gegen die häufigen Währungsanpassungen und die galoppierende Inflation absichern. Der TNK investiert in Schatzanweisungen, die dem Dollarkurs angepasst sind, um so den grösstmöglichen Profit aus dem Ertragsüberschuss zu ziehen, welcher weder rückgeschafft noch direkt in die Produktion investiert wird.

Die spektakuläre Entwicklung von Nestlé und andern ausländischen Unternehmen in Brasilien muss in den grösseren Rahmen der Wirtschafts- und Sozialpolitik des (ehemaligen) Militärregimes in Brasilien gestellt werden. Die niedrigen Löhne, die Einschränkung der Grundrechte der Arbeiter, eine vom Ausland anhängige Entwicklung und eine wachsende Polarisierung zwischen einer Gruppe von Privilegierten mit wachsender Kaufkraft sowie dem Rest der Bevölkerung, die äussersten Entbehrungen unterworfen ist, gehören alle zum Hintergrund, vor dem die hohen Rentabilitätsraten und die Marktentwicklung raffinierter Produkte für eine neue Bourgeoisie gesehen werden müssen.

Fiskalische Vorteile

Das günstige Klima für Investitionen und die grosse politische Stabilität des Landes unter dem Militärregime regten die ausländischen Unternehmen zu einem immer stärkeren Eindringen in das wirtschaftliche Gefüge des Landes an. Diese Tendenz zeigte sich bei den Verarbeitungsindustrien, die hauptsächlich für einen Inlandmarkt mit ungeheurem Potential produzieren, am stärksten. Die Regierung gab den ausländischen Unternehmen zwar keine langfristigen Kredite, kurzfristige hingegen schon. Gemäss Nivaldo Manzano, dem Produzenten einer Agrarsendung im "Rede Globo" in Brasilien, hat die Regierung 1982 der Milchindustrie Kredite im Werte von 30 Milliarden Cruzeiros zu 22% Zins für den Kauf von 45'000 Tonnen Milchpulver, 10'000 Tonnen Butter und 150'000 Tonnen Käse zur Verfügung gestellt. Da die Inflationsrate zu dem Zeitpunkt 100% betrug und die Bankzinsen ungefähr 180%, können diese Kredite seiner Ansicht nach sozusagen als Subventionen angesehen werden. 1983 betrugen die Kredite 23 Milliarden Cruzeiros zu 60% Zins. Auf diese Weise hat die Regierung der Fabrik von Itabuna (Bahia) 23% der Jahresproduktion an Milchpulver und derjenigen von Araçatuba (Sao Paulo) 14,5% finanziert.

Dazu kommt weiter, dass eine ganze Reihe von Subventionen zur Dezentralisierung den TNK ermöglicht haben, in neue regionale Entwicklungsschwerpunkte einzudringen. Dank dieser Subventionen kann Nestlé die traditionellen Milchgebiete aufgeben, die von Konkurrenten überlaufen und unrentabel werden, und in weit entfernten Regionen neue Milchgebiete entwickeln, wo extensive Viehhaltung für die Fleischproduktion getrieben wird. Durch die Werbung für die Milchviehzucht und die Schaffung einer Nachfrage für Milch bringt Nestlé die Produzenten dazu, ihre Tätigkeiten auf eine gemischte Viehhaltung für Milch- und Fleischproduktion umzustellen.

Im Jahre 1974 zum Beispiel konnten verschiedene Investitionsvorhaben von Nestlé-Brasilien von diesen Vorteilen profitieren:

— 3,94 Millionen Cruzeiros in der nordöstlichen Zone (SUDENE)
— 2,5 Millionen Cruzeiros des Brasilianischen Institutes für Forstentwicklung
— 1,5 Millionen Cruzeiros im Amazonasgebiet (SUDAM)
— 1,0 Millionen Cruzeiros im Zusammenhang mit der Oberaufsicht für Fischfang (SUDEPE)
— 1,0 Millionen Cruzeiros im Zusammenhang mit dem Brasilianischen Unternehmen für Tourismus (EMBRATUR)[4]

Die im offiziellen Amtsanzeiger von Sao Paulo veröffentlichte Bilanz zeigt für 1981 Erträge von 91.826 Mio. Cruzeiros und für 1982 von 192.512 Mio. Cruzeiros für "incentivos fiscais" auf.

Dynamismus der Nestlé-Brasilien — Wachstum für Geschäfte, Profite und Rentabilität

Wachstum der Geschäfte

Ab 1979 zeigen die Jahresberichte der Nestlé AG jeweils den Umsatz auf den wichtigsten Märkten auf. Dabei fällt einem die besondere Dynamik des mexikanischen und brasilianischen Marktes auf. Auch wenn man die hohe, in Landeswährung ausgedrückte Wachstumsrate durch eine galoppierende Inflation korrigieren muss, so handelt es sich hier trotz allem um einen Markt, der in starker Expansion begriffen ist, während auf den europäischen Märkten die Verkaufsziffern stagnieren oder sogar zurückgehen.

Umsatz der Nestlé-Brasilien in Millionen Cruzeiros und Millionen Sfr. 1979 — 1983

Jahr	Millionen Cruzeiros	Veränderung in %	Millionen Sfr.	Veränderung in %
1979	19'691,9	+ 44,9	1'220,9	− 8,7
1980	41'873,6	+112,6	1'311,9	+ 7,5
1981	91'627	+118,0	1'942	+48,0
1982	177'166	+ 92,0	2'023	+ 3,6
1983	481'470	+171,8	1'820	−10,0

Quelle: Nestlé, Jahresberichte 1979, 1980, 1981, 1982, 1983

Wenn man aber die brasilianischen Resultate für die konsolidierte Bilanz des Konzerns in Schweizerfranken umrechnet, nimmt sich das Resultat doch bescheidener aus. Mit Ausnahme von 1981 kann man so nur ein bescheidenes Wachstum des Umsatzes feststellen. Für eine korrekte Interpretation sind aber auch die Währungsschwankungen (Beziehungen zwischen den Wechselkursen von Schweizerfranken und Cruzeiros) und die durch Inflation bedingten Preiserhöhungen für Konsumgüter in Betracht zu ziehen. In andern Worten: eine Zunahme des Umsatzes kann entweder ein Wachstum der wirtschaftlichen Tätigkeiten widerspiegeln, oder aber ganz einfach ein Ausdruck von sehr starken, von der Inflation provozierten Preiserhöhungen sein, ohne eine wirkliche Zunahme der Geschäfte in konstanter, angepasster Währung.

Für das letzte Jahrzehnt sehen die Resultate in konstanten US-Dollar wie folgt aus (Kurs 31.12.1980):
— Verkaufsentwicklung 1971 — 1980: Durchschnittliche jährliche Zunahme der Verkäufe während dieser Periode = 10,21%. Ab 1977 sind die Resultate jedoch weniger gut, und 1979 kann man sogar einen Rückgang von 7,2% feststellen.
— Entwicklung des liquiden Vermögens 1971 — 1980: durchschnittliches jährliches Wachstum = 7,17%.
— Entwicklung des Gewinns vor Abzug der Steuern 1971 — 1980: jährliches Wachstum = 13,55%. Es gab jedoch immer wieder Jahre, die im Vergleich zum Vorjahr eine negative Gewinnrate aufwiesen.

Trotz einer starken Inflation und der Einschränkung für die Rückschaffung der Profite sind die Geschäfte in Brasilien für Nestlé doch interessant, da der Markt sehr gross ist und ein starkes Entwicklungspotential aufzeigt und, was noch wichtiger ist, die Rentabilitätsrate sehr hoch ist, vor allem für gewisse Produkte, für die das Unternehmen eine Monopol- oder Oligopolstellung einnimmt. Dies ist besonders der Fall bei den Milchprodukten: Nestlé-Brasilien kauft jeden Tag 3 Millionen Liter Frischmilch. Gemäss Antoinette Frédéricq beherrscht Nestlé den Markt für Milchpulver mit 75% des Verkaufs (bis 1950 waren es sogar 100%), hat die absolute Kontrolle über die Kindernährmittel (100%) sowie 95% für Kondensmilch und Cremen (95)%. Der Joghurtmarkt, eines der rentabelsten Milchprodukte, wird von Konkurrenzunternehmen (joint-venture Gervais-Danone-Pocos de Caldas) mit 60% beherrscht, der Rest wird unter Cambourcy-Nestlé, Vigor, den Kooperativen von Rio de Janeiro und Sao Paulo aufgeteilt.[5]

Nestlé-Brasilien: Marktanteile von Nestlé und den wichtigsten Konkurrenten (1981)

Marktanteile von Nestlé			wichtigste Konkurrenten
MILCH Kondensmilch		93%	STANDARD BRANDS (GLORIA), MOCOCA, CAM-
	Pulvermilch	75%	PONESA, PAULISTA, VIGOR, GENERAL FOODS
	entrahmte Milch	75%	(CHANTIBON), PARMALAT
	Rahm	61%	

KINDERNÄHR- MITTEL UND	Milch	100%	MEAD JOHNSON, GERBER,
DIÄTETISCHE PRODUKTE	Babyfoods	69%	NUTRIBABY

FRÜHSTÜCKSGETREIDE- PRODUKTE	24%	CORN PRODUCTS CO (MAIZENA), KELLOGG'S, QUAKER, COLOMBO, ARROZINA

SOFORT LÖSLICHER KAFFEE	90%	CACIQUE, PELE
SCHOKOLADE-GETRÄNKE	65%	TODDY/QUAKER, WANDER (OVOMALTINE), DALCA

SCHOKOLADE UND	Tafeln	38%	LACTA, GAROTO, GENERAL FOODS (KIBON), WARNER LAMBERT
SÜSSWAREN	Stengel	50%	(ADAMS), VAN MELLE'S, INTERFOOD (TOBLER)

BISKUITS	7%	TOSTINES, PIRAQUE, HERSHEY- MATARAZZO, DUCHEN, BEATRICE FOODS

KULINARISCHE PRODUKTE	Suppen	50%	CORN PRODUCTS CO (KNORR),
	Bouillons	36%	UNILEVER, A.CLAYTON, CAMPBELL'S

	Fische	7%	
TIEFKÜHL PRODUKTE	Fleisch	8%	PESCAL, CNFRIO, SADIA, LEAL
	Fertigger.	100%	SANTOS, SUPERGEL, FISCHER,
	Säfte	2%	CITROSUCO LIMEIRA

| SORBETS UND SPEISEEIS | 15% | GENERAL FOODS (KIBON), |
| UNILEVER (GELATO) | | |

| Joghurt | ·18% | |

| KÜHLPRODUKTE Nachspeisen | 20% | GERVAIS-DANONE, VIGOR, |
| Gelatine | 32% | BATAVO, PAULISTA |

| GETRÄNKE | 25% | LINDOYA, POA, SAO·LOURENCO (PERRIER) |

| TEIGWAREN | 4% | BORDEN (ADRIA), BUITONI, HERSHEY-MATARAZZO, AJI-NO-MOTO (MIOJO) |

Quelle: A. Malher (CICOBRA), "Industrialização e comercialização de alimentos", Konferenz an der Höheren Kriegsschule, Juli 1981, S. 29, Tabelle 14.

2. Ertrag und Rentabilität der Nestlé-Tätigkeiten in Brasilien

Dank der Entwicklung des Marktes und einer äusserst hohen Rentabilitätsrate kann der Konzern Nestlé-Brasilien eine Expansion seiner Tätigkeiten aufweisen. Der Generalverwalter von Nestlé in diesem Land verbirgt seinen Stolz auf diese guten Resultate keineswegs:

"Wenn man bedenkt, dass der Vergleich zwischen Nettogewinn (lucro liquido) und Eigenmitteln (patrimonio liquido) den zuverlässigsten Rentabilitätsindikator ergibt und man sich dann die Mühe gibt, unsre Resultate unter dieser Optik zu analysieren, kann man feststellen, dass die Rentabilitätsrate 1981 20,2% betrug und dieses Jahr (1982) wiederum rund 20% betragen wird."

Handelt es sich hier um aussergewöhnliche Resultate oder eher um eine allgemeine Tendenz bei Nestlé-Brasilien in den letzten 15 Jahren?
Die untenstehende Tabelle enthält die Gewinnrate der Eigenmittel und der Verkäufe für die Periode von 1971 - 1982

Gewinnrate im Verhältnis zu den Eigenmitteln und zum Verkaufserlös 1971 — 1982

Jahr	Gewinn in % der Eigenmittel (1)	Gewinn in % der Verkaufserlöse (2)
1971	26,00	7,00
1972	23,00	5,00
1973	27,00	7,00
1974	31,00	8,00
1975	28,00	6,00
1976	41,00	10,00
1977	38,00	9,00
1978	24,00	7,00
1979	25,00	8,00
1980	32,00	8,00
1981	22,9	6,00
1982	23,6	7,00
Jährlicher Durchschnitt	28,46	7,30

(1) Eigenmittel = Gesellschaftskapital + Reserven
Gewinn: zur Berechnung des Gewinns werden vom Bruttogewinn die verschiedenen Geschäftskosten abgezogen. Die Zahl gilt vor Steuerabzug. Gewinnrate im Verhältnis zu den Eigenmitteln = Gewinn vor Steuern geteilt durch Eigenmittel

(2) Gewinnrate im Verhältnis zum Verkaufserlös = Gewinn vor Steuerabzug geteilt durch fakturierte Verkäufe minus Umsatzsteuer

Quelle: Vom Autor aufgrund von Angaben der von CICOBRA veröffentlichten Bilanzen zusammengestellt und von IBASE (Rio de Janeiro) analysiert. Diese Bilanzen wurden 1982 und 1983 vom Amtsanzeiger von Sao Paulo und in verschiedenen gedruckten Jahresberichten veröffentlicht.

Wie man sehen kann, ist die Rentabilitätsrate der Geschäfte von Nestlé-Brasilien sehr hoch. Während dieser Periode erreicht der Bruttogewinn auf den Eigenmitteln einen Durchschnitt von 28,46% jährlich und auf den Verkaufsziffern 7,3%.

Struktur der Milchproduktion in Brasilien

Um die Nestlé-Tätigkeiten auf dem Milchverwertungssektor Brasiliens verstehen zu können, muss man unbedingt kurz das System der Produktion, Verarbeitung und Verteilung der Milch erklären. In diesem Rahmen wird es möglich sein, das Verhältnis zwischen Nestlé und den Produzenten sowie die Gründe, die den TNK zur Eröffnung von neuen Milchgebieten in entfernten Regionen führen, zu prüfen.

Die Milchproduktion hat sich in Brasilien vor allem im Südosten, im Staat Sao Paulo, und dann in den Jahren 1940 - 1950 in den Staaten Minas Garais und Rio de Janeiro entwickelt. Heute kann man in diesen Regionen einen Produktionsrückgang feststellen, der durch die Entwicklung von Milchviehhaltung in gewissen Gebieten von Bahia, Goais, Mato Grosso und dem Bundesdistrikt kompensiert wird. Während in der südöstlichen Region der Anteil an der Inlandproduktion von Frischmilch von 54,1% im Jahre 1977 auf 42% im Jahre 1980 gefallen ist, ist derjenige der Region Zentrum/West (Bahia, Goais, usw.) von 9,8% auf 20% gestiegen.

Die Inlandproduktion von Frischmilch ist insgesamt nur sehr langsam gewachsen. Sie reicht nicht aus, um die Nachfrage der Konsumenten zu bewältigen. Dies obwohl der durchschnittliche Konsum von Milchprodukten pro Brasilianer sehr niedrig ist. Ein staatliches Unternehmen, COBAL, sichert den Import von Rohstoffen für die Milchindustrie.

Brasilien: Produktion, Konsum und Import von Milch

	1980 in 1000 t pro Jahr	Jahres- durch- schnitt 1975-1980	durchschnittliche jährliche Zunahme 1975-80 in %	1980 kg pro Einwohner
einheimische Produktion	10'790		1,4%	90
einheimischer Konsum	11'428		2,3%	95
Importe	54,5	22,9	unregelmässig	

Quelle: Centre français du commerce extérieur, Le marché international des poudres de lait destinées à l'alimentation humaine, November 1982.

Diese Zahlen zeigen für den Fall von Brasilien eine gewisse Unabhängigkeit auf dem Gebiet der Milchproduktion auf, was für Mexiko, Peru oder die Dominikanische Republik nicht der Fall ist.

Man wirft den Milchverarbeitungsindustrien und vor allem Nestlé, vor, die Frischmilch dem Direktkonsumenten zu entziehen, um sie in kostspielige Milcherzeugnisse umzuwandeln, die nur einer begüterten Minderheit unter der Bevölkerung zugänglich sind. Gemäss Angaben im "Jornal do Brasil" hat Nestlé 1973 neben den Frischmilchkäufen noch 4'000 Tonnen importierte Milch verwendet (7% der Milchimporte). Diese Importe stammen aus Neuseeland, Polen, Irland, Argentinien und den EG-Ländern. Vier Nestlé-Unternehmen in Argentinien stehen auf der Liste der ausländischen Unternehmen, die die Erlaubnis haben, Milchpulver nach Brasilien zu exportieren.[6]

In der Milchindustrie haben sich die Investitionen zur Erhöhung der Produktionskapazität für Milchprodukte (Käse, Butter, usw.), welche rentabler sind und keiner Preiskontrolle unterliegen, zwischen 1976 und 1978 verdreifacht.[7]

Die Einführung von Magermilchpulver auf dem brasilianischen Markt erlaubt dem TNK, die Milchfette für Produkte mit höherer Wertschöpfung zu verwenden, was auch einen höheren Profit ergibt (z.B. Desssertcremen).

Vom Produzenten zum Konsumenten

Die inländische Milchproduktion wird über zwei grosse Kanäle in den Handel gebracht:

— die nationalen Pasteurisierungsunternehmen: sie bringen zwei Arten Milch auf die Märkte der Städte, die eine, unterliegt der Preiskontrolle (Typ C), und die andere stammt von modernen Höfen, mit andern Qualitätsansprüchen und ohne Preiskontrolle (Typ B).[8] 1980 absorbierten diese Unternehmen 43,5% der inländischen Frischmilch.
— die transnationalen Verarbeitungsunternehmen, die Frischmilch in Milchpulver, Kondensmilch und andere Milchprodukte umwandeln. Nestlé beherrscht diesen Markt.

Die Hälfte der Milchproduzenten Brasiliens gehören regionalen Kooperativen an, die in den meisten Fällen zwischen den Produzenten und den Verarbeitungsunternehmen vermitteln. Die zentralen Kooperativen, die zu kapitalistischen Unternehmen geworden sind, wenden die gleichen Strategien an wie die grossen Unternehmen in der Milchverarbeitung und zweigen einen immer grösseren Teil des Rohstoffes für die Produktion von Milch Typ B und Milcherzeugnissen ab. Die Produzenten fühlen sich kaum an ihre Kooperative gebunden, die für sie nichts weiteres als ein Handelsunternehmen darstellt. 1980 absorbierten die Verarbeitungsunternehmen 56,45% der inländischen Milchproduktion für die Fabrikation von Käse, Milchpulver und verschiedenen Milchprodukten.

Die Produzenten

Bei den Produzenten handelt es sich hauptsächlich um Kleinbauern, für welche die Milchproduktion ein regelmässiges Einkommen bedeutet, die aber nicht in der Lage sind, ihre kaum rentablen Einrichtungen zu "modernisieren". Gemäss Angaben der landwirtschaftlichen Zählung von 1970 liefern in Brasilien 82% der Produzenten mit weniger als 100 ha Land 49,7% der Milch*, die restlichen 18% mit über 100 ha liefern 50,3%.

Man hat also auf der einen Seite moderne Bauerngüter in den Händen einer Minderheit, die mehr als die Hälfte der Milch produziert, und auf der andern Seite eine unglaubliche Zahl von kleinen und mittleren Produzenten, deren Milchviehhaltung oft nur eine Nebenbeschäftigung darstellt.

Grosse, saisonale Unterschiede

Der Unterschied zwischen Trocken- und Regenperiode schwankt bei der Milchproduktion zwischen 1 bis 5. Nur die grossen Viehbesitzer können die Nahrung für ihr Vieh mit Silofutter und Futtermitteln mit Vitaminzusatz ergänzen, um auch in der Trockenperiode ein gutes Resultat zu erzielen. Das von der Regierung bestimmte und von den Unternehmen für ihre Milchkäufe angewandte Preissystem begünstigt eine wachsende Polarisierung zwischen den Kleinbauern und den grossen Viehzüchtern.

Wer profitiert von der Preiskontrolle und der Kontingentierung der Regierung?

Während der Regenzeit von November bis Februar ist die Milchproduktion sehr hoch; das Preissystem jedoch, der Mangel an Lagermöglichkeiten und die Politik der Unternehmen zwingt die Produzenten, einen Teil ihrer Milch wegzuschütten.

---

*) In dieser Gruppe gibt es vor allem kleine Produzenten: nach der Zählung besitzen 70% der Milchproduzenten weniger als 50 ha und produzieren 35,3% des Gesamtvolumens.

Während der Trockenperiode von Juni bis Oktober kann es dann zu einem Produktionsrückgang von bis zu 80% kommen, was jeweils einen Mangel an Milch für die Versorgung der Städte nach sich zieht. Um eine regelmässigere Produktion während des ganzen Jahres zu sichern, hat die Regierung einen doppelten Preis eingeführt: einen hohen Preis bis zu einem gewissen Quantum (Kontingent) und einen niedrigeren Preis für den Überschuss. Dieses Kontingent wird für jeden Produzenten einzeln bestimmt, ausgehend von der während der Trockenperiode gelieferten Quantität. Die während der Regenzeit im Überschuss produzierte Milch wird nur bis zu jener Quantität zum höheren Preis bezahlt, welche während der Trockenzeit geliefert wird: der Rest wird als Überschuss angesehen und entweder zu niedrig bezahlt (ca. 22% weniger) oder die Unternehmen verweigern einfach die Annahme.

Diese Politik sollte die Produzenten dazu anregen, während der Trockenzeit ihre Produktion zu erhöhen, um ein höheres Kontingent zu erreichen, was ihnen einen besseren Durchschnittspreis auf das ganze Jahr verteilt garantieren würde. Dies ist aber gar nicht so einfach, gerade wegen der Unterschiedlichkeit der Produzenten: die mittleren und grossen können, vor allem mit Hilfe der technischen Beratungsdienste der Unternehmen, ihre Produktion durch eine Verbesserung des Viehfutters erhöhen. Die Kleinbauern aber, deren Produktion wenig rentabel ist, haben keine Möglichkeiten, diese Korrekturen anzubringen und sind deshalb während der Regenperiode stark benachteiligt. Sie können nur einen sehr kleinen Teil ihrer Milch zu einem guten Preis verkaufen und müssen den Rest zu Spottpreisen abgeben. Grosse Quantitäten der von den Unternehmen während der Regenzeit zurückgewiesenen Milch werden einfach weggeschüttet oder den Tieren verfüttert.[9]

Diese Kontingentierung wird nur für die Milch vom Typ C angewandt. Aus diesem Grund haben sich mehrere Produzenten der Produktion des Typs B zugewandt, um so zu versuchen, ihre Milchproduktion rentabler zu machen. Während zwischen 1970 und 1977 die Produktion dieser Milch von besserer Qualität um 112,5% zugenommen hat, wies die Milch vom Typ C – für den allgemeinen Konsum der Bevölkerung bestimmt – nur einen Zuwachs von 8,8% auf.[10] Die armen Konsumenten in den Städten werden von diesen Praktiken am meisten betroffen, denn es bleibt ihnen nichts anderes übrig, als den teureren Typ B oder das noch teurere Milchpulver zu kaufen, oder ganz einfach auf Milch zu verzichten.

Eine weitere Massnahme der Regierung setzt für die Verarbeitungsunternehmen eine untere Grenze für den Kauf von Frischmilch während der Regenzeit fest, um sie so zu zwingen, Milchpulverreserven anzulegen, damit während der Trockenzeit nicht zuviel Frischmilch vom Direktkonsum abgezweigt wird.*) Die Verarbeitungsunternehmen sind auch verpflichtet, die Frischmilch zu einem niedrigeren Preis zu kaufen, um so die Produzenten dazu zu bringen, möglichst viel Milch an die Pasteurisierungsfabriken zu verkaufen. In den Milchgebieten sind jedoch die Produzenten durch verschiedene Praktiken an die Verarbeitungsunternehmen gebunden, was die Wirksamkeit dieser Massnahme verringert.

Im Ansatz sind diese Bestimmungen sicher nützlich: ihr Ziel ist eine regelmässigere Milchproduktion während des ganzen Jahres und gleichzeitig ein erhöhtes Angebot an die Konsumenten. Indem der Produzent unterbezahlt wird, kann die Regierung, auch wenn sie die hohen Gewinnmargen der Verarbeitungsindustrie

---

*) Wie wir bereits erwähnt haben, gewährt die Regierung den Unternehmen Kredite zu einer bevorzugten Zinsrate, um solche Lager anlegen zu können.

berücksichtigt, dem Konsumenten ein Produkt zu kontrollierten Preisen anbieten. So sollen Preis- und Lohnerhöhungen gebremst werden.

Tausende von kleinen Produzenten müssen ihre Milch mit Verlust verkaufen. Da viele die Milchproduktion als Zusatz zu ihrer landwirtschaftlichen Tätigkeit betreiben und die Arbeitskraft der Familienmitglieder nicht berechnen, können sie weiterhin ihre Milch abliefern, auch wenn sie dafür nur die niedrigen Preise erhalten, die von der Regierung im Einvernehmen mit den Unternehmen festgesetzt werden. *) Im Falle des Verkaufs der Milch für die Pasteurisierung ist die Kontrolle der Gewinnmargen strikt: man kann ohne weiteres behaupten, dass der Bauer die Entwicklung der städtischen Industrie subventioniert, indem er ein billiges Produkt auf den Markt bringt, für das er selber unterbezahlt wird. Man kann jedoch feststellen, dass die Beamten oft nicht in der Lage sind oder auch nicht den politischen Willen aufbringen, eine strikte Kontrolle über die von den TNK errichteten Preisstrukturen für die Verarbeitungskosten auszuüben. Diese können ihre Rohstoffe zu einem niedrigen Preis kaufen und so über eine grössere Gewinnspanne verfügen, ohne eine genügende Kontrolle mittels festgelegter Konsumentenpreise für die Milchprodukte fürchten zu müssen. Auf jeden Fall aber verfügen die von den Unternehmen bevorzugt angesprochenen Konsumenten über die Mittel, um solche Produkte zu einem hohen Preis zu kaufen.

So kommt es, dass das spektakuläre Wachstum der Nestlé und ihre hohen Gewinnmargen zu einem guten Teil darauf zurückzuführen sind, dass die Arbeit der Produzenten nicht ihrem Wert gemäss bezahlt und ihnen ein Produktionsüberschuss gewissermassen abgezwungen wird.

Wie die Milchproduzenten sich den Nestlé-Gepflogenheiten unterordnen müssen

Das Risiko trägt der Bauer, das Unternehmen bestimmt, ob es kaufen will oder nicht.

"Abgesehen vom Fabrikgelände besitzt Nestlé-Brasilien weder eigene Ländereien noch Viehbestände. Die Bauern wussten daher, dass die Fabrik, die völlig von ihren Milchlieferungen abhing, ihnen keine Konkurrenz machen konnte."[11] (Nestlé)

"In dem Augenblick, in dem eine Nestlé-Fabrik einem Bauern Milch abkauft, kann dieser sich darauf verlassen, dass Nestlé ihm seine gesamte Produktion abnimmt, und zwar sowohl in der Trockenzeit als auch in Zeiten der Milchschwemme während der Regenperiode."[12] (Nestlé)

Diese kategorische Behauptung des TNK in "Nestlé in den Entwicklungsländern" betreffend die Abnahme der gesamten angebotenen Milch wird im täglichen Leben durch die restriktiven Praktiken im Ankauf von Frischmilch nicht nur in Brasilien, sondern auch anderswo in Lateinamerika, wo die Bauern schwere Verluste hinnehmen, ihre zurückgewiesene Milch wegschütten oder den Tieren füttern müssen.

---

*) Nestlé-Brasilien ist Mitglied der staatlichen Kommission zur Preisfixierung.

In Brasilien, wie auch in andern Ländern*), beschäftigt sich der TNK Nestlé nicht direkt mit der Produktion. Dies trotz Steuervorteilen und einer "Kolonisierungspolitik" der brasilianischen Regierung, die verschiedene andere, industrielle Konzerne dazu angeregt hat, sich in Brasilien auf das Gebiet der Viehhaltung zu wagen.[13]

Weshalb denn gibt sich das Unternehmen Nestlé nicht selbst mit der direkten Produktion von Milch ab? Weil es sich um eine Produktion handelt, die sich am besten an kleine Produktionseinheiten anpassen lässt. Milchviehhaltung auf grosser Stufe bringt kaum Vorteile. Vor allem aber ist das Unternehmen nicht gewillt, die saisonbedingten Produktionsschwankungen und die daraus entstehenden Risiken auf sich zu nehmen, es überlässt diese lieber den Produzenten. Da Nestlé mit seinen Lieferanten keine Verträge abschliesst, kann der TNK seine Käufe jederzeit der Nachfrage auf dem Absatzmarkt anpassen.

In Brasilien provoziert "der staatliche Einfluss, der dem Unternehmen, zusätzlich zu seiner Monopsonstellung bei der Milchabnahme, einen Rohstoff zu günstigen Preisen garantiert, eine Umwälzung des Überschusses, der Nestlé einen viel grösseren Profit sichert, als wenn das Unternehmen seine eigenen Viehbestände besitzen würde."[14]

Dank eigenen Mechanismen zur Produktionskontrolle (in Brasilien wie auch anderswo), sichert sich Nestlé für ihre Fabriken Rohstoffe von guter Qualität und in genügender Menge. Der Erfolg der Verarbeitungsbetriebe beruht nach der Meinung des Unternehmes auf zwei grundsätzlichen Faktoren: dem technischen Beratungsdienst für die Milchproduzenten und der Organisation der Milchwege.

Nestlé's Landwirtschaftlich-technische Beratungsdienste für die Milchproduzenten (ANPL)

1959 geschaffen, sicherte der ANPL 1976 in Brasilien mit 107 Technikern die Produktion von 20'000 Lieferanten. Unter den hauptsächlichen Aktivitäten dieses Dienstes findet man die Beratung der Viehhalter betreffend Viehnahrung, Hygiene, Futterproduktion, künstliche Befruchtung und Silohaltung. Dies alles soll dazu beitragen, dem Unternehmen regelmässig ein einheitliches und qualitativ gutes Produkt zu liefern. Darlehen an die Produzenten, welche diese mit Frischmilch zurückbezahlen können, bringen eine gewisse Modernisierung der Bauerngüter mit sich, schaffen aber gleichzeitig eine Abhängigkeit vom Nestlé-Unternehmen.

Die Arbeit des ANPL besteht in regelmässigen Visiten und Analysen auf dem Terrain. Zwischen 1972 und 1976 nahm die Zahl der mit Nestlé-Hilfe gebauten Silos um durchschnittlich 71% jährlich zu. Die Produzenten haben Zugang zu verbessertem Samengut und zu Veterinärprodukten. Die Veröffentlichung eines Bulletins trägt zur Verbreitung von neuen Technologien bei.

Gemäss der Studie von A. Frédéricq wählt der ANPL nach entsprechenden Erkundigungen diejenigen Produzenten aus, die in der Region als Leader gelten, um auf ihren landwirtschaftlichen Betrieben eine intensive technische Beratung zu entwickeln. Die kleinen, isolierten Produzenten oder jene, die wenig Milch produzieren, sehen kaum je einen Nestlé-Berater. Diese grossen, privilegierten Produzenten werden zu Alliierten in ihrem Gebiet und üben auf die andern einen Ein-

---

*) Dabei gibt es eine Ausnahme, Swaziland, wo Nestlé eine Ananasplantage besitzt und sie auch bewirtschaftet. Die Ananas wird durch Libbys, einem Unternehmen des Nestlé-Konzerns, zu Konserven verarbeitet.

fluss zu Gunsten des Unternehmens aus. Ihre Rolle in der Verbreitung neuer Techniken ist unübersehbar. Diese Begünstigung einiger grosser dynamischer Lieferanten trägt zu einer Differenzierung unter den Produzenten bei. Die technischen Berater spielen in der Kontrolle des auf dem Markt angebotenen Milchvolumens eine entscheidende Rolle. Sie werden gemäss ihrer Kontaktfähigkeit mit den Bauern ausgewählt und müssen die Viehhalter überzeugen können, während gewisser Perioden des Jahres ihre Milchproduktion je nach der Aufnahmekapazität und der Politik des jeweiligen, die Zone beherrschenden Unternehmens zu senken. Sie werden auch die bevorzugten Informanten von Nestlé bezüglich der Ankunft möglicher Konkurrenten auf dem Milchabnahmemarkt in der Region.

Vom technischen Beratungsdienst der Nestlé AG in Vevey genannte Zahlen geben an, dass Nestlé-Brasilien 1979 ihre Milch von 21'320 Lieferanten im ganzen Land gekauft hat. Das gelieferte Volumen sowie der durchschnittliche Milchviehbestand pro Produzent erlauben zu verstehen, wer die Nestlé-Lieferanten in Brasilien sind.

Schichtung der Milchlieferanten von Nestlé in Brasilien, Oktober 1979

metrische Tonnen, geliefert pro Jahr	Lieferanten Zahl	in %	Gelieferte Menge t pro Jahr	in %	Produktionsvolumen pro Produzent in kg	Zahl der Kühe pro Produzent	Milchproduktion pro Kuh und Tag (1)
0 - 38	16'984	80%	277'278,49	41%	44	(22)	—
39 - 113	3'609	17%	263'752,71	39%	200	(101)	—
114 und mehr	637	3%	135'257,80	20%	581	(301)	—
Total	21'320	100%	676'289,00	100%		956'150	1,93

Quelle: Vom Autor zusammengestellt aufgrund von Angaben aus: Nestlé SA, Service d'Assistance technique, Oktober 1979.

(1) Kg/Kuh/Jahr: 700 — Aufgrund dieses von Nestlé genannten durchschnittlichen Ertrags schätzt man die Anzahl Kühe pro Produzent, ohne dabei den Ertragsunterschied zwischen Kühen von grossen und kleinen Produzenten zu berücksichtigen.

Gemäss Angaben des Unternehmens aus dem Jahre 1980 belieferten 26'648 Produzenten die Nestlé, wobei deren Aufteilung nach Kategorien im grossen und ganzen der oben angeführten entspricht.

Die Milchsammelwege

Die Organisation eines Milchsammelsystems stellt ein weiteres Element dar, um dem Unternehmen regelmässige Milchlieferungen zu garantieren. Die Milchwege werden vom Unternehmen organisiert, welches das Einsammeln kontrolliert, indem es mit lokalen Spediteuren Verträge abschliesst. Die Produzenten müssen zwar für den Transport ihrer Milch zur Fabrik bezahlen, haben aber keinerlei Kontrolle über die Organisation dieser Milchwege. Wenn ein Produzent zu einem Konkurrenten will, kann der TNK auf ihn Druck ausüben, androhen, dass auf diesem Weg keine Milch mehr eingesammelt wird und so die andern Produzenten dazu bringen, den Widerspenstigen zu überzeugen, nicht aus der Reihe zu tanzen. In Zeiten der Überproduktion kann das Unternehmen gewisse Milchwege unter dem Vorwand, sie seien nicht rentabel, schliessen. Das Überlaufen eines Produzenten zu einem Konkurrenzunternehmen wird auch wegen des Kontingentierungssystems schwierig: es liegt ja im Interesse des Bauern, seine Milch während der Regenzeit an den Käufer abzuliefern, mit dem sein Kontingent während der Trockenperiode bestimmt wurde.

In Tres Coraçoes*) sind fast alle Milchproduzenten Kleinbauern, deren Viehhaltung unrentabel ist. Es kommt sogar vor, dass sie die Modernisierung ihrer Anlagen teilweise durch den Verkauf anderer Produkte oder gar durch Einkünfte aus ihrer Tätigkeit als landwirtschaftliche Taglöhner auf den grossen Bauerngütern bezahlen. Die grossen Produzenten hingegen sind meistens Viehzüchter, für die der Viehhandel ihr Haupteinkommen und der Milchverkauf nur eine Nebenbeschäftigung bedeutet.

Die Politik der Eröffnung neuer Milchgebiete in den Randzonen des Landes hat es möglich gemacht, zum Teil den Kauf von Milch in den traditionellen Milchgebieten einzuschränken. Die dortigen Lieferanten beklagen sich über mangelnde Rentabilität in ihren Betrieben und heben hervor, dass der TNK während der Regenperiode 1978-79 nicht einen Liter Milch mehr gekauft hat als jene, die sie während der Trockenzeit geliefert hatten, obwohl die Produktionskapazität der Fabrik nur teilweise ausgeschöpft war.[15]

Aussagen von A. Malher bestätigen diese Klagen der Milchproduzenten in Tres Coraçoes. Er gibt an, dass die Nestlé-Fabrik eine Kapazität von 330'000 Liter pro Tag besitzt, 1982 jedoch nur 82'000 Liter pro Tag erhalten hat. Die Nestlé-Fabrik ist von Unternehmen für pasteurisierte Milch in der Zone verdrängt worden. Nach Malher soll ein Unternehmen, das 1977 noch 30'000 Liter Frischmilch täglich annahm, 1982 bereits 350'000 Liter gekauft haben. Nestlé könne deshalb weniger Frischmilch kaufen, weil die Pasteurisierungsbetriebe, welche einen teureren Preis bezahlen können, das Angebot absorbierten.

Dieses Phänomen sowie die aufgrund der Einführung des Anbaus von Zuckerrohr und andern Produkten rückgängige Rentabilität der Milchproduktion in dieser Region sollen erklären, warum Nestlé-Brasilien gezwungen sei, sich in den Randgebieten anzusiedeln.[16]

1978-79 erbrachte die Milch einen Ertrag von 2'799 Cruzeiros pro ha, während man mit dem Zuckerrohranbau auf 19'700 Cruzeiros pro ha kommen konnte.[17]

Weshalb wird die Milchproduktion in die Randzonen verlegt?

Seit 1970 hat der TNK Nestlé neue Milchpulverfabriken in den Randzonen des Landes eröffnet. Weshalb? An erster Stelle ist die Rentabilität der Milchviehhaltung in den traditionellen Gebieten von Sao Paulo, Rio de Janeiro und Minas Gerais ernsthaft in Frage gestellt. Eine wachsende Verstädterung zieht eine Preiserhöhung des wichtigsten Produktionsfaktors, des Bodens, nach sich, der für rentablere Kulturen wie z.B. Kaffee gebraucht wird. Dies bringt einen unvermeidlichen Rückgang der Milchproduktion in der Nähe der grossen Zentren mit sich. Kommt noch hinzu, dass Nestlé einerseits der Konkurrenz der Fabriken für pasteurisierte

---

*) Tres Coraçoes ist ein altes Produktionsgebiet, das von A. Frédéricq einer speziellen Analyse unterzogen wurde.

Milch ausgesetzt ist und andererseits in der öffentlichen Meinung vehement angegriffen wird, indem man sie beschuldigt, die Frischmilch für die Fabrikation von Milcherzeugnissen abzuzweigen.

Auch wenn diese Verlagerung in die Randgebiete das Unternehmen zur Entwicklung neuer Milchgebiete zwingt, bringt sie ihm andererseits auch unleugbare Vorteile:
— Die Perspektive einer schnellen Entwicklung der Milchproduktion in Gebieten, welche Viehzucht zur Fleischproduktion betreibt.
— Die Ausschaltung lästiger Konkurrenten und die absolute Kontrolle in diesen neuen Milchgebieten.
— Beträchtliche Steuervorteile.
— Erschliessung neuer Märkte und, langfristig gesehen, die Anwesenheit in Gebieten mit einem hohen Entwicklungspotential.
— Die Möglichkeit, die saisonbedingten Unterschiede besser auffangen zu können, indem man Fabriken in Regionen errichtet, deren Regen- und Trockenperioden genau umgekehrt zu denjenigen des Südostens sind.*)
— Sehr niedrige Kosten für den Boden und die Errichtung von Infrastrukturen durch den Staat.

Produkte für eine privilegierte Klasse

In Brasilien wie in andern Entwicklungsländern sind die Nestlé-Produkte vor allem für die städtischen Bevölkerungsschichten mit hoher Kaufkraft bestimmt. Die Klassenpolarisierung und die sehr ungleiche Verteilung der Einkommen im Land erklären zum Teil das äusserst starke Wachstum des Unternehmens in den letzten zwanzig Jahren. Die Erhöhung der Kaufkraft der Bourgeoisie stellt einen dynamischen Faktor in der Aufgliederung und Differenzierung der Nahrungsmittelproduktion dar (400 Artikel, auf 12 Produktelinien verteilt). Wie andere Konzerne erreicht auch Nestlé in Brasilien nur einen kleinen Teil der Bevölkerung. Da es sich aber um einen sehr grossen Markt handelt, eröffnen sich dabei Perspektiven für eine interessante Entwicklung und für unglaubliche Profite.

Die Konzentration der Verkäufe für eine bevorteilte Bevölkerung in städtischen Gebieten wird von Herrn Landaburu in seinen "Commentaires" nach seiner Reise von 1977 hervorgehoben:

> "Die Organisation des Handels bringt im Vergleich zu einer klassischen Organisation nicht viel Neues. Erwähnen wir hier nur die Konzentration der Verkäufe (65%) in Regionen wie Sao Paulo, Sao Carlo und Rio, die nicht einmal 30% der gesamten Bevölkerung ausmachen. Diese Angaben bestätigen, dass die Nestlé-Produkte nach wie vor nur für einen Bruchteil der am meisten begünstigten Bevölkerung bestimmt sind."[18]

Deshalb kann die Tatsache nicht besonders überraschen, dass die Nestlé-Produkte zwar die entferntesten Winkel des Landes erreichen, dort aber vor allem

*) Diese Ansiedlung von Nestlé in Regionen Brasiliens, die eine entgegengesetzte Regenzeit haben, erlauben eine Beschränkung der Lagerbestände und so eine Verringerung des notwendigen Umlaufkapitals.

über die modernen Supermärkte in den Städten verteilt werden. 1981 verkaufte Nestlé ihre Produkte in 47'046 von insgesamt 199'139 Nahrungsmittelgeschäften des Landes (24%). 58,3% ihrer Produkte vertrieb Nestlé über Supermärkte.

Langsame Diversifikation

Die Diversifikation ausserhalb der Milchverarbeitung geht langsam vor sich. Die Milch stellt durch ihr Geschäftsvolumen die Haupttätigkeit dar, auch wenn ihr Anteil an den Gesamtverkäufen eine rückläufige Tendenz aufweist. Eine Darstellung des Umsatzes für jede Produktegruppe ermöglicht, den Diversifikationsgrad zwischen 1976 und 1982 zu erfassen.

Aufteilung der Verkäufe nach Produktegruppen 1976 und 1982

Produktegruppe	1976 (1)	1982 (2)
Milchprodukte	48,0%	42,4%
diätetische Produkte	17,9%	15,8%
sofortlösliche Getränke	11,6%	13,2%
Schokolade, Süsswaren, Biskuits	13,4%	15,0%
kulinarische Produkte	2,8%	4,0%
Tiefkühlprodukte	2,8%	1,9%
Nachspeisen (Chambourcy), Kühlprodukte	2,7%	4,5%
Mineralwasser	0,8%	1,1%
Exporte		2,1%
total	100,0%	100,0%

Quelle: (1) E. Landaburu, Commentaires: voyage Brésil et Mexique, April 1977;
(2) Cicobra, 1983

Der Anteil der Milch- und diätetischen Produkte ist rückläufig, stellte jedoch 1976 immer noch 65,9% und 1982 58,2% der Verkäufe dar.

Die besonderen Werbebestrebungen für Nachspeisen und gekühlte Produkte demonstrieren die Absicht von Nestlé-Brasilien, diese Produktelinien zu entwikkeln. Die Konkurrenz ist manchmal sehr stark, wie z.B. bei den Joghurts (Gervais-Danine, Pocos de Caldas).

Nestlé: Werbechampion

1979 stand Nestlé mit Ausgaben von 300 Millionen Cruzeiros (23 Mio. Sfr.) mit ihren Werbekosten in Brasilien an fünfter Stelle unter allen Gesellschaften. Diese Angaben betreffen alle Ausgaben für Werbung (Radio, Fernsehen, Plakate, Kinoreklame, Zeitungen und Zeitschriften) und belaufen sich auf 5,4% des Umsatzes der Cicobra für dieses Jahr. Nestlé stand zu dem Zeitpunkt an zweiter Stelle für Reklame in Zeitschriften (42,2 Mio. Cruzeiros), an dritter in den Zeitungen (262,6 Mio. Cruzeiros) und an vierter bei der Fernsehreklame (209,8 Mio. Cruzeiros).[19]

Für die Gesamtheit dieser Kommunikationsmittel kommt Nestlé gleich nach Banco do Brasil und vor Volkswagen (13. Rang) und Coca-Cola (18. Rang).

ESST ZEITGENÄSS!

In den letzten Jahren hat Nestlé ihre Anstrengungen in der Werbung auf dem brasilianischen Markt noch verstärkt. Ausgaben von 2,3 Milliarden Cruzeiros für Werbung in ihren verschiedenen Formen machen Nestlé 1981 zum Werbechampion in Brasilien. Der TNK steht vor der brasilianischen Tochtergesellschaft der Unilever an erster Stelle. Die Werbeausgaben von Volkswagen betragen die Hälfte, während Coca-Cola fünfmal weniger für ihre Werbung in Brasilien ausgibt.[20]

Die klare Absicht von Nestlé, sich mit seinen neuen Produkten, die eine hohe Gewinnmarge haben, bei den Ernährungsgewohnheiten der Bevölkerung durchzusetzen, ist offensichtlich: mehr als die Hälfte (1 Milliarde Cruzeiros) der Werbeausgaben von Nestlé-Brasilien wurden 1981 der Verkaufsförderung von Joghurt und gekühlten Nachspeisen gewidmet. Für die Lancierung eines neuen Produktes, einer Nachspeise aus Joghurt und Guajava, hat der TNK nicht gezögert, einen grossen Einsatz zu wagen: 200 Mio. Cruzeiros. Ein Werbespot am Fernsehen für ein neues Speiseeis (Concorde) hat Nestlé 97 Mio. Cruzeiros gekostet.

Diese massive Zuflucht des TNK zur Werbung, um seine Produkte auf dem Markt unter Hinweis auf ihre Hygiene, ihren modischen Aspekt und ihre Verpakkung durchzusetzen, wird zu einer richtigen Berieselung. E. Landaburu, der gegenwärtige Direktor von IRM in Paris, scheut sich nicht, von einer "perversen Werbung" zu sprechen:

> "Meine erste Bemerkung bezieht sich auf die beträchtliche Verwendung des Fernsehens als Werbeträger. Dazu muss man wissen, dass von jeder Stunde Fernsehen eine Viertelstunde der Werbung gewidmet ist. Welche Argumente auch immer von den Männern im Marketing vorgebracht werden, die unter solchen Bedingungen verbreitete Werbung ist pervers. Dies umso mehr, als ein grosser Teil der Bevölkerung in Armut oder gar im Elend lebt und deshalb die angepriesenen Produkte nicht konsumieren kann.

273

Diese Praktiken verraten einwandfrei, dass kommerzielle Werte in der Gesellschaft den Vorrang haben, und sie trichtern der Öffentlichkeit die für eine Konsumgesellschaft notwendigen Wünsche und Bedürfnisse ein. Indem das Unternehmen an dieser Werbung teilnimmt und sie auch noch unterstützt, übt es zweifelsohne einen negativen Einfluss aus. Und dies umso mehr, als die angepriesenen Produkte wie zum Beispiel Tiefkühlprodukte oder raffinierte Joghurts für eine äusserst beschränkte soziale Schicht bestimmt sind, die als solche schon von den existierenden Ungleichheiten profitiert.

Wenn meine Informationen richtig sind, verwendet Nestlé jährlich 150 Millionen Cruzeiros (11 Mio. US-Dollar) für die Fernsehwerbung."[21]

Diese Werbung in der Presse, am Radio, im Fernsehen und in den Strassen verleitet immer mehr Konsumenten dazu, sich dem Nestlé-Ernährungsmodell anzupassen. Dabei müssen sie oft einen grossen Teil ihres bescheidenen Einkommens für den Kauf von teuren Produkten opfern, die zudem in ihrem Nährwert oft zu wünschen übrig lassen.

Statt dass Nestlé sich am Kampf gegen die Fehlernährung und den Hunger in Brasilien beteiligt, nimmt sie Grundnahrungsmittel vom Markt und stellt sie den Schichten mit grosser Kaufkraft und der Mittelklasse in der kostspieligen Ausführung zur Verfügung.

Infiltration in die staatlichen Kontrollorgane

Die Nationale Kommission für Normen und Modelle für Nahrungsmittel (CNNPA), vom Gesundheitsministerium abhängig, besteht aus Vertretern des öffentlichen und privaten Sektors. Einer der drei Vertreter des privaten Sektors wird von der Brasilianischen Vereinigung der Nahrungsmittelindustrie (ABIA), welche die grossen Oligopole im Agro-Business zusammenfasst, ernannt. 1978 war ihr Vertreter in der CNNPA ein hoher Funktionär von Nestlé-Brasilien.

In der Unterkommission, welche für die Normalisierung der Produktion in den verschiedenen Branchen der Nahrungsmittelindustrie verantwortlich ist, finden wir auch wieder einen Vertreter der Nestlé-Interessen.[22]

Eindringen in die Kreise der pädiatrischen Medizin

In Brasilien heisst der grösste Gönner (sponsor) der medizinischen Kreise, vor allem auf dem Gebiet der Pädiatrie, Nestlé. Sie leistet Beiträge an die Finanzierung und Organisation von Seminaren und Konferenzen, veröffentlicht die "Annales Nestlé" und die Zeitschrift "Sujets de pédiatrie" und finanziert durch ihre Werbeannoncen praktisch ganz die Zeitschrift der Brasilianischen Gesellschaft für Pädiatrie.

Ein Beispiel: Die indirekte Werbung unter den Ärzten für die diätetischen Produkte und Kindernährmittel wird durch den "Wissenschaftlichen Informationsdienst" von Nestlé betrieben, der aus 72 Angestellten besteht (56 Vertreter/Besucher, 13 Vorgesetzte und 3 Dienstchefs). 1982 wurde das Werbebudget von insgesamt 546 Mio. Cruzeiros wie folgt aufgeteilt:

Gehälter	443 Mio. Cruzeiros
wissenschaftliche Tätigkeiten	35 Mio. Cruzeiros

Muster	36 Mio. Cruzeiros
Dokumente	10 Mio. Cruzeiros
Veröffentlichung "Annales Nestlé"	8 Mio. Cruzeiros
Medizinische Presse	4 Mio. Cruzeiros
Klinische Tests	6 Mio. Cruzeiros

Dr. Monteiro von der Universität Sao Paulo erläutert die besondere Aufmerksamkeit, welche die Nestlé-Besucher den Kinderärzten widmen: "Heute konzentriert sich die Nestlé-Propaganda auf die Ärzte,·vor allem auf die Kinderärzte. Diese Werbung wird von einem Nestlé-Funktionär gemacht, der jeden Monat die Ärzte besucht, um ihnen Werbematerial und wissenschaftliche Dokumentation zu bringen. Eine weitere Art, Werbung zu treiben, ist die Finanzierung der pädiatrischen Gesellschaft in Brasilien. Dieses Geld wird vor allem für die Organisation von Kongressen zur Verfügung gestellt, wo Arbeiten über Ernährung vorgetragen werden. Auf diese Weise wird der Name Nestlé mit der Welt der Wissenschafter in Verbindung gebracht.[23]

Die Mediziner, die in ständigem Kontakt mit der Nestlé-Ideologie stehen, werden, wenn nötig, zu Verteidigern des TNK, auf jeden Fall aber zu mächtigen Verbündeten, um den Verkauf der diätetischen Produkte und der Kindernährmittel zu fördern.

Gedächtnisstützen:

Brasilien ist Nestlés wichtigster Markt in Lateinamerika. Es handelt sich dabei um einen riesigen Markt, der mit der wachsenden Kaufkraft der Bevölkerung ein grosses Entwicklungspotential besitzt. Die Diversifikation ist weit fortgeschritten, die Tätigkeiten in der Milchproduktion stellen aber nach wie vor den Hauptteil am Ertrag der Transnationalen in diesem Land. Im Gegensatz zu andern lateinamerikanischen Ländern, deren Milchdefizit chronisch ist, importiert Brasilien einen bescheidenen Teil an verarbeiteter Milch für den Konsum.

Wenn es aber gelingen sollte, die saisonbedingten Produktionsschwankungen besser zu kontrollieren, bietet dieses Land die Möglichkeit einer Autonomie in der Milchproduktion. Die Milchpolitik und die Preisdifferenzierung beim Kauf der Frischmilch vom Produzenten wurden von der Regierung geregelt, in Übereinstimmung mit den Vertretern der Unternehmen, die in Kommissionen sitzen, welche für die Festlegung der Preise und Normen auf diesem Gebiet verantwortlich sind. Die staatlichen Kontrollen sind aber ungenügend und unwirksam. Daraus können die Verarbeitungsunternehmen Nutzen ziehen, ihre Profitspannen beibehalten oder sogar vergrössern, indem sie den Produzenten für die Frischmilch einen zu tiefen Preis bezahlen und ihnen so einen Teil ihrer Arbeit zu ungerechten Löhnen abnötigen.

Nestlé-Brasilien profitiert von der Dezentralisierungspolitik, um mit der Schaffung neuer Milchgebiete in den Randzonen ihren Einfluss auszuweiten. Dank Subventionen und Steuererlass sichert sich Nestlé ein Monopol auf weiten Gebieten, dabei fällt besonders ihr Marsch in den Nordosten auf, wodurch das Unternehmen seine Bedürfnisse für Rohstoffe besser befriedigen kann, ohne grosse Lager anlegen zu müssen (dank den entgegengesetzten Klimaverhältnissen im Norden und Süden des Landes).

Nestlé lässt sich nicht auf eine direkte Produktion ein, sondern sichert sich die Kontrolle über einen reichlich produzierten Rohstoff von guter Qualität dank verschiedener Mechanismen zur Kontrolle der Produzenten.

Das Wachstum des Umsatzes scheint spektakulär, auch wenn es sich in der Tat bescheidener ausnimmt, sobald es für die konsolidierte Bilanz des Nestlé-Konzerns auf Weltebene in Schweizerfranken umgerechnet wird.

Nichtsdestoweniger wächst der Umsatz in Landeswährung und zu konstanten Preisen, was heisst, dass dies nicht allein den durch eine galoppierende Inflation hervorgerufenen Preiserhöhungen zuzuschreiben ist.

Zwischen 1970 und 1982 bewegte sich die Rentabilitätsrate auf dem bemerkenswerten Durchschnitt von 28,46%. Der wachsende Profit und eine Verbesserung der Lagerbewirtschaftung sowie des Einsatzes der liquiden Mittel erlauben der Nestlé-Brasilien, mit einem relativ geringen Umlaufkapital zu funktionieren. So kann der TNK massiv Investitionen für den Ankauf nationaler Unternehmen, für die Eröffnung neuer oder Erweiterung existierender Fabriken tätigen. Kapitalanlagen sind auch eine bemerkenswerte Ertragsquelle für den TNK. Die brasilianische Gesetzgebung über die Profit-Repatriierung und andere günstige Bedingungen für die TNK im Land, haben Nestlé und ihren Artsgenossen ermöglicht, die Kontrolle in Spitzensektoren der inländischen Industrie zu übernehmen und viele lokale Unternehmen zu absorbieren, die im allgemeinen eine Technologie verwendeten, welche dem Überangebot an Arbeitskräften besser angepasst war.

Die Berieselung mit Propaganda der Nestlé-Brasilien ist sehr schädlich und hat ihre Auswirkungen auf die Essgewohnheiten der Bevölkerung. Der TNK hofft damit, Schritt um Schritt ein Konsummodell und ein Markenbewusstsein durchzusetzen und den Markt für seine teuren Produkte zu entwickeln — Produkte, die in erster Linie den "Bedürfnissen" der bessergestellten Schichten entsprechen und nicht den wirklichen der Gesamtbevölkerung.

1. Für dieses Kapitel haben wir vor allem die Untersuchungen von Antoinette Frédéricq benützt:
   "Produçao de leite no Brasil: o caso da Nestlé", Laboratorio de Estudios rurais do Dpto de Ciencia Politica da Universidade Federal de Minas Gerais, vervielfältigt, 102 Seiten
   Die gleiche Arbeit ist in spanischer Sprache erschienen: "La producción de leche en Brasil. El caso Nestlé" in: "El desarrollo agroindustrial y la economia latinoamericana", tomo II, Documentos de trabajo para el desarrollo agroindustrial no. 5, SARH, Mexico, S. 11-54
   In französischer Sprache: "La production du lait au Brésil. Le cas Nestlé", "Cahiers de recherches sur l'Amérique Latine", série I, Transnationales et Agriculture, no. 9, 135 Seiten, CETRAL, Paris
   A. Frédéricq, "A 'BABA' do Brasil". Algunas informações sobre a Nestlé e seus fornecedores de leite, in: "Cuadernos do CEAS", no. 67, S. 22/23

2. A. Malher, "Industrialização e comercialização de alimentos", Konferenz an der Höheren Kriegsschule, Rio de Janeiro, Juli 1981, S. 32, Tabelle 16
   A. Malher ist Hauptgeschäftsführer der Nestlé in Brasilien

3. Plinio Sampaio, "El Capital agroindustrial extranjero en Brasil", in: "El desarrollo agroindustrial y la economia latinoamericana", Bd. I, S. 79-105

4. A. Frédéricq, op. cit., S. 32

5. Der Zusammenschluss von Gervais-Danone mit dem einheimischen Unternehmen Pocos de Caldas hat unglaubliche Ergebnisse gezeitigt. So stieg die Produktion von Joghurt von 154'000 auf 1'756'000 innerhalb von drei Monaten. Zwei Jahre später war Brasilien für Gervais-Danone schon zum drittwichtigsten Markt weltweit aufgestiegen

6. Edgar Luiz G. Alves, "Milk supply and by-products in Brazil", Oktober 1980, vervielfältigt, 29 Seiten, Zitat: S. 3

7. "Investimentes na Industria de Transformaçao", in: "Conjuntura Economia", Vol. 31 (II), Nov. 1978, S. 112. Zitiert bei G. Muller, Brasil: "Las empresas transnacionales en el complejo agro-industrial de ganaderia lechera", ILET, DEE/D/ 35, Mexico, März 1980

8. Die Milch-Typen sind nach den folgenden wichtigsten Kriterien definiert: Fett-Anteil, Qualität des Viehs, besondere Massnahmen bei der Produktion, Behandlung und Art der Milchlieferung

9. In der Zeitung "Diario de Sao Paulo" vom 13. März 1978 wird geschätzt, dass pro Tag 400'000 Liter Milch weggeschüttet werden

10. Alves, op.cit., S. 3-4

11. Nestlé, "Nestlé in den Entwicklungsländern", S. 22

12. Nestlé, "Nestlé in den Entwicklungsländern", S. 163

13. Plinio Sampaio, op.cit. S. 94-95, enthält eine Tabelle mit Angaben über ausländische Unternehmen mit brasilianischem Grundbesitz. So besitzt Volkswagen eine immense Viehzucht in Para; im weitern kommen darin vor Alusuisse, Pirelli, Panam, Del Monte, um nur einige der grösseren Konzerne zu nennen. Zu dieser Frage auch: United Nations Centre on Transnational Corporations, "Transnational Corporations in food and beverage processing", S. 22

14. A. Frédéricq, op. cit., S. 34

15. Ebenda, S. 45

16. A. Malher, "A Dinâmica sócio-econômica e de integração da Nestlé na vida brasileira", Konferenz vom 2. Feburar 1982, S. 11f

17. A. Malher, "Industrialização e comercalazação de alimentos", Konferenz der Höheren Kriegsschule, Rio de Janeiro, Juli 1981, S. 14

18. E. Landaburu, "Commentaires: Voyage Brésil et Méxique, avril 1977". Interne Notizen z.H. der C.E.E.I.M., Brüssel, 24. Mai 1977, S. 9

19. Quelle: Sercin/SIGA, Brasilien

20. Ebenda

21. Landaburu, op. cit.

22. Frédéricq, op. cit., S. 32

23. Dr. Monteiro, Universität von Sao Paulo, Interview im Rahmen der Sendung "Nestlé: Missionaires de l'Alimentaire", Temps présents, Télévision suisse romande, 28. April 1983, Journalisten: M. Schindler und Bernard Romy.

277

Nestlé-Brasilien: Entwicklung der Verkäufe von Cicobra 1971-1980

in lokaler Währung, in US-Dollar zu konstanten Werten, jährliche Änderungen
des Index und in %

Jahr	Nominalwert in Mio. Cruzeiros	in Mio. Dollars, Stand 31.12.80	Index 1980=100	jährliche Ände-rung in %
1971	742,7	301,5	43,0	
1972	1'102,3	381,5	55,0	26,5
1973	1'481,3	446,1	64,0	16,9
1974	2'201,8	515,3	74,0	15,5
1975	3'327,1	608,9	87,0	18,2
1976	4'806,3	622.8	89,0	2,3
1977	7'885,4	716,3	103,0	15,0
1978	11'399,9	746,4	107,0	4,2
1979	16'281,0	692,6	100,0	− 7,2
1980	32'753,2	695,9	100,0	0,5

Quelle: Angaben gemäss IBASE, Rio de Janeiro

Nestlé-Brasilien: Entwicklung der Kapitalbasis und des Gewinns von Cicobra 1971-1980

in lokaler Währung und in US-Dollars zu konstanten Werten, Index (1980=100) und
jährliche Änderungen in %

Jahr	Kapital				Gewinn			
	Mio. Cruz.	Mio. Dollars	Index	Ände-rung in %	Mio. Cruz.	Mio. Dollars	Index	jährl.Än-rung in %
1971	210,7	79,7	62,0		55,6	22,6	39,0	
1972	270,5	88,5	69,0	10,9	64,1	22,2	38,0	− 1,7
1973	405,0	114,6	89,0	29,6	110,1	33,2	57,0	49,5
1974	558,1	117,4	91,0	2,4	177,6	41,6	71,0	25,3
1975	788,2	128,2	100,0	9,2	223,3	40,9	70.0	− 1,7
1976	1'231,5	136,9	107,0	6,8	505,0	65,4	112,0	60,1
1977	2'039,3	163,4	127,0	19,3	783,0	71,1	122,0	8,7
1978	3'747,9	213,2	166,0	30,5	911,60	59,7	102,0	− 16,1
1979	5'644,5	181,2	141,0	− 15,0	1'448,0	61,6	106,0	3,2
1980	8'417,4	128,5	100,0	− 29,1	2'746,2	58,4	100,0	− 5,3

Quelle: Angaben gemäss IBASE, Rio de Janeiro

Von Nestlé kontrollierte Unternehmen in Brasilien (siehe S. 255/256)

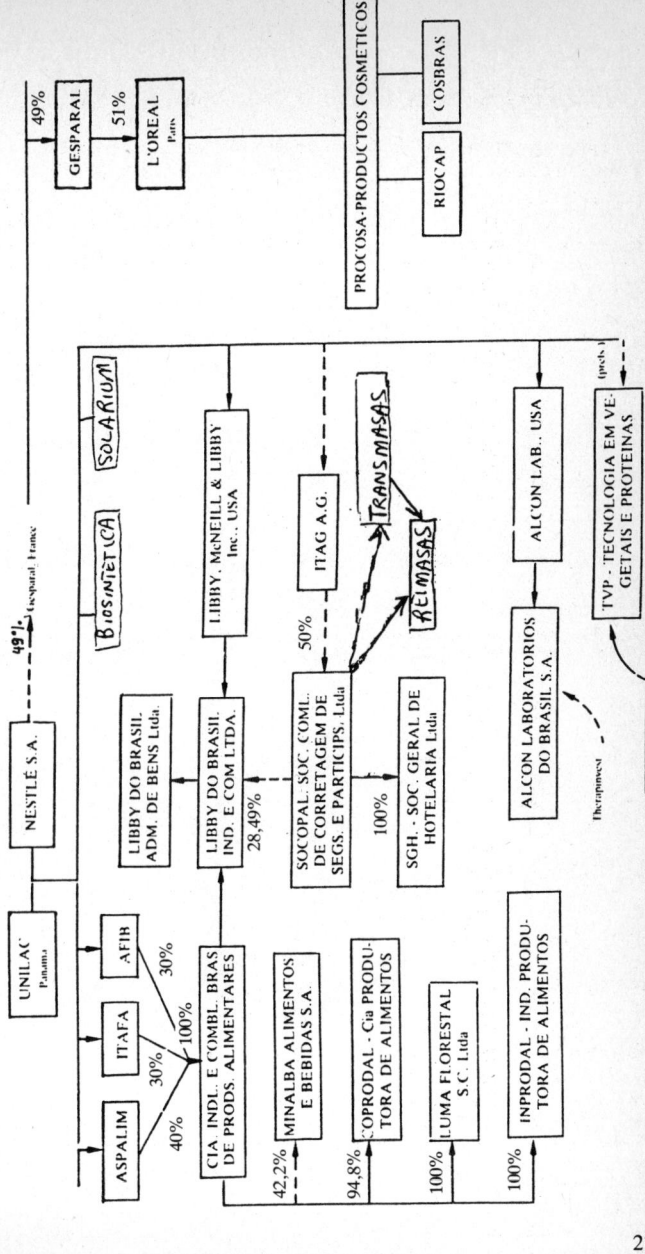

Quelle: Interinvest Guide 1982 und weitere Jahre

279

Kapitel VIII

Nestlé in Lateinamerika: eine notwendige Bilanz

Auf dem langen Weg durch die verschiedenen Nestlé-Niederlassungen in Lateinamerika sind einige von diesem TNK in den Entwicklungsländern angewandte Strategien und Praktiken deutlich geworden. Die Analyse ist zwar nicht erschöpfend, sie zeigt aber doch ein paar Auswirkungen der Nestlé-Präsenz auf, nicht nur auf die Länder oder Regionen im allgemeinen, sondern auch auf die Bevölkerung, die landwirtschaftlichen Produzenten, die Arbeiter des Unternehmens und die Konsumenten.

Anhand der nationalen Fallstudien konnten wir den Gesamteffekt der Nestlé-Präsenz einschätzen, nicht nur auf die Industrialisierung oder das Wachstum der Milchproduktion, sondern auch auf das wirtschaftliche und soziale Entwicklungsmodell der betroffenen Länder, auf die Prioritäten der Regierungen in der Ernährungspolitik und nicht zuletzt auf die Essgewohnheiten von Millionen von Konsumenten. Auch wenn Nestlé für die Transnationalisierung der lateinamerikanischen Wirtschaft in mehr als nur einer Hinsicht beispielhaft ist, konnten wir unter anderem auch feststellen, dass Nestlé in diesem Szenario trotzdem nur einer von mehreren Akteuren ist. Dazu gehören auch die wichtigsten anderen TNK des Agro-Business, die Regierungen sogenannt entwickelter Länder, die mit Nahrungsmittelüberschuss Dumping betreiben und so die Nahrungsmittelproduktion in Drittwelt-Ländern beeinträchtigen, sowie die Regierungen der "Gast"-Ländern, die meist von der nationalen Bourgeoisie geleitet werden. Entgegen den nationalistischen Erklärungen zuhanden der eigenen Bevölkerung spielen diese Bourgeoisien sehr oft das Spiel der Transnationalen und der Regierungen der Metropolen, indem sie entweder aus Eigeninteressen oder aus Mangel an Kreativität und kritischem Geist deren Modelle für Entwicklung und Industrialisierung übernehmen.

Um eine gesamthafte Antwort auf die Fragen zu geben, die sich im Zusammenhang mit der analysierten Nestlé-Präsenz stellen, ist es unerlässlich, eine Bilanz über Nestlé und die Transnationalen zu ziehen. Dabei wird auf die in diesem Buch angeführten konkreten Beispiele Bezug genommn, ohne diese nochmals systematisch darzustellen.

▌Dimension der Analyse▐

Zunächst gilt es die Dimensionen und Kriterien zu definieren, die die Auswirkungen von Nestlé in Lateinamerika erkennen lassen. Es sind die Parameter zu bestimmen, aufgrund derer ein Effekt als positiv oder negativ für das Land und die Gesamtheit der Bevölkerung eingeschätzt werden kann. Die verschiedenen Gesichtspunkte, die es dabei zu beachten gilt, sind die folgenden:

1. Auswirkungen auf nationaler, regionaler und lokaler Ebene. Die Dimensionen, die mit dem Raum und dem Umfeld einer Niederlassung zu tun haben, werden an erster Stelle betrachtet.

2. Auswirkungen inbezug auf die Zeit: die geschichtliche Dimension, der Zeitpunkt und die besonderen Umstände der Niederlassung im jeweiligen Land. Der Einbezug des Zeitfaktors ermöglicht eine Unterscheidung in konjunkturelle Auswirkungen einerseits und in längerfristige Tendenzen und strukturelle Konsequenzen andererseits.

3. Gewisse Auswirkungen sind erstrebt, herbeigeführt, gewollt. Andere manchmal unvorhersehbare, sind deswegen nicht weniger präsent. Was zählt, sind die gewollten und ungewollten Resultate. Auch wenn es eine allzu voluntaristische Interpretation des sozialen Wandels zu vermeiden gilt, darf dennoch nicht übersehen werden, dass hinter konkreten Effekten Strategien, Entscheidungen und Prioritäten stecken. Zur sozialen Verantwortung eines TNK in einem Land gehören alle Auswirkungen einer Niederlassung, ob positiv oder negativ, ob gewollt oder ungewollt – es sei denn man beschränke sich auf den ideologischen Diskurs.

4. Die Auswirkungen müssen inbezug auf die verschiedenen beteiligten Akteure hin untersucht werden: auf das Gastland, das Herkunftsland, auf die lokale Tochtergesellschaft und auf den TNK insgesamt. Diese Dimension ernst zu nehmen, zwingt zu einer Klassenanalyse und zu einer Aufdeckung der Machtverhältnisse, um zu verstehen, wer von der Präsenz des TNK in einem gegebenen Land wirklich profitiert. Eine derartige Analyse kann politische Betrachtung der Bündnispolitik, Interessenkollusionen- und -lagen nicht umgehen.

5. Auswirkungen auf das Wachstum, die Industrialisierung und wirtschaftliche Entwicklung dieser Länder. Dabei handelt es sich im die umfassenden Auswirkungen auf die Entwicklung, die auf die Prioritätenwahl hinweisen. Eine solche Bilanz ermöglicht uns eine Gesamtschau des gewählten Gesellschaftsmodells und des Entwicklungsweges. Dies geht über eine einfache Konstatierung der durch die Präsenz des TNK verursachten Entwicklungstendenzen hinaus und zwingt, nach Alternativen Ausschau zu halten, die nicht nur zu einem Wachstum führen, sondern auch zu einer nach Innen abgestützten Entwicklung mit dem Ziel, eine grössere Autonomie für das Land und die Gesamtheit seiner Bevölkerung zu erreichen. Eine solche Bewertung der Präsenz eines TNK in Lateinamerika wirft auch die Frage nach den durch die Werbung erzeugten Bedürfnissen auf und zwingt zu einer Definition der "wirklichen Bedürfnisse" durch die betroffene Bevölkerung.

▌Wie Nestlé ihren Beitrag▐ ▌an die Entwicklungsländer darstellt▐

Bevor wir aber einige Aspekte der Nestlé-Präsenz in Lateinamerika genauer unter die Lupe nehmen, ist es nützlich, sich den offiziellen Diskurs der Nestlé über ihre Rolle in den Entwicklungsländern zu vergegenwärtigen.

Entwicklung = Industrialisierung

"Es ist nicht schwierig darzulegen, dass Entwicklung Industrie bedeutet, und wenn man von einem Land sagt, es sei unterentwickelt, so meint man eigentlich, dass es unterindustrialisiert sei.

Deshalb besteht das Problem der unterentwickelten Länder darin, ihre Industrie zu entwickeln. Dazu ist ein Technologietransfer nötig: technischer, finanzieller, kommerzieller und betriebswissenschaftlicher Art – und zwar aus den Industrieländern in die unterindustrialisierten Länder. Und dafür scheint die multinationale Gesellschaft, die über diese Technologien verfügt und die Kunst, sie in andere Länder zu übertragen, beherrscht, der wirksamste Träger zu sein."

283

Die Regierungen sind bestrebt, die Multinationalen ins Land zu holen, da sie deren Beitrag für das Land und die Bevölkerung kennen:

"Und hier liegt ja tatsächlich der Grund, weshalb diese 'hässlichen' multinationalen Gesellschaften, die mit Worten dermassen kritisiert werden, in der Tat von einem grossen Teil der unterentwickelten Länder ins Land geholt werden. Die Regierungen dieser Länder versuchen mit allen Mitteln, sie anzuziehen,... und es gelingt ihnen. Denn diese Regierungen wissen sehr gut, dass die Errichtung einer Fabrik in einer vorherbestimmten Region, wo es dem nationalen Interesse entspricht, gleichbedeutend ist mit der Schaffung eines Wachstumspols in wirtschaftlicher und sozialer Hinsicht. Es entsteht ein Zentrum für die Schaffung von Reichtum, der *zuerst* der lokalen Bevölkerung, *dann* dem ganzen Land – unter anderm via Steuern – und schliesslich an letzter Stelle dem Unternehmen durch einen allfälligen Transfer von Gewinnen und Lizenzgebühren zugute kommt."[1]

Einzig die grossen Unternehmen können die Pionierrolle spielen und Technologie, Know-How und Kapital für die Industrialisierung der Entwicklungsländer einbringen.

Die grossen Unternehmen und die Dritte Welt:

"Zum Schluss möchte ich noch über die wichtigste Rolle sprechen, die grosse Unternehmen spielen können: es handelt sich um die Industrialisierung der Entwicklungsländer. Diese Länder sind sich der Tatsache voll bewusst, dass sie den Anspruch, eines Tages den Lebensstandard ihrer Bevölkerung zu heben, nur erfüllen können, wenn sie fähig sind, sich zu industrialisieren, d.h. selber die Reichtümer zu schaffen, die sie heute nicht besitzen und, die zu erwerben, sie die Mittel nicht haben. Wie will man sich denn vorstellen, dass diese Länder ohne Kapital, ohne Techniker, ohne Erfahrung aus dem Nichts eine Industrie hervorzaubern und den Rückstand, den sie gegenüber den entwickelten Ländern haben, überwinden können? Es sind gewiss nicht die am besten dokumentierten und durchdachten Berichte irgendeiner internationalen Organisation, die die erste Fabrik aus dem Boden stampfen und anschliessend in Betrieb setzen können. Einzig die grossen internationalen Unternehmen sind in der Lage, die Pionierrolle zu spielen; und die Gesellschaft, der ich angehöre, fühlt sich geehrt, schon seit langem den meisten Entwicklungsländern ihren Beitrag in diesem Bereich zukommen zu lassen.

Die grossen Unternehmen bringen Vorteile in sozialer Hinsicht. Allgemein wird anerkannt, dass die durch sie bezahlten Löhne insgesamt 10 – 15% höher sind als diejenigen, die kleinere Unternehmen bezahlen können. Die Arbeitsplätze sind sicherer, gerade weil die Stärke dieser grossen Unternehmen das Risiko eines industriellen oder kommerziellen Misserfolges vermindert." Soweit Pierre Liotard-Vogt.[2]

Der TNK stellt einen Absatzmarkt für die Rohstoffe dar:

"Wir haben wiederholt auf unsere Bedeutung als Grossabnehmer von so wichtigen Agrarrohstoffen wie Kaffee und Kakao hingewiesen."[3]

Der TNK unterstützt die Entwicklungsländer mit technischer Hilfe für die Bauern:

"Schliesslich ist bezüglich unserer Tätigkeit in der Dritten Welt noch ein weiterer

Aspekt zu berücksichtigen, über den kaum gesprochen wird und auf den ich unsere Aktionäre aufmerksam machen möchte: es handelt sich um die Hilfestellung, die wir im Agrarbereich unentgeltlich leisten.

Wir unterhalten landwirtschaftliche Beratungsdienste, die den Landwirten helfen, neue und moderne Anbaumethoden einzuführen, um so ihren Ertrag und ihre Produktion zu steigern. Es handelt sich um so vielfältige Tätigkeiten wie die Schaffung von Zuchtstellen, um den einheimischen Produzenten ausgewählte Zuchttiere zu verschaffen, die Lieferung von Unterrichtsmaterial, die unentgeltliche oder preisgünsige Abgabe von Impfstoffen, Dünger, Samen und von chemischen und gesundheitsfördernden Produkten. Zudem haben wir dort, wo es nötig war, die Kosten für Strassen- und Brückenbau übernommen. Wir haben den Produzenten lokale Ausbildungsstipendien verschafft. Darüberhinaus halten wir, teils unentgeltlich, teils zu reduzierten Preisen, Traktoren und Lastwagen, künstliche Besamung, Zuchtstiere von höchster Qualität zu ihrer Verfügung. Die gesamten Kosten für all diese Leistungen, die sich zum grössten Teil auf zahlreiche Länder der Dritten Welt erstrecken, erreicht eine Summe von jährlich 80 Millionen Franken." Wiederum Pierre Liotard-Vogt.[4]

Technologietransfer: eine Prellerei?

"Es ist jedoch möglich, dass bestimmte Situationen auftreten, und dann ist es sehr wichtig, dass diese Technologietransfers zu gerechten Bedingungen für alle abgewickelt werden. Wenn auf der einen Seite Erfinder und Eigentümer von Technologie berechtigt sind, eine angemessene Entschädigung zu verlangen, so ist es auf der anderen Seite dennoch notwendig, dass jedes in einem Entwicklungsland tätige Unternehmen darauf achtet, dass das, was es dem Land abnimmt, geringer ist als das, was es einbringt. Sonst wäre ja das betreffende Land geprellt. Die Industrialisierung soll zu einer Hebung des Wohlstandes führen, nicht zu einer Verarmung.

Wenn alles gut geht, wird dort, wo die Fabriken gebaut werden, Personal eingestellt, die Produktion wird aufgenommen und die Produkte oder Güter ersetzen importierte Waren, wodurch die Handelsbilanz des betreffenden Landes entlastet wird, oder sie stehen einer Bevölkerung zu Verfügung, die vorher über keine derartigen Produkte verfügte. Oder aber es werden alle oder ein Teil dieser Güter exportiert, was wiederum zur Verbesserung der Handelsbilanz beiträgt. In allen Fällen, besonders aber wenn es sich um dringend benötigte Produkte handelt, steigt der Wohlstand des Landes und der Lebensstandard erhöht sich."[5]

Das Angebot von Nestlé besteht in diesen Ländern aus unentbehrlichen und nicht aus Luxusprodukten:

"Die Produkte dieser Werke werden im allgemeinen in jedem Land unter Berücksichtigung der Bedürfnisse und geschmacklichen Vorliebe der einheimischen Bevölkerung hergestellt. Da es sich bei den Erzeugnissen unserer Marken grösstenteils um Grundnahrungsmittel – und keineswegs um einer Elite vorbehaltene Luxusartikel – handelt, kann die nationale Eigenproduktion nunmehr die zuvor eingeführten Lebensmittel ersetzen, was bedeutende Einsparungen an Devisen zur Folge hat und der Bevölkerung gleichzeitig ermöglicht, nützliche Produkte zu erwerben, die vorher für sie unerschwinglich waren."[6]

Aber auch im Nestlé-Diskurs kommen Zweifel auf:

Der Reiz der Industrialisierung ruft bittere Enttäuschung hervor:

"Der Reiz der Industrialisierung, in welcher viele den einzigen Weg zur Verbesserung ihrer Existenzbedingungen sehen, provoziert dann bittere Illusionen, wenn diese Industrialisierung auf Kosten landwirtschaftlicher Tätigkeit geht, die als fundamental angesehen werden muss. Ich könnte Ihnen eine lange Liste von Ländern aufzählen, die immer weniger fähig sind, den minimalen Lebensmittelgrundbedarf ihrer Bevölkerung zu decken, als Folge der Landflucht, die zur Bildung eines städtischen Proletariats führt, dessen Existenzbedingungen immer prekärer werden."[7]

Schaffung künstlicher Bedürfnisse:

"Liegt es wirklich im Interesse eines Landes mit beschränkten Ressourcen, der Bevölkerung Produkte anzubieten, die ihr zwar gefallen, die aber überflüssig sind und deren Konsum nur auf Kosten von Produkten geschieht, die viel nötiger sind?"[8]

Der Nestlé-Diskurs über ihren Beitrag für die Entwicklungsländer lässt sich in folgenden Punkten zusammenfassen:

— Industrialisierung heisst Entwicklung.
— Die Länder können für ihre Industrialisierung und Entwicklung auf keine andere Quelle als die multinationalen Konzerne zurückgreifen.
— Wenn in Entwicklungsländern Güter hergestellt werden, die früher importiert wurden, kann dadurch ein Aderlass an Devisen vermieden werden.
— Die Errichtung von Fabriken in abgelegenen Gegenden kann einen Ansporn bilden, indem eine Keimzelle für die Industrialisierung der regionalen Wirtschaft entsteht.
— Nestlé bringt den Ländern, denen dies fehlt, ihr Know-How, ihre Technologie und ihr Kapital.
— Nestlé schafft sichere Arbeitsplätze und zahlt bessere Löhne als die einheimische Industrie.
— Nestlé bildet Personal aus und trägt zur Völkerverständigung bei durch den Austausch von Angestellten.
— Die hergestellten Nahrungsmittel gehören zum Grundbedarf der Bevölkerung und sind nahrhaft. Nestlé beteiligt sich dadurch im Kampf gegen die Unterernährung in diesen Ländern.
— Die Präsenz von Nestlé in den Entwicklungsländern gibt den einheimischen Industrien einen Ansporn.
— Dank dem technischen Beratungsdienst für die Bauern trägt Nestlé zur Entwicklung von Milchwirtschaftsgebieten bei.
— "Weshalb soll man mit grossem Investitionsaufwand Güter herstellen, die nicht unbedingt notwendig sind und so in der Bevölkerung künstliche Bedürfnisse schaffen, wenn nicht einmal der Bedarf an Grundnahrungsmitteln gedeckt ist?"
— Die Industrialisierung hat zur Bildung eines städtischen Proletariats, zur Landflucht und zur Verminderung der Lebensmittelproduktion geführt, wodurch beispielsweise viele Länder zu Nahrungsmittelimporten gezwungen werden, während sie sich früher aus eigenen Mitteln ernähren konnten.

— Die Regierungen sind sich der Leistungen der TNK bewusst und erwarten von ihnen, sich im Lande niederzulassen oder neue Aktivitäten zu entwickeln.
— Die Entwicklungsländer begreifen die Notwendigkeit für Nestlé, mittelfristig einen vernünftigen und angemessenen Profit zu erzielen, um die grossen Risiken auszugleichen, die das Unternehmen durch seine Niederlassungen in den Entwicklungsländern eingeht.
— Der freie Waren- und Kapitalverkehr wird durch die Entwicklungsländer behindert, die Gesetze zur Begrenzung des Kapitaltransfers erlassen.
— Nestlé-Niederlassungen in diesen Ländern stimulieren den Export, indem sie die Wirtschaft in den Weltmarkt integrieren.
— Die Nestlé-Präsenz beschleunigt die industrielle Diversifikation.
— Die Steuern leisten einen Beitrag zur Entwicklung dieser Länder.

Die Zusamenfassung des Nestlé-Diskurses über die Auswirkungen ihrer Präsenz in den Entwicklungsländern ergibt ein etwas einseitiges Bild. Der TNK scheint dabei einige negative Auswirkungen vergessen zu haben. In dieser kurzen Bilanz ist es nicht möglich, alle Aspekte der Nestlé-Präsenz in Lateinamerika zu untersuchen. Dennoch sollen im folgenden einige grundlegende Dimensionen auf zwei Achsen herausgearbeitet werden:

— Die Auswirkungen auf das einzelne Land.
— Die Auswirkungen auf die regionale Entwicklung.

Auswirkungen auf das Land

Die Niederlassungsstrategie und ihre hauptsächlichen Auswirkungen:

Nestlé gibt dem Wachstum des TNK als Ganzem gegenüber der Entwicklung in einzelnen Ländern oder nationalen Tochtergesellschaft den Vorzug. So lässt sich der Grundzug der Expansionsstrategie von Nestlé auf Weltebene charakterisieren. Produktions- und Investitionspolitik illustrieren diese Strategie. Hauptziel des TNK sind, was immer er auch darüber sagen mag, Machtzuwachs, Wachstum durch Eroberung neuer Märkte, Diversifikation der Produktion und Profit. Um diese Ziele zu erreichen, wendet Nestlé nicht nur die herkömmlichen Handelsmethoden an, sondern bedient sich auch eines ideologischen Diskurses. In diesem ideologischen Rückgriff bevorzugt Nestlé, wie oben geschildert, zwei Themen: den unersetzlichen Betrag des Unternehmens an die Welternährung und den unbestreitbaren Beitrag zugunsten der Entwicklungsländer.

Im Rahmen der kapitalistischen Marktwirtschaft und des Konkurrenzkampfes ist das Profitstreben und die Expansionsstrategie von Nestlé verständlich; sie müssen dennoch aufgedeckt werden. Die missbräuchliche Hervorhebung des angeblichen Beitrages zur Ernährung und Entwicklung – eine Eigenheit Nestlés – nötigt zur Entlarvung und kritischen Würdigung. Nestlé soll endlich aufhören, ihre Aktivität mit ideologischem Firlefanz zu beschönigen, u.a. mit der Behauptung, sie sei ein Multi "anders als die andern", und als wirtschaftliches Gebilde zu ihrer Zielsetzung stehen. TNK sind keine philanthropischen Gesellschaften; das ist bestens bekannt; da hilft alle Ideologie nichts.

Wenn Nestlé – wie alle andern TNK auch – zwecks Expansion die Kontrolle eines bestimmten nationalen Marktes anstrebt*, greift das Unternehmen auf seine Verhandlungsmacht, seine Technologie, sein Know-How, seine Kenntnisse der internationalen Handelswege, seinen Verwaltungsapparat und seine Fähigkeit, Kapital zu mobilisieren, zurück. Das Unternehmen versteht es sehr gut, sich die Politik seiner Gastländer (Importsituation, Steuervorteile) zu Nutze zu machen, um seine Vorherrschaft auf den neu erschlossenen Märkten zu sichern und ein Maximum an Profit herauszuholen. Dank weltweiter Expansion kann der TNK die Kosten für Forschung und Entwicklung rasch amortisieren und durch Anwendung bereits vorhandener Technologien an vielen Orten Profite erzielen, die ihm die Forschung nach immer rentableren Produktionsmethoden, die einen noch höheren Mehrwert absorbieren, zu finanzieren. Nur so kann der Konkurrenz auf dem Weltmarkt die Stirn geboten werden. Der Kampf zwischen General Foods und Nestlé um die weltweite Kontrolle des Marktes für löslichen Kaffee illustriert diese Strategie vorzüglich.

Die Länderstudien dieses Buches zeigen, wie sich Nestlé unter Ausnutzung von Steuervorteilen und Konkurrenzschutz bei der Niederlassung sowie durch bestimmte Handelspraktiken in verschiedenen Ländern Lateinamerikas eine Monopol- oder Oligopolsituation verschaffen konnte.** Nestlé expandiert, wie dargestellt, nicht nur durch Eröffnung neuer Fabriken, sondern auch durch Absorbierung inländischer Industrien. Das Monopol Nestlés bei der Verarbeitung und der Vermarktung verschiedener Nahrungsmittel hat ein bedeutendes Gewicht. Einmal liefert Nestlé ihrer Konkurrenz eine Schlacht via Werbung, um ein andermal die Koexistenz in der Form eines Oligopols vorzuziehen, z.B. mittels Joint-Venture-Abkommen oder durch formelle Marktaufteilung.

Die weltweite Expansion sichert dem TNK eine relative Autonomie, eine Verhandlungsmacht und einen Zugang zu den Kapitalmärkten, was ihm inbezug auf die Industrialisierungs- und allgemeinere Entwicklungspolitik des Gastlandes ein grosses Mass an Unabhängigkeit verleiht. Nestlé legt ja immer sehr viel Wert auf die vorbildliche Interessengemeinschaft zwischen dem Gastland und dem TNK. Die Wirklichkeit weicht jedoch von diesem Bild stark ab, und wir sind oft eher Zeugen widersprüchlicher Zielsetzung in Sachen Entwicklungspolitik zwischen Gastland und TNK, aber auch zwischen Tochtergesellschaft und Stammhaus. Aber offensichtlich sichern Kollusion mit den lokalen Bourgeoisien, die Mitarbeit Nestlés bei regionalen Entwicklungsprojekten (Mexiko) und bei staatlichen Vorhaben (Dezentralisierung in Brasilien) einen besseren Platz in der Wirtschaft jedes Landes und eine verstärkte Domination.

Entgegen dem äusseren Anschein einer Interessengemeinschaft nimmt die Abhängigkeit der Gastländer im asymetrischen Verhältnis zum TNK zu, und die lokalen Bevölkerungen haben einen zunehmenden Autonomieverlust zu beklagen zugungsten einer privilegierten Minderheit, die die Verteilung der nationalen Ressourcen kontrolliert.

---

* Fernando Fajnzylber zeigt zu recht auf, dass die TNK den Prozess der Kapitalakkumulation, der technologischen Innovation und der Diversifikation des Produktionsapparates nicht nur in den fortgeschrittenen kapitalistischen Ländern vorantreiben, sondern für ihre Expansion eine weltumspannende Entfaltung ihrer Aktivität brauchen.[9]

**Ernest Feder hebt hervor, dass sich "die Agro-Industrien in einer besonderen Lage befinden, da sie fast immer eine Monopolstellung einnehmen oder sich schnell in eine solche versetzen, indem sie die lokalen Unternehmen ausschalten."[10]

KASPERLE-THEATER

Die Beziehung Tochtergesellschaft-Stammhaus

Die Beziehungen Tochtergesellschaft-Stammhaus stellt eine Grundlage der transnationalen Strategie dar. Mit deren Hilfe kann das Unternehmen sozusagen auf zwei Hochzeiten tanzen. Auf der einen Seite profitiert es von der lokalen Integration und von nationalen politischen Entscheidungen. Auf der andern Seite verschafft ihm sein weltweites Handelsnetz einen viel grösseren Spielraum und bessere Expansionsmöglichkeiten als den einheimischen Industrien, die der TNK früher oder später verdrängt oder verschluckt.

Der Ökonom Wionczek, Autor zahlreicher Studien über ausländische Investitionen und Technologietransfer, hebt hervor, dass in der allgemeinen Buchhaltungspraxis der Transnationalen Profite des Konzerns bei den Filialen als Kosten erscheinen.[11] Die übertriebenen Gebühren für Markenrechte und Produktionsverfahren, für Zinsen auf Darlehen des Stammhauses, für Managementverträge und technische Hilfe stellen in Wirklichkeit eine "Pumpe" dar, um Gewinne der Filialen zugunsten des Konzerns abzusaugen, der dadurch über das notwendige Kapital für seine weltweite Expansion verfügen kann. Dies entspricht nicht unbedingt den unmittelbaren Interessen der Tochtergesellschaft. Im weitern verhindern mögliche interne Operationen zwischen der oft zu 100% kontrollierten Tochtergesellschaft und dem Stammhaus eine effektive Kontrolle durch nationale Regierungen, was Investitionen und Repatriierung von Gewinnen betrifft. Das schadet den nationalen Volkswirtschaften der betroffenen Länder.

Eine gängige Praxis besteht darin, bei der Niederlassung eine erste Direktinvestition auf beschränkter Basis mit ausländischem Kapital vorzunehmen, um dann für den laufenden Betrieb auf nationales Kapital zurückgreifen und die erwirtschafteten Profite für die Expansion im Lande zu reinvestieren (Brasilien).

Die strukturellen Sachzwänge

Die Präsenz von TNK in Entwicklungsländern hat Phänomene erzeugt, die sich für die Gastländer in Sachzwänge verwandeln:

— Zerstörung des Prozesses der nationalen industriellen Entwicklung;
— Entnationalisierung, Beschleunigung des Konzentrationsprozesses und der Oligopolbildung;
— Verstärkte Abhängigkeit des Landes vom Ausland;
— Entkapitalisierung durch den zunehmenden Transver von einheimischen Ressourcen ins Ausland;
— Verschärfung der Ungleichheit und Polarisierung beim Zugang zu Ressourcen sowohl auf Seiten der Produzenten wie der Konsumenten.

In der Analyse der strukturellen Sachzwänge sind zwei Arten von Faktoren zu beachten:

— Strukturelle Schwerfälligkeiten sind Folgen des historischen Erbes jedes Landes, des Kräfteverhältnisses, des Bodenrechtes, des polarisierten Zuganges zu Einkommen und Ressourcen, der Weltanschauung und des grundlegenden ideologischen Bezugsrahmens, des Klimas und der geographischen Bedingungen. Kurz gesagt, ein ganzes Amalgam von Elementen, die die selbständige Entwicklung des Landes stark beeinflussen, beschränken die Möglichkeiten bei der Suche neuer Wege und origineller Antworten auf die Bedürfnisse der Gesamtheit einer Bevölkerung.

— Andere Sachzwänge sind direkter mit den Aktivitäten eines TNK im Lande verbunden (natürlich im Rahmen der allgemeinen Logik des ungleichen Tausches und des Profitstrebens, der von den Zentrumsländern vorgegeben wird). Auch wenn der TNK für die erstgenannten Sachzwänge nicht verantwortlich zu machen ist, so weiss er dennoch von dieser Sachlage, von den vorherrschenden Ausbeutungsmechanismen und von den Machtverhältnissen in diesem Land zu profitieren. Manchmal verstärkt die Niederlassung des TNK sogar die im Lande existierenden Ungleichheiten und Sachzwänge. Bei der zweiten Art von Sachzwängen, die aus der Präsenz des TNK entstanden sind, spielen andere Akteure bei der Verstärkung der Tendenzen und bei deren Umwandlung in strukturelle Zwänge eine nicht zu leugnende Rolle.

Verzerrungen und Zersetzungen des Prozesses der nationalen Industrieentwicklung

Es hat keinen Sinn, von einer Interessengemeinschaft oder gar von einer gegenseitigen Abhängigkeit zwischen TNK und Gastland zu reden. Die TNK aus den Zentrumsländern dringen in die inneren Gegebenheiten der Entwicklungsländer mit einer derartigen technischen Überlegenheit, Managementkapazität und wirtschaftlichen Macht ein, dass daraus eine asymmetrische Beziehung zwischen ihnen und den hauptsächlichsten Trägern einer nationalen Industrieentwicklung entstehen muss. Die Übertragung von Produktionsverfahren und einer Industrialisierungslogik, die den Realitäten und dem Wachstumsrhythmus des Gastlandes nicht angepasst sind, stürzen dieses in einen Teufelskreis. Gewiss beschleunigen die TNK, die schon in ihren Herkunftsländern Pole der Akkumulation und der Innovation bilden, die industrielle Diversifikation und erhöhen das Niveau der technologischen Komplexität in der Produktion von Gütern und Dienstleistungen. Dies geht aber nicht ohne Ressourcen-Verschleuderung und unerbittliche Ausschaltung der einheimischen Konkurrenz vonstatten: die weniger produktive inländische Industrie verschwindet, da sie ein weniger hohes technisches Niveau aufweist, aber deswegen ihrem Milieu oft viel besser angepasst ist. Noch schwerwiegender ist, dass das vom TNK übertragene Modell sich in ein Vorbild für die industrielle Entwicklung des Landes verwandelt, mit der ihm eigenen Logik, die keineswegs mit dem wünschbaren Entwicklungstyp des Landes übereinstimmen muss. Die einheimischen Firmen müssen die gleichen Verfahren, die gleichen Management und Marktbearbeitungsmethoden anwenden, wenn sie überleben wollen. Die lokalen Regierungen verlieren dadurch allmählich die Initiative in der Leitung und Bestimmung des industriellen Entwicklungsweges. Trotz aller Gesetzgebung (die sowieso umgebogen werden kann) wird es immer schwieriger, Prioritäten für die Verwendung der knappen verfügbaren Ressourcen und die optimale Befriedigung der Bedürfnisse der gesamten Bevölkerung zu setzen. Selbstverständlich verstärken mangelnder politischer Wille, Kollusion mit den TNK, Internalisierung von deren Industrialisierungslogik diese Tendenzen nur noch.

Die Industrialisierung der Entwicklungsländer nach dem transnationalen Modell trägt zur Ausbildung des lokalen Personals bei, fördert in einem bestimmten Mass das Know-How, bringt Kapital und Technologie. Bleibt die Frage, welcher Preis dafür zu bezahlen ist, und ob dies tatsächlich zu einer integrierten Entwicklung des Landes zugunsten der gesamten Bevölkerung verhilft. Die Bilanz aller Vergünstigungen und Vorteile des TNK lässt sich rasch erkennen, dass diese Art der Industrialisierung zahlreichen Ländern sehr teuer zu stehen kommt.

Die Entnationalisierung

Aufgrund des niedrigen technologischen Niveaus und der geringen Kapitalausstattung bleibt der Wachstumsrhythmus der inländischen Industrien, die ähnliche Produkte wie der TNK produzieren, zurück. So gelangen wichtige Produktionssektoren in die Hände des TNK.

Weit davon entfernt, für die einheimische Nahrungsmittelindustrie einen Ansporn zu bilden, um die wirklichen Bedürfnisse der Bevölkerung zu befriedigen, führt die Präsenz von Nestlé in vielen Fällen (z.B. Brasilien, Mexiko, Dominikanische Republik) zu einer Polarisierung im nahrungsmittelverarbeitenden Sektor und zum Untergang der einheimischen Industrien. Während die kleinen Unternehmen auf die weniger gewinnträchtigen Sektoren der Nahrungsmittelverarbeitung beschränkt werden, reissen Nestlé und die andern TNK die dynamischsten Sektoren an sich, die für die Produktion von segmentierten und differenzierten Produkten mit sehr hoher Wertschöpfung für die "Bedürfnisse" einkommensstarker Bevölkerungsschichten einen grösseren Kapitaleinsatz und eine fortgeschrittenere Technologie benötigen.

Beschleunigung der Konzentration und Oligopolbildung

Die Expansion Nestlés in Lateinamerika ist, wie wir gesehen haben, nicht allein auf neue Niederlassungen zurückzuführen, sondern beruht zu einem guten Teil auf dem Aufkauf lokaler Fabriken, die der Logik und Strategie des TNK untergeordnet werden. Ziel ist nicht nur die Rationalisierung der Produktion, sondern vor allem auch die Ausschaltung der Konkurrenz. So sahen wir, wie Nestlé z.B. in Kolumbien Fabriken für pasteurisierte Milch aufgekauft hat, um sie ein paar Jahre später zu schliessen oder grundlegend umzustrukturieren. Der TNK konnte auf weiten Gebieten eine monopolistische Kontrolle des Marktes erreichen. Folgen solcher Praktiken sind Arbeitsplatzverluste und vor allem auch Zweckentfremdung von Frischmilch, die früher der Bevölkerung angeboten wurde und nun von Nestlé zu Milchpulver oder anderen Milchprodukten verarbeitet wird, die eben profitträchtiger sind.

Die Entkapitalisierung

Die industrielle Konzentration bringt nicht nur eine Konzentration der Erträge: je mehr eine Industrie von ausländischen Unternehmen beherrscht wird, desto stärker wird der Transfer von inländischen Ressourcen ins Ausland (via Zahlung für Technologie, Markenrechtsgebühren und technische Beratung). Dieser Transfer wird noch durch die Einführung neuartiger Produkte und Verpackungen verstärkt, für deren Herstellung Zwischenprodukte importiert werden müssen.

Der TNK hat leichten Zugang zum nationalen Finanzsystem und kann die einheimischen Spargelder aufsaugen. Nach F. Fajnzylber ist dies nicht weiter verwunderlich, ist doch bei TNK Dynamik, Rentabilität, externe Unterstützung stärker als bei einheimischen Industrien. Seine Operationen in den wirtschaftlichen Spitzensektoren machen ihn zu einem interessanten Investitionsobjekt für die einheimischen Privatbanken.[12]

Verschärfte Ungleichheit und Polarisierung beim Zugang zu den Ressourcen von Produzenten und Konsumenten

Eine weitere Auswirkung der Errichtung von Nestlé-Fabriken ist die wachsende

Ungleichheit zwischen grossen Viehzüchtern und Kleinbauern in den Milchwirtschaftszonen. Die ersteren werden in der technischen Beratung und beim Milch-Ankauf durch Nestlé bevorzugt.

Dass die Einführung differenzierter und stark verarbeiteter Lebensmittel nicht der Befriedigung der Grundbedürfnisse der Bevölkerung dient, wurde schon dargelegt. Würde der TNK hingegen seine Energien und seine Überlegenheit dazu benützen, gesunde, nahrhafte und billige Produkte auf den Markt zu bringen, könnte er vielleicht mit grösserer Berechtigung von seinem Beitrag für die Industrialisierung und für die wirkliche Entwicklung dieser Länder reden. Das wäre ein ernsthafter Beitrag im Kampf gegen Unter- und Fehlernährung.

Aber genau hier liegt der Hund begraben: wenig verarbeitete Produkte mit hohem Nährwert auf den Markt zu bringen, interessiert weder Nestlé noch die anderen TNK des Agro-Business – dies hat auch P. Liotard-Vogt mehrfach unterstrichen. Das Unternehmen muss seine Technologie, seine Kapitalmacht und sein Know-How anwenden können, um Produkte mit hoher Wertschöpfung, die ebenso hohe Profitraten garantieren, herzustellen. Neben den hohen Verarbeitungskosten der differenzierten und segmentierten Produkte werden diese durch Reklame, Verpackung und Marketing sowie natürlich auch die Monopol- oder Oligopolstellung des TNK verteuert. Mit marktschreierischer Reklame greift der TNK den Markt von oben her an. Dabei zählt er auf eine allmähliche Veränderung des Konsummodells, das dann von der ganzen Bevölkerung imitiert wird. Dadurch wird das Nachfragepotential auf den Märkten der Entwicklungsländer vergrössert. Darin sehen wir den Grund für Nestlé, teure Produkte für eine kaufkräftige Kundschaft herzustellen.

"Die Regierungen der Entwicklungsländer wissen unsere Arbeit und unsern Beitrag an die Entwicklung ihrer Länder zu schätzen, und sie bitten uns, uns dort niederzulassen", ist die Antwort von Nestlé auf diese Vorhaltungen. Da sie ja wissen müssen, was gut ist für sie, gäben diese Länder Nestlé und andern Unternehmen des Agro-Business damit recht, die bei ihnen die Vermarktung von verarbeiteten Nahrungsmitteln vorantreiben.

Nestlé befriedigt gewiss die Bedürfnisse der lokalen Bourgeoisien und der Schichten mit gutem Einkommen, die meistens auch mit den TNK in Verbindung stehen. Indem sie durch Reklame den Verkauf teurer Nahrungsmittel in Ländern fördert, wo die Kaufkraft der Gesamtbevölkerung sehr niedrig ist, und dazu noch den hohen Nährwert und die Hygiene der Produkte anpreist, verstärkt Nestlé die Tendenz zur Fehlernährung. Immer mehr Familien wollen die neuen Konsummodelle der besser bestellten Schichten nachahmen, da ja alle Massenmedien verkünden, dass diese Produkte wertvoller für die Ernährung seien. Dabei geben diese Familien einen ständig wachsenden Teil ihres mageren Einkommens für verarbeitete Produkte aus, statt Getreide und Grundnahrungsmittel, die nahrhafter sind und von denen sie sich ohne Kauf der teuren Produkte genügende Mengen beschaffen könnten, zu kaufen. Die Beispiele von Peru und Mexiko zeigen, wie stark solche Veränderungen in den Essgewohnheiten die Bevölkerung verunsichern und zudem eine wachsende Fehlernährung hervorrufen.

P. Liotard-Vogt persönlich warnte in seiner Ansprache an die Generalversammlung der Aktionäre im Mai 1981 vor einer Industrialisierung, die dort neue Bedürfnisse schafft, wo noch nicht einmal die Grundbedürfnisse gedeckt sind. Im Gegensatz zu früheren Erklärungen, die den Glauben an die Industrialisierung im TNK-Stil als Entwicklungsfaktor bekräftigen, werden heute Zweifel wach. Nur wäre es besser, wenn diese Zweifel nicht nur Reden zierten, sondern auch in der täglichen Praxis des TNK zum Ausdruck kämen.

"In diesem Zusammenhang geistert nun seit ein paar Jahren in manchen Köpfen die Vorstellung herum, man hätte das Patentrezept gefunden, mit dem sich alle Schwierigkeiten überwinden liessen. Man geht dabei von der allzu vereinfachenden Überlegung aus, dass die meisten reichen Länder der Welt hochindustrialisiert seien. Die Versuchung ist gross — und gefährlich — , daraus den Schluss zu ziehen, es genüge, Fabriken zu bauen, mit anderen Worten, sich zu industrialisieren, um reich zu werden. Bestimmt, die ärmsten Länder wirtschaftlich voranzubringen bedingt grosse Anstrengungen, und dazu können sich in manchen Fällen geeignete Industrialisierungsmassnahmen durchaus günstig auswirken. Hüten wir uns aber vor unbedachten Verallgemeinerungen, denn eine Industrialisierung ist nur dann sinnvoll, wenn zuvor zahlreiche Voraussetzungen erfüllt sind. Warum soll man viel Geld in die Fabrikation von Gütern stecken, die nicht unbedingt nötig sind und die nur neue Ansprüche schaffen, wenn nicht einmal die elementarsten Bedürfnisse der Bevölkerung gestillt werden können ? Warum soll man Industrien aufbauen, wenn, wie allzu oft geschieht, weder Rohstoffe noch qualifizierte Arbeitskräfte vorhanden sind, die ein normales Funktionieren dieser Industrien erst ermöglichen ? Und darf man über die Tatsache hinwegsehen, dass es mit der Herstellung allein nicht getan ist, sondern dass man die produzierte Ware auch verkaufen muss ? Wie oft hat man sich nicht genügend Rechenschaft darüber gegeben, dass der Inlandmarkt die von der einheimischen Industrie angebotenen Güter nicht aufnehmen konnte und dass diese Güter, um auf dem Weltmarkt Absatz zu finden, in Preis und Qualität konkurrenzfähig sein müssen, was oft nicht der Fall ist ? Und dass es schliesslich einer schlagkräftigen Vertriebsorganisation bedarf, die nicht über Nacht entsteht, um die Waren zu verkaufen ? Mancher Fehlschlag lässt sich so erklären. Heute können wir nur feststellen, dass die Illusionen sich zerschlagen haben, einschliesslich der Illusion, dass eine Industrialisierung an sich schon Vorteile bringe, wie man einmal meinte! Ja mehr noch, man hat inzwischen entdeckt, dass ein Teil dieser Investitionen als verloren abgeschrieben werden muss und dass die Industrialisierungsmassnahmen überdies zur Entstehung eines zum grossen Teil arbeits- und mittellosen Stadtproletariats geführt, der Landflucht Vorschub geleistet und damit eine Abnahme der Lebensmittelproduktion bewirkt haben, so dass viele Länder, die früher Selbstversorger waren, heute Nahrungsmittel einführen müssen. Gerade weil wir die Lebensbedingungen in diesen Ländern kennen und uns für sie interessieren, sehen wir uns veranlasst, in ihrem eigenen Interesse auf solche Fehlentwicklungen hinzuweisen." [13]

Handelsbilanz

Da nach der Errichtung von Nestlé-Fabriken in einem Land nun Produkte fabriziert werden können, die vorher importiert werden mussten, soll Nestlé dadurch einen Beitrag zur Genesung der Zahlungsbilanz dieses Landes leisten, weil ein Aderlass an Devisen vermieden wird. Teilweise gibt es diese Importsubstituierung; das heisst aber nicht in jedem Fall, dass Devisen eingespart werden. Die Fälle Mexiko, Brasilien und Dominikanische Republik sind dafür bezeichnend: Obwohl die Tochtergesellschaften des TNK lokale Rohstoffe verwenden, importieren sie weiterhin viele Zwischenprodukte für die Fertigung und verkaufen auch Fertigprodukte, die von anderen Tochtergesellschaften stammen. Diese Bewegungen werden nur teilweise durch den Export von Halbfabrikaten und Konsumwaren nach andern Ländern kompensiert. Es ist zum Beispiel schwer verständlich, weshalb das Unternehmen in verschiedenen Ländern Milchpulver importiert, um es in lösliches oder vitaminisiertes Milchpulver weiterzuverarbeiten. Die Abhängigkeit von Milchbestandteilen, die oft sowohl vom Staat, der sie liefert, als auch vom importierenden Staat subventioniert werden, verringet die Tragweite der Importsubstituierung (siehe Peru und Dominikanische Reprublik).[14] Bei der Bewertung der Rolle von Nestlé bei diesen "Deviseneinsparungen" müssen auch die ganzen Steuer- und Zollerleichterungen in Rechnung gestellt werden, die ja als eine Art Produktionssubvention betrachtet werden können (Einnahmenverluste für die betreffenden Länder).

Im weitern vermindern Lizenzgebühren, Dividendenzahlungen ans Stammhaus, Zinsen etc. den Effekt der Importsubstituierung auf den Devisenabfluss. Ausserdem, meint Fajnzylber, wenn man die Reinvestition des Profits durch den TNK stimuliert, indem man die Repatriierung der Gewinne einschränkt, so findet als Reaktion darauf eine Entnationalisierung der Industrie statt. Dadurch wird das Problem nur hinausgeschoben und zudem verschlimmert, da die Basis für die Repatriierung der Gewinne sich nur noch vergrössert (siehe Nestlé-Brasilien). Wenn aber ein Land die Reinvestition der Gewinne durch Tochtergesellschaften von TNK einschränkt, um so einen Entnationalisierungsprozess zu vermeiden, so verschärft sich dadurch kurzfristig das Zahlungsbilanzproblem wegen der Überweisung der Erträge ins Ausland.[15]

Technologietransfer: Mythos oder Wirklichkeit?

Es heisst, dass Nestlé bei ihrer Niederlassung in einem Entwicklungsland nicht nur Kapital einbringt, sondern dass auch ein Technologietransfer stattfindet, der Arbeitsplätze schafft für lokale Arbeitskräfte – ein weiterer Beitrag, den nur ein TNK leisten könne.

Bringt die von den TNK kontrollierte Industrialisierung den Entwicklungsländern wirklich neue Technologien? Handelt es sich nicht vielmehr um einen Technologietransfer in eine Tochtergesellschaft, d.h. um eine konzerninterne Operation, die keinen "Schneeball-Effekt" auf die gesamte betroffene Industrie hat? Die Existenz von einschränkenden Klauseln in den Verträgen mit den Tochtergesellschaften, sowie die massgebende Kontrolle über Kapital und Schlüsselposten tragen eher zu einer Entwicklung der Tochtergesellschaften im Interesse der Strategie und der Prioritäten des TNK als zu einer Entwicklung des Landes und seiner Bevölkerung bei.

Eine neuere Studie des UN Center of International Corporations über die Verarbeitungsindustrie für Lebensmittel und Getränke führt aus, dass die in dieser Branche verwendete Technologie allgemein bekannt und relativ einfach ist, was bedeutet, dass der Beitrag der TNK auf diesem Gebiet geringer ist, als diese behaupten.

"Im Gegensatz zu andern Sektoren, wo die TNK stark vertreten sind, können die Unternehmen, die die Nahrungsmittelverarbeitung beherrschen, sehr wenig oder überhaupt keine eigene Kontrolle über die Technologie ausüben. Die Techniken sind allgemein zugänglich und viele von ihnen sind Jahrzehnte oder sogar Jahrhunderte alt. Die TNK können vor allem aus ihrer Produktionsorganisation und Erfahrung in der Verwaltung stärkeren Nutzen ziehen als die inländischen Unternehmen, sie halten aber wenig erwähnenswerte Patente, und fast alle neuen Verfahren sind ausserhalb des Sektors entwickelt worden."[16]

Der Technologiebeitrag von Nestlé an ihre Tochtergesellschaften wird so für die Gastländer zu einem sehr teuren Weg. Dazu kommt noch, dass die restriktiven Klauseln in den Verträgen es verunmöglichen, dass die Technologie wirklich den Bedürfnissen des jeweiligen Landes angepasst und für dessen eigene Entwicklung weiterverwendet wird. Weit davon entfernt, den Ländern eine neue Technologie zu ihrer Entwicklung zur Verfügung zu stellen, reserviert sich der TNK das exklusive Gebrauchsrecht für seine Tochtergesellschaften, dies alles unter seiner eifersüchtigen Kontrolle und Domination. In der Tat sind in manchen Fällen diese Verträge über Technologie und technische Beratungsdienste zu einem Hilfsmittel geworden, um unter der Hand Gewinne zu repatriieren, was die Bemühungen der Gastländer um eine Regelung des Kapitalverkehrs zunichte macht.

Wionczek zeigt die Grenzen des Technologietransfers durch transnationale Unternehmen klar auf:

1. Importierte und aufgepfropfte Technologie, mit keinen oder minimen Anpassungen an die lokalen Bedingungen, sind kapitalintensiv, dies in Wirtschaftssystemen, wo Kapital knapp ist.
2. Im Gegensatz zu dem, was viele glauben, findet der Grossteil des Technologietransfers innerhalb der TNK statt. Seine Verbreitung oder seine demonstrative Wirkung auf den Rest der Wirtschaft ist kaum erwähnenswert.
3. Die fehlenden Bemühungen um eine Anpassung haben eine negative Auswirkung auf die Entwicklung technischer Fähigkeiten auf lokaler Ebene.
4. Der Grossteil der importierten Technologie muss als Konsumtechnologie und nicht als Produktionstechnologie eingestuft werden.
5. Die mechanische Reproduktion von importierten Technologien für die Erfüllung der sogenannten, angeblich eigenständigen Konsumbedürfnisse, die tatsächlich aber durch die kommerzielle Propaganda manipuliert werden, hat sehr schwerwiegende, soziale Konsequenzen.[16]

Es findet also ein kostspieliger Transfer von "technologischen Paketen" unter der Kontrolle des TNK statt, der mehr seinen eigenen Interessen als denjenigen des Landes dient. Ausserdem verhindert diese Übertragung ohne Anpassung nicht nur die spätere Nutzung zugunsten des Landes, sondern bestimmt auch noch die Art der Fertigprodukte, die auf den Markt gebracht werden, d.h. teure, differenzierte Produkte.

Arbeitsplatzbeschaffung und Ausbildung von Arbeitskräften

Neue Arbeitsplätze werden zum Zeitpunkt der Eröffnung einer Nestlé-Fabrik in einer Region geschaffen. Die Zahl der direkten Arbeitsplätze ist jedoch beschränkt, da eine Technologie angewandt wird, die mehr Kapitaleinsatz als Arbeitskräfte benötigt. Wie wir es bei den Fallstudien bemerkt haben, muss auch die Zahl der indirekten Arbeitsplätze, die geschaffen wurden, mit Vorsicht geschätzt werden. Dabei geht es grundsätzlich nicht so sehr darum, die Schaffung von Arbeitsplätzen im konjunkturellen, sondern vielmehr im strukturellen Sinne zu messen. Das von Nestlé in Lateinamerika angewandte Industrialisierungsmodell enthält strukturelle Faktoren, die eine Zunahme der Arbeitsplätze verhindern. Das Unternehmen verdrängt immerhin lokale Industrien, die den dortigen Gegebenheiten und den verfügbaren Ressourcen besser angepasst und arbeitsintensiv sind.

Die hohen Profitraten und der leichte Zugang der TNK zum Kapital auf den in-

und ausländischen Märkten ermöglichen es, gute Gehälter zu bezahlen, die oft höher sind als diejenigen der nationalen Industrien. Diese Tendenz wird noch durch die Konzessionen seitens der lokalen Regierungen, durch die Kontrolle über die Handelsnetze und durch eine Organisation der Produktion auf Weltebene verstärkt.

Es findet zwar eine Übertragung des Know-How und eine Ausbildung des Personals statt, gleichzeitig stellt man aber auch eine Abwerbung von Kadern aus inländischen Unternehmen fest, die in staatlichen Programmen, in der nationalen Industrie oder sogar mit Hilfe von internationalen Organismen ausgebildet worden sind. Der TNK kann diesen Fachkräften bessere Gehälter und Arbeitsbedingungen offerieren als die inländischen Unternehmen oder der Staat.

Auswirkungen auf die regionale Entwicklung

Die Ansiedlung einer Nestlé-Fabrik in einer isolierten Gegend soll zum Kernpunkt einer Industrialisierung werden, die eine weitergehende Entwicklung dieser Region bringt. Man hat an verschiedenen Beispielen, vor allem in Chiapas (Mexiko) und Cajamarca (Peru) sehen können, was die Ansiedlung einer Nestlé-Fabrik in einer isolierten Gegend wirklich bedeutet. Die Milchproduktion wird dank neuer Abnahmemöglichkeiten für die Viehzüchter entwickelt, und Weiden und Viehpflege werden verbessert. Die wirtschaftlichen Tätigkeiten in dieser Region verändern sich, und man bemerkt eine fortschreitende Verlagerung vom Ackerbau auf die Viehzucht, auf Kosten des Nahrungsmittelanbaus. Weiter gibt es eine wachsende Monetarisierung der Wirtschaft, da die Bauern durch den Verkauf ihrer Milch während des ganzes Jahres auf ein Geldeinkommen zählen können. Für die Fabrikarbeiter (Chauffeure, Personal der technischen Beraterdienste) werden direkte Arbeitsplätze geschaffen. Eine Anzahl von Familien rechnen mit dem Verkauf von Milch als Nebenverdienst.

Die Nestlé-Initiative gibt andern Industriezweigen selten einen Ansporn. Wenn einerseits neue Arbeitsplätze geschaffen werden, so gehen andrerseits auch viele verloren, da kleine Fabriken oder Käsereien entweder geschlossen werden oder ihre Tätigkeit einschränken, vor allem aber auch wegen der Verlagerung vom Ackerbau auf die Viehzucht, die relativ wenig Arbeitskräfte benötigt.

Sehr oft aber kommt es vor, dass die Nestlé-Beratungsdienste die Polarisierung zwischen mittleren und begüterten Bauern, die eine technisch bessere Viehzucht aufbauen können, und den Kleinbauern, die diese als Nebenverdienst betreiben, noch vergrössern. Die Analyse der nationalen Fallstudien hat es erlaubt, die Rolle dieser technischen Beratung und der Milchstrassen als Mittel zur Unterordnung der Bauern unter die Monopolpolitik des TNK zu erfassen. Dank ihrem Gewicht bei der Verarbeitung und Kommerzialisierung der Milch und ihrer Allianz mit der lokalen Bourgeoisie, kann Nestlé die Frischmilch zu günstigen Bedingungen erwerben, und den Produzenten einen Minimalpreis bezahlen, ohne dabei das Risiko der Viehzucht oder der Eigenproduktion auf sich nehmen zu müssen. Der Überfluss an Milch auf dem Weltmarkt wird zu einem gewichtigen Argument in den Verhandlungen. Der Ankaufspreis für die von den inländischen Produzenten gelieferte Milch kann ständig heruntergedrückt werden. Wir sahen auch, wie im Falle von Chontalpa, Mexiko, die kleinen Produzenten die Kosten für die Experimente in einer tropischen Zone tragen und die von Nestlé begangenen Fehler bezahlen mussten.

Wenn Nestlé in gewissen Gebieten sich an der Entwicklung von Verkehrswegen beteiligt hat, so hat sie in andern Regionen die Kosten der Infrastruktur für die Errichtung einer Fabrik mit Subventionen oder anderen Vorteilen kompensieren können.

Wie die Fallstudien dieses Buches zeigen, führt die Errichtung einer Nestlé-Fabrik in einer bestimmten Region nicht zu einer allgemeinen und integrierten Entwicklung, sondern eher zu einer Überlagerung. Der TNK profitiert von den Ressourcen dieser Region, verarbeitet sie aber für den Konsumenten der begüterten Schichten in den Städten. Das strukturelle Gleichgewicht in der Region selbst wird sehr oft gestört, da die handwerkliche Produktion (Käsereien) vernichtet wird. Entwicklung einer Region findet nicht statt, wenn sich diese Entwicklung allein auf die wachsende Produktion eines einzigen Rohstoffes abstützen soll; andere Dimensionen müssen beachtet werden. Man sollte von einer TNK-Niederlassung, die ohne jegliche Beteiligung der Bevölkerung lediglich importierte Technologie anwendet, ohne diese durch die Bevölkerung anpassen zu lassen, nicht zu viel erwarten.

Die Bauern von Cajamarca (Peru) und Chontalpa (Mexiko) haben klar begriffen, dass die Initiative ihnen überlassen werden soll und sie zu einer Entwicklung, die in erster Linie sie selber betrifft, beigezogen werden wollen. Natürlich passen solche Forderungen nach Beteiligung der Betroffenen überhaupt nicht in die Logik des TNK. Im Gegenteil, für ihn ist es viel wichtiger, die Verarbeitung und die Milchsammlung zu kontrollieren. Er will über die Expansion von Milchwirtschaftsgebieten gemäss seinen Bedürfnissen und den Absatzmöglichkeiten auf dem nationalen Markt entscheiden. Nun trifft Nestlé kein Vorwurf, wenn sie nicht alle sozio-ökonomischen Dimensionen ihrer Präsenz in Betracht zieht, denn es ist nicht ihre Aufgabe, die Verantwortung für eine regionale Entwicklung an Ort und Stelle zu übernehmen. Es geht nur darum, die selbstgefällige Behauptung des TNK, er spiele in einer solchen Entwicklung eine unersetzliche Rolle, immer wieder in Frage zu stellen.

Tatsächlich könnte eine an die betreffenden Regionen und ihre Ressourcen angepasste Industrialisierung das Nestlé-Industrialisierungsmodell vorteilhaft ersetzen. Vielleicht würden dann Konsumgüter hergestellt, die weniger schön verpackt und weniger weit verarbeitet wären, die aber bestimmt billiger und den Ernährungsgewohnheiten der Bevölkerung besser angepasst wären. Gemeinschaftliche agro-industrielle Unternehmen, zum Beispiel, die langsam aufgebaut werden, lokale Arbeitskräfte ausbilden und weniger Energie verbrauchen, bieten (trotz vieler Schwierigkeiten) eine gangbare Alternative zum Eindringen von Industrien, die die Abhängigkeit nur vergrössern und zu einem Kostenfaktor für die Volkswirtschaft werden, zudem nur die Pseudobedürfnisse einer Elite befriedigen anstatt die Grundbedürfnisse der gesamten Bevölkerung. Es gilt für Situationen, die von denjenigen in Europa oder in den USA verschieden sind, andere originelle Lösungen zu finden, die den betroffenen Ländern zu mehr Autonomie verhelfen.

Anmerkungen zu Kapitel VIII

1. J. Paternot, in: «Revue économique et social», Lausanne 1973, S. 29.
2. P. Liotard-Vogt, in: «Revue économique et social», No 4, Dezember 1973, S. 315.
3. derselbe, Ansprache, ordentliche Generalversammlung der Aktionäre, vom 13. Mai 1982, Lausanne, S. 10.
4. eneda, S. 11.
5. derselbe, «Transfert de technologie et division international du travail.» Conférence au centre pratique de la négociation internationale, Genève, 30. Oktober 1980.
6. Nestlé, «Raports annuels», 1973, S. 31.
7. P. Liotard-Vogt, op.cit.
8. derselbe, op.cit.
9. Fernando Fajnzylber, «Las empresas transnacionales y el Collective selfreliance», in El Trimestre Economico, Mexiko, 879 – 921, 1976, Zitat S. 881. Interesse verdient auch die Textsammlung, herausgegeben unter der Leitung von F. Fajnzylber: «Industrializacion en la America latina», El Trimestre Economico, 34, Fondo de cultura economica, Mexiko, 1980, 566 Seiten.
10. Ernest Federer «Les aspects négatifs de l'agro-industrie étrangère dans les pays de tiers monde», in: «Problèmes économiques», 8. Dez. 1976, S. 11 – 14.
11. Miguel S. Wionczek, «Problematica politica y economica de las transnacionales en el contexto latinoamericano», in: «Comercio extérior», Mexico, abril 1975, S. 444 – 50.
12. F. Fajnzylber, op.cit., S. 896 f.
13. P. Liotard-Vogt, Ansprache, ordentliche Generalversammlung der Aktionäre, Lausanne 1981, S.6/7
14. Siehe Kapitel III und IV dieses Buches.
15. F. Fajnzylber, op.cit., S. 898 f.
16. United Nations, Centre on transnational Corporations. «Transnational Corporations in Food and Beverage Processing», N-Y, 1981, S. 111.
17. Wionczek, op. cit., S. 449 f.

Kapitel IX

Wie Nestlé auf Kritik reagiert

Wahrscheinlich ist Nestlé das am meisten kritisierte transnationale Nahrungsmittelunternehmen. Der Umfang und die Dauer dieser Auseinandersetzungen können unter anderem folgenden Gründen zugeschrieben werden:

— einer wachsenden Mobilisierung der Öffentlichkeit und der aktiven Rolle engagierter Organisationen (Drittweltgruppen, Konsumentenverbände, Kirchen, usw.)[1], die sich über die unheilvollen Konsequenzen der Präsenz transnationaler Unternehmen in der Dritten Welt Fragen stellen;
— dem Platz, den Nestlé ihrem Image als Teil ihrer ganzen Expansionsstragie zuweist;
— der Haltung, die Nestlé Kritik und Kritikern gegenüber einnimmt;
— der systematischen Gegeninformationskampagne und den Ablenkungsmanövern Nestlés, mit denen eine radikale Änderung ihrer Praktiken vermieden werden soll;
— dem Echo in den Massenmedien auf diese Diskussionen und deren mögliche Konsequenzen.

Der ideologische Diskurs von Nestlé über den Dienst, den sie den Drittweltländern leistet, und über ihre Sorge um Hygiene und Ernährung, ist ein Schlüsselpunkt im Image, welches das Unternehmen in der Öffentlichkeit aufrechterhalten will. Dieses Image wird seinerseits zu einem Legitimationswerkzeug für Nestlés Expansionspolitik in der Dritten Welt und verschleiert ihre wirklichen, einem kapitalistischen Unternehmen inhärenten Ziele: die Suche nach Profit und neuen Märkten, um seine Tätigkeiten weiterführen zu können. Der TNK macht in seinem Diskurs nicht nur seine Überlegenheit gegenüber Konkurrenten, Gastländern, Produzenten und Konsumenten geltend, sondern erklärt gewohnheitsmässige Missbräuche und Praktiken, die im klaren Widerspruch zu seinen Grundsatzerklärungen stehen, mit vereinzelten Fehlhandlungen, mit Zwischenfällen. So kann Nestlé sehr grosszügige "Glaubensbekenntnisse" abgeben, unterstreichen, wie sehr sie sich ihrer sozialen Verantwortung bewusst sei, ohne sich jedoch gross darum zu kümmern, wie die tägliche Praxis ihrer Tochtergesellschaften aussieht. Sobald man ihr einen derartigen Widerspruch aufzeigt, reagiert Nestlé in den meisten Fällen abweisend, weist die Kritik als unbegründet zurück oder erklärt deren Urheber als nicht zuständig. Diese Reaktion wird von verschiedenen Propagandamassnahmen begleitet, um das angeschlagene Image wieder aufzupolieren. Dadurch versucht der TNK, seine Existenzberechtigung neu zu beweisen.
In diesem Rahmen müssen die Nestlé-Reaktionen auf Kritik historisch situiert werden. Bestimmte Fehler und Falscheinschätzungen der gegnerischen Macht und der Art gewisser Kritiken haben Nestlé bittere Enttäuschungen gebracht. Unter Falken und Tauben innerhalb des TNK läuft eine bis heute nicht abgeschlossene Diskussion über die Haltung, die gegenüber Kritikern an den Nestlé-Praktiken einzunehmen ist.
Dabei ergeben sich zwei Möglichkeiten:

— Mit den Kritikern in einen Dialog treten, was frühere Praktiken des TNK in Frage stellen kann;
— Sich weigern, die Kritik als berechtigt und deren Urheber als kompetent anzusehen, indem man sie, wenn möglich, ignoriert oder versucht, die öffentliche Meinung durch eine systematische Gegeninformationskampagne abzulenken.

Bis vor kurzem schien die letztere Haltung von Nestlé bevorzugt zu werden. Seit Ende 1983 aber hat Nestlé progressiv eine neue Strategie der Verhandlung mit den Kritikern, vor allem mit dem Internationalen Komitee für einen Nestlé-Boykott (INBC), angewandt.

Allein eine Analyse der wichtigsten Streitpunkte und des Verhaltens von Nestlé sowie ihren Gegnern kann helfen, in der Öffentlichkeitsarbeit von Nestlé eine gewisse Entwicklung festzustellen.

Um die Spitzfindigkeiten und Varianten im Diskurs und der Praxis von Nestlé zu verstehen, muss in drei Etappen vorgegangen werden:

— Aufzählung von Daten und Fakten.
— Wie wurde auf Kritik reagiert?
— Konfrontation von Strategie und Praxis.

Einige Daten und Fakten

18. Juli 1972: PAG (Protein Advisory Calorie Group) UNO — unterstreicht die Wichtigkeit des Stillens im Blick auf die soziokulturelle und wirtschaftliche Situation in den Entwicklungsländern.

August 1973: Artikel im *New Internationalist* über die Gefahren des Milchpulvers.

März 1974: War on Want — *The Babykillers*

Mai 1974: Arbeitsgruppe Dritte Welt, Bern: Nestlé tötet Babies.

Mai 1974: Resolution der Weltgesundheitsorganisation: Stillen ist die beste Ernährung für eine harmonische körperliche und geistige Entwicklung des Kindes.

Juli 1974: Nestlé legt gegen die Arbeitsgruppe Dritte Welt Klage ein.

1974: Interfaith Center on Corporate Responsibility (ICCR) untersucht den Missbrauch von Milchpulver für Säuglinge in der Dritten Welt.

November 1975: Schaffung des International Council of Infant Food Industries (ICIFI).

November 1975: Beginn des Prozesses in Bern.

Februar 1976: Anhörung von Prof. Jelliffe im Berner Prozess.

September 1976: Urteil im Berner Prozess.

Januar 1977: Schaffung von Infant Formula Action Coalition (INFACT).

Juli 1977: Beginn des Boykotts gegen Nestlé, organisiert durch INFACT, in den Vereinigten Staaten.

Mai 1978: "Hearings" im amerikanischen Senat.

November 1978: Der Nationale Kirchenrat der USA unterstützt Nestlé-Boykott.

Oktober 1979: Gemeinsames Treffen WHO/UNICEF über Säuglings- und Kinderernährung.

Oktober 1979: Organisation des Netzwerkes IBFAN (Internationales Netzwerk von Aktionsgruppen für Säuglingsernährung).

Juni 1980: Artikel von H. Nickel in *Fortune*.

Januar 1981: *Washington Post* veröffentlicht geheime Dokumente "Nestlégate".

Mai 1981: WHO verabschiedet den Verhaltenskodex.

Mai 1981: Schaffung von CANES (Konvention der Nestlé-Aktionäre).

Januar 1982: Wie im vorhergehenden Jahr spricht sich auch jetzt der Exekutivausschuss der WHO gegen die Zulassung von ICIFI als nichtregierungsgebundene Organisation aus.

Februar 1982: Nestlé erteilt Anweisungen an ihre Tochtergesellschaften und Verkaufsstellen.

Mai 1982: Weitere Anweisungen Nestlés an Tochtergesellschaften und Verkaufsstellen betreffend die Anwendung des WHO-Verhaltenskodexes.

Mai 1982: Nestlé gründet eine Aufsichtskommission unter der Leitung von Senator Muskie (NIFAC: Nestlé Infant Formula Audit Commission).

Mai 1982: IBFAN veröffentlicht *Breaking the Rules.*

Oktober 1982: Nestlé kündigt neue Anweisungen an ihre Tochtergesellschaften an.

November 1982: Treffen zwischen C. Angst, Nestlé-Direktion, und Vertretern des Internationalen Boykottkomitees.

Januar 1983: Nestlé veröffentlicht Erklärungen zu ihren Anweisungen betreffend die Verteilung von Warenmustern an Personal des Gesundheitswesens.

Januar 1983: Die "American Federation of Teachers" zieht ihre Unterstützung des Boykotts zurück.

Das ganze Jahr fährt Nestlé mit ihrer Propagandakampagne weiter, in welcher sie der Öffentlichkeit glaubhaft machen will, dass sie den Verhaltenskodex der WHO ganzheitlich anwendet und deshalb kein Grund zum Boykott mehr besteht. Nestlé versucht, die Gegner zu entzweien und schlägt sogar den Kirchen und andern Organisationen vor, ein spezielles Komitee zu bilden, das die Klagen wegen Verletzungen des Kodexes durch Nestlé behandeln würde. Der TNK schlägt auch, mit dem gleichen Zweck, die Errichtung eines roten Telephons zwischen Kirchen und Nestlé-Direktion in der Schweiz vor. Dabei geht es vor allem darum, Verhandlungen mit dem INBC zu vermeiden und diesem die Unterstützung zu entziehen.

März-April 1983: Das INBC verdoppelt seine Bemühungen um eine bessere Koordination des Boykotts auf internationaler Ebene, um so Nestlé zu zwingen, sich voll den Anweisungen des WHO-Verhaltenskodexes zu unterwerfen. Das INBC ruft zwanzig nationale Organisationen in Europa und dem Pazifik auf, sich dieser Bewegung anzuschliessen.

April 1983: Das Europäische Parlament beschliesst mit 133 gegen 23 Stimmen, die Europäische Kommission zu drängen, die Anweisungen des Kodexes auch in Europa anzuwenden. Dieses Ergebnis bestätigt eine bereits erfolgte, ähnliche Abstimmung des Europäischen Parlaments vom Oktober 1981 und drückt vor allem auch eine klare Ablehnung einer weniger restriktiven, von Industrievertretern (IDACE: Association des Industries d'Aliments diététiques de la Communauté européene) vorgeschlagenen Fassung des WHO-Kodexes aus.

Mai 1983: Am Tag der Generalversammlung der Nestlé-Aktionäre werden in Lausanne von den Gegnern 112'000 Unterschriften aus 38 Ländern unterbreitet, die verlangen, dass Nestlé den WHO-Kodex respektiere, und die ihren Willen bezeugen, Nestlé-Produkte zu boykottieren.

Ende 1983: Der Boykott dehnt sich aus, weitere Länder machen mit und Aktionsgruppen werden in vielen Ländern der Dritten Welt, vor allem in Lateinamerika, gegründet. Im April zum Beispiel wird das "Comité de Accion para la Proteccion de la lactancia materna (CAPLAM)" gebildet.

Zwischen hohen Funktionären von Nestlé und Mitgliedern von INBC finden Treffen statt.

Januar 1984: INBC und Nestlé kündigen gemeinsam den Abschluss eines Abkommens an, durch welches der Boykott gegen Nestlé während sechs Monaten aufgehoben wird.

2.-5. Februar 1984 Mexiko: Gemeinsame Konferenz der Mitglieder von INBC und dem IBFAN-Netzwerk. Die Aufhebung des Boykotts wird bestätigt. Die Gruppen arbeiten eine Strategie zur Überwachung dieses Abkommens aus und unterstreichen die Bedeutung der universalen Anwendung des WHO-Kodexes, bedauern aber auch, dass dies im Abkommen zwischen INBC und Nestlé nicht erwähnt wurde.

Monatliche Treffen einer gemischten Kommission Nestlé/INBC, um die Einhaltung des Abkommens zu kontrollieren und die noch hängigen Probleme zu lösen.

12. Juli 1984: Treffen in Genf von Vertretern des INBC (Nordamerika und Europa) und der Nestlé-Direktion. Die INBC-Vertreter bestehen auf der Notwendigkeit einer universalen Anwendung des WHO-Kodexes, also auch in Europa. Die Nestlé-Vertreter weigern sich, eine so einseitige Anerkennung des Kodexes in Europa zu akzeptieren, da sie dadurch ihren Konkurrenten gegenüber in eine unvorteilhafte Lage gebracht würden. Sie bitten die INBC-Vertreter, sich auch ihrer Konkurrenten, die weiterhin den Kodex verletzen, anzunehmen.

August 1984: INBC-Europa Treffen, um die Stellungnahme ihrer Mitglieder zu einer definitiven Aufhebung des Nestlé-Boykotts zu bestimmen.

28.-29. September 1984: Generalversammlung der Mitgliederorganisationen des INBC in New York. Die Vollversammlung empfiehlt ihren Mitgliedern, den Boykott gegen Nestlé definitiv aufzuheben und andere Aktionsmethoden zu finden, damit nicht nur Nestlé, sondern auch die andern Gesellschaften den WHO-Kodex ganzheitlich respektieren.

▌Wie wurde auf die Kritik reagiert?▐

Eine Analyse der Reaktionen von Nestlé auf die Kritik ihrer Gegner während der vergangenen zehn Jahre offenbart verschiedene Arten von Reaktionen, um die Kritik zu entschärfen und die Glaubwürdigkeit der Organisationen, die diese Kritik ausüben, in Frage zu stellen. Man hat manchmal das Gefühl, der TNK mache tastende Versuche; die harte Tour wechselt mit einer scheinbar versöhnlichen Haltung, bald liegt er auf der Lauer, um die nächsten Züge des Gegners zu erraten, bald geht er zum Angriff über. Kohärenz ist dabei nicht immer an der Tagesordnung, in gewissen Situationen wird auch falsch eingeschätzt, worum es eigentlich geht. Eine Konstante ist aber immer präsent: das unleugbare Wachstum der vorhandenen Kräfte. Trotz der Versuche der Nestlé-Leitung, die Gegner als eine Minderheit von Aktivisten hinzustellen, wächst deren Zahl im Laufe der Jahre ständig. Auf der andern Seite stellt Nestlé immer mehr spezialisiertes Personal ein und erhöht das für die Imageerhaltung vorgesehene Budget.* Eine ganze Palette von Massnahmen wird getroffen, um die Protestschreie, die zuerst vereinzelt sind, dann immer mehr zu einem Chor werden, vergessen zu lassen. In den meisten Fällen nützt alles nichts. Statt weiterhin so zu tun, als ob nichts wäre, sollte sich Nestlé besser der Situation stellen und ihr Verhalten entsprechend ändern. Es scheint, dass dieser Zermürbungskrieg Lektionen erteilt, und zwar nicht nur den Gegnern der Nestlé-Politik, sondern auch den TNK-Strategen, ob man dies bei Nestlé zugesteht oder nicht.

Vogel Strauss Politik

Erste Reaktion: die Kritik ignorieren oder wenigstens so tun als ob, indem man

---

*) 1983 waren z.B. mehr als 20 Personen bei Nestlé für die Bekämpfung des Boykotts seiner Produkte angestellt. Es wurde geschätzt, dass damals mehr als 40 Mio. Dollar dafür aufgewendet wurden, vor allem für den kostspieligen Versand von Hunderttausenden von Dossiers und dem Beiziehen von Werbeagenturen.

behauptet, dass deren Urheber schlecht informiert seien oder einen Einzelfall, einen menschlichen Irrtum, als regelmässige Praktik des Unternehmens hinstellen. Und so stellt sich Nestlé den Aktionären und der Öffentlichkeit gegenüber gerne als Opfer hin, beklagt sich, dass man für die TNK kein Verständnis aufbringt und nur wegen ihrer Grösse vor ihnen Angst hat. Da man sowieso immer etwas an ihnen auszusetzen findet, tut man am Besten daran, gar nicht auf die Misstöne zu hören.

In einer Rede an die Aktionäre illustriert Pierre Liotard-Vogt diese Haltung sehr deutlich:

"Ich lege Wert darauf, Ihnen zu zeigen, dass wir nicht einzig und allein nach Gewinn streben. Wir sind uns der menschlichen, sozialen und wirtschaftlichen Verantwortung bewusst, die wir in erster Linie für unser Personal tragen, dann aber auch für die menschlichen Gemeinschaften, zu denen wir gehören. Wir sind sicher, dass Sie diese Haltung von uns erwarten. Sie gehört zur Erfüllung unserer Pflicht, wenn wir auch nicht behaupten dürfen, dass unsere Pläne nicht noch verbessert werden könnten. Wir erwarten ebensowenig Dank wie es uns erstaunt, wenn gewisse Leute unser Handeln ins Lächerliche ziehen oder dahinter zumindest schlechte Absichten sehen wollen. Es genügt uns, wenn Sie mit der Führung unserer Gesellschaft zufrieden sind und darüberhinaus unsere staatsbürgerliche Haltung unterstützen."
(Nestlé Alimentana AG, Cham und Vevey, Ansprache des Präsidenten des Verwaltungsrates, Ordentliche Generalversammlung der Aktionäre vom 6. Juni 1973 in Montreux, Typoskript, S. 17)

Diese Selbstzufriedenheit und die vorgetäuschte Gleichgültigkeit der Kritik gegenüber genügen angesichts der schweren Attacken nicht mehr. Nestlé muss sich nun den Kritikern stellen, um die Besorgnis gewisser Aktionäre und der Öffentlichkeit zu zerstreuen.

Die starke Hand gegen die Feinde des Systems

Wenn man Nestlé Glauben schenken will, so sind die Anklagen der Gegner nichts anderes als Verleumdungen. Das imagegeschädigte Unternehmen muss dieser Handvoll Aktivisten, die es wagen, es in Frage zu stellen, eine Lektion erteilen. Das bedeutet Strafklage wegen Verleumdung.* Nestlé bemüht sich, die Tragweite der Kritik zu bagatellisieren und muss später zum Gegenangriff übergehen: seine

---

*) Zum Prozess von Bern siehe späteres Kapitel

Gegner sind "Aktivisten" oder sogar Marxisten, die nicht nur Nestlé angreifen, sondern das ganze System des freien Unternehmertums gefährden. Die Nestlé-Jahresberichte von 1976 nehmen dieses Argument auf:

> "Schliesslich möchten wir noch einmal betonen, dass wir zwar für einen Dialog offen sind, dass wir es aber ablehnen, mit Leuten zu verhandeln, die über den Umweg der Verteidigung von Konsumenteninteressen in Wirklichkeit die wirtschaftlichen und politischen Systeme verändern wollen, in denen wir leben."
> (Nestlé AG, Jahresberichte, 1976, S. 37).

Die amerikanischen Gegner werden als "unter der Fahne Christi marschierende Marxisten" taxiert und man klagt den Ökumenischen Rat der Kirchen der Anstiftung zum Kampf gegen das freie Unternehmertum an.* Nestlé betrachtet sich als privilegierter Vertreter dieses freien Unternehmertums und behauptet, dass man sie aus diesem Grunde angreift und nicht wegen ihrer Missbräuche.

Nestlé:

> "Wir dürfen jedoch nicht übersehen, dass wir ganz einfach als Verkörperung des Systems der freien Marktwirtschaft betrachtet werden, das gewisse Leute aus ideologischen Gründen bekämpfen. Natürlich können wir niemandem das Recht absprechen, seine eigenen Vorstellungen von der zu errichtenden idealen Gesellschaft zu haben und diese Vorstellungen auch zu verbreiten; es ist aber unredlich, das bestehende System dadurch zerstören zu wollen, dass man der multinationalen Gesellschaft als eine seiner Ausdrucksformen alle Sünden anlasten möchte. Von einer bestimmten Grösse an sieht sich nämlich jedes Unternehmen gezwungen — insbesondere in Europa und vor allem in einem Kleinstaat wie der Schweiz —, in mehreren Ländern zu arbeiten und somit das Etikett "multinational" zu tragen. Mit diesem Verhalten wird aber auch versucht, die bezüglich Wirtschaftsfragen bestehende Unkenntnis des breiten Publikums zu missbrauchen, da dieses nicht immer erkennen kann, wie weit solche gegen die multinationalen Gesellschaften gerichteten Angriffe auf Verleumdung beruhen."
> (Nestlé AG, Ansprache von Pierre Liotard-Vogt, ordentliche Generalversammlung der Aktionäre, 17. Mai 1979, S. 9/10).

Die Kritiker werden von Nestlé als "professionelle Verleumder" (P. Liotard-Vogt, G.V. 1981), als Leute, die "erklären, sie seien unsere Gegner" (P. Liotard-Vogt, G.V. 1979), die "haltlose Verleumdungskampagnen" organisieren (P. Liotard-Vogt, G.V. 1980), als "bedingungslose Aktivisten" (A. Fürer, G.V. 1983) und "fanatische Gemüter" (A. Fürer, G.V. 1984) bezeichnet.

Die Führer des Nestlé-Boykotts werden als "sachkundige Leute, die meist nicht wissen, wovon sie reden und die uns leider aus rein politischen und ideologischen Gründen feindlich gesinnt sind"**, tituliert. (P. Liotard-Vogt, G.V. 1980, S. 13)

Diese Reaktion von Nestlé ist nicht weiter erstaunlich. Sie wurde bereits an einem Symposium über "Multinationals in confrontation" (Genf, 23.-26. September 1975) entwickelt und als "Strategie der Multinationalen ihren Verleumdern gegen-

---

*) Die Zusammenarbeit der Nestlé "Strategen" mit Ernst Lefever in der Bekämpfung des Boykotts, hat die Veröffentlichung eines Artikels von Herman Nickel in der angesehenen amerikanischen Zeitschrift Fortune unter dem Titel "The Corporation Haters" ermöglicht (16. Juni 1980). Siehe unten: Die Affäre Nestlé: "Nestlégate"

** In einer internen Notiz der ICIFI-Präsidenten und Vizedirektoren der Nestlé AG an M. Fürer, damals Verwaltungsratsdelegierter, wird der Professionalismus der amerikanischen Boykottführer unterstrichen. Siehe unten: Die Affaire Nestlé: "Nestlégate"

über" vorgeschlagen. Die angeblichen Verleumder waren aber zum Symposium nicht eingeladen und ihre Kritiken wurden einzig in der Form von Slogans unterbreitet.

Aufgrund von Auszügen aus dem Protokoll des Symposium, das von der "International Advertising Association" durchgeführt wurde, kann die "Gegenstrategie" folgendermassen zusammengefasst werden:

"Strategie" gegen Kritiker

1. Der Kritiker wird als *Systemgegner* bezeichnet und somit als Gesprächspartner diskreditiert.
2. Dem Kritiker werden *zweifelhafte Motive* unterschoben:
   ideologische oder nationalistische Vorurteile, Neid, Dummheit, Unwissenheit und Unerfahrenheit. Er wird dadurch als Gesprächspartner ebenfalls diskreditiert.
3. Wenn sich die Kritik nur auf Indizien stützt oder global ist:
   "Beweise" des Gegenteils anhand von *Einzelbeispielen* (z.B. Beschreibung eines Einzelprojekts).
4. Wenn die Kritik unbestreitbar ist (z.B. ITT in Chile):
   Es wird *betont,* dass es sich um *einen Einzelfall* handelt, der zudem noch geahndet wird.
5. In allen Fällen müsse in der Öffentlichkeit darauf hingewiesen werden, dass die *Verteidigung der freien Marktwirtschaft im Interesse aller sei.* Deshalb müsse man, vor allem in den Massenmedien, aufzeigen, dass Kritik an den Multinationalen grundsätzlich Kritik an der freien Marktwirtschaft sei, und dass dahinter die Feinde der freien Welt stünden, deren Weltbild sich auf den Marxismus stütze.
   Einzelne Teilnehmer schlugen vor, man solle zuerst zuvorkommend das Gespräch anbieten und den leider oft nicht genügend informierten Kritiker mit ausgewählten Einzelbeispielen 'aufklären'."
   (Aus: "Die 'Strategie' der Multis gegen ihre Kritiker", von Urs P. Gasche[2]).

An der Generalversammlung der Aktionäre von 1975 lancierte P. Liotard-Vogt, damals Präsident der Nestlé AG, eine bösartige Attacke gegen die Mitglieder der Arbeitsgruppe Dritte Welt in Bern, gegen die der TNK in Prozess stand. Er drückte sich so aus:

"Um bei einem ähnlichen Thema zu bleiben, haben einige von Ihnen vielleicht von den Angriffen bestimmter Gruppen gehört, deren wissenschaftliche Kenntnisse und Ehrlichkeit in keinem Verhältnis zum Hass stehen, den sie gegen unsere Unternehmung nähren...
Ich habe mich vielleicht etwas zu lange über ein Ereignis von sehr beschränkter Bedeutung ausgelassen. Die Art, wie gewisse Leute durch reine Erfindung das von anderen Geschaffene verleumden, selbst aber meistens nicht fähig sind, ihre Energie für etwas Konstruktives einzusetzen, scheint mir aber dennoch sehr aufschlussreich zu sein.
Man kann diese neue Tendenz nicht genug brandmarken, sich gierig auf jeden Unfall oder Skandal zu stürzen, um ihn zur Freude eines auf solche Nachrichten erpichten Publikums über Gebühr aufzubauschen: und wenn keine Skandal passieren, werden sie eben erfunden."

Sich auch auf die Angriffe gegen das Verhalten von Nestlé in Chile*) beziehend, fährt er weiter:

> "Dies ist ein weiteres Beispiel dafür, was Masochismus, Dummheit, Ahnungslosigkeit oder auch die Eifersucht von Versagern gegenüber jenen, die etwas geleistet haben, hervorbringen können. Betrüblich ist aber vor allem, dass solche Verleumdungen von vielen Gutgläubigen für bare Münze hingenommen werden." (Ansprache von Herrn P. Liotard-Vogt, Präsident und Delegierter des Verwaltungsrates der Nestlé Alimentana A.G., ordentliche Generalversamlung der Aktionäre vom 15. Mai 1975 in Lausanne, S. 11-14)

Verständnis für ehrliche, schlecht informierte und missbrauchte Leute

Nestlé versucht, die Kritik zum Schweigen zu bringen, indem sie die Gegner entzweit. Das Unternehmen weigert sich, in jedem Fall den Dialog mit denen aufzunehmen, die es als "professionelle Verleumder" bezeichnet, erklärt sich aber bereit, seinen Standpunkt den ehrlichen Leuten, der schlecht informierten und missbrauchten Masse darzulegen.

> "Aber über die möglichen praktischen Konsequenzen hinaus, die dieser Boykott hätte zeitigen können, die sich dann aber als nichtig erwiesen, bedauern wir, dass eine achtbare Gesellschaft wie die unsere Zielscheibe solch grober Verleumdungen werden kann. Wir können all jenen nicht böse sein, die in guten Treuen dem Gehörten Glauben schenken und nicht die geringste Möglichkeit haben, sich über den wahren Sachverhalt ein Bild zu machen. Anders ist unsere Einstellung gegenüber jenen, die in der Verleumdung ein Mittel gefunden zu haben glauben, ein grosses Unternehmen in Verruf zu bringen, weil es Ausdruck eines politischen und wirtschaftlichen Systems ist, nämlich des Systems des freien Unternehmertums, das sie aus ideologischen Gründen bekämpfen." (Nestlé AG, Cham und Vevey, Ansprache von Herrn Pierre Liotard-Vogt, Verwaltungsratspräsident, ordentliche Generalversammlung der Aktionäre vom 13. Mai 1982 in Lausanne, S. 9)

> "Bedauerlich ist es allerdings, dass es auch durchaus ehrliche Leute gibt, deren guter Glaube missbraucht wurde und die, weil sie die Grundtatsachen des Problems nicht kennen, sich nicht darüber Rechenschaft geben, wie sehr sie irregeführt wurden." (Nestlé AG, Pierre Liotard-Vogt, Ansprache an die Generalversammlung der Aktionäre, 1980, S. 13/14)

Vorwürfe und Kritiken: nichts als Irrtümer oder Verleumdungen

Die beste Art, sein Tun nicht in Frage stellen zu müssen, besteht darin, seinen Gegnern jegliche Glaubwürdigkeit zu nehmen und die Diskussion gegenstandslos zu machen. Um die Öffentlichkeit zu demobilisieren, gibt Nestlé vor, die Meinungsverschiedenheiten mit den Gegnern seien gelöst, dass es sich nur um Missverständnisse gehandelt habe. So zum Beispiel im Februar 1975: "Nach seiner Rede in der Columbia University Business School in den USA stellt ein amerikanischer Zuhörer dem Generaldirektor der Nestlé, J. Paternot Fragen betreffend den Nestlé-Prozess in Bern. Paternot behauptet in seiner Antwort, die Arbeitsgruppe

---

*) Siehe Kapitel über das Nestlé-Imperium: die Kommentare über die Tätigkeiten des TNK während und nach der Regierung von Allende

habe die Bedingungen von Nestlé zu einer Verständigung angenommen, und somit sei diese Angelegenheit geregelt. Damit konnte er auch die Diskussion darüber sofort beenden." In Wirklichkeit hatten alle angeklagten Parteien die damals von Nestlé vorgeschlagenen Bedingungen zu einer Verständigung zurückgewiesen.[3]

Diese offenbar versöhnliche Haltung gibt Nestlé die Gelegenheit, die Initiative zu übernehmen und die Öffentlichkeit in Bezug auf die Antwort des Unternehmens auf die Forderungen seiner Gegner zu täuschen. Ein Beispiel: Wenige Tage vor der Eröffnung des Prozesses in Bern verabschiedete der ICIFI seinen eigenen, nicht einschränkenden Verhaltenskodex und überflutet die Massenmedien mit Presseerklärungen über die Änderung in der Haltung der Unternehmen. Das amerikanische Unternehmen Abbott Laboratories weigerte sich jedoch, dem ICIFI anzugehören, da es der Meinung war, seine eigenen Regelungen betreffend Werbung und Handelspraktiken seien strikter als diejenigen dieser Vereinigung.

Eine detaillierte Analyse der Nestlé-Strategie in Bezug auf die Annahme des Internationalen Kodexes für die Kommerzialisierung von Milchpulver und ähnlichen Nahrungsmitteln, erlassen durch die Weltgesundheitsorganisation zeigt, wie Nestlé einer Diskussion den Boden zu entziehen versucht. So will sie die Öffentlichkeit von der Kritik ablenken, indem sie fälschlich behauptet, dass das Unternehmen alle Bestimmungen des Kodexes einhalte. Das Unternehmen weiss genau, wie es sich wieder auffangen und Ballast abwerfen kann, wenn der Druck der Gegner zu stark wird und die Öffentlichkeit nicht mehr unkritisch seine Erklärungen akzeptiert, die durch die offensichtlichen Verletzungen des Kodexes widerlegt werden.

Gegeninformation soll das Nestlé-Image wieder aufpolieren

Broschüren

Der Public Relations-Dienst von Nestlé hat beachtliche Anstrengungen unternommen, damit die (nach ihrer Meinung) "schlecht informierte" und von "Aktivisten missbrauchte" Öffentlichkeit den tatsächlichen Beitrag des TNK in den Entwicklungsländern verstehen könne. Als erstes hat Nestlé eine Anzahl von illustrierten Broschüren mit graphischen Darstellungen in der Absicht veröffentlicht, dem ideologischen Diskurs der "Verleumder" mit Fakten und Zahlen entgegenzutreten. Aber eine aufmerksame Lektüre zeigt die apologetische Natur dieser Literatur und die Lücken, die für jemanden, der behauptet objektiv zu sein, unverzeihlich sind.*) Ein auch nur einigermassen kritischer Leser wird sich dadurch nicht irreführen lassen.

"Neutrale" Journalisten

Ein weiterer Weg besteht darin, "neutrale" Journalisten zu benützen, um das Image der Transnationalen zu heben. Auszüge aus Protokollen und Briefen, die von

---

*) Es ist erstaunlich festzustellen, wie Nestlé sich beeilt — sobald sie die Gelegenheit dazu hat — die Arbeiten von seriösen Wissenschaftern zu diskreditieren. Ungenauigkeiten, die aus Mangel an exakten Angaben unvermeidlich sind, dienen dann als Vorwand, um die Arbeiten von Wissenschaftern, die die Rolle des TNK in den Entwicklungsländern in Frage stellen, als Ganzes anzugreifen.

der schweizerischen Drittweltbewegung "Erklärung von Bern" unter dem Titel "Die Unterwanderung des UNO-Systems durch multinationale Konzerne" veröffentlicht wurden, illustrieren dies.

Als Gegengewicht zu den Kritiken an den Multinationalen, welche nach Anhörungen in Genf und New York von einer "Gruppe Eminenter Persönlichkeiten" (von ECOSOC bestimmt) veranstaltet, in der Presse erschienen, entschlossen sich Nestlé und andere TNK zu handeln: die Vertreter der schweizerischen TNK Nestlé, Sandoz, Ciba-Geigy, Hoffmann-La Roche, Sulzer und Brown Boveri beschlossen, ihnen wohlgesinnte Journalisten beizuziehen. Bei dieser Operation verliessen sie sich vor allem auf Paul Keller:

> "Ich danke Ihnen für Ihren Brief vom 13. November, in dem Sie mir mitteilen, dass Herr Paul Keller bereit wäre, eine journalistische Arbeit zugunsten der Multinationalen zu übernehmen... Dass Herr Keller bereit ist, uns mit Artikeln über die Multinationalen zu helfen, ist sicher eine ausgezeichnete Sache, man sollte aber vermeiden, dass es so aussieht, als ob er im Dienste des Multis stehe, da sonst seinen Artikeln all ihre Glaubwürdigkeit genommen würde...
> Weiter wäre es nützlich zu sehen, wie er uns helfen könnte, das Image der grossen Gesellschaften aufzupolieren, aber auch da müsste man vermeiden, dass seine Zusammenarbeit mit unserem Konzern ihm allen Einfluss auf seine Leser nehmen und den Wert seiner möglichen Aktionen verringern würde." (Brief der Nestlé, G. Altwegg, an Hoffmann-La Roche, H. Fehr, Original französisch, Nr. 6).[4]

Andere Interventionen fanden bei der Schweizerischen Depeschenagentur statt, und aus dem Ausland stammende Artikel, die den Multinationalen günstig gesinnt waren, wurden reproduziert.

Ein Zentrum, um den Multinationalen ein "objektives" Image zu geben

An der Generalversammlung von 1975 kündigte Pierre Liotard-Vogt an, dass Nestlé ein Studien- und Informationszentrum über die Multinationalen (CEEIM, jetzt IRM) schaffen würde.

"Es soll sich dabei keinesfalls um eine "Public Relations"-, geschweige denn um eine Propaganda-Organisation für die multinationalen Gesellschaften handeln, die ebensowenig von sich behaupten können, vollkommen zu sein, wie jedes andere von Menschen geschaffene Werk. Wir halten es jedoch für sehr wünschenswert, dass die Wahrheit in sachlicher Weise ermittelt und die gegen bestimmte Gesellschaften erhobenen Vorwürfe überprüft werden, während gleichzeitig eine Bilanz der Leistungen der multinationalen Gesellschaften erstellt werden soll." (Ansprache von Herrn P. Liotard-Vogt, Präsident und Delegierter des Verwaltungsrates der Nestlé Alimentana A.G., ordentliche Generalversammlung der Aktionäre vom 15. Mai 1975, S. 11)

Dieses Zentrum, das zuerst in Brüssel unter dem namen "Centre Européen d'Etude et d'Information sur les Sociétés Multinationales" (CEEIM) eingerichtet wurde, hat sich zum Ziel gesetzt, "zu einer besseren Kenntnis der wechselseitigen Beziehungen zwischen den Multinationalen Unternehmen und der Gesellschaft im allgemeinen zu verhelfen. Aus diesem Grunde hat das Zentrum seit dem Beginn seiner Aktivitäten 1976 als eine seiner Hauptachsen die Analyse der Präsenz und des Einflusses multinationaler Unternehmen in Entwicklungsländern gewählt."[5]

Nestlé hat zuerst versucht, andere europäische TNK für ihr Projekt zu gewinnen, aber alle hatten auf eine Teilnahme verzichtet, einschliesslich Philips, die an dieser Operation interessiert zu sein schien. Schliesslich gründete Nestlé dieses Zentrum allein und stellt auch die dafür notwendigen, relativ hohen Mittel zur Verfügung. Im Herbst 1980 wurde es neu strukturiert, zog nach Paris um und nannte sich nun "Institut de recherche et d'information sur les multinationales" (IRM). Sein Ziel: mit Universitätskreisen in engeren Kontakt treten. Schliesslich zog das IRM 1983 nach Genf um, auf ausdrücklichen Wunsch von Pierre Liotard-Vogt. Es scheint, dass sich das Institut den zahlreichen internationalen, regierungsgebundenen und nichtregierungsgebundenen Organisationen annähern wollte, um in diesen Kreisen eine andere Auffassung der Rolle der TNK zu verbreiten.

"Das IRM veranlasst und finanziert Studien über multinationale Unternehmen und deren Auswirkungen auf die Gesellschaft. Solche Studienaufträge werden an unabhängige Akademiker verschiedener Herkunft vergeben, die gemäss ihrer Fähigkeit ausgewählt werden, die TNK als Studienobjekt von verschiedenen Disziplinen her zu beobachten: Wirtschaftswissenschaften, Soziologie, Psychologie, politische Wissenschaften, usw.
Das Institut ist bestrebt, die Beobachtungen und Resultate dieser Forschungsarbeiten nicht nur den Kreisen zugänglich zu machen, die an den Multinationalen interessiert sind, sondern auch der Öffentlichkeit."[6]

Seine Haupttätigkeit besteht in der Veröffentlichung der Informationsschrift *Multinational Info* und der Herausgabe von Büchern in einer Sammlung der "Presses Universitaires de France". Mehrere Wissenschafter haben von Nestlé über das IRM (oder früher über CEEIM) Geld für Studien über die Multinationalen angenommen. Wenn man sich die Veröffentlichungen von IRM und CEEIM genauer ansieht, kann man feststellen, dass eine radikale, kritische Tendenz fehlt. Auf diese Weise benutzt man die sogenannte "wissenschaftliche Objektivität", um eine Menge – sicher interessante – Daten über die Multinationalen zusammenzutragen. Die politische Dimension der Präsenz der Multinationalen sowie deren

Auswirkungen in der Dritten Welt werden aber ausser acht gelassen. Der bekannte französische Agronom René Dumont hatte z.b. vom IRM die Finanzierung einer Forschüng im Rahmen einer gemeinsamen Veröffentlichung (vorgesehen für 1982) akzeptiert: René Dumont, Jean-Max Baumer, Albrecht von Gleich: "Gouvernement et multinationales en Amérique Latine: Conflit ou coopération?" Die Teilnahme von R. Dumont an diesem Projekt rief eine Flut von Kritiken und Reaktionen hervor, nicht nur in Drittweltkreisen in Europa, sondern auch in Mexiko: viele sprachen davon, dass der Agronom von Nestlé "gekauft" worden sei. Diese Besorgnis ist gut verständlich, berief sich doch Nestlé in einer Veröffentlichung ihres Public Relations Büros unter dem Titel: "Nestlés Arbeit in den Entwicklungsländern, dargestellt am Beispiel des Staates Chiapas, Mexiko", am Schluss der Broschüre auf Dumont, für den "die Tätigkeiten Nestlés in Mexiko der landwirtschaftlichen Bevölkerung zuträglich zu sein schienen".*) R. Dumont wurde 1980 von Nestlé in Vevey empfangen, um einen Bericht seiner Auswertung der Nestlé Tätigkeiten in Lateinamerika abzulegen.

Das von R. Dumont an IRM übergebene Manuskript wurde jedoch nicht in diesem Rahmen veröffentlicht, da der Autor es zurückverlangt hatte. Ein grosser Teil des auf dieser Reise nach Mexiko, Kolumbien und Brasilien gesammelten Materials wurde dann von Dumont und seiner Mitarbeiterin M.F. Mottin für ein anderes Buch verwendet.**)

Auch wenn Nestlé sich 1975 dagegen wehrte, dass sie ein derartiges Forschungszentrum als Public Relations oder Reklamebüro für die Multinationalen benutze, so handelt es sich dabei doch um ein völlig von ihr finanziertes Zentrum. Der gegenwärtige Direktor, Herr Landaburu, früher Vizedirektor des Zentrums in Brüssel, hatte als Assistent von Herrn C. Pagano, damals Direktor der Zone Lateinamerika und Karibik, bei Nestlé AG in Vevey gearbeitet.

Natürlich haben die beiden Direktoren des IRM mir gegenüber ihre völlige Unabhängigkeit in der Auswahl der Forschungsaufträge betont. Es ist aber nicht zu leugnen, dass die Wahl der Themen für die Forschungsarbeiten und der Ton der Veröffentlichungen ein klares Bild der Rolle vermitteln, die Nestlé diesem Zentrum in der Öffentlichkeit zuweisen möchte. Es handelt sich darum, die Öffentlichkeit und die interessierten Kreise "besser über den Beitrag der Multinationalen zu informieren". Zu dieser Frage meinte Pierre Liotard-Vogt zu einem Journalisten:

"Das Ziel dieses Zentrums ist es, objektive Informationen über die Multinationalen in Form von Studien, Umfragen, Büchern, Broschüren, Berichten, usw. zu verschaffen... Langfristig sollte man dadurch darlegen können, dass diese Art Gesellschaft nicht schlecht ist, trotz Irrtümern – menschlichen – Irrtümern, die passiert sind oder noch passieren werden."[7]

Auch in den USA gehörte das Zuziehen Dritter für sogenannt objektive Analysen zur Strategie der Bekämpfung des Nestlé-Boykotts. Die Unternehmensleitung hat nicht gezögert, 1980 die Dienste von Herman Nickel, Journalist bei der Zeitschrift "Fortune" in Anspruch zu nehmen. Dieser arbeitete dabei mit Ernest W. Lefever,

---

*) Die Nestlé Broschüre bezog sich dabei auf eine Aussage Dumonts in "Réforme agraire et modernisation de l'agriculture au Mexique", Paris, PUF, Etudes Tiers Monde, 1969, S. 70-71.
**) René Dumont und M.F. Mottin, "Le mal-développement en Amérique latine", Edit. du Seuil, Paris, 1981, 281 p.

Direktor des "Ethics and Public Policy Center" zusammen, das in diesem Jahr zu einem Viertel von Nestlé finanziert worden war.*

Ein italienischer Kommunist kommt Nestlé zu Hilfe

Der TNK hat sogar einem jungen, italienischen Ökonomen, Federico Rampini, ständiger Mitarbeiter bei der Wochenzeitung kommunistischer Tendenz "Rinascita", den Auftrag erteilt, eine Auswertung der Nestlé-Präsenz in Indonesien zu machen. Diese Arbeit, die zuerst in der Zeitschrift "Politica ed Economia" erschien, wurde dann vom Public Relations Dienst der Nestlé als farbige Broschüre mit dem Titel "Nestlé in Indonesien" herausgegeben. Diesmal könnten sich aber die "Verführungskünste" als doppelschneidiges Schwert erweisen. Obwohl der Autor die Nestlé-Tätigkeit in Indonesien gesamthaft gesehen als positiv erachtet, zieht er nicht immer sehr klare und kohärente Schlussfolgerungen. Zudem führt er in seinem Bericht von Anfang bis Ende negative Aspekte der Nestlé-Präsenz auf: die Milch ist ein Produkt, das in Indonesien nicht ankommt; die Niederlassung von Nestlé in einem übervölkerten Gebiet führt dazu, dass Anbauflächen für Nahrungsmittel in Weidland umgewandelt werden; die Produktion bleibt niedrig und bringt keine Lösung für den Proteinmangel der Bevölkerung. Rampini schreibt: "Das Resultat der ganzen Operation ist eine Verlagerung der Nahrungsmittelverteilung vom Land in die Stadt." Einmal mehr fabriziert Nestlé ein teures Produkt für die begüterten Schichten. Die Verwendung einer kapitalintensiven Technologie in einem Land, in dem es 10 Millionen Arbeitslose gibt, ist sehr fragwürdig. Und schliesslich hebt Rampini auch die Zusammenarbeit von Nestlé mit dem autoritären Regime hervor: "Nestlé, ebenso sehr wie die indonesische Regierung, sollte daran interessiert sein, Initiativen zugunsten einer sozialen und politischen Stabilität zu ergreifen, um Massenaufstände wie die von 1965 zu vermeiden." Wie auch der Journalist Bernard Feller[8] meinte, könnte die Operation "kommunistische Bürgschaft" zu einem Bumerang für Nestlé werden. Wenn man die Nestlé-Niederlassung im Kontext der Entwicklungskriterien und Prioritäten des Landes betrachtet, werden denn auch eine ganze Reihe von negativen Auswirkungen klar.

▮Verhaltenskodex der WHO▮

Die Kritiken an den vor allem in den Entwicklungsländern angewandten Handelspraktiken der Säuglingsnährmittelfabrikanten sind aus der jahrelangen Arbeit der Weltgesundheitsorganisation, medizinischer Kreise in vielen Ländern, und von Regierungen und Drittweltgruppen entstanden. Objektive Studien haben die tatsächlichen Missbräuche in den Werbekampagnen und im Verkauf von Säuglingsnährmitteln aufgezeigt. Eine aggressive Werbung, die Verteilung von Gratismustern, der Einsatz von Säuglingsschwestern (milk-nurses), die Bezahlung von Kommissionen für den Verkauf dieser Produkte, die Werbung beim medizinischen Personal, waren zwar nicht die einzigen Faktoren, aber sie haben dazu beigetragen, dass das Stillen aufgegeben wurde.

---

*) siehe weiter hinten: Nestlégate

"Jedes Jahr sterben in der Dritten Welt ungefähr 10 Millionen Kleinkinder im ersten Lebensjahr. Nach ernstzunehmenden Studien können von den 5 Millionen, die an Durchfall und Unterernährung sterben, fast 1 Million, d.h. ein Fünftel, der künstlichen Säuglingsnahrung zugeschrieben werden."[9]

Das Aufgeben des Stillens zugunsten der Flaschennahrung und des Profits der Säuglingsnährmittelhersteller hat unheilvolle Auswirkungen für Tausende von Kindern, vor allem in den Entwicklungsländern.

– Die sozio-ökonomischen Bedingungen gewährleisten nicht einmal ein Minimum an Hygiene in der Zubereitung der Flaschennahrung (verseuchtes Wasser, eine einzige Flasche, usw.).
– Die hohen Kosten dieses Produktes verleitet die Mütter dazu, es zu verdünnen; die Konsequenz davon ist Unterernährung, Durchfall und oft Tod.
– Durch den Übergang zur Flaschennahrung werden viele Familien zu "Gefangenen des Marktes", weil sie gezwungen werden, einen hohen Anteil des mageren Familieneinkommens für eine Ernährung aufzuwenden, die für die Lebensbedingungen in diesen Ländern gefährlich ist. Auch für die Wirtschaft des Landes bedeutet dies hohe Kosten, während das Stillen mit Muttermilch qualitativ überlegen ist, beim Kind Immunität gegen bestimmte Krankheiten produziert und erst noch gratis ist.

Wir wollen hier nicht die lange und komplexe Diskussion über dieses Thema noch einmal aufnehmen. Wir wollen nur hervorheben, dass bereits 1970 Wissenschafter vor den Gefahren der Säuglingsnährmittel vor allem in der Dritten Welt gewarnt hatten. 1972 unterstrich die PAG (Protein Advisory Calorie Group) der Vereinten Nationen, wie wichtig das Stillen in Anbetracht der sozio-kulturellen und wirtschaftlichen Bedingungen in den Entwicklungsländern sei. Ein Artikel in der englischen Monatszeitschrift "New Internationalist" und die Veröffentlichung des Buches "Baby Killer" durch die Aktionsgruppe "War on Want" zogen die Aufmerksamkeit der Öffentlichkeit auf sich. Die Übersetzung dieser Broschüre und ihre Bearbeitung unter dem Titel "Nestlé tötet Babies" hat den TNK dazu gebracht, einen Prozess wegen Verleumdung gegen die Aktionsgruppe Dritte Welt (Bern und Zug) anzustrengen.*

Die erste Reaktion von Nestlé war die strafrechtliche Verfolgung. Als sie sich aber bewusst wurden, dass sie damit dem Gegner unerwarteterweise eine Plattform für seine Anliegen boten, bliesen die Nestlé-Strategen zum Rückzug. Nestlé schlug einen gerichtlichen Vergleich vor, unter der Bedingung, dass die Gegner öffentlich widerrufen. Die Arbeitsgruppe Dritte Welt wollte aber einen Kampf in einer bedeutenden Angelegenheit nicht einfach aufgeben, wies diesen Vergleichsvorschlag zurück; so fand der Prozess statt. Die Diskussionen, die von beiden Seiten organisiert wurden und die Anhörung angesehener Experten vor Gericht machten die Öffentlichkeit auf die Gefahren aufmerksam, denen Tausende von Kindern durch die Handelspraktiken der Fabrikanten ausgesetzt sind, welche unter dem Deckmantel der Ernährungshilfe nur eine Erhöhung ihres Umsatzes suchen und dabei mit ethisch verwerflichen Mitteln vorgehen. Da Nestlé fürchtete, abgewiesen zu werden, zog sie drei der vier Klagen zurück und hielt nur diejenige aufrecht, die den Titel der Broschüre betraf. Aus dem Urteil, das das Bezirksgericht Bern verkündete, hat Nestlé nur den Teil aufgenommen, der "diejenigen wegen Verleum-

---

*) Siehe Anhang: Die Klagen von Nestlé

dung verurteilte, die mit bösartigen Ausführungen unbegründete Anklagen formuliert hatten" (Nestlé). Der TNK unterlässt es, andere Passagen des *Urteils* zu zitieren:

> "Das Beweisverfahren hat gezeigt, dass der unsachgemässe Gebrauch von Milchpulver zum Tod oder zu schwerer Krankheit von Kleinkindern führen kann...
> Es wird als erwiesen erachtet, dass die Firma Nestlé Gesundheitsschwestern einsetzt, die einen Werbeauftrag haben und durch ihre Tätigkeit eine Werbewirkung erzielen...
> Daraus ergibt sich für die Firma Nestlé das Erfordernis, ihre Werbepraktiken für Flaschennahrung in Entwicklungsländern grundsätzlich zu überdenken, da ihre bisherige Werbepraxis ein lebensrettendes Produkt in ein gefährliches, lebensvernichtendes Produkt verändern kann. Wenn sich die Privatklägerin in Zukunft den Vorwurf des unmoralischen und unethischen Verhaltens ersparen will, muss sie ihre Werbepraktiken ändern."[10]

Immer mehr Kreise wurden sich der Notwendigkeit bewusst, die Handelspraktiken der Säuglingsnährmittelfabrikanten zu reglementieren.

1974 verabschiedete die WHO eine Resolution, in der erklärt wurde, dass das Stillen die beste Ernährung zur Förderung einer körperlich und geistig harmonischen Entwicklung des Kindes sei. In den USA arbeitete eine ökumenische Gruppe, der verschiedene Kirchen und religiöse Gemeinschaften angehören (Interfaith Center on Corporate Responsibility, ICCR) eine Studie über den Missbrauch von Säuglingsnährmitteln in der Dritten Welt aus. Im Januar 1977 schlossen sich mehrere amerikanische Gruppen zusammen (Infant Formula Action Coalition, Infact), um die amerikanischen Säuglingsnährmittelfabrikanten und Nestlé dazu zu bringen, ihre Praktiken zu ändern. Am 4. Juli entschloss sich Infact, in den USA zum Boykott gegen Nestlé-Produkte aufzurufen. Heute hat sich dieser Boykott auf mehrere Länder ausgedehnt.

An einem gemeinsamen Treffen WHO/UNICEF über die Ernährung von Säuglingen und Kleinkindern, an dem medizinische Experten, Vertreter von Regierungen, der Industrie und nichtregierungsgebundenen Organisationen (NGOs) teilnahmen, wurde entschieden, dass ein internationaler Kodex für die Kommerzialisierung von Milchpulver und ähnlichen Nahrungsmitteln notwendig sei. Dreimal trafen sich die Fabrikanten, Regierungen, Experten und NGOs, um die vom WHO-Sekretariat ausgearbeiteten Vorschläge eines Kodexes zu studieren. Der endgültige Text, ein Kompromiss, wurde im Mai 1981 von der Vollversammlung der WHO mit 118 gegen 1 Stimme (der USA) und 3 Enthaltungen (Japan, Argentinien und Südkorea) verabschiedet.*

Trotz all ihrer Bemühungen konnte Nestlé nicht verhindern, dass ein Verhaltenskodex verabschiedet wurde, und dass in der ganzen Welt Millionen sich der Gefahren bewusst wurden, die die Verabreichung von Säuglingsnährmitteln unter den kulturellen, wirtschaftlichen und sozialen Bedingungen in Entwicklungsländern bedeutet.

Schon seit 1979 hatte Nestlé versucht, den WHO-Kodex in ihrem Interesse zu

---

*) Im ganzen gab es vier Entwürfe zu diesem Kodex. Im Oktober 1979 entschied die gemeinsame Konferenz, dass ein Kodex notwendig sei. Daraufhin wurden die folgenden Vorschläge analysiert: 1. Vorschlag im Februar 1980, 2. Vorschlag an die GV der WHO im Mai 1980, 3. Vorschlag im August 1981, und 4. Vorschlag an den Exekutivausschuss der WHO im Januar 1981 und dann von der GV im Mai 1981 verabschiedet

manipulieren. Anfangs 1979 zum Beispiel hatte Nestlé den Versuch gemacht, die amerikanischen Kirchen von der Beteiligung am Boykott abzubringen mit der Versicherung, sie werde sich an jegliche Art von Kodex halten, der von der gemeinsamen Versammlung UNO/UNICEF im Oktober verabschiedet würde. Später erklärte das Unternehmen dann, dass es sich nicht an die Massnahmen gebunden fühle, die von einzelnen Ländern zur Einhaltung der vom Treffen im Oktober 1979 verabschiedeten Empfehlungen getroffen würden. Während des ganzen Jahres 1980 versuchte der TNK, auf das WHO-Personal und die Regierungen der Drittweltländer Druck auszuüben, damit ein Text verabschiedet würde, der keine zu engen Grenzen setze. Als Nestlé sich bewusst wurde, dass es ihr nicht gelingen würde, den Entwurf des Kodexes in seiner Form und seinem Inhalt abzuschwächen, verlegte sie sich 1981 darauf, systematisch Druck (mit Lobbying) gegen die Verabschiedung dieses Kodexes (zuerst durch den Exekutivausschuss der WHO und dann durch die Generalversammlung) auszuüben. Die Sprecher der Nestlé erklärten diesen Kodex als "unannehmbar, zu restriktiv und unanwendbar". Sie unterstützten Lefever und andere Massnahmen, um die amerikanische Regierung dazu zu bringen, gegen den Kodexentwurf der WHO zu stimmen.

Zwei Unternehmen (Nutricia, Niederlande, und Cow and Gate, Grossbritannien) verliessen darauf das ICIFI im Juni 1981 aus Protest gegen das Lobbying dieser Organisation gegen den Kodex während der Generalversammlung der WHO.

Im März 1982 ändert sich die Taktik plötzlich. Nestlé behauptet nun, den Kodex massgebend unterstützt zu haben und veröffentlicht ihre eigene Interpretation dazu. Das Unternehmen gab seinen Tochtergesellschaften Richtlinien mit dem Titel: "Internationaler Kodex der WHO für die Kommerzialisierung von Muttermilchprodukten: Anweisungen an alle Gesellschaften des Nestlé-Konzerns und an die Verkaufsagenten und Verteilerfirmen, die Säuglingsmilchpräparate unter Handelsmarken auf den Markt bringen, die zum Nestlé Konzern gehören". Dieser Titel und die dafür verwendete Graphik könnten den Glauben erwecken, Nestlé gebe den Kodex als solchen weiter; aber es handelt sich nur um ihre eigene Interpretation.

Dazu hatte sich der TNK entschlossen, um strikteren gesetzlichen Regelungen einzelner Ländern zuvorzukommen. Hinter der Fassade grosszügiger, für die Öffentlichkeit bestimmter Erklärungen verbergen sich Bemühungen, in bestimmten Ländern (z.B. Philippinen, Indien, Pakistan, Zimbabwe, Malaysia, Thailand) eine Gesetzgebung zu forcieren, die Garantie gegen eine allzu grosse Einschränkung der Kommerzialisierungspraktiken bieten soll.

Nestlé stützte sich auf diese Anweisungen an ihre Tochtergesellschaften, um eine Aufhebung des Boykotts gegen ihre Produkte zu verlangen, da sich "der TNK ja an den Kodex halte". Am 6. Mai 1982 veröffentlichte dann aber IBFAN eine Broschüre mit dem Titel "Breaking the Rules", die aufgrund einer Feldstudie 2'250 Verletzungen des Kodexes zwischen Mai 1981 und April 1982 aufdeckte, die nicht nur von Nestlé, sondern auch von den andern grossen Säuglingsmilchfabrikanten begangen worden waren. Das hinderte Pierre Liotard-Vogt nicht, zu erklären, dass alles ein abgekartetes Spiel unehrlicher Kritiker sei. Die von Basisgruppen in verschiedenen Ländern festgestellten Verletzungen wurden als Lügen und Verleumdungen abgetan.

"Das Problem wurde durch eine Entscheidung der Weltgesundheitsorganisation in Form eines Kodexes gelöst, der die Bedingungen für die Verteilung von Kindernährmitteln regelt. Wir haben uns sofort bereit erklärt, uns vorbehaltlos allen Reglementierungen zu unterwerfen, die sich aus den Empfehlungen der Weltgesundheitsorganisation herleiten. Doch was kümmert die Inquisitoren schon die Wirklichkeit? Bereits wird kaltblütig die Behauptung verbreitet, wir hätten uns für die Umgehung der einschlägigen staatlichen Normen entschieden. Wiederholt haben wir gewissen Leuten, die uns beschuldigen, vorgeschlagen, an Ort und Stelle die Wirklichkeit mit den Lügen zu konfrontieren, die vielerorts ausgestreut werden. ...Das Wort eines berühmten Schriftstellers ist bekannt: "Verleumdet, verleumdet – es bleibt immer etwas hängen!" Es scheint, dass dieser Rat weitgehend befolgt wird!" (Nestlé AG, Cham und Vevey, Ansprache von Herrn Pierre Liotard-Vogt, Verwaltungsratspräsident, ordentliche Generalversammlung der Aktionäre vom 13. Mai 1982 in Lausanne, S.9/10)

Im Mai 1982 kündigt Nestlé die Schaffung einer neutralen Kommission unter der Leitung von Senator Muskie an, die den Auftrag hat, die Einhaltung des Kodex durch Nestlé zu überwachen und die Klagen wegen dessen Verletzung entgegenzunehmen (NIFAC: Nestlé Infant Formula Audit Commission). Die NIFAC stiess nicht nur auf Zustimmung. Bei der Prüfung der eingegangenen Klagen arbeitete sie langsam und sie weigerte sich, öffentliche Anhörungen abzuhalten. Das veranlasste die Kritiker, die Kommission für unwirksam zu erklären und in ihr nichts weiteres zu sehen als ein Instrument der Nestlé, um Zeit zu gewinnen und die Öffentlichkeit zu beeinflussen. 1984 sollten dann der ernsthafte Verhandlungswille von Nestlé und der Abschluss eines Abkommens mit den Gegnern dieser Kommission, der nun auch ein Mitglied der Boykottgruppen angehört, neues Prestige und eine präzise Aufsichtsfunktion zuweisen. Nestlé bestätigt in ihren Quartalsberichten von Juni und Oktober 1983, dass sie trotz ihres Engagements und Behauptungen, diesen einzuhalten, den WHO-Kodex verletzt habe. Die Frage ist jedoch erlaubt, inwieweit Senator Muskie dem Unternehmen gegenüber wirklich unabhängig ist: An einer Pressekonferenz im September ist er als Sprecher für das Nestlé-Lager aufgetreten.

Nestlé spielt also ein doppeltes Spiel: auf der einen Seite gibt das Unternehmen Weisungen zur Einhaltung des Kodex heraus, auf der andern weigert es sich, mit den im internationalen Nestlé-Boykott Komitee (INBC) zusammengeschlossenen Gegnern direkt ins Gespräch zu treten. Es behandelt diese als "Aktivisten" und versucht in gewisser Weise, ihnen den Boden unter den Füssen wegzuziehen, indem es Begegnungen mit einzelnen Organisationen, Kirchen und andern, vorschlägt, um ihre Beschwerden anzuhören und zu sehen, wie die Probleme beseitigt werden könnten.

Gleichzeitig finanziert Nestlé in den USA Gruppen der extremen Rechten, die dem Kodex und der reglementierenden Rolle regierungsgebundener Organisationen wie der WHO feindlich gegenüberstehen. Diese Gruppen widersetzen sich auch den amerikanischen Organisationen und Kirchen, die den internationalen Boykott der Nestlé Produkte unterstützen.

> "Ein Hauptpunkt in dieser Attacke auf das kirchliche Engagement für soziale Gerechtigkeit ist Nestlés Beitrag an das Institute for Educational Affairs (IEA), eine Organisation, die von vier rechtsstehenden Stiftungen, darunter Scaife und Smith Richardson, gegründet worden ist. IEA leitet dieses Geld Gelehrten der Neuen Rechten zu, die Forschungen und Analysen im Interesse des Unternehmens durchführen. Spenden an IEA halfen Lefevers E.E.P.C., The Institute for Religion und Democracy (I.R.D.) und dem Conservative Digest. Alle diese Gruppen versuchten, den National Council of Churches und andere wichtige Kirchen mit aggressiven und verzerrten Medien-Kampagnen zu verleumden. Diese Gruppen,

oder deren offensichtliche Sprecher, lancierten ebenfalls schriftliche und mündliche Polemiken gegen den WHO-Kodex, indem sie ihn als Teil einer Verschwörung zur internationalen Regulierung bezeichneten. Trotz der überwiegenden wissenschaftlichen Meinungsäusserungen und Beweisen verunglimpfen diese Organisationen den Kodex und ziehen dessen Notwendigkeit als Massnahme der Gesundheitspolitik in Zweifel. Nestlé und ihre Filiale Stouffers sind Mitbegründerinnen des IEA und dessen Projekte."

(Leah Margulis, Ten points of clarification on the Nestlé Boycott, ICCR, New York, 12. Juli 1983)

Nestlé-Boykott: Von der Abweisung der Kritik zum Dialog

Nur nach mühsamen Verhandlungen und Konzessionen an die Kritiker (Anpassung ihrer Handelspraktiken für Muttermilchersatzprodukte an die Bestimmungen des WHO-Kodex) konnte Nestlé ihre Gegner dazu bringen, den seit sieben Jahren dauernden Boykott ihrer Produkte zu beenden.

Die Mitgliedergruppen des INFACT und andere Netzwerke, wie z.B. INBC, fast alle im IBFAN zusammengeschlossen, prangerten nicht nur die missbräuchlichen Handelspraktiken von Nestlé an, sondern bemühten sich auch, das Stillen zu fördern. Die Schaffung eines weltweiten Netzwerkes von Aktionsgruppen für Kleinkinderernährung (IBFAN) im Oktober 1979 in Genf gab dem Boykott eine viel umfassendere Perspektive für den Schutz der Säuglinge und der Förderung des Stillens. Über dieses Netzwerk IBFAN, das 100 Gruppen aus 57 Ländern zusammenschloss, war es nun möglich, dank der aufmerksamen Mitarbeit von Millionen von Konsumenten, die Praktiken von Nestlé und andern Säuglingsnahrungsmittelproduzenten weltweit ständig zu kontrollieren.

Das INBC war ebenfalls 1979 gegründet worden, um die Bestrebungen verschiedener Organisationen, die auf den Boykottaufruf gegen Nestlé reagiert hatten, zu koordinieren. Dabei ging es darum, die Forderungen zu vereinheitlichen und einen Organismus zu schaffen, um vereint mit dem TNK verhandeln zu können. Wenn man von gewerkschaftlich organisierten Boykotts absieht, ist somit der Nestlé-Boykott der umfassendste, der bis heute gegen einen TNK organisiert worden ist.

1983 hatte sich der Nestlé-Boykott auf Kanada, Japan, Grossbritannien, Bundesrepublik Deutschland, Schweden, Finnland, Australien und Neuseeland ausgedehnt, und Gruppen waren in Frankreich und Norwegen im Entstehen. Angesichts der Ausbreitung dieser Bewegung und des Risikos, dass sich der Boykott noch auf mehr Länder ausdehnen würde, sah sich Nestlé gezwungen, ihre Kampfstrategie zu ändern und ihre Public Relations Arbeit zu überdenken. Zu diesem Zeitpunkt konnte man tatsächlich eine ständig grössere Koordination unter den verschiedenen Gruppen feststellen.* Die Gegner hatten zum Beispiel am Tag der Generalversammlung der Nestlé-Aktionäre in Lausanne im Mai 1983, 112'000 Unterschriften aus 38 Ländern unterbreitet, die eine Einhaltung des WHO-Kodex durch Nestlé forderten und den Boykott der ihrer Produkte ankündigten.

Im Juni 1983 entschlossen sich die Verantwortlichen des Boykotts in der Bundesrepublik Deutschland, in Schweden, Kanada, Grossbritannien und den USA am Ende einer internationalen Tagung einen gemeinsamen Brief an Helmut Maucher, Verwaltungsratsdelegierter von Nestlé , zu senden. In diesem Brief geben sie ihren Willen kund, in ihrem Kampf bis zum Ende zu gehen:

---

* INFACT, ICCR, Mitglieder von IBFAN und andere

Solange ihre Handelspraktiken nicht mit dem Geist und dem Buchstaben des Internationalen Kodex auf allen Ebenen übereinstimmen, verpflichten wir uns, den Boykott ihrer Produkte zu intensivieren und international auszudehen." (Quelle: IBFAN News, Juni 1983)

Nachdem sie zuerst die Kritiken abgewiesen und sich geweigert hatte, mit "Aktivisten", die nur ideologisch und politisch motiviert seien zu sprechen, und dann mit Ablenkungsmanövern die Kritik zu entschärfen versucht hatte, musste Nestlé nun ernsthaft mit den Führern des internationalen Boykotts verhandeln. Daraus entstand ein Abkommen zwischen dem TNK und seinen Kritikern, das im Januar 1984 unterzeichnet wurde.

In der Nestlé-Strategie gegenüber des Boykotts kann man über die Jahre vier Phasen feststellen:

a) Abweisung der Kritik und offene Propagandakampagne gegen den Boykott
b) "Low profile", um besser überzeugen zu können (ab Juli 1979)
c) Versuch, die öffentliche Meinung indirekt über Infiltration in die Medien und Institutionen zu beeinflussen (1980),
d) Bereitschaft zum Dialog: teilweise Annahme der Kritik, Verhandlung mit den Gegnern und Verändern der Handelspraktiken.

Die drei ersten Phasen zeichnen sich aus durch die Weigerung, sich in Frage zu stellen zu lassen und Versuche, die Kritik zu entschärfen. In der letzten Phase stellt sich Nestlé eher der Kritik und anerkennt, wenigstens teilweise und, wenn nicht in der Praxis, so doch im Diskurs, die Berechtigung der Kritik.* Angesichts des Boykotts und dessen Auswirkungen auf ihr Image und ihre Präsenz vor allem auf dem nordamerikanischen Kontinent, willigt Nestlé ein, ihre Handelspraktiken

---

Grundsätze und Ziele des INBC (International Nestlé Boycott Cimmittee)

1. Nestlé soll dem WHO/UNICEF-Kodex weltweit und sofort strikte Folge leisten.
2. Nestlés Handelspraktiken sollen dem Kodex als "Minimal-Erfordernis" und "in seiner Gesamtheit" Folge leisten, wie es die Generalversammlung des WHO 1981 und 1982 verlangt hat. Nestlé soll dem Kodex auch dann Folge leisten, wenn nationale Massnahmen weicher oder unpräziser als der Internationale Kodex sind.
3. Nestlé soll dem Kodex Folge leisten auf der Basis der heutigen und der zukünftigen Interpretationen des Kodex, die die WHO und die UNICEF als Schirmherrinnen des Kodex geben.
4. Nestlé soll die Länder dazu ermutigen, nationale Massnahmen, die gleich streng oder strenger als der Internationale Kodex sind, zu erlassen. Nestlé soll sich dem Erlass von bindenden oder verpflichtenden Kodices nicht widersetzen, wenn diese von nationalen Regierungen gewünscht werden.

Nestlé soll seine Zustimmung, dem Kodex gewissenhaft und ständig Folge zu leisten, überwachen lassen.
Quelle: IBFAN-News, April 1983

---

* Am Schluss der gemeinsamen Erklärung, die den Abschluss eines Abkommens ankündigt, heisst es: "Beide Parteien loben UNICEF für ihre Mithilfe in der Klärung der Kodex-Anweisungen. INBC seinerseits beglückwünscht Nestlé, innerhalb der Industrie die Führung in der Einhaltung des WHO-Kodex übernommen zu haben. Schliesslich anerkennt und unterstützt Nestlé das Engagement des INBC und seiner Mitglieder, die Kinder der Dritten Welt vor einer anangebrachten Kommerzialisierung von Kindernährmitteln zu schützen."

zu ändern und sich bei dem Verkauf ihrer Säuglingsnährmitteln den Anweisungen des WHO-Kodex zu unterwerfen. Auch wenn von nun an Nestlé richtigerweise als ein Beispiel dafür gelten kann, wie die soziale Verantwortung gegenüber Millionen von Kindern wahrzunehmen ist, sind dennoch nicht alle Probleme gelöst: die Gegner haben den Boykott nur aufgehoben, um andern Kampfmethoden und einer Überwachung der Tätigkeiten von Nestlé und auch anderer Unternehmer Platz zu machen.

a) Die Abweisung der Kritik und die offene Propagandakampagne gegen den Boykott

Der Boykottaufruf der INFACT im Juli 1977 enthielt folgende Forderungen:
— Einstellung der Werbung für Säuglingsnährmittel in den Massenmedien und in den Gesundheitszentren
— Aufhebung der Verteilung von Gratismustern in Spitälern, Kliniken und im Elternhaus von Neugeborenen
— Aufhebung der Verwendung von Säuglingsschwestern (milknurses)
— Einstellung jeglicher Propaganda durch medizinische Berufsleute

Im September und Oktober 1977 reagiert Nestlé darauf mit Begegnungen zwischen Vertretern ihrer Zentrale und dem Nationalen Kirchenrat, ICCR, INFACT, der Presbyterianischen Kirche, Clergy and Laity Concerned, La Leche League, Ford Foundation, und Verantwortlichen aus der Medizin, um die Meinungsverschiedenheiten zwischen dem Unternehmen und seinen Gegnern zu erklären und die Richtigkeit seiner Position darzulegen.

Öffentliche, vom Fernsehen übertragene Sessionen des amerikanischen Senats (Kommission für Gesundheit und wissenschaftliche Forschung) im Mai 1978 unter dem Vorsitz von Senator Ted Kennedy gaben Gelegenheit, die Debatte auf die nationale und internationale Ebene auszuweiten. Die Nestlé-Leitung in Vevey hatte sich zwar geweigert, vor einer amerikanischen Kommission zu erscheinen, sie hatte aber den Präsidenten von Nestlé-Brasilien beauftragt, davor auszusagen. Die Aussagen von Herrn Oswaldo Ballarin waren aber eher ungeschickt und hatten nicht die erhoffte Wirkung auf die Mitglieder der amerikanischen Kommission.

Er erklärte unter anderem:

"Nestlé-USA hat mich wissen lassen, dass ihre Untersuchungen ergeben haben, dass dieser Boykott in Wirklichkeit eine indirekte Attacke gegen das wirtschaftliche System der freien Welt ist. Hinter dieser Bewegung steckt eine Weltorganisation der Kirchen (-Weltkirchenrat), die zum Ziel hat, das freie Unternehmertum zu zerstören."

"Sie erwarten bestimmt nicht, dass wir das ernst nehmen", antwortete Edward Kennedy trocken und fügte bei:" ... der Boykott ist eine kapitalistische Waffe, die im amerikanischen System durchaus verankert ist."[11]

Diese Hearings und eine Sendung der amerikanischen Kette CBS, in welcher angedeute t wurde, dass es beim Verkauf von Säuglingsnährmitteln ein weltweites Netz von Zahlungen und Kommissionen gebe, riefen ein Echo auf nationaler und internationaler Ebene hervor, das zur Verstärkung der Boykottbewegung beitrug. Die Unterstützung, die im November 1978 der Exekutivausschuss des Nationalen Kirchenrates der USA dem Nestlé-Boykott gab, trug zur weiteren Legitimierung dieser Aktion bei.

Um all dem entgegenzuwirken, entschloss sich nun Nestlé, mit grossem Geschütz aufzufahren: sie beauftragte, das weltweit grösste Public Relations Unternehmen, Hill and Knowlton, 300'000 kostspielige Informationsdossiers an die Mitglieder des amerikanischen Klerus und an die Vertreter der öffentlichen Meinung zu versenden.

"Low profile", um besser überzeugen zu können

Mit dem Scheitern der von Hill and Knowlon angewandten Taktik konfrontiert, berief Nestlé ab Juli 1979 eine andere Public Relations Firma, die Daniel Edelman Company. Diese schlug eine andere Strategie vor: der Bevölkerung gegenüber bescheidener aufzutreten (low profile) und so den Boykott zu entschärfen. Gleich nach Veröffentlichung der Empfehlungen des gemeinsamen Treffens WHO/UNICEF im Oktober 1979, verteilte Nestlé Huntertausende von Presseerklärungen, in denen sie die vorläufigen Empfehlungen anerkannte, die von verschiedenen Ländern, Vertretern der Industrie und Delegationen von nichtregierungsgebundenen Organisationen verabschiedet worden waren.

Auf diese Weise gedachte Nestlé, die Öffentlichkeit zur Beendigung des Boykotts zu bewegen. Trotz dieser taktischen Erklärungen weigerte sich Nestlé weiterhin, ihre Kritiker oder gar das INBC in einer öffentlichen Veranstaltung zu treffen: ungeachtet der hochtrabenden Erklärungen hatte der TNK ganz einfach keine Lust, seine Praktiken in Frage zu stellen, sondern hoffte viel eher, auf anderen Wegen die öffentliche Meinung zu beeinflussen.

Die Nestlé-Affäre (Nestlégate)

Anfangs Januar 1981 veröffentliche die amerikanische Zeitung Washington Post lange Auszüge aus zwei internen Nestlé-Dokumenten. Eines der beiden, später von INFACT und ICCR mit dem Titel "Nestlégate" herausgegeben, enthüllt die Nestlé-Strategien in der Bekämpfung des Boykotts. Dabei handelt es sich um eine Notiz von Herrn Saunders, Nestlé-Funktionär und Präsident des ICIFI, an A. Fürer, damaliger Generaldirektor des TNK, in dem er ihn über die Kontakte informiert, die er zur Eindämmung des amerikanischen Boykotts aufgenommen hatte. Er schreibt:

> "Die wichtigste Strategie in der Bekämpfung des Boykotts, die darin besteht, die Kenntnis über die Boykottbewegung in der Öffentlichkeit einzuschränken, funktioniert gut."

Diese Notiz enthüllt, auf welche Weise der TNK beabsichtigt, die öffentliche Meinung zu beeinflussen und die Gegner in Misskredit zu bringen: durch Infiltration der Medien, der Gesundheitsinstitutionen und Regierungen, alles unter Mithilfe Dritter, die Nestlé ohne Wissen der Öffentlichkeit verteidigen. Es ist notwendig, ein positives Bild von Nestlé zu entwickeln. Dazu muss man die richtigen Kanäle, die Zielgruppen und die geeigneten Sprecher finden, die sich bei den Behörden für das Unternehmen einsetzen können.

Saunders bemüht sich, ein vorteilhaftes Image von Nestlé zu entwickeln: Unter all den zu treffenden Massnahmen muss auch die Möglichkeit direkter Basisarbeit der Leiter der amerikanischen Filialen ins Auge gefasst werden, so z.B. auf lokaler Ebene Veranstaltungen mit audio-visuellen Mitteln durchzuführen. Dabei muss darauf geachtet werden, dass ein ausgewogenes Image der Nahrungsmittelproduktion und der andern Tätigkeiten in der Dritten Welt geboten wird.

"Wir sollten nicht darauf dringen, dass in der Wirtschaftspresse Artikel erscheinen, ohne zuerst sorgfältig zu analysieren, welche Richtung ihre Autoren einschlagen wollen. Wir müssen vermeiden, dass Journalisten nur aufgrund sensationeller Dokumente recherchieren, um dann dem Image der Multinationalen im allgemeinen zu schaden," meint Herr Saunders weiter.

Im weitern hebt er das Ausmass der von IBFAN organisierten Kampagne und den Professionalismus der Führer dieser Kampagne hervor und schreibt:

"Es ist durchaus möglich, dass wir in den USA eine Schlacht gewinnen, den Krieg aber verlieren werden wegen des ganzen Druckes, der auf die Regierungen der Dritten Welt und die Gesundheitsbehörden ausgeübt wird."

Er unterstreicht in seiner Notiz auch eine Aktion zur Gegeninformation, die von Nestlé durchgeführt werden sollte:

"Es ist offensichtlich, dass dringend eine wirksame Operation zur Gegenpropaganda in Gang gesetzt werden muss, unter Verwendung eines Netzwerkes geeigneter Berater in Schlüsselpositionen, mit guten technischen Kenntnissen in Kinderernähung in den Entwicklungsländern und mit den nötigen Kontaken, um Artikel unterbringen zu können."

Er bezieht sich auf einen Artikel, der in der Zeitschrift Fortune unter dem Titel "The Corporation Haters" veröffentlicht worden war.* Sein Verfasser, Hermann Nickel, geht mit Nestlé nicht immer sehr sanft um, aber er richtet auch eine heftige Kritik an die amerikanischen religiösen Gruppen, die den Boykott unterstützen, indem er diese "Aktivisten" als "unter dem Banner Christi marschierende Marxisten" taxiert. Saunders meint dazu: "Wir müssen die vom Artikel in Fortune gebotenen Möglichkeiten und die vom "Ethics and Public Policy Centery„ angebotenen Aktivitäten voll ausnützen." Worum geht es hier?

---

* Der Artikel von R. Nickel erschien in der Zeitschrift Furtune am 16. Juni 1980 unter dem titel: "The Corporation Haters" und mit dem bezeichnenden Untertitel: "Der Nationale Kirchenrat ist für einen Kreuzzug gegen den Kapitalismus verantwortlich."

In Kollusion mit Lefever

Ernest W. Lefever ist ein berüchtigter, zur amerikanischen Rechten gehörender Antikommunist, den Präsident Reagan zum stellvertretenden Staatssekretär für Menschenrechte ernannt hatte. Dieser Ernest Lefever leitete damals an der Universität Georgtown ein Zentrum, das bald darauf zu einer unabhängigen Stiftung wurde ("Ethics and Public Policy Center", EPPC). Verschiedene Interviews, die Notiz "Nestlégate" und vor allem die Erklärungen Lefevers vor dem Senatsausschuss für auswärtige Angelegenheiten zeigen, wie Nestlé die Wirtschaftspresse und das EPPC benutzt hat, um den Boykott zu bekämpfen.

Bei einem Essen in einem Washingtoner Restaurant bot Lefever Herman Nikkel an, für das EPPC eine Untersuchung über Säuglingsnahrung für ein Honorar von 5'000 Dollar durchzuführen. Nickel bedang sich Unabhängigkeit und völlige Freiheit in seinen Schlussfolgerungen aus und akzeptierte, nachdem er seine Vorgesetzten konsultiert hatte. Diese waren sehr daran interessiert und schlugen ihm vor, aufgrund seiner Untersuchungen einen Schockartikel für die Zeitschrift Fortune zu schreiben, der dann am 16. Juni 1980 unter dem Titel "The Corporation Haters" erschien.

Im März erhielt Lefever 5'000 Dollar für seine Stiftung und weitere 20'000 Dollar im Laufe des Sommers (Gesamtbudget: 100'000 Dollar). Lefever druckte den Artikel noch einmal unter einem neuen Titel ab: "Kreuzzug gegen die transnationalen Unternehmen: die Kirchen und der Nestlé-Boykott". Er verschickte diesen Sonderdruck an mehrere tausend Vertreter der öffentlichen Meinung, unter Verwendung einer Adressliste, die ihm das Public Relations Unternehmen Daniel Edelmann, natürlich auf Anfrage von Nestlé, die auch die Rechnung bezahlte, zur Verfügung gestellt hatte.* Gemäss Lefever werden alle Spenden an sein Zentrum ohne Zweckbestimmung entgegengenommen. Dabei ergeben sich aber in dieser Angelegenheit einige eigentümliche Zufälle, die nicht nur Zweifel an Lefevers Zentrum aufkommen lassen, sondern auch an der Unabhängigkeit der Zeitschrift Fortune.

Gemäss Washington Post gibt Lefever, entgegen seiner früheren Erklärungen vor dem Senatsausschuss für auswärtige Angelegenheiten, bei einer Anhörung am 3. Juni 1981 zum ersten Mal zu, dass er bereits im September 1979 mit einem Vertreter von Nestlé zusammengetroffen sei. Bei dieser Begegnung habe er erzählt, dass sein Zentrum im Begriff sei, die Kontroverse um Säuglingsnahrung zu studieren, des weiteren habe er um einen Beitrag gebeten und wahrscheinlich auch gesagt, dass der Verfasser dieser Studie Herman Nickel sein werde. Lefever hat aber erst einen Monat später mit Nickel über diese Studie diskutiert. Herr Ciocca, damals Funktionär bei Nestlé-USA (Assistant corporate secretary), hatte der Was-

---

* In der Notiz von Saunders heisst es wörtlich: "Die Glaubwürdigkeit von Widerlegungen der Behauptungen der aktivistischen Gruppen ist besonders gross, wenn sie von dritter Seite stammt — darüber herrschte Einmütigkeit — und der Fortune-Artikel ist zusammen mit dem Interesse des Ethics and Public Policy Centres die beste Gelegenheit, die wir bisher hatten, die Angelegenheit in Ordnung zu bringen. Sie muss voll ausgenützt werden (...) Wir sollten für den Sonderdruck des Fortune-Artikels eine optimale Versandliste zusammenstellen und entscheiden, wie wir die Operation finanzieren können. Wir sollten auch Dr. Lefevers Film-Idee tatkräftig unterstützen, ebenso sollten wir Mr. Nickel in seinem weiteren Tun ermutigen. Es ist wicktig, dass die Zukunftsaufgabe, nämlich die Widerlegung der unfundierten Angriffe auf Nestlé selbst, direkter angegangen wird, und ich habe darüber auch mit Mr. Nickel gesprochen. Er versucht, uns nächstens in Vevey zu besuchen."

hington Post gegenüber bereits am 22. Mai 1981 versichert, dass ein Vertreter von Nestlé mit Lefever einen Monat vor diesem Treffen mit Nickel zusammengetroffen sei.

Dialogbereit: teilweise Annahme der Kritik, Verhandlung mit den Gegnern und Veränderung der Handelspraktiken des TNK

Obwohl der Machtkampf innerhalb von Nestlé zwischen den "Harten" und den Befürwortern des Dialogs weiterging, scheint es, dass die letzteren in letzter Zeit die Oberhand gewonnen haben. Das Murren der "Harten" konnte überwunden werden, und der TNK hat angefangen, nach und nach sein ethisches Verhalten zur Diskussion zu stellen, vor allem die Kommerzialisierung seiner Produkte in den Drittweltländern. Als erstes haben die Nestlé-Führungskräfte bezeichnenderweise verschiedentlich Vertreter von CANES empfangen, einer Gruppierung von Aktionären, die sich 1981 gebildet hatte. Dann, nach Erklärungen von Herrn Maucher, in denen er seine Bereitschaft ausdrückte, die Kritik zu akzeptieren und in einen Dialog zu treten, verteilte Nestlé im Oktober 1982 neue Anweisungen an ihre Tochtergesellschaften, die diejenigen vom Februar weitgehend ersetzten.

Die Nestlé-Kritiker hatten die neue "Anweisungen" des TNK für die Kommerzialisierung von Säuglingsnahrung mit Vorsicht aufgenommen. An frühere Public Relations-Operationen von Nestlé gewöhnt, hatten sowohl IBFAN wie auch INBC diese Geste als eine Öffnung, eine taktische Anerkennung der gegen Nestlé formulierten Kritiken taxiert, hielten es aber für richtig, mit einer endgültigen Beurteilung abzuwarten, bis man tatsächlich Änderungen in der Praxis und nicht nur im Diskurs feststellen könne. Der Präsident von INFACT erklärte zum Beispiel im März 1982: "Wenn Nestlé es wirklich ernst meint, dann wäre jetzt die konstruktivste Massnahme, eine Begegnung mit dem INBC."

Eine genaue Analyse der Nestlé-Anweisungen deckte zahlreiche Unstimmigkeiten zum internationalen Kodex auf. Die "Anweisungen", meinte IBFAN, sind schlussendlich nichts anderes als eine "entstellte und ungenaue Interpretation des WHO-Kodex".

Der UNICEF-Exekutivdirektor musste persönlich in die Diskussion eingreifen. In einem Brief von 10. Mai 1982 an Herrn Pagan, Präsident des Nestlé-Koodinationszentrum für Ernährung in Washington, gibt er klar zu verstehen, dass er mit der Nestlé-Interpretation des WHO-Kodex nicht einverstanden ist. Das Unternehmen gebe vielen wichtigen Artikeln des WHO-Kodex eine falsche und gefährliche Interpretation. Er bittet Herrn Pagan und seine Kollegen bei Nestlé dringend, weder seinen Namen, noch den von UNICEF so zu gebrauchen, dass man glauben könnte, UNICEF sei mit den "Anweisungen" von Nestlé einverstanden. In einem Bericht vom Februar 1983 an die regionalen Direktoren die Einhaltung des Kodex durch Nestlé betreffend, macht UNICEF die folgende kritische Feststellung:

"Es gibt immer noch beträchtliche Unterschiede zwischen beiden, und UNICEF war bemüht, dies klarzustellen.... Die Universalität des Kodex bleibt für UNICEF eine Angelegenheit von grundlegender Bedeutung. Es gibt auch noch Differenzen, die andere Aspekte des Kodex betreffen (z.B. die Unterscheidung zwischen Werbe- und Anweisungstexten und die Aufnahme von Bildern von Säuglingen auf den Packungen)."

H. Maucher will mit dem Boykott schlussmachen: Teile und herrsche!

Helmut Maucher, der neue Verwaltungsratsdelegierte von Nestlé seit der Generalversammlung von Mai 1982, sagte jedem, der es hören wollte, dass er mit der Angelegenheit, die dem Image des Unternehmen schadete, Schlussmachen wollte. Er beauftrage Carl Angst, einen der Nestlé-Direktoren, sich ganz besonders diesen Verhandlungen zu widmen, die dann im Januar 1984 zu einem gemeinsamen Abkommen führten. Bevor er sich aber entschloss, mit seinen Gegnern direkt zu verhandeln, versuchte H. Maucher noch eine letzte Karte auszuspielen. Er entwarf eine neue Strategie: die geeinte Front der Boykottbewegung zu entzweien, indem er die "Aktivisten" die den Boykott leiteten, von den Mitgliederorganisationen, die ihn unterstützten, vor allem den Kirchen, zu isolieren versuchte.

Kritik annehmen

H. Maucher drückt es so aus:

> "Die Gruppierungen, die unsere Geschäftspolitik in der Dritten Welt kritisieren, irritieren mich nicht im geringsten. Es ist nur natürlich, dass sie anders denken als wir und ihre Einwände vorbringen. Unsere Aufgabe hingegen ist es, die Interessen von Nestlé langfristig zu verteidigen. Dabei geht es darum, dem Unternehmen seinen Profit zu sichern, und dadurch natürlich auch seine Entwicklung und die Arbeitsplätze seiner Angestellten. Unsere Verantwortung dehnt sich auch auf die Gesellschaft im allgemeinen, auf ihre Gesetze und auf den wissenschaftlichen Fortschritt aus.
>
> ...Gewisse Bemerkungen (der Gegner) sind teilweise berechtigt, und wir werden daraus Konsequenzen ziehen. Ein Unternehmen mit über 150'000 Angestellten ist nicht unfehlbar. Jedermann, jede starke Gesellschaft muss Kritik annehmen. Wenn Diktaturen so konservativ und dem Fortschritt verschlossen sind, so ist dies, weil sich dich der Kritik verschliessen.
>
> ...Es gibt auch gewisse Gruppen, die andere Ziele, andere Strategien und andere Mittel haben. Diese werden wir nie überzeugen können. Sie finden in der Dritten Welt einen fantastischen Vorwand, um die multinationalen Gesellschaften bekämpfen zu können. Wir wollen mit den andern, mit den Kirchen, den Gewerkschaften, in Dialog treten. Deren Kritik ist aufrichtig, sie sind aber oft schlecht informiert.
>
> ...Diese Leute sind nicht a priori gegen Nestlé. Es ist unsere Gegenwart in der Dritten Welt, die sie stört. Für uns besteht eine Möglichkeit, sie zu überzeugen. Und indem wir ihnen die Strategie der Aktivisten erklären, die die Grundfesten von Nestlé und anderen Multinationalen angreifen, werden wir es vielleicht schaffen, sie zu isolieren."[12]

Der Direktor des 1981 geschaffenen Nestlé-Koordinationszentrums für Ernährung in Washington, Herr Rafael Pagan, der neue Ideologe im Kampf gegen den amerikansichen Boykott, erklärt diese Strategie sehr genau:

> "Unser erstes Ziel ist das Überleben. Das zweite liegt darin, die fanatischen Aktivisten-Führer.... — Leute, die freien Institutionen, die Reichtum schaffen, das Recht abstreiten, in der Entwicklungshilfe an die Dritte Welt eine legitime Rolle zu spielen — von der rechtschaffenen Leuten zu trennen, die uns nur aufgrund unserer Offenheit und unserer Nützlichkeit beurteilen wollen.
>
> Wir müssen vor allem darauf bedacht sein, den Aktivisten die moralische Autorität zu nehmen, die sie durch ihre Allianz mit religiösen Organisationen erhalten."[13]

Eine der Aufgaben dieses Zentrums in Washington besteht darin, Strategien zu entwickeln, um mit den Kirchenführern in den Dialog zu kommen. Gemäss Pagan sollte jeder TNK, der Kritik ausgesetzt ist, einen Stab von talentierten Fachleuten haben, die sich nicht mit den alltäglichen Public Relations des Unternehmens abgeben müssen, sondern einzig und allein mit dem Kontakt mit dem Publikum. Dieser Stratege unterstreicht auch die Schwierigkeiten, mit den Funktionären der verschiedenen Organisationen über die Gesamtheit der weltweiten wirtschaftlichen Tätigkeiten zu verhandeln.

Wie man mit gleichen Waffen kämpfen kann

> "Eine wirksame, nichtregierungsgebundene Organisation (NGO) schaffen und Beraterstatus bei soviel UNO-Organisationen wie möglich erreichen. Dies soll für den Public Relations Dienst unserer Unternehmen zur vorrangigen Aufgabe werden."

In dieser Perspektive versteht man auch die wiederholten Druckversuche der Milchverarbeiter, um sich in den UNO-Apparat zu infiltrieren. Das ICIFI versucht vergebens, den Beraterstatus als NGO in der WHO zu erhalten. In der Sitzung des Exekutivausschusses der WHO im Januar 1983, wird ihr Antrag zum dritten Mal zurückgewiesen. Gemäss Pagan werden die Unternehmen die Kritiken der Aktivisten nur zum Schweigen bringen, wenn sie sich zusammenschliessen und lernen, politisch zu denken.

In einer Rede im November 1982 an Verantwortliche für Public Relations in verschiedenen Unternehmen, bezeichnet Pagan die Kampagne als einen "politischen Kampf". Er macht dabei auch unbegründete Anschuldigungen, nach denen

> "das Ziel der Aktivisten erklärtermassen darin besteht, die Sache eher am Kochen zu halten als zu lösen, um so zu einem politischen Klima beizutragen, das für die Kontrolle oder die Beseitigung der Grossindustrie günstig ist."
> (wiedergegeben in ECUVIEW, Gern, "Nestlé- Boycott Update"EPS 83.10.50)

Kann man wirklich von einer Öffnung und einem Dialog reden, wenn den Gegnern die Legitimität abgesprochen wird, wie dies von H. Maucher und R. Pagan getan wird, und man dabei immer wieder auf abgegriffene Attacken zurückkommt, in denen ihre hartnäckigsten Kritiker verunglimpft und als Systemkritiker oder Fanatiker hingestellt werden? Wie kann ein wirklicher Dialog entstehen, wenn man nicht zuerst die Legitimität und die Aufrichtigkeit beider Teile anerkennt?

Am 14. Oktober 1982 kündigt Carl Angst an, dass Nestlé die Empfehlungen der WHO einhalten will. Er gibt an, dass die neuen Handelsanweisungen nicht nur in der Dritten Welt, sondern auch in allen andern Ländern, ausgenommen die Länder der EWG, gelten. Gleichzeitig informiert er auch über sechs neue Änderungen in den im März herausgegebenen Anweisungen:

— den Detailhandel davon überzeugen, den Verkauf von Säuglingsnährmitteln nicht mehr zu fördern;
— den Kodex für alle Kindernährmittel anwenden, unabhängig vom Alter des Kindes;
— keine Säuglingspflegerinnen mehr anstellen;
— Säuglingsnährmittel (gratis oder vergünstigt) nur an solche Kinder abgeben, die nicht gestillt werden können;
— den Gesundheitshelfern keine Säuglingsnährmittelmuster mehr für ihre eigenen Kinder zur Verfügung stellen;
— keine weitere Förderung oder Werbung für Säuglingsnährmittel bei Müttern, schwangeren Frauen oder in der Öffentlichkeit.

INFACT reagiert darauf, indem sie die Druckversuche anprangert, die Nestlé auf die Regierungen ausübt, um die Ausarbeitung von einschränkenden, nationalen Kodexen zu verhindern, und gibt weitere dreissig Verletzungen des WHO-Kodex durch Nestlé in acht Ländern bekannt. Trotz der Haltung der von Senator Muskie präsidierten Nestlé-Aufsichtskommission, die sich wenig aus früheren Anzeigen gemacht hatte, ist INFACT bereit, ihr diese neuen Fälle von Verletzungen zu übergeben, womit sie ihr eine gewisse Legitimität verleiht. Man auferlegt dem neuen starken Mann bei Nestlé, als Beweis seiner Aufrichtigkeit und seines Willens die Nestlé-Praktiken zu ändern, gegen die Schuldigen in den Tochtergesellschaften Sanktionen zu ergreifen.

Über die verbalen Attacken beider Seiten hinaus finden Begegnungen zwischen amerikanischen Boykottführern und H. Maucher statt. Dazu kommt am 11. November 1982 ein Gipfeltreffen zwischen Carl Angst und Kirchenführern der amerikanischen Protestanten (Frau Claire Randall, Generalsekretärin des Nationalen Kirchenrates der USA, James Armstrong, methodistischer Bischof und Präsident der Presbyterianischen Kirche, und William Thompson, deren Generalsekretär.) Nach dieser ersten Begegnung entschliessen sich die Parteien, den Dialog fortzusetzen. Nestlé stellt dazu eine Bedingung: Die Partner müssen durch hochrangige Verwantwortliche vertreten sein, die sofortige Entscheidungen treffen können.

Auch unter den Boykottführern finden 1983 mehrere Treffen zur Koordination ihrer Aktionen statt. Auch C. Angst hatte mit den Gegnern diskutiert.

Im Februar 1984 wurde von IBFAN und INBC in Mexiko ein Kongress einberufen. Die Organisatoren wollten die Gruppen aus Europa, Nordamerika, Lateinamerika und dem Pazifik, die entweder am Nestlé-Boykott beteiligt oder mit der Erziehung zum Stillen mit Muttermilch beschäftigt waren, in direkten Kontakt zueinander bringen. Berufsleute aus dem Gesundheitswesen und Vertreter von INBC, IFBAN und INFACT-Mitgliederorganisationen wollten die Resultate der seit einigen Monaten stattfindenden Verhandlungen zwischen INBC und Nestlé auswerten, die Auswirkungen des Boykotts prüfen, und Formen des Kampfes und der Überwachung der Unternehmen ausarbeiten, um so die Einhaltung des WHO-Kodexes zu garantieren. In den USA und in Kanada hatte INFACT Nestlé soeben eine Petition mit 143'786 Unterschriften von Leuten überreicht, die sich verpflichteten, den löslichen Kaffee "Taster's Choice" zu boykottieren. Man hatte auch die Absicht, in Europa einen Boykott gegen Nescafé zu lancieren.

Das INBC legte Nestlé vier endgültige Anträge vor, deren Annahme für die Einhaltung des WHO-Kodexes unabdingbar war und als Voraussetzungen eine "sine qua non" galten, damit der Boykott von den Gegnern aufgehoben würde:

1) Die Verteilung von Gratismustern von Säuglingsnährmitteln an das Gesundheitspersonal auf die Fälle beschränken, bei denen künstliche Nahrung unerlässlich ist (Waisen, Mütter, die nicht stillen können).
2) Alle persönlichen Geschenke an Ärzte, Krankenschwestern und Kinderschwestern abzuschaffen.
3) Die Gebrauchsanweisungen der Produkte revidieren, um alle vom Kodex geforderten Informationen einzufügen und jegliche Propaganda daraus zu entfernen.
4) Die Etiketten auf den Säuglingsnährmitteln abändern, indem man klar und gut ersichtlich einen Hinweis auf die Gefahren anbringt, die daraus entstehen, wenn man das Stillen aufgibt.

Am 26. Januar 1984 gaben Verantwortliche von Nestlé und INBC an einer gemeinsamen Pressekonferenz die Unterzeichnung eines Abkommens bekannt, durch das der seit sieben Jahren während Boykott aufgehoben wurde. Nach harten, von Carl Angst geführten Verhandlungen, hat sich der TNK verpflichtet, die vier endgültigen Anträge des INBC für alle Länder ausserhalb Europas anzunehmen. Das INBC empfahl darauf seinen Mitgliedern, den Boykott während sechs Monaten auszusetzen, um Nestlé Zeit zu geben, ihren guten Willen zu beweisen. In der Zwischenzeit würde sich eine gemischte Kommission Nestlé-INBC regelmässig treffen (ab März monatlich), um die bei der Unterzeichnung des Abkommens noch ungelösten Probleme zu behandeln. Es handelte sich hier um einen Waffenstillstand oder um das, was einige einen "bewaffneten Frieden" nannten; erst danach sollte über eine definitive Aufhebung oder Weiterführung des Boykotts entschieden werden, je nachdem, ob Nestlé eine neue Geschäftspolitik und die Überwachung ihrer Handelspraktiken für Säuglingsnährmittel in verschiedenen Drittweltländern in die Praxis umgesetzt hat oder nicht. Das INBC wird darauf dem Kongress in Mexiko seinen Mitgliederorganisationenen die Aufhebung des Boykotts vorschlagen.

In ihren Diskussionen widmeten sich die Teilnehmer auch einer kritischen Auswertung der tieferen Bedeutung dieses "Sieges der Konsumentenbewegung" über das weltweit mächtigste Unternehmen des Agro-Business. Es sah so aus, als ob Nestlé die Verhandlungen um jeden Preis schnell beenden und vor dem Kongress in Mexiko zu einer Übereinkunft kommen wollte, da sie dort von den Gegnern härtere Forderungen erwartete. Der TNK wollte so gewissermassen seinen Gegnern den Rang ablaufen und jeder neuen Initiative dieses Kongresses zuvorkommen. Die Teilnehmer stimmten einer Aufhebung des Boykotts zu, unterstrichen jedoch gleichzeitig die Notwendigkeit, den Kampf zur Einhaltung des WHO-Kodexes in allen Ländern weiterzuführen. Man kann sich tatsächlich fragen, warum es gerechtfertigt sein soll, dass einerseits in Europa Werbung und Marketing darauf ausgerichtet sind, die Mütter vom Stillen abzuhalten, während anderseits in allen übrigen Ländern der Welt sehr strenge Vorschriften gegen solche Praktiken bestehen. Wenn der Schutz der Gesundheit des Kindes und die Priorität des Stillens erhaltungswürdige Werte sind, muss dies überall gültig sein: es gibt keinen

Grund, mit zweierlei Massstäben zu messen, je nachdem, ob es sich um Industriestaaten oder Drittweltländer handelt.

Die Diskussion dieser Universalitätsklausel sollte übrigens beim Gipfeltreffen am 12. Juli 1984 in Genf zwischen hohen Funktionären der Nestlé unter der Leitung von C. Angst und nordamerikanischen und europäischen Vertretern auf der Tagesordnung stehen. Dieses Treffen wurde einberufen, um den Stand der Einhaltung des im Januar unterzeichneten Abkommens zu überprüfen. Trotz allem Drängen von seiten der Gegner weigerte sich Nestlé standhaft, unter dem Vorwand, sie würde so wichtige Marktanteile an ihre nicht dem Kodex unterstehenden Konkurrenten verlieren, den WHO-Kodex in der ganzen Welt, Europa eingeschlossen, anzuwenden. Es ist in der Tat so, dass trotz eindeutiger Abstimmungsergebnissen im Europäischen Parlament (1981 und 1983), durch die von der Europäischen Kommission Weisungen verlangt wurden, damit der internationale WHO-Kodex auch in Europa angewandt werde, die europäischen Säuglingsnährmittelindustrien (Association of Dietetic Food Industries of the EEC, IDACE) die EWG unter Druck setzen, damit diese einen freiwillen Kodex verabschiedet, der nicht zu sehr einschränken und so Praktiken rechtfertigen sollte, die der WHO-Kodex überall sonst auszumerzen versucht. Die Annahme dieses von IDACE vorgeschlagenen Kodex würde einer legitimen Verletzung des WHO-Kodex in Europa gleichkommen, da dieser Pseudokodex unter anderem folgende Praktiken erlauben würde:

— Direktwerbung bei den Müttern
— Direktwerbung beim Gesundheitspersonal
— Verteilung von Gratismustern
— Kontakte zwischen den Handelsagenten und den Müttern
— Geschenke an das Gesundheitspersonal
— den im WHO-Kodex enthaltenen Normen unangepasste Gebrauchsanweisungen.

Die Mitgliederorganisationen des INBC sind fest entschlossen, weiter zu kämpfen, bis die Universalitätsklausel von Nestlé und den andern Unternehmen anerkannt wird. Die europäischen Organisationen haben übrigens am 21. Mai 1984 eine Kampagne gegen das deutsche Unternehmen Milupa gestartet.

Die amerikanischen Organisationen ihrerseits versuchen, auch über Resolutionen von Aktionären Änderungen in den Handelspraktiken der American Home Products/Wyeth Laboratories und Bristol-Myers zu erreichen.

Das INBC sollte sechs Monate nach der Unterzeichnung des Abkommens mit Nestlé (im Januar 1984) dessen Einhaltung prüfen. In ihrem Treffen vom 28. und 29. September 1984 in Nex York, beglückwünschten sich zuerst einmal die Vertreter der Mitgliederorganisationen des INBC zu diesem Sieg der Basisgruppen zugunsten der Gesundheit von Millionen Kindern. Sie stimmten für eine definitive Aufhebung des Nestlé-Boykotts und arbeiteten eine neue Strategie für ihre nächsten Aktionen aus.* Der Koordinator des Boykotts in den USA sagte dazu:

> "Wir begrüssen diese Entscheidung. Sie gibt Nestlé keinen Freibrief, aber das Endes des Boykotts gibt uns jetzt die Bewegungsfreiheit, gegen die Nestlé-Konkurrenz im Sektor der Baby-Nahrung vorzugehen."

---

* INBC: A grassroots victory for improuved instant health, The Nestlé Boycott and beyond, New-York, sept. 28-29, 1984.

Verschiedene Probleme bleiben jedoch weiterhin ungelöst und könnten in der Zukunft in weiteren Kampagnen nicht nur gegen Nestlé, sondern auch gegen andere Unternehmen aufgegriffen werden. Einige dieser Probleme sind mit dem gemeinsamen Abkommen verbunden (Bestimmung der Fälle, mit Hilfe der UNICEF und WHO, in denen Kleinkinder mit Muttermilchersatzprodukten ernährt werden müssen; Übergabe durch Spitäler und Kliniken einer Gratisbüchse Milchpulver — "discharge can" — an die Mütter beim Verlassen des Spitals, was einem Muster gleichkommt; Gebrauchsanweisungen und Etiketten). Andere werden noch aufgeworfen: wahrscheinlich der grösste Stein des Anstosses bleibt die Universalitätsklausel des WHO-Kodex (Anwendung auch in Europa). Schliesslich haben Beobachter darauf hingewiesen, dass mehrere Unternehmen zwar ihre Werbung für Muttermilchersatzprodukte aufgegeben haben, dafür aber jetzt ihre Reklame- und Marketingbestrebungen auf Produkte zum Entwöhnen des Kindes, auf andere Milchprodukte und gezuckerte Kindertees usw. ausgerichtet haben. Die Gefahr einer missbräuchlichen Werbung und einer Änderung der gesunden und billigen Ernährungsweisen zugunsten dieser neuen Produkte, die teuer und zudem noch meist unnötig sind, bleibt dieselbe wie bei den Muttermilchersatzprodukten. Aus diesem Grunde unterstüzen die INBC Mitgliederorganisationen, wie auch viele Fachleute aus dem Gesundheitswesen eine diesbezügliche Resolution, die an der WHO-Generalversammlung 1984 von Qatar eingebracht wurde.

Protest innerhalb von Nestlé von seiten der Aktionäre

Im Mai 1981 schloss sich eine Gruppe von Aktionären zusammen, um von ihrem Unternehmen ein ethisches Verhalten zu fordern (Convention des actionaires de Nestlé, CANES). Ausserdem verspürte eine Gruppe Schweizerischer Aktionäre einen Anflug von Nationalismus und drückte in der Presse ihre Unzufriedenheit mit der Ernennung von Helmut Maucher, einem Deutschen, für den Posten des Verwaltungsratsdelegierten ihres Unternehmens aus. Obwohl diese beiden Gruppen nicht miteinander zu tun haben, so sind sie doch — jede auf ihre Weise — ein Ausdruck von Protest innerhalb des Unternehmens.

"Die Direktion von Nestlé muss schweizerisch bleiben"

Dies war die Forderung, die eine Gruppierung von Aktionären, die 150'000 Aktien innehaben (ca 5% des damaligen Aktienkapitals des TNK)in einem offenen Brief dem Nestlé-Verwaltungsrat richtete. Würde diese Bewegung um sich greifen, und die 10% des Aktienkapitals erreichen, die notwendig sind, um an einer ausserorderntlichen Generalversammlung diese Ernennung von Helmut Maucher (Ehemaliger Präsident von Nestlé-BRD) zu diskutieren? In ihrem offenen Brief bringen die unzufriedenen Aktionäre eine ganz präzise Forderung an:

> "Sie bitten ihren Verwaltungsrat, der nächsten Generalversammlung eine Statutenänderung vorzuschlagen, um dadurch zu präzisieren, dass der Präsident des Verwaltungsrates Schweizer sein muss und dass im Falle der Ernennung eines oder mehrerer Verwaltungsratsdelegierter durch den Verwaltungsrat, der Delegierte oder einer von ihnen ebenfalls Schweizer sein muss." (Gazette de Lausanne und Journal de Genève, 17.10.1981)

Ihre Bewegung löste keine Lawine aus und provozierte eine trockene Antwort sowie ein Nichteintretensantrag des damaligen Nestlé-Präsidenten Pierre Liotard-Vogt:

> "Die Presse ist nicht der richtige Weg, um ein Rendez-vous mit unserem Verwaltungsrat zu verlangen. Diese Vorgehensweise ist unelegant. Dabei handelt es sich nicht um eine Frage von Grundsätzen sondern um eine der Formen. Wir wollen die Presse nicht als Mittlerin, um mit den Aktionären in den Dialog zu treten. Ich bin immer der Ansicht gewesen, dass der Präsident der Gesellschaft Schweizer sein sollte. Ich bin eine Ausnahme, und ich glaube, dass dies ein Zufall war. Beim Verwaltungsratsdelegierten ist es anders, da sind seine Fähigkeiten wichtiger als seine Nationalität" (Nouvelliste et Feuille d'Avis du Valais, 20.11.1981)

Pierre Liotard-Vogt antwortet darauf auch noch in seiner Ansprache vor der Generalversammlung im Mai 1982, wo er unterstreicht, dass er die Besorgnis dieser Aktionäre zwar als legitim betrachtet, aber keinen Grund zur Änderung der Statuten sieht. Helmut Maucher wurde also zum Verwaltungsratsdelegierten gewählt. An der Generalversammlung von 1984 kündigte A. Fürer seinen Rücktritt als Präsident an und wurde durch Paul Jolles (früher Direktor des Bundesamtes für Aussenwirtschaft im Eidgenössischen Volkswirtschaftsdepartement = schweierisches Wirtschaftsministerium) ersetzt. Nestlé wird bestimmt von Jolles guten Beziehungen und seinen Erfahrungen im Abschluss von Geschäften mit dem Ausland profitieren können.

"Eine andere Art, Aktionär zu sein" CANES

Überraschung an der Generalversammlung der Aktionäre im Mai 1981. Ein Aktionär ergreift das Wort im Namen einer kürzlich formierten Gruppe, Association CANES*, und verlangt, dass das Unternehmen eine andere ethische Haltung annehmen solle, vor allem im Handel mit den Entwicklungsländern. Diese Gruppe umfasste 1984 180 Mitglieder mit 16'000 Aktien. Die Canes-Mitglieder sind davon überzeugt, in ihrer Eigenschaft als Aktionäre eine Rolle spielen zu können, um von ihrer Gesellschaft die Änderung gewisser Praktiken zu fordern. Diese Besorgnis wird in den Zielvorstellungen von Canes ziemlich klar ausgedrückt:

"Art. 3, Ziel und Aktivitäten.
Die Ziele der Gesellschaft sind:
a) Innerhalb von Nestlé das Recht auf Information über die wichtigsten Entscheidungen des Unternehmens fördern. Zu diesem Zweck werden die Gesellschafter sich bemühen, vom Verwaltungsrat genaue und umfassende Informationen über die Stellungnahmen von Nestlé in den internationalen Verhandlungen über Rohstoffe, Verhaltenskodexe der TNK, Technologietransfer, die wirkliche Rolle von Nestlé in der Entwicklung der Dritten Welt, und über alle anderen wichtigen wirtschaftlichen, politischen, sozialen oder kulturellen Themen zu erhalten.
b) Innerhalb der Generalversammlung der Nestlé-Aktionäre eine wirkliche Debatte der wichtigsten Richtlinien veranlassen, die für das Unternehmen auf so wesentlichen Gebieten wie Ausbeutung der Rohstoffe, Verhaltenskodex für TNK, Kodex für Säuglings- und Kleinkinderernährung, Technologietransfer, und jedes andere wichtige wirtschaftliche, politische, soziale oder kulturelle Thema bestimmend sein sollen.

---

* ehemals: convention d'actionnaires de Nestlé (CANES)

c) Zuhanden der Generalversammlung der Aktionäre erreichen, dass Nestlé systematisch über alle Spenden oder Beiträge von mehr als SFr. 50'000 informieren muss, die für Untersuchungen mit ethischem Charakter oder an Entwicklungsorganisationen abgegeben werden.

d) Das Entscheidungsrecht der Aktionäre anwenden, um über die Verwendung des Profits zu bestimmen, um Gaben an Forschungsinstitute mit ethischem Charakter und an Entwicklungsorganisationen zu machen, die von der Generalversammlung ausgewählt werden.

e) Nestlé dazu anregen, eine offene und kostruktive Haltung allen Kritiken gegenüber anzunehmen, die an ihrer Handels- und Investitionspolitik geübt werden, vor allem wenn diese Kritiken von den betroffenen Bevölkerungen, von Kirchen, Gewerkschaften, oder von Kreisen stammen, die in wirtschaftlichen, sozialen und kulturellen Fragen spezialisiert sind. Dabei ist es wichtig, dass das Unternehmen vor allem die begründeten Kritiken studiert und ernsthaft in Betracht zieht, die gegen seine Handels- und Investititionspolitik in der Dritten Welt vorgebracht werden.

f) Im Allgemeinen, innerhalb von Nestlé eine wirkliche Bewusstseinsbildung über die Grösse und Komplexität der Probleme entwickeln, die durch den Hunger, das Elend und die Unterdrückung in unserer Welt heute aufgeworfen sind."

Durch ein Informationsbulletin will CANES weitere Aktionäre dazu bringen, eine vollständigere Information über ihr Unternehmen und ein kohärenteres ethisches Verhalten zu verlangen. Die Nestlé-Leitung hat mit CANES einen schriftlichen Dialog aufgenommen und sie auch verschiedentlich getroffen, unterstreicht aber, dass sich CANES keinesfalls als eine Gruppe privilegierter Aktionäre betrachten dürfe.

Seit 1981 hat der Präsident von CANES an jeder Generalversammlung der Aktionäre die Besorgnisse seiner Mitglieder ausgedrückt. Die Hauptthemen, die von den CANES-Vertretern in ihrem Bulletin, den Generalversammlungen und Begegnungen mit der Nestlé-Leitung vorgebracht werden, können wie folgt zusammengefasst werden:

— Berücksichtigung ethischer Betrachtungen in der Handels- und Industriepolitik des Unternehmens;
— Beziehungen Nestlé - Kirchen;
— Auswirkungen der Nestlé-Niederlassungen in der Dritten Welt.
— Forderung nach mehr Information von seiten des Unternehmens, vor allem über die Resultate der Tochtergesellschaften, und eine jährliche Veröffentlichung von Bilanzen über deren Auswirkungen;
— eine andere Haltung von Nestlé bei den internationalen Verhandlungen, vor allem in Bezug auf die Rohstoffpreise;
— Wesen der Unternehmensexpansion, seiner Entwicklungsstrategie und Fragen, die durch die Restrukturierungen aufgeworfen werden;
— möglicher Beitrag von Nestlé im Kampf gegen die Unterernährung in der Dritten Welt durch die Entwicklung einer andern Art von Produkten;
— Übereinstimmung oder nicht zwischen Nestlé-Image und Wirklichkeit;
— Wunsch nach einer Dialogbereitschaft von Nestlé gegenüber ihren Kritikern, statt eine verkrampfte Haltung beizubehalten. Statt sich wie auf der Anklagebank zu verhalten, sollte Nestlé selbst die Inititiative ergreifen und den Aktionären und der Öffentlichkeit vermehrt Information zukommen lassen.

Canes hat auch ganz präzise Forderungen gestellt, unter anderem:

— dass das Unternehmen besondere Massnahmen ergreife, um den in seinen zahlreichen Tochtergesellschaften angestellten Frauen zu ermöglichen, an ihrem Arbeitsplatz ihre Kinder stillen zu können. Nestlé antwortete, dass sie bereits daran gedacht und dementsprechende Anordnungen getroffen habe.
— dass das Protokoll der Generalversammlungen der Aktionäre veröffentlicht und den Mitgliedern zugestellt werde. Nestlé weigert sich mit der Begründung, dass es nicht die Rolle des Unternehmens sei, die Presse zu ersetzen.
— dass das Unternehmen mit mehr Ernst auf die Kritiken von Wissenschaftern antwortet. Darauf will der TNK nicht eingehen.*

Man kann sich über die tatsächliche Wirksamkeit von Canes Gedanken machen. Einige Aktionäre meinen: "Wenn es Euch nicht passt, so geht doch, verkauft Eure Aktien." Die Mitglieder von CANES haben anders entschieden: sie finden, dass man sie als Aktionäre ernst nehmen müsse. Sie selbst fühlen sich betroffen und haben sich entschlossen, ihre Verantwortung innerhalb des Unternehmens, innerhalb der Grenzen der Marktwirtschaft wahrzunehmen. Auch wenn sie nur wenige sind, sind sie überzeugt, dass durch ihre Gruppe ein gewisser Einfluss auf die Politik des TNK Nestlé ausgeübt werden kann. Sie sehen es als eine ihrer Aufgaben an, vom Unternehmen zu verlangen, dass es seine Aktionäre besser informiert. Sie folgen dabei dem Beispiel anderer Aktionärsgruppierungen, die in Übersee, vor allem in den USA, Kanada und Australien gute Resultate erreicht hatten. Gewisse Beobachter heben jedoch hervor, dass man nicht vergessen soll, dass diese Aktion in der Schweiz stattfindet, wo Diskussionen und Verhandlungen in höflichem Ton geführt werden und man sich unter wohlerzogenen Leuten mit Samthandschuhen anfasst. Erstaunen löste aus, als der Canes-Präsident an der Generalversammlung der Aktionäre von 1983 Nestlé für ihr Verhalten beglückwünschte, während zur gleichen Zeit eine Demonstration stattfand, die die Übergabe von 112'000 Unterschriften von Gegnern der Nestlé-Politik markierten und vom TNK die Einhaltung des WHO-Kodex forderte. Sind die CANES-Mitglieder nicht gewissermassen dazu verdammt, gerade wegen ihres Status als Aktionäre, die Rolle der höflichen Kritik zu spielen, die Nestlé die Zusicherung ermöglicht, dass sie sich Kritiken und Bemerkungen von wohlmeinenden Leuten anhört, während sie aber weiterhin Fachleute als "bedingungslose Aktivisten" verunglimpft, deren Analysen "offensichtlich nichts anderes wollen, als vorgefasste Ideen zu untermauern... die wohlbekannten Ideen von Drittweltaktivisten". (Siehe Nachwort.)*

Das, was sich jedenfalls heute die Verantwortlichen von CANES wünschen, ist, dass sich der von ihnen angefangene Kampf in der Schweiz ausbreite, dass nicht nur auf ihr Unternehmen Druck ausgeübt werde, sondern auf einer viel weiteren Ebene, um nationale Reformen des Aktionärsrechts zu erreichen, damit diese Gruppen in ihren Unternehmen wirklich etwas zu sagen haben.

Kommt es zu einer Öffnung Nestlés gegenüber ihren Kritikern?

Lassen die Unterzeichnung eines Abkommens mit ihren Gegnern und der offene Dialog und Informationsaustausch mit CANES eine neue Strategie in den Public Relations von Nestlé voraussehen? Diesen Schluss könnte man aus der vorange-

---

* Siehe Nachwort: Nestlé-Reaktion auf die Veröffentlichung von "L'Empire Nestlé")

gangenen Analyse ziehen. Einzig der Entschluss von Nestlé, den Dialog aufzunehmen, um den Boykott zu beenden, hätte es nach der Ansicht gewisser Leute erlaubt, diese Angelegenheit zu regeln. Einzig der internationale Druck von Millionen Konsumenten hätte den mächtigen TNK dazu gebracht, seine Handelsktiken
für Säuglingsnährmittel zu ändern, meinen andere.

Was ist die tiefere Bedeutung der Dauer und des Erfolgs dieses Boykotts, und
was kann man daraus für zukünftige Kampagnen der Konsumentenbewegung lernen? "Unsere Aufgabe ist erledigt, wir sind am Ende des Weges angelangt," sagte
Carl Angst, Hauptunterhändler von Nestlé, zum Journalisten Jean-Claude Buffle.
Die Aufhebung des Boykotts stellt einen Sieg der Basisgruppen dar; die wirklichen Sieger sind die Kinder dieser Welt, unser Kampf wird mit andern Mitteln
weitergeführt; dies ist ein neuer Anfang, versichern die Verantwortlichen des
Nestlé-Boykotts.

Jean-Claude Buffle, der den Boykott und die Reaktionen des TNK von seinem
Korrespondentenposten in Washington aus aufmerksam verfolgt hat, definiert das
Problem sehr richtig: Trotz eines Abkommens geht der Kampf weiter, denn
"Konsumenten und Fabrikanten werden sich immer in einem Kampf um Prinzi-
pien entgegenstehen."

> "Was einem an den Äusserungen von Carl Angst am meisten auffällt, ist die Tat-
> sache, dass er beim Kern des Problems, das durch die künstliche Säuglingsnahrung
> in der Dritten Welt aufgeworfen wird, trotz des mit ihnen abgeschlossenen Ab-
> kommens immer noch meilenweit von seinen amerikanischen Gegnern entfernt
> ist. Die Nummer zwei von Nestlé ist bereit, zuzugeben, dass sein Unternehmen
> wahrscheinlich Fehler oder Übertreibungen begangen habe, aber er ist weiterhin
> überzeugt, dass die Probleme, die möglicherweise von Säuglingsnährmitteln her-
> vorgerufen werden könnten, unbedeutend sind. Für seine Gegner und auch für
> UNICEF oder zahlreiche Wissenschafter sind sie aber äusserst wichtig. 'Auf einen
> Arzt, der uns für vorgenommene Propagandareformen beglückwünscht, kom-
> men mehrere, die uns vorwerfen, zu weit gegangen zu sein', versichert Carl Angst.
> Infolgedessen sind wohl alle Beziehungen zwischen Konsumentenbewegung und
> Fabrikanten dazu bestimmt, so wie diejenigen zwischen Gewerkschaften und Ar-
> beitgebern, ein Konfliktherd zu sein. Nicht nur ihre grundsätzlichen Interessen,
> sondern auch ihre Art und Weise, die einfachsten Tatsachen zu erfassen, sind ver-
> schieden. Die einen werden die andern nie zu ihren Thesen bekehren können.
> Abkommen können einen Boykott beenden, so wie sie einen Streik beenden kön-
> nen.
> Aber Konsumenten und Fabrikanten werden sich immer in einem Kampf um
> Prinzipien gegenüberstehen." (Jean-Claude Buffle, "Après la levée du boycott
> contre Nestlé." Carl Angst, "Mission accomplie!" 24-Heures, 1.3.1984).

Nestlé hat seine Nervosität immer noch nicht ganz abgelegt.* Die Gegner ha-

---

* Die agressiven und verächtlichen Äusserungen von M. Paternot, Nestlé-Direktor, in einem an
CANES adressierten Brief verdeutlichen gut, dass es noch lange gehen wird, bis die Nestlé-Leitung sich vom "Verfolgungswahn" erholt, den sie während des Prozesses in Bern und den Jahren des Boykotts entwickelt hat. "Zwischen Nestlé und den Boykott-Verantwortlichen wird es
keine Verhandlungen geben. So einfach ist das. Erstens, weil es nicht zu verhandeln gibt. Wir
halten den WHO-Kodex ein. Wir haben eine unabhängige Überwachungskommission, und wir
haben überhaupt nicht die Absicht, oder, nebenbei gesagt, die Möglichkeit, für die Beendigung
des Boykotts irgendeine Gegenleistung zu bieten. Ich habe dies all jenen gesagt, die es hören
wollten, die Verantwortlichen von INBC eingeschlossen. Wenn es nach mir geht, können sie also den Boykott bis ins Jahr 2000 aufrechterhalten! Vom kaufmännischen Standpunkt aus gese-

ben zwar vor kurzem die Aufhebung des Boykotts bekanntgegeben, aber gleichzeitig versichert, dass sie bereit sind, ihren Kampf gegen Nestlé und auch gegen weitere Unternehmen mit andern Mitteln weiterzuführen. Sie ziehen unter anderem in Betracht, auf gerichtlichem Wege vorzugehen und Schadenersatzklagen gegen die Unternehmen einzureichen, die die Gesundheit von Neugeborenen gefährden.

Über das Ende des Boykotts befragt, gibt sich Helmut Maucher realistisch und pragmatisch. Er habe von der Boykottbewegung gegen Nestlé viel gelernt: "Um ohne diese Geschichte zu einem ebenso guten Verständnis des Phänomens des Aktivismus zu kommen, hätten wir sonst bestimmt dreissig Jahre gebraucht."[*] Dem Chefredaktor von Advertising Age antwortete H. Maucher: "Sicher müssen bei dieser Farge viele Aspekte berücksichtigt werden. Wir sind ja nicht allein auf dieser Welt; wir müssen realistisch sein. Ich sehe das so, dass Sie, wenn die Welt von Ihnen verlangt, etwas auf eine andere Weise zu tun, dies in Rechnung stellen müssen. Schliesslich fragten wir uns, ob es richtig sei, die öffentliche Meinung zu ignorieren."[**]

Die Nestlé-Gegner ihrerseits haben aus diesem jahrelangen, harten Kampf viel gelernt. An erster Stelle, dass die Forderungen gut organisierter Konsumenten einen TNK dazu bringen können, sich strengen Regeln zu beugen. Zweitens, dass ein Kampf gegen mächtige Unternehmen, die sich über die ganze Welt ausdehnen, von den Gegnern ein gemeinsames, transnationales Vorgehen, über unwichtige Uneinigkeiten hinweg, verlangt. Drittens handelte es sich dabei um den längsten Boykott in den Industriestaaten, der von den TNK ein ethisches Verhalten in der Dritten Welt forderte. Die Organisatoren haben begriffen, dass sie nur zu einer strikten Einhaltung des WHO-Kodexes gelangen können, wenn Konsumentengruppen und Gesundheitspersonal tagtäglich die Tätigkeiten der TNK in ihrer Umgebung kontrollieren. Die Schwäche der in mehreren Drittweltländern organisierten Konsumentenbewegungen war dabei ein Hindernis. So sind sich die Organisationen bewusst geworden, dass die Verletzungen des Kodex nicht nur unter Mithilfe von Leuten aus der Dritten Welt angeprangert werden müssen, sondern dass auch, ohne Zweifel noch wichtiger und positiver in dieser Aktion, Leute und Gruppen ausgebildet werden müssen, damit sie über jeden Missbrauch von Unternehmen in ihren Ländern und über jede von den TNK ausgehende Gefahr für ihre Kinden wachen können. Nur eine fortgesetzte Überwachung durch Basisgruppen in den verschiedenen Ländern und eine progressive Bewusstseinsbildung in der Öffentlichkeit über ihre Konsumentenrechte können Missbräuche verhindern. Die Organisatoren sind sich auch bewusst geworden, dass der Boykott zwar eine hauptsächliche Waffe der Konsumenten ist, dass es aber noch andere gibt. Es ist schwierig, einen solchen Kampf auf die Dauer zu führen und Bewusstseinsbildung der Basisgruppen mit der Arbeit des Lobbying in den hohen, nationalen und inter-

---

hen, ist er übrigens völlig unwirksam. Schliesslich haben wir auch nicht die Absicht, uns auch nur auf eine Diskussion mit gewissen Mitgliedern von INFACT einzulassen, von denen wir aus guten Gründen annehmen, dass sie nur unredliche Absichten haben. Wir sind dagegen bereit, mit religiösen, gewerkschaftlichen oder andern Führern, auch solchen, die den Boykott unterstützen, zu diskutieren, um die Nestlé-Politik zu erklären, falls sie es wünschen. (Aus dem Bulletin d'information Canes, Nr. 6, Februar 1984, S. 6-7)

* Max Mabillard: "L'homme qui fait flamber Nestlé . Le style Maucher." Hebdo, Lausanne, 8.11.1984, S. 25
** "Helmut Maucher talks about Nestlé's U.S. growth", Interview von Rance Crain, Advertising Age, 12.7.1984

nationalen Gremien zu verbinden. Das Beispiel ihrer Ausdauer könnte andern Gruppen helfen, nicht nur in der Arbeit zum Schutz der Kinder, sondern zum Schutz der Bevölkerung im allgemeinen (Nuklearenergie, Vertilgungsmittel, gefährliche Medikamente, usw.), überall da, wo die Verteidigung einer Sache eine grössere Beteiligung der Massen voraussetzt.

Die TNK werden gelernt haben, so hofft man wenigstens, dass es nichts nützt, so zu tun, als ob nicht geschehen würde und sich nicht der Kritik zu stellen, vor allen in einer Zeit, in der die Massenmedien Forderungen der Bevölkerung bekannt machen und die öffentliche Meinung beeinflussen können. Diese gibt sich immer weniger mit öffentlichen Stellungnahmen zufrieden, in denen man die grundlegenden Kritiken der Gegner einfach anschwärzt oder für "rot" erklärt, indem man sie mit einer angeblichen "internationalen Verschwörung subversiver Kräfte gegen das freie Untrernehmertum" in Verbindung bringt.

Wenn sie es nur wollen, könnten die Unternehmen von einer offeneren und aufrichtigeren Haltung gegenüber ihrer Aktionäre und der Öffentlichkeit im allgemeinen nur profitieren. Wie es H. Maucher schon hervorhob: "Wir sind nicht allein auf der Welt". In ihrer täglichen Praxis müssen die Unternehmen immer mehr den von ihren Konsumenten ausgedrückten Befürfnissen Rechnung tragen und ihre soziale Verantwortung wahrnehmen. Sie sind nicht nur für die guten, sondern auch für die schlechten Seiten ihrer Niederlassungen in einer Gegend oder in einem Land, und für die Risiken der Fabrikation gefährlicher Produkte verantwortlich. Diese dürfen nicht mehr einfach als Tribut für den Fortschritt betrachtet werden.*

---

* Der schreckliche Unfall in der Union Carbide Fabrik in Bhopal, Indien, lässt die Risiken gewisser industrieller Fabrikationen für die Bevölkerung kritisch überdenken.

1. Dossier IBFAN, "L'allaitement maternel, de la théorie à la pratique", November 1982, "Breaking the Rules", Mai 1982 und Dezember 1982. Informations-Bulletins: INFACT-News und INFACT update, Pressecommuniqués von IBFAN und INFACT, Annelis Allain "Win a battle ... an loose the war ..." in: Challanging transnationals ICDA, Brüssel, März 1983.
2. Veröffentlicht in: "Die Unterwanderung des UNO-Systems durch multinationale Konzerne, Auszüge aus internen Protokollen und Briefwechseln, herausgegeben von der Erklärung von Bern, 1978, S. 62.
3. Arbeitsgruppe Dritte Welt, Informations sur le procès, Pressekonferenz vom 11. November 1975 in Genf, Dossier, S. 3.
4. Zitiert in: "Die Unterwanderung...." S. 43.
5. CEEIM, Vorwort zum Buch: Masini, Ikonicoff et alii, Les multinationales et le développement, PUF/CEEIM, Paris 1979.
6. Vorstellung des IRM in der Revue "Multinational INFO".
7. Je veux qu'on instruise en permanence le procès des multinationales", Interview mit P. Liotard-Vogt, von A.L. Sugar, document IRM, Paris no 163324.
8. Bernhard Feller "L'offensive de charme Nestlé pourrait savoir un effet boomerang", Tribune le Matin, 20. November 1980.
9. George Braun, "L'alimentation des nourrissons, un code à faire respecter" in :"L'Agro-alimentaire en question", Economie et Humanisme, Nr. 267, September-Oktober 1982, S. 21.
10. Nestlé-Prozess, Urteilsbegründung (Fotokopie) S. 17 - 21.
11. Erklärung von Bern, Vers un developpement solidaire, Januar 1979, Nr. 41, S. 32.
12. Aussagen H. Mauchers, publiziert von Etienne Oppliger, in 24 heures, 7. Juli 1982.
13. Rafael D. Pagan, "Carrying th Figth to the Critics of Mulitnational Capitalism", Think and Act Politically, in "Vital Speeches", 15. Juli 1982.

▌Anhang▐

Die Klagen von Nestlé

Die Rechtsbeschwerde, die von Nestlé beim Gericht in Bern eingereicht wurde, basiert auf folgenden Argumenten (zusammengefasst):

Nestlé fühlt sich von den "in der Studie enthaltenen Vorwürfen" in ihrer Ehre angegriffen (Verleumdung). Demnach soll die Firma Nestlé Alimentana AG in den Drittweltländern unrichtige Methoden zur Verbreitung ihrer Produkte anwenden und versuchen, die Mütter vom Stillen ihrer Säuglinge abzubringen, damit sie die Nestlé-Produkte kaufen.

Nestlé sieht vor allem folgende Punkte als verleumderisch an:

a) der Titel "Nestlé tötet Babys"

b) der Vorwurf, dass die Tätigkeiten von Nestlé und andern TNK gegen Ethik und Moral verstossen (dieser Vorwurf ist im Vorwort und in der Studie enthalten);

c) die Anklage, Nestlé sei — aufgrund ihrer Verkaufsmethoden im Sektor der Säuglingsnährmittel — für den Tod oder für die körperliche oder geistige Behinderung von Tausenden von Kindern verantwortlich;

d) der Vorwurf, in den Ländern der Dritten Welt seien Verkäuferinnen für Säuglingsnährmittel als Krankenschwestern verkleidet, um den angewandten Verkaufsmethoden einen wissenschaftlichen Aspekt zu geben.

Der Inhalt der Klage beim Gericht von Zug ist ähnlich.

(Quelle: Arbeitsgruppe Dritte Welt, Dossier für die Pressekonferenz vom 11. November 1975, in Genf, S. 9)

Kapitel X

Eine Alternative zum transnationalen Modell?

Die Präsenz von transnationalen Unternehmen in der Nahrungsmittelindustrie hat Konsequenzen, die zum Teil bekannt sind; andere aber sind nur schwer zu erkennen und haben meist langfristige Wirkungen. Diese Konsequenzen beschränken sicht nicht auf die wirtschaftliche Aktivität des Unternehmens im Lande, sondern sie betreffen die gesamte Gesellschaft. Die Präsenz solcher Unternehmen stellt für diese Länder eine Konstante dar; es entstehen Sachzwänge, die künftig in der Planung der gesamten Politik der Gastländer in Rechnung zu stellen sind. Einige dieser Sachzwänge sind räumlich und zeitlich und an das lokale Kräfteverhältnis gebunden; hinzu kommen diejenigen Sachzwänge, die aus der ständig weitergehenden Transnationalisierung der Wirtschaft entstehen, woran die grossen Unternehmen, aber auch andere geschichtliche Faktoren beteiligt sind.

Man muss bei der Suche nach Alternativen nicht nur die unmittelbaren Auswirkungen auf die Struktur von Produktion, Verarbeitung und Vertrieb der vom TNK erzeugten Produkte in Betracht ziehen, sondern auch versuchen, die tiefgreifenden Folgen dieser Art von Technologietransfer und Industrialisierung für ein Land ausmachen, da ja nicht nur bestimmte Techniken, sondern auch eine Logik übertragen wird, die der transnationalen Strategie in den Herkunftsländern eigen ist. Diese Logik wird nun in jedem Gastland mit einer spezifischen Problematik, mit spezifischen, von einer bestimmten Weltanschauung, einer geschichtlichen Realität, usw. geprägten Bedürfnissen, konfrontiert. Die Alternative, die ausgearbeitet wird, muss mit der geschichtlichen Realität und den Beziehungen zwischen Entwicklungsländern und dem Rest der Welt rechnen.[1]

Der Weg zu Alternativen zum transnationalen Modell ist voller Klippen, die umgangen werden müssen. Die in Frage kommenden Lösungen müssen auf einem globalen Verständnis des Weltwirtschaftssystems beruhen und die Fehlentwicklung in den sogenannten Industriestaaten und in den Ländern der Peripherie in Betracht ziehen. Eine korrekte Analyse ermöglicht unter den verschiedenen Möglichkeiten die Wahl von Formen der Reorganisation des Raumes und der Mobilisierung der Bevölkerung. Dabei soll alles in einer umfassenden Bewegung zusammenkommen: gemeinsame Bemühungen, der Austausch von einzelnen Erfahrungen, die Schaffung von weltweiten Netzwerken um die Weltordnung zu ändern.

Um das System verstehen zu können, muss jeder in den Volksbewegungen Engagierte sich die Mühe nehmen, die Realität zu analysieren, die verschiedenen Mechanismen auseinanderzunehmen, und die sozialen Akteure zu entlarven, die den Status quo, von dem einige Minoritäten auf nationaler und internationaler Ebene profitieren, beibehalten wollen. Aufgrund dieser Erkenntnisse könnte man dann das Veränderungspotential erkennen, das im Zusammenlegen aller Kräfte, national und international, steckt. Ein langer Weg liegt vor uns, bis eine neue Weltordnung geschaffen und die nationale und internationale Wirtschaft nach einer neuen Logik reorganisiert sein wird, und dabei wird der gute Wille allein nicht ausreichen.

Wie Pierre Spitz richtig sagt, müssen wir vermeiden, an einfache technische oder auch im engen Sinne politische Lösungen zu glauben.

> "Der Versuchung, eine rein technische Lösung zu finden, die einzig und allein die landwirtschaftliche Produktion auf nationaler Ebene kurzfristig steigern will, ohne sich über die mittel- oder langfristigen Auswirkungen der dabei verwendeten Mittel auf die regionale und soziale Verteilung der Erträge und auf die physische, soziale und kulturelle Umgebung Gedanken zu machen, steht die Versuchung gegenüber, eine rein politische Lösung finden zu wollen. Dabei sucht man die Grün-

de für den 'Hunger in der Welt' in den politischen und wirtschaftlichen Auseinandersetzungen, in der Orientierung auf dem Weltmarkt und in der Rolle, die gewisse Länder oder Firmen spielen. So gross die analytischen Verdienste dieses Verfahrens auch sein mögen, so bringt es doch kaum eine Lösung."[2]

In dieser Haltung drückt sich die Überzeugung aus, dass eine geduldige Arbeit nötig ist, um tiefgreifende Veränderungen der Tauschbedingungen auf weltweiter Ebene und eine drastische Revision der Entwicklungspolitik und der Prioritäten in jedem einzelnen Land herbeizuführen. Schliesslich können diese tiefgreifenden Veränderungen nur aus einer Neugestaltung des sozio-ökonomischen Umfelds oder der politischen Organisationsformen der Gesellschaft, aber auch — eng damit verbunden — der Konzeptionen, die die Suche nach konkreten Lösungen verhindern oder verfälschen, kommen. Solche Konzeptionen dienen sehr oft dazu, die Logik der Vorherrschaft und der weltumspannenden Wirtschaft zu verstärken. Sie werden nicht nur von den überzeugten Anhängern des Freihandels oder von den führenden Persönlichkeiten der Entwicklungsländer propagiert, die um jeden Preis einen Umsturz der sozialen Organisation (durch den sie Macht und Privilegien verlieren würden) verhindern wollen, sondern sind leider auch von Volksbewegungen, die für ihre Befreiung kämpfen, zu eigen gemacht worden. Die Entscheidung über Alternativen und über völlig neue Wege, die eingeschlagen werden müssen, setzt eine tiefgehende Bewusstseinsbildung dieser Bewegungen voraus, die nicht nur die politische Vorherrschaft oder die wirtschaftliche Ausbeutung einschliesst, sondern ebenso die kulturelle Entfremdung. Nur aus einem solchen Wissen heraus könenen Vorschläge für eine neue, politische, soziale und wirtschaftliche Organisation gemacht werden, die neue Techniken, neue Werte,, und einen Lebensstil, der dem Umfeld und den der ganzen Bevölkerung zur Verfügung stehenden Ressourcen besser angepasst ist, fördern.

Das Verständnis der Strategien und der Logik der TNK muss deshalb in einen grösseren Rahmen gestellt werden: die Analyse der Gründe und der Mechanismen der Fehlentwicklung in der Dritten Welt und in den Industriestaaten. Die Transnationalisierung der Weltwirtschaft und die Konzentration von Unternehmen, vor allem im Agro-Business, sind nichts weiteres als eine Illustration einer wirtschaftlichen, politischen und sozialen Logik, die die Beziehungen zwischen den Staaten beherrscht (auf Kosten der Bevölkerung). In der von verschiedenen Drittweltländern angewandten Strategie wird der Entwicklung durch eine nach aussen gerichtete und von aussen abhängige Industrialisierung der Vorzug gegeben, die dann zu einer Quelle der Verschuldung und der Unterordnung gegenüber den TNK wird. Alternativen schaffen setzt voraus, dass man auf diesen beiden Ebenen angreift und sich um eine Neuorganisation der internationalen Beziehungen und der Wirtschaft bemüht.

Neuorganisation der internationalen Beziehungen

Henri Rouillé D'Orfeuil definiert diese neue internationale Ordnung auf zwei Ebenen: "Auf der Ebene von grossen, interantionalen Regelungen, der Organisation von Raum und Tauschbeziehungen (und nicht einer weltumspannenen Transnationalisierung des Kapitals).... Die Organisation regionaler Räume ist wichtig für die Dezentralisierung der Kapitalakkumulation.

Auf der Ebene der Landespolitik, die Wirtschaft neu zentrieren (statt ihre Eingliederung in die internationale Arbeitsteilung zu verstärken). Für einen einheimischen Markt produzieren, indem man aus den eigenen Ressourcen den besten Profit schlägt, die Erträge an Ort verteilen, lokal akkumulieren, das könnten die Stichwörter einer auf sich selbst zentrierten Entwicklung sein."[3]

Verschiedene Massnahmen werden vorgeschlagen, um eine "Alternative zu dieser Dschungelsituation" zu definieren, wo im Namen des Freihandels, der internationalen Arbeitsteilung, und der komparativen Kostenvorteile die Stärkeren bestimmen und die Akkumulation des Kapitals zugunsten der sogenannten industrialisierten Länder unterstützen. Das nach aussen geleitete Entwicklungsmodell der Peripherieländer hat seine Grenzen und befindet sich jetzt in einer Krise. Die masslose Verschuldung der Drittweltländer hat zu paradoxen Situationen geführt, in denen 75% der Exporterträge einer Volkswirtschaft (z.B. Brasilien) nur für den Schuldendienst aufgewendet werden müssen, statt der Verbesserung des Lebensstandards der Bevölkerung zu dienen. Die sozialen Forderungen im Innern und die Massenbewegungen verunmöglichen das weitere Funktionieren eines derartigen Modells. Die Definierung eines alternativen Modells ist also nicht nur eine Freizeitbeschäftigung für Intellektuelle, die Utopien nachrennen, sondern eine unabdingbare Notwendigkeit unserer Zeit. Die Neuzentrierung der Wirtschaft ist demzufolge nicht nur für das Überleben der Wirtschaft der Peripherieländer, sondern auch der sogenannten Industriestaaten wichtig.

Die Suche nach Alternativen zum transnationalen Industrialisierungsmodell auf dem Nahrungsmittelsektor, das von Nestlé in ihrer Unternehmungsphilosophie und in der Praxis ihrer Tochtergesellschaften ersichtlich wird, werden wir in drei Teilen präsentieren, um so die Dimensionen, die verschiedenen Ebenen, die möglichen Akteure und die Auswirkungen auf das Handeln besser darstellen zu können.

1. Mögliche Wege für eine neue Zentrierung der Wirtschaft und für die Erlangung einer Nahrungsmittelselbstversorgung auf nationale Ebene.
2. Sachzwänge und Entscheidungen über Politik und Gesellschaftsform, die vom eingeschlagenen Weg abhängen.
3. Was getan werden muss, um die Situation der Ausbeutung und Vorherrschaft des transnationalen Entwicklungsmodells und seiner zügellosen Profit- und Wachstumslogik radikal zu ändern?

1. Mögliche Wege für eine neue Zentrierung der Wirtschaft und für die Erreichung einer Nahrungsmittelselbstversorgung auf nationaler Ebene.

Viele Entwicklungsländer leiden unter klimatischen Bedingungen (Wassermangel, Erosion, usw.), in den meisten Fällen ist jedoch der Überfluss an verfügbaren Ressourcen erstaunlich. In anderen Worten, der Mangel an Nahrungsmittel ist zu einem Teil einer schlechten Verteilung oder Verwendung der vorhandenen Ressourcen zuzuschreiben. In Mexiko und Kolumbien werden die besten Anbauflächen für Exportkulturen und Viehzucht verwendet, währenddem der Anbau von Nahrungsmittelpflanzen auf die steilen Berghänge verbannt wurde. Auf ihren zerstückelten Parzellen erreichen die Kleinbauern, trotz härtester Arbeit keine zufriedenstellenden Erträge, da ihnen die notwendige Technologie, Kredite und rentable Absatzmärkte für ihr Produkte fehlen.

Daraus ist klar die Notwendigkeit einer radikalen Agrarreform ersichtlich, die

die gegenwärtige Landnutzung und damit verbundenen Privilegien in vieler dieser Länder in Frage stellt.

Die rationelle Verwendung der vorhandenen Ressourcen (Boden, Wasser, Arbeitskräfte, Kredite, Werkzeuge) und eine andere Verteilung der Produkte auf nationaler Ebene könnten dazu beitragen, folgendes Ziel zu erreichen: anhand der verfügbaren Ressourcen die gesamte Bevölkerung ernähren. Dies ist aber nur möglich, wenn man klare Prioritäten setzt und die die Vorherrschafts- und Ausbeutungsverhältnisse in Frage stellt. So unvollständige Programme wie SAM in Mexiko, das die grundsätzlichen Probleme nicht berühren will, konnen höchstens Illusionen aufrechterhalten und trotz grossem Einsatz der Technokraten zu ihrer Umsetzung nur Enttäuschungen hervorrufen. Die integrierten landwirtschaftlichen Entwicklungsprogramme (DRI, in Kolumbien), die die Produktivitätserhöhung der Anbauflächen der kleinen und mittleren Bauern anstreben, ohne jedoch die grossen Landbesitze der Viehzüchter und der neuen Landbourgeoisie anzutasten, erlauben zwar eine Integration dieser Parzellenwirtschaft in die Landesproduktion, bringen aber keine klare Lösung für das Problem der Nahrungsmittelabhängigkeit des Landes.

Was für eine paradoxe Situation: Regierungsprogramme werden auf die Beine gestellt, um Nahrungsmittel zu importieren und sie mit Subventionen auf dem Inlandmarkt zu verteilen, statt dass man das Problem an der Wurzel anpackt, indem man die Eigenproduktion im Land direkt fördert. Wenn alle Subventionen für Importe und Verteilung von Lebensmitteln durch Stellen wie ENCI in Peru, IDEMA in Kolumbien und die verschiedenen staatlichen Stellen Mexikos statt dessen für die Produktion verwendet würden (aufgrund einer entschiedenen Politik zur gerechteren Verteilung der Ressourcen und ihrer Verwendung für die Lebensmittelproduktion), könnten diese Länder nach und nach zu einer gewissen Autonomie in der Nahrungsmittelversorgung gelangen und dies trotz des sehr starken demographischen Druckes.

In vielen Fällen gewähren die Regierungen den TNK freie Hand. Diese beherrschen die Produktion, die Verarbeitung und die Verteilung der Nahrungsmittel, zerstören die Struktur des Lebensmittelangebotes auf dem nationalen Markt, indem sie einen Teil der Produktion und der Verarbeitung für Zwischen- oder Endprodukte an sich reissen und so viel eher auf ihre Expansionsbedürfnisse und die Nachfrage einer solventen Kundschaft eingehen, als auf die soziale Nachfrage für Nahrungsmittel. Das massive Einschwenken des Agro-Business auf die Produktion und Verarbeitung von Getreide zu Futterzwecken ist eine gute Illustration dieses in Lateinamerika weit verbreiteten Problems. E. Feder hat das Problem des Imperialismus der ausländischen Unternehmen am Fall der Anpflanzung und dem Export von Erdbeeren aus Mexiko in die USA und von dort in den Rest der Welt nach einem Modell des Dreieckhandels gut dargestellt. Trotz Ansätzen zu einer Planung der Landespolitik bringen die TNK die interne Nahrungsmittelproduktion dank einer Allianz mit der lokalen, exportorientierten Bourgeoisie durcheinander. Unternehmen wie Nestlé befassen sich nicht mit der direkten Produktion. Über verschiedene Mechanismen integrieren sie jedoch ganze Regionen, die sie im Monopol oder Oligopol kontrollieren, in ihre Verarbeitungsbetriebe. Nestlé macht dabei geltend, dass die von ihren Fabriken verarbeiteten Produkte vor allem für den Inlandmarkt bestimmt sind und so eine Importsubstituierung darstellen, von der das Land durch Ersparnis von Devisen profitiert. Die Fallstudien haben gezeigt, wie hoch diese Importsubstituierung durch die TNK zu stehen kommt.

Eine kohärente Strategie, durch die die Wirtschaft vor allem in der Produktion-Verarbeitung-Kommerzialisierung von Nahrungsmitteln auf nationaler Ebene neu zentriert werden soll und die nicht nur für eine Minderheit von Privilegierten, sondern für die gesamte Bevölkerung gelten soll, setzt eine rationelle Verwendung der verfügbaren Ressourcen voraus. Die Anliegen der Bauern, ihre eigene Logik, Alternativen zum Überleben aus früheren Zeiten, und ihr Potential an Kreativität müssen unweigerlich in Betracht gezogen und neue Organisationsformen für ihre Gemeinschaft gefunden werden. Das setzt natürlich eine Infragestellung von Wissen und Können voraus, die nicht selbstverständlich ist. Solange man aber die Vorschläge der Bauern — wenn nötig noch verfeinert — nicht ernst nimmt, so wird es meiner Ansicht nach unmöglich sein, sie für ein nationales Programm zu mobilisieren, das von ihnen nicht als das ihre angesehen wird: die Erreichung der Nahrungsmittelselbstversorgung. Wie wir es bereits gesagt haben, dieses Ziel kann nur über tiefgreifende Reformen angestrebt werden.

In gewissen Fällen könnte dies über eine Rekonstruktion von unabhängigen Ökosystemen geschehen, die sich auf die Bedürfnisse der ganzen Bevölkerung einstellen. Dies ist aber nur möglich, wenn nicht nur die gegenwärtige Verteilung der Ressourcen in Frage gestellt wird, sondern auch die Staatsmacht, um so den Volksgruppen, seien es Bauern oder andere, die Möglichkeit zu lassen, ihre Forderungen anzubringen und sie in eine neue Politik umzuwandeln. Dabei sollen Gegenstrategien des Volkes zum Tragen kommen, die die Entwicklungsstrategie ersetzen, die nur dazu diente, das Volk auf nationaler und internationaler Ebene auszubeuten und zu beherrschen. Wie Henri Rouillé d'Orfeuil dies richtig sagt, setzt dies voraus, dass "die Schaffung von wirtschaflichen, unabhängigen, lebensfähigen und lebenswerten Bauernbetrieben gefördert wird". Dies soll mit folgenden Mitteln geschehen:

— einen bauernfreundlichen Weg der Wiedereinführung und Intensifierung des "landwirtschaftlichen Betriebes" definieren und neben der landwirtschaftlichen Produktion Wege zur Diversifikation der produktiven Aktivitäten finden;
— traditionelles Wissen und Praktiken rehabilitieren, um so die kollektive Identität der Bauern wiederherzustellen;
— die Organisation des Bauernmillieus verstärken, damit es seinen Platz in der Gesellschaft und in der Gesamtwirtschaft behaupten kann;
— die Allianzen schaffen, die zur Unterstützung der bäuerlichen Initiative notwendig sind, dies vor allem durch einen Süd-Süd-Austausch zwischen den Bauern und durch direkte Nord-Süd-Beziehungen, die regierungsunabhängig sind.[4]

Es ist offensichtlich, dass eine Neubestimmung der Produktionsverhältnisse, basierend auf den lokalen Ressourcen, und der Wille, die Nahrungsmittel den Massen zugänglich zu machen, mit den Strategien der TNK zur Entwiclung von Markenprodukten und der Vereinheitlichung der Konsummodelle auf Weltebene in Konflikt geraten.

Sehen wir uns die Verarbeitungs- und Kommerzialisierungsmodelle für Nahrungsmittel einmal genauer an, die sowohl im Diskurs als auch in der Praxis von Unternehmen wie Nestlé verteidigt werden. Die Beziehungen des TNK zu den Rohstofflieferanten sind unilateral und asymetrisch. Die Verarbeitung beruht auf einer Technologie, die kaum Arbeitskräfte benötigt, und die die Grundstoffe einem langen kostspieliegen Prozess unterwirft. Das Resultat: ein Markenprodukt wird auf den Markt gebracht, dessen hoher Preis vom Mehrwert, den Verpakkungskosten, der Reklame und in manchen Fällen von einer Monopolsituation auf dem Konsummarkt bestimmt wird. Wenn das Ziel neu definiert wird, damit alle zu Nahrungsmitteln Zugang haben, die im Land produziert werden, dann wird man eine grössere Beteiligung der Produzenten am ganzen Prozess und eine geringere Verarbeitung mit angepasster Technologie, die weniger Energie und Ressourcen verbraucht und arbeitsintensiver ist, in Betracht ziehen können. Dank der Beseitigung überflüssiger Wertschöpfung und einem Angebot von weniger verarbeiteten Produkten wird es möglich sein, auf eine Nachfrage von seiten der Gesamtbevölkerung und nicht nur von kaufkräftigen Minderheiten zu antworten. Die Beziehung Preis-Nährwert und einfache Produkte-soziale Nachfrage werden somit zu den entscheidenen Kriterien.

Die Vereinheitlichung der Konsummodelle stammt von der Verstädterung und der Notwendigkeit, auf eine kaufkräftige Nachfrage aus der Stadt zu antworten. Die Industrialisierungs- und Verteilermodelle und eine Produktedifferenzierung haben diesen Trend noch verstärkt. In der Nahrungsmittelverarbeitung vollenden die Industrien die Zerstörung der handwerklichen Betriebe, die zwar der Umgebung besser angepasst waren, aber nicht über die gleichen Finanz- und Managementkapazitäten verfügen. Eine deutliche Unterstützung für eine schrittweise Modernisierung dieser lokalen Betriebe würde das Problem der Arbeitslosigkeit auf dem Land besser lösen als eine Nestlé-Fabrik, und zudem ein Angebot an Produkten schaffen, das der Kaufkraft der Konsumenten besser angepasst wäre. In diesem Sinne sind die Versuche der genossenschaftlichen Agro-Betriebe interessant. Gemäss Studien der UNO ist es sehr schwierig, auf dem Weltmarkt eine Nahrungsmitteltechnologie für eine einfache Verarbeitung zu finden, da alle grossen Unternehmen daran interessiert sind, die in den Zentrumsländern angewandten Verfahren und Techniken mit hoher Wertschöfung in ihrer ursprünglichen Form anzuwenden, ohne jegliche Anpassung der Produktion, der Technologie oder Kapitalintensität.

Wäre die Intensifierung eines Süd-Südaustausches nicht eine lebenfähige Lösung im Gegensatz zu der Abhängigkeit von Unternehmen aus den Industriestaaten? Solche Hoffnungen sind erlaubt, falls die betroffenen Staaten entschieden diesen Weg wählen.

Leider haben aber bis heute die bürgerlichen Kräfte, die an der Macht sind, wenig Interesse gezeigt an der Schaffung von gemeinsamen regionalen Körperschaften, in denen angepasste, technologische Lösungen gefunden und Infrastrukturen für eine regionale, wirtschaftliche Integration geschaffen werden könnten, die auf den komplementären Eigenschaften der beteiligten Länder aufgebaut wäre. Dieser Mangel an politischem Willen zum gemeinsamen und koordinierten Handeln erklärt sich aus der heimlichen Übereinstimmung zwischen nationalen Verantwortlichen und den Industriestaaten und aus dem Bedürfnis der ehemaligen Kolonialherren, ein Abhängigkeitsverhältnis beizubehalten, um so die notwendige Infragestellung des von den Ländern des Nordens propagierten Entwicklungsmodells hinauszuschieben. Gewisse nichtregierungsgebundene Organisationen, die nicht mehr an die Möglichkeit· einer neuen Art von Beziehungen zwischen den Staaten glauben, um eine andersartige Entwicklung zu fördern, haben sich darauf verlegt, direkte Beziehungen unter den Völkern zu begünstigen. Dies wird vor allem verwirklicht durch die Organisation von Süd-Südreisen (IRED)*, die solidarische Zusammenarbeit zwischen nördlichen Organisationen und ihren Partnern im

---

* IRED: "Innovations et réseaux pour le développement", NGO mit Sitz in Genf

Süden, die Schaffung von Netzwerken auf internationaler Ebene zur Bekämpfung der Domination und zur Förderung einer neuen Entwicklungslogik auf nationaler und internationaler Ebene.

Die UN-Unterorganisation für industrielle Entwicklung (UNIDO) empfiehlt den Entwicklungsländern, für die Beschaffung von Information und angepassten Technologien aus den Zentrumsländern mit anderen Partnern als die TNK zusammenzuarbeiten. Die UNIDO hebt hervor, dass in gewissen Fällen die Zusammenarbeit mit Kooperativen oder mittleren Betrieben aus den Industriestaaten gute Resultate erzielt haben. Diesem Optimismus der UNIDO widersprechen die Tatsachen öfters: die grossen Kooperativen der Industriestaaten — wie z.B. die Milchgenossenschaften — haben die Wachstums-, und Produktivitätslogik der TNK übernommen, wobei sie ihren Produkten dank einer hochentwickelten Technologie, zahlreichen Manipulationen der Grundstoffe und kostspieliger Verpackungen immer mehr Mehrwert zusetzen. Die Genossenschaften machen bei dieser Logik mit, um auf dem Absatzmarkt in den Gastländern konkurrenzfähig zu bleiben. Und so haben sie oft ausser ihrem Namen und ihrer rechtlichen Form nichts mehr gemeinsam mit dem genossenschaftlichen Geist, besondern in Bezug auf die Beteiligung der Mitglieder an den Entscheidungsprozessen und der Wahl der Technologie.

Die Lösungen, die den Partnern in den Südländern vorgeschlagen werden, sind fast immer von der heutigen Logik der internationalen Beziehungen bestimmt, denn die südlichen Partner sind trotz aller Diskurse nichts weiter als Handelspartner, die zur Expansion der Unternehmen beitragen, Kunden, denen man die Produkte und Technolgiepakete verkaufen kann.

Um diese Politik zu ändern braucht man in den Entwicklungsländern den politischen Willen, die Kühnheit und genügend Einbildungskraft, um nicht einfach die Industrialisierungsmodelle der Zentrumsländer zu übernehmen, ohne sie auf ihre Konsequenzen hin zu studieren. Und diese Konsequenzen müssen nicht nur in Bezug auf das Produktionswachstum im Konsumgütersektor analysiert werden, sondern ebenfalls auf ihre strukturellen Auswirkungen auf die Wirtschaft des Landes hin und auf die Möglichkeit, eine Nahrungsmittelselbstversorgung zu erreichen, um besser gegen die Fehlernährung kämpfen zu können. Die Ermutigung zur Produktion von traditionellen Nahrungsmitteln und die Aufwertung der überlieferten Ernährungsmodelle und Märkte sind wichtige Schritte auf diesem Weg. Wenn jedoch diese Politik nicht von entsprechenden Gesetzgebungen und seriösen Kontrollen der Tätigkeiten und Entwicklungspolitik der im Land ansässigen ausländischen Unternehmen begleitet wird, werden die Entnationalisierung der lokalen Produktionskapazitäten und ihre Absorbierung durch die TNK all diese Projekte zunichte machen.

François Partant zeigt eindeutig auf, dass zwar einerseits der politische Wille der Regierungen notwendig ist, um andere Tauschbedingungen zu fördern und Lösungen für eine grössere Autonomie der Länder zu finden, die "eine Anpassung des Produktionsapparates an das physische Milieu der jeweiligen Gesellschaft erlauben, die die unabdingbare Voraussetzung ist, um das sozio-ökonomische Gleichgewicht in dieser Welt wiederherzustellen", dass anderseits dies aber nicht genügt.

Die Transnationalisierung der Wirtschaft schafft Sachzwänge, die die politische Macht eines einzelnen Landes abstellen; die Wahl der jeweiligen Techniken antwortet auf eine unausweichliche Logik: Profit.

"Der weltumspannende Charakter der Wirtschaft hat es deshalb möglich gemacht, dass der technische Fortschritt einer Logik unterliegt (derjenigen des Kapitals, das sie finanziert und anwendet), die von politischen und sozialen Entscheidungen unabhängig ist. Diese Techniken dienen nicht dem Wohl der Menschheit, sondern denjenigen Mächten, die sie erfunden haben und die sie in einem Konkurrenzkampf anwenden. Die Unternehmen verwenden diese Techniken, wenn sie davon eine Verbesserung ihrer Profitrate und der Arbeitsproduktivität erwarten können: sie müssen sie verwenden, wenn sie konkurrenzfähig bleiben wollen. So kommt die Technik in Konflikt mit den wirklichen Interessen der Gesellschaft. Dieses Phänomen beobachtet man seit langer Zeit in der Dritten Welt und neuerdings auch bei uns."[5]

2. Vom gewählten Weg bestimmte Sachzwänge und Entscheidungen über Politik und Gesellschaftsform

Die Strategie des TNK besteht darin, eine optimale Profitrate und die Expansion ihrer Tätigkeiten auf Weltebene im Interesse des Wachstums der Konzerne als Ganzes zu suchen. In Wirklichkeit handelt es sich aber hier nicht nur um die Logik der TNK, sondern einer ganzen Zivilisation, die durch eine unbedachte Verwendung der beschränkten Ressourcen, Techniken und Energie einzig auf Wachstum bedacht ist. Die Industrialisierung der Zentrumsländer hat auch eine Kehrseite: die Kolonisierung, der Raubbau an den Rohstoffen, die Ausbeutung der Bevölkerungen oder gar deren Massakrierung. Obwohl viele Nationalstaaten ihre Unabhängigkeit nach einem langen Befreiungsprozess erreicht haben, stehen sie doch weiterhin unter dem Einfluss der Zentrumsländer. Der Kolonialismus wurde durch einen Neukolonialismus ersetzt, der in den TNK seinen bevorzugten Ausdruck gefunden hat.

Die TNK sind nicht nur Träger eines Industrialisierungsmodells, sondern auch eines Lebensstils, einer Weltanschauung und einer Entwicklungslogik. Mit der Niederlassung von Tochtergesellschaften in den Gastländern bringen die TNK auch diese Logik dorthin. Aus diesem Grunde haben die Tätigkeiten der ausländischen Unternehmen in diesen Ländern, vor allem in den Entwicklungsländern, neben den rein wirtschaftlichen, noch strukturelle Auswirkungen, die langfristigen Charakter haben. Die TNK suchen vor allem eine Erweiterung ihrer Tätigkeiten und eine gute Verwertung ihres Kapitals, ihres Know-Hows und ihrer Technologie. Das Eindringen in die Märkte der Gastländer verleiht ihnen dank ihrer Erfahrung in der Verwaltung, ihrem Kapital und ihrer Verhandlungsmacht eine Vormachtstellung gegenüber der inländischen Industrie. Besondere Erleichterungen, die ihnen gewährt werden, ihre Handelspraktiken und ihre Allianz mit der lokalen Bourgeoisie erlauben es dem TNK, den Markt zu beherrschen und ihm seine eigene Geschäftslogik aufzuzwingen. Trotz einer relativen Autonomie der Tochtergesellschaften in Bezug auf ihr Stammhaus, werden die wichtigen Entscheidungen über die Expansion der Tätigkeiten und die Investitionen in der Zentrale getroffen.

Die Regierungen können über Gesetzgebungen und Kontrollen den TNK gewisse Verhaltungsregeln für deren Tätigkeiten in ihrem Land auferlegen. Die herrschende Bourgeoisie hat jedoch nicht immer den dazu notwendigen politischen Willen oder die Mittel, um eine solche Politik durchzusetzen. Die Regierungen haben sich oft das Industrialisierungsmodell und das Gesellschaftssystem der Herkunftsländer der TNK zu eigen gemacht und sehen in der Unterstützung ihrer Tätigkeiten gar kein Problem.

Diese Logik der Domination, der Kontrolle und der Ausbeutung muss durch eine Logik der Partizipation der Massen, die von diesem Entwicklungsprozess betroffen sind, ersetzt werden. Der Mangel an Zusammenarbeit unter den Drittweltländern in der Erarbeitung von gemeinsamen Richtlinien und Gesetzgebungen, um das Verhalten der ausländischen Unternehmen zu kontrollieren, lässt diesen einen grösseren Spielraum. Um die Logik der Domination und Ausbeutung der nationalen Ressourcen im Interesse einer Minderheit preiszugeben, muss in vielen Ländern die herrschende Macht grundsätzlich in Frage gestellt und eine politische Änderung herbeigeführt werden. Nur über einen radikalen, in den meisten Fällen revolutionären Veränderungsprozess, kann eine Logik der Mitbestimmung und der gerechten Verteilung der Ressourcen erreicht werden. Nur wenn das Land sich entscheidet, eine neue Gesellschaftsform zu wählen, wird es fähig sein, die Tätigkeiten der ausländischen Unternehmen zu kontrollieren und von deren Produktionskapazitäten zu profitieren, um die Bedürfnisse der ganzen Bevölkerung zu befriedigen. In einer solchen Situation ist der TNK gezwungen, ein anderes Verhalten und eine andere Logik anzunehmen oder aber, das Land zu verlassen.

In mehreren Fällen wird die Massenbewegung, die sich während des Kampfes gegen das vorherige Regime gebildet hatte, durch einen bürokratischen Regierungsapparat gelähmt, der nicht weiss, wie das vorhandene Potential genützt werden kann, um neue Wege und Lösungen zur Erreichung des gesteckten Ziels zu finden.

Die Suche nach einer kollektiven Autonomie auf nationaler Ebene und die Schaffung einer neuen Gesellschaft, die die Befriedigung der Bedürfnisse der Bevölkerung mit Hilfe der vorhandenen Ressourcen zum Ziel hat, findet nicht hinter geschlossenen Türen statt.

Die "terms of trade" zwischen Zentrum und Peripherie müssen radikal hinterfragt werden, und eine andere Art von Entwicklung wird notwendig. Die Nord-Süd-Gipfeltreffen, die zahlreichen Diskussionen an internationalen Treffen sind leider meist nichts anderes als Alibiübungen, um die Privilegien nicht in Frage zu stellen und einer globalen Neuverhandlung aus dem Wege zu gehen. Es ist eine Tatsache, dass der Mangel an Ressourcen und die kritischen Probleme der Nahrungsmittelabhängigkeit in den Entwicklungsländern nicht nur von falschen politischen Entscheidungen, einer schlechten Planung oder von der Korruption in diesen Ländern erzeugt werden, wie dies zu voreilig geglaubt werden könnte, sondern auch von einer systematischen Aneignung ihrer Ressourcen durch die Industriestaaten.

3. Was muss getan werden, um die Situation der Ausbeutung und Domination des transnationalen Entwicklungsmodells und seiner zügellosen Profit- und Wachstumslogik radikal zu ändern?

Wenn man nun diese Dominationslogik analysiert hat, die auf internationaler Ebene herrscht und unter anderen von den TNK geteilt und gefördert wird, kann man sich die Frage stellen: "Was bedeutet das alles? Sind wir machtlos und können nichts dagegen tun?"

Auch wenn man zugeben muss, dass heutzutage das Kräfteverhältnis eher zugunsten einer Beibehaltung der herrschenden Ausbeutungslogik steht, so darf man doch hoffen, besser, man muss sogar genügend Glauben besitzen, um diese

Hoffnung auf eine Veränderung in die Tat umzusetzen. Natürlich geht es hier nicht darum, unser Handeln auf dilettantischen Analysen oder utopischen Wünschen für eine bessere Welt aufzubauen, und die gegenwärtigen Sachzwänge, die Interessen und die Akteure, die sich jeder Veränderung einer Entwicklung, die eine Minderheit begünstigt, entgegensetzen, zu vergessen. Heute kann man noch nicht von Alternativen sprechen, sondern viel bescheidener von Pisten, die gefestigt, von Gegenstrategien der Massen und Erfahrungen von Basisgruppen, die auf grösserer Ebene erprobt werden müssen.

Wir geben hier keine Rezepte, wir wollen nur einige Pisten aufzeigen, die jedem an seinem Ort, in seinem Land, auf internationaler Ebene, auf diesem grossen Bauplatz der Wirklichkeitsveränderung behilflich sein können. Wir geben einige Elemente für diesen Kampf, Elemente des Kampfes und des Widerstandes, die aus der Erfahrung stammen, und auf der Analyse der heutigen Situation und alternativen Vorstellungen beruhen, in der Überzeugung, dass gemeinsames Handeln notwendig ist, damit alle einmal besser leben können.

1. Schrittweise Bewusstseinsbildung über die verschiedenen Mechanismen der politischen Beherrschung, der wirtschaftlichen Ausbeutung und der kulturellen Entfremdung.
Wer sich engagieren will, muss sich auf eine oft lange und mühsame Arbeit gefasst machen, den allzu leichten Weg der schlechtverstandenen Schlagwörter scheuen, und die nötige Zeit und Mühe aufwenden, um besser informiert und begründet zu handeln. Im Vorwort zu diesem Buch unterstreicht Susan George mit Recht die Notwendigkeit, dass "man aktives Engagement mit einem soliden Wissen über wirtschaftliche Tatsachen und Prozesse verbinden muss". Auch wenn dies nicht immer einfach ist, so muss man doch eine Analyse des Diskurses der Akteure, die uns und das wirtschaftliche und soziale Leben heute beherrschen, vornehmen, diesen oft grosszügigen Diskurs mit den Tatsachen konfrontieren, die Strategien der Regierungen, Unternehmen und sozialen Gruppen aufdecken und anprangern, die dazu dienen, die Ungerechtigkeiten zu vergrössern und die heutigen Bedingungen zur Reproduktion der Vorherrschaft, Ausbeutung und Entfremdung fortbestehen zu lassen.

Diese oft mühsame Arbeit hat zwei Dimensionen: erstens, diejenige der Anklage, der Kritik; zweitens, diejenige des Aufbaus, der Alternativen, der "prophetischen Visionen". Überlegungen und Analyse müssen sich in erster Linie damit beschäftigen zu bestimmen, welches die einer bedeutsamen Änderung der Welt entgegengesetzten sozialen Akteure sind, mit wem man im gegebenen Fall eine taktische Allianz eingehen könnte, und schliesslich, welches diejenigen Kräfte sind, auf die man zählen könnte, um tiefgreifende Veränderungen unserer Welt zugunsten einer gerechteren Gesellschaft herbeizubringen. Ganz besonders muss man dabei darauf achten, hinter den Verhaltensweisen Denkschemen und Hürden zu erkennen, die sich einer altrnativen Bewusstseinsbildung entgegensetzen, und zu verstehen, weshalb viele zwar eigene Forderungen haben, sich aber nicht einer breiten Massenbewegung zum Ausdruck dieser Ansprüche anschliessen wollen.

2. Sich organisieren, um zu handeln.
Um wirksam zu sein, müssen sich Analyse und Denkprozesse früher oder später in Aktion umsetzen, von daher kommt die Notwendigkeit, sich zu organisieren, um zu handeln. Es scheint, dass die traditionellen Organisationsformen wie Gewerkschaften und politische Parteien es oft nicht mehr schaffen, den Enthusias-

mus der Leute zu wecken und sie für konkrete Aktionen zu gruppieren. Vielleicht muss man hier den Mut haben, andere Formen der Organisation zu finden, andere Arten von assoziativer Dynamik, um Alternativen zu definieren und zu leben versuchen. Ich glaube, dass wir manchmal unsere etwas dogmatischen Überzeugungen oder unser Gefühl, unfehlbare Mobilisationsformen zu kennen, etwas beiseite lassen sollten, um stattdessen auf die Kämpfe und Erfahrungen der Basisgruppen aus dem Volk zu hören. Müsste man dann die ständige Vermehrung von Proteststreiks der Bevölkerung in mehreren grossen Städten der Dritten Welt, die als unorganisiertes Aufflammen eines Protestes angesehen werden, nicht viel eher als bisher unbekanntes und ungenutztes Zeichen für neue Formen des Kampfes ansehen? Man muss zugeben, dass in der heutigen Phase viele Organisationsmodelle, die bisher als unfehlbar angesehen wurden, in Frage gestellt werden. Statt um jeden Preis an Formen festzuhalten, die niemanden mehr mobilisieren, sollte man sich nicht eher einer gewissen Unsicherheit aussetzen, die Herausforderung annehmen, die durch das progessive Aufkommen dieser neuen Arten der Mobilisierung gestellt wird und langsam neue Strategien ausarbeiten?

3. Die Lage klären, Selbstkritik üben, über den Dogmatismus hinaus bereit sein, konvergente Bestrebungen in weitreichenden Fronten und Koalitionen und regionalen, nationalen und internationalen Netzwerken zu koordinieren.
Seit ein paar Jahren können wir das Aufkommen derartiger Gruppierungen zur Reflexion und Aktion feststellen. In diesem Buch wird zum Beispiel der Kampf des IBFAN (International Baby Food Action Network) analysiert, das die kritische Anklage mit Vorschlägen zum Handeln für zahlreiche multi-professionnelle Basisgruppen auf internationaler Ebene verbindet. Die internationalen Berufssekretariate, mit ihrer Organisation der Arbeiter eines Unternehmens auf Weltebene, haben seit langem die dringende Notwendigkeit einer Transnationalisierung ihres Kampfes erkannt, die der Transnationalisierung der Unternehmen entgegengesetzt wird. Andere Netzwerke werden geschaffen, wie zum Beispiel das internationale Netzwerk zum Schutz des Saatgutes, die Internationale Union der Konsumentenschutzverbände (IOCU), das Netzwerk gegen den Missbrauch der Pestizide und deren Konsequenzen auf unsere Umgebung und Gesundheit (PAN: Pesticides action network), das Netzwerk für Studium und Aktion der Gefahren gewisser Medikamente und der Notwendigkeit, eine neue Gesundheitspolitik für alle zu fördern (HAI: Health Action Network), oder der Zusammenschluss von Organisationen, die sich mit der Förderung angepasster Technologien (SATIS) befassen, und nicht zuletzt die Friedensbewegung, usw.
Manche dieser Gruppierungen bestehen noch nicht lang. In einigen Fällen sind sie sehr weitreichend und in allen Ländern vertreten. Oft muss noch eine Basisarbeit geleistet werden, um die Aktivitäten zu koordinieren. Hier müssten auch die Koordinierungsbestrebungen der Kirchen erwähnt werden.
Es ist unbestritten, dass das Aufkommen solch umfassender Fronten des Kampfes und einer Massenerziehung einen Beitrag zur Definition von Alternativen leistet. Dabei handelt es sich um Gruppierungen, die meistens viele Nationen, Berufe und Konfessionen umfassen und so die gewohnten Spaltungen ignorieren. Sie sind von einem kulturellen und ethnischen Reichtum und ein Ferment für originelle Alternativvorschläge. In diesem Sinne lassen auch die Beziehungen Süd-Süd oder auch Süd-Nord zwischen Basisgruppen auf eine wirksame Zusammenarbeit hoffen, um so lebensfähige Alternativen aufzustellen.

4. Von einer Analyse der siegreichen Kämpfe und der Niederlagen ausgehen, um bessere Aktionsformen und neue Wege zu finden, die es ermöglichen, alle Bestrebungen zu vereinigen.

In der Organisation von Netzwerken kann man zum Beispiel verschiedene Etappen feststellen, von den anfänglichen Recherchen über die weltweiten Niederlassungen eines Unternehmens bis zur Verbreitung dieser Information unter den Mitgliedern des Netzwerkes oder einer Gewerkschaft. Als nächster Schritt folgt dann die Veröffentlichung der Information durch die Massenmedien, eine Weiterverfolgen des Verhaltens der TNK oder anderer sozialer Akteure durch "Überwachungsgruppen" (monitoring), ohne dabei die Ausbildung der Gruppenglieder oder das Lobbying bei den Behörden zu vergessen. Bei all diesen Aktionen wird das Problem der Definition der Zielbevölkerung für die Informationskampagnen, der dabei verwendeten Sprache und der kurz-, mittel- und langfristigen Ziele ganz klar gestellt. Wenn man politisch engagiert ist, kommt es oft vor, dass man zu sehr für einen Diskurs, eine Sache — ob nun rechts oder links — statt für Menschen kämpft. Man schafft es nicht immer, mit Geduld auf die Basisgruppen und auf die Randbevökerungen in den Städten und auf dem Land zu hören. Das Volk braucht nicht Schlagwörter, sondern Lösungen, die ihm überleben helfen. Auch wartet es in seinen Interssen nicht auf Vorschläge von Leuten, die oft von aussen kommen. Wir müssen, so meint der Verantwortliche einer französischen Hilfsorganisation (CCFD), Gabriel Marc, "den Leuten im Busch, in den Städten und in den Elendsvierteln die Verantwortung für ihre Entwicklung nach ihrem eigenen Gutdünken wieder zurückgeben... Dann zeigt sich das Volk mit seiner eigenen Organisationsfähigkeit, wobei traditionelle umd importierte Lebensformen zu einer Einheit zusammenfinden. Für die Armen sind solche Organisationsformen für ihre Existenz und Entwicklung und für die Ausübung ihres göttlichen Rechtes unabdingbar."[6]

5. Neue Lebensformen annehmen, indem man der eigenen Gesellschaft gegenüber eine verantwortliche Haltung einnimmt.

Reden allein bringt nichts und jede Stellungnahme wird nur glaubwürdig, wenn sie in einen neuen Lebensstil umgesetzt wird. Wir wissen, dass die Situation der Fehlentwicklung, der Ausbeutung und des falschen Konsumverhaltens nicht nur in den Entwicklungsländern, sondern auch in entwickelten Ländern vorzufinden ist. Die letzteren erleben heute nicht nur eine Wachstumskrise, sondern auch eine Krise des Entwicklungs- und Akkumulationsmodells. In dieser Situation können wir versuchen, anders zu leben, unsere Bereitschaft in die Tat umzusetzen, — auch wenn dies oft nur symbolisch bleibt, — schon jetzt zu einer Veränderung des Kräfteverhältnisses beizutragen, um einen andern, gerechteren Lebensstil zu schaffen. An Gelegenheiten dazu mangelt es uns nicht: eine kritische Haltung in der Ausübung unserer Bürgerpflichten, eine bewusste und aufgeklärte Haltung gegenüber Reklame und Konsumhaltung in Bezug auf so verschiedene Gebiete wie Kultur, Nahrungsmittel, Reisen, Freizeit, usw. Hier handelt es sich darum, anders zu leben in einer Welt, die uns dazu zwingt, mit dem Strom der Ressourcenverschwendung und der Missachtung der menschlichen Grundwerte zu schwimmen. Man kann sich wirklich nicht damit begnügen, eine noch so ernst gemeinte Solidarität mit den kämpfenden Völkern zu proklamieren, wenn man nicht gleichzeitig seinen eigenen Lebensstil, seine persönlichen Entscheidungen, seine Formen des Engagement und Stellungnahme in Frage stellt. So wird die bedingungslose und unkritische Unterstützung von Kämpfen, die Tausende von Kilometern von uns entfernt stattfinden verdächtig, oder zumindest zusammenhanglos, wenn sie nicht auch durch einen andern Lebensstil hier, durch ein ebenso deutliches und entschiedenes Engagement in unserem eigenen Milieu ausgedrückt wird.

All diese Wege sind mit fast unüberwindbaren Hindernissen und Schwierigkeiten übersät. Der Wille zu einer tiefgreifenden Veränderung unserer Lebensweise muss realistisch ausgedrückt werden. Man muss wissen, dass sich viele Kräfte einer solchen Transformation entgegenstellen, und dass die notwendigen Veränderungen nur langsam vor sich gehen. Ist jedoch die Überzeugung, dass unser Kampf für eine gerechtere Welt unsern eigenen Lebensstil in Frage stellen muss, um das Gleichgewicht der Weltwirtschaft wiederherstellen zu können, nicht eines der Elemente, die den Sinn des Lebens ausmachen und ganz tief in uns allen stecken?

Anmerkungen zu Kapitel X

1. Bei der Niederschrift dieses Kapitels über die Alternativen zum transnationalen Modell habe ich mich ausser den ausdrücklich zitierten von den Überlegungen verschiedener Autoren inspirieren lassen, die in Nicht-Regierungs-Entwicklungsorganisationen und in der Dritt-Welt-Bewegung engagiert oder schlicht sich über ein Entwicklungsmodell auf Weltebene Sorgen machen, das die grundlegendsten Probleme nicht lösen kann, nämlich diejenigen des Überlebens eines grossen Teils der Bevölkerung. U.a. seien folgende erwähnt:

J.-P. Alaux, P. Norel, J. Berthelot, B. Delpeuch. S. Latouche, V. Leclercq, M. Morloie, "Faim au Sud - Crise au Nord", L. Harmattan, Paris 1985, 115 Seiten

P. Erard, F. Mounier, "Les machés de la faim, L'aide alimentaire en question, Cahiers libres, La Découverte, Paris 1984, 210 Seiten

B. François, "L'aide au Tiers Monde, Solidarité et développement", Syros, Paris 1984, 189 Seiten

S. Georges, "Les stratèges de la faim", Gronauer, Genève 1981, 366 Seiten

M. Marloie, "L'internationalisation de l'agriculture française", Economic et humanisme, Les Editions ouvrières, 1984, 142 Seiten

Solagral, "L'aide alimentaire", Syros, Paris 1984, 135 Seiten

J. Suret-Canale, M.-F. Durand, "La faim dans le monde", Messidor, Editions sociales, Paris 1984, 199 Seiten

Transnational Information Exchange, "Meeting the Corporate Challange — A Handbook ohn corporate campaigns", Tie Report, 18/19, Amsterdam, Februar 1985, 77 Seiten

Tricontinantal, "Famines et pénuries — La faim dans le monde et les idées reçues", Petite collection Maspéro, Paris 1982, 188 Seiten

2. Pierre Spitz, unveröffentlichter, dem Autor zur Verfügung gestellter Text

3. Henri Bouillé d'Orfeuil, "Coopérer autrement — L'engagement des organisations non gouvernementales aujourd'hui", L'Hamattan, Paris 1984, S. 31/32

4. ibid. S. 126

5. François Partant, "Retour à l'autonomie" in: "Famines et pénuries", Tricontinental, Numéro spéciale, Petite Collection Maspéro, Paris 1982, S. 180. Tiefgreifende Überlegungen über das Entstehen einer Alternative stellte der Autor in seinem Essay "La fin du développement", Maspéro, Paris 1982, 187 Seiten, an

6. Gabriel Marc, "Le développement en quête d'acteurs", Le Centurion, Paris 1984, S. 102/103.

Nachwort

Als ich das Kapitel "Reaktion Nestlés auf Kritik" schrieb, nahm ich damit eine mögliche Reaktion des TNK auf mein Buch vorweg. Denn Analysen über das Verhalten der Firma aus Vevey gegenüber Kritikern hatten zur Genüge gezeigt, wie schnell und verächtlich sie diese zu "Verleumdern" abstempelt. Das Kapitel kann durchaus als Voraussage gesehen werden, denn Nestlé wird sich einmal mehr weigern, in ihrer Selbstdarstellung nicht nur ihre Wohltaten hervorzuheben, sondern auch die negativen Folgen ihrer Aktivität in den Entwicklungsländern einzugestehen.

Die beiden letzten Werbebroschüren von Nestlé sind zwar besser gemacht als die früheren*; geben aber wiederum ein einseitiges Bild, indem sie dem Leser eine Unmenge von Zahlen über neugeschaffene Arbeitsplätze und die Entwicklung der Milchverarbeitungsindustrie in den betroffenen Regionen an den Kopf werfen. Auch hier verzichtet das Unternehmen auf eine kritische Wertung negativer Faktoren, die mindestens ebenso starke Auswirkungen haben. Einmal mehr sieht der aufmerksame Leser mit feierlichen Absichtserklärungen des Unternehmens konfrontiert, in denen nicht der geringste Zweifel an beabsichtigten oder unbeabsichtigten Auswirkungen seiner Aktivitäten zum Ausdruck kommt, geschweige denn danach gefragt wird. Misst sich der Einfluss eines TNK in einem Land vor allem an seinen Beziehungen zu den landwirtschaftlichen Produzenten, den Konsumenten und seinen Fabrikbelegschaften, verschanzt sich Nestlé hinter idyllischen Bildern von Regionen, die sich hauptsächlich durch das Wirken ihrer "Spezialisten" verändern. Sie "vergisst" die "Steuervorteile", die Unterstützung bei der Dezentralisierung und andere Regierungsbeiträge zu erwähnen, die ihr nicht nur für die Entwicklung einer Region wie Ibia (Brasilien), sondern auch für weitere Aktivitäten im Lande gewährt werden. Die Wahl eines bestimmten Landes oder einer bestimmten Region, anhand derer die Wohltaten Nestlés in der Dritten Welt illustriert werden, überlässt Nestlé keineswegs dem Zufall. Warum erzählt uns der TNK denn nicht von seinen Erfahrungen in Chontalpa (Mexiko) oder von seiner Strategie beim Kauf von Frischmilch in Peru?

Wie Jean-Claude Buffle aufzeigt**, gehören der Nestlé-Boykott und die Kampagnen der "Tiermondisten" für die neue Konzernleitung in Vevey der Vergangenheit an. Heute geht es darum, nicht nur die Geschichte einer Kampange neu zu schreiben, sondern der Präsenz Nestlés in der Dritten Welt überhaupt; der Konzern muss sein angeschlagenes Image wieder aufpolieren. Eigene Nestlé-Studien müssen Argumente liefern, welche die Aktionäre davon abhalten, den Konzern grundsätzlich zu hinterfragen. Die öffentliche Meinung gilt es zu überzeugen, dass sich der TNK als Ganzes trotz einiger bedauerlicher "menschlicher Fehler" keine Vorwürfe gefallen lassen muss.

Wir wollen aber an dieser Stelle nicht diese Broschüren analysieren. Trotz einigen Konzessionen an Konsumentenorganisationen, welche in den USA die Boykottkampagne organisiert hatten, und an die zahlreichen wachsamen Gruppen in verschiedenen Ländern welche das Stillen fördern, illustriert der Tonfall dieser Broschüren die Kontinuität in der ideologisch gefärbten Selbstdarstellung des TNK.

Wie aber war die Reaktion Nestlés auf die Veröffentlichung von "L'Empire

---

* «Nestlé au Brésil», Retombées d'une implantation industrielle, Vevey, Oktober 1984, 23 Seiten. «Nestlé en Inde», Retombés d'une implantation industrielle, Vevey, Oktober 1984, 23 Seiten.
** Jean-Claude Buffle, «N comme Nestlé», Ed. Alain Moreau, Paris 1986.

Nestlé"*? Ich möchte hier nicht auf alle Reaktionen eingehen. Sie reichen von Briefen an die Doyens wirtschafts- und sozialwissenschaftlicher Fakultäten, in denen diese gebeten wurden, ihre Studenten vor dem Inhalt des Buches zu warnen, bis hin zu Briefen an Kirchenleute. Ich möchte auch nicht die Reaktion des ehemaligen Pressechefs Edgar Fasel anlässlich einer öffentlichen Veranstaltung analysieren oder die Diskussionen, die dieses Buch in "der grossen Familie der Nestlé-Mitarbeiter" auslöste. Ebenfalls berücksichtige ich nicht die Reaktion der Aktionärsgruppe CANES (Convention d'actionnaires de Nestlé). Ich komme auch nicht auf die sehr zahlreichen Kommentare zurück, die das Buch in der schweizerischen und ausländischen Presse provozierte, oder auf das merkwürdige Schweigen seitens der Welschschweizer Wochenzeitschriften, die doch sonst immer am aktuellsten sein wollen.

Ich möchte mich ganz einfach auf offizielle Reaktionen beschränken, alle aber stammen aus der Direktionsetage des TNK Nestlé. Denn ich glaube, dass die Leserinnen und Leser ein Recht darauf haben, die offizielle Stellungnahme des Konzerns zu diesem Buch zu erfahren. Auch die Aktionäre dürften ein Interesse daran haben, mehr zu erfahren als was der damalige Verwaltungsratspräsident Arthur Fürer an der Generalversammlung von 1984 dazu äusserte.

Bis jetzt habe ich darauf verzichtet, öffentlich zum "Circulaire générale" (allgemeiner Rundbrief) von Vevey zu "L'Empire Nestlé" Stellung zu nehmen. Denn ich war immer der Meinung, dass die wesentlichen Fragestellungen in meinem Buch und die persönliche Interpretationen der allgemeinen Strategie des Unternehmens Nestlé richtig sind und auf mehr als nur ausreichenden Quellen sowie einer stichhaltigen Arbeitsmethode beruhen. Vor allem aber weigert sich Nestlé — wie übrigens vorauszusehen war —, eine offene Diskussion zu führen. Nestlé versteift sich einmal mehr darauf, die Unglaubwürdigkeit ihres Kontrahenten herauszustreichen, dem verschiedenste Motive unterstellt werden. Im weitern weist Nestlé einige Ungenauigkeiten nach, die aber unvermeidbar sind, stellt man die Unvollständigkeit des Materials in Rechnung, welches der TNK den Forschern per Tropfenzähler zur Verfügung zu stellen geruht. Die Arbeit wird besonders dadurch erschwert, dass Nestlé die Bilanzen über die Aktivitäten ihrer Tochtergesellschaften in mehreren Ländern nicht bekannt macht.

Das erwähnte "Circulaire générale" antwortet in keiner Weise auf die grundsätzlichen Fragen, die mein Buch aufwirft. Ich fühlte mich deshalb durch nichts verpflichtet, mit Nestlé darüber eine Diskussion anzufangen. Schliesslich habe ich mich während der Arbeit an meinem Buch bemüht, die Verantwortlichen des TNK zu treffen, um sie an meinem Forschungsvorhaben zu beteiligen. Ich habe nach Erscheinen des Buches trotzdem keinen einzigen Brief, keine einzige direkte Anfrage von ihrer Seite erhalten. Die Debatte spielte sich auf der Ebene der Presse, des "Circulaire générale" und Warnungen der Nestlé-Führung vor einem Buch ab, das man ignorieren will, dessen Existenz unglücklicherweise aber nicht zu unterdrücken ist.

Ich möchte an dieser Stelle den vollständigen Text dieses "Circulaire générale" präsentieren, das aus der Feder von Jacques Paternot, damals Direktor für Öffentlichkeitsarbeit der Nestlé S.A. in Vevey, stammt. Will man der Schmähschrift Glauben schenken, so war sie nur für die Kader des TNK be-

---

* Die französische Originalausgabe erschien im September 1983 im Verlag Pierre Marcel Favre, Lausanne.

stimmt. In Tat und Wahrheit streute sie das Unternehmen viel weiter. Zunächst übergab man sie Journalisten, dann auch Absolventen der volks- und betriebswirtschaftlichen Abteilungen der schweizerischen Universitäten anlässlich von Besuchen bei Nestlé, wobei die Übergabe des Schriftstückes von einem mündlichen Kommentar zum Buch "L'Empire Nestlé" begleitet war. Man kann sich gut vorstellen, dass das Unternehmen das "Circulaire" auch an grössere Gruppen verteilt hat, welche für einen Tag nach Vevey eingeladen wurden, um das Funktionieren des Betriebes, seinen Beitrag zur Entwicklung, sein unbestreitbares Know-how kennenzulernen. Vielleicht hat Nestlé das "Circulaire" zusammen mit ihren Selbstdarstellungsdossiers, auch an Personen übergeben, die Untersuchungen über die Nestlé-Aktivitäten in der Dritten Welt anstellten. Das wäre gut möglich.

Man kann diese Anstrengungen Nestlés als faires Kampfmittel in einer Situation sehen, die Nestlé als "Episode" im Rahmen "eines zehnjährigen Kampfes gegen die Multis und die freie Wirtschaft" betrachtet, wenn nicht als Teil einer "Verleumdungs- und Desinformationskampagne", deren Opfer Nestlé geworden sei.

Aber es ist wohl verständlich, dass ich die deutschsprachige Veröffentlichung meines Buches zum Anlass nehme, einige mir nötig scheinende Richtigstellungen anzubringen. Sie zeigen, wie sehr Nestlé zu Entstellungen der Texte Zuflucht nehmen muss, wie sie gerade in einem Rundschreiben Unwahrheiten verbreitet, das zum Ziel hat, jemanden zu diskreditieren, der es wagte, bestimmte Fragen zu stellen und den Konzern zu kritisieren.

So frisch-fröhlich, wie sich der TNK erlaubt, meine "intellektuelle Redlichkeit" in Frage zu stellen, so gut erlaube ich mir — ohne auf alle Details einzugehen — einen Kommentar zur Nestlé-Lesart meines Buches abzugeben, wobei das fragwürdige Vorgehen Nestlés gegenüber ihren Kritikern illustriert werden soll. Im folgenden stehen der Text des "Circulaire" von Nestlé und danach mein diesbezüglicher Kommentar.

Ein Rundschreiben von Nestlé

Nestlé SA, Direktion für Public Relations:
"L'Empire Nestlé: Faits et Méfaits d'une transnationale en Amérique latine",
Rundschreiben an die Kader, Vevey, 21. September 1983*:

Allgemeines Rundschreiben   *21. September 1983*
Absender: *Verteiler:*
Direktion für Public Relations   *An die Kader*
JPa/MRu

Das Nestlé-Imperium:
Taten und Missetaten eines transnationalen Konzerns in Lateinamerika

Seit zehn Jahren nun läuft im Rahmen eines verbissenen Kampfes gegen die multinationalen Konzerne und die freie Wirtschaft eine Verleumdungs- und Desinformationskampagne gegen Nestlé. Das Buch, das unter dem oben erwähnten Titel erscheinen wird, ist dabei ein weiteres Kapitel.

Nicht ohne Geschick ist es von Pierre Harrisson, Direktor des Centre Europe-Tiers Monde (CETIM) in Genf verfasst worden. Harrisson, 1946 in Québec geboren, hat ein Theologie- und ein Sozioligiestudium absolviert. Er verbrachte sechs Jahre in Lateinamerika (Mexiko und Kolumbien), wo er sein Doktorat in Soziologie vorbereitete. Er arbeitet zusammen mit Jean Ziegler an einer Studie über "Wahrnehmung der Erscheinung des Kolonialismus durch die schweizerische Arbeiterbewegung" ("Perception du phénomène colonial par le mouvement ouvrier suisse"), deren Finanzierung durch den Schweizerischen Nationalfonds für wissenschaftliche Forschung eine lebhafte Debatte im helvetischen Parlament hervorgerufen hat.

Im Grunde bringt das Buch nichts Neues und ist von seinem Gehalt her nicht wirklich wichtig. Nichtsdestotrotz wird es mit grossem Werbeaufwand zunächst in Frankreich, dann in der Schweiz lanciert werden. Diese Kampagne wird dem Buch eine bestimmte Beachtung sichern. Ausserdem wird dieses Buch angesichts des Anscheins von Seriosität, den ihm die akademische Titel seines Autors sowie die Unzahl der zitierten Quellen geben, bestimmt als "wissenschaftliches" Grundlagewerk für weitere Angriffe auf Nestlé und die Multis im allgemeinen dienen. Uns erscheint es notwendig, Sie darüber zu informieren, damit Sie in der Lage sind, auf eventuelle Fragen zu antworten. Wir möchten deshalb einige Aspekte des Buches beleuchten, insbesondere die fragwürdigen Arbeitsmethoden und das Gedankensystem des Autors.

Bei den Kontakten, die Herr Harrisson 1981/82 zu einigen Mitarbeitern Nestlés hatte, gewannen diese die Überzeugung, dass die Schlussfolgerungen, welche der Autor aus seinen Studien gezogen haben will, in Wirklichkeit schon zum vornherein feststanden. Die Forschung bleibt bruchstückhaft und hatte offensichtlich zum Ziel, die vorgefasste Meinung von Herrn Harrisson zu bestärken. Das sind die bestens bekannten Vorurteile der Tiermondisten, gemäss welchen die Präsenz der Multis in der Dritten Welt folgendes nach sich zieht:

— *"Zerstörung des Prozesses der nationalen industriellen Entwicklung;*
— *Entnationalisierung, Beschleunigung des Konzentrationsprozesses und Oligopol-Bildung;*
— *verstärkte Abhängigkeit des Landes vom Ausland;*
— *Entkapitalisierung durch den zunehmenden Transfer von einheimischen Ressourcen ins Ausland;*
— *Verschärfung der Ungleichheit und Polarisierung beim Zugang zu Ressourcen sowohl auf Seiten der Produzenten wie der Konsumenten." (S. 290)*

Gemäss diesen Thesen, die übrigens im Gegensatz zu den ständigen Bemühungen der Entwicklungsländer stehen, ausländische Investoren anzulocken, ist es offensichtlich, dass Nestlé, der Multi par excellence, den Entwicklungsländern, in denen sie sich niederlässt, nur "Missetaten" zufügen kann.

Was die Zielsetzung des Buches betrifft, bekennt Herr Harrisson schon im ersten Satz seines Vorwortes klar Farbe: "Diese Analyse (...) versteht sich als Anstrengung, engagiertes Nachdenken in eine klar umrissene Praxis einzubringen" (S. 9). Sein Vorgehen führt den Autor zur folgenden Schlussfolgerung: "Die Infragestellung des Entwicklungs- und Industrialisierungsmodells schliesst die Infragestellung der Profit- und Wachstumslogik ein, welche ihm zugrunde liegt."
* *Was die Methode anbetrifft, so zeugt sie ganz offenkundig von politi-*

---

* S.392 der französischen Ausgabe

schem Engagement und nicht von irgendeiner Art wissenschaftlicher oder akademischer Strenge. Die am häufigsten verwendeten Mittel sind gut bekannt:

— Anhäufung einer gewaltigen Dokumentation, die aber ausschliesslich in die Richtung der Ideen des Autors zielt;
— keinerlei Quellenkritik;
— Verwendung von Informationen, die die eigenen Thesen unterstützen, und systematische Unterdrückung von allen Informationen, die für Nestlé günstig sind;
— Ausarbeitung und/oder Reproduktion von unzähligen Tabellen, selbst wenn die Kommentare mit den angeführten Zahlen nicht übereinstimmen (nur die Eingeweihten können dem Rechnung tragen, und zwar unter Inkaufnahme einer aufmerksamen Lektüre);
— wenn nötig, werden Informationen zurechtgebogen, um sie gegen Nestlé sprechen zu lassen;
— Verwendung der Methode des Vermischens und Verquickens (Fakten, die andere betreffen, werden Nestlé zugeschrieben) oder von Gratis-Versicherungen ohne Grundlage.

Sie finden im Anhang einige Beispiele dieses Vorgehens. In seinem Werk beschränkt sich Herr Harrisson darauf, diejenigen Aspekte unserer Tätigkeiten zu beschreiben, die er nach seinen politischen Kriterien für schädlich hält, wobei er des öftern die Informationen manipuliert. Schon vor drei Jahren hat Jean-Marie Laya in seinem Buch "Le secret des Multinationales" die Auswirkungen unserer Aktivitäten in mehreren Ländern — industrialisierten und Entwicklungsländern — auf ausgewogene Weise dargestellt.

Niemand ist unfehlbar, weder Nestlé noch sonst jemand. Aber um ein objektives Urteil abgeben zu können, müssen alle Aspekte in Rechnung gestellt werden, Schatten und Licht. Wir unsererseits wissen, dass die Gesamtbilanz der Nestlé-Aktivitäten — besonders in der Dritten Welt — sehr positiv ist, was unser Personal und unsere Lieferanten bestätigen, genauso wie die Regierungen, welche unseren Tochtergesellschaften das Gastrecht gewähren. Die kritische Analyse, der wir uns ständig unterziehen, bestätigt uns, ja sie ist sogar ein Ansporn, mit unserer Tätigkeit, auf welche wir stolz sind, fortzufahren; denn sie leistet einen nützlichen Beitrag zur wirtschaftlichen Entwicklung, auch wenn dieser Beitrag angesichts der Dimensionen der zu lösenden Probleme nur bescheiden ist.

J. Paternot

Anhang: Einige Beispiele falscher (oder tendenziöser) Darstellungen der Fakten.

1. Das System Nestlé
Bevor wir nachweisen, wie P. Harrisson die Fakten und Zahlen verdreht, um seine Thesen zu untermauern, ist es angebracht, die beiden Prinzipien, auf denen die gesamte Aktivität Nestlés in der Welt gründet, in Erinnerung zu rufen.

1.1. Nestlés Politik besteht darin, weder landwirtschaftlichen Boden noch Betriebe zu besitzen.
Nestlé weigert sich, Kaffee- oder Kakaoplantagen, grosse Zucker- oder Getreidepflanzungen oder grosse "estancias" für die Milchwirtschaft zu besitzen. Dies ist konstante Praxis in der Nestlé-Politik.

Es ist möglich, dass wir in einigen Ausnahmefällen besser wirtschaften würden als einige Landwirte, und dass sich unter rein wirtschaftlichen Gesichtspunkten eine Selbstbewirtschaftung unter Umständen rechtfertigen könnte. Aber nicht in sozialer und politischer Hinsicht. Nestlé ist der Ansicht, dass der bäuerliche Familienbetrieb sozial am günstigsten ist, weshalb Nestlé diese Betriebsform fördert.

Im übrigen wäre es unakzeptabel, den Bauern ihr Land wegzunehmen, um grosse Betriebe zu bilden und dann die gleichen Bauern wieder als Landarbeiter einzustellen. Dies wäre unmenschlich und politisch ein grosses Risiko.

Das Beispiel anderer Unternehmen, die diese Politik betrieben haben, liefert reiches Anschauungsmaterial. Nestlé ist deshalb entschlossen, an diesem Prinzip festzuhalten.

1.2. Die landwirtschaftliche technische Hilfe

Nestlé leistet den Milchproduzenten, die das wünschen, eine ständige technische Hilfe, ohne Rücksicht auf deren Betriebsgrösse. Selbstverständlich ist die Zusammenarbeit mit jenen Bauern (ob gross oder klein), welche in ihrem Betrieb eine systematische Ertragsverbesserung anstreben, intensiver. Die technische Hilfe kann sich namentlich auf folgende Punkte erstrecken:

— *Beratung bei der Wahl der Grassorten;*
— *Silobau, um Futterreserven bilden zu können und so eine Produktionsreduzierung in der Trockenperiode zu verhindern;*
— *Auswahl des Viehs, Verkauf von Stieren zum Selbstkostenpreis und Besamungsaktionen zur Verbesserung der Rasse;*
— *Impfungen, andere hygienische und Veterinärdienste;*
— *Melkhygiene;*
— *Anlage und Architektur der Ställe, etc.*

Jean-Marie Laya hat die sozioökonomischen Auswirkungen dieser Hilfe in seinem Buch "Le secret des multinationales" (erschienen 1980) analysiert.

1964 errichtete Nestlé im brasilianischen Ibia eine Milchfabrik. 1977 profitierten 3'383 von 4'387 Bauern der Region, welche der Fabrik von Ibia Milch liefern, von der technischen Hilfe des Unternehmens. Bevor sich Nestlé in Ibia niederliess, gab es in dieser Region beispielsweise ein grosses landwirtschaftliches Gut von 2'400 Hektaren Fläche, auf der 300 Kühe weideten, die täglich 300 Liter Milch gaben. Dieses Gut wurde in acht Farmen aufgeteilt, die ehemalige Landarbeiter übernahmen. Diese arbeiten jetzt auf eigene Rechnung. 1977 lieferten auf diesen acht Farmen 1'400 Kühe täglich 6000 Liter Milch. Dazu kamen noch über 100'000 Kaffeesträucher und Nahrungsmittelkulturen für den lokalen Verbrauch.

"Dies alles ist nicht vom Himmel gefallen", erklärte Paulo Alres Ferreira, Betreiber einer der acht erwähnten Farmen, gegenüber J.M. Laya. Alres hatte sich bei den Banken schwer verschuldet, um sein Projekt zu verwirklichen; aber er besass 1978 eine "fazenda" von 450 Hektaren Fläche mit 150 Milchkühen. Neben Milch produzierte er Kaffee, besass einen Garten, einen Bananenhain und einen Gemüsegarten für die eigenen Bedürfnisse.

Ein anderer typischer Bauer besass 103 Hektaren Land mit 25 Kühen, die täglich 175 Liter Milch gaben (gegenüber wahrscheinlich ungefähr 10 Litern Milch 1964). Er wollte seine Produktion nicht erhöhen, da er auf seinem Hof mit seiner Frau allein bleiben wollte, ohne Personal. Aber auch ihm hat die tech-

nische Hilfe Nestlés geholfen, den Ertrag seiner Kühe zu erhöhen und dabei ein ansprechendes und regelmässiges Einkommen zu erzielen.

2. Das Vorgehen von P. Harrisson

2.1. Die Todesfälle im allgemeinen Krankenhaus von Medellin (Kolumbien) im Jahre 1977

a. Die Darstellung von P. Harrisson

(S. 229) Unter dem Titel: "Nestogeno-Milch von Nestlé-Cicolac verursacht den Tod von 28 kolumbianischen Kindern" behauptet P. Harrisson, dass das von der Nestlé-Tochtergesellschaft in Kolumbien gelieferte Produkt für die Todesfälle verantwortlich sei, und schlussfolgert danach,* dass "das Unternehmen jedoch die nötigen Verbesserungen, um eine Wiederholung solcher Vorfälle zu vermeiden, nicht vorgenommen zu haben (scheint)".

b. Die Tatsachen

Tatsächlich fiel nach dem Tod von 28 Frühgeburten im allgemeinen Krankenhaus von Medellin in Kolumbien am 7./8. April 1977 der Verdacht auf die Nestogeno-Milch. Die unter Aufsicht des kolumbianischen Gesundheitsministeriums durchgeführten Untersuchungen, die sich sowohl auf Produktemuster aus dem Spital als auch aus anderen Landesteilen stützte, ergaben in der Folge die Unschädlichkeit dieses Produktes. Das kolumbianische Gesundheitsministerium unterrichtete das Unternehmen im Oktober 1977 von diesem Ergebnis und hielt auch noch in einer öffentlichen Erklärung fest, dass die Todesfälle nicht diesem Produkt (der Nestogeno-Milch) zuzuschreiben sind, sondern "andern technischen Faktoren, die seither korrigiert worden sind" (Il Tiempo, 12. Dezember 1979). Bei diesen Faktoren, auf welche sich die Richtigstellung bezieht, handelt es sich um das Vorgehen des Krankenhauses bei der Bereitstellung und Lagerung der Saugflaschen.

c. Eine Halbwahrheit

In seinem Buch präsentiert Herr Harrisson nur die Verdächtigungen, die auf Nestlé und seine Produkte fielen, sowie die Kampagnen, die zum Zeitpunkt der Vorfälle gegen das Unternehmen lanciert wurden. Zudem stellt er die Behauptungen als unwiderlegbare Beweise hin und erwähnt die Dokumente nicht, welche schliesslich aufzeigten, dass nicht die Nestlé-Produkte verantwortlich waren.

2.2. Konzerninterne Produktions- und Handelsbeziehungen

a. Die Darstellung von P. Harrisson

(S.54) Für den Autor ist Nestlé "ein transnationaler Konzern", "dessen Management, Produktion und Vertrieb einer Gesamtstrategie auf Weltebene entsprechen". Es geht P. Harrisson darum, nachzuweisen, dass das Unternehmen seine Produktion dort aufbaut, wo es am vorteilhaftesten ist (z.B. dort, wo die niedrigsten Löhne bezahlt werden), um so den Profit kurzfristig zu maximieren. Nach Angaben des Autors entfallen mehr als die Hälfte des Verkaufsumsatzes von Nestlé auf den konzerninternen Handel.

b. Die Tatsachen

In Wirklichkeit besteht das Ziel der industriellen Niederlassungen Nestlés darin, für den lokalen Markt zu produzieren, wenn immer möglich unter Verwendung lokaler Rohstoffe. Für den ganzen Konzern macht der konzern-interne Handel

---

* S.295 der französischen Ausgabe.

ungefähr 12 Prozent des Umsatzes aus. Was Lateinamerika betrifft, macht der Handel unter den Tochtergesellschaften dieser Zone nur rund ein Prozent des Umsatzes aus: Der Export von ausserhalb der Zone hergestellten Fertigprodukten nach den lateinamerikanischen Tochtergesellschaften macht nur sechs bis sieben Prozent von deren Umsatz aus. (Diese Zahlen sind Herrn Harrisson mitgeteilt worden).

c. Eine zurechtgebogene Wahrheit

Um seine These zu unterstützen, nimmt Herr Harrisson zu drei Tricks Zuflucht: (S.54) — er zieht die von Nestlé gelieferten Angaben in Zweifel, indem er sie im Konditionalis referiert;

— er verwischt Tatsachen, indem er zum Beispiel im Falle von Costa Rica antönt, die gesamten Importe von Kindermilch stammten von Nestlé.*

— in einer Tabelle behauptet er, die Import-Tätigkeit der Tochtergesellschaften von Nestlé mache zwischen 44,5 und 81,25% des Gesamtumsatzes aus. Aber eine genaue Analyse der Tabelle (und vor allem der Quelle, auf die er sich bezieht) zeigt, dass diese Zahlen allein auf der Tatsache beruhen, ob diese oder jene Tochtergesellschaft Import-Tätigkeiten ausübt oder nicht. Darin sind keinerlei Angaben über den Umfang dieser Tätigkeit enthalten, auch nicht über deren Anteil am Gesamtumsatz der jeweiligen Tochtergesellschaft. Diese Tabelle hat somit keinerlei Aussagekraft, weder betriebs- noch volkswirtschaftlich.**

2.3. Nestlé und die landwirtschaftliche Produktion

a. Die Thesen von P. Harrisson

In seinem ganzen Buch bemüht sich P. Harrisson, folgendes nachzuweisen:
— dass Nestlé keine landwirtschaftlichen Betriebe besitzt, um ihre wirtschaftlichen Risiken zu vermindern;
— dass die Nestlé-Tätigkeit auf Kosten der Kleinbauern ausschliesslich den grossen Produzenten nützt.

b. Die Tatsachen

Weiter oben wurde beschrieben, weshalb Nestlé die Politik verfolgt, weder Boden noch landwirtschaftliche Betriebe selbst zu besitzen. Es handelt sich weniger um wirtschaftliche Gründe als um eine Prinzipienfrage. Im übrigen steht die technische Hilfe Nestlés der Gesamtheit ihrer landwirtschaftlichen Lieferanten zur Verfügung.

c. Die Widersprüche

Um aufzuzeigen, weshalb Nestlé die Milproduktion nicht selbst betreibt, schreibt P. Harrisson: (S.268) "Weil es sich um eine Produktion handelt, die sich am besten an kleine Produktionseinheiten anpassen lässt. Milchviehhaltung auf grosser Stufenleiter bringt kaum Vorteile." Aber wo er den Leser davon überzeugen will, dass die Nestlé-Aktivität nur den Grossbauern nützt, versichert P.Harrisson (S.270): "In Três Coraçoes setzt sich die Mehrheit der Milchproduzenten aus Kleinbauern zusammen, für die die Zucht nicht rentabel ist". Oder hinsichtlich Perus, dass "der Verkauf der Milch den grossen Produzenten (acht Prozent der Gesamtheit) Gewinne einbringt".***

d. Offensichtliche Fehler

Um Nestlés sogenannte Bevorzugung der grossen Produzenten nachzuweisen,

---

* S.63 der französischen Ausgabe.
** S. 64 der französischen Ausgabe.
*** S.141 der französischen Ausgabe. Sinngemäss S.117 der vorliegenden Ausgabe.

erläutert P. Harrisson immer ungenaue Fakten oder wirft mit zumindest zweifel-
haften Behauptungen um sich.

So behauptet er zum Beispiel, dass die grossen Milchproduzenten in Peru "auf
zusätzliche Einnahmen aus dem Verkauf von Kälbern zählen können"*. Aber
jede Kuh (ob sie einem Klein- oder Grossbauern gehört) muss Kälber bekom-
men, um Milch produzieren zu können. Es ist deshalb nicht einsehbar, weshalb
nur die grossen Produzenten vom Verkauf der Kälber profitieren sollen. (S.121)
Im Hinblick auf Peru erklärt er auch, dass "die kleinen Produzenten an den von
der Fabrik weiter entfernten Milchstrassen zahlreicher sind, in Regionen also, in
welchen für die Milch weniger bezahlt wird" (da der Milchtransport auf Kosten
der Bauern geht).** Die Verteilung der Klein- und Grossbauern in den verschie-
denen Entfernungen von der Fabrik bestätigt diese Behauptung nicht. Aber vor
allem übernimmt seit 1977 Perulac (die Nestlé-Tochtergesellschaft) die Milch-
transportkosten, und zwar auf Regierungsentscheid. Nestlé hat Herrn Harrisson
an diese letzte Tatsache erinnert; er hütet sich indessen, dies zu erwähnen.

Inbezug auf Ecuador schreibt P. Harrisson: "Die Entwicklung der Fri-
schmilchkäufe zwischen 1973 und 1978 erlaubt uns die Feststellung, dass das
Unternehmen grundsätzlich mit mittleren und grossen Produzenten arbeitet".***
Die Tabelle, die diese Behauptung belegen soll, zeigt eher das Gegenteil. Wäh-
rend 1973 95 Produzenten 26'844 Liter Milch pro Tag lieferten, waren es im
Jahre 1978 289 Produzenten mit 28'398 Liter täglich. Die Durchschnittsmenge
pro Produzent geht somit von 283 Litern pro Tag im Jahre 1973 auf 102 Liter
pro Tag im Jahre 1978 zurück. Zusammen mit der Erhöhung der Zahl der Pro-
duzenten (von 95 auf 289) zeigt diese Tatsache eher, dass Nestlé im Verlauf der
Jahre mit einer wachsenden Zahl kleiner Produzenten arbeitet.

2.4. Die Auswirkungen auf die Milchwirtschaft
a. Die These von P. Harrisson
Wie die These der Tiermondisten besteht auch diese darin, nachzuweisen, dass
die Präsenz Nestlés den Gastländern auf der wirschaftlichen Ebene nicht nur
nichts bringt, sondern sogar die Nahrungsmittelabhängigkeit gegenüber dem
Ausland erhöht.

b. Die Tatsachen
In Wirklichkeit trägt die Präsenz Nestlés unbestreitbar dazu bei, die lokale Pro-
duktion von landwirtschaftlichen Rohstoffen zu erhöhen, wie dies alle Zahlen,
welche Nestlé Herrn Harrisson geliefert hat, zur Genüge beweisen. In "Le secret
des multinationales" schreibt J.M. Laya zum Beispiel, dass die Milchproduktion
im Distrikt Ibia von 160'000 Litern pro Tag im Jahre 1964 (als sich Nestlé dort
niederliess) auf 750'000 Liter pro Tag vier Jahre später angestiegen ist.

Auf makroökonomischer Ebene zeigt sich die Tätigkeit Nestlés in den Zah-
lungsbilanzen Lateinamerikas als positiver Saldo von mehreren Millionen
Schweizerfranken (Zahlen von 1981). Nicht enthalten in diesen Angaben sind
die Fertigprodukte, auf deren Import die Länder dieses Kontinents dank der

---

* S.141 der französischen Ausgabe. Die Passage lautet in dieser Ausgabe wie folgt: "Im übrigen
werden die grossen Produzenten oft zu Viehhändlern; der Verkauf von Kälbern aus eigener Zucht
sowie derjenigen der armen Bauern, welche sie aufkaufen und als Zwischenhändler auf den Markt
bringen, verschafft ihnen ein wichtiges Nebeneinkommen" (S.117).
** von Nestlé ungenau zitiert.
*** S.98 der französischen Ausgabe. Die Passage über Ecuador wurde in der deutschen Ausgabe
nicht übernommen.

Substituierung durch die lokale Produktion der Nestlé-Tochtergesellschaften verzichten konnten.

c. Verdrehte Zahlen

In der Dominikanischen Republik "hat das Unternehmen CODAL zwischen 1966 und 1974 nur 3% der gesamten, von der Industrie verarbeiteten Milch ge-kauft"*, schreibt P. Harrisson. Dieser niedrige, auf eine Zeitspanne von neun Jahren berechnete Prozentsatz kann den Leser des Buches nicht überra-schen, erinnert er sich doch daran, auf der vorhergehenden Seite gelesen zu ha-ben, dass "CODAL 1971 mit der Produktion von Milchpulver und Kondens-milch begonnen hat". Die Käufe von CODAL innert dreieinhalb Jahren (Juli 1971 — Dezember 1974) belaufen sich vielleicht in der Tat auf 3% der "gesam-ten von der Industrie verarbeiteten Milch" in neun Jahren (1966—1974)!

(S.196) In einem Kommentar zu einer von ihm veröffentlichten Tabelle, wel-che die Käufe von Frischmilch sowie die importierten Milchrohstoffe zwischen 1972 und 1981 wiedergibt, lässt der Autor sorgfältig diejenigen Zahlen und Zeiträume aus, die seine These untermauern, und lässt diejenigen beiseite, die ihm widersprechen könnten. Er schreibt zum Beispiel (S.197), dass "die in die-sem Zeitraum verkauften Nestlé-Produkte im Durchschnitt nur zu 35% aus lo-kaler Milch und zu 65% aus importierten Rohstoffen" hergestellt worden sind. Eine Analyse dieser Tabelle zeigt in Wirklichkeit, dass der Anteil der importier-ten Rohstoffe nach einer spürbaren Erhöhung zwischen 1972 und 1975 im Ver-hältnis zur Gesamtproduktion ständig abgenommen hat (von 90% im Jahre 1975 auf 51% im Jahre 1981).

P. Harrisson behauptet: "Während die Käufe von Frischmilch in dieser Peri-ode (1975—1979) nur um das 15,6-fache zugenommen haben, multiplizierten sich die Käufe von importierten Milchrohstoffen (ohne Einbezug anderer Im-porte) mit dem Faktor 28".** Stützt man sich auf die Tabelle von P.Harrisson selbst, stellt man fest, dass die Multiplikatoren in Wirklichkeit 5,3 für die Fri-schmilch und 2,5 für die importierten Rohstoffe betragen. Immer gemäss der Ta-belle des Autors, betragen diese Multiplikatoren für die Periode 1972—81 4,1 beziehungsweise 4,8.

Kommentar von P. Harrisson zum Nestlé-Rundschreiben

Einmal mehr baut Nestlé falsche Fronten auf (S.358). Wiederum handle es sich um ein Geflecht zwischen den Multis und der freien Wirtschaft einerseits und den Tiermondisten, den Verunglimpfern und Verleumdern andererseits. Dieser Manichäismus verhilft Nestlé vielleicht zu einer Selbstbestätigung, tat-sächlich aber stellt er eine missbräuchliche Vereinfachung dar. Anlässlich der berühmten Hearings über die Säuglingsnahrung in den USA hat sich Senator Kennedy persönlich nicht gescheut, Herrn Ballarin, den Vertreter Nestlés, zu Recht darauf aufmerksam zu machen, dass Kritik und das Boykott-Recht der Konsumenten genauso zum System der freien Wirtschaft gehören wie die In-teressenverteidigung von privaten Unternehmen. Worum es geht — das muss im Auge behalten werden —, sind vor allem die Missbräuche, die schädlichen

---

* S.248 der französischen Ausgabe.
** S.251 der französischen Ausgabe.

Auswirkungen, welche die Niederlassung in den Ländern der Dritten Welt unausweichlich mit sich bringt, ob dies das Unternehmen will oder nicht.

So falsch es ist, alle Vertreter der freien Wirtschaft mit den Multis in einen Topf zu werfen, so fragwürdig ist es, von tiermondistischen Positionen oder Thesen im allgemeinen zu sprechen, ohne darauf einzugehen, um welche Richtung oder welche Ausdrucksformen dieses Tiermondismus es sich handelt.

Die kritische Darstellung von Fakten und Situationen beurteilt Nestlé als Verunglimpfung. Das ist ihre Angelegenheit, hat aber mit der Wirklichkeit nichts zu tun. Warum ändert denn dieser TNK seine als Missbräuche beurteilten Praktiken nicht, anstatt sich in der Pose des "armen Opfers" über die Angriffe zu beklagen, deren Zielscheibe er geworden sei? Zum Glück konnte das Unternehmen unter dem Druck der Konsumenten dazugebracht werden, seine Vermarktungspraxis bei der Säuglingsnahrung zu ändern. Auch wenn es sich um eine bittere Pille handelt und Nestlé diese Geschichte vergessen machen oder neuschreiben will, wie dies Jean-Claude Buffle in seinen Analysen des Nestlé-Boykotts in den USA zeigt, wird das Unternehmen die Realität schliesslich auch auf der Ebene seiner Selbstdarstellung akzeptieren müssen.

Ich erlaube mir, die kurze Darstellung meines Lebenslaufes, die Nestlé gibt, (S.358/359) zu präzisieren. Zwar ist es richtig, dass ich meine Feldforschung in Mexiko betrieben und meine Dissertation in Soziologie in Paris vorgelegt habe; mein Aufenthalt in Kolumbien jedoch erfolgte im Rahmen einer Arbeit zur Organisation von Bauern auf dörflicher Ebene, und zwar als Freiwilliger einer bestens bekannten schweizerischen Organisation, den Frères sans frontières. Was die Nationalfonds-Studie betrifft, welche ich zusammen mit Pascal Holenweg und unter der Leitung von Jean Ziegler durchgeführt habe — die Verantwortlichen des Nationalfonds haben sie mittlerweile angenommen — möchte ich lediglich unterstreichen, dass sich die Vereinigung der schweizerischen Universitätsrektoren gegen diese "lebhafte Debatte im helvetischen Parlament" zur Wehr gesetzt hat, da sie diese zu Recht als unzulässige Einmischung der Räte in die Ausrichtung und den Inhalt der universitären Forschung betrachtete.

Für Nestlé "bringt das Buch nichts Neues und ist von seinem Gehalt her nicht wirklich wichtig" (S.359). Glücklicherweise richtet sich dieses Buch nicht an Nestlé, sondern an eine grosse Zahl von Wissenschaftlern und an ein breites Publikum. Es hat diesen bestimmt den Zugang zu den Ergebnissen zahlreicher Forschungen lateinamerikanischer Autoren ermöglicht, der in französischer Sprache vorher nicht gegeben war. Das Buch hat auch — ich sage dies ohne falsche Bescheidenheit aufgrund der Reaktionen, die es hervorgerufen hat — die Schlüssel und die nötigen methodischen Werkzeuge zum Verständnis eines TNK von der Grössenordnung Nestlés geliefert. Ich schliesse sogar nicht aus, dass selbst Mitarbeiter des Unternehmens darin nicht nur Verleumdung und hinterhältige Angriffe gesehen, sondern auch Fragestellungen gefunden haben, die sie in ihrer Arbeit betreffen, ohne sich deshalb als Verräter an der Nestlé-Familie vorzukommen.

Warum gibt die Direktion des Unternehmens denn ein 13-seitiges Rundschreiben an seine Kader heraus, und zwar am gleichen Tag seiner Veröffentlichung, wenn das Buch doch nichts Neues bringt?

Ich verzichte gerne auf die Nestlé-Komplimente bezüglich meiner Geschicklichkeit, wenn diese doch nur dazu dienen, ein paar Zeilen später meine Seriosität und meine intellektuelle Redlichkeit infrage zu stellen (S.360). Aber die

Nestlé-Reaktion erstaunt mich nicht, denn es ist sehr viel einfacher, ernsthafte Gegner zu verleumden, ihre Argumente als Partei- oder Clan-Slogans (der Tiermondisten) herunterzumachen, als grundsätzlich und umfassend auf sie einzugehen. Schon die Führer des amerikanischen Boykottes gegen Nestlé versuchte man als "Kommunisten, die unter dem Banner Christi marschieren", hinzustellen und man beauftragte eine PR-Agentur, in derer politischer Vergangenheit herumzuschnüffeln. Der TNK aber verwirft ein solches Vorgehen keineswegs als ein der Vergangenheit angehörender isolierter und ungeschickter Fehler, sondern greift wiederum darauf zurück, um — wie er sich schuldig zu sein glaubt — einer "neuen Episode" in der Anti-Nestlé-Saga zu begegnen.

Anstatt in die lebhafte Debatte einzutreten, die mein Buch hervorgerufen hat, versucht das Unternehmen, mich zu diskreditieren, indem es meine intellektuelle Glaubwürdigkeit anzweifelt. Das zu beurteilen überlasse ich jenen, die mich in meiner beruflichen Arbeit kennengelernt haben, unter anderem in meiner gegenwärtigen Eigenschaft als Dozent am Universitätsinstitut für Entwicklungsstudien in Genf und als Direktor des "Centre Europe-Tiers Monde" (CETIM). Sie können meine intellektuelle Redlichkeit beurteilen und mir, wenn immer nötig, scharfsinnige Einwendungen machen. Was Nestlé davon hält, beschäftigt mich weniger.

Ist der Autor erst verunglimpft und seine Seriosität infrage gestellt, sucht Nestlé, wie es so ihre Gewohnheit in ähnlichen Fällen ist, im Werk "offensichtliche Fehler" aufzustöbern. Dabei wirft sie mir "theoretische Vorurteile" vor und versucht kurzerhand, mir anhand von völlig aus dem Zusammenhang gerissenen Zitaten aus meinem Buch "eine fragwürdige Arbeitsmethode" und ein fehlerhaftes Denksystem nachzuweisen.

Mitarbeiter von Nestlé seien zur Überzeugung gelangt, dass meine erarbeiteten Schlussfolgerungen in Tat und Wahrheit vorformulierte Thesen seien. Der TNK gründe diese Überzeugung auf die Kontakte, welche ich mit Konzernmitarbeitern gehabt habe (S. 359). Ich sehe mich daher gezwungen, den Leser an einigen Augenblicken der "Naturgeschichte" der Forschung teilhaben zu lassen und im speziellen die Art und Häufigkeit dieser famosen Kontakte zu präzisieren.

Diese beanspruchen sehr wenig Raum:

— ein Brief an die Nestlé SA in Vevey, worin ich um die Zustellung von Werbebroschüren, Jahresberichten und Reden an den Generalversammlungen bat (übrigens bekannte und nachprüfbare Dokumente).
— ein Briefwechsel, worin ich ein Rendez-vous im Unternehmen forderte. Dem folgte ein Brief der Eckenstein-Stiftung, worin der Nestlé-Direktion mitgeteilt wurde, dass ich eine Forschungsarbeit über Nestlé durchführe.
— eine vorgängige Mitteilung an Nestlé, welche Themen ich anlässlich des Gespräches anzuschneiden wünschte. Nestlé wollte zum voraus präzise Fragen erhalten, was ich zurückwies, indem ich allein die Themen bekanntgab.
— ein nachträgliches Gesuch, mir Dokumentationsmaterial über die Dominikanische Republik, Kolumbien und das Projekt Chontalpa in Mexiko zu liefern, worauf ich von Nestlé Zahlen über die Nestec erhalten habe.
— ein etwa vier Stunden dauerndes Gespräch mit Direktionsmitgliedern der Nestlé SA im Sitz des TNK in Vevey. Ich konnte mit einer Delegation diskutieren, darunter Harr Pagano, damals Direktor der Lateinamerika-Abteilung, Herr Schnyder, stellvertretender Direktor in der Werbeabteilung, Herr Land-

aburu, damals Assistent von Herrn Pagano, dann zum Direktor des hauptsächlich von Nestlé finanzierten "Institut de Recherches sur les Multinationales" (IRM) ernannt, Herr Lavanchy, lange Zeit Leiter der Nestlé-Tochtergesellschaften in Peru, dann in Kolumbien und schliesslich Verantwortlicher des Nestlé-Dienstes für technische Hilfe in Lateinamerika.

Die Begegnung fand in einem herzlichen und offenen Klima statt. Meine Fragen waren sehr direkt, manchmal stützten sie sich auf präzise Unterlagen. Ich habe davon nur handschriftliche Notizen aufbewahrt. Da ich allein zu diesem Treffen ging, konnte ich bestimmt nicht alles notieren, was mir diese Direktionsmitglieder sagten. Während ich auf einige meiner Fragen eine offene Antwort erhielt, riefen andere ein höfliches Schweigen oder ein no-comment hervor, da sie das Geschäftsgeheimnis berührten. Ab und zu spürte ich wegen des manchmal kritischen Tones meiner Fragen eine leichte Gereiztheit auf der Seite meiner Gesprächspartner, die sich darin zeigte, dass sie vorgaben, nicht zu verstehen, wovon ich sprach, oder dass sie mit Ausflüchten antworteten, wenn ich präzise Punkte oder Kritiken an den Nestlé-Praktiken in Lateinamerika ansprach. Verständlicherweise hatte Nestlé, trotz ihres unglücklicherweise ein wenig gezwungen wirkenden Willens zur Offenheit, keine allzu grosse Lust, Forscher ihre Nase in die Nestlé-Angelegenheiten stecken zu lassen. Unverständlich jedoch ist, warum die Nestlé-Leitung in vollster Überzeugung den betroffenen Forschern vorwirft, sie lieferten unvollständige und mangelhafte Angaben, welche die wirkliche Lage des Unternehmens nicht richtig wiedergeben, wenn sich Nestlé selbst weigert, angemessene Antworten oder die notwendigen genauen Zahlenangaben weiterzugeben, die für ein weitergehendes Verständnis des Unternehmens notwendig sind.

Ich kann mir nicht vorstellen, wie eine ernsthafte Auseinandersetzung stattfinden kann, wenn die Fragen der andern Seite schlicht als vorgefasste Meinung abgetan werden. Wenn sie das wirklich so sieht, möge Nestlé doch den Mut aufbringen, Gespräche mit Forschern einfach abzulehnen. So wäre wenigstens für alle die Sache klar. Obwohl Nestlé zugegebenermassen im Vergleich zu andern schweizerischen Unternehmen eine offenere Informationspolitik betreibt, kann sie für sich nicht in Anspruch nehmen, Forschungsarbeiten zu erleichtern, wenn sie sich gleichzeitig hinter dem "Geschäftsgeheimnis " verschanzt und von der laschen Gesetzgebung in Panama und der Schweiz profitiert (Sitz der wichtigsten Holdinggesellschaften), um genauere Kenntnisse über ihre Strategie und ihre Praktiken, vor allem in Drittwelt-Ländern, zu verhindern.

— Eine Kontaktierung der Nestlé-Direktion, um ihr meine Absicht mitzuteilen, eine Reise in verschiedene lateinamerikanische Länder zu unternehmen und bei dieser Gelegenheit mit den Leitern der betreffenden Nestlé-Tochtergesellschaften und andern Mitarbeitern Interviews zu machen. Als sich die Leiter der lateinamerikanischen Tochtergesellschaften in Vevey zu ihrer alljährlichen Budgetrahmen-Sitzung trafen, benützte ein Nestlé-Direktor die Gelegenheit, um eine Konsultation über die Opportunität solcher Gespräche durchzuführen. Dann teilte mir dieser Direktor mit — wen wundert's —, dass diese absolut unmöglich seien, dass die Leiter der Tochtergesellschaften oder andere gut informierte Personen mich nicht empfangen könnten etc. Ich erklärte ihm, dass ich dennoch hinginge, selbst wenn ich dann in meinem Buch schreiben müsste, dass man sich geweigert habe, mich zu empfangen. Schliesslich musste ich aus rein familiären Gründen auf die Reise verzichten. Immerhin habe ich später von einem Nestlé-Mitarbeiter erfahren, dass mein Wunsch, die Tochtergesellschaften zu besuchen, in der Direktion zu einer lebhaften Debatte zwischen Tauben und Falken geführt habe. Unter anderem Herr Malher von der brasilianischen Tochtergesellschaft wäre bereit gewesen, mich zu empfangen, da er Nestlés abweisende Politik gegenüber Wissenschaftlern für überholt hielt.

Die abweisende Haltung mir gegenüber steht in krassem Gegensatz zum Verhalten gegenüber andern, zum Beispiel gegenüber Jean-Marie Laya, den Nestlé frisch-fröhlich ihre Wohltaten in der Dritten Welt, besonders in Brasiliens Region Ibia, besingen lässt, nachdem das Unternehmen ihm für seinen Aufenthalt bei den Tochtergesellschaften alle Spesen bezahlt hat. Auch die Fernsehjournalisten von "Temps présent" konnten sich eines guten Empfangs durch Nestlé Brasilien erfreuen, obwohl die Nestlé-Direktion es vorgezogen hat, aus dem Besuch Mexikos im letzten Augenblick einen Besuch Brasiliens zu machen. Die Lage in Mexiko war für Nestlé nicht so "glänzend" und man hatte keine Lust, sich dort in die Karten blicken zu lassen, wie dies Silvio Bertolami feststellen konnte, als er im Auftrag des Deutschschweizer Fernsehens Chiapas besuchte.

Nestlé behauptet, meine Thesen seien in Wirklichkeit die tiermondistischen Thesen über die Auswirkungen der Multis in der Dritten Welt (S.359). Ich erlaube mir, den Nestlé-Verantwortlichen in Erinnerung zu rufen — ob ihnen dies gefällt oder nicht —, dass es sich dabei um die Schlussfolgerungen zahlreicher Wirtschaftswissenschaftler aus verschiedenen Ländern handelt und nicht um vorgefasste Meinungen. Das UNO-Zentrum über die transnationalen Gesellschaften, welches durchaus auch einen gewissen Nutzeffekt der TNK für die Entwicklung zugibt, bezieht in seinem regelmässig veröffentlichten Bericht "Die transnationalen Gesellschaften in der weltweiten Entwicklung" eine kritische Position. Darin werden zwar gewisse Impulse der transnationalen Gesellschaften auf die Industrialisierung der Entwicklungsländer erwähnt, aber die destruktiven Effekte in verschiedenen betroffenen Ländern werden ebenfalls hervorgehoben. In den Entwicklungsländern selbst wird man immer skeptischer, was die Rolle der Transnationalen im Entwicklungsprozess betrifft. Einige Länder haben nationalistische Massnahmen ergriffen, um ihre im Entstehen begriffene Industrie vor der übermächtigen Konkurrenz durch die Transnationalen zu schützen. Nestlé wiederholt immer wieder, dass die Aufforderungen der Entwicklungsländer an die transnationalen Gesellschaften, sich bei ihnen anzusiedeln, einen unwiderlegbaren Beweis für deren Nutzen darstelle. Die Leser konnten im Verlauf dieses Buches selbst feststellen, dass man vermeiden muss, von den Entwicklungsländern als Einheit ohne Unterschiede zu sprechen. In verschiedenen Ländern sind die lokalen Bourgeoisien — und sie machen sich dabei die institutionalisierte Gewalt zu Diensten — viel mehr an der Verteidigung ihrer Privilegien interessiert, welche für sie die Quelle einer skandalösen Bereicherung darstellen, als an einer besseren Verteilung der Reichtümer und an einem Entwicklungsmodell, das von den Bedürfnissen der Mehrheit ausgeht. Da sie davon in grossem Mass profitieren, schätzen die privilegierten Schichten die Präsenz Nestlés und anderer TNK ganz bestimmt.

Auch wenn ich die möglichen Nutzeffekte der Transnationalen in der Dritten Welt nicht erwähne, stimmt die Behauptung Nestlés nicht, wonach diese

Unternehmen nach meiner Überzeugung ausschliesslich Schaden anrichteten. Wenn es positive Effekte gibt, umso besser; wenn wir die Gesamtheit der Folgen abschätzen wollen, erlaubt dies uns aber nicht, die negativen Effekte ausser acht zu lassen, ob diese von den Niederlassungen der TNK nun gewollt sind oder nicht. Die Sicht Nestlés hinsichtlich ihres Beitrages an die Entwicklung der Dritten Welt ist in meinem Buch breit dokumentiert und die Leser können sich darüber ein Urteil bilden. Es wäre viel einfacher gewesen, über die Nestlé-Selbstbeurteilung zu schweigen und nur die andern Aspekte hervorzuheben. Aber es ist notwendig, die ideologisch geprägte Art und Weise, mit der Nestlé nur das Positive ihrer Tätigkeit darstellt, zu entlarven. Wenn auch eine solche Haltung durchaus verständlich ist, bei einem Unternehmen, dem es mehr darum gehen muss, sein Image zu pflegen als die Realität objektiv zu analysieren, so darf sich der TNK im Gegenzug beim Forscher nicht darüber beschweren, dass er auf die "vergessenen" Aspekte hinweist, die eben auch zur alltäglichen Praxis des Unternehmens gehören.

Was heisst "ein engagiertes Nachdenken in eine klar umrissene Praxis einbringen"? Es scheint, liest man dieses Zirkular, dass die Unternehmensleitung nicht sehr gut verstanden hat, worum es dabei geht. Sie, die sich seit dem Berner Baby-Killer-Prozess mit den Vorwürfen von Engagierten herumzuschlagen hat, sollte sich doch langsam auf diese Sprache eingestellt haben. Es ist deshalb vielleicht nützlich, diesen Punkt auch für die Leser zu präzisieren.

Die Zeit der Parteidirektiven und der Slogans und Parolen scheint einigermassen vorbei zu sein. Meiner Ansicht nach handelt es sich dabei sowieso um recht schwache Motivationen, nicht nur für spontane oder aufsehenerregende Aktionen, sondern auch für ein kontinuierlicheres Engagement, das eine Änderung des persönlichen Verhaltens beinhalten kann. Ich glaube, dass alle ernsthaft Engagierten ihre Aktion auf eine solide Analyse der Realität gründen müssen. Einfach die Multis zu kritisieren, ist auf längere Frist nicht haltbar. Im Gegenteil erlauben den Engagierten nur die Kenntnis der Tatsachen, genaue Analysen bestimmter Finanz- oder Industriegruppen, des Produktions- und Vermarktungsbereiches den offiziellen Diskurs mit Tatsachen zu konfrontieren. Der Kampf muss auf ein solides Fundament gestellt werden, um billige Slogans zu vermeiden. In diesem Sinne leistet dieses Buch bestimmt einen Beitrag, einem grossen Unternehmen ein wenig den Schleier vor dem Gesicht wegzuziehen, ein paar Mechanismen nicht in der Theorie, sondern anhand der konkreten Situation und konkreter Tatsachen aufzudecken. Denn im Gegensatz zum ideologischen Diskurs der TNK oder über die TNK geht es um Schlussfolgerungen, die aus der Analyse der Realität gezogen werden.

Nestlé glaubt zu Unrecht, dass eine engagierte kritische Haltung und eine peinlich genaue Beachtung der Fakten einander ausschliessen. Wir haben es hier wieder einmal mit der falschen Gegenüberstellung von engagierter und "wissenschaftlicher" Forschung zu tun. Ein Wissenschaftler kann zu seiner Meinung stehen, ohne dadurch die genaue Analyse zu vernachlässigen. Im Gegenteil, allzu viele Wissenschaftler verstecken sich hinter der sogenannten Wissenschaftlichkeit, um ihre Zielsetzungen, ihre Geldgeber und die Verwendungsabsichten nicht offenlegen zu müssen. Was die im "Circulaire" zitierte Infragestellung der Profit- und Wachstumslogik betrifft (S. 359), ist diese Bestandteil der Diskussion um die berühmten "entwicklungspolitischen Prioritäten". Das Kapitel "Eine Alternative zum transnationalen Modell" geht auf die Implikationen einer solchen Infragestellung ein. Die neuesten Entwicklungen nicht nur in der Dritten Welt, sondern auch bei uns, die Kosten für Umweltschäden und andere soziale Kosten des aktuellen Industriesystems, welches zu Überkonsum, Verschwendung und andauernden Krisenerscheinungen führt, erhellen zur Genüge die Fehlentwicklungen, die eine solche Wachstumslogik hervorruft. Es ist problematisch, die Modelle sowie die Industrialisierungs- und Entwicklungslogik, welche in den sogenannt entwickelten Ländern schwerwiegende Probleme verursacht, auf die sogenannten Entwicklungsländer zu übertragen. Das Kapitel zu diesem Thema ist in der deutschsprachigen Ausgabe überarbeitet und erweitert worden, geht ausführlich auf diese Fragen ein und versucht, die Suche nach alternativen Wegen und Modellen zu den transnationalen Konzernen ein wenig voranzutreiben.

Im übrigen werden solche Fragen nicht nur von Beobachtern und Wissenschaftlern ausserhalb Nestlés aufgeworfen. Im Rahmen des TNK selbst haben Aktionäre das scheinbar unbegrenzte Wachstum und die damit verbundenen Implikationen und Gefahren zur Diskussion gestellt.

Laut Nestlé (S. 360) sollen die Angaben in meinem Buch ein schiefes Bild ergeben; sie seien dazu da, meine Thesen zu unterstützen, und die Dokumentation sei zur Untermauerung meiner Ideen ausgewählt. Das entspricht nicht den Tatsachen. Stellen sich denn die Nestlé-Verantwortlichen mit der ihnen eigenen Naivität vor, ich hätte alle detaillierten Angaben über die Tochtergesellschaften in den untersuchten Ländern zu meiner Verfügung gehabt? Ich möchte die Leser auf die enormen Schwierigkeiten aufmerksam machen, die ich bei der Beschaffung der im Buch verwendeten Angaben hatte. Ich möchte einmal mehr den zahlreichen Wissenschaftlern die Referenz erweisen, welche vor mir Studien über Teilbereiche des Unternehmens gemacht haben. Wenn der TNK ihnen die notwendigen Angaben nur tröpfchenweise liefert, wie kann er dann, ohne unanständig zu sein, in der Folge auf einer Präsentation aller Aspekte seiner Aktivität bestehen? Wie kann er dann den Vorwurf erheben, die präsentierten Zahlen seien lückenhaft? Es war eindeutig einfacher, Zugang zur Selbstdarstellung als zu den Fakten zu erhalten. Mögen einige Fehler oder Falscheinschätzungen der Wissenschaftler zur Diskussion gestellt werden, das ist durchaus möglich. Immerhin veröffentlicht Nestlé dabei keine anderen, abweichenden Zahlen, um uns zu überzeugen. Sofern Nestlé die nationalen Bilanzen ihrer Tochtergesellschaften und andere Angaben veröffentlicht, welche eifersüchtig als "Geschäftsgeheimnisse" gehütet werden, wird sie auch zu Recht einem Forscher oder jemand anderem vorwerfen können, er habe diese Angaben vergessen in Rechnung zu stellen. Die in den gegenwärtigen Werbebroschüren veröffentlichten Angaben sind praktisch unbrauchbar, denn sie stellen in sich eine ganz besondere Auswahl zur Abspeisung der Öffentlichkeit dar. Nur die Aktionäre könnten mehr Transparenz und detailliertere Angaben über die Nestlé-Aktivitäten verlangen. Ich habe ausgiebig von der offiziellen Selbstdarstellung der Nestlé-Leitung Gebrauch gemacht. Wenn die Verantwortlichen nun nicht zu ihrem eigenen Diskurs stehen können oder wollen, ist das ihre Angelegenheit. Ich kann nur den Graben zwischen der propagierten Grosszügigkeit und der realen Praxis feststellen, die — was ganz normal und verständlich ist — keineswegs von humanitären und sozialen Motivationen geleitet wird, sondern von wirtschaftlichen Imperativen wie Profitmaximierung und weltweite Unternehmensexpansion.

Bevor ich zu den Richtigstellungen der von Nestlé zitierten und inkriminierten Passagen schreite, welche mein fragwürdiges Vorgehen nachweisen sollen, muss ich zuerst gestehen, dass mir eine solche Übung eigentlich zuwider ist. Nicht, dass ich von der Fundiertheit meiner Argumente nicht überzeugt oder nicht zu Zugeständnissen bereit wäre, wenn in einem bestimmten Fall meine Angaben mangelhaft sind. Aber ich halte das Herausreissen einiger Beispiele aus dem Kontext, wie dies Nestlé tut, obwohl der mehrhundertseitige Text ein zusammenhängendes Ganzes darstellt, sowie Nestlés Bemühen, in bestimmten Fällen Widersprüche aufzudecken, für gefährliche Operationen, weit entfernt von jenem "wissenschaftlichen" Vorgehen, zu dessen glühender Verteidigerin sich Nestlé aufwirft. Diese Art des Vorgehens ist nicht neu. Schon anlässlich ihres massiven Einsatzes gegen den Nestlé-Boykott in den USA haben die "Nestlé-Spezialisten" Aussagen von Professor Jellife verfälscht, um ihn als Zeugen im Kampf gegen die VerfechterInnen des Stillens verwenden zu können. Sie liessen ihn genau das Gegenteil dessen sagen, was er in Wirklichkeit gesagt hatte: wie der Zauberer das Kaninchen aus dem Hut zaubert, so geschickt brachen sie das wundersame Zitat aus dem Zusammenhang eines gesamten Kapitels heraus. Nestlé beruft sich auf die Studie von Jean-Marie Laya, um ihre Kader im Glauben an die positiven Effekte Nestlés in der Dritten Welt zu bestärken. Das ist ihr gutes Recht, aber diese Studie hält einer ernsthaften Kritik nicht stand. In einigen Passagen steht sogar mehr Günstiges über den TNK, als der sich wünschen kann — sie grenzen schlicht an Schmeichelei. Ein solches Buch, das nur von den Wohltaten Nestlés zu berichten weiss und jede kritische Fragestellung zu deren Niederlassungen strikte vermeidet, stellt Nestlés einziges Argument dar, um die Studien zahlreicher lateinamerikanischer Wissenschaftler zurückzuweisen, zu deren Sprecher ich mich im "Nestlé-Imperium" gemacht habe. Dieser Hinweis auf den sogenannt "guten, neutralen Journalisten" ist nicht gerechtfertigt und die Leser können sich rasch ein Urteil bilden, warum dem so ist.

Gegenwärtig sind wir Zeugen einer grossangelegten Selbstüberzeugungskampagne Nestlés, wonach alles gut geht, der Boykott der Nestlé-Produkte in den USA keinerlei Folgen hat, alle kritischen Fragen "Angriffe von schlecht gesinnten Verleumdern" sind. Schliesslich beglückwünschte Nestlé nicht ohne eine gewisse Selbstgefälligkeit sich selbst zur positiven Bilanz seiner Aktivität in der Dritten Welt, obwohl natürlich "niemand vollkommen ist, nicht einmal Nestlé". Doch die Tatsachen und die in zahlreichen Ländern vorgenommenen Studien über die Nestlé-Niederlassungen verwehren uns, die derart optimistische Sicht nachvollziehen zu können. Es handelt sich ja um eine viel grundsätzlichere Angelegenheit, die sich nicht bloss auf Nestlé beschränkt, sondern mit der Transnationalisierung der Weltwirtschaft und mit der Gleichschaltung der Konsummodelle unter dem Druck einer missbräuchlichen Werbung verbunden ist. Selbstverständlich sind wir damit einverstanden, dass niemand vollkommen ist, vor allem auch nicht Nestlé. Dies ist aber eine alte Leier und innerhalb der Nestlé-Selbstdarstellung als "Opfer" einer Verleumdungskampagne nicht neu. Damit kann Nestlé die Verhaltensweisen von Tochtergesellschaften, welche vom grosszügigen Diskurs des Mutterhauses abweichen, ohne weiteres als falsche Routenwahl rechtfertigen; gewisse Fehler mögen vorkommen, das ist möglich und gar bedauerlich. Wenn sich aber solche Praktiken in verschiedenen Ländern wiederholen, ohne dass es im Verlauf der Jahre zu tiefer gehenden Änderungen gekommen wäre, müssen wir eher von üblichen Handelspraktiken als von Abweichungen sprechen. Es ist zu einfach, die Fehler auf die diversen Tochtergesellschaften abzuwälzen, um zwecks Imagepflege der Marke im Gegenzug die positiven Effekte der Tochtergesellschaften dem Konzern gutzuschreiben. Diese Vorgehensweise erscheint mir sehr fragwürdig und nicht ganz wissenschaftlich. In Pressecommuniqués stellt uns die Nestlé-Leitung ihre Massnahmen zur Anwendung des WHO-Kodexes über die Säuglingsernährung als grosszügiges Entgegenkommen dar, welches eine Änderung der Handelspraktiken auf diesem Gebiet beinhalte. Gleichzeitig rechtfertigt man die anderslautenden konkreten Hinweise von IBFAN oder andern nationalen Gruppen, welche die Einhaltung des Kodexes durch Nestlé und deren Konkurrenten überwachen, als "isolierte Irrtümer" oder als Fehlleistung einer einheimischen Tochtergesellschaft. Nestlé zieht sich mit der Versicherung aus der Affäre, dass Sanktionen ergriffen würden oder behauptet, es liege an den einzelnen Regierungen, die genaue Anwendung des Kodexes via Legiferierung und die Gesetze bei allen im Lande tätigen Gesellschaften durchzusetzen. Auch die Direktiven Nestlés bezüglich der gewerkschaftlichen Arbeit sind grosszügig; sei die freie gewerkschaftliche Organisation in den Nestlé-Fabriken behindert, so sei dies Angelegenheit der einzelnen Tochtergesellschaften oder aber durch die Besonderheiten der Arbeitsgesetzgebung in jedem Land bedingt. Der TNK stellt sich dort, wo es ihm passt (Kapitaltransfer, Steuern, Technologietransfer etc.) über den Nationalstaat, beruft sich aber für andere Vorteile (Steuervorteile, Dezentralisierungssubventionen, Beteiligung an Kommissionen etc.) noch so gerne auf den nationalstaatlichen Rahmen.

Nestlé ruft sein Personal, seine Lieferanten und die Regierungen, welche Nestlé-Tochtergesellschaften zugelassen haben, als Zeugen an für die positiven Auswirkungen der Nestlé-Präsenz. Was die Regierungen betrifft, habe ich vorher darauf hingewiesen, wen diese Regierungen repräsentieren und welche Interessen sie verteidigen. Die Betriebsangehörigen und Lieferanten von Nestlé machen, da ihre Existenz von Nestlé abhängt, offensichtlich willfährig bei der Lobpreisung des TNK mit. Das Gegenteil würde uns eher überraschen, auch wenn sich die Betriebsangehörigen manchmal gezwungen sehen, für die Verbesserungen ihrer Bedingungen zu kämpfen. Nestlé unterlässt es hingegen, zahlreiche Ernährungswissenschaftler in den Zeugenstand zu rufen, die die verheerenden Auswirkungen des Eindringens von teuren verarbeiteten Produkten in das Konsummodell der breiten Massen untersuchen; und zwar nicht nur, was die Nestlé-Produkte betrifft, sondern auch eine ganze Reihe von "junk-food" mit viel Kalorien, aber wenig Nährwert. Nestlé vergisst, Kinderärzte, Konsumentengruppen oder auch ganz einfach jene Planer in den Zeugenstand zu rufen, welche sich bewusst sind, dass eine Entwicklung ihres Landes im Interesse der gesamten Bevölkerung nicht auf der Nachahmung und unkritischen Wiederholung unserer Industrialisierungs- und Konsumationsweise beruhen kann. Nestlé fragt auch Basisgruppen aus der Dritten Welt oder den sogenannt entwickelten Ländern nicht, die über alternative Entwicklungswege nachdenken, auf denen die Bevölkerungsmehrheit in die Lösung ihrer Probleme einbezogen wird.

1. Das Nestlé-System

Nestlé lässt sich ausgiebig über ihre "Politik, weder Ländereien noch Landwirtschaftsgüter zu besitzen" (S.360), aus, die, folgt man der Nestlé-Argumentation, auf sozialen und politischen Motiven beruht.

Ich meinerseits glaube, dass diese Politik allein durch wirtschaftliche Motive diktiert wird, wie ich auch in meinem Buch ausführlich darlegen konnte. Nestlé braucht keine Ländereien zu besitzen; was den TNK interessiert, sind die Produkte, wobei das Unternehmen Mechanismen eingerichtet hat, um sich in Zusammenarbeit mit den Produzenten eine ausreichende Versorgung und eine ständige Qualitätsverbesserung zu sichern. Warum sollte denn Nestlé die Risiken der unmittelbaren Produktion übernehmen? Dabei handelt es sich übrigens um eine allgemeine Tendenz bei Nahrungsmittelkonzernen. Konzerne, die bisher auf einer vertikalen Integration des Produktionsprozesses bestanden und deshalb Pflanzungen besassen, haben dies gut begriffen. Das juristische Eigentum an Grund und Boden ist weder ausschlaggebend noch notwendig. Dank detaillierten Lieferverträgen können sich die Unternehmer die Bauern unterordnen, welche die fiktiven Besitzer ihres Bodens bleiben, auch wenn sie selbst weder darüber entscheiden, was sie produzieren wollen, noch umkehren können. Das "contract farming" ist die bevorzugte Formel der Firma Del Monte im Umgang mit den mexikanischen, philippinischen und nordamerikanischen Bauern. Sie geht dadurch keine direkten Risiken mehr ein und muss sich nicht mehr unmittelbar mit den Lohnforderungen auf den Plantagen herumschlagen.

Nestlé hat im allgemeinen keine formellen Lieferverträge mit ihren Lieferanten, ausser in einigen Ländern. Trotz der Forderung der Lieferanten wie im Falle Perus, solche agro-industriellen Verträge zu erhalten, weigert sich Nestlé hartnäckig. Die Milchlieferantenliste ist das optimale Instrument zur Unterwerfung der Bauern, die für ihre regelmässigen Geldeinkünfte von Nestlé abhängig und manchmal auch noch durch einen Kredit des technischen Hilfsdienstes für die Verbesserung der Installationen oder der Viehqualität gebunden sind. Im übrigen kann Nestlé in Perioden der Überproduktion respektive einer Milchschwemme zu niedrigen Preisen ohne weiteres ihre Milchkäufe auf dem Weltmarkt reduzieren, da sie durch keinen Vertrag an die Milchproduzenten gebunden ist. Die in diesem Buch geschilderten Tatsachen belegen diesen Mechanismus und die wirtschaftlichen Motive von Nestlé, obwohl das Unternehmen immer versucht, sein System des Ankaufs von Milch und der technischen Hilfe als Resultat seiner sozialen Fürsorge für die Bauern hinzustellen. Was die technische Hilfe Nestlés betrifft, so habe ich es nicht unterlassen, deren Rolle bei der Verbesserung des Viehs zu unterstreichen, insbesondere deren Beitrag, extensive Viehzuchtzonen in gemischte Viehzuchtzonen zur Milch- und Fleischproduktion zu verwandeln. Immerhin sehe ich die Rolle dieser "Nestlé-Spezialisten" etwas nuancierter, auch wenn sie den Nestlé-Werbebroschüren oder auch im Buch von Jean-Marie Laya als entscheidend hingestellt wird. Ich bestehe unter anderem auf den weiteren Folgen, die sich ergeben haben sowie vor allem auf dem finanziellen Anteil der Bauern und der Regierungen bei der Verbesserung der Milchproduktion. Allzu rasch vergisst Nestlé, die Leserschaft über die Steuervorteile und andere Zugeständnisse als Gegenleistung für die technische Hilfe zu unterrichten, die — Nestlé muss dies eingestehen — erst noch stark dazu beitragen, langfristige Abhängigkeitsbeziehungen zwischen Bauern und Unternehmen zu schmieden. Wenn das Unternehmen mit offenen Karten spielen will, soll es den Bauern agro-industrielle Verträge und den Bauernverbänden bei der Vermarktung der Milch eine bestimmte Selbständigkeit zugestehen. Die Rolle der technischen Hilfe ist ausführlich in den Kapiteln über Brasilien und Peru analysiert und ich bitte die Leser, dort nachzuschauen, wenn sie meine Gesichtspunkte erschöpfender kennenlernen wollen. Insistiert Nestlé auf dem Fall von Ibia, so lade ich die Leser ein, das Vorgehen von Nestlé im Fall von Chiapa ebenfalls in Betracht zu ziehen.

2. Meine Arbeitsweise

Unter dem Titel "Das Vorgehen von P. Harrisson" bemüht sich das Nestlé-Papier, anhand aus dem Zusammenhang gerissener und manchmal verstümmelter oder einander gegenübergestellter Zitate nachzuweisen, dass ich "eine Teilwahrheit" oder "eine zurechtgebogene Wahrheit" präsentiere, dass mein Text voller "Widersprüche" und "offensichtlicher Fehler" sei, und dass zur Untermauerung meiner Thesen die Zahlen "verdreht" werden.

Im Falle des Todes der Kleinkinder im Spital von Medellin soll ich mich gemäss Nestlé nur auf Verdächtigungen und auf eine Verleumdungskampagne gegen das Unternehmen in Kolumbien beziehen (S.362). Ich glaube nicht, dass die wiedergegebenen Laborberichte — trotz aller Bedenken, die auch ich hege — schlicht und einfach Pamphlete sind. Wenn Nestlé Gegenexpertisen der Regierung oder Briefe des kolumbianischen Gesundheitsministeriums besitzt, die das Unternehmen total reinwaschen, möge sie diese veröffentlichen; zusammen mit meinen Lesern würde ich mich glücklich schätzen, sie zur Kenntnis zu nehmen und mit den Fakten vergleichen zu können, die von den Laboruntersuchungen einer breiten Kommission hervorgehoben worden sind, welche weniger als die Ministerialbehörden der Regierung politischen Pressionen ausgesetzt ist. Der Leser kann die im entsprechenden Kapitel der deutschsprachigen Ausgabe hinzugefügten Richtigstellungen zu diesem Punkt nachlesen (S.229 ff.).

Wenn ich die Korrespondenz zwischen Nestlé und dem Gesundheitsministerium von Kolumbien nicht erwähne, ist dies leicht verständlich, da ich dazu keinen Zugang habe. Es liegt also an Nestlé, diese Beweisstücke vorzulegen, statt sich ganz einfach darauf zu berufen, ohne dass wir beurteilen können, worum es sich handelt.

Der konzerninterne Handel

Das Circulaire von Nestlé ist gegenüber den Kadern, an welche es sich richtet, gegenüber Personen, an die es abgegeben wurde sowie mir gegenüber unredlich, wenn es mir Dinge unterstellt, die ich überhaupt nicht geschrieben habe: nachdem Nestlé eine Passage auf Seite 65 des Originaltextes verstümmelt wiedergegeben hat, steht im Rundschreiben: "Nach Angaben des Autors entfallen mehr als die Hälfte des Verkaufsumsatzes von Nestlé auf den konzerninternen Handel." (S.362). Ich fordere die "Nestlé-Spezialisten" oder wen auch immer auf, in meinem Buch "Empire Nestlé" eine solche Behauptung zu finden. Es handelt sich ganz einfach um eine Interpretation des Nestlé-Rundschreibens, um mich danach besser angreifen und behaupten zu können, dass ich eine "zurechtgebogene Wahrheit" präsentiere.

An einem andern Ort behauptet Nestlé: "in einer Tabelle behauptet er, die Import-Tätigkeit der Tochtergesellschaften von Nestlé mache zwischen 44,5 und 81,25% des Gesamtumsatzes aus". (S.363) Von einer solchen Behauptung bin ich weit entfernt. Im Gegenteil, ich erläutere klar den Schätzungscharakter dieser Tabelle, die aufgrund der von Nestlé gelieferten Angaben für jede Tochtergesellschaft den Prozentsatz aller importierten Produkte im Ver-

hältnis zu jenen angibt, die im Lande selbst vollständig oder teilweise hergestellt werden. Es ist nirgends die Rede von Volumen, von der Grösse oder von
Prozentanteilen am Umsatz. Ich habe der bewussten Tabelle folgenden Kommentar beigefügt, den Nestlé zu zitieren vermeidet: "Der Autor hat versucht
eine grobe Schätzung dieses Intra-Konzernhandels bei Nestlé zu machen, wobei er klar angab, dass es unmöglich ist, den Wert und Umfang dieses Handels
in Zahlen anzugeben, solange die TNK über ihre nationalen Tochtergesellschaften keine Angaben herausgeben unter dem Vorwand, dass es sich um Firmengeheimnisse handle" (S.54) Die zitierte Tabelle behauptet also keineswegs, einen buchhalterischen oder wirtschaftlichen Wert zu besitzen. Ich zitiere Zahlen, die mir die Nestlé-Direktion geliefert hat, und zwar im Konditionalis, denn solange Nestlé keine genauen Zahlen veröffentlicht, die eine Bilanzie-
rung für die Tochtergesellschaften in den einzelnen Ländern ermöglichen,
kann man den von der Nestlé-Direktion vorgebrachten Zahlen keine Glaubwürdigkeit zubilligen, sei es in keiner Weise verifizierbar sind.

"Laut Aussage eines Direktors der Nestlé SA sei der konzern-interne Handel bei Nestlé vernachlässigbar. Der Handel zwischen den Tochtergesellschaften mache nur ungefähr ein Prozent des Umsatzes aus. Der Export von ausserhalb der Region hergestellten Fertigprodukten zu den lateinamerikanischen
Tochtergesellschaften beläuft sich nur auf etwa 6 bis 7 Prozent des Umsatzes
der angeschlossenen lateinamerikanischen Gesellschaften, und diese Exporte
nähmen erst noch ab."

Was Costa Rica anbetrifft, sage ich dazu überhaupt nichts, sondern gebe
ausschliesslich die Menge der insgesamt eingeführten Milch sowie der auf dem
Markt vorhandenen Nestlé-Produkte an. Wenn Nestlé darin eine Unterstel-
lung vermuten will, ist das ihre Angelegenheit (S.363). Ich registriere ganz einfach die vorliegenden Angaben, die proportionale Aufteilung der eingeführten
350 Tonnen Milch zwischen Nestlé und ihren Konkurrenten kenne ich nicht.
Der genaue Text lautet wie folgt: "Costa Rica: das Land importiert 350 Tonnen Muttermilchersatz, vor allem aus den USA und den Niederlanden. Unter
den Nestlé-Produkten auf dem costaricanischen Markt gibt es folgende Muttermilchersatzprodukte: Pelargon (Nestlé-Holland), Nestogen (Nestlé-Holland), Nan (Nestlé-Schweiz)." Da ich angebe, dass die 350 Tonnen hauptsächlich aus den USA und aus Holland kommen, gibt es auf dem costaricanischen
Markt offensichtlich Baby-Milch, die nicht von Nestlé, sondern von Konkurrenzunternehmen hergestellt wird. Andernorts wird sogar ausgeführt, dass
Nestlé in den USA keine Baby-Milch produziert. Wenn ich für die verschiedenen Länder die Nestlé-Säuglingsprodukte aufliste, bin ich keineswegs gezwungen, auch die Produkte von Konkurrenten aufzunehmen. Also ist klar, dass
Haare in der Suppe gesucht werden, wo es keine hat. Die Autoren des Nestlé-
Rundbriefes erweisen sich darin als geeignete Spezialisten.

Wo sind hier Widersprüche?

Bei der endgültigen Niederschrift des Manuskriptes war ich unschlüssig, ob
sich die Mühe einer vergleichenden Darstellung der Produzenten, Konsumenten und Fabrikarbeiter in den verschiedenen untersuchten Ländern lohnt.
Schliesslich nahm ich aus verschiedenen Gründen davon Abstand: einerseits
war das vorhandene Material nicht immer ohne weiteres vergleichbar. Andererseits — und das gab den Ausschlag — müsste ein solcher den nationalen
Kontext sprengender Vergleich angesichts der unterschiedlichen rechtlichen

und wirtschaftlichen Eigenheiten, des unterschiedlichen Kräfteverhältnisses zwischen Produzenten und Regierung sowie der Unterschiede in der Milchpolitik sehr oberflächlich bleiben. Ich entschloss mich deshalb für nationale Fallstudien. So wollen die von Nestlé aus dem nationalen Kontext herausgerissenen Zitate über die Lage der Bauern Widersprüche darstellen und illustrieren, wo es gar keine gibt. Die Beziehungen zwischen Bauern, Fabriken und Regierungen, die Milchpolitik folgen nicht einem einzigen theoretischen Modell oder einem allgemeinen Gesetz, welches auf ganz Lateinamerika anwendbar wäre, sondern hängen vom Kräfteverhältnis zwischen den gesellschaftlichen Akteuren ab, die in jedem Land auf die Milch- und Landwirtschaftspolitik Einfluss nehmen, wenn nicht sogar direkt von den geographischen Bedingungen. Ein peruanischer Kleinbauer ist nicht das gleiche wie ein kleiner Viehzüchter in Brasilien. Eines jeden Lage muss konkret untersucht werden, wozu ich mir jede mögliche Mühe gab und sowohl die konkrete Struktur als auch die konkrete Agrarpolitik in jedem Land berücksichtigte. Was die grossen Milchproduzenten in Peru betrifft, habe ich den entsprechenden Abschnitt in der deutschsprachigen Ausgabe präzisiert (363). Es ist offensichtlich, dass auch die Kühe der Kleinbauern Kälber haben und somit Gross- und Kleinbauern Kälber verkaufen können, sobald die Erneuerung des Viehbestandes gesichert ist. Aber die Grossproduzenten können deshalb auf zusätzliche Einkünfte aus diesem Verkauf zählen, weil sie häufig nicht nur ihr eigenes Vieh vermarkten, sondern auch als Zwischenhändler zwischen den Kleinbauern und dem regionalen oder nationalen Kalbfleischmarkt agieren. Genügend liquid und im Besitz eigener Lastwagen etc. verwandeln sich diese grossen und mittleren Viehzüchter in der Tat oft in eigentliche Viehhändler.

Was die Frage der ab Hof oder bei Anlieferung in der Fabrik bezahlten Milch angeht (S.364), ist es gut möglich, dass Nestlé im Verlauf des vierstündigen Gespräches mir gegenüber erwähnt hat, mittlerweile würde allen der Fabrikpreis bezahlt. Wie dem auch sei, der TNK wirft mir zu Unrecht die Absicht vor, dies nicht zur Kenntnis nehmen zu wollen, um die Leser zu täuschen. Ich weise diese Anschuldigung zurück, die meine intellektuelle Redlichkeit in Frage stellt. Denn das von mir verwendete Untersuchungsmaterial erstreckt sich über eine lange Zeitdauer und ich habe eine Situation beschrieben, die während langer Jahre bis 1977 tatsächlich existiert hat, seither aber verändert worden ist, was ich erst nach der Veröffentlichung meines Buches erfahren habe. Der Wechsel erfolgte aufgrund eines Regierungsdekretes unter dem Druck von FONGALES (den Verbänden der Milchproduzenten).

In der deutschsprachigen Ausgabe habe ich den Abschnitt über Ecuador weggelassen. Nicht weil er etwa nicht interessant wäre, sondern weil er — im Gegensatz zu den andern Fallstudien — die Milchproduktion nicht als Teil der gesamten Agrarpolitik des Landes behandelte. Der Fall Ecuador wurde kurz als Beispiel eines Joint-ventures von Nestlé mit lokalen Aktionären abgehandelt. Ich wende mich gegen die Darstellung meines Textes im Nestlé-Rundschreiben, wo man mir "absichtliche Fehler" nachzuweisen versucht (S.364). Wie man nicht ohne weiteres von Ländern, die Nestlé-Tochtergesellschaften aufnehmen, oder von Tiermondisten sprechen kann, so kann man auch nicht undifferenziert von Milchlieferanten sprechen. Ausgerechnet im Abschnitt über Ecuador stützte ich mich auf Angaben eines ecuadorianischen Forschers über die Schichtung der Lieferanten der Nestlé-Tochtergesellschaft Inedeca. Zuvor machte ich eine Aufstellung über die gesamte Entwicklung der Milchlieferungen zwischen 1973 und 1978. Richtig ist, dass die durchschnittliche Milchlieferung pro Lieferant und Tag von 283 Litern im Jahre 1973 auf 102 Liter im Jahre 1978 abnimmt, und dass in der gleichen Periode die Zahl der Milchlieferanten von 95 auf 289 zunimmt. Aber die Spezialisten der Nestlé-Direktion, Experten für Zitatenverdrehung, haben nicht den Mut, dem Leser oder ihren Kadern die ganze Argumentation zu präsentieren. Eben weil ein Gesamtdurchschnitt weder statistisch noch soziologisch irgendeine Aussagekraft hat, habe ich eine Tabelle über die Schichtung der Lieferanten zusammengestellt, die aufweist, dass die Nestlé-Tochtergesellschaft in Ecuador hauptsächlich mit mittleren und grossen Milchproduzenten zusammenarbeitet. Da ich den betreffenden Abschnitt in der deutschsprachigen Ausgabe weggelassen habe, möchte ich den inkriminierten Text hier wiedergeben, damit sich der Leser vom unehrlichen Vorgehen Nestlés selbst ein Bild machen kann, wenn es sich nicht schlicht um die Inkompetenz von Personen handelt, die in ihrer Eigenschaft als Direktionsmitglieder das Buch ein wenig zu schnell gelesen haben.

Aus meiner Kenntnis Ecuadors heraus kann ich Bauern mit mehr als 20 ha Anbaufläche nicht anders als zu den mittleren Bauern rechnen und behalte den Ausdruck "Kleinbauern" denjenigen vor, die zwischen 0 und 20 ha besitzen. Die Zahlen sprechen eine klare Sprache: Die Kleinbauern machen 19% der Lieferanten aus, liefern aber nur 2,82% der von der Fabrik aufgekauften Milchmenge.

Die folgende Tabelle zeigt die Schichtung der Liferanten der Inedeca

Anbaufläche	Anzahl Bauern	in Prozent der Gesamtzahl	Liefermenge in Litern	in Prozentder Liefermenge
0 – 20 ha	56	19,37	750	2,82
20 – 50	134	46,37	4'166	15,66
50 – 100	44	15,22	3'408	12,81
100 – 200	26	8,99	3'180	11,96
200 – 500	16	5,54	5'270	19,82
500 – 1000	12	4,15	7'841	29,48
1000 – 2500	1	0,36	1'980	7,45

Quelle: Inedeca-Cayambe. Zusammengestellt von: O. Barsky, A. Barril et alii, El Proceso de transformacion de la leche serrana y el aparato de generacion-transferencia en Ecuador, Quito, FLACSO marzo 1980, 557 Seiten + Anhang, S. 217.

46% der Bauern, die zwischen 20 und 50 ha besitzen, geben im Durchschnitt 31 Liter pro Tag ab, was 15% der Anliefermenge an die Fabrik ausmacht. Die Kleinbauern, 19% von allen Bauern, sind praktisch bedeutungslos. Die 18,6% der mittleren und grossen Bauern liefern allein 61% des Rohstoffs der Fabrik von Cayambe. 114 Personen sind in dieser Fabrik beschäftigt." ("Empire Nestlé", S. 93)

Niemand bestreitet, dass die Nestlé-Präsenz in einer Region zur Steigerung der Milchproduktion beiträgt. Indem der TNK eine Nachfrage schafft, stellt er einen Wachstumsfaktor dar, aber bei weitem nicht der einzige. Durchaus normal ist auch, dass sich Nestlé um eine Verbesserung der Qualität und in einigen Fällen auch der Quantität des Rohstoffs bemüht. Unglücklicherweise vergisst sie aber einmal mehr, neben den lokalen Rohstoffen die verwendeten Zwischenprodukte, die eingeführten Maschinen, die Ausgaben für im Ausland gekaufte Technologie etc. zu erwähnen.

Bezüglich des Einflusses der Nestlé-Tätigkeit auf die Zahlungsbilanz Lateinamerikas insgesamt handelt es sich um Versicherungen des TNK, die ich leider nicht verifizieren kann, da Nestlé keine nach den verschiedenen nationalen Tochtergesellschaften aufgeschlüsselte Bilanz veröffentlicht.

Dominikanische Republik: Korrekturen sind nötig

Hinsichtlich der Dominikanischen Republik wirft mir Nestlé wiederum die böswillige Absicht vor, bewusst zu versuchen den Leser zu täuschen, indem ich falsche Angaben mache und die "Zahlen verdrehe" (S.364). Die Tatsachen sind anders. Nachdem ich nochmals über die Dossiers gegangen bin, stelle ich fest, dass in der Tat Korrekturen nötig sind. Ich fand Fehler, die während der Überarbeitung des Manuskripts und des Korrektur-Lektorates übersehen wurden. Ich zitiere eine Quelle, deren Angaben für die Periode von 1966—1974 die Jahre von 1966—1971 (Jahr der Gründung von Codal) und 1971—1974 nicht abgrenzt. Richtig ist aber demnach, dass sich der Aufkauf lokaler Frischmilch durch Codal bis 1975 auf sehr niedrigem Niveau bewegte, wie ich es angegeben habe.

Betreffend die Tabelle "Entwicklung des Frischmilchkaufs und der Verwendung von importierten Rohstoffen 1972—73" behauptet Nestlé, dass ich im Kommentar sorgfältig jene Zahlen herauspicke, die meine These unterstützen, während ich die andern weglasse. Aber darum geht es nicht, denn die Tabelle ist detailliert. In der Annahme, dass der Leser Tabellen zu lesen versteht — hier wie an andern Stellen im Buch —, kommentiere ich nicht alle Angaben im Detail, sondern gebe nur eine allgemeine Tendenz an. Die Tabelle darf zudem nicht isoliert vom Rest des Kapitels betrachtet werden. Ich dokumentiere sehr wohl die Anstrengungen, die unter dem Druck der Regierung von 1975 an gemacht wurden, um die Käufe von einheimischer Frischmilch zu erhöhen. Wenn auch der Anteil der importierten Milchbestandteile 1981 auf 51% zurückgegangen ist — was ich nicht zu sagen unterlasse, bevor ich den Durchschnitt für die ganze Periode angebe (Nestlé vergisst dies im Rundschreiben zu erwähnen) —, betrug dieser Anteil bei der von Nestlé-Codal hergestellten Milch bis und mit 1980 immerhin mehr als 80%. Änderungen der jüngsten Zeit können nicht die Gesamttendenz unter den Teppich wischen und vor allem beseitigen sie nicht das Faktum, dass Nestlé-Codal während einer zehnjährigen Präsenz in der Dominikanischen Republik die gegenüber der Regierung deklarierte Zielsetzung bei der Errichtung des Betriebes, nämlich die Importsubstitution, nicht erfüllt hat.

Was die Multiplikationsfaktoren für den Kauf von Frischmilch und den Import von Milch und Milchbestandteilen betrifft, bin ich mit den von Nestlé gelieferten Angaben einverstanden (S.365). Immerhin muss ich präzisierend hinzufügen, dass die Verwendung von lokaler Frischmilch auf Kosten der importierten Rohstoffe sich erst nach 1980 entscheidend bemerkbar zu machen begann. Hier hat sich bei der Angabe des Anteils ein unverständlicher Fehler eingeschlichen, wobei dieser sicher nicht willentlich gemacht wurde.

Selbstzufriedene Vogel-Strauss-Politik oder Ignorieren der Kritik macht diese nicht inexistent

An der Generalversammlung der Aktionäre der Nestlé SA im Mai 1984 ergriff Pfarrer Perrot das Wort, um dem Unternehmen einige Fragen zu dessen wenig angebrachter Kritik am Buch "Empire Nestlé" zu stellen. Ich gebe diesen sehr aufschlussreichen Wortwechsel hier wieder:

Frage von Herrn A. Perrot: *Ich werde mich sehr kurz halten. Letzten Herbst ist ein Buch erschienen, das ein grosses Echo ausgelöst hat: "L'Empire Nestlé" von Herrn Pierre Harrisson. Die Nestlé-Direktion weiss, dass CANES (Convention d'actionnaires Nestlé — Vereinigung von Nestlé-Aktionären) mit der Veröffentlichung dieses Buches nichts zu tun hat. Das soll festgehalten werden. Wir wissen auch, dass dieses Buch Partei ergreift und somit ein engagiertes Buch ist. Aber der Leser ist auf jeden Fall von der Fülle der Informationen und der wiedergegebenen Zahlen beeindruckt. Meiner Ansicht nach hat Nestlé auf dieses Werk nicht so reagiert, wie es sich gehört. Anstatt ihrerseits in einen polemischen Ton zu verfallen, hätte Nestlé, wie ich meine, zu einem bestimmten Land, oder zu allen, ihre eigene Einschätzung der Auswirkungen ihrer Präsenz liefern müssen, wie dies zum Beispiel im letzten Bulletin von CANES vorgeschlagen wird, um so auf die berechtigten Fragen zu antworten, die dieses Buch trotz seines engagierten Tones aufwirft.*

Antwort von Herrn Fürer: *Der Präsident nimmt die Erklärungen von Herrn Perrot zur Kenntnis. Nestlé hat übrigens niemals geglaubt, dass CANES ein solch ärgerliches Buch hätte schreiben können. Nestlé hat das Buch studiert; die darin enthaltenen Informationen sind nicht richtig. Nestlé wird auf dieses Buch nicht antworten: man muss eine bestimmte Ernsthaftigkeit aufbringen, wenn man will, dass Nestlé ihrerseits ernsthaft ist.*

* * *

Herr Fürer kann leicht versichern, dass Nestlé auf dieses Buch nicht antworte, da es das Unternehmen nicht für seriös halte, wenn man weiss, wie "seriös" und mit welcher Böswilligkeit Nestlé darauf im "Rundschreiben" geantwortet hat. Aufgrund der Überlegungen, die ich zu diesem Rundschreiben angestellt habe, überlasse ich dem Leser selbst zu entscheiden, wer seriös und wer nicht seriös ist.

* * *

Nestlé zieht Glaubensbekenntnisse in Werbebroschüren oder Auftragsarbeiten des hauseigenen "Institut de recherche sur les multinationales" (IRM — Institut zur Erforschung der multinationalen Konzerne) einem seriösen Gegengutachten vor, das eine direkte Auseinandersetzung über das eine oder andere Kapitel meines Buches ermöglichen würde.

Ich unterbreite den Lesern den Briefwechsel zwischen der Eckenstein-Stiftung und dem Verwaltungsratsdelegierten der Nestlé SA, H. Maucher, welcher für die "seit mehreren Jahren offene Informationspolitik des Unternehmens" sehr aufschlussreich ist.

Genf, den 12. März 1984/GR-amg

Herrn Helmut Maucher

Delegierter des Verwaltungsrates
Nestlé SA
1800 Vevey

Sehr geehrter Herr,
Wie Sie wissen, sind die Forschungen von Herrn Pierre Harrisson, die als Buch unter dem Titel "L'Empire Nestlé, Faits et méfaits d'une transnationale en Amérique latine", im Verlag Pierre-Marcel Favre in Lausanne veröffentlicht wurden, von der Eckenstein-Stiftung finanziert worden.

Als Folge dieser Veröffentlichung reagierte die Direktion von Nestlé und kritisierte nicht nur den Ton dieses Buches, sondern deckte auch eine bestimmte Anzahl von Fehlern auf, die ein wirklichkeitsfremdes Bild von Nestlé zeichnen würden.

Wir sind uns der Tatsache bewusst, dass Herr Harrisson — der für die Aussagen seines Buches allein verantwortlich ist — ein Aktivist ist, der die Dinge, wohlverstanden, auf seine Weise sieht. Dass man nicht jedermann zwingen kann, die Tatsachen auf gleiche Weise zu interpretieren, scheint uns selbstverständlich. Im Gegenzug aber sollte es möglich sein, sich über die zu interpretierenden Tatsachen selbst zu einigen.

Im Geist des Dialoges, dessen sich die Stiftung befleissigt, möchten wir die Existenz dieses Buches als Gelegenheit benützen, um Ihnen folgendes vorzuschlagen:

Nestlé soll ihrerseits eine ähnliche Studie durchführen über das eine oder andere der beiden wichtigsten Kapitel der Arbeit von Herrn Harrisson, nämlich über Mexiko oder Peru. Diese Studie sollte die gleichen Aspekte abdecken, die auch im Buch von Herrn Harrisson abgehandelt werden.

Es handelt sich im Augenblick lediglich um einen Vorschlag, dessen Modalitäten ohne Zweifel noch genauer festgelegt werden müssten.

Zunächst würde uns nur ihre Reaktion auf diesen Vorschlag interessieren; unser Wunsch aber wäre selbstverständlich, dass diese Reaktion positiv ausfällt. Ein solches Vorgehen schiene uns nicht nur im Sinne des Dialoges zu sein, den beide Seiten wünschen, sondern auch im Sinne einer bestimmten Anzahl von Leuten, die sich heute Fragen über die Qualität des Beitrages der transnationalen Unternehmen zur "Entwicklung" der Dritten Welt stellen.

Wir danken Ihnen für das Interesse, das Sie unserem Vorschlag entgegenbringen und wir bitten Sie, sehr geehrter Herr Maucher, den Ausdruck unserer vorzüglichen Hochachtung entgegenzunehmen.

Für die Stiftung:
der Sekretär
Marc Nerfin

Kopien an: Pierre Harrisson und Patronatskomitee der Stiftung

Nestlé SA
Avenue Nestlé
1800 Vevey, 28. März 1984

Herrn Marc Nerfin
Sekretär
Fondation Chr. Eckenstein
24, rue Rothschild

1202 Genève

Sehr geehrter Herr,
   Unser Delegierter des Verwaltungsrates, Herr H. Maucher, hat uns Ihren Brief vom 13. März, für den wir Ihnen danken, zur Beantwortung übergeben.
   Die offene Informationspolitik, die wir seit mehreren Jahren verfolgen, führt uns dazu, regelmässig und in unterschiedlichen Formen Rechenschaft über unsere Tätigkeiten und deren Auswirkungen in den Ländern, wo wir industrielle Niederlassungen errichtet haben, abzulegen. Wir glauben, dass diese Information geschätzt wird, und wir werden in diesem Sinne weitermachen.
   Angesichts dieser Politik halten wir es für nicht notwendig, auf Ihren Vorschlag einzugehen.
   Genehmigen Sie, sehr geehrter Herr Nerfin, unsere besten Grüsse.

Nestlé SA
Département Affaires Publiques

* * *

Ein Nestlé-Unterseeboot bei der UNCTAD?

Ein Forschungsinstitut, das sich als unabhängig ausgibt, obwohl es hauptsächlich von Nestlé finanziert wird, beantragt den Status einer Nicht-Regierungsorganisation, die bei der UNO-Konferenz für Handel und Entwicklung (UNCTAD) akkreditiert ist. Die Anstrengungen der TNK, die UNO-Unterorganisationen zu infiltrieren, ist nicht neu — wir haben dies ja schon in diesem Buch analysiert. Dem Kartell der Milch- und Säuglingsnahrungs-Fabrikanten ICIFI (International Council for Infant Foods Industries) ist die Akkreditierung als Nicht-Regierungsorganisation bei der Weltgesundheitsorganisation (WHO) mehrfach verweigert worden.

Nestlé lässt sich durch diese Abfuhren aber nicht entmutigen. Im Jahre 1983 entschloss sich Nestlé, das "Institut de recherche sur les multinationales" (IRM), dessen hauptsächliche Geldgeberin sie ist, an die Ufer des Genfersees zu übersiedeln, um es näher an den Sitz diverser internationaler Organisationen zu bringen (zur Entstehung und Zielen dieses Instituts: siehe Kapitel "Reaktion Nestlés auf Kritik").

Die neueste Initiative des IRM (Juni 1985) zeigt gut, auf welche Weise diese Institution ihre Aufgabe, das Image der TNK zu pflegen, zu lösen gedenkt.

Den Antrag auf Akkreditierung bei der UNCTAD, sagt man beim IRM, habe man gestellt, um Zugang zu deren Berichten und Publikationen zu haben. Was aber bedeutet dieser auf den ersten Blick unbedeutende Schritt tatsächlich? Die UNCTAD ist das Zentrum der Diskussionen über die Rohstoff-Abkommen; deshalb ist das besondere Interesse Nestlés, einen von ihr finanzierten Gesprächspartner bei den verschiedenen Treffen und Konferenzen der UNCTAD dabei zu haben, gut verständlich. Bisher hat sich Nestlé ziemlich oft an den technischen Treffen der UNCTAD beteiligt. Dabei gelang es ihr dank ihrer guten Beziehungen zu den Regierungen der Länder mit Nestlé-Niederlassungen, in die Regierungsdelegationen Kader der Tochtergesellschaften für jene Diskussionen aufnehmen zu lassen, die Nestlé am nächsten betrafen, insbesondere über den Technologietransfer und die Rohstoff-Abkommen (Kakao, Zucker etc.). Nestlé will aber noch mehr: Nestlé will laufend darüber informiert sein, was in der UNCTAD geschieht, indem sie ihre eigene Nicht-Regierungsorganisation dort plaziert, welche ohne Zweifel bereit sein wird, der UNCTAD die guten und loyalen Dienste ihrer Spezialisten anzubieten. Das IRM wird bestimmt die Chance wahrnehmen, gut zuzuhören, was die verschiedenen Nicht-Regierungsorganisationen ins Feld führen, um eine neue Ordnung in den internationalen Beziehungen durchzubringen, die bei der Infragestellung der Investitionslogik und der ungleichen Beziehungen der TNK zu den Bewohnern der Entwicklungsländer beginnt.

Selbstverständlich ist dieser Versuch noch nicht geglückt. Es hat gegen diesen Infiltrationsversuch der Nestlé eine lebhafte und bewegte Reaktion gegeben. Wir können nur hoffen, dass die Leitung dieser UNO-Organisation ihrer Verantwortung gerecht wird und den Mut aufbringt, einen gefährlichen Präzedenzfall zu vermeiden, denn es gibt keinerlei Garantie, dass sich das Schaf im Stall nicht in einen Wolf verwandelt, der vor allem die Interessen seiner Geldgeberin verteidigen will. Es steht viel auf dem Spiel, denn in Übereinstimmung mit den Bestimmungen anderer UNO-Spezialorganisationen kann das Nestlé-Unterseeboot, einmal bei der UNCTAD akkreditiert, nichts daran hindern, auch andere Gewässer anzusteuern, wie zum Beispiel den UNO-Wirtschafts- und Sozialrat. Ist der Versuch des grössten TNK auf dem agro-industriellen Sektor erst einmal erfolgreich, werden sich andere Unternehmen nicht davon abhalten lassen, die gleiche Strategie zu verfolgen. Damit könnte jeder Versuch, einen verbindlichen Verhaltenskodex für die TNK aufzustellen, schon an der Basis der UNO-Unterorganisationen unterminiert werden.

Anhang

Nestlé in Schaubildern

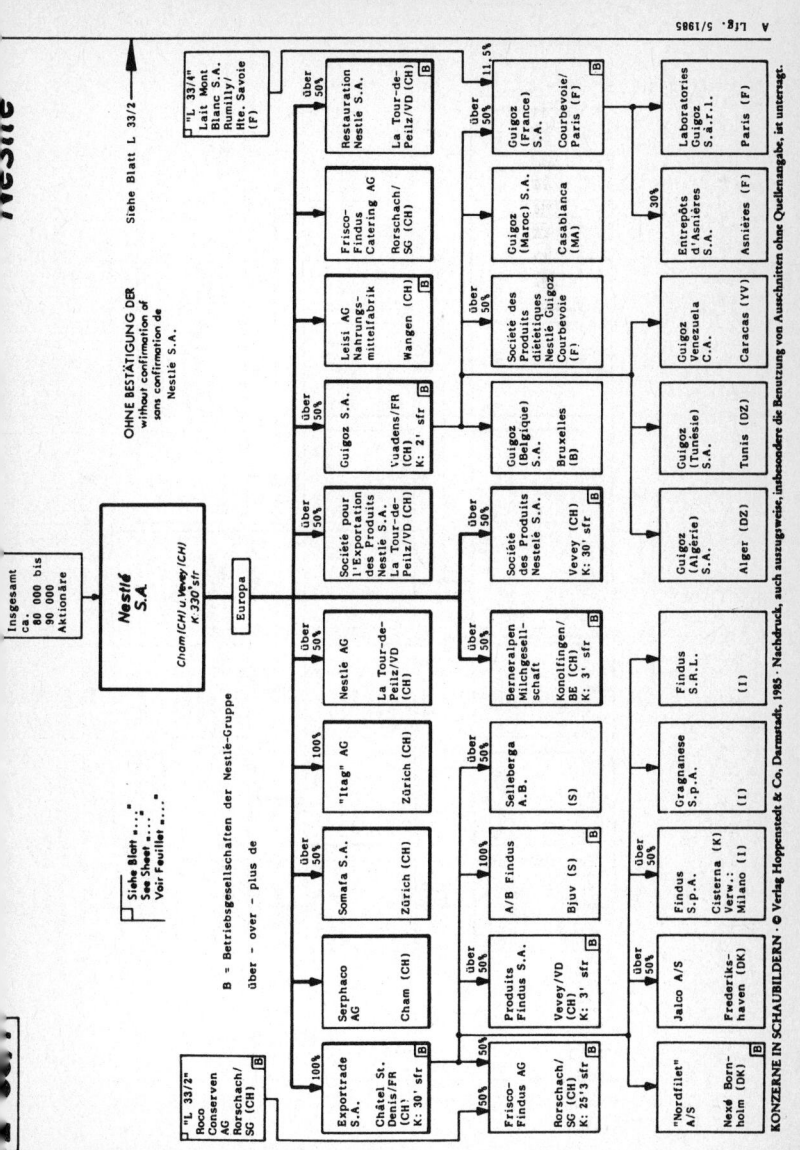

KONZERNE IN SCHAUBILDERN · © Verlag Hoppenstedt & Co, Darmstadt, 1985 · Nachdruck, auch auszugsweise, insbesondere die Benutzung von Ausschnitten ohne Quellenangabe, ist untersagt.

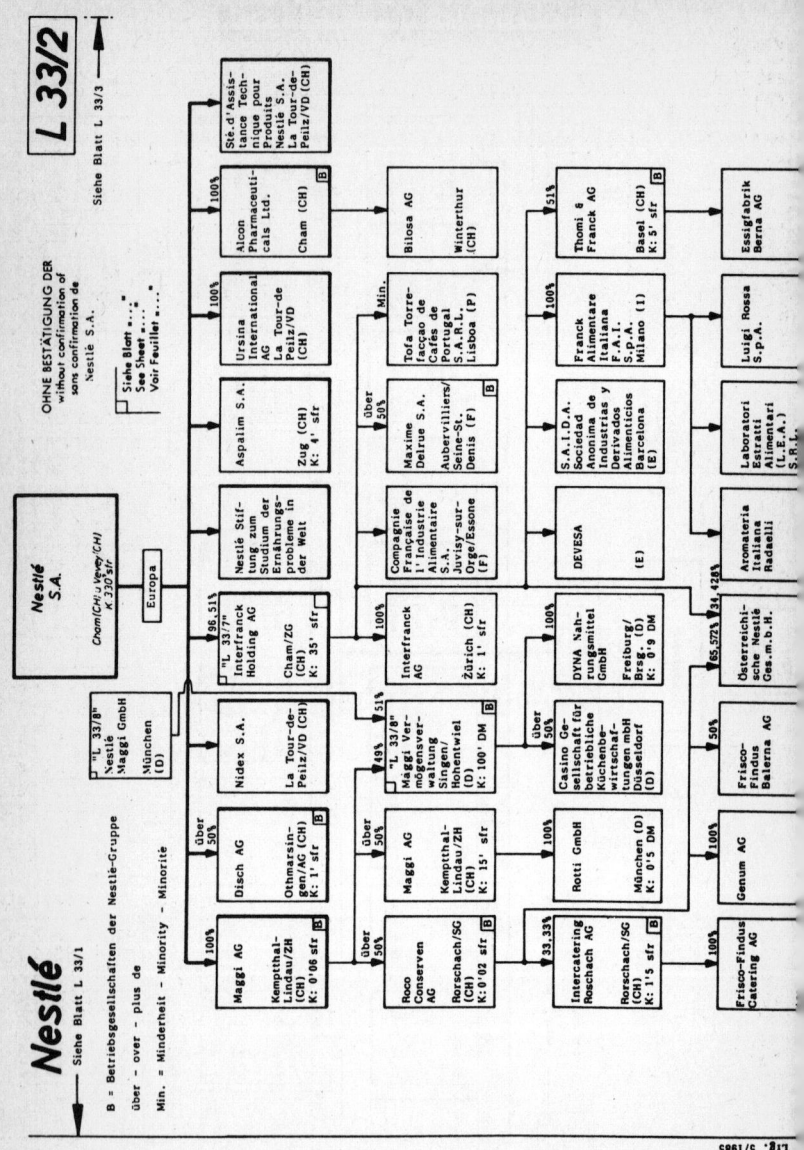

Nestle

Siehe Blatt L 33/2

B = Betriebsgesellschaften der Nestlé-Gruppe
Min.= Minderheit - Minority - Minorité
über - over - plus de

Nestlé S.A.

Cham (CH)u Vevey (CH)
K: 330°sfr

OHNE BESTÄTIGUNG DER
without confirmation of
sons confirmation de
Nestlé S.A.

Siehe Blatt L 33/4

L 33/3

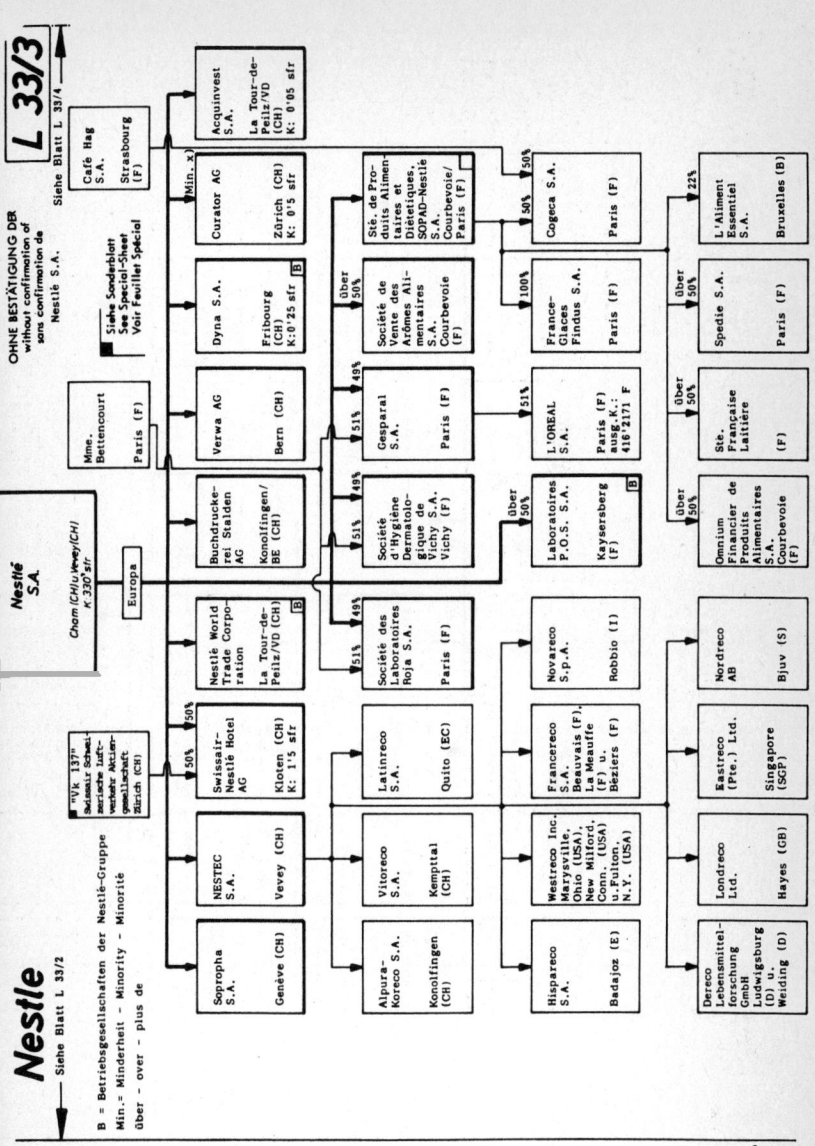

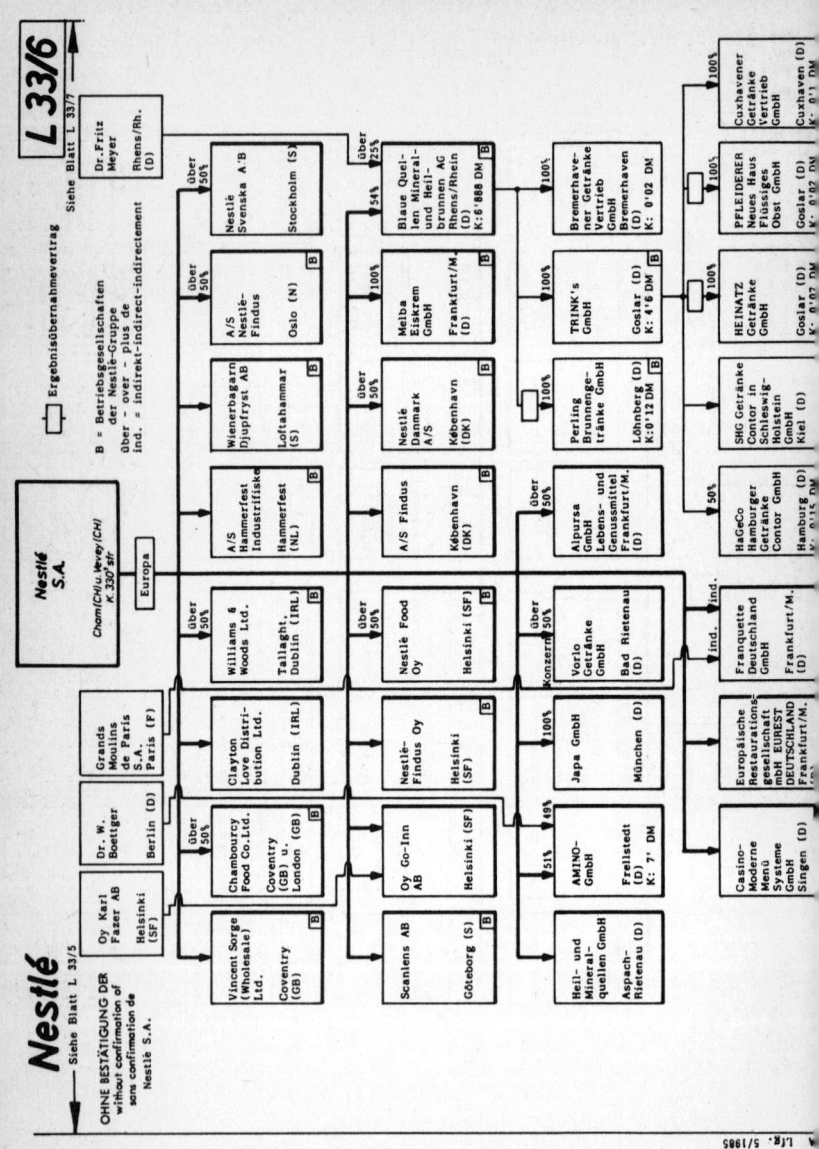

Nestlé

L 33/6

Siehe Blatt L 33/5

OHNE BESTÄTIGUNG DER
without confirmation of
sans confirmation de
Nestlé S.A.

Siehe Blatt L 33/7

☐ = Ergebnisübernahmevertrag

B = Betriebsgesellschaften
der Nestlé-Gruppe
über = over – plus de
ind. = indirekt-indirect-indirectement

Nestlé S.A.
Cham/CH/u.Vevey/CH/
K. 330' sfr

Europa

Dr. Fritz Meyer
Rhens/Rh. (D)

Oy Karl Fazer AB
Helsinki (SF)

Dr. W. Boettger
Berlin (D)

Grands Moulins de Paris S.A.
Paris (F)

Vincent Sorge (Wholesale) Ltd.
Coventry (GB) — B

Chambourcy Food Co.Ltd.
Coventry (GB) u. London (GB) — B — über 50%

Clayton Love Distribution Ltd.
Dublin (IRL)

Williams & Woods Ltd.
Tallaght, Dublin (IRL) — über 50%

A/S Hammerfest Industrifiske
Hammerfest (NL) — B

Wienerbagarn Djupfryst AB
Loftahammar (S) — über 50%

A/S Nestlé-Findus
Oslo (N) — über 50%

Nestlé Svenska A´B
Stockholm (S) — über 50%

Scantens AB
Göteborg (S) — B

Oy Go-Inn AB
Helsinki (SF)

Nestlé-Findus Oy
Helsinki (SF)

Nestlé Food Oy
Helsinki (SF) — über 50%

A/S Findus
København (DK) — B

Nestlé Danmark A/S
København (DK) — über 50%

Melba Eiskrem GmbH
Frankfurt/M. (D) — 100%

Blaue Quellen Mineral- und Heilbrunnen AG Rhens/Rhein
K:6'888 DM — B — über 25% — 54%

Heil- und Mineralquellen GmbH
Aspach-Rietenau (D)

AMINO-GmbH
Freilstedt (D) K: 7' DM — 51% — 49%

Japa GmbH
München (D) — 100%

Vorlo Getränke GmbH
Bad Rietenau (D) — über 50% — Konzern 50%

Alpursa GmbH Lebens- und Genussmittel Frankfurt/M. (D) — über 50% — ind.

Perling Brunnengetränke GmbH
Löhnberg (D) K:0'12 DM — B — 100%

TRINK's GmbH
Goslar (D) K: 4'6 DM — B — 100%

Bremerhavener Getränke Vertrieb GmbH
Bremerhaven (D) K:0'02 DM — B — 100%

Cuxhavener Getränke Vertrieb GmbH
Cuxhaven (D) K: 0'1 DM — 100%

Casino-Moderne Menü Systeme GmbH
Singen (D)

Europäische Restaurationsgesellschaft mbH EUREST DEUTSCHLAND
Frankfurt/M. (GB)

Franquette Deutschland GmbH
Frankfurt/M. (D) — ind.

HaGeCo Hamburger Getränke Contor GmbH
Hamburg (D) K: 0'15 DM — 50%

SHG Getränke Contor in Schleswig-Holstein GmbH
Kiel (D) — 100%

HEINATZ Getränke GmbH
Goslar (D) K: 0'02 DM — 100%

PFLEIDERER Neues Haus Flüssiges Obst GmbH
Goslar (D) K: 0'02 DM — 100%

388

L.fg., 5/1985

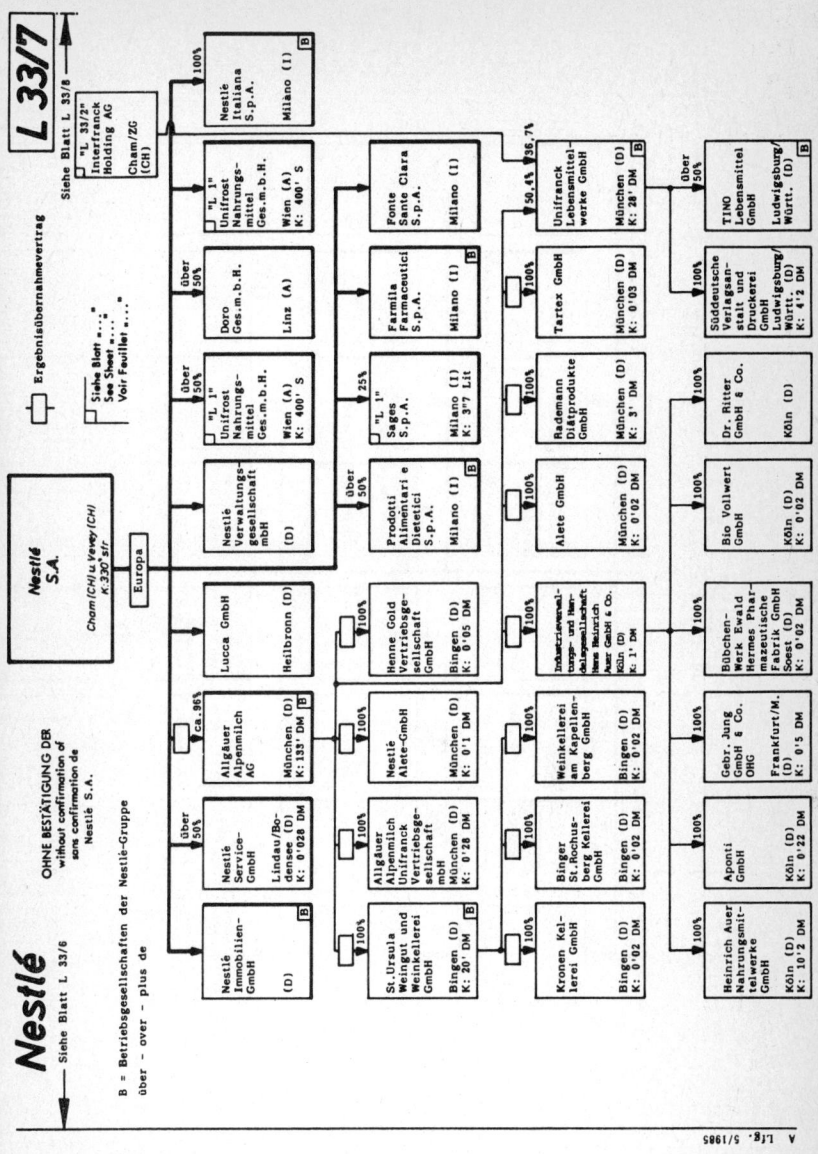

Nestlé

Siehe Blatt L 33/6

OHNE BESTÄTIGUNG DER
without confirmation of
sans confirmation de
Nestlé S.A.

B = Betriebsgesellschaften der Nestlé-Gruppe

über – over – plus de

Nestlé S.A.
Cham/CH u. Vevey/CH
K: 390' sfr

Europa

L 33/7

Ergebnisübernahmevertrag

Siehe Blatt L .....
See Sheet L .....
Voir Feuillet L .....

Siehe Blatt L 33/8

"L 33/2"
Interfranck
Holding AG
Cham/ZG
(CH)

100%

Nestlé
Italiana
S.p.A.
Milano (I) **B**

100%

"L 1"
Unifrost
Nahrungs-
mittel
Ges.m.b.H.
Wien (A)
K: 400' S

über 50%

Doro
Ges.m.b.H.
Linz (A)

über 50%

"L 1"
Unifrost
Nahrungs-
mittel
Ges.m.b.H.
Wien (A)
K: 400' S

über 50%

Nestlé
Verwaltungs-
gesellschaft
mbH
(D)

100%

Lucca GmbH
Heilbronn (D)

ca. 96% **B**

Allgäuer
Alpenmilch
AG
München (D)
K: 133' DM

über 50%

Nestlé
Service-
GmbH
Lindau/Bo-
densee (D)
K: 028 DM

100% **B**

Nestlé
Immobilien-
GmbH
(D)

36.7%

Fonte
Sante Clara
S.p.A.
Milano (I)

Farmila
Farmaceutici
S.p.A.
Milano (I) **B**

25%

"L 1"
Sages
S.p.A.
Milano (I)
K: 3'7 Lit

über 50%

Prodotti
Alimentari e
Dietetici
S.p.A.
Milano (I) **B**

100%

Henne Gold
Vertriebsge-
sellschaft
GmbH
Bingen (D)
K: 0'05 DM

100%

Nestlé
Alete GmbH
München (D)
K: 0'1 DM

100%

Allgäuer
Alpenmilch
Unifranck
Vertriebsge-
sellschaft
mbH
München (D)
K: 0'26 DM

100% **B**

St. Ursula
Weingut und
Weinkellerei
GmbH
Bingen (D)
K: 20 DM

50.4%

Unifranck
Lebensmittel-
werke GmbH
München (D)
K: 28' DM **B**

100%

Tartex GmbH
München (D)
K: 0'03 DM

100%

Rademann
Diätprodukte
GmbH
München (D)
K: 3' DM

100%

Alete GmbH
München (D)
K: 0'02 DM

100%

Industriewarenver-
trungs- und Han-
delsgesellschaft
Hans Heinrich
Auer GmbH & Co.
Köln (D)
K: 1' DM

100%

Weinkellerei
am Kapellen-
berg GmbH
Bingen (D)
K: 0'02 DM

100%

Binger
St. Rochus-
berg Kellerei
GmbH
Bingen (D)
K: 0'02 DM

100% **B**

Kronen Kel-
lerei GmbH
Bingen (D)
K: 0'02 DM

über 50%

TINO
Lebensmittel
GmbH
Ludwigsburg/
Württ. (D) **B**

100%

Süddeutsche
Verlagsan-
stalt und
Druckerei
GmbH
Ludwigsburg/
Württ. (D)
K: 4'2 DM

100%

Dr. Ritter
GmbH & Co.
Köln (D)

100%

Bio Vollwert
GmbH
Köln (D)
K: 0'02 DM

100%

Gebr. Jung
GmbH & Co.
OHG
Frankfurt/M.
(D)
K: 0'5 DM

100%

Aponti
GmbH
Köln (D)
K: 0'22 DM

100%

Heinrich Auer
Nahrungsmit-
telwerke
GmbH
Köln (D)
K: 10'2 DM

100%

Bübchen-
Werk Ewald
Hermes Phar-
mazeutische
Fabrik GmbH
Soest (D)
K: 0'02 DM

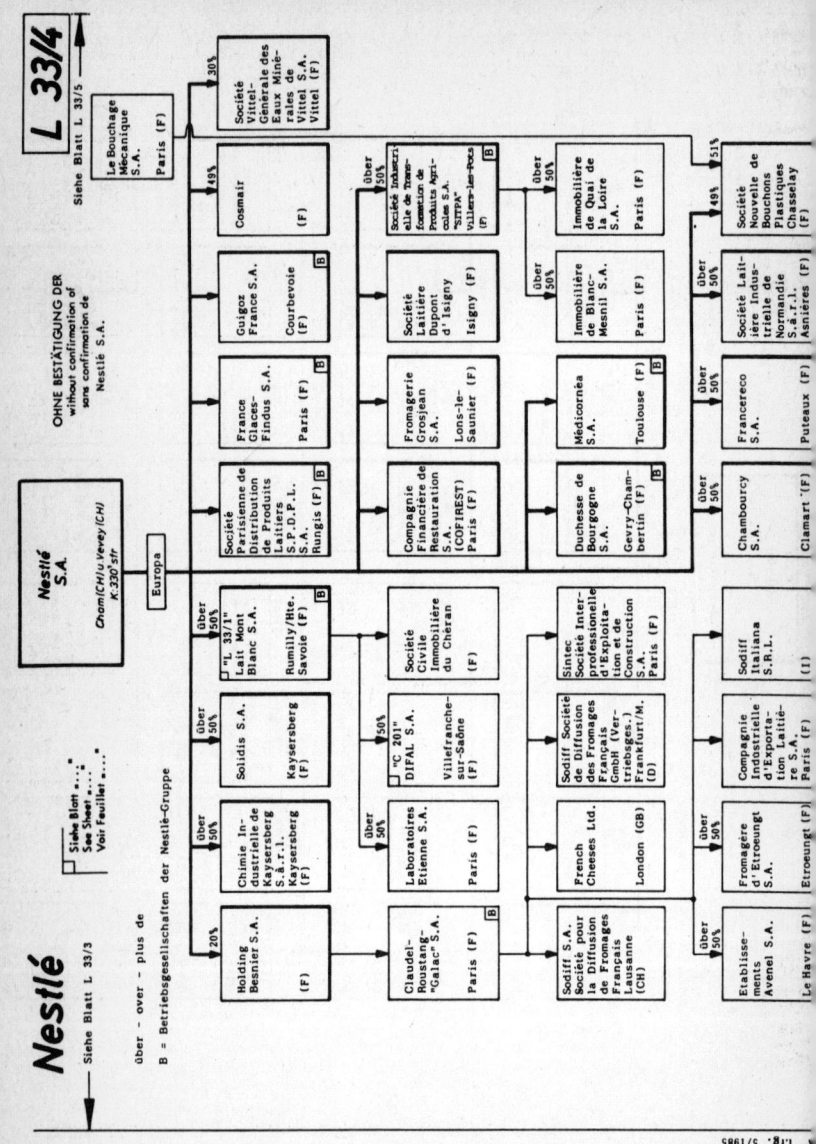

Nestlé

Siehe Blatt L 33/3

über – over – plus de

B = Betriebsgesellschaften der Nestlé-Gruppe

L 33/4

Siehe Blatt L 33/5

OHNE BESTÄTIGUNG DER
without confirmation of
sans confirmation de
Nestlé S.A.

Nestlé S.A.
Cham/(CH) u. Vevey/(CH)
K 300 str

Europa

Le Bouchage Mécanique S.A. Paris (F)

30% — Société Vittel-Générale des Eaux Minérales de Vittel (F) Vittel (F)

49% — Cosmair (F)

49% — Guigoz France S.A. Courbevoie (F) B

France Glaces-Findus S.A. Paris (F) B

Société Parisienne de Distribution de Produits Laitiers S.P.D.P.L. S.A. Rungis (F) B

über 50% — "L 33/1" Lait Mont Blanc S.A. Rumilly/Hte. Savoie (F) B

über 50% — Solidis S.A. Kaysersberg (F)

"C 201" DIFAL S.A. Villefranche-sur-Saône (F)

über 50% — Chimie Industrielle de Kaysersberg S.à.r.l. Kaysersberg (F)

über 50% — Laboratoires Etienne S.A. Paris (F)

20% — Holding Besnier S.A. (F)

Claudel-Roustang-"Galac" S.A. Paris (F) B

über 50% — Société Civile Immobilière du Chéran (F)

über 50% — Société Industrielle de Transformation de Produits Agricoles S.A. "SITPA" Villers-les-Pots (F) B

über 50% — Société Laitière Dupont d'Isigny (F) Isigny (F)

Fromagerie Grosjean S.A. Lons-le-Saunier (F)

Compagnie Financière de Restauration (COFIREST) Paris (F)

Sintec Société Interprofessionnelle d'Exploitation et de Construction S.A. Paris (F)

Sodiff Société de Diffusion des Fromages Français GmbH Vertriebsges.) Frankfurt/M. (D)

French Cheeses Ltd. London (GB)

Sodiff S.A. Société pour la Diffusion de Fromages Français Lausanne (CH)

über 50% — Immobilière de Quai de la Loire S.A. Paris (F)

51% — Société Nouvelle de Bouchons Plastiques Chasselay (F)

über 50% — Immobilière de Blanc-Mesnil S.A. Paris (F)

über 50% — Médicornéa S.A. Toulouse (F) B

Duchesse de Bourgogne S.A. Gevry-Chambertin (F) B

49% — Société Laitière Industrielle de Normandie S.à.r.l. Asnières (F)

über 50% — Francereco S.A. Puteaux (F)

Chambourcy S.A. Clamart (F)

über 50% — Sodiff Italiana S.R.L. (I)

Compagnie Industrielle d'Exportation S.A. Paris (F)

über 50% — Fromagerie d'Etrouengt S.A. Etrouengt (F)

Etablissements Avenel S.A. Le Havre (F)

390

Lfg. 5/1985

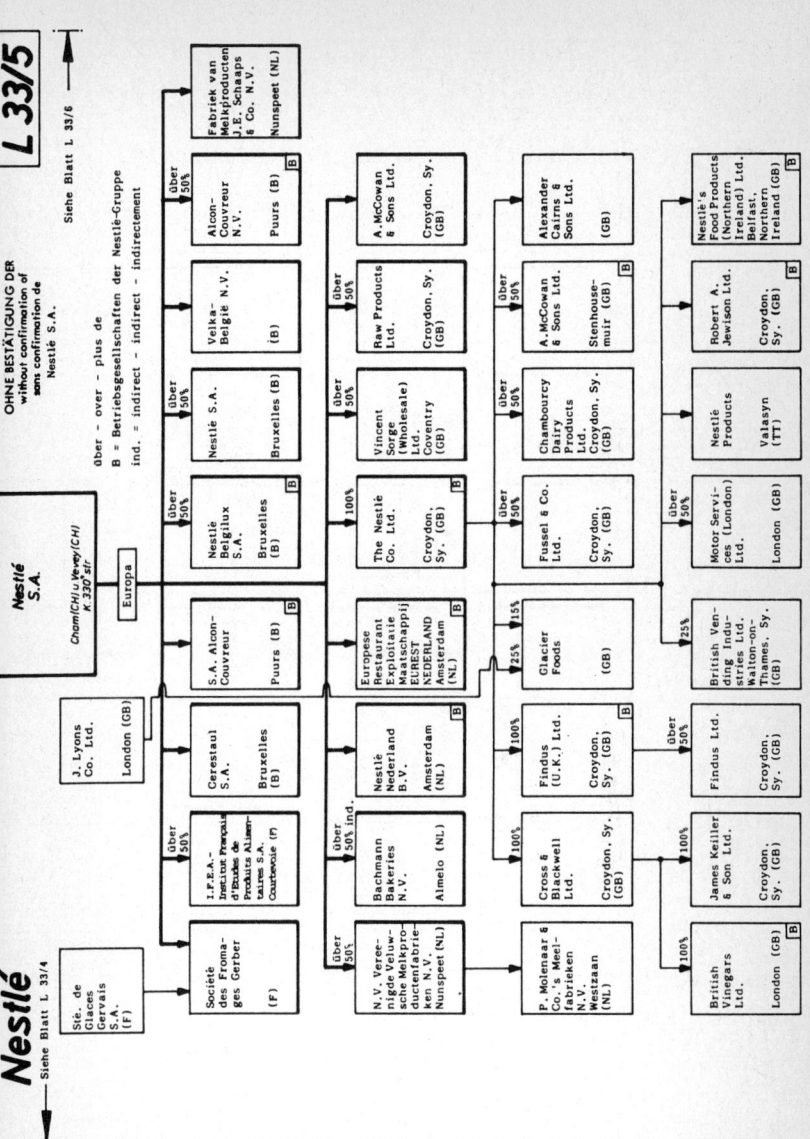

Nestlé

Nestlé
S.A.

Cham(CH) u.Vevey(CH)/
K.330/sfr.

OHNE BESTÄTIGUNG DER
without confirmation of
sans confirmation de
Nestlé S.A.

Siehe Blatt L 33/6 →

über - over - plus de
B = Betriebsgesellschaften der Nestlé-Gruppe
ind. = indirekt - indirect - indirectement

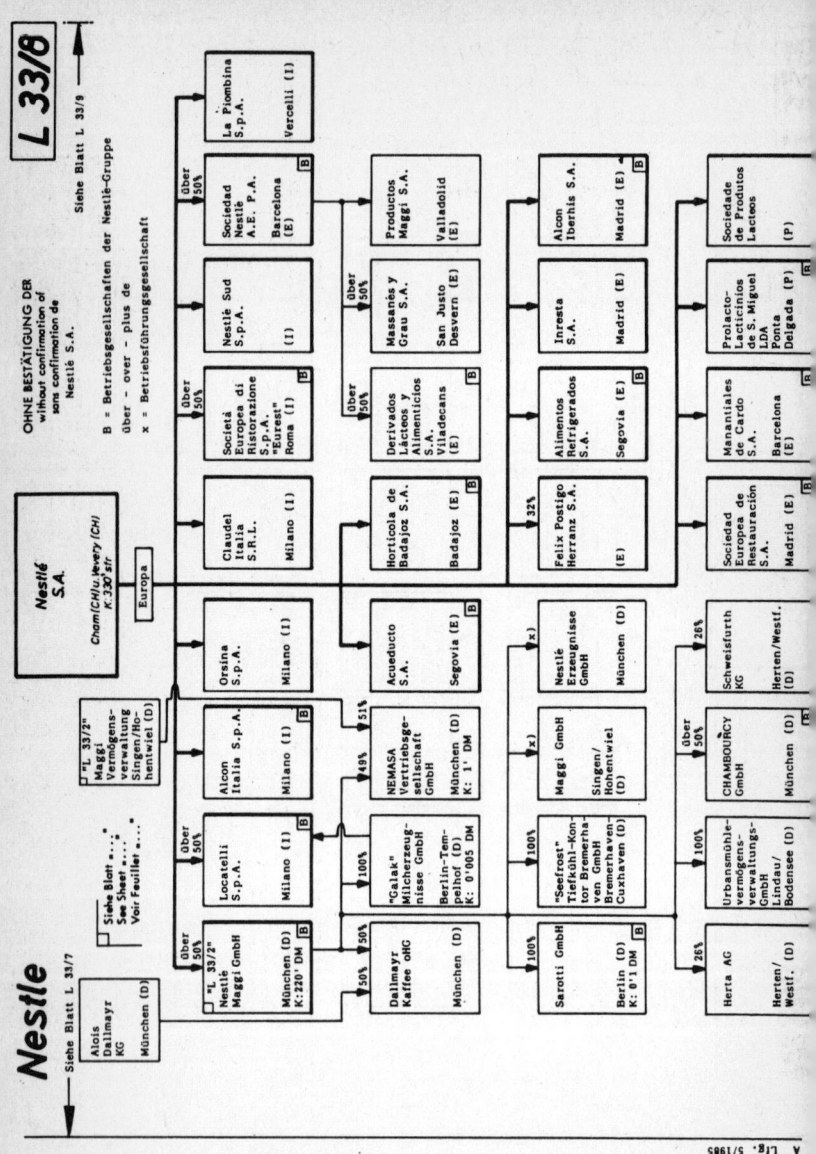

OHNE BESTÄTIGUNG DER
without confirmation of
sans confirmation de
Nestlé S.A.

B = Betriebsgesellschaften der Nestlé-Gruppe
über = over = plus de
x = Betriebsführungsgesellschaft

Nestlé

Siehe Blatt L 33/7

Alois Dallmayr KG
München (D)

Nestlé S.A.
Cham (CH)u.Vevey (CH)
K: 320' sFr

Europa

"L 33/2"
Maggi Vermögensverwaltung
Singen/Hohentwiel (D)

Siehe Blatt ....
See Sheet ....
Voir Feuille ....

"L 33/2"
Nestlé Maggi GmbH
München (D) [B]

über 50%

Locatelli S.p.A.
Milano (I) [B]

über 50%

Orsina S.p.A.
Milano (I)

über 50%

Claudel Italia S.R.L.
Milano (I)

über 50%

Società Europea di Ristorazione S.p.A. "Eurest"
Roma (I) [B]

über 50%

Nestlé Sud S.p.A.
(I)

über 50%

Sociedad Nestlé A.E. P.A.
Barcelona (E) [B]

über 50%

La Piombina S.p.A.
Vercelli (I)

"Galak" Milcherzeugnisse GmbH
Berlin-Tempelhof (D)
K: 0'005 DM

NEMASA Vertriebsgesellschaft GmbH
München (D)
K: 1' DM

49%

Alcon Italia S.p.A.
Milano (I)

51%

Acueducto S.A.
Segovia (E)

Horticola de Badajoz S.A.
Badajoz (E) [B]

über 50%

Derivados Lacteos y Alimenticios S.A. Viladecans (E) [B]

über 50%

Massanés y Grau S.A.
San Justo Desvern (E)

Productos Maggi S.A.
Valladolid (E)

Dallmayr Kaffee oHG
München (D)

50%

50%

Maggi GmbH
Singen/Hohentwiel (D)

x)

Nestlé Erzeugnisse GmbH
München (D)

x)

Felix Postigo Herranz S.A.
(E)

32%

Alimentos Refrigerados S.A.
Segovia (E) [B]

Inresta S.A.
Madrid (E)

Alcon Iberhis S.A.
Madrid (E) [B]

"Seefrost" Tiefkühl-Kontor Bremerhaven GmbH
Cuxhaven (D)

100%

Sarotti GmbH
Berlin (D)
K: 0'1 DM

100%

Urbansmühle vermögensverwaltungs-GmbH
Lindau/Bodensee (D)

100%

CHAMBOURCY GmbH
München (D)

über 50%

Schweisfurth KG
Herten/Westf. (D)

26%

Sociedad Europea de Restauración S.A.
Madrid (E)

Manantiales de Cardo S.A.
Barcelona (E) [B]

Prolacto-Lacticinios de S. Miguel LDA
Ponta Delgada (P) [R]

Sociedade de Produtos Lacteos
(P) [R]

Herta AG
Herten/Westf. (D)

26%

Nestlé

→ Siehe Blatt L 33/8

B = Betriebsgesellschaften der Nestlé-Gruppe

über – over – plus de

OHNE BESTÄTIGUNG DER
without confirmation of
sans confirmation de
Nestlé S.A.

Siehe Blatt L 33/10 →

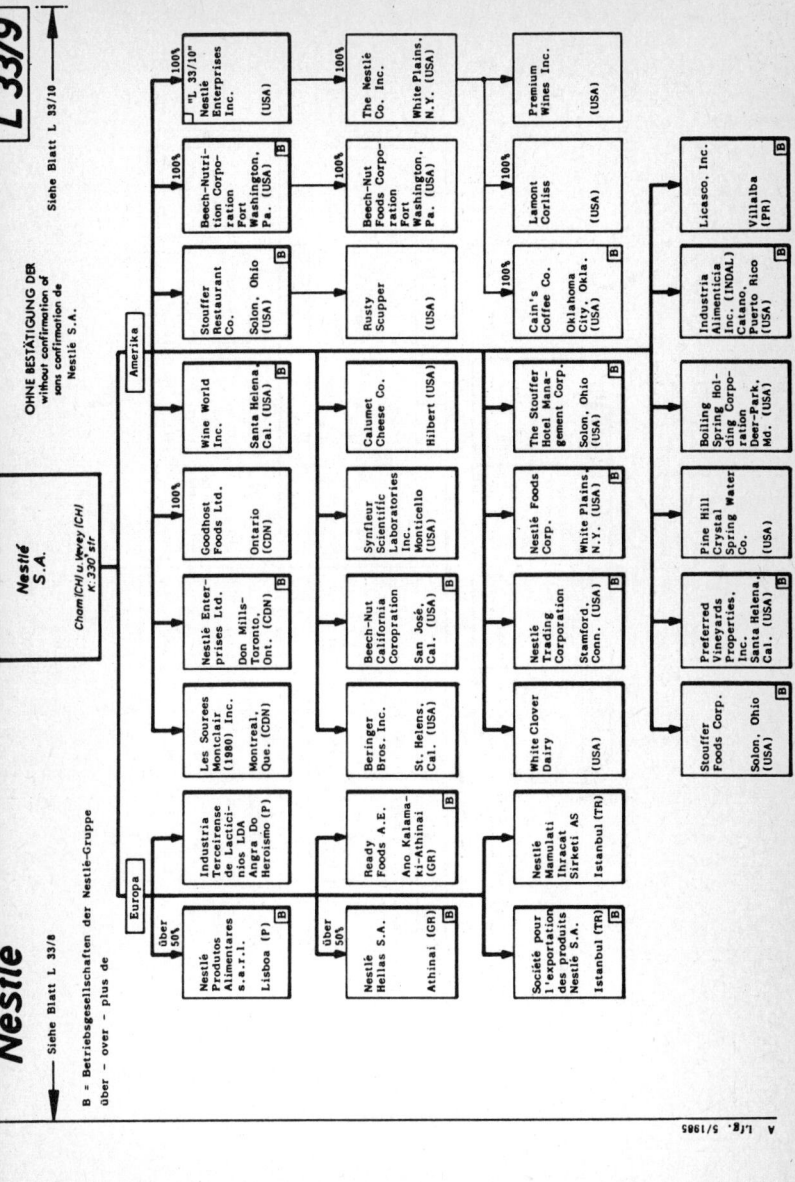

Nestlé S.A.
Cham (CH) u. Vevey (CH)
K. 330 sfr

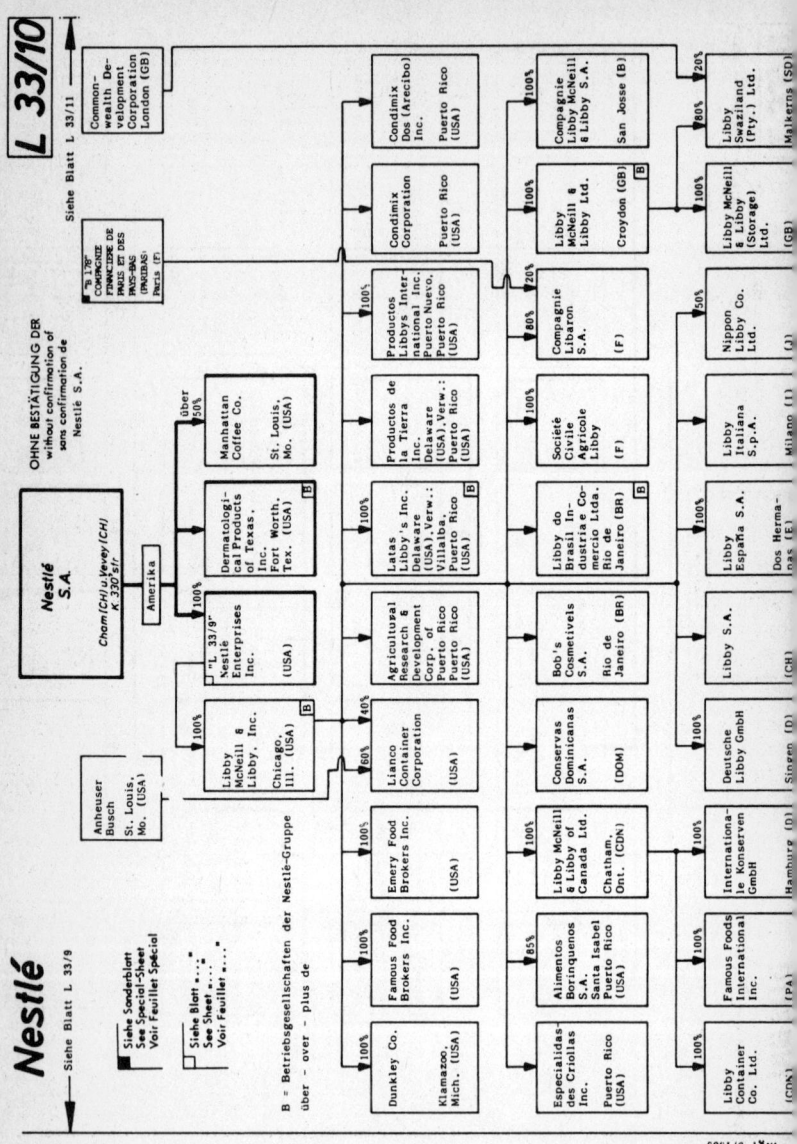

Nestlé

Siehe Blatt L 33/9

■ Siehe Sonderblatt
  See Special-Sheet
  Voir Feuillet Spécial

□ Siehe Blatt ....:
  See Sheet ....:
  Voir Feuillet ....:

B = Betriebsgesellschaften der Nestlé-Gruppe

über - over - plus de

Siehe Blatt L 33/11

Nestlé S.A.
Cham (CH) u. Vevey (CH)
K. 330 sfr.

OHNE BESTÄTIGUNG DER
without confirmation of
sans confirmation de
Nestlé S.A.

Anheuser Busch, St. Louis, Mo. (USA)

Nestlé Enterprises Inc. (USA) — "L 33/9"

Libby McNeill & Libby, Inc. (USA) — B — 100%

Amerika

Dermatological Products of Texas, Inc., Fort Worth, Tex. (USA) — B

Manhattan Coffee Co., St. Louis, Mo. (USA) — über 50%

"B 176" COMMERZIE FINANZIERE DE PARIE DES PAYS-BAS (PARIBAS), Paris (F)

Commonwealth Development Corporation, London (GB)

| Dunkley Co., Klamazoo Mich. (USA) | Famous Food Brokers Inc. (USA) | Emery Food Brokers Inc. (USA) | Agricultural Research & Development Corp. of Puerto Rico, Puerto Rico (USA) | Latas Libby's Inc. (USA) (Delaware Verw.: Villalba, Puerto Rico (USA)) — B | Productos de la Tierra Inc. (Delaware (USA), Verw.: Puerto Rico (USA)) | Productos Libbys International Inc. Puerto Nuevo, Puerto Rico (USA) | Condimix Corporation Puerto Rico (USA) | Condimix Dos (Arecibo) Inc. Puerto Rico (USA) |

100% ... 100% ... 100% ... 40% ... 100% ... 100% ... 100% ... 100%

| Especialidas des Criollas Inc. Puerto Rico (USA) | Alimentos Borinquenos S.A. Santa Isabel Puerto Rico (USA) | Libby McNeill & Libby of Canada Ltd. Chatham, Ont. (CDN) | Conservas Dominicanas S.A. (DOM) | Bob's Cosmetiveis S.A. Rio de Janeiro (BR) | Libby do Brasil Industria e Comercio Ltda. Rio de Janeiro (BR) — B | Société Civile Agricole Libby (F) — B | Compagnie Libaron S.A. (F) | Compagnie Libby McNeill & Libby S.A. San Josse (B) |

100% ... 85% ... 100% ... 100% ... 100% ... 100% ... 100% ... 80% ... 20% ... 80%

60% — Lianco Container Corporation (USA)

| Libby Container Co. Ltd. (CDN) | Famous Foods International Inc. (PA) | Deutsche Libby GmbH Singen (D) | Libby S.A. (CH) | Libby España S.A. Dos Hermanas (E) | Libby Italiana S.p.A. Milano (I) | Nippon Libby Co. Ltd. (J) | Libby McNeill & Libby Ltd. Croydon (GB) — B | Libby McNeill & Libby (Storage) Ltd. (GB) | Libby Swaziland (Pty.) Ltd. Malkerns (SD) |

100% ... 100% ... 100% ... 100% ... 50% ... 100% ... 80% ... 20%

| Internationale Konserven GmbH Hamburg (D) |

l.fg. 5/1985

Nestlé

Siehe Blatt L 33/10

Siehe Blatt L 33/12

OHNE BESTÄTIGUNG DER
without confirmation of
sans confirmation de
Nestlé S.A.

B = Betriebsgesellschaften der Nestlé-Gruppe

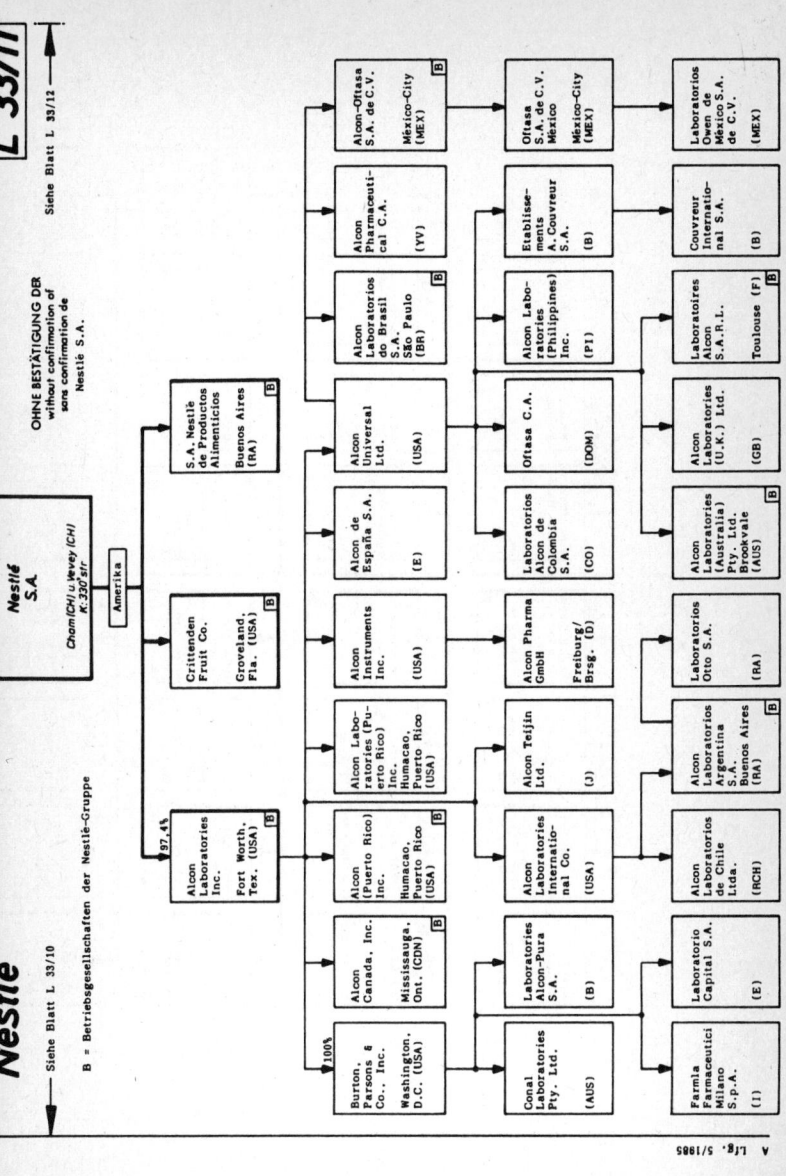

Nestlé

Siehe Blatt L 33/11

B = Betriebsgesellschaften der Nestlé-Gruppe

Über – over – plus de

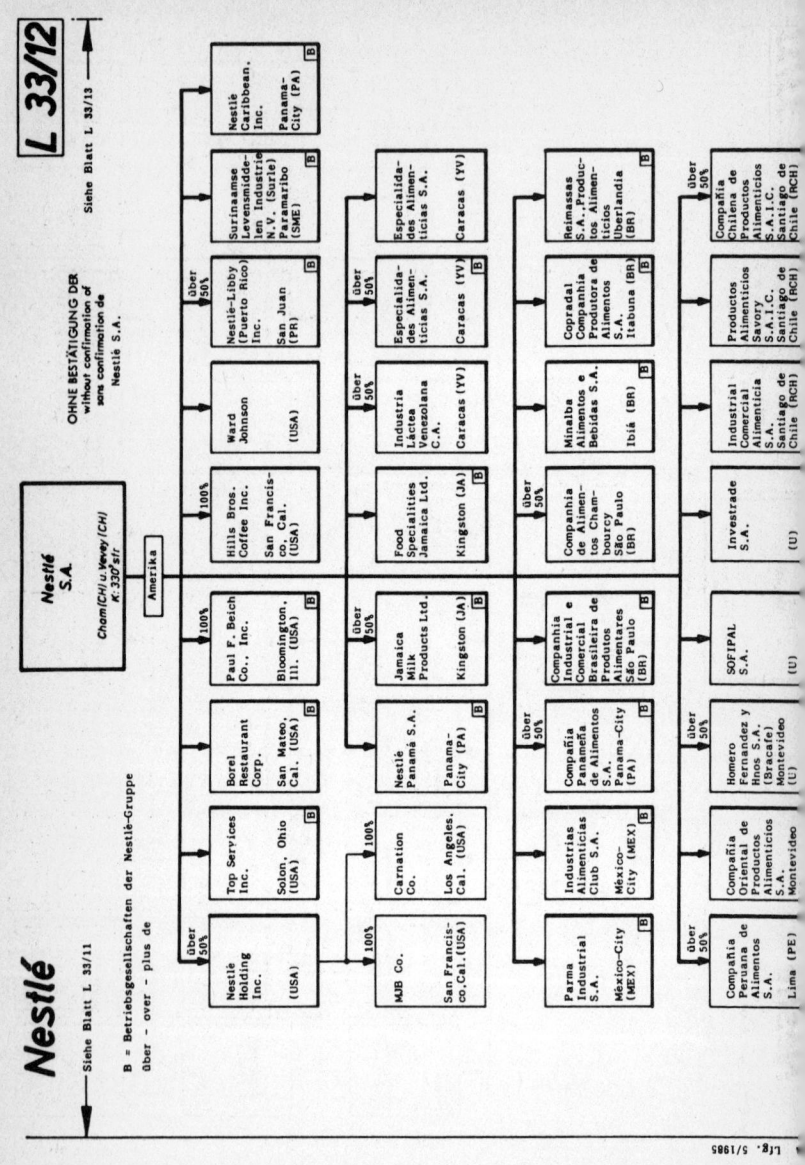

Siehe Blatt L 33/13 ———▸

OHNE BESTÄTIGUNG DER
without confirmation of
sons confirmation de
Nestlé S.A.

396

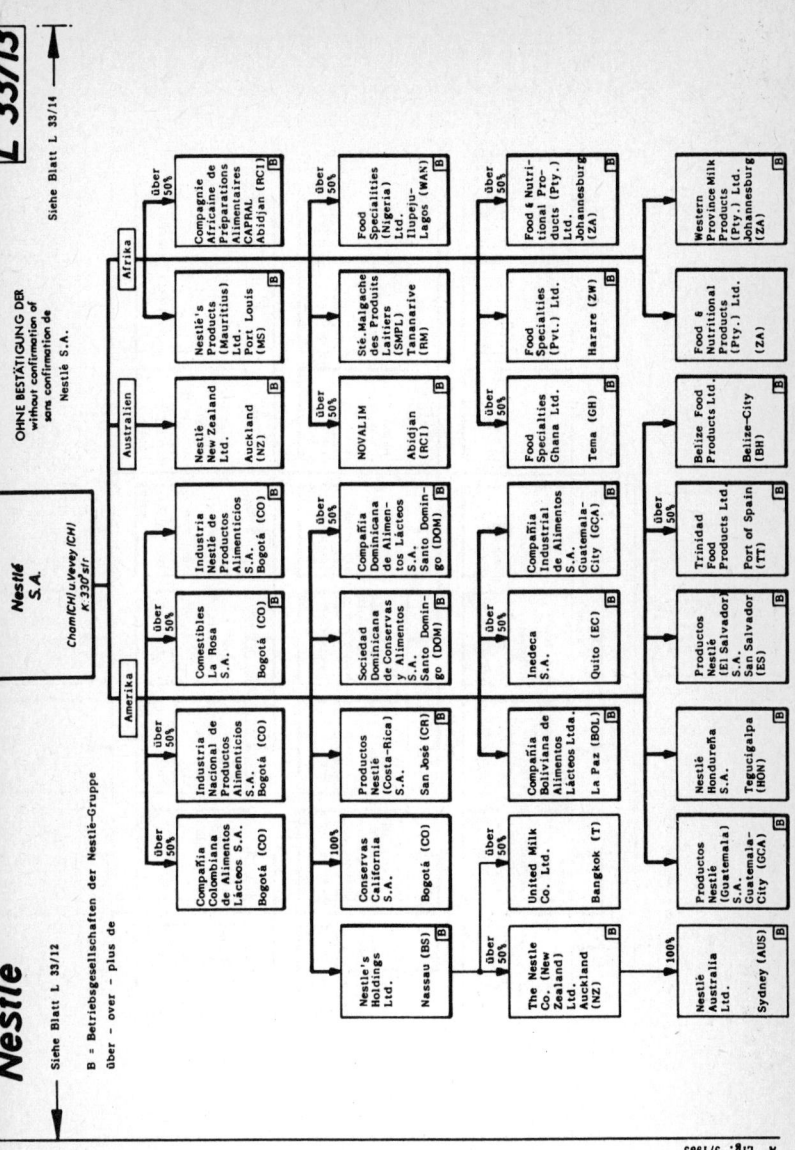

Nestlé

B = Betriebsgesellschaften der Nestlé-Gruppe

über - over - plus de

Nestlé S.A.

Cham(CH)u.Vevey(CH) K.330 Str.

OHNE BESTÄTIGUNG DER
without confirmation of
sans confirmation de
Nestlé S.A.

Amerika

über 50%	über 50%	100%	über 50%	über 50%	über 50%	über 50%
Compañía Colombiana de Alimentos Lácteos S.A. Bogotá (CO)	Industria Nacional de Productos Alimenticios S.A. Bogotá (CO)	Conservas California S.A. Bogotá (CO)	Productos Nestlé (Costa-Rica) S.A. San José (CR)	Comestibles La Rosa S.A. Bogotá (CO)	Industria Nestlé de Productos Alimenticios S.A. Bogotá (CO)	

Nestlé's Holdings Ltd. Nassau (BS) B

über 50%	über 50%	über 50%	über 50%
United Milk Co. Ltd. Bangkok (T)	Compañía Boliviana de Alimentos Lácteos Ltda. La Paz (BOL)	Sociedad Dominicana de Conservas y Alimentos S.A. Santo Domingo (DOM) B	Compañía Dominicana de Alimentos Lácteos S.A. Santo Domingo (DOM) B

The Nestle Co. (New Zealand) Ltd. Auckland (NZ) B

100%		über 50%	über 50%
Productos Nestlé (Guatemala) S.A. Guatemala-City (GCA)	Productos Nestlé Hondureña S.A. Tegucigalpa (HON)	Productos Nestlé (El Salvador) S.A. San Salvador (ES)	Inedeca S.A. Quito (EC)

Nestlé Australia Ltd. Sydney (AUS) B

		über 50%	über 50%
Productos Nestlé S.A. Guatemala-City (GCA)	Belize Food Products Ltd. Belize-City (BH) B	Trinidad Food Products Ltd Port of Spain (TT) B	Compañía Industrial de Alimentos S.A. Guatemala-City (GCA) B

Australien

Nestlé New Zealand Ltd. Auckland (NZ) B

NOVALIM Abidjan (RCI) B

Food Specialties Ghana Ltd. Tema (GH) B

Afrika

	über 50%
Nestlé's Products (Mauritius) Ltd. Port Louis (MS) B	Compagnie Africaine de Préparations Alimentaires CAPRAL Abidjan (RCI) B

	über 50%
Sté Malgache des Produits Laitiers (SMPL) Tananarive (RM) B	Food Specialties (Nigeria) Ltd. Ilupeju-Lagos (WAN) B

	über 50%
Food Specialties (Pvt.) Ltd. Harare (ZW) B	Food & Nutritional Products (Pty.) Ltd. Johannesburg (ZA) B

Food & Nutritional Products (Pty.) Ltd. (ZA) B	Western Province Milk Products (Pty.) Ltd. Johannesburg (ZA) B

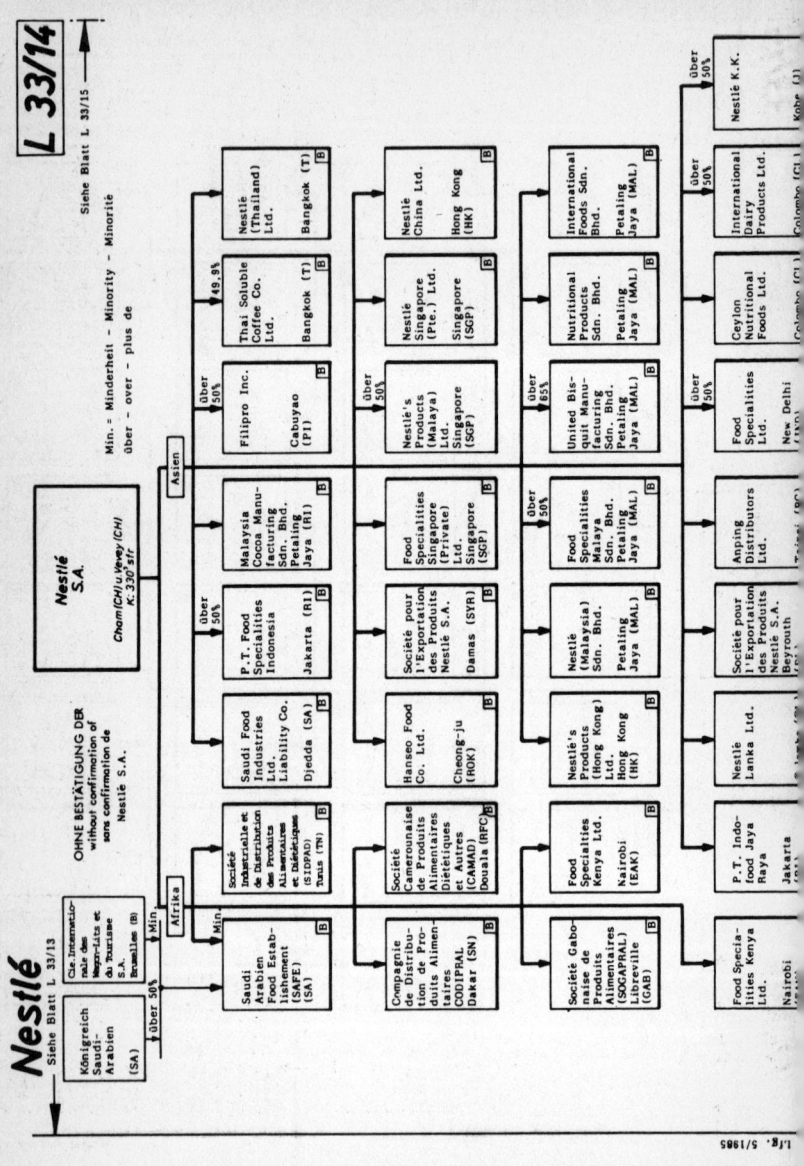

Nestlé

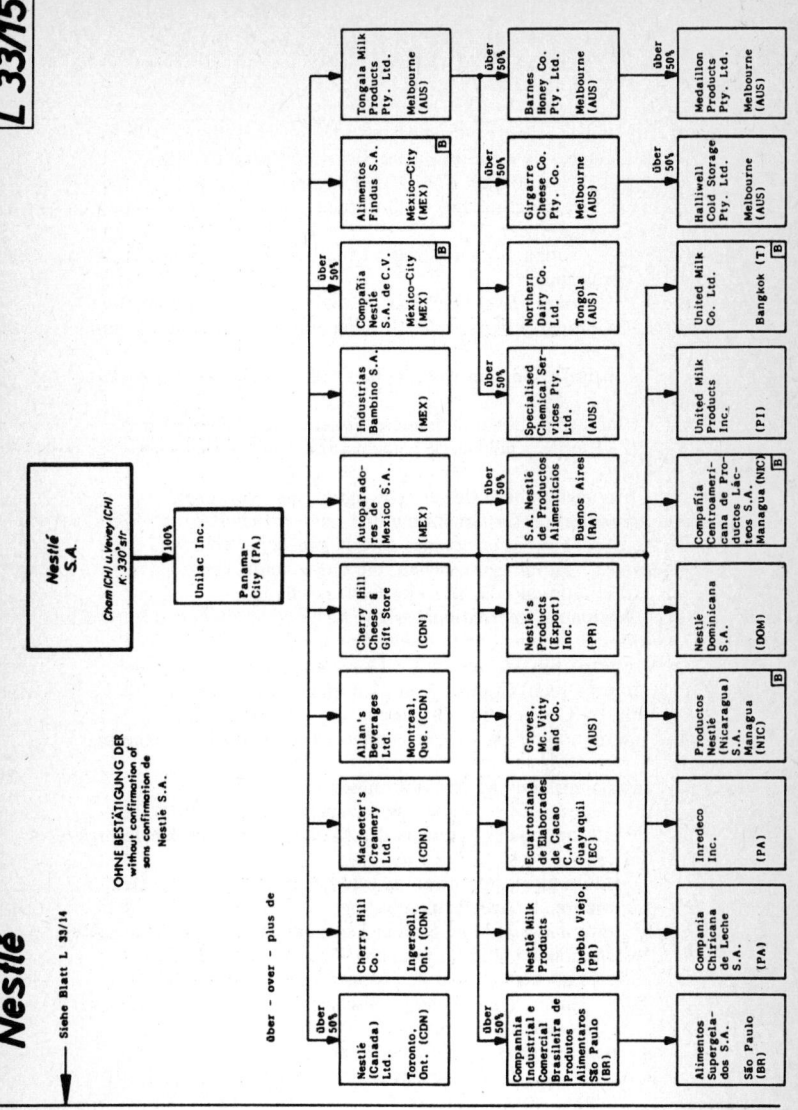

→ Siehe Blatt L 33/14

OHNE BESTÄTIGUNG DER
without confirmation of
sans confirmation de
Nestlé S.A.

über – over – plus de

Nestlé S.A.
Chem.(CH) u.Verw.(CH)
K. 330 sfr.

über 100%

Unilac Inc.
Panama-City (PA)

über 50%

| über 50% | | | | | | über 50% | über 50% | über 50% | über 50% |

Nestlé (Canada) Ltd.
Toronto, Ont. (CDN)

Cherry Hill Co.
Ingersoll, Ont. (CDN)

Macfeeter's Creamery Ltd.
(CDN)

Allan's Beverages Ltd.
Montreal, Que. (CDN)

Cherry Hill Cheese & Gift Store
(CDN)

Autoparadores de Mexico S.A.
(MEX)

Industrias Bambino S.A.
(MEX)

Compañía Nestlé S.A. de C.V.
México-City (MEX) [B]

Alimentos Findus S.A.
México-City (MEX) [B]

Tongala Milk Products Pty. Ltd.
Melbourne (AUS)

über 50%

Compañia Industrial Comercial Brasileira de Produtos Alimentaros São Paulo (BR)

Nestlé Milk Products
Pueblo Viejo. (PR)

Ecuartoriana de Elaborados de Cacao C.A.
Guayaquil (EC)

Groves, Mc. Vitty and Co.
(AUS)

Nestlé's Products (Export) Inc.
(PR)

über 50%

S.A. Nestlé de Productos Alimenticios
Buenos Aires (RA)

Specialised Chemical Services Pty. Ltd.
(AUS)

Northern Dairy Co. Ltd.
Tongala (AUS)

über 50%

Girgarre Cheese Co. Pty. Co.
Melbourne (AUS)

Barnes Honey Co. Pty. Ltd.
Melbourne (AUS)

über 50%

Alimentos Supergelados S.A.
São Paulo (BR)

Compania Chiricana de Leche S.A.
(PA)

Inredeco Inc.
(PA)

Productos Nestlé (Nicaragua) S.A. Managua (NIC) [B]

Nestlé Dominicana S.A.
(DOM)

Compañia Centroamericana de Productos Lácteos S.A.
Managua (NIC) [B]

United Milk Products Inc.
(PI)

United Milk Co. Ltd.
Bangkok (T) [B]

über 50%

Halliwell Cold Storage Pty. Ltd.
Melbourne (AUS)

über 50%

Medaillon Products Pty. Ltd.
Melbourne (AUS)

Abkürzungsverzeichnis

BIT: Internationales Arbeitsamt = ständiges Sekretariat der ILO.

CEDER: Centro de estudios para el desarrollo rural (Mexiko).

CEEIM: Centre européen d'étude et d'information sur les sociétés multinationales (Europäisches Studien- und Informationszentrum über die multinationalen Gesellschaften).

CICOBRA: Companhia industrial e Comercial Brasileira de productos alimentares (Brasilien).

CICOLAC: Compañia colombiana de alimentos lácteos (Kolumbien).

CODAL: Compañia dominicana de alimentos lácteos (Dominikanische Republik).

EG: Europäische Gemeinschaft, früher EWG: Europäische Wirtschaftsgemeinschaft.

ENCI: Empresa nacional de comercialización de insumos (Peru).

EPCHAP: Empresa pública de comercialización de harina y aceite de pescado (Peru).

EPSA: Empresa pública de servicios agropecuarios (Peru).

FAO: Organisation für Ernährung und Landwirtschaft der UNO.

FONGALES: Fondos nacionales para la ganadería lechera (Peru).

GESPARAL: Holdinggesellschaft, die Oréal kontrolliert.

IBFG: Internationaler Bund freier Gewerkschaften.

IBRD: Weltbank (Internationale Bank für Wiederaufbau und Entwicklung).

ICD: Industry Council for Development.

ICDA: International Coalition for Development Action (Brüssel).

ICIFI: International Council for Infant food Industries (Zürich).

ICP: Industry Cooperative Programme

IDA: Internationale Entwicklungsorganisation (zur Weltbankgruppe gehörend).

IDB: Interamerikanische Entwicklungsbank.

IDEMA: Instituto de mercadeo agropecuario (Kolumbien).

IFBAN: Internationales Netzwerk der Aktionsgruppen für Kinderernährung (Genf).

ILET: Instituto latinoamericano de estudios transnationales (Mexiko).

ILO: Internationale Arbeitsorganisation.

IMEDE: International Management Development Institute (Lausanne).

IMF: Internationaler Währungsfonds (Washington).

INCACAO: Fabrica nacional de productos de cacao (Ecuador).

INDULAC: Ehemalige Tochtergesellschaft von Nestlé in Venezuela, nationalisiert. Auch Konkurrenzfirma von CODAL, Tochtergesellschaft von Nestlé-Carnation in der Dominikanischen Republik.

INEDECA: Nestlé-Tochtergesellschaft in Ecuador.

INFACT: Infant Formula Action Coalition (Minneapolis, USA).

INPA: Industria nacional de productos alimenticios SA, Tochtergesellschaft von Nestlé (Kolumbien).

IRM: Institut de recherche et d'information sur les multinationales (Paris, Forschungs- und Informationsinstitut über multinationale Gesellschaften).

NESTEC: Technischer Beratungsdienst von Nestlé (Vevey).

NIFAC: Nestlé Infant Formula Audit Comission (USA).

OECD: Organisation für wirtschaftliche Zusammenarbeit und Entwicklung (Paris).

PERULAC: Compañia peruana de alimentos SA (Peru).

PROLACSA: Compañia centroamericana de productos lácteos SA (Nicaragua).

SAM: Sistema alimenticio mexicano (Regierungsprogramm, Mexiko).

SARH: Secretaria de agricultura y de recursos hidraulicos (Mexiko).

SINTRACICOLAC: Sindicato de trabajadores de Cicoloac (Kolumbien).

SITRACODAL: Sindicato de trabajadores de Codal (Dominikanische Republik).

TNK: Transnationaler Konzern.

UNCTAD: Welthandelskonferenz (United Nations Conference on Trade and Development).

UNDP: United Nations Development Programme.

UNIDO: UNO-Organisation für Industrielle Entwicklung (Wien).

UNITA: Union internationale des travailleurs de l'alimentation (Internationaler Verband der Werktätigen der Nahrungsmittelindustrie, Genf).

WHO: Weltgesundheitsorganisation (UNO-Unterorganisation, Genf).

Bibliographie

1. Bücher und Artikel über transnationale Konzerne und über den agro-industriellen Komplex

Arroyo, Gonzalo, Bases théoriques et méthodologiques d'un projet, Cahiers de recherches No 1, Transnationales et agriculture, CETRAL, Paris 1979, 97 S.
— Les firmes transnationales et l'agriculture en Amérique Latine, Paris, Anthropos, 1980.
— "Les entreprises transnationales et l'agriculture en Amérique Latine", in: Amérique Latine No 1, CETRAL, Paris, Jan.—März 1980, S. 47—83.

Barkin, David, "El impacto del agrobusiness en el desarrollo rural", in El desarrollo agroindustrial; Problemas y perpectivas en América Latina, SARH, México, S. 213—233.

Clark, John, Milking whom? A Study of Europe's Leading agricultural sector and its effects on European and Third World Food systems, ICDA, 1979, 71 S.

Comisión sobre la participación de las iglesias en el Desarrollo (CCPD) Conseil Oecuménique des Eglises, "La transnacionalización de América Latina y la Misión de las Iglesias", Consulta latinoamericana sobre Empresas Transnacionales, Itaici, Sao Paulo, Brasil, 1. Oktober 1980, 58 S.
auf englisch: "The Transnationalization of Latin America and the Mission of the Churches", in Sharing No 5, WCC Programme on Transnational Corporations, August 1981, Genf, 45 S.

CRIAD/FRPL, Nos excédents laitiers: chance ou danger pour le Tiers-Monde?, Lyon, 1981, 125 S.

Dumont, René/Mottin M.F., Le mal-développement en Amérique Latine, Paris, Seuil, 1981, 281 S.
— Les multinationales de l'agroalimentaire en Amérique Latine, Mexique, Colombie, Brésil, document de travail présenté à l'IRM, Paris, Mai—Dez. 1980.

Erklärung von Bern, Die Unterwanderung des UNO-Systems durch multinationale Konzerne, Auszüge aus internen Protokollen und Briefwechseln, Zürich 1978, 62 S.

Fajnzylber, Fernando, "Las empresas transnacionales y el 'Collective self-reliance'", in El Trimestre económico, México 1976, S. 879—921.

Feder, Ernest, "Les aspects négatifs de l'agro-industrie étrangère dans les pays du Tiers-Monde", in Problèmes économiques, Dez. 1976, S. 11—14.

Franko, Lawrence G., The European Multinationals. A Renewed Challenge to American and British Big Business, London, Harper and Row, 1976, 276 S.

Garreau, Gérard, L'agrobusiness, Paris, Calmann-Lévy, 1977, 302 S.

GATT, le marché mondial des produits laitiers, Genf, 29. Okt. 1982, 89 S.

George, Susan, Wie die andern sterben. Die wahren Ursachen des Welthungers, erw. Neuauflage, Berlin, rotbuch, 1980, 232 S.

Hoepflinger, François, Das unheimliche Imperium. Wirtschaftsverflechtung in der Schweiz, 3. Aufl., Zürich 1980, 292 S.

ICDA, Challenging Transnationals. And how Transnationals react to their critics, International Coalition for Development Action, Brüssel, März 1983, 54 S.

IDOC, "The Forbidden Fruit", An Annotated Bibliography on Agrobusiness and Food Problems, IDOC, Rom, vervielfältigt, April 1981, 41 S.

Jacoby, Erich H., "Les sociétés multinationales et le développement du Tiers Monde. Une influence croissante dans le système des Nations Unies", in Le Monde Diplomatique, Juli 1976, S. 4/5.

Murray, Robin (Hg.), Multinationals beyond the Market. Intra-Firm Trade and Control of Transfer Pricing, The Harvester Press, Sussex, England, 1981, 335 S.

OECD, Prix de transfert et entreprises multinationales, OECD, Paris 1979, 106 S.

Perroux, François, "Les firmes transnationales et l'Amérique Latine", in Problèmes économiques, 12. Juli 1978, S. 2—10.

Plasschaert, Sylvain R.F., Les prix de transfert et les entreprises multinationales, Paris, PUF/CE-EIM, 1979.

Trajtenberg, Raul/Vigorito, Raul, "Economía Política en la Fase Transnacional, Reflexiones preliminares", in Comercio Exterior, Mexico, Bd. 32, No 7, Juli 1982, S. 712—726.

Trajtenberg, Raul, Un enfoque sectorial para el estudio de la penetración de las transnacionales en América Latina, DEE/D/1 ILET, México, 1977, 30 S.

UNCTAD, La transformation du cacao avant exportation: domaines ouverts à la coopération internationale, Genf 1981, TD/B/C.1/PSC/18.
— Définition d'un cadre de politique pour le transfert, l'application et le développement de la technologie dans le secteur de l'industrie alimentaire, 1. April 1982, Genf, TD/B/C.6/AC.6/3.
— Rapport de la table ronde sur le rôle des sociétés transnationales dans l'intégration latino-américaine, Lima, Peru, 12.—16. Juni 1978, TD/B/C.7/29, 7. Februar 1979.
— Problèmes et questions concernant le transfert, l'application et le développement de la technologie dans le secteur de l'industrie alimentaire, ananas et manioc Thailand, TD/B/C.6/AC.6/6, 6. April 1982.
— Transformation des produits alimentaires en Guyane: développement et problèmes technologiques, CNUCED/TT, 1982.

3. Veröffentlichungen von Nestlé

— L'alimentation infantile dans les pays en développement, Quelques considérations sur la contribution de Nestlé, Société d'Assistance technique pour produits Nestlé, Lausanne 1977, 32 S.
— Recherche scientifique et développement technologique 1981, NESTEC-Société d'Assistance technologique pour produits Nestlé, Lausanne.
— En 1866 à Vevey... Relations économiques, Vevey, ohne Jahr, 24 S.
— Nestlé et l'alimentation infantile dans les pays en développement. Constantes et évolutions, Vevey, Febr. 1979, 25 S. und Anhang.
— Donner la vie, Vevey 1976.
— Fondation Nestlé, Dix ans d'activités de la fondation Nestlé en Côte d'Ivoire, 1969—1979, Lausanne 1979, 13 S.
— Code international de l'OMS pour la commercialisation des substituts du lait maternel. Instructions pour toutes les compagnies du Groupe Nestlé et pour les agents et les distributeurs qui commercialisent des formules diététiques infantiles sous des marques de commerce propriété du Groupe Nestlé, Vevey, Febr. 1982, 34 S.
— Jahresberichte, 1971—1985.
— L'entreprise multinationale à l'exemple de Nestlé, Vevey 1980.
— Nestlé in den Entwicklungsländern, Vevey 1975, 229 S.
— Nestlé en Inde, Retombées d'une implantation industrielle, Oktober 1984, 23 S.
— Nestlé au Brésil, Retombées d'une implantation industrielle, Oktober 1984, 15 S.
— Rencontre d'automne avec la presse, 18. Nov. 1981 und 10. Nov. 1982.
— Déclaration de M. Pierre Liotard-Vogt, Président et Administrateur délégué de Nestlé Alimentana devant le groupe de personnes éminents du Conseil Economique et Social des Nations-Unies, Genf, Mittwoch, den 7. November 1973.
— Nestlé AG, Ansprachen der Präsidenten des Verwaltungsrates an die Generalversammlungen der Aktionäre, verschiedene Jahre.

4. Bücher und Artikel über Milchpulver und Säuglingsnahrung

Allain, Annelies, "Win a battle... and loose the war...", in: Challanging transnationals, ICDA, Brüssel, März 1983.

Baby Milk Action Coalition, Just like mother's milk, Cambridge, UK, 1978, 16 S.

Borgoltz, Pierre, "Economic and Business aspect of Infant Formula Promotion: Implication for Health Profesionals", S. 158—203, in: D.B. Jelliffe und F.P. Jelliffe, Advances in international Maternal and Child Health, Bd. 2, Oxford University Press 1982, 218 S.

Chetley Andy, The Baby Milk Scandal, War on want, London 1979, 208 S.

Department Nutrition, Ministry of Health, Government of Zimbabwe, Baby Feeding, Behing and Towards a Health Model for Zimbabwe, Harare 1981, 62 S.

Dossier IBFAN, "L'allaitement maternel, de la théorie à la pratique", Nov. 1982, "Breaking the Rules", Mai 1982 und Dez. 1982.

Duve, Freimut (Hg.), Exportinteressen gegen Muttermilch, eine Dokumentation der Arbeitsgruppe Dritte Welt Bern, Reinbek 1976, 136 S.

INFACT news und INFACT update.

IBFAN und INFACT, Pressecommuniqués.

Marché international des poudres de lait destinées à l'alimentation humaine, Bd. II, La demande dans 59 pays en voie de développement, Centre français du commerce extérieur, Paris, November 1982.

Melrose, Diana, The great Health Robbery, Baby Milk and Medicines in Yemen, Oxfam, Public Affairs Unit, Oxford 1981, 50 S.

Pereira, Adys, Alimentación infantil, Negocio con la salud del niño panameño? CEASPA, Panama, Estudios de la realidad, Panama 1980, 156 S.

WHO/UNICEF, Joint WHO/UNICEF Meeting on infant and young child Feeding, Genf, 9.—12. Okt. 1979, 55 S.

Dokumentation über den agro-industriellen Komplex und Nestlé nach Ländern

Peru

Balbi, Carmen Rosa, La leche: transnacionales y consumo popular, CEDAL (Centro de assesoria laboral), Lima, Perú, Dez. 1980, 63 S.
— La problemática lechera en el Perú, CEDAL, Lima, Perú, Mai 1979, 24 S.

Bolle, Sylvie, PERULAC. Processo de producción y acumulación, Mai 1977, 11 S.

CETRAL, "Quelques exemples typiques de firmes et de produits", in: A. Latine, Vetral, Paris, Jan.—März 1980, S. 63—73.

Eslava, Arnao José, PERULAC: sus unfluencias socio-económicas en la Provincia de Cajamarca, Dpto. de estudio e investigación social, doc. Nr. 10, Cajamarca.

Gonzalez, Vigil Fernando, Le capital étranger et le transfert de technologies dans l'industrie alimentaire au Pérou, UNCTAD, Dakar-Alger, 1.—20. Okt. 1979.
— "Perú: capital extranjero y transferencia de tecnología en la industria alimentaria", in: Comercio Exterior, Bd. 32, Nr. 1, México, Januar 1982, S. 70—83.

Gonzales, Vigil Fernando/Parodi Zevallos, Carlos/Tume Torres, Fabian, El complejo de lácteos en el Perú, ILET/DEE/D 44 e, México, Jan. 1981, vervielfältigt, 390 S.

I Convención Nacional de Fongales, Conclusiones, Concepción, 14.—17. März 1979, Juni, 63 S.

INC-OIC, "Informe del convenio INP-CET, sobre las empresas transnacionales y la importación de tecnologías en la industria de alimentos del Perú 1969—76", Informe Nr. 028—78/INP/OIC, 35 S.

Junta del acuerdo de Cartagena, Perú. Produción, comercialización y procesamiento de leche y productos lácteos, 10. Okt. 1978, 72 S.

Lajo Lazo, Manuel, El país de la leche evaporada. Transnacionales y Sistema Alimentario de los Paises Periféricos en Base al Ejemplo de Nestlé en el Perú, Univ. of East Anglia, England, Dez. 1980.

— "Nacionalicemos la producción alimentica", in: Revista Marka, Lima, Perú, 13. Dez. 1979, SS. 16, 17, 27.
— "Transnacionales y alimentación en Perú. El caso de la leche", in: Comercio Exterior, Bd. 29, Nr. 10, México, Okt. 1979, S. 1094—1099.
— "Carnation y Nestlé en el Perú", in: El desarrollo Agroindustrial y la economía latinoamericana, Bd. II, Doc. de trab. para el desarr. agroind., Nr. 5, SARH, Mexiko 1981, S. 239—270.
— "Transnacionales y alimentación en el Perú: el caso de la leche", in: Notes du GEREI, Nr. 6, Juni 1978, S. 21—29.
— "Peru: monopolio y vulnerabilidad alimentaria", in: Comercio Exterior, México, Bd. 32, Nr. 1, Jan. 1982, S. 84—98.
— Rapport à la Cnuced sur l'industrie et la technologie alimentaire au Péru, Genf 1982, 4 Bd.
— Alternativa agraria y alimentaria, CIPCA, Piura, Perú, April 1983.

El Ministerio de Desarrollo del Exterior del Reino Unido y El Gobierno del Peru, El Sistema de precios de la leche en Perú, März 1979, 73 S.

Madörin, Kurt, "Agrokonzerne. Alternative zur Agrarreform? Zum Beispiel Nestlé in Brasilien, Peru und Kolumbien", in: Solidarität, Sept. 1981.

Taylor, Lewis, The Rise of Medium-scale Dairy Farming in the department of Cajamarca, 1940—1984, vervielfältigt, Center of Latin-American Studies, University of Cambridge, Juli 1984, 73 S.

UNCTAD, Technologie alimentaire au Péru, en collaboration avec Manuel Lajo Lazo, Genf, 5. April 1982 TD/B/C.6/AC.6/14.

Mexiko

Barkin, David, "El problema ganadero resultado de la modernización agropecuaria", in: El desarrollo agroindustrial y la economía campesina, Documentos de trabajo para el desarrollo agroindustrial, Nr. 2, SARH, Mexiko, S. 59—66.
— "Desarrollo regional y reorganización campesina. La Chontalpa como reflejo del gran problema agropecuario mexicano", Comercio Exterior, México, Bd. 27, Nr. 12, Dez. 1977, S. 1408—1417.
— Desarrollo regional y reorganización campesina. La Chontalpa como reflejo del problema agropecuario mexicano, Centro de ecodesarrollo, Editorial Nueva Imagen, 1978, 176 S.

Batra, Armando, "Colectivización o proletarización: el caso del plan Chontalpa", in: Cuadernos Agrarios, Nr. 4, México, Okt.—Dez. 1976, S. 56—110.

Begle, Claude R., Effets d'un investissement de Nestlé sur le développement. Le cas de Chiapas, Mexique, Diss., HEC, Univ. Lausanne, Imprimerie de la Concorde, Lausanne 1976, 234 S.

Bertolami, Silvio, "Desinformation, Manipulation, Fehleinschätzungen. Der 'Experte' Toni Hagen", in: Südwind 4/81, S. 6—8.
— Leserbrief. Berichtigung des Artikels von Toni Hagen in NZZ vom 4. März 1981.
— Halbgötter, Giftkriege und Kondensmilch, Z-Verlag, Basel 1983, 154 S.

Botzman, M., Notes de terrain, Ceder, México.

Chavez Villasana, Adolfo, "Algunos datos sobre la alimentación nacional", in: Desarrollo agroindustrial y alimentación, Documentos de trabajo para el Desarrollo Agroindustrial 4, SARH, Mexico, S. 43—60.

Domaine Public, "Nestlé au Mexique", Nr. 238, 30. August 1973.

Domike, Arthur/Rodriguez, Gonzalo, Agroindustria en México. Estructura de los sistemas y oportunidades para empresas campesinas, CIDE, México, August 1976, Proyecto FAO/UNDP/ Secr. Ref. Agr.

Fernandez Ortiz, Luis Maria/Tarrio de Fernandez, Maria, Estructura agraria y capitalismo en México. El caso del ejido. Tesis doctorado, EPHESS Paris, 5 Bd., Dez. 1975.
— Modernización de la agricultura campesina ejidal y dependencia económica. Un estudio del Plan Chontalpa, in: Narxhi-Nandha (Copider), April 1977, Nr. 2, S. 28—77.
— und andere, Ganaderia y estructura agraria en Chiapas, März 1979.

405

Garcia Sordo, Maria, "Por un bote de 40 litros que Nestlé compra a campesinos de Veracruz, se hace reglar otros dos", in: Uno más uno, Dienstag, 29. Sept. 1981.

Hagen, Toni, "Entwicklungszusammenarbeit und privates Unternehmertum", in Neue Zürcher Zeitung, 4. März 1981.

Harrisson, Pierre, Agriculture parcellaire et capitalisme au Mexique, Diss., Ephess, Paris 1976, 775 S.

Iffland, Ch./Galland, H., Les investissements industriels suisses au Mexique, Centre de Recherches Européennes, Lausanne 1978.

Landaburu, Eneko, Commentaires: voyages Brésil et Mexique avril 1977, note interne au CEEIM, Brüssel, 24. Mai 1977, S. 26.

Lovera, Sara, "Una sola campanía transnacional controla el 85% de la producción de café soluble", in: Uno más uno, México, 26. März 1981.

Martinez Hernandez, Ifigenia/Ochoa Solano, Armando und andere, "Alimentación basica y desarrollo agroindustrial", in: Desarrollo Agroindustrial y Alimentación, Doc. de trab. para el desarr. agroind., Nr. 4, S. 79—94.

Mestries, Francis, "SAM: Una alternativa real?", in: Teoría y política, México, Jan.— März 1981, S. 146—169.

Montavon, Rémy, L'implantation de deux entreprises multinationales au Mexique, PUF/CEEIM, 1979, Paris, 168 S.
— Nestlés Arbeit in den Entwicklungsländern, dargestellt am Beispiel des Staates Chiapas, Mexiko, Genf, Indevsa, 1973, 35 S.

Montes de Oca Lujan, Ma Elena/Escudero Columna, Gerardo, "Las empresas transnacionales en la industria alimentaria mexicana", in: Comercio Exterior, México, Sept. 1981, Bd. 131, Nr. 9, S. 986—1009.

Nestlé-Mexico, "Interview par Victor Manuel Juarez, "No somos tan malos como se nos retrata" dicen funcionarios de la transnfacional Nestlé", in: Uno más uno, Freitag, 25. September 1981, S. 9.

Perez Villaseñor, Javier, "El impacto de la educación y la investigación en el desarrollo tecnológico agroindustrial", Desarrollo agroindustrial, tecnologia y empleo, Doc. para desarr. agroind., Nr. 3, SARH, México, S. 77—90.

Presbyterian Church of the U.S., "Notes on an investigation of the Nestlé Company in Mexico", 1979.

Rapold, Dora, "Das Guichivere-Projekt" und "Kampf dem Milchdefizit Mexikos", in: Tagesanzeiger, Freitag, 18. Sept. 1981.

Restrepo, Ivan, "Desnutrición y transnacionales. La Chontalpa: un fracaso de dominación por Nestlé", in: Uno más uno, 24. Sept. 1981, S. AIC.
— "Desnutrición y transnacionales. La utilización de intelectuales por Nestlé.", in: Uno más uno, 25. Sept. 1981, S. 9.
— "Desnutrición y transnacionales. Consumidores de la Nestlé", in: Uno más uno, 23. Sept. 1981, S. 10.

Romero Ordorica, Salvador/Fuentes, Celso, "Desarrollo del Plan Chontalpa", in: Los problemas de organización campesina, Oaxtepec, Mexico 1975, S. 173—175.

Salazar, Marco-Antonio/Garaiz, Esteban M., "El Plan Chontalpa", in: Los problemas de la organización campesina, Oaxtepec, Mexico, Febr. 1975, S. 147—170.

Schatan, J., Food Systems and Society, UNRISD. 80/C.19, 1. Juli 1980, 58 S.

Wasserstrom, Robert, Nestlé in Mexiko: Hazardous to your Health. INFACT, Minneapolis, 1981.

UNCTAD/UNO, Technologie, commerce et sociétés transnationales dans l'industrie alimentaire au Mexique: monographie, Genf, 19. März 1982, TD/B/C.6/75TD/B/C.6/AC.6/2.

Dominikanische Republik

Bureau International du Travail. Conseil d'Administration. Deuxcent onzième rapport du comité de la liberté syndicale. 218e session, Genf, 17.—20. Nov. 1981, 121 S. (cas 1'044), und Bureau International du Travail, Deux cent dix-septième rapport du comité de la liberté syndicale, 220e session, Genf, Mai/Juni 1982 (cas 1'044).

Huntington, Deborah, In the land of milk for money. A look at the impact of the operations of Nestlé-Carnation in the Dominican Republic, Juni 1980, 34 S.
— Nestlé in the Dominican Republic, INFACT 1981.

SITRACODAL, Alto al la Agresión de la Transnacional NESTLE-CODAL al las leyes Dominicanas, Communiqué vom 27.4.1981.

Kolumbien

Departemento De Desarrollo Agropecuario, Colombia. Producción, comercialización y procesamiento de leche y productos lácteos, documento de trabajo, Januar 1979.

Kalmanovitz, Salomon, "La inversión extranjera en la economía de Colombia", in: El desarrollo agroindustrial y la economía latinoamericana, Doc. de trabajo para el desarr. agroind., Nr. 5, SARH, México 1981, S. 107—127.

"La mala leche de Cicolac", in: Alternativa, 28. Okt./10. Nov. 1974.

"La mentira de los buenos salarios", in: Alternativa 182/78.

"Las ganancias de Nestlé, el triple juego", in: Alternativa 181/78.

"Milking time in Colombia", in: Latin America Economic, 7. März 1975.

Gonzalez Echeverri, Dr., German und andere, "Intoxicación alimentaria por Bacilus Cereus en el servicio de neonatología de Hospital General de Medellin-Colombia", in: Revista ENPS, Medellin, Juli—Dez. 1977, S. 63—86.

Ministerio de Trabajo y Seguridad Social, Proyecciones de necesidades de leche para el período 1978—1990.

Reyes Posada, Alejandro, Le lait et la Nestlé en Colombie, Transnationales et agriculture, Cahier de Recherche Nr. 7, CETRAL, Paris 1979.
— "La economía lechera colombiana y la empresa transnacional Nestlé", in: El Desarrollo agroindustrial y la economía latinoamericana, Bd. II, documentos de trabajo para el desarr. agroind. Nr. 5, S. 81—99.

Samper Pizano, Daniel, "Negocios de mala leche", Leitartikel der Tageszeitung El Tiempo, Bogotá, 3. Sept. 1978, und "Requiem por unos bebes", Leitartikel der Tageszeitung El Tiempo, Bogotá, 5. Sept. 1978.

Sintracicolac, La multinacional Nestlé. Organización, funcionamiento y mecanismos de explotación de sus trabajadores y otras capas de población, Bogotá, Colombia, 19 S.
— Communiqué von Sintrocicolac, erschienen in der Tageszeitung El Tiempo, Bogota, 31. August 1978.
— Comité Intersyndical des travailleurs Nestlé. Communiqué Oktober 1981, enthaltend eine Fotokopie des Briefes von Dr. carlos Alvarez Pereira an Jorge Decubas, Geschäftsleiter der Conservas California de Barranquilla, 26. Mai 1981.
— Breve analisis sobre la substitución patronal entre las multinacionales Borden Inc y Nestlé, Valledupar, 7. Januar 1983.

Urrea, Giraldo, Fernando/Misas, Gabriel/Ramirez, Juan Carlos, "Lamultinacional Nestlé: Estructura de funcionamiento y mecanismos de explotación de sus trabajadores", Trabajo interno hecho por el Centro de Estudios Socioeconomicos CESE para el sindicato de Trabajadores de Cicolac, Bogotá, November 1978, 258 S. und statistische Anhänge.

Brasilien

Alves, Edgar Luis G., Milk supply and by-products in Brazil, Oktober 1980, vervielfältigt, 29 S.

Gomes de Almeida, Silvio, La Production du lait au Brésil, Cahier de recherche Nr. 9, CETRAL, Paris.

Fredericq, Antoinette, Produçao de leite no Brasil: o caso da Nestlé, Laboratorio de Estudios rurais, Dpto de Ciencia Politica da Universidade Federal de Minas Gerais, 102 S.
— "La producción de leche en Brasil. El caso Nestlé", in: El desarrollo agroindustrial y la economía latinoamericana, Bd. II, Documentos de trabajo para el desarrollo agro-ind. Nr. 5, Bd. II, S. 11—54.
— La production du lait au Brésil. Le cas Nestlé, Cahiers de recherches sur l'Amérique Latine, série I, Transnationales et Agriculture, Nr. 9, CETRAL, Paris, 135 S.
— A "BABA" do Brasil. Algunas informações sobre a Nestlé e seus fornecedores de leite", in: Cuadernos do CEAS Nr. 67, S. 22—33.

Landaburu, Eneko, Commentaires: Voyage Brésil et Mexique, April 1977, note interne au CE-EIM, Brüssel, 24. Mai 1977, 26 S.

Malher, A., "Industrialização e comercialização de alimentos", Konferenz an der Höheren Kriegsschule, Rio de Janeiro, Juli 1981.
— "A Dinâmica socio-economica e de integração da Nestlé na vida brasileira", Vortrag gehalten am 2. Februar 1982.

Monteiro, Carlos, A., "The harmful activity of the multinational food producing corporations on the child nutrition in Brazil through its destructive effects on the organization of pasteurized milk for immediate consumption", paper for workshop on "Rethinking Infant Nutrition Policies under Changing Socio-Economic Conditions", Oslo, Norwegen, 25. Nov.—2. Dez. 1980.

Muller, Geraldo, Brasil: las empresas transnacionales en el complejo agroindustrial de ganadería lechera, ILET/D/35/e, Mexico, März 1980, vervielfältigt, 45 S.

"Como a Nestlé lmantèn seu poder", in: O Sao Paulo, Brasil, August 1981.

Oliveiro, Roldao de, "Canned Hunger: squashing the Weak Ones".

Ribeiro Dias, Lia A., A "Ciencia" para impor o leite im pó, in: Movimento 28-1-80, Sao Paulo, Brasil.

Sampaio, Plinio, "El capital agroindustrial extranjero en Brasil, in: El desarrollo agroindustrial y la economía latino-americana, Bd. I, SARH, Mexico, S. 79—105.

Télévision Suisse Romande, "Nestlé: Les missionaires de l'alimentaire", Temps présent, 28. April 1983. Realisiert von Marc Schindler und Bernhard Romy.

"Ballarin (Senhor Nestlé): lucro baixo impede capital abierto", in Banas Informa, 15. September 1969.

Ministry of Health, "Some findings of a Research Project on the Impact of Dietary Habits on the Nutritional Condition of Nursing Infants and Preschool Children Sâo Paulo", Brasilia, April 1980.

Entwicklung der Konsumentenpreise

Land	durchschnittliche Wachstumsrate der Preise in % pro Jahr 1950-77			jährlicher Index 1975 = 100 (1970-82)												
	1950-1960	1960-1970	1970-1977	1970	1971	1972	1973	1974	1975	1976	1977	1978	1979	1980	1981	1982
MEXIKO	7,4	2,6	15,0	56,7	59,6	62,6	70,2	86,8	100	115,8	149,5	175,4	207,4	262,1	335,2 (Okt.)	639,5
KOLUMBIEN	6,8	12,0	20,4	44,2	47,8	54,2	65,5	81,3	100	120,2	160,0	188,4	235,0	297,3	379,0	
PERU	7,8	10,1	18,2	55,2	59,0	63,2	69,2	80,9	100	133,5	184,3	290,9	484,9	772,0	1'354,0	2'604,0 (Okt. 82)
BRASILIEN	—	47,3	25,9	38,5	46,2	53,9	60,7	77,5	100	142,0	204,0	283,0	432,2	790,2	624,2	
DOMINIKANISCHE REPUBLIK	0,6	1,9	11,4	59,6	62,2	67,1	77,2	87,4	100	107,8	121,7	126,0	137,5	160,6	172,7	184,6 (Juli)

Quellen: 1. Weltbank, World tables 1980.
2. Internationaler Währungsfonds, statistiques financière annuaire 1982, und International Financial Statistics, März 1983.

Entwicklung der Wechselkurse verschiedener nationaler Währungen zum US-Dollar 1950 – 1982

Land	1950	1955	1960	1965	1966	1967	1968	1969	1970	1971	1972	1973	1974	1975	1976	1977	1978	1979	1980	1981	1982
Mexiko (Pesos)	8,7	12,50 bis 1976												12,50	18,30	22,57	22,76	22,80	22,95	24,50	96,40
Kolumbien (Pesos)	1,95	2,50	6,25	9,87	12,93	14,09	16,03	17,22	18,35	20,08	22,01	23,88	27,10	31,20	34,97	36,99	39,09	42,55	47,28	54,49	69,76
Peru (Soles)	14,95	19,00	27,42	26,82	26,82	30,74	38,70 bis 1975							40,80	57,43	83,81	156,34	224,55	288,65	422,85	1091,70
Brasilien (Cruzeiros)	0,01	0,04	0,13	1,89	2,22	2,66	3,38	4,07	4,59	5,28	5,93	6,12	6,79	8,12	10,67	14,14	18,07	26,94	52,71	93,12	128,50
Dominikanische Republik (Pesos)	von 1950 bis 1983: 1 Peso = 1 US-Dollar																				

Quellen: ausgearbeitet vom Autor aufgrund von Angaben des Internationalen Währungsfonds: Statistiques financiaires, annuaire 1982, und World Tables, World Bank, John Hopkins Univ. Press 1980.

Verzeichnis der Tabellen und Abbildungen